民事案由

请求权基础

吴香香 著

中国法制出版社
CHINA LEGAL PUBLISHING HOUSE

序

请求权基础理论系民法公因式的展开方法，展开的学理线索是请求权基础方法的外在结构。但请求权基础方法作为案例解析技术，天然带有实务基因。而我国民事诉讼实务中，案由不仅是立案之始，也指引着诉讼全程，影响着当事人诉讼策略的制定与法官如何找法。以案由为线索展开请求权基础体系，更贴近本土实务。请求权基础之"谁得向谁根据何种规范为何种请求"的经典问句，加入案由因素，则为"谁得向谁依何种案由根据何种规范为何种请求"。

本书尝试结合民事案由与请求权基础，列出各项案由所涉主张与诉请，及其请求权基础/规范基础检视结构。全书涵括逾220项案由、近820项请求权基础/规范基础检视程式，旨在打造一本实用的民事案由请求权基础公式书。选取的案由均为《民法典》常用典型案由，以3级案由为主，也涉及少量4级案由与2级案由，目录中未标注案由级别的即为3级案由。

体例设计方面，未完全遵照《民事案件案由规定》的顺序，而是依"合同→物权→人格权→侵权责任→婚姻家庭→继承"的顺序编排章节，并将其中的"合同类案由"依次分为"先合同案由→合同案由→债的保全案由→债的移转案由→准合同案由"五章，全书共计十章。为便于对照检索，书末将《民事案件案由规定》作为附录，并在本书所涉案由之后标注对应章节。

章下设节，每节梳理一项案由。[①] 节下首先是该案由所涉主张与诉请的归纳，然后依次就每项主张的各项诉请，列明其请求权基础（给付之诉）或规范基础（确认之诉、形成之诉、非讼程序），再依请求权基础方法的内在结构拆解检视程式。同时在必要之处，附以说明、（请求权基础）聚合提示与（请求权基础）竞合提示。

为更清晰地呈现本书的使用方法，此处选取一简明案例，展示其诉讼请求、案由与请求权基础的选择与检视过程。

案情与问题：甲在固定餐费制的乙自助餐厅就餐，并趁店员不备将价值2000元的高价食材（保质期3天）打包带走，一个月后店员查看视频发现此事。请问，乙餐厅得向甲依何种案由根据何种规范为何种请求？

一、诉讼请求的确定

因事隔一个月，案涉高价易腐食材即使尚未被甲食用，也已过3天保质期，更适宜乙餐厅的诉讼请求是请求甲赔偿食材价值2000元，而非返还食材本身。

[①] 第七章第一节涉及2项案由，第九章第二十二节涉及5项案由。

二、请求权基础与案由的预选

可以先预选请求权基础、再依请求权基础检索对应案由，也可先预选案由、再在案由项下检索适格的请求权基础，还可二者交互定位。但因请求权基础方法已提供了详备的检视步骤，论证过程既无冗余也无遗漏，①本案采先预选请求权基础、再依请求权基础检索对应案由的解析思路。

（一）请求权基础的预选与排序

依请求权基础检视的外在结构，排除明显不成立的请求权基础后，可纳入本案预选的请求权基础为：第一，合同违约损害赔偿请求权（第577条后半句第3种情形）；其二，侵权损害赔偿请求权（第1165条第1款）；其三，不当得利折价补偿请求权（第985条主文）。

（二）案由的预选与排序

根据预选的请求权基础，分别检索其对应案由。可依本书目录检索，也可依附录的《民事案件案由规定》检索（倒查），附录同时标注了各项案由在本书所对应的章节。

本案预选的三项请求权基础，对应的案由分别如下：

第一，合同违约损害赔偿请求权（第577条后半句第3种情形），对应案由为"合同纠纷（2级案由）"。因本案所涉为无名合同，"合同纠纷（2级案由）"项下并无与其对应的3级或4级案由，依案由适用"由低到高的顺序"，可直接援用"合同纠纷（2级案由）"。

第二，侵害物权的侵权损害赔偿请求权（第1165条第1款），虽为侵权请求权，但所适用者并非"侵权责任纠纷"项下案由，而是"物权纠纷"项下的"财产损害赔偿纠纷"。理由可参见书末附录《最高人民法院关于印发修改后的〈民事案件案由规定〉的通知》（2020）"四、4."部分的解释。不过，这不影响该请求权基础实质仍为侵权规范。

第三，不当得利折价补偿请求权（第985条主文），对应案由为"不当得利纠纷"。

接下来的工作是，在本书目录中定位预选案由所对应的章节，并在节下的主张与诉请归纳中，依预选的请求权基础找寻相应的主张与诉请，再根据标题层级检索所涉请求权基础的检视程式，将其运用于本案。

三、合同纠纷案由+违约损害赔偿请求权

合同纠纷案由之违约损害赔偿请求权的检视结构，可参阅本书第二章第一节

---

① 关于请求权基础方法的适用模式，可参见吴香香编著：《民法典请求权基础手册：进阶》，中国法制出版社2023年版，第1—10页。

"七、主张对方承担违约责任"之"诉请二：违约损害赔偿"的检视程式。

诉请二：违约损害赔偿

请求权基础

第577条后半句第3种情形→
第577条
当事人一方不履行合同义务或者履行合同义务不符合约定的，应当承担继续履行、采取补救措施或者赔偿损失等违约责任。

第578条
当事人一方明确表示或者以自己的行为表明不履行合同义务的，对方可以在履行期限届满前请求其承担违约责任。

第583条
当事人一方不履行合同义务或者履行合同义务不符合约定的，在履行义务或者采取补救措施后，对方还有其他损失的，应当赔偿损失。

检视程式

（一）请求权已产生

1.责任成立
（1）合同成立且无效力障碍
（2）履行障碍
①给付不能：第580条第1款但书第1—2项
②瑕疵给付
③给付迟延
④违反附随义务
⑤期前违约：第578条
⑥违反不真正利他合同对第三人的义务：第522条第1款
⑦约定由第三人履行+第三人履行障碍：第523条
（3）抗辩：不可抗力，第590条
（4）抗辩：与有过失，第592条第2款
（5）抗辩：第三人原因，第593条第1句

2.责任范围
（1）损害：第584条主文+合同通则解释60—62
（2）责任范围因果关系
①抗辩：可预见性，第584条但书+合同通则解释63.1—63.2
②抗辩：合同目的限制
（3）抗辩：违反减损义务，第591条第1款
（4）抗辩：受领迟延利息请求权未产生，第589条第2款

（二）请求权未消灭
1.债的一般消灭事由：第557条第1款
2.损益相抵：合同通则解释63.3
（三）请求权可行使
1.同时履行抗辩权：第525条+合同通则解释31
2.时效抗辩权：第192条第1款

本案涉及的违约损害赔偿请求权基础为第577条后半句第3种情形。

（一）请求权已产生

1.责任成立
（1）合同成立且无效力障碍，本案满足。
（2）履行障碍
本案中甲在乙餐厅打包高价食材带走，违反附随义务。
（3）抗辩：不可抗力，第590条，本案不存在。
（4）抗辩：与有过失，第592条第2款。
甲趁店员不备打包，系蓄意为之，难谓乙餐厅与有过失。
（5）抗辩：第三人原因，第593条第1句，本案不存在。
2.责任范围
（1）损害：第584条主文+合同通则解释60—62，本案乙餐厅的损失为食材价值2000元。
（2）责任范围因果关系
①抗辩：可预见性原则，第584条但书+合同通则解释63.1—63.2，本案不存在。
②抗辩：合同目的限制，本案不存在。
（3）抗辩：违反减损义务，第591条第1款，本案不存在。
（4）抗辩：受领迟延利息请求权未产生，第589条第2款，本案不存在。

（二）请求权未消灭

1.债的一般消灭事由：第557条第1款，本案不存在。
2.损益相抵：合同通则解释63.3，本案不存在。

（三）请求权可行使

1.同时履行抗辩权：第525条+合同通则解释31，本案不存在。
2.时效抗辩权：第192条第1款，本案不存在。

（四）中间结论

乙餐厅有权依合同纠纷案由与第577条后半句第3种情形请求甲赔偿违约损害2000元。

四、财产损害赔偿纠纷案由+侵权损害赔偿请求权

财产损害赔偿纠纷案由之侵权损害赔偿请求权的检视程式，可参阅本书第六章第八节。

物权人主张侵权损害赔偿请求权

物权人诉请：赔偿物权损害

请求权基础

第238条

侵害物权，造成权利人损害的，权利人可以依法请求损害赔偿，也可以依法请求承担其他民事责任。

第1165条第1款

行为人因过错侵害他人民事权益造成损害的，应当承担侵权责任。

检视程式

（一）请求权已产生

1. 责任成立

（1）物权被侵

（2）加害行为

（3）责任成立因果关系

否认：受害人故意，第1174条

否认：第三人原因，第1175条

（4）抗辩：不法性阻却事由

正当防卫：第181条第1款

紧急避险：第182条第1—2款

紧急救助：第184条

自助行为：第1177条第1款主文

（5）抗辩：欠缺责任能力

（6）过错

（7）抗辩：与有过失，第1173条

2. 责任范围

（1）损害：第1184条

（2）责任范围因果关系

（3）抗辩：被侵权人对损害的扩大有过错（与有过失），第1173条

（二）请求权未消灭

1. 债的一般消灭事由：第557条第1款

2. 损益相抵

（三）请求权可行使

1.留置抗辩权：类推第525条
2.时效抗辩权：第192条第1款

> **说　明**
>
> 实质属于过错侵权请求权。

第238条为参引规范，参引请求权基础第1165条第1款。

（一）请求权已产生

1.责任成立
（1）物权被侵，乙餐厅的食材所有权被侵，本案满足。
（2）加害行为，本案满足。
（3）责任成立因果关系，本案满足。
否认：受害人故意，第1174条，本案不存在。
否认：第三人原因，第1175条，本案不存在。
（4）抗辩：不法性阻却事由，本案不存在。
（5）抗辩：欠缺责任能力，本案不存在。
（6）过错，本案甲为故意，满足。
（7）抗辩：与有过失，第1173条，本案不存在。

2.责任范围
（1）损害：第1184条，本案乙餐厅的损失为食材价值2000元。
（2）责任范围因果关系，本案满足。
（3）抗辩：被侵权人对损害的扩大有过错（与有过失），第1173条，本案不存在。

（二）请求权未消灭

1.债的一般消灭事由：第557条第1款，本案不存在。
2.损益相抵，本案不存在。

（三）请求权可行使

1.留置抗辩权：类推第525条，本案不存在。
2.时效抗辩权：第192条第1款，本案不存在。

（四）中间结论

乙餐厅有权依财产损害赔偿纠纷案由与第1165条第1款请求甲赔偿侵权损害2000元。

五、不当得利纠纷案由+不当得利折价补偿请求权

不当得利纠纷案由之不当得利折价补偿请求权的检视结构，可参阅本书第五章第二节"三、主张权益侵害不当得利请求权"之"诉请：返还财产利益/折价补偿"的检视程式。

三、主张权益侵害不当得利请求权

诉请：返还财产利益/折价补偿

请求权基础

第985条主文

得利人没有法律根据取得不当利益的，受损失的人可以请求得利人返还取得的利益……

检视程式

（一）请求权已产生

1.产生要件

（1）相对人取得财产利益

（2）利益应归属于请求权人

（3）权益侵害（吸收因果关系）≠侵权行为

（4）请求折价补偿的附加要件：不能返还或者没有必要返还

2.产生抗辩

得利有法律上原因

（二）请求权未消灭

1.得利人善意+得利不存在：第986条

2.债的一般消灭事由：第557条第1款

（三）请求权可行使

时效抗辩权：第192条第1款

起算：知道/应知不当得利事实+得利人，时效规定6

（一）请求权已产生

1.产生要件

（1）相对人取得财产利益，甲打包乙餐厅的食材，本案满足。

（2）利益应归属于请求权人，食材所有权及其用益应归属于乙餐厅，本案满足。

（3）权益侵害（吸收因果关系）≠侵权行为，本案满足。

（4）请求折价补偿的附加要件：不能返还或者没有必要返还

本案中甲打包的食材或因甲已食用不能返还，或因已过保质期没有必要返还。

2.产生抗辩

得利有法律上原因，本案不存在。

（二）请求权未消灭

1. 得利人善意+得利不存在：第986条，本案中甲为恶意。
2. 债的一般消灭事由：第557条第1款，本案不存在。

（三）请求权可行使

时效抗辩权：第192条第1款，本案不存在。

（四）中间结论

乙餐厅有权依不当得利纠纷案由与第985条主文请求甲折价补偿不当得利2000元。

六、结论

乙餐厅有权请求甲赔偿食材价值2000元，相应的案由与请求权基础为：
1. 合同纠纷+第577条后半句第3种情形，或者
2. 财产损害赔偿纠纷+第1165条第1款，或者
3. 不当得利纠纷+第985条主文。

  读者朋友们可将本书与《民法典请求权基础手册：简明》或《民法典请求权基础手册：进阶》配套使用，本书依案由拆解请求权基础检视程式，《民法典请求权基础手册》则侧重于请求权基础的识别。关于请求权基础的方法阐释，也可参阅《请求权基础：方法、体系与实例》与《请求权基础案例实训》。

  最后，衷心感谢中国法制出版社成知博女士的精心策划与编辑，感谢中国政法大学民商法学博士研究生谭姗姗与硕士研究生谢彤、李祥伟、张慧媛、张雪屏、韩佳辰协助校对。本书民事案由请求权基础及其检视程式，是取向于实务关照的请求权基础体系整理，仍在争议与发展中，因而仅代表作者个人观点，供读者朋友们批评。

2024年1月28日

凡　例

全　称	简　称
中华人民共和国民法典（2020）	民法典
中华人民共和国民事诉讼法（2023）	民事诉讼法
民事案件案由规定（2020）	民事案件案由规定
最高人民法院关于适用《中华人民共和国民法典》总则编若干问题的解释（2022）	总则解释
最高人民法院关于审理民事案件适用诉讼时效制度若干问题的规定（2020）	时效规定
最高人民法院关于适用《中华人民共和国民法典》物权编的解释（一）（2020）	物权解释一
中华人民共和国农村土地承包法（2018）	承包法
最高人民法院关于审理涉及农村土地承包纠纷案件适用法律问题的解释（2020）	承包解释
中华人民共和国土地管理法（2019）	土地管理法
中华人民共和国城市房地产管理法（2019）	房地产管理法
最高人民法院关于适用《中华人民共和国民法典》有关担保制度的解释（2020）	担保解释
中华人民共和国电子商务法（2018）	电子商务法
最高人民法院关于适用《中华人民共和国民法典》合同编通则若干问题的解释（2023）	合同通则解释
最高人民法院关于审理买卖合同纠纷案件适用法律问题的解释（2020）	买卖解释
最高人民法院关于审理商品房买卖合同纠纷案件适用法律若干问题的解释（2020）	商品房买卖解释
最高人民法院关于审理涉及国有土地使用权合同纠纷案件适用法律问题的解释（2020）	土地使用权合同解释
最高人民法院关于审理民间借贷案件适用法律若干问题的规定（2020）	借贷规定
最高人民法院关于审理城镇房屋租赁合同纠纷案件具体应用法律若干问题的解释（2020）	租赁解释
最高人民法院关于审理融资租赁合同纠纷案件适用法律问题的解释（2020）	融租解释
最高人民法院关于审理建设工程施工合同纠纷案件适用法律问题的解释（一）（2020）	建工解释一
最高人民法院关于商品房消费者权利保护问题的批复（2023）	商品房消费者批复
国内水路运输管理条例（2023）	水路运输管理条例
国内水路运输管理规定（2020）	水路运输管理规定
水路旅客运输规则（2014）	水路旅客运输规则

续表

全　称	简　称
最高人民法院关于国内水路货物运输纠纷案件法律问题的指导意见（2012）	水路货物运输意见
中华人民共和国民用航空法（2021）	民用航空法
巡游出租汽车经营服务管理规定（2021）	巡游出租车规定
物业管理条例（2018）	物业管理条例
最高人民法院关于审理物业服务纠纷案件适用法律若干问题的解释（2020）	物业解释
最高人民法院关于审理建筑物区分所有权纠纷案件适用法律若干问题的解释（2020）	区分所有解释
中华人民共和国老年人权益保障法（2018）	老年人权益法
最高人民法院、最高人民检察院、公安部、民政部关于依法处理监护人侵害未成年人权益行为若干问题的意见（2014）	未成年人权益意见
最高人民法院关于适用《中华人民共和国民法典》婚姻家庭编的解释（一）（2020）	婚姻家庭解释一
最高人民法院关于适用《中华人民共和国民法典》继承编的解释（一）（2020）	继承解释一
最高人民法院关于审理人身损害赔偿案件适用法律若干问题的解释（2022）	人身损害解释
最高人民法院关于确定民事侵权精神损害赔偿责任若干问题的解释（2020）	精神损害解释
最高人民法院关于审理利用信息网络侵害人身权益民事纠纷案件适用法律若干问题的规定（2020）	网络侵害规定
中华人民共和国消费者权益保护法（2013）	消保法
中华人民共和国产品质量法（2018）	产品质量法
中华人民共和国食品安全法（2021）	食品安全法
最高人民法院关于审理食品药品纠纷案件适用法律若干问题的规定（2021）	食品药品规定
中华人民共和国道路交通安全法（2021）	道路交通安全法
机动车交通事故责任强制保险条例（2019）	交强险条例
最高人民法院关于审理道路交通事故损害赔偿案件适用法律若干问题的解释（2020）	交通事故解释
最高人民法院关于审理医疗损害责任纠纷案件适用法律若干问题的解释（2020）	医疗损害解释
中华人民共和国环境保护法（2014）	环境法
中华人民共和国大气污染防治法（2018）	大气污染防治法
中华人民共和国水污染防治法（2017）	水污染防治法
中华人民共和国土壤污染防治法（2018）	土壤污染防治法
中华人民共和国固体废物污染环境防治法（2020）	固体废物污染防治法

续表

全　称	简　称
中华人民共和国噪声污染防治法（2021）	噪声污染防治法
中华人民共和国放射性污染防治法（2003）	放射性污染防治法
最高人民法院关于审理生态环境侵权责任纠纷案件适用法律若干问题的解释（2023）	环境侵权解释
最高人民法院关于生态环境侵权民事诉讼证据的若干规定（2023）	环境侵权证据规定
最高人民法院关于审理生态环境侵权纠纷案件适用惩罚性赔偿的解释（2022）	环境侵权惩罚性赔偿解释
最高人民法院关于生态环境侵权案件适用禁止令保全措施的若干规定（2021）	环境侵权禁止令规定
中华人民共和国铁路法（2015）	铁路法
最高人民法院关于审理铁路运输损害赔偿案件若干问题的解释（2020）	铁路损害解释
最高人民法院关于审理铁路运输人身损害赔偿纠纷案件适用法律若干问题的解释（2021）	铁路人身损害解释
简写示例	第563条第1款第1项＝《民法典》第563条第1款第1项	此为《民法典》条文序号的简写示例，表述形式为"第＊条第＊款第＊项……"，具体到规范最小单元，并省略"《民法典》"前缀
	物权解释一17.2＝《最高人民法院关于适用〈中华人民共和国民法典〉物权编的解释（一）》（2020）第17条第2款	1. 此为《民法典》之外的法律、法规、司法解释等规范性文件条文序号的简写示例 2.《民法典》之外的条文引用一般仅具体到款 3. 因行文需要，引用款以下的项、句等更小规范单元时，则采"简称+第＊条第＊款第＊项……"的表述形式

3

目 录

第一章 先合同案由 ... 1
第 一 节 确认合同有效纠纷（4级案由） ... 1
第 二 节 确认合同无效纠纷（4级案由） ... 6
第 三 节 缔约过失责任纠纷 ... 10
第 四 节 预约合同纠纷 ... 14
第 五 节 定金合同纠纷 ... 16

第二章 合同案由 ... 18
第 一 节 合同纠纷（2级案由） ... 18
第 二 节 买卖合同纠纷 ... 42
第 三 节 分期付款买卖合同纠纷（4级案由） ... 55
第 四 节 所有权保留买卖合同纠纷（4级案由） ... 57
第 五 节 房屋买卖合同纠纷 ... 60
第 六 节 商品房预售合同纠纷（4级案由） ... 72
第 七 节 商品房销售合同纠纷（4级案由） ... 73
第 八 节 商品房委托代理销售合同纠纷（4级案由） ... 82
第 九 节 建设用地使用权出让合同纠纷（4级案由） ... 84
第 十 节 建设用地使用权转让合同纠纷（4级案由） ... 94
第 十一 节 赠与合同纠纷 ... 96
第 十二 节 金融借款合同纠纷（4级案由） ... 105
第 十三 节 民间借贷纠纷（4级案由） ... 114
第 十四 节 保证合同纠纷 ... 134
第 十五 节 抵押合同纠纷 ... 142
第 十六 节 质押合同纠纷 ... 152
第 十七 节 房屋租赁合同纠纷（4级案由） ... 160
第 十八 节 融资租赁合同纠纷 ... 181
第 十九 节 保理合同纠纷 ... 198
第 二十 节 承揽合同纠纷 ... 203
第二十一节 加工合同纠纷（4级案由） ... 215
第二十二节 定作合同纠纷（4级案由） ... 215

第二十三节	修理合同纠纷（4级案由）	216
第二十四节	建设工程勘察合同纠纷（4级案由）	217
第二十五节	建设工程设计合同纠纷（4级案由）	223
第二十六节	建设工程施工合同纠纷（4级案由）	229
第二十七节	建设工程价款优先受偿权纠纷（4级案由）	244
第二十八节	建设工程分包合同纠纷（4级案由）	245
第二十九节	运输合同纠纷	247
第三十节	公路旅客运输合同纠纷（4级案由）	260
第三十一节	公路货物运输合同纠纷（4级案由）	260
第三十二节	水路旅客运输合同纠纷（4级案由）	261
第三十三节	水路货物运输合同纠纷（4级案由）	261
第三十四节	航空旅客运输合同纠纷（4级案由）	262
第三十五节	航空货物运输合同纠纷（4级案由）	266
第三十六节	出租汽车运输合同纠纷（4级案由）	268
第三十七节	城市公交运输合同纠纷（4级案由）	268
第三十八节	联合运输合同纠纷（4级案由）	269
第三十九节	多式联运合同纠纷（4级案由）	270
第四十节	铁路货物运输合同纠纷（4级案由）	272
第四十一节	铁路旅客运输合同纠纷（4级案由）	275
第四十二节	铁路行李运输合同纠纷（4级案由）	275
第四十三节	铁路包裹运输合同纠纷（4级案由）	276
第四十四节	保管合同纠纷	276
第四十五节	仓储合同纠纷	284
第四十六节	委托合同纠纷	291
第四十七节	民间委托理财合同纠纷（4级案由）	306
第四十八节	物业服务合同纠纷	310
第四十九节	中介合同纠纷	323
第五十节	借用合同纠纷	329
第五十一节	合伙合同纠纷	334
第五十二节	土地承包经营合同纠纷	343
第五十三节	土地承包经营权转让合同纠纷（4级案由）	356
第五十四节	土地承包经营权互换合同纠纷（4级案由）	357
第五十五节	土地经营权入股合同纠纷（4级案由）	358
第五十六节	土地经营权抵押合同纠纷（4级案由）	363
第五十七节	土地经营权出租合同纠纷（4级案由）	365
第五十八节	居住权合同纠纷	372
第五十九节	悬赏广告纠纷	374

目 录

第三章　债的保全案由 ... 376
第 一 节　债权人代位权纠纷 ... 376
第 二 节　债权人撤销权纠纷 ... 378

第四章　债的移转案由 ... 379
第 一 节　债权转让合同纠纷 ... 379
第 二 节　债务转移合同纠纷 ... 380
第 三 节　债权债务概括转移合同纠纷 ... 381
第 四 节　债务加入纠纷 ... 382
第 五 节　追偿权纠纷 ... 383

第五章　准合同案由 ... 387
第 一 节　无因管理纠纷 ... 387
第 二 节　不当得利纠纷 ... 392

第六章　物权案由 ... 397
第 一 节　所有权确认纠纷（4级案由） ... 397
第 二 节　用益物权确认纠纷（4级案由） ... 398
第 三 节　担保物权确认纠纷（4级案由） ... 403
第 四 节　返还原物纠纷 ... 412
第 五 节　排除妨害纠纷 ... 413
第 六 节　消除危险纠纷 ... 414
第 七 节　恢复原状纠纷 ... 415
第 八 节　财产损害赔偿纠纷 ... 416
第 九 节　业主撤销权纠纷 ... 417
第 十 节　业主知情权纠纷 ... 418
第十一节　遗失物返还纠纷 ... 419
第十二节　添附物归属纠纷 ... 425
第十三节　相邻关系纠纷 ... 428
第十四节　相邻用水、排水纠纷（4级案由） ... 431
第十五节　相邻通行纠纷（4级案由） ... 432
第十六节　相邻土地、建筑物利用关系纠纷（4级案由） ... 433
第十七节　相邻通风纠纷（4级案由） ... 433
第十八节　相邻采光、日照纠纷（4级案由） ... 434
第十九节　相邻污染侵害纠纷（4级案由） ... 435
第二十节　相邻损害防免关系纠纷（4级案由） ... 436
第二十一节　共有权确认纠纷（4级案由） ... 438

第二十二节	共有物分割纠纷（4级案由）	440
第二十三节	共有人优先购买权纠纷（4级案由）	442
第二十四节	土地承包经营权确认纠纷（4级案由）	444
第二十五节	土地经营权纠纷	445
第二十六节	建设用地使用权纠纷	447
第二十七节	宅基地使用权纠纷	449
第二十八节	居住权纠纷	450
第二十九节	地役权纠纷	451
第三十节	抵押权纠纷	454
第三十一节	建筑物和其他土地附着物抵押权纠纷（4级案由）	459
第三十二节	在建建筑物抵押权纠纷（4级案由）	464
第三十三节	建设用地使用权抵押权纠纷（4级案由）	470
第三十四节	土地经营权抵押权纠纷（4级案由）	475
第三十五节	动产抵押权纠纷（4级案由）	480
第三十六节	动产浮动抵押权纠纷（4级案由）	485
第三十七节	最高额抵押权纠纷（4级案由）	490
第三十八节	动产质权纠纷（4级案由）	496
第三十九节	转质权纠纷（4级案由）	504
第四十节	最高额质权纠纷（4级案由）	505
第四十一节	应收账款质权纠纷（4级案由）	514
第四十二节	留置权纠纷	521
第四十三节	担保物权纠纷（2级案由）	525
第四十四节	申请实现担保物权（非讼程序）	532
第四十五节	占有保护纠纷（2级案由）	533
第四十六节	占有物返还纠纷	538
第四十七节	占有排除妨害纠纷	539
第四十八节	占有消除危险纠纷	539
第四十九节	占有物损害赔偿纠纷	540

第七章　人格权案由 542

第 一 节	申请人身安全保护令/申请人格权侵害禁令（非讼程序）	542
第 二 节	生命权、身体权、健康权纠纷	542
第 三 节	姓名权纠纷	554
第 四 节	名称权纠纷	559
第 五 节	肖像权纠纷	563
第 六 节	声音保护纠纷	568
第 七 节	名誉权纠纷	574
第 八 节	隐私权纠纷（4级案由）	580

第 九 节	个人信息保护纠纷（4级案由）	584
第 十 节	人身自由权纠纷	590
第十一节	一般人格权纠纷	594
第十二节	人格权纠纷（2级案由）	599

第八章　侵权责任案由 ... 601

第 一 节	侵权责任纠纷（2级案由）	601
第 二 节	监护人责任纠纷	610
第 三 节	用人单位责任纠纷	613
第 四 节	劳务派遣工作人员侵权责任纠纷	615
第 五 节	提供劳务者致害责任纠纷	617
第 六 节	提供劳务者受害责任纠纷	619
第 七 节	网络侵权责任纠纷	621
第 八 节	违反安全保障义务责任纠纷	627
第 九 节	经营场所、公共场所的经营者、管理者责任纠纷（4级案由）	630
第 十 节	群众性活动组织者责任纠纷（4级案由）	630
第十一节	教育机构责任纠纷	630
第十二节	性骚扰损害责任纠纷	634
第十三节	产品生产者责任纠纷（4级案由）	636
第十四节	产品销售者责任纠纷（4级案由）	641
第十五节	产品运输者责任纠纷（4级案由）	647
第十六节	产品仓储者责任纠纷（4级案由）	647
第十七节	机动车交通事故责任纠纷	648
第十八节	医疗损害责任纠纷	670
第十九节	侵害患者知情同意权责任纠纷（4级案由）	672
第二十节	医疗产品责任纠纷（4级案由）	674
第二十一节	环境污染责任纠纷	676
第二十二节	大气污染责任纠纷（4级案由）	679
第二十三节	水污染责任纠纷（4级案由）	679
第二十四节	土壤污染责任纠纷（4级案由）	679
第二十五节	电子废物污染责任纠纷（4级案由）	680
第二十六节	固体废物污染责任纠纷（4级案由）	680
第二十七节	噪声污染责任纠纷（4级案由）	680
第二十八节	光污染责任纠纷（4级案由）	681
第二十九节	放射性污染责任纠纷（4级案由）	681
第三十节	民用核设施、核材料损害责任纠纷（4级案由）	681
第三十一节	民用航空器损害责任纠纷（4级案由）	682
第三十二节	占有、使用高度危险物损害责任纠纷（4级案由）	683

第三十三节	高度危险活动损害责任纠纷（4级案由）	684
第三十四节	遗失、抛弃高度危险物损害责任纠纷（4级案由）	685
第三十五节	非法占有高度危险物损害责任纠纷（4级案由）	688
第三十六节	饲养动物损害责任纠纷	689
第三十七节	建筑物和物件损害责任纠纷	694
第三十八节	物件脱落、坠落损害责任纠纷（4级案由）	695
第三十九节	建筑物、构筑物倒塌、塌陷损害责任纠纷（4级案由）	697
第四十节	高空抛物、坠物损害责任纠纷（4级案由）	699
第四十一节	堆放物倒塌、滚落、滑落损害责任纠纷（4级案由）	702
第四十二节	公共道路妨碍通行损害责任纠纷（4级案由）	703
第四十三节	林木折断、倾倒、果实坠落损害责任纠纷（4级案由）	704
第四十四节	地面施工、地下设施损害责任纠纷（4级案由）	705
第四十五节	义务帮工人受害责任纠纷	706
第四十六节	见义勇为人受害责任纠纷	709
第四十七节	防卫过当损害责任纠纷	710
第四十八节	紧急避险损害责任纠纷	711
第四十九节	铁路运输人身损害责任纠纷（4级案由）	713
第五十节	铁路运输财产损害责任纠纷（4级案由）	714

第九章　婚姻家庭案由　716

第　一　节	婚约财产纠纷	716
第　二　节	婚内夫妻财产分割纠纷	717
第　三　节	离婚纠纷	717
第　四　节	离婚后财产纠纷	724
第　五　节	离婚后损害责任纠纷	727
第　六　节	婚姻无效纠纷	728
第　七　节	撤销婚姻纠纷	730
第　八　节	夫妻财产约定纠纷	731
第　九　节	同居关系析产纠纷（4级案由）	735
第　十　节	同居关系子女抚养纠纷（4级案由）	736
第十一节	确认亲子关系纠纷（4级案由）	739
第十二节	否认亲子关系纠纷（4级案由）	739
第十三节	抚养费纠纷（4级案由）	740
第十四节	变更抚养关系纠纷（4级案由）	742
第十五节	扶养费纠纷（4级案由）	743
第十六节	变更扶养关系纠纷（4级案由）	745
第十七节	赡养费纠纷（4级案由）	746
第十八节	变更赡养关系纠纷（4级案由）	747

目录

- 第十九节 确认收养关系纠纷（4级案由） ... 748
- 第二十节 解除收养关系纠纷（4级案由） ... 749
- 第二十一节 监护权纠纷 ... 752
- 第二十二节 监护权特别程序案件（2级案由/非讼程序） ... 754
- 第二十三节 探望权纠纷 ... 759
- 第二十四节 分家析产纠纷 ... 760

第十章 继承案由 ... 762

- 第一节 法定继承纠纷 ... 762
- 第二节 转继承纠纷（4级案由） ... 765
- 第三节 代位继承纠纷（4级案由） ... 765
- 第四节 遗嘱继承纠纷 ... 768
- 第五节 被继承人债务清偿纠纷 ... 772
- 第六节 遗赠纠纷 ... 773
- 第七节 遗赠扶养协议纠纷 ... 777
- 第八节 遗产管理纠纷 ... 782

附 录 ... 784

第一章　先合同案由

第一节　确认合同有效纠纷（4级案由）

主张合同有效

诉请：确认合同有效

规范基础

第136条第1款

民事法律行为自成立时生效，但是法律另有规定或者当事人另有约定的除外。

检视框架

（一）合同成立要件

1. 要约
2. 承诺
3. 法定要式/要物要件
4. 以要约/承诺以外的其他方式订立合同

（二）合同未成立抗辩

1. 意定合同书形式
2. 意定书面形式
3. 数据电文视为书面形式
4. 数据电文+确认书
5. 格式条款未提示说明

（三）合同生效要件

1. 批准手续
2. 代理行为的代理权
3. 处分行为的处分权

（四）合同未生效抗辩

1. 附生效条件
2. 附生效期限

（五）合同效力待定抗辩

1. 限制行为能力

2.自己代理

3.双方代理

（六）合同无效抗辩

1.无行为能力

2.通谋虚伪

3.违反法律强制性规定

4.违反公序良俗

5.恶意串通

6.代表行为的无效

7.格式条款无效

8.免责条款的无效

9.抗辩排除：不得仅以超越经营范围确认合同无效

（七）合同撤销抗辩

1.因重大误解撤销合同

2.因受欺诈撤销合同

3.因受第三人欺诈撤销合同

4.因受胁迫撤销合同

5.因危难被乘撤销合同

（八）合同已失效抗辩

1.解除条件成就

2.终止期限届满

检视程式

（一）合同成立要件：第483条＋合同通则解释3—4

1.要约

（1）具备要约：第472条

①内容具体确定：第470条

②受法律拘束的意思

区别于要约邀请：第473条

通过信息网络发布的商品或服务信息：第491条第2款＋电子商务法49.1

（2）要约生效：第474条＋第137条

①对话方式：受要约人知道要约内容

②非对话方式：到达受要约人

③非对话数据电文形式：进入受要约人指定的特定系统/未指定系统的受要约人知道或应知数据电文进入系统

④公告方式：公告发布时，第139条

（3）要约撤回抗辩：第475条＋第141条

①撤回要约的通知

②在要约到达受要约人前或同时到达受要约人

（4）要约撤销抗辩：第476条

①撤销要约的表示

②撤销生效：第137条

③反抗辩：要约人以确定承诺期限或者其他形式明示要约不可撤销

④反抗辩：受要约人有理由认为要约不可撤销+已为履行做合理准备

（5）要约失效抗辩：第478条

①要约被拒绝

②承诺期限届满

③受要约人对要约内容作出实质变更（新要约）

2.承诺：第479条

（1）同意要约

①否认事由：承诺对要约的实质变更，第488条第2—3句

②抗辩：非实质变更+要约人及时表示反对/要约表明承诺不得对要约的内容作任何变更，第489条

（2）承诺方式

①以通知的方式作出/根据交易习惯或者要约表明通过行为作出：第480条

②针对通过信息网络发布的商品或服务信息选择并提交订单，第491条第2款

（3）承诺期限：第481条

①要约确定的承诺期限

②要约没有确定承诺期限的

A.对话方式：即时承诺

B.非对话方式：合理期限

③逾期承诺+要约人及时通知受要约人该承诺有效：第486条但书

④未迟发但迟到的承诺：第487条

抗辩：要约人及时通知受要约人因承诺超过期限不接受承诺

（4）生效：第484条

①通知方式：第137条

A.对话方式：要约人知道承诺内容

B.非对话方式：承诺到达要约人

C.非对话数据电文形式：

进入要约人指定的特定系统/未指定系统的要约人知道或应知数据电文进入系统

②不需要通知+作出承诺行为

（5）承诺撤回抗辩：第485条+第141条

①撤回承诺的通知

②在承诺到达要约人前或同时到达要约人

3.法定要式/要物要件

未采用法定书面形式+一方已履行主要义务+对方接受→合同成立：第490条第2款

4.以要约/承诺以外的其他方式订立合同：第471条
（二）合同未成立抗辩
1.意定合同书形式：第490条
反抗辩：已签名、盖章或按指印，第490条第1款第1句
反抗辩：当事人一方已履行主要义务，对方接受，第490条第1款第2句
2.意定书面形式：第469条第2款
反抗辩：当事人一方已履行主要义务，对方接受，第490条第2款
3.数据电文视为书面形式：第469条第3款
4.数据电文+确认书：第491条第1款
5.格式条款未提示说明：第496条第2款，合同通则解释9—10
（三）合同生效要件
1.批准手续：第502条第2款第1句，合同通则解释13
2.代理行为的代理权
（1）抗辩：不适于代理的行为，第161条第2款
（2）代理人为意思表示：第162条
区别于传达
（3）以被代理人名义（显名原则）：第162条
隐名代理：第925条
（4）具备代理权：第162条
①法定代理权
②意定代理权：第165条
③职务代理：第170条第1款，合同通则解释21—23
抗辩：超越职权范围的限制+相对人非善意，第170条第2款
④共同代理：第166条，总则解释25
⑤复代理：第169条，总则解释26
⑥抗辩：代理终止，第173—175条
⑦否认：无代理权
（5）无代理权+表见代理：第172条
①有代理权外观
②无代理权
③抗辩：相对人非善意，总则解释28
④抗辩：代理权外观取得不可归因于被代理人
（6）无代理权+追认：第171条第1款
追认的拟制：被代理人履行或接受相对人履行，第503条
否认：拒绝追认，第171条第2款第2句
抗辩：被代理人追认前相对人的撤销，第171条第2款第3—4句
反抗辩：相对人非善意，第171条第4款
3.处分行为的处分权
（1）处分人的处分权：合同通则解释19.2

否认：无处分权
（2）无权处分+追认
（四）合同未生效抗辩
意定生效要件
1.附生效条件：第158条第2句、第159条
2.附生效期限：第160条第2句
（五）合同效力待定抗辩
1.限制行为能力：第145条+电子商务法48.2
（1）反抗辩：纯获利益
（2）反抗辩：与年龄、智力、精神健康状况相适应，总则解释5
（3）反抗辩：法定代理人同意或追认
否认：拒绝追认，第145条第2款第2句
再抗辩：追认前相对人撤销，第145条第2款第3—4句
反再抗辩：撤销的相对人非善意
2.自己代理：第168条第1款
反抗辩：被代理人同意或追认
3.双方代理：第168条第2款
反抗辩：被代理人同意或追认
（六）合同无效抗辩
1.无行为能力：第144条+电子商务法48.2
2.通谋虚伪：第146条第1款+合同通则解释14.1、15
3.违反法律强制性规定：第153条第1款+合同通则解释16、18
4.违反公序良俗：第153条第2款+合同通则解释17
5.恶意串通：第154条
6.代表行为的无效：第504条+合同通则解释20、22—23
（1）法人的法定代表人或者非法人组织的负责人订立合同
（2）抗辩：超越权限+相对人恶意
7.格式条款无效：第497条+电子商务法49.2
8.免责条款的无效：第506条
9.抗辩排除：不得仅以超越经营范围确认合同无效，第505条
（七）合同撤销抗辩
1.因重大误解撤销合同：第147条，总则解释19—20
2.因受欺诈撤销合同：第148条，总则解释21
3.因受第三人欺诈撤销合同：第149条，总则解释21
4.因受胁迫撤销合同：第150条，总则解释22
5.因危难被乘撤销合同：第151条，合同通则解释11
（八）合同已失效抗辩[①]
1.解除条件成就：第158条第3句、第159条

[①] 在合同履行请求权的检视程式中，合同已失效抗辩属于权利已消灭的抗辩，宜置于"请求权未消灭"部分检视。

2.终止期限届满：第160条第3句

说 明

1.就合同可撤销的效力状态而言，意思表示瑕疵撤销合同为单独的形成之诉。

2.在原告请求确认合同有效的诉讼中，就合同效力待定的事由而言，代理行为的代理权、处分行为的处分权均为合同生效要件，无代理权、无处分权为否认事由，而非狭义抗辩事由，置于合同生效要件部分检视；限制行为能力则为被告的抗辩事由，置于效力待定抗辩部分检视。

第二节 确认合同无效纠纷（4级案由）

主张合同无效

诉请：确认合同无效

规范基础

第136条第1款

民事法律行为自成立时生效，但是法律另有规定或者当事人另有约定的除外。

检视框架

（一）合同未成立事由

1.要约障碍

2.承诺障碍

3.未遵守法定要式/要物要件

4.未遵守意定形式要件

5.格式条款未提示说明

6.以要约/承诺以外的其他方式订立合同的要件不满足

（二）合同未生效事由

1.未履行批准手续

2.附生效条件+条件终局不成就

3.附始期+期限未届至

（三）合同无效事由

1.无行为能力

2.通谋虚伪

3.违反法律强制性规定

4.违反公序良俗

5.恶意串通

6.限制行为能力+拒绝追认/相对人撤销

7.代理情形的无效事由

8.代表行为的无效事由

9.无权处分+拒绝追认/相对人撤销

10.格式条款无效

11.免责条款的无效

12.不得仅以超越经营范围确认合同无效

（四）合同失效事由

1.解除条件成就

2.终止期限届满

（五）权利滥用事由

检视程式

（一）合同未成立事由：第483条+合同通则解释3—4

1.要约障碍

（1）不构成要约：第472条

①内容不具体确定：第470条

②不具备受法律拘束的意思

要约邀请：第473条

（2）要约未生效：第474条+第137条

①对话方式：受要约人不知道要约内容

②非对话方式：未到达受要约人

③非对话数据电文形式：

未进入受要约人指定的特定系统/未指定系统的受要约人不知道且不应知数据电文进入系统

（3）要约撤回：第475条+第141条

①撤回要约的通知

②在要约到达受要约人前或同时到达受要约人

（4）要约撤销：第476条

①撤销要约的表示

②撤销生效：第137条

③抗辩：要约人以确定承诺期限或者其他形式明示要约不可撤销

④抗辩：受要约人有理由认为要约不可撤销+已为履行做合理准备

（5）要约失效

①要约被拒绝

②承诺期限届满

③受要约人对要约内容作出实质变更（新要约）

2.承诺障碍

（1）不构成承诺：第479条

①承诺对要约的实质变更，第488条第2—3句

②非实质变更+要约人及时表示反对/要约表明承诺不得对要约的内容作任何变更，第489条

（2）不符合承诺方式

①未以通知的方式作出/未根据交易习惯或者要约表明通过行为作出：第480条

②针对通过信息网络发布的商品或服务信息未提交订单，第491条第2款

（3）未遵守承诺期限：第481条

①未在要约确定的承诺期限内

②要约没有确定承诺期限的

A.对话方式：未即时承诺

B.非对话方式：未在合理期限内承诺

③逾期承诺：第486条主文

④未迟发但迟到的承诺+要约人及时通知受要约人因承诺超过期限不接受承诺：第487条

（4）未生效：第484条

①通知方式：第137条

A.对话方式：要约人不知道承诺内容

B.非对话方式：承诺未到达要约人

C.非对话数据电文形式：

未进入要约人指定的特定系统/未指定系统的要约人不知道且不应知数据电文进入系统

②不需要通知+未作出承诺行为

（5）承诺撤回：第485条+第141条

①撤回承诺的通知

②在承诺到达要约人前或同时到达要约人

3.未遵守法定要式/要物要件

抗辩：一方已履行主要义务+对方接受→合同成立：第490条第2款

4.未遵守意定形式要件

（1）合同书形式：第490条

抗辩：已签名、盖章或按指印，第490条第1款第1句

抗辩：当事人一方已履行主要义务，对方接受，第490条第1款第2句

（2）书面形式：第469条第2款

抗辩：当事人一方已履行主要义务，对方接受，第490条第2款

（3）数据电文视为书面形式：第469条第3款

（4）数据电文+确认书：第491条第1款

5.格式条款未提示说明：第496条第2款，合同通则解释9—10

6.以要约/承诺以外的其他方式订立合同的要件不满足：第471条

（二）合同未生效事由

1.未履行批准手续：第502条第2款第1句

2.附生效条件+条件终局不成就：第158条第2句、第159条

3.附始期+期限未届至：第160条第2句

（三）合同无效事由

1.无行为能力：第144条

2.通谋虚伪：第146条第1款+合同通则解释14.1、15

3.违反法律强制性规定：第153条第1款+合同通则解释16、18

4.违反公序良俗：第153条第2款+合同通则解释17

5.恶意串通：第154条

6.限制行为能力+拒绝追认/相对人撤销：第145条

（1）限制行为能力

①抗辩：纯获利益

②抗辩：与年龄、智力、精神健康状况相适应，总则解释5

（2）法定代理人拒绝追认

否认：法定代理人同意或追认

（3）追认前相对人撤销

抗辩：相对人非善意

7.代理情形的无效事由

（1）不适于代理的行为：第161条第2款

（2）非以被代理人名义：第162条

隐名代理：第925条

（3）无权代理+拒绝追认/相对人撤销：第171条

①欠缺法定代理权

②欠缺意定代理权：第165条

③职务代理超越职权范围的限制+相对人非善意：第170条第2款，合同通则解释21—23

④共同代理人之一擅自行使代理权：第166条，总则解释25

⑤代理权终止：第173—175条

⑥抗辩：表见代理，第172条

A.反抗辩：相对人非善意，总则解释28

B.反抗辩：代理权外观取得不可归因于被代理人

⑦被代理人拒绝追认：第171条第2款第2句

抗辩：追认的拟制，被代理人履行或接受相对人履行，第503条

否认：法定代理人同意或追认

⑧追认前相对人撤销：第171条第2款第3—4句

抗辩：相对人非善意

（4）自己代理+被代理人拒绝同意或追认：第168条第1款

否认：被代理人同意或追认

（5）双方代理+被代理人拒绝同意或追认：第168条第2款

否认：被代理人同意或追认

8.代表行为的无效事由：第504条+合同通则解释20、22—23

（1）法人的法定代表人或者非法人组织的负责人订立合同

（2）抗辩：超越权限+相对人恶意

9.无权处分+拒绝追认/相对人撤销

10.格式条款无效：第497条

11.免责条款的无效：第506条

12.不得仅以超越经营范围确认合同无效：第505条

（四）合同失效事由

1.解除条件成就：第158条第3句、第159条

2.终止期限届满：第160条第3句

（五）权利滥用事由：第132条+总则解释3

说 明

1.主张撤销合同，为独立的形成之诉。

2.请求确认合同无效与请求确认合同有效的举证分配不同。在请求确认合同有效情形，合同成立要件、生效要件的举证责任在原告，未成立抗辩、未生效抗辩、效力待定抗辩、无效抗辩、已失效抗辩的举证责任在被告；而在请求确认合同无效情形，原告应就合同未成立、未生效、无效、已失效等事由承担举证责任。

聚合提示

1.可与不当得利返还并存：第157条第1句

2.可与缔约过失责任并存：第157条第2句

第三节　缔约过失责任纠纷

案由所涉主张与诉请	一、主张违反先合同义务的缔约过失责任 　　诉请：违反先合同义务的损害赔偿 二、主张违反附随合同义务的缔约过失责任 　　诉请：违反附随义务的损害赔偿 三、主张违反报批义务的缔约过失责任 　　诉请一：违反报批义务的损害赔偿 　　诉请二：违反报批义务的违约金 　　诉请三：违反报批义务的定金双倍返还（参见第一章第五节定金合同纠纷）
竞合提示	缔约过失责任可能与侵权责任竞合。

一、主张违反先合同义务的缔约过失责任

诉请：违反先合同义务的损害赔偿

请求权基础

第500条

当事人在订立合同过程中有下列情形之一，造成对方损失的，应当承担赔偿责任：

（一）假借订立合同，恶意进行磋商；
（二）故意隐瞒与订立合同有关的重要事实或者提供虚假情况；
（三）有其他违背诚信原则的行为。

检视程式

（一）请求权已产生
1.责任成立
（1）订立合同过程中
（2）违反诚信的行为
①假借订立合同，恶意进行磋商
②故意隐瞒与订立合同有关的重要事实或者提供虚假情况
③有其他违背诚信原则的行为
④第三人缔约过失责任：合同通则解释5
（3）违反诚信导致合同无效或撤销
（4）过错
（5）抗辩：与有过失，类推第592条第2款
2.责任范围
（1）损害
（2）责任范围因果关系
（3）抗辩：违反减损义务，类推第591条第1款
（4）抗辩：受领迟延利息请求权未产生，第589条第2款
（二）请求权未消灭①
1.债的一般消灭事由：第557条第1款
2.损益相抵：合同通则解释63.3
（三）请求权可行使
1.同时履行抗辩权：第525条+合同通则解释31
2.时效抗辩权：第192条第1款

---

① "以物抵债协议"（《合同通则解释》第27—28条）的履行构成请求权消灭的特殊事由。

二、主张违反附随合同义务的缔约过失责任

诉请：违反附随义务的损害赔偿

请求权基础

第501条

当事人在订立合同过程中知悉的商业秘密或者其他应当保密的信息，无论合同是否成立，不得泄露或者不正当地使用；泄露、不正当地使用该商业秘密或者信息，造成对方损失的，应当承担赔偿责任。

检视程式

（一）请求权已产生

1. 责任成立
（1）订立合同过程中
（2）泄露、不正当地使用商业秘密或者信息
（3）过错
（4）抗辩：与有过失，类推第592条第2款

2. 责任范围
（1）损害
（2）责任范围因果关系
（3）抗辩：违反减损义务，类推第591条第1款
（4）抗辩：受领迟延利息请求权未产生，第589条第2款

（二）请求权未消灭

1. 债的一般消灭事由：第557条第1款
2. 损益相抵：合同通则解释63.3

（三）请求权可行使

1. 同时履行抗辩权：第525条+合同通则解释31
2. 时效抗辩权：第192条第1款

三、主张违反报批义务的缔约过失责任

诉请一：违反报批义务的损害赔偿

请求权基础

第502条第2款第3句→
第502条第2款

依照法律、行政法规的规定，合同应当办理批准等手续的，依照其规定。未办理批准等手续影响合同生效的，不影响合同中履行报批等义务条款以及相关条款的效力。应当办理申请批准等手续的当事人未履行义务的，对方可以请求其承担违反该义务的责任。

检视程式

（一）请求权已产生：合同通则解释12—13

1.责任成立

（1）应当办理申请批准等手续

（2）未履行报批义务

（3）抗辩：不可抗力，第590条

（4）抗辩：与有过失，第592条第2款

（5）抗辩：第三人原因，第593条第1句

2.责任范围

（1）损害

（2）责任范围因果关系

（3）抗辩：违反减损义务，类推第591条第1款

（4）抗辩：受领迟延利息请求权未产生，第589条第2款

（二）请求权未消灭

1.债的一般消灭事由：第557条第1款

2.损益相抵：合同通则解释63.3

（三）请求权可行使

1.同时履行抗辩权：第525条+合同通则解释31

2.时效抗辩权：第192条第1款

诉请二：违反报批义务的违约金

请求权基础

第585条第1款

当事人可以约定一方违约时应当根据违约情况向对方支付一定数额的违约金，也可以约定因违约产生的损失赔偿额的计算方法。

检视程式

（一）请求权已产生

1.责任成立

（1）违反报批义务

（2）约定违约金

（3）抗辩：不可抗力，第590条

（4）抗辩：与有过失，类推第592条第2款

2.责任范围

（1）违约金调增

违约金低于造成的损失：第585条第2款第1分句

抗辩：违反减损义务，类推第591条第1款

抗辩：受领迟延利息请求权未产生，第589条第2款
（2）违约金调减：合同通则解释64—66
违约金过分高于造成的损失：第585条第2款第2分句
（二）请求权未消灭
债的一般消灭事由：第557条第1款
（三）请求权可行使
1.同时履行抗辩权：第525条＋合同通则解释31
2.时效抗辩权：第192条第1款
违约金的起算独立于基础债权
3.违约金与定金择一：第588条第1款

第四节　预约合同纠纷

案由所涉主张与诉请	一、主张履行预约 　　诉请：订立本约（订立合同） 二、主张对方承担违反预约的违约责任 　　诉请一：违反预约的损害赔偿 　　诉请二：支付违反预约的违约金 　　诉请三：双倍返还预约定金（参见第一章第五节定金合同纠纷）

一、主张履行预约

诉请：订立本约（订立合同）

请求权基础

预约合同

检视程式

（一）请求权已产生
预约成立且无效力障碍
预约的定义：第495条第1款，合同通则解释6
（二）请求权未消灭
1.抗辩：已订立本约
2.抗辩：预约期限届满
3.抗辩：预约已解除，第557条第2款
4.抗辩：解除条件成就，第158条第3句、第159条

（三）请求权可行使

时效抗辩权：第192条第1款

说　明

订立本约的诉请不可强制执行。

二、主张对方承担违反预约的违约责任

诉请一：违约预约的损害赔偿

请求权基础

第495条第2款

当事人一方不履行预约合同约定的订立合同义务的，对方可以请求其承担预约合同的违约责任。

检视程式

（一）请求权已产生

1.责任成立

（1）预约成立且无效力障碍：合同通则解释6

（2）不履行预约合同约定的订立合同义务：合同通则解释7

（3）抗辩：不可抗力，第590条

（4）抗辩：与有过失，第592条第2款

（5）抗辩：第三人原因，第593条第1句

2.责任范围：合同通则解释8

（1）损害：相当于本约的缔约过失损害

（2）责任范围因果关系

（3）抗辩：违反减损义务，第591条第1款

（4）抗辩：受领迟延利息请求权未产生，第589条第2款

（二）请求权未消灭

1.债的一般消灭事由：第557条第1款

2.损益相抵：合同通则解释63.3

3.解除条件成就：第158条第3句、第159条

4.终止期限届满：第160条第3句

（三）请求权可行使

1.同时履行抗辩权：第525条+合同通则解释31

2.时效抗辩权：第192条第1款

诉请二：支付违反预约的违约金

请求权基础

第585条第1款

当事人可以约定一方违约时应当根据违约情况向对方支付一定数额的违约金，也可以约定因违约产生的损失赔偿额的计算方法。

检视程式

（一）请求权已产生

1.责任成立
（1）不履行预约合同约定的订立合同义务
（3）约定违约金
（4）抗辩：不可抗力，第590条
（5）抗辩：与有过失，第592条第2款

2.责任范围
（1）违约金调增
违约金低于造成的损失：第585条第2款第1分句
抗辩：违反减损义务，第591条第1款
抗辩：受领迟延利息请求权未产生，第589条第2款
（2）违约金调减：合同通则解释64—66
违约金过分高于造成的损失：第585条第2款第2分句

（二）请求权未消灭

债的一般消灭事由：第557条第1款

（三）请求权可行使

1.同时履行抗辩权：第525条+合同通则解释31
2.时效抗辩权：第192条第1款
违约金的起算独立于基础债权
3.违约金与定金择一：第588条第1款

第五节　定金合同纠纷

主张双倍返还定金

诉请：双倍返还定金

请求权基础

第587条第2句第2分句

收受定金的一方不履行债务或者履行债务不符合约定，致使不能实现合同目的

的，应当双倍返还定金。

检视程式

（一）请求权已产生：第586条

1.定金合同或定金条款：合同通则解释67.1

2.交付定金

3.无效抗辩：超过主合同金额20%

4.收受定金的一方不履行债务或履行债务不符合约定

5.致使不能实现合同目的

6.抗辩：受领迟延利息请求权未产生，第589条第2款

（二）请求权未消灭

1.债的一般消灭事由：第557条第1款

2.定金罚则特殊消灭事由：合同通则解释68

（三）请求权可行使

1.时效抗辩权：第192条第1款

2.违约金与定金择一：第588条第1款

聚合提示

1.可与履行请求权并存。

2.可与违约损害赔偿并存：第588条第2款

第二章 合同案由

第一节 合同纠纷（2级案由）

合同一般主张与诉请参引程式[1]	一、主张合同有效 　　诉请：确认合同有效 　　案由：确认合同有效纠纷 　　检视程式：参见第一章第一节确认合同有效纠纷 二、主张合同无效 　　诉请：确认合同无效 　　案由：确认合同无效纠纷 　　检视程式：参见第一章第二节确认合同无效纠纷 三、主张合同不成立/无效/被撤销后的返还+补偿 　　诉请：合同不成立/无效/被撤销的不当得利返还+折价补偿 　　案由：不当得利纠纷[2] 　　检视程式：参见第五章第二节"一、主张法律行为不成立/无效/被撤销后的返还/折价补偿" 四、主张缔约过失责任 　　诉请一：违反先合同义务的损害赔偿 　　诉请二：违反附随义务的缔约过失损害赔偿 　　诉请三：违反报批义务的损害赔偿 　　诉请四：违反报批义务的违约金 　　诉请五：违反报批义务的定金双倍返还（参见第一章第五节定金合同纠纷） 　　案由：缔约过失责任纠纷 　　检视程式：参见第一章第三节缔约过失责任纠纷 五、主张双倍返还定金 　　诉请：双倍返还定金 　　案由：定金合同纠纷 　　检视程式：参见第一章第五节定金合同纠纷

---

[1] "参引程式"指参照本书其他案由相同主张或诉请的检视程式。
[2] 若认为第157条第1句所涉并非不当得利返还请求权，则该诉请应适用"合同纠纷"项下的案由。

	一、主张撤销合同
	诉请一：因重大误解撤销合同
	诉请二：因受欺诈撤销合同
	诉请三：因受第三人欺诈撤销合同
	诉请四：因受胁迫撤销合同
	诉请五：因危难被乘撤销合同
	二、被代理人主张违反代理职责的代理人赔偿损害
	被代理人诉请：代理人赔偿损害
	三、被代理人主张代理人与相对人承担连带责任
	被代理人诉请：代理人与相对人承担连带责任
	四、相对人主张违法代理的被代理人与代理人承担连带责任
	相对人诉请：被代理人与代理人承担连带责任
	五、相对人主张无权代理人履行/赔偿损害
	相对人诉请一：无权代理人履行
	相对人诉请二：无权代理人赔偿损害
	六、主张合同履行请求权
	诉请：履行合同义务
合同一般主张 与诉请 合同纠纷程式	七、主张对方承担违约责任
	诉请一：修理/重作/更换/减价/退货
	诉请二：违约损害赔偿
	诉请三：支付违约金
	八、主张解除合同
	诉请一：确认合同已合意解除
	诉请二：确认已行使/依诉行使意定解除权
	诉请三：确认已行使/依诉行使法定解除权
	诉请四：确认已行使/依诉行使持续之债的任意解除权
	诉请五：申请司法解除
	诉请六：申请因情事变更解除
	诉请七：解除合同+恢复原状（返还）/采取其他补救措施/赔偿损失
	九、主张合同未解除
	诉请：确认合同未解除
	十、债权人主张债务人承担的费用
	诉请一：提前履行增加的费用
	诉请二：部分履行增加的费用
	诉请三：主债权及利息的实现费用
	诉请四：第三人替代履行的费用
	诉请五：防止损失扩大的费用

	十一、债务人主张债权人承担的费用 　　诉请一：提存费用 　　诉请二：受领迟延的费用 十二、主张后合同义务履行请求权 　　诉请：履行后合同义务 十三、主张违反后合同义务的损害赔偿 　　诉请：违反后合同义务的损害赔偿 十四、第三人主张债务人履行合同义务 　　诉请：债务人履行合同义务 十五、第三人主张债务人承担违约责任 　　附加要件：真正利他合同＋对第三人给付障碍 　　诉请一：修理/重作/更换/减价/退货 　　诉请二：违约损害赔偿 　　诉请三：支付违约金
说　明	1.本节下文列明的各主张与诉请仍应援用各具体有名合同各自的3级或4级案由，如主张撤销买卖合同适用本节的检视程序，但案由仍为"买卖合同纠纷"。 2.无名合同所涉主张与诉请，则适用2级案由"合同纠纷"。 3.本节"主张合同履行请求权"的检视程序主要适用于无名合同，各有名合同的履行请求权之请求权基础是《民法典》中各有名合同的给付义务条款，其检视程序置于有名合同各自的案由部分。

一、主张撤销合同

诉请一：因重大误解撤销合同

规范基础

第147条
　　基于重大误解实施的民事法律行为，行为人有权请求人民法院或者仲裁机构予以撤销。

检视程序

（一）撤销权已产生
1.表意人意思表示错误：总则解释19—20
2.错误非无关紧要
3.因果关系

（二）撤销权未消灭：第152条，时效规定5

1.除斥期间

（1）知道或应当知道撤销事由+90日

（2）法律行为发生之日+5年

2.放弃撤销权

（三）撤销权的行使

权利滥用抗辩：第132条+总则解释3

诉请二：因受欺诈撤销合同

规范基础

第148条

一方以欺诈手段，使对方在违背真实意思的情况下实施的民事法律行为，受欺诈方有权请求人民法院或者仲裁机构予以撤销。

检视程式

（一）撤销权已产生

1.欺诈行为：总则解释21

2.欺诈故意

（1）使表意人陷于错误的故意

（2）使表意人基于错误作出意思表示的故意

3.因果关系

（1）表意人因受欺诈陷于错误

（2）表意人因错误作出意思表示

（二）撤销权未消灭：第152条

1.除斥期间

（1）知道或应当知道撤销事由+1年

（2）法律行为发生之日+5年

2.放弃撤销权

（三）撤销权的行使

诉请三：因受第三人欺诈撤销合同

规范基础

第149条

第三人实施欺诈行为，使一方在违背真实意思的情况下实施的民事法律行为，对方知道或者应当知道该欺诈行为的，受欺诈方有权请求人民法院或者仲裁机构予以撤销。

检视程式

（一）撤销权已产生

1.第三人的欺诈行为：**总则解释21**

2.第三人的欺诈故意

（1）使表意人陷于错误的故意

（2）使表意人基于错误作出意思表示的故意

3.因果关系

（1）表意人因受欺诈陷于错误

（2）表意人因错误作出意思表示

4.表意相对方知道或者应当知道第三人的欺诈行为

（二）撤销权未消灭：第152条

1.除斥期间

（1）知道或应当知道撤销事由+1年

（2）法律行为发生之日+5年

2.放弃撤销权

（三）撤销权的行使

诉请四：因受胁迫撤销合同

规范基础

第150条

一方或者第三人以胁迫手段，使对方在违背真实意思的情况下实施的民事法律行为，受胁迫方有权请求人民法院或者仲裁机构予以撤销。

检视程式

（一）撤销权已产生

1.表意相对方或第三人的胁迫行为：**总则解释22**

2.胁迫故意

（1）使表意人陷于恐惧的故意

（2）使表意人基于恐惧作出迎合自己的意思表示的故意

3.胁迫的不法性

4.因果关系

（1）表意人因胁迫而陷于恐惧

（2）表意人因恐惧而作出迎合胁迫人的意思表示

（二）撤销权未消灭：第152条，时效规定5

1.除斥期间

（1）胁迫终止之日+1年

（2）法律行为发生之日+5年

2.放弃撤销权
（三）撤销权的行使

诉请五：因危难被乘撤销合同

规范基础

第151条

一方利用对方处于危困状态、缺乏判断能力等情形，致使民事法律行为成立时显失公平的，受损害方有权请求人民法院或者仲裁机构予以撤销。

检视程式

（一）撤销权已产生
1.表意相对方乘人之危：合同通则解释11
2.乘人之危的故意
3.因果关系
4.合同对表意人显失公平
（二）撤销权未消灭：第152条，时效规定5
1.除斥期间
（1）知道或应当知道撤销事由+1年
（2）法律行为发生之日+5年
2.放弃撤销权
（三）撤销权的行使

聚合提示

1.撤销可与不当得利返还并存：第157条第1句
2.撤销可与缔约过失责任并存：第157条第2句

二、被代理人主张违反代理职责的代理人赔偿损害

被代理人诉请：代理人赔偿损害

请求权基础

第164条第1款

代理人不履行或者不完全履行职责，造成被代理人损害的，应当承担民事责任。

检视程式

（一）请求权已产生
1.责任成立
（1）代理人滥用代理权：不履行或者不完全履行职责

（2）抗辩：不可抗力，第590条
（3）抗辩：与有过失，第592条第2款
2.责任范围
（1）损害
（2）责任范围因果关系
（3）抗辩：违反减损义务，第591条第1款
（4）抗辩：受领迟延利息请求权未产生，第589条第2款
（二）请求权未消灭
1.债的一般消灭事由：第557条第1款
2.损益相抵：合同通则解释63.3
（三）请求权可行使
1.同时履行抗辩权：第525条＋合同通则解释31
2.时效抗辩权：第192条第1款
无/限制行为能力人对法定代理人的请求权的诉讼时效，自法定代理终止之日起算：第190条

三、被代理人主张代理人与相对人承担连带责任

被代理人诉请：代理人与相对人承担连带责任

请求权基础

第164条第2款

代理人和相对人恶意串通，损害被代理人合法权益的，代理人和相对人应当承担连带责任。

检视程式

（一）请求权已产生
1.被代理人的合法权益被侵产生损害
2.代理人和相对人恶意串通
3.因果关系
4.抗辩：欠缺责任能力
5.抗辩：被代理人与有过失
（二）请求权未消灭
1.债的一般消灭事由：第557条第1款、第520条
2.损益相抵：合同通则解释63.3
（三）请求权可行使
时效抗辩权：第192条第1款
无/限制行为能力人对法定代理人的请求权的诉讼时效，自法定代理终止之日起算：第190条

对连带债务人之一发生的时效中断事由，对其他连带债务人也发生中断效力：时效规定15.2

竞合提示

本质属于以故意违反善良风俗的方式致损害于他人的侵权行为。

四、相对人主张违法代理的被代理人与代理人承担连带责任

相对人诉请：被代理人与代理人承担连带责任

请求权基础

第167条

代理人知道或者应当知道代理事项违法仍然实施代理行为，或者被代理人知道或者应当知道代理人的代理行为违法未作反对表示的，被代理人和代理人应当承担连带责任。

检视程式

（一）请求权已产生

1. 相对人的损害
2. 代理事项违法
3. 因果关系
4. 代理人恶意+被代理人恶意
5. 抗辩：欠缺责任能力
6. 抗辩：被代理人与有过失

（二）请求权未消灭

1. 债的一般消灭事由：第557条第1款、第520条
2. 损益相抵：合同通则解释63.3

（三）请求权可行使

时效抗辩权：第192条第1款

对连带债务人之一发生的时效中断事由，对其他连带债务人也发生中断效力：时效规定15.2

竞合提示

本质属于违反保护性法律的侵权行为。

五、相对人主张无权代理人履行／赔偿损害

相对人诉请一：无权代理人履行

请求权基础

第171条第3款主文第1种情形→
第171条第3款主文

行为人实施的行为未被追认的，善意相对人有权请求行为人履行债务或者就其受到的损害请求行为人赔偿。

检视程式

（一）请求权已产生
1.产生要件
（1）代理行为：第161条
（2）无代理权
（3）被代理人拒绝追认：第171条第2款第1句
2.产生抗辩
（1）表见代理：第172条
（2）善意相对人撤销：第171条第2款第3句
（3）相对人非善意：第171条第4款
（二）请求权未消灭
1.给付不能：第580条第1款但书第1—2项
2.债的一般消灭事由：第557条第1款
（三）请求权可行使
1.履行抗辩权：合同通则解释31
（1）同时履行抗辩权：第525条
（2）先履行抗辩权：第526条
（3）不安履行抗辩权：第527条第1款
2.时效抗辩权：第192条第1款

相对人诉请二：无权代理人赔偿损害

请求权基础

第171条第3款主文第2种情形→
第171条第3款主文

行为人实施的行为未被追认的，善意相对人有权请求行为人履行债务或者就其受到的损害请求行为人赔偿。

检视程式

（一）请求权已产生

1.责任成立

（1）代理行为：第161条

（2）无代理权

（3）被代理人拒绝追认：第171条第2款第1句

（4）抗辩：表见代理，第172条

（5）抗辩：相对人非善意，第171条第4款

2.责任范围

（1）相对人的损害

（2）责任范围因果关系

（3）以被代理人追认时相对人所能获得的利益为限：第171条第3款但书

（二）请求权未消灭

1.债的一般消灭事由：第557条第1款

2.损益相抵：合同通则解释63.3

（三）请求权可行使

1.同时履行抗辩权：第525条+合同通则解释31

2.时效抗辩权：第192条第1款

六、主张合同履行请求权

诉请：履行合同义务

请求权基础

合同约定的履行条款（无名合同）

检视程式

（一）请求权已产生

合同成立且无效力障碍

（二）请求权未消灭

1.合同已解除：第557条第2款

2.解除条件成就：第158条第3句、第159条

3.终止期限届满：第160条第3句

4.给付不能：第580条第1款但书第1—2项

5.债的一般消灭事由：第557条第1款

电子商务合同履行的认定：电子商务法51

（三）请求权可行使

1.履行抗辩权：合同通则解释31

（1）同时履行抗辩权：第525条

（2）先履行抗辩权：第526条
（3）不安履行抗辩权：第527条第1款
2.时效抗辩权：第192条第1款

七、主张对方承担违约责任

诉请一：修理／重作／更换／减价／退货

请求权基础

第582条

履行不符合约定的，应当按照当事人的约定承担违约责任。对违约责任没有约定或者约定不明确，依据本法第五百一十条的规定仍不能确定的，受损害方根据标的的性质以及损失的大小，可以合理选择请求对方承担修理、重作、更换、退货、减少价款[①]或者报酬等违约责任。

检视程式

（一）请求权已产生
1.合同成立且无效力障碍
2.瑕疵给付
（二）请求权未消灭
1.合同已解除：第557条第2款
2.解除条件成就：第158条第3句、第159条
3.终止期限届满：第160条第3句
4.给付不能：第580条第1款但书第1—2项
5.债的一般消灭事由：第557条第1款
（三）请求权可行使
1.履行抗辩权：合同通则解释31
（1）同时履行抗辩权：第525条
（2）先履行抗辩权：第526条
（3）不安履行抗辩权：第527条第1款
2.时效抗辩权：第192条第1款

说　明

补正履行本质上仍是合同履行请求权（原合同请求权）的延续。

---

① 买受人尚未支付价款情形，减少价款系权利部分消灭的抗辩。

聚合提示

可与违约损害赔偿并存：第583条

诉请二：违约损害赔偿

请求权基础

第577条后半句第3种情形→

第577条

当事人一方不履行合同义务或者履行合同义务不符合约定的，应当承担继续履行、采取补救措施或者赔偿损失等违约责任。

第578条

当事人一方明确表示或者以自己的行为表明不履行合同义务的，对方可以在履行期限届满前请求其承担违约责任。

第583条

当事人一方不履行合同义务或者履行合同义务不符合约定的，在履行义务或者采取补救措施后，对方还有其他损失的，应当赔偿损失。

检视程式

（一）请求权已产生

1.责任成立

（1）合同成立且无效力障碍

（2）履行障碍

①给付不能：第580条第1款但书第1—2项

②瑕疵给付

③给付迟延

④违反附随义务

⑤期前违约：第578条

⑥违反不真正利他合同对第三人的义务：第522条第1款

⑦约定由第三人履行＋第三人履行障碍：第523条

（3）抗辩：不可抗力，第590条

（4）抗辩：与有过失，第592条第2款

（5）抗辩：第三人原因，第593条第1句

2.责任范围

（1）损害：第584条主文＋合同通则解释60—62

（2）责任范围因果关系

①抗辩：可预见性，第584条但书＋合同通则解释63.1—63.2

②抗辩：合同目的限制

（3）抗辩：违反减损义务，第591条第1款

（4）抗辩：受领迟延利息请求权未产生，第589条第2款
（二）请求权未消灭
1.债的一般消灭事由：第557条第1款
2.损益相抵：合同通则解释63.3
（三）请求权可行使
1.同时履行抗辩权：第525条＋合同通则解释31
2.时效抗辩权：第192条第1款

聚合提示

1.可与继续履行、补正履行请求权并存：第583条
2.可与定金并存：第588条第2款
3.可与合同解除并存：第566条第2款
4.可与精神损害赔偿并存：第996条

竞合提示

瑕疵给付的违约责任可能与侵权责任竞合。

诉请三：支付违约金

请求权基础

第585条第1款

当事人可以约定一方违约时应当根据违约情况向对方支付一定数额的违约金，也可以约定因违约产生的损失赔偿额的计算方法。

检视程式

（一）请求权已产生
1.责任成立
（1）合同成立且无效力障碍
（2）履行障碍
①给付不能：第580条第1款但书第1—2项
②瑕疵给付：第612条、第615条
③给付迟延
④期前违约：第578条
⑤违反不真正利他合同对第三人的义务：第522条第1款
⑥约定由第三人履行＋第三人履行障碍：第523条
（3）约定违约金
（4）抗辩：不可抗力，第590条
（5）抗辩：与有过失，第592条第2款

（6）抗辩：第三人原因，第593条第1句
2.责任范围
（1）违约金调增
违约金低于造成的损失：第585条第2款第1分句
抗辩：违反减损义务，第591条第1款
抗辩：受领迟延利息请求权未产生，第589条第2款
（2）违约金调减：合同通则解释64—66
违约金过分高于造成的损失：第585条第2款第2分句
（二）请求权未消灭
债的一般消灭事由：第557条第1款
（三）请求权可行使
1.同时履行抗辩权：第525条＋合同通则解释31
2.时效抗辩权：第192条第1款
违约金的起算独立于基础债权
3.违约金与定金择一：第588条第1款

八、主张解除合同

诉请一：确认合同已合意解除

规范基础

第562条第1款
当事人协商一致，可以解除合同。

检视程式

（一）解除合同的合意成立：合同通则解释52
（二）抗辩：解除合意的效力障碍（参见第一章第二节确认合同无效纠纷）

诉请二：确认已行使/依诉行使意定解除权

规范基础

第562条第2款
当事人可以约定一方解除合同的事由。解除合同的事由发生时，解除权人可以解除合同。

检视程式

（一）解除权已产生
1.合同成立且无效力障碍
2.意定解除权

3.抗辩：解除权约定的效力障碍
4.意定解除事由发生

（二）解除权未消灭
1.除斥期间：第564条
（1）约定的除斥期间
（2）未约定＋解除权人知道或应知解除事由之日起1年
（3）未约定＋对方催告后的合理期限
2.放弃解除权

（三）解除权的行使：第565条，合同通则解释53—54
1.解除通知＋到达
2.通知载明债务人在一定期限内不履行债务则合同自动解除＋载明的期限届满＋债务人在该期限内未履行债务
3.未通知＋直接以诉讼或仲裁方式主张解除＋起诉状副本或仲裁申请书副本送达对方

诉请三：确认已行使/依诉行使法定解除权

规范基础

第563条第1款
有下列情形之一的，当事人可以解除合同：
（一）因不可抗力致使不能实现合同目的；
（二）在履行期限届满前，当事人一方明确表示或者以自己的行为表明不履行主要债务；
（三）当事人一方迟延履行主要债务，经催告后在合理期限内仍未履行；
（四）当事人一方迟延履行债务或者有其他违约行为致使不能实现合同目的；
（五）法律规定的其他情形。

检视程式

（一）解除权已产生
1.合同成立且无效力障碍
2.因不可抗力致使不能实现合同目的
3.在履行期限届满前，当事人一方明确表示或者以自己的行为表明不履行主要债务
4.当事人一方迟延履行主要债务，经催告后在合理期限内仍未履行
5.当事人一方迟延履行债务或者有其他违约行为致使不能实现合同目的：合同通则解释26
6.法律规定的其他情形

（二）解除权未消灭
1.除斥期间：第564条

（1）法定除斥期间

（2）法律未规定解除权行使期限+解除权人知道或应知解除事由之日起1年

（3）法律未规定解除权行使期限+对方催告后的合理期限

2.放弃解除权

（三）解除权的行使：第565条，合同通则解释53—54

1.解除通知+到达

2.通知载明债务人在一定期限内不履行债务则合同自动解除+载明的期限届满+债务人在该期限内未履行债务

3.未通知+直接以诉讼或仲裁方式主张解除+起诉状副本或仲裁申请书副本送达对方

聚合提示

可与违约责任（违约损害赔偿/违约金/定金）并存：第566条第2款

诉请四：确认已行使/依诉行使持续之债的任意解除权

规范基础

第563条第2款

以持续履行的债务为内容的不定期合同，当事人可以随时解除合同，但是应当在合理期限之前通知对方。

检视程式

（一）解除权已产生

1.合同成立且无效力障碍

2.持续之债

3.合同不定期

（二）解除权未消灭

（三）解除权的行使：第565条，合同通则解释53—54

合理期限前通知+到达

诉请五：申请司法解除

规范基础

第580条第2款主文→

第580条第2款

有前款规定的除外情形之一，致使不能实现合同目的的，人民法院或者仲裁机构可以根据当事人的请求终止合同权利义务关系，但是不影响违约责任的承担。

检视程式

（一）权利已产生

1.合同成立且无效力障碍

2.非金钱债务的给付不能：第580条第1款但书第1—2项

3.致使不能实现合同目的

4.抗辩：守约方已行使解除权

（二）权利未消灭

权利的放弃

（三）权利的行使：合同通则解释59

请求人民法院或仲裁机构终止合同权利义务关系

诉请六：申请因情事变更解除

规范基础

第533条

合同成立后，合同的基础条件发生了当事人在订立合同时无法预见的、不属于商业风险的重大变化，继续履行合同对于当事人一方明显不公平的，受不利影响的当事人可以与对方重新协商；在合理期限内协商不成的，当事人可以请求人民法院或者仲裁机构变更或者解除合同。

人民法院或者仲裁机构应当结合案件的实际情况，根据公平原则变更或者解除合同。

检视程式

（一）权利已产生：合同通则解释32.1

1.合同成立且无效力障碍

2.合同的基础条件发生了当事人在订立合同时无法预见的重大变化

3.不属于商业风险

4.继续履行合同对于当事人一方明显不公平

5.受不利影响的当事人与对方在合理期限内协商不成

6.权利产生抗辩：存在其他法律救济途径（如法定解除权）

（二）权利未消灭

权利的放弃：合同通则解释32.4

（三）权利的行使：合同通则解释32.2—32.3

请求人民法院或仲裁机构解除合同

诉请七：解除合同 + 恢复原状（返还）/ 采取其他补救措施 / 赔偿损失

请求权基础

第 566 条第 1 款

合同解除后，尚未履行的，终止履行；已经履行的，根据履行情况和合同性质，当事人可以请求恢复原状或者采取其他补救措施，并有权请求赔偿损失。

检视程式

（一）请求权已产生
1. 合同已解除
2. 合同已经履行

（二）请求权未消灭
1. 债的一般消灭事由：第 557 条第 1 款
2. 损益相抵：合同通则解释 63.3

（三）请求权可行使
1. 同时履行抗辩权：第 525 条 + 合同通则解释 31
2. 时效抗辩权：第 192 条第 1 款

聚合提示

可与违约责任（违约损害赔偿/违约金/定金）并存：第 566 条第 2 款

九、主张合同未解除

诉请：确认合同未解除

规范基础

第 565 条第 1 款第 3 句

对方对解除合同有异议的，任何一方当事人均可以请求人民法院或者仲裁机构确认解除行为的效力。

检视程式

（一）被告认为合同已合意解除/因己方行使解除权解除
（二）原告对解除合同有异议
（三）异议成立
1. 未达成解除合意：第 562 条第 1 款
2. 被告不享有意定/法定解除权：第 562 条第 2 款、第 563 条
3. 解除权的除斥期间届满：第 564 条
4. 被告未行使解除权：第 565 条第 1 款第 1—2 句

十、债权人主张债务人承担的费用

诉请一：提前履行增加的费用

请求权基础

第 530 条第 2 款

债务人提前履行债务给债权人增加的费用，由债务人负担。

检视程式

（一）请求权已产生

1. 债务人提前履行
2. 增加了债权人费用
3. 因果关系

（二）请求权未消灭

1. 债的一般消灭事由：第 557 条第 1 款
2. 损益相抵：合同通则解释 63.3

（三）请求权可行使

1. 同时履行抗辩权：第 525 条＋合同通则解释 31
2. 时效抗辩权：第 192 条第 1 款

诉请二：部分履行增加的费用

请求权基础

第 531 条第 2 款

债务人部分履行债务给债权人增加的费用，由债务人负担。

检视程式

（一）请求权已产生

1. 债务人部分履行
2. 增加了债权人费用
3. 因果关系

（二）请求权未消灭

1. 债的一般消灭事由：第 557 条第 1 款
2. 损益相抵：合同通则解释 63.3

（三）请求权可行使

1. 同时履行抗辩权：第 525 条＋合同通则解释 31
2. 时效抗辩权：第 192 条第 1 款

诉请三：主债权及利息的实现费用

请求权基础

第561条前半句
债务人在履行主债务外还应当支付利息和实现债权的有关费用……

检视程式

（一）请求权已产生
1. 主债务成立
2. 实现债权产生费用
3. 费用与实现债权的因果关系

（二）请求权未消灭
1. 债的一般消灭事由：第557条第1款
2. 损益相抵：合同通则解释63.3

（三）请求权可行使
1. 同时履行抗辩权：第525条＋合同通则解释31
2. 时效抗辩权：第192条第1款

诉请四：第三人替代履行的费用

请求权基础

第581条
当事人一方不履行债务或者履行债务不符合约定，根据债务的性质不得强制履行的，对方可以请求其负担由第三人替代履行的费用。

检视程式

（一）请求权已产生
1. 责任成立
（1）合同成立且无效力障碍
（2）履行障碍
①拒绝给付
②瑕疵给付：第612条、第615条
③期前违约：第578条
（3）根据债的性质不得强制履行
（4）第三人替代履行
（5）抗辩：不可抗力，第590条
（6）抗辩：与有过失，第592条第2款
（7）抗辩：第三人原因，第593条第1句

2.责任范围

（1）因第三人替代履行支出费用

（2）费用与履行障碍间的因果关系

（3）抗辩：违反减损义务，第591条第1款

（二）请求权未消灭

1.债的一般消灭事由：第557条第1款

2.损益相抵：合同通则解释63.3

（三）请求权可行使

1.同时履行抗辩权：第525条＋合同通则解释31

2.时效抗辩权：第192条第1款

诉请五：防止损失扩大的费用

请求权基础

第591条第2款

当事人因防止损失扩大而支出的合理费用，由违约方负担。

检视程式

（一）请求权已产生

1.守约方防止损失扩大

2.守约方支出费用

3.因果关系

4.费用的合理性

（二）请求权未消灭

1.债的一般消灭事由：第557条第1款

2.损益相抵：合同通则解释63.3

（三）请求权可行使

1.同时履行抗辩权：第525条＋合同通则解释31

2.时效抗辩权：第192条第1款

聚合提示

债权人对债务人的费用类请求权可与违约责任并存。

十一、债务人主张债权人承担的费用

诉请一：提存费用

请求权基础

第573条第3句

提存费用由债权人负担。

检视程式

（一）请求权已产生

1. 债务人将标的物或变价价款交付提存部门：第571条
2. 符合提存适用情形：第570条
（1）债权人无正当理由拒绝受领
（2）债权人下落不明
（3）债权人死亡未确定继承人、遗产管理人，或者丧失民事行为能力未确定监护人
（4）标的物不适于提存或者提存费用过高的，债务人依法可以拍卖或者变卖标的物，提存所得的价款
（5）法律规定的其他情形
3. 产生提存费用
4. 因果关系
5. 抗辩：债务人未及时通知债权人方提存，第572条

（二）请求权未消灭

1. 债的一般消灭事由：第557条第1款
2. 损益相抵
提存期间，标的物的孳息归债权人所有：第573条第2句

（三）请求权可行使

1. 同时履行抗辩权：第525条＋合同通则解释31
2. 时效抗辩权：第192条第1款

诉请二：受领迟延的费用

请求权基础

第589条第1款

债务人按照约定履行债务，债权人无正当理由拒绝受领的，债务人可以请求债权人赔偿增加的费用。

检视程式

（一）请求权已产生

1. 债务人履行
2. 债权人拒绝受领
3. 拒绝受领无正当理由
4. 债务人处产生费用
5. 因果关系

（二）请求权未消灭

1. 债的一般消灭事由：第557条第1款

2.损益相抵：合同通则解释63.3
（三）请求权可行使
1.同时履行抗辩权：第525条＋合同通则解释31
2.时效抗辩权：第192条第1款

十二、主张后合同义务履行请求权

诉请：履行后合同义务

请求权基础

第558条

债权债务终止后，当事人应当遵循诚信等原则，根据交易习惯履行通知、协助、保密、旧物回收等义务。

检视程式

（一）请求权已产生
1.合同成立且无效力障碍
2.债权债务终止
3.根据诚信原则或交易习惯对方负担通知、协助、保密、旧物回收等义务
（二）请求权未消灭
1.给付不能：第580条第1款但书第1—2项
2.已履行：第557条第1款第1项
（三）请求权可行使
1.同时履行抗辩权：第525条＋合同通则解释31
2.时效抗辩权：第192条第1款
保密义务不适用时效抗辩权

十三、主张违反后合同义务的损害赔偿

诉请：违反后合同义务的损害赔偿

请求权基础

第577条

当事人一方不履行合同义务或者履行合同义务不符合约定的，应当承担继续履行、采取补救措施或者赔偿损失等违约责任。

检视程式

（一）请求权已产生
1.责任成立
（1）债权债务终止

（2）对方违反后合同义务
违反诚信或交易习惯未履行通知、协助、保密、旧物回收等义务
（3）抗辩：不可抗力，第590条
（4）抗辩：与有过失，第592条第2款
（5）抗辩：第三人原因，第593条第1句
2.责任范围
（1）损害
（2）责任范围因果关系
（3）抗辩：违反减损义务，第591条第1款
（4）抗辩：受领迟延利息请求权未产生，第589条第2款
（二）请求权未消灭
1.债的一般消灭事由：第557条第1款
2.损益相抵：合同通则解释63.3
（三）请求权可行使
1.同时履行抗辩权：第525条+合同通则解释31
2.时效抗辩权：第192条第1款

十四、第三人主张债务人履行合同义务

诉请：债务人履行合同义务

请求权基础

第522条第2款
法律规定或者当事人约定第三人可以直接请求债务人向其履行债务……

检视程式

（一）请求权已产生：合同通则解释29
1.合同成立且无效力障碍
2.法律规定/当事人约定第三人对债务人有履行请求权
3.抗辩：第三人在合理期限内明确拒绝
（二）请求权未消灭
1.合同已解除：第557条第2款
2.解除条件成就：第158条第3句、第159条
3.终止期限届满：第160条第3句
4.给付不能：第580条第1款但书第1—2项
5.债的一般消灭事由：第557条第1款
（三）请求权可行使
债务人对债权人的抗辩可对第三人主张：第522条第2款第2分句

十五、第三人主张债务人承担违约责任

诉请一：修理/重作/更换/减价/退货

诉请二：违约损害赔偿

诉请三：支付违约金

请求权基础

第 522 条第 2 款第 1 分句

法律规定或者当事人约定第三人可以直接请求债务人向其履行债务，第三人未在合理期限内明确拒绝，债务人未向第三人履行债务或者履行债务不符合约定的，第三人可以请求债务人承担违约责任……

检视程式

（一）请求权已产生部分的附加检视

1. 真正利他合同：法律规定/当事人约定第三人对债务人有履行请求权
2. 对第三人的给付障碍
3. 抗辩：第三人在合理期限内明确拒绝

（二）其余检视步骤同本节"七、主张对方承担违约责任"

第二节　买卖合同纠纷

合同一般主张 与诉请 在买卖合同的 适用 参引程式	一、主张买卖合同有效 　　诉请：确认买卖合同有效 　　案由：确认合同有效纠纷 　　检视程式：参见第一章第一节确认合同有效纠纷 二、主张买卖合同无效 　　诉请：确认买卖合同无效 　　案由：确认合同无效纠纷 　　检视程式：参见第一章第二节确认合同无效纠纷 三、主张撤销买卖合同 　　诉请：撤销买卖合同 　　案由：买卖合同纠纷 　　检视程式：参见第二章第一节"一、主张撤销合同" 四、主张合同不成立/无效/被撤销后的返还/补偿 　　诉请：合同不成立/无效/被撤销的不当得利返还/折价补偿

续表

| | 案由：不当得利纠纷[①]
  检视程式：参见第五章第二节"一、主张法律行为不成立/无效/被撤销后的返还/折价补偿"
五、主张缔约过失责任
  诉请一：违反先合同义务的损害赔偿
  诉请二：违反附随义务的缔约过失损害赔偿
  诉请三：违反报批义务的损害赔偿
  诉请四：违反报批义务的违约金
  诉请五：违反报批义务的定金双倍返还
  案由：缔约过失责任纠纷（定金适用定金合同纠纷）
  检视程式：参见第一章第三节缔约过失责任纠纷（定金参见第一章第五节定金合同纠纷）
六、主张买卖预约的履行/违反预约的违约责任
  诉请一：订立买卖合同
  诉请二：违反预约的损害赔偿/违约金/双倍返还定金
  案由：预约合同纠纷（定金适用定金合同纠纷）
  检视程式：参见第一章第四节预约合同纠纷（定金参见第一章第五节定金合同纠纷）
七、被代理人主张违反代理职责的代理人赔偿损害
  被代理人诉请：代理人赔偿损害
  案由：买卖合同纠纷
  检视程式：参见第二章第一节"二、被代理人主张违反代理职责的代理人赔偿损害"
八、被代理人主张代理人与相对人承担连带责任
  被代理人诉请：代理人与相对人承担连带责任
  案由：买卖合同纠纷
  检视程式：参见第二章第一节"三、被代理人主张代理人与相对人承担连带责任"
九、相对人主张违法代理的被代理人与代理人承担连带责任
  相对人诉请：被代理人与代理人承担连带责任
  案由：买卖合同纠纷
  检视程式：参见第二章第一节"四、相对人主张违法代理的被代理人与代理人承担连带责任" |

[①] 若认为第157条第1句所涉并非不当得利返还请求权，则该诉请应适用"合同纠纷"项下的案由。

十、相对人主张无权代理人履行/赔偿损害

　　相对人诉请一：无权代理人履行

　　相对人诉请二：无权代理人赔偿损害

　　案由：买卖合同纠纷

　　检视程式：参见第二章第一节"五、相对人主张无权代理人履行/赔偿损害"

十一、主张对方承担违约责任

　　出卖人诉请：修理/重作/更换/退货/减价

　　诉请一：违约损害赔偿

　　诉请二：支付违约金

　　诉请三：双倍返还定金

　　案由：买卖合同纠纷（定金适用定金合同纠纷）

　　检视程式：参见第二章第一节"七、主张对方承担违约责任"（定金参见第一章第五节定金合同纠纷）

十二、主张解除合同

　　诉请一：确认合同已合意解除

　　诉请二：确认已行使/依诉行使意定解除权

　　诉请三：确认已行使/依诉行使法定解除权

　　诉请四：申请司法解除

　　诉请五：申请因情事变更解除

　　诉请六：解除合同+恢复原状（返还）/采取其他补救措施/赔偿损失

　　案由：买卖合同纠纷

　　检视程式：参见第二章第一节"八、主张解除合同"

十三、主张合同未解除

　　诉请：确认合同未解除

　　案由：买卖合同纠纷

　　检视程式：参见第二章第一节"九、主张合同未解除"

十四、债权人主张债务人承担的费用

　　诉请一：提前履行增加的费用

　　诉请二：部分履行增加的费用

　　诉请三：主债权及利息的实现费用

　　诉请四：第三人替代履行的费用

　　诉请五：防止损失扩大的费用

　　案由：买卖合同纠纷

　　检视程式：参见第二章第一节"十、债权人主张债务人承担的费用"

十五、债务人主张债权人承担的费用

　　诉请一：提存费用

续表

	诉请二：受领迟延的费用 案由：买卖合同纠纷 检视程式：参见第二章第一节"十一、债务人主张债权人承担的费用" 十六、主张后合同义务履行请求权 　　诉请：履行后合同义务 　　案由：买卖合同纠纷 　　检视程式：参见第二章第一节"十二、主张后合同义务履行请求权" 十七、主张违反后合同义务的损害赔偿 　　诉请：违反后合同义务的损害赔偿 　　案由：买卖合同纠纷 　　检视程式：参见第二章第一节"十三、主张违反后合同义务的损害赔偿" 十八、第三人主张债务人履行合同义务 　　诉请：债务人履行合同义务 　　案由：买卖合同纠纷 　　检视程式：参见第二章第一节"十四、第三人主张债务人履行合同义务" 十九、第三人主张债务人承担违约责任 　　诉请：债务人承担违约责任 　　案由：买卖合同纠纷 　　检视程式：参见第二章第一节"十五、第二人主张债务人承担违约责任"
案由特别主张 与诉请 买卖合同程式	一、主张买卖合同履行请求权 　　出卖人诉请：买受人支付价款 　　买受人诉请一：出卖人交付标的物+移转标的物所有权 　　买受人诉请二：出卖人交付单证资料 二、主张对方承担违约责任 　　出卖人诉请：买受人支付逾期付款违约金 　　买受人诉请：出卖人瑕疵给付的违约损害赔偿 三、买受人主张解除买卖合同（买受人特有的法定解除权） 　　买受人诉请一：确认已因出卖人无处分权解除/依诉解除合同 　　买受人诉请二：确认已因标的物重大瑕疵解除/依诉解除合同 　　买受人诉请三：确认分批交付的解除/依诉解除 　　买受人诉请四：确认已因出卖人违反从给付义务解除/依诉解除合同 四、买受人主张出卖人负担合理费用 　　买受人诉请：出卖人负担合理费用 五、买受人主张出卖人履行回收义务 　　买受人诉请：出卖人回收标的物

45

一、主张买卖合同履行请求权

出卖人诉请：买受人支付价款

请求权基础

第 626 条第 1 句
买受人应当按照约定的数额和支付方式支付价款。

检视程式

（一）请求权已产生
买卖合同成立且无效力障碍
买卖合同的定义：第 595 条
买卖合同的内容：第 596 条
买卖合同成立的认定与证明：买卖解释 1

（二）请求权未消灭
1. 合同已解除：第 557 条第 2 款
2. 解除条件成就：第 158 条第 3 句、第 159 条
3. 终止期限届满：第 160 条第 3 句
4. 债的一般消灭事由
（1）已履行：第 557 条第 1 款第 1 项
价款数额和支付方式：第 626 条第 2 句+第 510 条+第 511 条第 2、5 项
价款支付地点：第 627 条+第 510 条、第 511 条第 3 项
价款支付时间：第 628 条+第 510 条、第 511 条第 4 项
付款义务履行的证明：买卖解释 5.2
（2）抵销、提存、免除、混同等：第 557 条第 1 款第 2—6 项
5. 因瑕疵履行减少价款：第 582 条+买卖解释 17、31
6. 部分价款作为质量保证金：买卖解释 15
7. 付款义务消灭的反抗辩
价金风险移转：第 604—610 条+买卖解释 8—11+电子商务法 20

（三）请求权可行使
1. 履行抗辩权：合同通则解释 31
（1）同时履行抗辩权：第 525 条
（2）先履行抗辩权：第 526 条
（3）不安履行抗辩权：第 527 条第 1 款
因买卖标的物权利瑕疵中止支付价款：第 614 条
2. 时效抗辩权：第 192 条第 1 款

买受人诉请一：出卖人交付标的物＋移转标的物所有权

请求权基础

第598条

出卖人应当履行向买受人交付标的物或者交付提取标的物的单证，并转移标的物所有权的义务。

检视程式

（一）请求权已产生

买卖合同成立且无效力障碍

买卖合同的定义：第595条

买卖合同的内容：第596条

买卖合同成立的认定与证明：买卖解释1

（二）请求权未消灭

1.合同已解除：第557条第2款

2.解除条件成就：第158条第3句、第159条

3.终止期限届满：第160条第3句

4.给付不能：第580条第1款但书第1—2项

5.已履行：第557条第1款第1项

（1）交付

①交付方式

A.本义交付

a.占有移转＋占有移转合意＋清偿合意

b.借助第三人完成

B.交付替代

简易交付/占有改定/返还请求权让与以代交付

C.电子信息产品的交付：买卖解释2

②交付时间：第601—602条

③交付地点：第603条

④交付义务履行的证明：买卖解释5.1

⑤孳息的交付：第630条

⑥出卖人多交：第629条＋买卖解释3

（2）移转所有权

物权合意＋公示（登记/交付）＋清偿合意

6.抵销、提存、免除、混同等：第557条第1款第2—6项

（三）请求权可行使

1.多重买卖的交付：买卖解释6—7

2.履行抗辩权：合同通则解释31

（1）同时履行抗辩权：第525条
（2）先履行抗辩权：第526条
（3）不安抗辩权：第527条第1款
因买卖标的物权利瑕疵的不安抗辩权：第614条
3.时效抗辩权：第192条第1款

买受人诉请二：出卖人交付单证资料

请求权基础

第599条

出卖人应当按照约定或者交易习惯向买受人交付提取标的物单证以外的有关单证和资料。

检视程式

（一）请求权已产生
买卖合同成立且无效力障碍
买卖合同的定义：第595条
买卖合同的内容：第596条
买卖合同成立的认定与证明：买卖解释1
单证和资料的认定：买卖解释4
（二）请求权未消灭
1.合同已解除：第557条第2款
2.解除条件成就：第158条第3句、第159条
3.终止期限届满：第160条第3句
4.给付不能：第580条第1款但书第1—2项
5.债的一般消灭事由：第557条第1款
（三）请求权可行使
时效抗辩权：第192条第1款

二、主张对方承担违约责任

出卖人诉请：买受人支付逾期付款违约金

请求权基础

第585条第1款

当事人可以约定一方违约时应当根据违约情况向对方支付一定数额的违约金，也可以约定因违约产生的损失赔偿额的计算方法。

检视程式

（一）请求权已产生

1.责任成立

（1）合同成立且无效力障碍

（2）买受人逾期付款

（3）约定逾期付款违约金：买卖解释18

（4）抗辩：与有过失，第592条第2款

2.责任范围

（1）违约金调增

违约金低于造成的损失：第585条第2款第1分句

（2）违约金调减：合同通则解释64—66

违约金过分高于造成的损失：第585条第2款第2分句

（二）请求权未消灭

债的一般消灭事由：第557条第1款

（三）请求权可行使

1.同时履行抗辩权：第525条+合同通则解释31

2.时效抗辩权：第192条第1款

3.违约金与定金择一：第588条第1款

买受人诉请：出卖人瑕疵给付的违约损害赔偿

请求权基础

第617条

出卖人交付的标的物不符合质量要求的，买受人可以依据本法第五百八十二条至第五百八十四条的规定请求承担违约责任。

第577条

当事人一方不履行合同义务或者履行合同义务不符合约定的，应当承担继续履行、采取补救措施或者赔偿损失等违约责任。

第583条

当事人一方不履行合同义务或者履行合同义务不符合约定的，在履行义务或者采取补救措施后，对方还有其他损失的，应当赔偿损失。

检视程式

（一）请求权已产生

1.责任成立

（1）合同成立且无效力障碍

（2）出卖人瑕疵给付

①标的物品质或数量（少交）瑕疵：第615条

A.品质的认定：第616条＋第510条＋第511条第1项
B.品质瑕疵减轻或免除约定的反抗辩：出卖人故意或重大过失不告知瑕疵，第618条
C.买受人检验＋通知：第620—624条＋买卖解释12—14条
D.出卖人知道或应知瑕疵：第621条第3款
②标的物权利瑕疵：第612条
抗辩：买受人知道或应知，第613条
（3）抗辩：与有过失，第592条第2款
2.责任范围
（1）损害：第584条主文＋合同通则解释60—62
买卖合同的可得利益损失：买卖解释22
（2）责任范围因果关系
①抗辩：可预见性，第584条但书＋合同通则解释63.1—63.2
②抗辩：合同目的限制
（3）抗辩：违反减损义务，第591条第1款
（4）抗辩：受领迟延利息请求权未产生，第589条第2款

（二）请求权未消灭

1.债的一般消灭事由：第557条第1款
2.损益相抵：买卖解释23
3.抗辩排除：价金风险移转不影响出卖人违约责任，第611条

（三）请求权可行使

1.同时履行抗辩权：第525条＋合同通则解释31
2.时效抗辩权：第192条第1款

说　明

因标的物品质瑕疵而主张减少价款：买卖解释17

聚合提示

1.可与继续履行、补正履行请求权并存：第583条
2.可与定金并存：第588条第2款
3.可与合同解除并存：第566条第2款
4.可与精神损害赔偿并存：第996条

竞合提示

瑕疵给付的违约责任可能与侵权责任竞合。

三、买受人主张解除合同（买受人特有的法定解除权）

解除对主从物的影响

第631条

因标的物的主物不符合约定而解除合同的，解除合同的效力及于从物。因标的物的从物不符合约定被解除的，解除的效力不及于主物。

买受人诉请一：确认已因出卖人无处分权解除/依诉解除合同

规范基础

第597条第1款

因出卖人未取得处分权致使标的物所有权不能转移的，买受人可以解除合同并请求出卖人承担违约责任。

检视程式

（一）解除权已产生：合同通则解释19.1
1. 买卖合同成立且无效力障碍
2. 出卖人未取得处分权
3. 致使标的物所有权不能转移

（二）解除权未消灭
1. 除斥期间：第564条
（1）买受人知道或应知解除事由之日起1年
（2）出卖人催告买受人行使解除权后的合理期限
2. 放弃解除权

（三）解除权的行使：第565条，合同通则解释53—54
1. 解除通知+到达
2. 通知载明出卖人在一定期限内不履行债务则合同自动解除+载明的期限届满+出卖人在该期限内未履行债务
3. 未通知+直接以诉讼或仲裁方式主张解除+起诉状副本或仲裁申请书副本送达出卖人

聚合提示

可与违约责任（违约损害赔偿/违约金/定金）并存：第566条第2款

买受人诉请二：确认已因标的物重大瑕疵解除/依诉解除合同

规范基础

第610条第1句第2种情形→
第610条第1句

因标的物不符合质量要求，致使不能实现合同目的的，买受人可以拒绝接受标的物或者解除合同。

检视程式

（一）解除权已产生
1. 买卖合同成立且无效力障碍
2. 标的物不符合质量要求
3. 致使不能实现合同目的

（二）解除权未消灭
1. 除斥期间：第564条
（1）买受人知道或应知解除事由之日起1年
（2）出卖人催告买受人行使解除权后的合理期限
2. 放弃解除权

（三）解除权的行使：第565条，合同通则解释53—54
1. 解除通知+到达
2. 通知载明出卖人在一定期限内不履行债务则合同自动解除+载明的期限届满+出卖人在该期限内未履行债务
3. 未通知+直接以诉讼或仲裁方式主张解除+起诉状副本或仲裁申请书副本送达出卖人

聚合提示

可与违约责任（违约损害赔偿/违约金/定金）并存：第566条第2款

买受人诉请三：确认分批交付的解除/依诉解除

规范基础

第633条
出卖人分批交付标的物的，出卖人对其中一批标的物不交付或者交付不符合约定，致使该批标的物不能实现合同目的的，买受人可以就该批标的物解除。
出卖人不交付其中一批标的物或者交付不符合约定，致使之后其他各批标的物的交付不能实现合同目的的，买受人可以就该批以及之后其他各批标的物解除。
买受人如果就其中一批标的物解除，该批标的物与其他各批标的物相互依存的，可以就已经交付和未交付的各批标的物解除。

检视程式

（一）解除权已产生
1. 买卖合同成立且无效力障碍
2. 出卖人分批交付标的物
3. 出卖人对其中一批标的物不交付或者交付不符合约定

4.致使该批标的物不能实现合同目的→买受人可以就该批标的物解除

5.致使之后其他各批标的物的交付不能实现合同目的→买受人可以就该批以及之后其他各批标的物解除

6.买受人就其中一批标的物解除+该批标的物与其他各批标的物相互依存→可以就已经交付和未交付的各批标的物解除

（二）解除权未消灭

1.除斥期间：第564条

（1）买受人知道或应知解除事由之日起1年

（2）出卖人催告买受人行使解除权后的合理期限

2.放弃解除权

（三）解除权的行使：第565条，合同通则解释53—54

1.解除通知+到达

2.通知载明出卖人在一定期限内不履行债务则合同自动解除+载明的期限届满+出卖人在该期限内未履行债务

3.未通知+直接以诉讼或仲裁方式主张解除+起诉状副本或仲裁申请书副本送达出卖人

聚合提示

可与违约责任（违约损害赔偿/违约金/定金）并存：第566条第2款

买受人诉请四：确认已因出卖人违反从给付义务解除/依诉解除合同

规范基础

第563条第1款第4项

有下列情形之一的，当事人可以解除合同……

（四）当事人一方迟延履行债务或者有其他违约行为致使不能实现合同目的……

买卖解释19

出卖人没有履行或者不当履行从给付义务，致使买受人不能实现合同目的，买受人主张解除合同的，人民法院应当根据民法典第五百六十三条第一款第四项的规定，予以支持。

检视程式

（一）解除权已产生

1.合同成立且无效力障碍

2.出卖人没有履行或者不当履行从给付义务，合同通则解释26

3.致使买受人不能实现合同目的

（二）解除权未消灭

1.除斥期间：第564条

（1）买受人知道或应知解除事由之日起1年

（2）出卖人催告买受人行使解除权后的合理期限

2.放弃解除权

（三）解除权的行使：第565条，合同通则解释53—54

1.解除通知+到达

2.通知载明出卖人在一定期限内不履行债务则合同自动解除+载明的期限届满+出卖人在该期限内未履行债务

3.未通知+直接以诉讼或仲裁方式主张解除+起诉状副本或仲裁申请书副本送达出卖人

聚合提示

可与违约责任（违约损害赔偿/违约金/定金）并存：第566条第2款

四、买受人主张出卖人负担合理费用

买受人诉请：出卖人负担合理费用

请求权基础

第581条

当事人一方不履行债务或者履行债务不符合约定，根据债务的性质不得强制履行的，对方可以请求其负担由第三人替代履行的费用。

买卖解释16

买受人在检验期限、质量保证期、合理期限内提出质量异议，出卖人未按要求予以修理或者因情况紧急，买受人自行或者通过第三人修理标的物后，主张出卖人负担因此发生的合理费用的，人民法院应予支持。

检视程式

（一）请求权已产生

1.责任成立

（1）合同成立且无效力障碍

（2）买受人在检验期限、质量保证期、合理期限内提出质量异议

（3）出卖人未按要求予以修理或者因情况紧急

（4）买受人自行或者通过第三人修理标的物

（5）抗辩：与有过失，第592条第2款

（6）抗辩：第三人原因，第593条第1句

2.责任范围

（1）因第三人替代履行支出费用

（2）费用与履行障碍间的因果关系

（3）抗辩：违反减损义务，第591条第1款

（二）请求权未消灭
1.债的一般消灭事由：第557条第1款
2.损益相抵：买卖解释23
（三）请求权可行使
1.同时履行抗辩权：第525条+合同通则解释31
2.时效抗辩权：第192条第1款

五、买受人主张出卖人履行回收义务

买受人诉请：出卖人回收标的物

请求权基础

第625条
依照法律、行政法规的规定或者按照当事人的约定，标的物在有效使用年限届满后应予回收的，出卖人负有自行或者委托第三人对标的物予以回收的义务。

检视程式

（一）请求权已产生
1.合同成立且无效力障碍
2.依照法律、行政法规的规定或者按照当事人的约定，标的物在有效使用年限届满后应予回收
（二）请求权未消灭
1.给付不能：第580条第1款但书第1—2项
2.已履行：第557条第1款第1项
（三）请求权可行使
1.同时履行抗辩权：第525条+合同通则解释31
2.时效抗辩权：第192条第1款

第三节 分期付款买卖合同纠纷（4级案由）

案由特别主张与诉请分期付款买卖合同程式	一、出卖人主张买受人提前支付全部价款（加速到期） 　　出卖人诉请：买受人提前支付全部价款 二、出卖人主张解除合同（分期付款出卖人特有的法定解除权） 　　出卖人诉请：确认已因买受人分期付款迟延解除/依诉解除合同
说　明	分期付款买卖合同的一般主张与诉请适用第二章第二节买卖合同纠纷的检视程式。

一、出卖人主张买受人提前支付全部价款（加速到期）

出卖人诉请：买受人提前支付全部价款

请求权基础

第634条第1款第1种情形→
第634条第1款

分期付款的买受人未支付到期价款的数额达到全部价款的五分之一，经催告后在合理期限内仍未支付到期价款的，出卖人可以请求买受人支付全部价款或者解除合同。

检视程式

（一）请求权已产生
1. 合同成立且无效力障碍
2. 分期付款买受人未支付到期价款的数额达到全部价款的1/5
3. 出卖人催告
4. 在合理期限内仍未支付到期价款

（二）请求权未消灭
1. 合同已解除：第557条第2款
2. 解除条件成就：第158条第3句、第159条
3. 终止期限届满：第160条第3句
4. 债的一般消灭事由：第557条第1款

（三）请求权可行使：第565条
1. 履行抗辩权
（1）同时履行抗辩权：第525条+合同通则解释31
（2）不安履行抗辩权：第527条第1款+合同通则解释31.1
因买卖标的物权利瑕疵的不安抗辩权：第614条
2. 时效抗辩权：第192条第1款

二、出卖人主张解除合同（分期付款出卖人特有的法定解除权）

出卖人诉请：确认已因买受人分期付款迟延解除／依诉解除合同

规范基础

第634条第1款第2种情形→
第634条第1款

分期付款的买受人未支付到期价款的数额达到全部价款的五分之一，经催告后在合理期限内仍未支付到期价款的，出卖人可以请求买受人支付全部价款或者解除合同。

检视程式

（一）解除权已产生
1. 合同成立且无效力障碍

2.分期付款买受人未支付到期价款的数额达到全部价款的1/5

3.出卖人催告

4.在合理期限内仍未支付到期价款

（二）解除权未消灭

1.除斥期间：第564条

（1）出卖人知道或应知解除事由之日起1年

（2）买受人催告出卖人行使解除权后的合理期限

2.放弃解除权

（三）解除权的行使：第565条，合同通则解释53—54

1.解除通知+到达

2.通知载明买受人在一定期限内不履行债务则合同自动解除+载明的期限届满+买受人在该期限内未履行债务

3.未通知+直接以诉讼或仲裁方式主张解除+起诉状副本或仲裁申请书副本送达买受人

聚合提示

可与违约责任（违约损害赔偿/违约金/定金）并存：第566条第2款

第四节　所有权保留买卖合同纠纷（4级案由）

案由特别主张与诉请 所有权保留买卖合同程式	一、出卖人主张取回权 　　出卖人诉请：取回标的物 二、买受人主张回赎权 　　买受人诉请：回赎标的物 三、出卖人主张变价权 　　出卖人诉请：买受人容忍出卖人将标的物变价
说　明	所有权保留买卖合同纠纷的一般主张与诉请适用第二章第二节买卖合同纠纷的检视程序。

一、出卖人主张取回权

出卖人诉请：取回标的物

请求权基础

第642条

当事人约定出卖人保留合同标的物的所有权，在标的物所有权转移前，买受人有下列情形之一，造成出卖人损害的，除当事人另有约定外，出卖人有权取回标的物：

（一）未按照约定支付价款，经催告后在合理期限内仍未支付；
（二）未按照约定完成特定条件；
（三）将标的物出卖、出质或者作出其他不当处分。

出卖人可以与买受人协商取回标的物；协商不成的，可以参照适用担保物权的实现程序。

检视程式

（一）请求权已产生

1.合同成立且无效力障碍
所有权保留买卖合同的定义：第641条第1款
2.买受人的行为造成出卖人损害：第642条第1款
（1）未按照约定支付价款，经催告后在合理期限内仍未支付
（2）未按照约定完成特定条件
（3）将标的物出卖、出质或者作出其他不当处分

（二）请求权未消灭

1.给付不能
因第三人的在先权利而全部/部分给付不能：
（1）未登记不得对抗善意第三人：第641条第2款+担保解释67、54
（2）已登记的与其他担保物权排序：第414条第2款
（3）所有权保留作为价款优先权：担保解释57
（4）不得对抗正常经营买受人：第404条，担保解释56
2.债的一般消灭事由：第557条第1款

（三）请求权的行使

1.与买受人协商取回
2.协商不成的，参照适用担保物权的实现程序：担保解释64
3.时效抗辩权：在价金债权诉讼时效期间行使，类推第419条+担保解释44.1

二、买受人主张回赎权

买受人诉请：回赎标的物

请求权基础

第643条第1款

出卖人依据前条第一款的规定取回标的物后，买受人在双方约定或者出卖人指定的合理回赎期限内，消除出卖人取回标的物的事由的，可以请求回赎标的物。

检视程式

（一）请求权已产生

1.合同成立且无效力障碍

所有权保留买卖合同的定义：第641条第1款
2.出卖人取回标的物
3.买受人消除出卖人取回标的物的事由：第642条第1款
（二）请求权未消灭
1.双方约定或出卖人指定的合理回赎期限届满
2.债的一般消灭事由：第557条第1款
（三）请求权的行使

三、出卖人主张变价权

出卖人诉请：买受人容忍出卖人将标的物变价

请求权基础

第643条第2款

买受人在回赎期限内没有回赎标的物，出卖人可以以合理价格将标的物出卖给第三人，出卖所得价款扣除买受人未支付的价款以及必要费用后仍有剩余的，应当返还买受人；不足部分由买受人清偿。

检视程式

（一）请求权已产生
1.合同成立且无效力障碍
所有权保留买卖合同的定义：第641条第1款
2.出卖人取回标的物
3.买受人在回赎期限内未回赎标的物
（二）请求权未消灭
给付不能：因第三人的在先权利而全部/部分给付不能
1.未登记不得对抗善意第三人：第641条第2款＋担保解释67、54
2.已登记的与其他担保物权排序：第414条第2款
3.所有权保留作为价款优先权：担保解释57
4.不得对抗正常经营买受人：第404条＋担保解释56
（三）请求权的行使
1.以合理价格将标的物出卖给第三人
2.清算义务：多余价款的返还义务

聚合提示

变价价值低于合同价款的，买受人仍负担剩余价款的支付义务。

第五节　房屋买卖合同纠纷

确认合同有效纠纷案由在房屋买卖合同的适用房屋买卖合同程式	一、主张房屋买卖合同有效 　　诉请：确认房屋买卖合同有效
确认合同无效纠纷案由在房屋买卖合同的适用房屋买卖合同程式	二、主张房屋买卖合同无效 　　买受人诉请：因恶意串通确认出卖人与第三人房屋买卖合同无效
定金合同纠纷案由在房屋买卖合同的适用房屋买卖合同程式	三、买受人主张出卖人双倍返还定金 　　买受人诉请：出卖人双倍返还定金 四、买受人主张出卖人返还定金 　　买受人诉请：出卖人返还定金
案由特别主张与诉请房屋买卖合同程式	五、出卖人主张买受人支付违约金 　　出卖人诉请：买受人支付逾期付款违约金 六、买受人主张出卖人承担违约责任 　　买受人诉请一：出卖人修复房屋 　　买受人诉请二：出卖人赔偿违约损害（特有的履行障碍） 　　买受人诉请三：出卖人支付违约金 七、出卖人主张解除合同（房屋出卖人特有的解除权） 　　出卖人诉请：确认已因买受人迟延付款解除/依诉解除房屋买卖合同 八、买受人主张解除合同（房屋买受人特有的解除权） 　　买受人诉请：确认已解除/依诉解除房屋买卖合同 九、当事人主张解除合同 　　诉请一：确认已因未订立担保贷款合同解除/依诉解除房屋买卖合同 　　诉请二：确认已解除/依诉解除商品房担保贷款合同 十、买受人主张出卖人承担修复费用 　　买受人诉请：出卖人承担修复费用
说　明	房屋买卖合同纠纷的一般主张与诉请适用第二章第二节买卖合同纠纷的检视程式。

一、主张房屋买卖合同有效

诉请：确认房屋买卖合同有效

规范基础

第136条第1款

民事法律行为自成立时生效，但是法律另有规定或者当事人另有约定的除外。

检视程式

（一）合同成立要件

1. 要约

商品房买卖合同的定义：商品房买卖解释1

商品房的销售广告和宣传资料为要约邀请：商品房买卖解释3

销售广告/宣传资料+说明/允诺具体确定+对合同订立/价格确定有重大影响→要约：商品房买卖解释3

2. 承诺

3. 认购/订购/预订+具备商品房买卖合同主要内容+出卖人收受房款：商品房买卖解释5

（二）合同未成立抗辩：意定形式要件

1. 合同书形式
2. 书面形式
3. 数据电文视为书面形式
4. 数据电文+确认书
5. 格式条款未提示说明

（三）合同生效要件

1. 批准手续

商品房预售许可证明+起诉前取得：商品房买卖解释2

2. 代理行为的代理权

（四）合同未生效抗辩

1. 附生效条件

约定备案手续为生效条件+未办理备案手续：商品房买卖解释6

反抗辩：约定备案手续为生效条件+一方已履行主要义务+对方接受：商品房买卖解释6

2. 附生效期限

（五）合同效力待定抗辩

1. 限制行为能力
2. 自己代理
3. 双方代理

（六）合同无效抗辩

1. 无行为能力
2. 通谋虚伪
3. 违反法律强制性规定
4. 违反公序良俗
5. 恶意串通

出卖人与第三人恶意串通：商品房买卖解释7

6. 代表行为的无效
7. 格式条款无效
8. 免责条款的无效

（七）合同已失效抗辩

1. 解除条件成就
2. 终止期限届满

二、主张房屋买卖合同无效

买受人诉请：因恶意串通确认出卖人与第三人房屋买卖合同无效

规范基础

第154条

行为人与相对人恶意串通，损害他人合法权益的民事法律行为无效。

商品房买卖解释7

买受人以出卖人与第三人恶意串通，另行订立商品房买卖合同并将房屋交付使用，导致其无法取得房屋为由，请求确认出卖人与第三人订立的商品房买卖合同无效的，应予支持。

检视程式

1. 出卖人与买受人订立商品房买卖合同且无效力障碍
2. 出卖人与第三人订立商品房买卖合同
3. 出卖人与第三人恶意串通
4. 出卖人将房屋交付第三人使用
5. 导致买受人无法取得房屋

说　明

侵犯房屋承租人先买权不构成房屋买卖合同无效事由：第728条但书

三、买受人主张出卖人双倍返还定金

买受人诉请：出卖人双倍返还定金

请求权基础

第587条第2句第2分句

收受定金的一方不履行债务或者履行债务不符合约定，致使不能实现合同目的的，应当双倍返还定金。

检视程式

（一）请求权已产生：第586条

1.出卖人通过认购、订购、预订等方式向买受人收受定金：商品房买卖解释4

2.无效抗辩：超过主合同金额20%

3.因出卖人原因未能订立商品房买卖合同

（二）请求权未消灭

1.债的一般消灭事由：第557条第1款

2.定金罚则特殊消灭事由：合同通则解释68

（三）请求权可行使

时效抗辩权：第192条第1款

四、买受人主张出卖人返还定金

买受人诉请：出卖人返还定金

请求权基础

定金合同

商品房买卖解释第4条第2分句→

商品房买卖解释4

出卖人通过认购、订购、预订等方式向买受人收受定金作为订立商品房买卖合同担保的……因不可归责于当事人双方的事由，导致商品房买卖合同未能订立的，出卖人应当将定金返还买受人。

检视程式

（一）请求权已产生

1.出卖人通过认购、订购、预订等方式向买受人收受定金

2.商品房买卖合同未能订立

3.不可归责于当事人双方

（二）请求权未消灭

债的一般消灭事由：第557条第1款

（二）请求权可行使

时效抗辩权：第192条第1款

五、出卖人主张买受人支付违约金

出卖人诉请：买受人支付逾期付款违约金

请求权基础

第 585 条第 1 款

当事人可以约定一方违约时应当根据违约情况向对方支付一定数额的违约金，也可以约定因违约产生的损失赔偿额的计算方法。

检视程式

（一）请求权已产生
1. 责任成立
（1）房屋买卖合同成立且无效力障碍
（2）买受人逾期付款
（3）约定违约金
（4）抗辩：与有过失，第 592 条第 2 款
2. 责任范围
（1）未约定违约金数额
按照未付购房款总额，参照金融机构逾期贷款利息标准：商品房买卖解释 13
（2）违约金调增
违约金低于造成的损失：商品房买卖解释 12
（3）违约金调减：合同通则解释 64—66
违约金过分高于造成的损失：以违约金超过造成损失的 30% 为标准，商品房买卖解释 12
（二）请求权未消灭
债的一般消灭事由：第 557 条第 1 款
（三）请求权可行使
1. 同时履行抗辩权：第 525 条＋合同通则解释 31
2. 时效抗辩权：第 192 条第 1 款
3. 违约金与定金择一：第 588 条第 1 款

六、买受人主张出卖人承担违约责任

买受人诉请一：出卖人修复房屋

请求权基础

第 582 条

履行不符合约定的，应当按照当事人的约定承担违约责任。对违约责任没有约定或者约定不明确，依据本法第五百一十条的规定仍不能确定的，受损害方根据标

的的性质以及损失的大小，可以合理选择请求对方承担修理、重作、更换、退货、减少价款[①]或者报酬等违约责任。

商品房买卖解释第10条第2款第1分句→
商品房买卖解释10.2
交付使用的房屋存在质量问题，在保修期内，出卖人应当承担修复责任……

检视程式

（一）请求权已产生
1.房屋买卖合同成立且无效力障碍
2.房屋存在质量问题
3.在保修期内
（二）请求权未消灭
1.给付不能：第580条第1款但书第1—2项
2.债的一般消灭事由：第557条第1款
（三）请求权可行使

说　明

补正履行本质上仍是合同履行请求权（原合同请求权）的延续。

聚合提示

可与违约损害赔偿并存：第583条

买受人诉请二：出卖人赔偿违约损害（特有的履行障碍）

请求权基础

第577条
当事人一方不履行合同义务或者履行合同义务不符合约定的，应当承担继续履行、采取补救措施或者赔偿损失等违约责任。

检视程式

（一）请求权已产生
1.责任成立
（1）房屋买卖合同成立且无效力障碍
（2）履行障碍
①房屋主体结构质量不合格：商品房买卖解释9
②房屋质量问题严重影响正常居住使用：商品房买卖解释10

---

① 买受人尚未支付价款情形，减少价款系权利部分消灭的抗辩。

③出卖人原因导致买受人未取得权属证书：商品房买卖解释14.1
④出卖人原因导致无法办理不动产登记：商品房买卖解释15
（3）抗辩：与有过失，第592条第2款
2.责任范围
（1）损害：第584条主文＋合同通则解释60—62＋买卖解释22
（2）责任范围因果关系
①抗辩：可预见性，第584条但书＋合同通则解释63.1—63.2
②抗辩：合同目的限制
（3）抗辩：违反减损义务，第591条第1款
（4）抗辩：受领迟延利息请求权未产生，第589条第2款
（二）请求权未消灭
1.债的一般消灭事由：第557条第1款
2.损益相抵：买卖解释23
（三）请求权可行使
时效抗辩权：第192条第1款

聚合提示

1.可与修复请求权并存：第583条
2.可与定金并存：第588条第2款
3.可与合同解除并存：第566条第2款

竞合提示

瑕疵给付的违约责任可能与侵权责任竞合。

买受人诉请三：出卖人支付违约金

请求权基础

第585条第1款
当事人可以约定一方违约时应当根据违约情况向对方支付一定数额的违约金，也可以约定因违约产生的损失赔偿额的计算方法。

检视程式

（一）请求权已产生
1.责任成立
（1）房屋买卖合同成立且无效力障碍
（2）出卖人给付障碍
（3）约定违约金
（4）抗辩：与有过失，第592条第2款

2.责任范围

（1）未约定违约金数额

①逾期交付使用房屋的，按照同地段同类房屋租金标准：商品房买卖解释13

②买受人未取得不动产权属证书的，按照已付购房款总额，参照金融机构逾期贷款利息标准：商品房买卖解释14.2

（2）违约金调增

违约金低于造成的损失：商品房买卖解释12

（3）违约金调减：合同通则解释64—66

违约金过分高于造成的损失：以违约金超过造成损失的30%为标准，商品房买卖解释12

（二）请求权未消灭

债的一般消灭事由：第557条第1款

（三）请求权可行使

1.同时履行抗辩权：第525条+合同通则解释31

2.时效抗辩权：第192条第1款

3.违约金与定金择一：第588条第1款

七、出卖人主张解除合同（房屋出卖人特有的解除权）

出卖人诉请：确认已因买受人迟延付款解除/依诉解除房屋买卖合同

规范基础

第563条第1款第3项

有下列情形之一的，当事人可以解除合同……

（三）当事人一方迟延履行主要债务，经催告后在合理期限内仍未履行……

商品房买卖解释11.1

根据民法典第五百六十三条的规定，出卖人迟延交付房屋或者买受人迟延支付购房款，经催告后在三个月的合理期限内仍未履行，解除权人请求解除合同的，应予支持，但当事人另有约定的除外。

检视程式

（一）解除权已产生：商品房买卖解释11.1

1.商品房买卖合同成立且无效力障碍

2.买受人迟延支付购房款

3.出卖人催告

4.3个月合理期限内仍未履行

（二）解除权未消灭

1.除斥期间：商品房买卖解释11.2

（1）对方催告后+3个月

（2）买受人知道或应知解除事由之日起1年

2.放弃解除权

（三）解除权的行使：第565条，合同通则解释53—54

1.解除通知＋到达

2.通知载明在一定期限内不履行债务则合同自动解除＋载明的期限届满＋在该期限内未履行债务

3.未通知＋直接以诉讼或仲裁方式主张解除＋起诉状副本或仲裁申请书副本送达对方

聚合提示

可与违约责任（违约损害赔偿/违约金/定金）并存：第566条第2款

八、买受人主张解除合同（房屋买受人特有的解除权）

买受人诉请：确认已解除/依诉解除房屋买卖合同

规范基础

第563条第1款第3—5项

有下列情形之一的，当事人可以解除合同……

（三）当事人一方迟延履行主要债务，经催告后在合理期限内仍未履行；

（四）当事人一方迟延履行债务或者有其他违约行为致使不能实现合同目的；

（五）法律规定的其他情形。

检视程式

（一）解除权已产生

1.商品房买卖合同成立且无效力障碍

2.房屋主体结构质量不合格：商品房买卖解释9

3.房屋质量问题严重影响正常居住使用：商品房买卖解释10

4.出卖人迟延交付房屋＋催告＋3个月合理期限内仍未履行：商品房买卖解释11.1

5.出卖人原因导致无法办理不动产登记：商品房买卖解释15

（二）解除权未消灭

1.除斥期间：第564条

（1）解除权人知道或应知解除事由之日起1年

（2）对方催告后的合理期限

逾期交付房屋情形，催告后的合理期限为3个月：商品房买卖解释11.2

2.放弃解除权

（三）解除权的行使：第565条，合同通则解释53—54

1.解除通知＋到达

2.通知载明在一定期限内不履行债务则合同自动解除＋载明的期限届满＋在该期

限内未履行债务

3. 未通知＋直接以诉讼或仲裁方式主张解除＋起诉状副本或仲裁申请书副本送达对方

聚合提示

可与违约责任（违约损害赔偿/违约金/定金）并存：第 566 条第 2 款

九、当事人主张解除合同

诉请一：确认已因未订立担保贷款合同解除/依诉解除房屋买卖合同

规范基础

第 563 条第 1 款第 4—5 项

有下列情形之一的，当事人可以解除合同……

（四）当事人一方迟延履行债务或者有其他违约行为致使不能实现合同目的；

（五）法律规定的其他情形。

商品房买卖解释 19

商品房买卖合同约定，买受人以担保贷款方式付款、因当事人一方原因未能订立商品房担保贷款合同并导致商品房买卖合同不能继续履行的，对方当事人可以请求解除合同和赔偿损失。因不可归责于当事人双方的事由未能订立商品房担保贷款合同并导致商品房买卖合同不能继续履行的，当事人可以请求解除合同，出卖人应当将收受的购房款本金及其利息或者定金返还买受人。

检视程式

（一）解除权已产生

1. 商品房买卖合同成立且无效力障碍
2. 商品房买卖合同约定，买受人以担保贷款方式付款
3. 未能订立商品房担保贷款合同
4. 导致商品房买卖合同不能继续履行

（二）解除权未消灭

1. 除斥期间：第 564 条

（1）解除权人知道或应知解除事由之日起 1 年

（2）对方催告后的合理期限

2. 放弃解除权

（三）解除权的行使：第 565 条，合同通则解释 53—54

1. 解除通知＋到达
2. 通知载明在一定期限内不履行债务则合同自动解除＋载明的期限届满＋在该期限内未履行债务
3. 未通知＋直接以诉讼或仲裁方式主张解除＋起诉状副本或仲裁申请书副本送达对方

聚合提示

1.因当事人一方原因未能订立商品房担保贷款合同的，解除合同与违约损害赔偿请求权可并存。

2.因不可归责于当事人双方的事由未能订立商品房担保贷款合同的，解除合同购房款本金及其利息或者定金返还请求权可并存。

聚合提示

可与违约责任（违约损害赔偿/违约金/定金）并存：第566条第2款

诉请二：确认已解除/依诉解除商品房担保贷款合同

规范基础

第563条第1款第4项

有下列情形之一的，当事人可以解除合同……

（四）当事人一方迟延履行债务或者有其他违约行为致使不能实现合同目的……

商品房买卖解释20

因商品房买卖合同被确认无效或者被撤销、解除，致使商品房担保贷款合同的目的无法实现，当事人请求解除商品房担保贷款合同的，应予支持。

检视程式

（一）解除权已产生

1.商品房买卖合同被确认无效或者被撤销、解除

2.致使商品房担保贷款合同的目的无法实现

（二）解除权未消灭

1.除斥期间：第564条

（1）解除权人知道或应知解除事由之日起1年

（2）对方催告后的合理期限

2.放弃解除权

（三）解除权的行使：第565条，合同通则解释53—54

1.解除通知+到达

2.未通知+直接以诉讼或仲裁方式主张解除+起诉状副本或仲裁申请书副本送达对方

聚合提示

可与违约责任（违约损害赔偿/违约金/定金）并存：第566条第2款

十、买受人主张出卖人承担修复费用

买受人诉请：出卖人承担修复费用

请求权基础

第581条
当事人一方不履行债务或者履行债务不符合约定，根据债务的性质不得强制履行的，对方可以请求其负担由第三人替代履行的费用。

商品房买卖解释第10条第2款第2句→
商品房买卖解释10.2
交付使用的房屋存在质量问题，在保修期内，出卖人应当承担修复责任；出卖人拒绝修复或者在合理期限内拖延修复的，买受人可以自行或者委托他人修复。修复费用及修复期间造成的其他损失由出卖人承担。

检视程式

（一）请求权已产生
1.责任成立
（1）房屋买卖合同成立且无效力障碍
（2）交付使用的房屋存在质量问题
（3）在保修期内
（4）出卖人拒绝修复或者在合理期限内拖延修复
（5）买受人自行或者委托他人修复
（6）抗辩：与有过失，第592条第2款
（7）抗辩：第三人原因，第593条第1句
2.责任范围
（1）支出费用
（2）费用与履行障碍间的因果关系
（3）抗辩：违反减损义务，第591条第1款
（二）请求权未消灭
1.债的一般消灭事由：第557条第1款
2.损益相抵：买卖解释23
（三）请求权可行使
时效抗辩权：第192条第1款

第六节　商品房预售合同纠纷（4级案由）

确认合同无效纠纷案由在商品房预售合同的适用商品房预售合同程式	主张商品房预售合同无效（特别无效事由） 诉请一：因未取得商品房预售许可证明确认商品房预售合同无效 诉请二：因未办理备案登记确认商品房预售合同无效 买受人诉请：确认出卖人与第三人的房屋买卖合同因恶意串通无效
说　明	商品房预售合同纠纷的一般主张与诉请适用第二章第二节买卖合同纠纷的检视程式。

主张商品房预售合同无效（特别无效事由）

诉请一：因未取得商品房预售许可证明确认商品房预售合同无效

规范基础

第153条第1款

违反法律、行政法规的强制性规定的民事法律行为无效。但是，该强制性规定不导致该民事法律行为无效的除外。

商品房买卖解释2

出卖人未取得商品房预售许可证明，与买受人订立的商品房预售合同，应当认定无效，但是在起诉前取得商品房预售许可证明的，可以认定有效。

检视程式

1. 双方订立商品房预售合同
2. 出卖人未取得商品房预售许可证明
3. 抗辩：起诉前取得商品房预售许可证明

诉请二：因未办理备案登记确认商品房预售合同无效

规范基础

第153条第1款

违反法律、行政法规的强制性规定的民事法律行为无效。但是，该强制性规定不导致该民事法律行为无效的除外。

商品房买卖解释6

当事人以商品房预售合同未按照法律、行政法规规定办理登记备案手续为由，请求确认合同无效的，不予支持。

当事人约定以办理登记备案手续为商品房预售合同生效条件的，从其约定，但当事人一方已经履行主要义务，对方接受的除外。

检视程式

1. 双方订立商品房预售合同
2. 当事人约定以办理登记备案手续为商品房预售合同生效条件
3. 未按照约定办理登记备案手续
4. 抗辩：当事人一方已经履行主要义务+对方接受

买受人诉请：确认出卖人与第三人的房屋买卖合同因恶意串通无效

规范基础

第154条

行为人与相对人恶意串通，损害他人合法权益的民事法律行为无效。

商品房买卖解释7

买受人以出卖人与第三人恶意串通，另行订立商品房买卖合同并将房屋交付使用，导致其无法取得房屋为由，请求确认出卖人与第三人订立的商品房买卖合同无效的，应予支持。

检视程式

1. 出卖人与买受人订立商品房预售合同
2. 出卖人与第三人另行订立商品房买卖合同+交付使用
3. 出卖人与第三人恶意串通

第七节 商品房销售合同纠纷（4级案由）

案由特别主张与诉请 商品房销售合同程式	一、出卖人主张买受人支付违约金 　　出卖人诉请：买受人支付逾期付款违约金 二、买受人主张出卖人承担违约责任 　　买受人诉请一：出卖人修复房屋 　　买受人诉请二：出卖人赔偿违约损害（特有的履行障碍） 　　买受人诉请三：出卖人支付违约金 三、出卖人主张解除合同（房屋出卖人特有的解除权） 　　出卖人诉请：确认已因买受人迟延付款解除/依诉解除商品房销售合同 四、买受人主张解除合同（房屋买受人特有的解除权） 　　买受人诉请：确认已解除/依诉解除商品房销售合同 五、当事人主张解除合同 　　诉请一：确认已因未订立担保贷款合同解除/依诉解除商品房销售合同 　　诉请二：确认已解除/依诉解除商品房担保贷款合同 六、买受人主张出卖人承担修复费用 　　买受人诉请：出卖人承担修复费用
说　　明	商品房销售合同纠纷的一般主张与诉请适用第二章第二节买卖合同纠纷的检视程式。

一、出卖人主张买受人支付违约金

出卖人诉请：买受人支付逾期付款违约金

请求权基础

第585条第1款

当事人可以约定一方违约时应当根据违约情况向对方支付一定数额的违约金，也可以约定因违约产生的损失赔偿额的计算方法。

检视程式

（一）请求权已产生

1.责任成立

（1）商品房销售合同成立且无效力障碍

（2）买受人逾期付款

（3）约定违约金

（4）抗辩：与有过失，第592条第2款

2.责任范围

（1）未约定违约金数额

按照未付购房款总额，参照金融机构逾期贷款利息标准：商品房买卖解释13

（2）违约金调增

违约金低于造成的损失：商品房买卖解释12

（3）违约金调减

违约金过分高于造成的损失：以违约金超过造成损失的30%为标准，商品房买卖解释12

（二）请求权未消灭

债的一般消灭事由：第557条第1款

（三）请求权可行使

1.同时履行抗辩权：第525条+合同通则解释31

2.时效抗辩权：第192条第1款

3.违约金与定金择一：第588条第1款

二、买受人主张出卖人承担违约责任

买受人诉请一：出卖人修复房屋

请求权基础

第582条

履行不符合约定的，应当按照当事人的约定承担违约责任。对违约责任没有约定或者约定不明确，依据本法第五百一十条的规定仍不能确定的，受损害方根据标的的性质以及损失的大小,可以合理选择请求对方承担修理、重作、更换、退货、减少价款[①]或者报酬等违约责任。

商品房买卖解释第10条第2款第1分句→
商品房买卖解释10.2

交付使用的房屋存在质量问题,在保修期内,出卖人应当承担修复责任……

检视程式

（一）请求权已产生
1.商品房销售合同成立且无效力障碍
2.房屋存在质量问题
3.在保修期内

（二）请求权未消灭
1.合同已解除：第557条第2款
2.解除条件成就：第158条第3句、第159条
3.终止期限届满：第160条第3句
4.给付不能：第580条第1款但书第1—2项
5.债的一般消灭事由：第557条第1款

（三）请求权可行使

说　明

补正履行本质上仍是合同履行请求权（原合同请求权）的延续。

聚合提示

可与违约损害赔偿并存：第583条

买受人诉请二：出卖人赔偿违约损害（特有的履行障碍）

请求权基础

第577条

当事人一方不履行合同义务或者履行合同义务不符合约定的,应当承担继续履行、采取补救措施或者赔偿损失等违约责任。

检视程式

（一）请求权已产生
1.责任成立
（1）商品房销售合同成立且无效力障碍

[①] 买受人尚未支付价款情形,减少价款系权利部分消灭的抗辩。

（2）履行障碍
①房屋主体结构质量不合格：商品房买卖解释9
②房屋质量问题严重影响正常居住使用：商品房买卖解释10
③出卖人原因导致买受人未取得权属证书：商品房买卖解释14.1
④出卖人原因导致无法办理不动产登记：商品房买卖解释15
（3）抗辩：与有过失，第592条第2款
2.责任范围
（1）损害：第584条主文＋合同通则解释60—62＋买卖解释22
（2）责任范围因果关系
①抗辩：可预见性，第584条但书＋合同通则解释63.1—63.2
②抗辩：合同目的限制
（3）抗辩：违反减损义务，第591条第1款
（4）抗辩：受领迟延利息请求权未产生，第589条第2款
（二）请求权未消灭
1.债的一般消灭事由：第557条第1款
2.损益相抵：买卖解释23
（三）请求权可行使
时效抗辩权：第192条第1款

聚合提示

1.可与修复请求权并存：第583条
2.可与定金并存：第588条第2款
3.可与合同解除并存：第566条第2款

竞合提示

瑕疵给付的违约责任可能与侵权责任竞合。

买受人诉请三：出卖人支付违约金

请求权基础

第585条第1款
当事人可以约定一方违约时应当根据违约情况向对方支付一定数额的违约金，也可以约定因违约产生的损失赔偿额的计算方法。

检视程式

（一）请求权已产生
1.责任成立
（1）商品房销售合同成立且无效力障碍

（2）出卖人给付障碍
（3）约定违约金
（4）抗辩：与有过失，第592条第2款
2.责任范围
（1）未约定违约金数额
①逾期交付使用房屋的，按照同地段同类房屋租金标准：商品房买卖解释13
②买受人未取得不动产权属证书的，按照已付购房款总额，参照逾期贷款利息标准：商品房买卖解释14.2
（2）违约金调增
违约金低于造成的损失：商品房买卖解释12
（3）违约金调减：合同通则解释64—66
违约金过分高于造成的损失：以违约金超过造成损失的30%为标准，商品房买卖解释12
（二）请求权未消灭
债的一般消灭事由：第557条第1款
（三）请求权可行使
1.同时履行抗辩权：第525条＋合同通则解释31
2.时效抗辩权：第192条第1款
3.违约金与定金择一：第588条第1款

三、出卖人主张解除合同（房屋出卖人特有的解除权）

出卖人诉请：确认已因买受人迟延付款解除/依诉解除商品房销售合同

规范基础

第563条第1款第3项
有下列情形之一的，当事人可以解除合同……
（三）当事人一方迟延履行主要债务，经催告后在合理期限内仍未履行……
商品房买卖解释11.1
根据民法典第五百六十三条的规定，出卖人迟延交付房屋或者买受人迟延支付购房款，经催告后在三个月的合理期限内仍未履行，解除权人请求解除合同的，应予支持，但当事人另有约定的除外。

检视程式

（一）解除权已产生：商品房买卖解释11.1
1.商品房销售合同成立且无效力障碍
2.买受人迟延支付购房款
3.出卖人催告
4.3个月合理期限内仍未履行

（二）解除权未消灭

1.除斥期间：商品房买卖解释11.2

（1）对方催告后+3个月

（2）买受人知道或应知解除事由之日起1年

2.放弃解除权

（三）解除权的行使：第565条，合同通则解释53—54

1.解除通知+到达

2.通知载明在一定期限内不履行债务则合同自动解除+载明的期限届满+在该期限内未履行债务

3.未通知+直接以诉讼或仲裁方式主张解除+起诉状副本或仲裁申请书副本送达对方

聚合提示

可与违约责任（违约损害赔偿/违约金/定金）并存：第566条第2款

四、买受人主张解除合同（房屋买受人特有的解除权）

买受人诉请：确认已解除／依诉解除商品房销售合同

规范基础

第563条第1款第3—5项

有下列情形之一的，当事人可以解除合同……

（三）当事人一方迟延履行主要债务，经催告后在合理期限内仍未履行；

（四）当事人一方迟延履行债务或者有其他违约行为致使不能实现合同目的；

（五）法律规定的其他情形。

检视程式

（一）解除权已产生

1.商品房销售合同成立且无效力障碍

2.房屋主体结构质量不合格：商品房买卖解释9

3.房屋质量问题严重影响正常居住使用：商品房买卖解释10

4.出卖人迟延交付房屋+催告+3个月合理期限内仍未履行：商品房买卖解释11.1

5.出卖人原因导致无法办理不动产登记：商品房买卖解释15

（二）解除权未消灭

1.除斥期间：第564条

（1）解除权人知道或应知解除事由之日起1年

（2）对方催告后的合理期限

逾期交付房屋情形，催告后的合理期限为3个月：商品房买卖解释11.2

2.放弃解除权

（三）解除权的行使：第 565 条，合同通则解释 53—54

1. 解除通知＋到达
2. 通知载明在一定期限内不履行债务则合同自动解除＋载明的期限届满＋在该期限内未履行债务
3. 未通知＋直接以诉讼或仲裁方式主张解除＋起诉状副本或仲裁申请书副本送达对方

聚合提示

可与违约责任（违约损害赔偿/违约金/定金）并存：第 566 条第 2 款

五、当事人主张解除合同

诉请一：确认已因未订立担保贷款合同解除/依诉解除商品房销售合同

规范基础

第 563 条第 1 款第 4—5 项

有下列情形之一的，当事人可以解除合同……
（四）当事人一方迟延履行债务或者有其他违约行为致使不能实现合同目的；
（五）法律规定的其他情形。

商品房买卖解释 19

商品房买卖合同约定，买受人以担保贷款方式付款、因当事人一方原因未能订立商品房担保贷款合同并导致商品房买卖合同不能继续履行的，对方当事人可以请求解除合同和赔偿损失。因不可归责于当事人双方的事由未能订立商品房担保贷款合同并导致商品房买卖合同不能继续履行的，当事人可以请求解除合同，出卖人应当将收受的购房款本金及其利息或者定金返还买受人。

检视程式

（一）解除权已产生

1. 商品房销售合同成立且无效力障碍
2. 商品房销售合同约定，买受人以担保贷款方式付款
3. 未能订立商品房担保贷款合同
4. 导致商品房买卖合同不能继续履行

（二）解除权未消灭

1. 除斥期间：第 564 条
（1）解除权人知道或应知解除事由之日起 1 年
（2）对方催告后的合理期限
2. 放弃解除权

（三）解除权的行使：第 565 条，合同通则解释 53—54

1. 解除通知＋到达

2.通知载明在一定期限内不履行债务则合同自动解除+载明的期限届满+在该期限内未履行债务

3.未通知+直接以诉讼或仲裁方式主张解除+起诉状副本或仲裁申请书副本送达对方

聚合提示

1.因当事人一方原因未能订立商品房担保贷款合同的，解除合同与违约损害赔偿请求权可并存。

2.因不可归责于当事人双方的事由未能订立商品房担保贷款合同的，解除合同与购房款本金及其利息或者定金返还请求权可并存。

聚合提示

可与违约责任（违约损害赔偿/违约金/定金）并存：第566条第2款

诉请二：确认已解除／依诉解除商品房担保贷款合同

规范基础

第563条第1款第4项
有下列情形之一的，当事人可以解除合同……
（四）当事人一方迟延履行债务或者其他违约行为致使不能实现合同目的……

商品房买卖解释20
因商品房买卖合同被确认无效或者被撤销、解除，致使商品房担保贷款合同的目的无法实现，当事人请求解除商品房担保贷款合同的，应予支持。

检视程式

（一）解除权已产生
1.商品房销售合同被确认无效或者被撤销、解除
2.致使商品房担保贷款合同的目的无法实现

（二）解除权未消灭
1.除斥期间：第564条
（1）解除权人知道或应知解除事由之日起1年
（2）对方催告后的合理期限
2.放弃解除权

（三）解除权的行使：第565条，合同通则解释53—54
1.解除通知+到达
2.未通知+直接以诉讼或仲裁方式主张解除+起诉状副本或仲裁申请书副本送达对方

> **聚合提示**

可与违约责任（违约损害赔偿/违约金/定金）并存：第566条第2款

六、买受人主张出卖人承担修复费用

买受人诉请：出卖人承担修复费用

请求权基础

第581条

当事人一方不履行债务或者履行债务不符合约定，根据债务的性质不得强制履行的，对方可以请求其负担由第三人替代履行的费用。

商品房买卖解释第10条第2款第2句→

商品房买卖解释10.2

交付使用的房屋存在质量问题，在保修期内，出卖人应当承担修复责任；出卖人拒绝修复或者在合理期限内拖延修复的，买受人可以自行或者委托他人修复。修复费用及修复期间造成的其他损失由出卖人承担。

检视程式

（一）请求权已产生

1. 责任成立

（1）商品房销售合同成立且无效力障碍

（2）交付使用的房屋存在质量问题

（3）在保修期内

（4）出卖人拒绝修复或者在合理期限内拖延修复

（5）买受人自行或者委托他人修复

（6）抗辩：与有过失，第592条第2款

（7）抗辩：第三人原因，第593条第1句

2. 责任范围

（1）支出费用

（2）费用与履行障碍间的因果关系

（3）抗辩：违反减损义务，第591条第1款

（二）请求权未消灭

1. 债的一般消灭事由：第557条第1款

2. 损益相抵：买卖解释23

（三）请求权可行使

时效抗辩权：第192条第1款

第八节　商品房委托代理销售合同纠纷（4级案由）

案由特别主张与诉请 商品房委托代理销售合同程式	一、出卖人主张包销人购买 　　出卖人诉请：包销人购买房屋 二、包销人主张出卖人赔偿损失 　　包销人诉请：出卖人赔偿损失
说　明	商品房委托代理销售合同纠纷的一般主张与诉请适用第二章第二节买卖合同纠纷的检视程式，特别是代理相关的主张与诉请。

一、出卖人主张包销人购买

出卖人诉请：包销人购买房屋

请求权基础

商品房包销合同
商品房买卖解释 16
　　出卖人与包销人订立商品房包销合同，约定出卖人将其开发建设的房屋交由包销人以出卖人的名义销售的，包销期满未销售的房屋，由包销人按照合同约定的包销价格购买，但当事人另有约定的除外。

检视程式

（一）请求权已产生
1.包销合同成立且无效力障碍
2.约定出卖人将其开发建设的房屋交由包销人以出卖人的名义销售
3.包销期满尚有房屋未销售
4.合同约定包销价格
（二）请求权未消灭
1.合同已解除：第 557 条第 2 款
2.解除条件成就：第 158 条第 3 句、第 159 条
3.终止期限届满：第 160 条第 3 句
4.给付不能：第 580 条第 1 款但书第 1—2 项
5.债的一般消灭事由：第 557 条第 1 款
（三）请求权可行使
1.履行抗辩权：合同通则解释 31
　（1）同时履行抗辩权：第 525 条
　（2）先履行抗辩权：第 526 条
　（3）不安履行抗辩权：第 527 条第 1 款

2.时效抗辩权：第192条第1款

二、包销人主张出卖人赔偿损失

包销人诉请：出卖人赔偿损失

请求权基础

第577条

当事人一方不履行合同义务或者履行合同义务不符合约定的，应当承担继续履行、采取补救措施或者赔偿损失等违约责任。

商品房买卖解释17

出卖人自行销售已经约定由包销人包销的房屋，包销人请求出卖人赔偿损失的，应予支持，但当事人另有约定的除外。

检视程式

（一）请求权已产生

1.责任成立

（1）包销合同成立且无效力障碍

（2）出卖人自行销售已经约定由包销人包销的房屋

（4）抗辩：与有过失，第592条第2款

2.责任范围

（1）损害：第584条主文+合同通则解释60—62+买卖解释22

（2）责任范围因果关系

①抗辩：可预见性，第584条但书+合同通则解释63.1—63.2

②抗辩：合同目的限制

（3）抗辩：违反减损义务，第591条第1款

（二）请求权未消灭

1.债的一般消灭事由：第557条第1款

2.损益相抵：买卖解释23

（三）请求权可行使

1.同时履行抗辩权：第525条+合同通则解释31

2.时效抗辩权：第192条第1款

聚合提示

1.可与履行请求权并存：第583条

2.可与定金并存：第588条第2款

3.可与合同解除并存：第566条第2款

第九节　建设用地使用权出让合同纠纷（4级案由）

确认合同无效纠纷案由在建设用地使用权出让合同的适用 建设用地使用权出让合同程式	一、主张建设用地使用权出让合同无效 　　双方诉请：因出让主体不适格合同无效
案由特别主张与诉请 建设用地使用权出让合同程式	二、主张建设用地使用权出让合同履行请求权 　　出让方诉请：受让方支付出让金 　　受让方诉请：出让方交付土地＋办理登记 三、出让方主张受让方补足价格 　　出让方诉请：受让方补足价格 四、主张解除建设用地使用权出让合同 　　出让方诉请一：确认已因未支付土地出让金解除/依诉解除合同 　　出让方诉请二：确认已因受让方擅自改变土地用途解除/依诉解除合同 　　受让方诉请一：确认已因未提供出让土地解除/依诉解除合同 　　受让方诉请二：确认已因不同意补足价格解除/依诉解除合同 　　受让方诉请三：确认已因不能交付土地解除/依诉解除合同 五、主张解除合同的损害赔偿 　　诉请：解除合同的损害赔偿 六、主张调整出让金 　　双方诉请：调整出让金 七、受让方主张出让方补偿＋退还出让金 　　受让方诉请：出让方补偿＋退还出让金 八、出让方主张建设用地使用权续期 　　出让方诉请：建设用地使用权续期

一、主张建设用地使用权出让合同无效

双方诉请：因出让主体不适格合同无效

规范基础

第153条第1款

违反法律、行政法规的强制性规定的民事法律行为无效。但是，该强制性规定不导致该民事法律行为无效的除外。

土地使用权合同解释2.1

开发区管理委员会作为出让方与受让方订立的土地使用权出让合同，应当认

定无效。

检视程式

1. 双方订立建设用地使用权出让合同
2. 开发区管理委员会作为出让方
3. 抗辩：土地使用权合同解释2.2，该解释实施前，开发区管理委员会作为出让方与受让方订立的土地使用权出让合同，起诉前经市、县人民政府自然资源主管部门追认的，可以认定合同有效

二、主张建设用地使用权出让合同履行请求权

出让方诉请：受让方支付出让金

请求权基础

第351条
建设用地使用权人应当依照法律规定以及合同约定支付出让金等费用。

检视程式

（一）请求权已产生
1. 建设用地使用权出让合同成立且无效力障碍：房地产管理法13
2. 建设用地使用权出让合同的定义：土地使用权合同解释1
3. 建设用地使用权出让的方式：第347条第2款
4. 建设用地使用权出让合同的内容：第348条第2款
5. 建设用地使用权出让合同的书面形式要求：第348条第1款
（二）请求权未消灭
1. 合同已解除：第557条第2款
2. 解除条件成就：第158条第3句、第159条
3. 期限届满+未续期：第359条
4. 给付不能：第580条第1款但书第1—2项
5. 债的一般消灭事由：第557条第1款
（三）请求权可行使
1. 履行抗辩权：合同通则解释31
（1）同时履行抗辩权：第525条
（2）先履行抗辩权：第526条
（3）不安履行抗辩权：第527条第1款
2. 时效抗辩权：第192条第1款

受让方诉请：出让方交付土地＋办理登记

请求权基础
建设用地使用权出让合同

检视程式

（一）请求权已产生
1.建设用地使用权出让合同成立且无效力障碍：房地产管理法13
2.建设用地使用权出让合同的定义：土地使用权合同解释1
3.建设用地使用权出让的方式：第347条第2款
4.建设用地使用权出让合同的内容：第348条第2款
5.建设用地使用权出让合同的书面形式要求：第348条第1款

（二）请求权未消灭
1.合同已解除：第557条第2款
2.解除条件成就：第158条第3句、第159条
3.期限届满＋未续期：第359条
4.给付不能：第580条第1款但书第1—2项
5.债的一般消灭事由：第557条第1款

（三）请求权可行使
1.履行抗辩权：合同通则解释31
（1）同时履行抗辩权：第525条
（2）先履行抗辩权：第526条
（3）不安履行抗辩权：第527条第1款
2.时效抗辩权：第192条第1款

三、出让方主张受让方补足价格

出让方诉请：受让方补足价格

请求权基础
土地使用权合同解释第3条第2款第1句第1分句→
土地使用权合同解释第3条

经市、县人民政府批准同意以协议方式出让的土地使用权，土地使用权出让金低于订立合同时当地政府按照国家规定确定的最低价的，应当认定土地使用权出让合同约定的价格条款无效。

当事人请求按照订立合同时的市场评估价格交纳土地使用权出让金的，应予支持；受让方不同意按照市场评估价格补足，请求解除合同的，应予支持。因此造成的损失，由当事人按照过错承担责任。

检视程式

（一）请求权已产生

1. 建设用地使用权出让合同成立且无效力障碍：房地产管理法13
2. 建设用地使用权出让合同的定义：土地使用权合同解释1
3. 经市、县人民政府批准同意以协议方式出让
4. 建设用地使用权出让合同的内容：第348条第2款
5. 建设用地使用权出让合同的书面形式要求：第348条第1款
6. 出让金低于订立合同时当地政府按照国家规定确定的最低价→价格条款无效
7. 请求按照订立合同时的市场评估价格交纳土地使用权出让金

（二）请求权未消灭

1. 合同已解除：第557条第2款
2. 解除条件成就：第158条第3句、第159条
3. 期限届满＋未续期：第359条
4. 债的一般消灭事由：第557条第1款

（三）请求权可行使

1. 履行抗辩权：合同通则解释31
  （1）同时履行抗辩权：第525条
  （2）先履行抗辩权：第526条
  （3）不安履行抗辩权：第527条第1款
2. 时效抗辩权：第192条第1款

四、主张解除建设用地使用权出让合同

出让方诉请一：确认已因未支付土地出让金解除／依诉解除合同

规范基础

房地产管理法16

土地使用者必须按照出让合同约定，支付土地使用权出让金；未按照出让合同约定支付土地使用权出让金的，土地管理部门有权解除合同，并可以请求违约赔偿。

检视程式

（一）解除权已产生

1. 建设用地使用权出让合同成立且无效力障碍：房地产管理法13
2. 受让方未按照出让合同约定支付土地出让金

（二）解除权未消灭

1. 除斥期间：第564条
  （1）知道或应知解除事由之日起1年
  （2）催告行使解除权后的合理期限

2.放弃解除权

（三）解除权的行使：第565条，合同通则解释53—54

1.解除通知+到达

2.通知载明债务人在一定期限内不履行债务则合同自动解除+载明的期限届满+债务人在该期限内未履行债务

3.未通知+直接以诉讼或仲裁方式主张解除+起诉状副本或仲裁申请书副本送达对方

聚合提示

可与违约责任（违约损害赔偿/违约金/定金）并存：第566条第2款

出让方诉请二：确认已因受让方擅自改变土地用途解除/依诉解除合同

规范基础

第563条第1款第4项
有下列情形之一的，当事人可以解除合同……
（四）当事人一方迟延履行债务或者有其他违约行为致使不能实现合同目的……

土地使用权合同解释6
受让方擅自改变土地使用权出让合同约定的土地用途，出让方请求解除合同的，应予支持。

检视程式

（一）解除权已产生

1.建设用地使用权出让合同成立且无效力障碍：房地产管理法13

2.受让方擅自改变土地使用权出让合同约定的土地用途

（二）解除权未消灭

1.除斥期间：第564条

（1）知道或应知解除事由之日起1年

（2）催告行使解除权后的合理期限

2.放弃解除权

（三）解除权的行使：第565条，合同通则解释53—54

1.解除通知+到达

2.通知载明债务人在一定期限内不履行债务则合同自动解除+载明的期限届满+债务人在该期限内未履行债务

3.未通知+直接以诉讼或仲裁方式主张解除+起诉状副本或仲裁申请书副本送达对方

聚合提示

可与违约责任（违约损害赔偿/违约金/定金）并存：第566条第2款

受让方诉请一：确认已因未提供出让土地解除/依诉解除合同

规范基础

房地产管理法 17
土地使用者按照出让合同约定支付土地使用权出让金的，市、县人民政府土地管理部门必须按照出让合同约定，提供出让的土地；未按照出让合同约定提供出让的土地的，土地使用者有权解除合同，由土地管理部门返还土地使用权出让金，土地使用者并可以请求违约赔偿。

检视程式

（一）解除权已产生
1. 建设用地使用权出让合同成立且无效力障碍：房地产管理法 13
2. 出让方未按约定提供出让土地

（二）解除权未消灭
1. 除斥期间：第 564 条
（1）知道或应知解除事由之日起 1 年
（2）催告行使解除权后的合理期限
2. 放弃解除权

（三）解除权的行使：第 565 条，合同通则解释 53—54
1. 解除通知+到达
2. 通知载明债务人在一定期限内不履行债务则合同自动解除+载明的期限届满+债务人在该期限内未履行债务
3. 未通知+直接以诉讼或仲裁方式主张解除+起诉状副本或仲裁申请书副本送达对方

聚合提示

可与违约责任（违约损害赔偿/违约金/定金）并存：第 566 条第 2 款

受让方诉请二：确认已因不同意补足价格解除/依诉解除合同

规范基础

第 563 条第 1 款第 4 项
有下列情形之一的，当事人可以解除合同……
（四）当事人一方迟延履行债务或者有其他违约行为致使不能实现合同目的……

土地使用权合同解释第 3 条第 2 款第 1 句第 2 分句
受让方不同意按照市场评估价格补足，请求解除合同的，应予支持。

检视程式

（一）解除权已产生
1. 建设用地使用权出让合同成立且无效力障碍：房地产管理法 13
2. 经市、县人民政府批准同意以协议方式出让
3. 出让金低于订立合同时当地政府按照国家规定确定的最低价→价格条款无效
4. 出让方请求按照订立合同时的市场评估价格交纳土地使用权出让金
5. 受让方不同意按照市场评估价格补足

（二）解除权未消灭
1. 除斥期间：第 564 条
（1）知道或应知解除事由之日起 1 年
（2）催告行使解除权后的合理期限
2. 放弃解除权

（三）解除权的行使：第 565 条，合同通则解释 53—54
1. 解除通知＋到达
2. 通知载明债务人在一定期限内不履行债务则合同自动解除＋载明的期限届满＋债务人在该期限内未履行债务
3. 未通知＋直接以诉讼或仲裁方式主张解除＋起诉状副本或仲裁申请书副本送达对方

聚合提示

可与违约责任（违约损害赔偿/违约金/定金）并存：第 566 条第 2 款

受让方诉请三：确认已因不能交付土地解除/依诉解除合同

规范基础

第 563 条第 1 款第 4 项
有下列情形之一的，当事人可以解除合同……
（四）当事人一方迟延履行债务或者有其他违约行为致使不能实现合同目的……

土地使用权合同解释 4
土地使用权出让合同的出让方因未办理土地使用权出让批准手续而不能交付土地，受让方请求解除合同的，应予支持。

检视程式

（一）解除权已产生
1. 建设用地使用权出让合同成立且无效力障碍：房地产管理法 13
2. 出让方因未办理土地使用权出让批准手续而不能交付土地

（二）解除权未消灭
1. 除斥期间：第 564 条
（1）知道或应知解除事由之日起 1 年

（2）催告行使解除权后的合理期限

2.放弃解除权

（三）解除权的行使：第565条，合同通则解释53—54

1.解除通知＋到达

2.通知载明债务人在一定期限内不履行债务则合同自动解除＋载明的期限届满＋债务人在该期限内未履行债务

3.未通知＋直接以诉讼或仲裁方式主张解除＋起诉状副本或仲裁申请书副本送达

聚合提示

可与违约责任（违约损害赔偿/违约金/定金）并存：第566条第2款

五、主张解除合同的损害赔偿

诉请：解除合同的损害赔偿

请求权基础

第566条第1款第2分句→
第566条第1款

合同解除后，尚未履行的，终止履行；已经履行的，根据履行情况和合同性质，当事人可以请求恢复原状或者采取其他补救措施，并有权请求赔偿损失。

土地使用权合同解释第3条第2款第2句
因此造成的损失，由当事人按照过错承担责任。

检视程式

（一）请求权已产生

1.建设用地使用权出让合同成立且无效力障碍：房地产管理法13

2.经市、县人民政府批准同意以协议方式出让

3.出让金低于订立合同时当地政府按照国家规定确定的最低价→价格条款无效

4.出让方请求按照订立合同时市场评估价格交纳出让金

5.受让方不同意按照市场评估价格补足

6.受让方行使解除权

7.请求人的损害：第584条主文＋合同通则解释60—62

8.相对人的过错

9.抗辩：请求人与有过失，第592条第2款

10.抗辩：违反减损义务，第591条第1款

11.抗辩：可预见性，第584条但书＋合同通则解释63.1—63.2

（二）请求权未消灭

1.债的一般消灭事由：第557条第1款

2.损益相抵：合同通则解释63.3

（三）请求权可行使

1.同时履行抗辩权：第525条＋合同通则解释31
2.时效抗辩权：第192条第1款

六、主张调整出让金

双方诉请：调整出让金

规范基础

房地产管理法18

土地使用者需要改变土地使用权出让合同约定的土地用途的，必须取得出让方和市、县人民政府城市规划行政主管部门的同意，签订土地使用权出让合同变更协议或者重新签订土地使用权出让合同，相应调整土地使用权出让金。

土地使用权合同解释5

受让方经出让方和市、县人民政府城市规划行政主管部门同意，改变土地使用权出让合同约定的土地用途，当事人请求按照起诉时同种用途的土地出让金标准调整土地出让金的，应予支持。

检视程式

（一）权利已产生

1.建设用地使用权出让合同成立且无效力障碍：房地产管理法13
2.受让方改变约定的土地用途
3.经出让方和市、县人民政府城市规划行政主管部门同意

（二）权利未消灭

1.合同已解除：第557条第2款
2.期限届满＋未续期：第359条

（三）权利的行使

当事人请求按照起诉时同种用途的土地出让金标准调整出让金

七、受让方主张出让方补偿＋退还出让金

受让方诉请：出让方补偿＋退还出让金

请求权基础

第358条

建设用地使用权期限届满前，因公共利益需要提前收回该土地的，应当依据本法第二百四十三条的规定对该土地上的房屋以及其他不动产给予补偿，并退还相应的出让金。

检视程式

（一）请求权已产生
1. 建设用地使用权出让合同成立且无效力障碍：房地产管理法13
2. 建设用地使用权期限届满前
3. 因公共利益需要提前收回土地

（二）请求权未消灭
1. 合同已解除：第557条第2款
2. 债的一般消灭事由：第557条第1款

（三）请求权可行使
1. 履行抗辩权：合同通则解释31
 （1）同时履行抗辩权：第525条
 （2）先履行抗辩权：第526条
 （3）不安履行抗辩权：第527条第1款
2. 时效抗辩权：第192条第1款

八、出让方主张建设用地使用权续期

出让方诉请：建设用地使用权续期

规范基础

第359条
住宅建设用地使用权期限届满的，自动续期。续期费用的缴纳或者减免，依照法律、行政法规的规定办理。

非住宅建设用地使用权期限届满后的续期，依照法律规定办理。该土地上的房屋以及其他不动产的归属，有约定的，按照约定；没有约定或者约定不明确的，依照法律、行政法规的规定办理。

检视程式

（一）权利已产生
1. 建设用地使用权出让合同成立且无效力障碍：房地产管理法13
2. 住宅建设用地使用权期限届满→自动续期：房地产管理法22
 （1）届满前一年申请
 （2）重新签订土地使用权出让合同
 （3）支付土地使用权出让金
3. 非住宅建设用地使用权期限届满+法定条件
 （1）届满前一年申请
 （2）重新签订土地使用权出让合同
 （3）支付土地使用权出让金

（二）权利未消灭

1.合同已解除：第557条第2款

2.解除条件成就：第158条第3句、第159条

3.届满＋未申请续期/申请续期未获批准：房地产管理法22.2

（三）权利可行使：合同通则解释31

1.同时履行抗辩权：第525条

2.先履行抗辩权：第526条

3.不安履行抗辩权：第527条第1款

第十节　建设用地使用权转让合同纠纷（4级案由）

案由所涉主张与诉请	主张建设用地使用权出让合同履行请求权 转让方诉请：受让方支付价金 受让方诉请一：转让方交付土地＋办理登记 受让方诉请二：转让方交付附着于土地上的建筑物、构筑物及其附属设施＋办理登记（房随地走）

主张建设用地使用权转让合同履行请求权

转让方诉请：受让方支付价金

请求权基础

建设用地使用权转让合同

检视程式

（一）请求权已产生

1.建设用地使用权转让合同成立且无效力障碍

抗辩排除：未办理变更登记不构成无效事由，土地使用权合同解释8

2.建设用地使用权转让合同的定义：土地使用权合同解释7

转让划拨土地使用权：土地使用权合同解释10—11

3.建设用地使用权转让合同的书面形式要求：第354条第1句

4.不超过建设用地使用权剩余期限：第354条第2句

（二）请求权未消灭

1.合同已解除：第557条第2款

2.解除条件成就：第158条第3句、第159条

3.期限届满＋未续期：第359条

4.债的一般消灭事由：第557条第1款

（三）请求权可行使

1.履行抗辩权：合同通则解释31
（1）同时履行抗辩权：第525条
（2）先履行抗辩权：第526条
（3）不安履行抗辩权：第527条第1款
2.时效抗辩权：第192条第1款

受让方诉请一：转让方交付土地＋办理登记

请求权基础

建设用地使用权出让合同

检视程式

（一）请求权已产生

1.建设用地使用权转让合同成立且无效力障碍
未办理变更登记不构成无效事由：土地使用权合同解释8
2.建设用地使用权转让合同的定义：土地使用权合同解释7
转让划拨土地使用权：土地使用权合同解释10—11
3.建设用地使用权转让合同的书面形式要求：第354条第1句
4.不超过建设用地使用权剩余期限：第354条第2句

（二）请求权未消灭

1.合同已解除：第557条第2款
2.给付不能：第580条第1款但书第1—2项
3.期限届满＋未续期：第359条
4.债的一般消灭事由：第557条第1款

（三）请求权可行使

1.多重转让的履行顺位：土地使用权合同解释9
2.履行抗辩权：合同通则解释31
（1）同时履行抗辩权：第525条
（2）先履行抗辩权：第526条
（3）不安履行抗辩权：第527条第1款
3.时效抗辩权：第192条第1款

受让方诉请二：转让方交付附着于土地上的建筑物、构筑物及其附属设施＋办理登记（房随地走）

请求权基础

第356条

建设用地使用权转让、互换、出资或者赠与的，附着于该土地上的建筑物、构筑物及其附属设施一并处分。

检视程式

（一）请求权已产生
1.建设用地使用权转让合同成立且无效力障碍
未办理变更登记不构成无效事由：土地使用权合同解释8
2.建设用地使用权转让合同的定义：土地使用权合同解释7
转让划拨土地使用权：土地使用权合同解释10—11
3.建设用地使用权转让合同的书面形式要求：第354条第1句
4.不超过建设用地使用权剩余期限：第354条第2句
5.建筑物、构筑物及其附属设施附着于该土地

（二）请求权未消灭
1.合同已解除：第557条第2款
2.给付不能：第580条第1款但书第1—2项
3.期限届满+未续期：第359条
4.债的一般消灭事由：第557条第1款

（三）请求权可行使
1.履行抗辩权：合同通则解释31
（1）同时履行抗辩权：第525条
（2）先履行抗辩权：第526条
（3）不安履行抗辩权：第527条第1款
2.时效抗辩权：第192条第1款

第十一节　赠与合同纠纷

合同一般主张与诉请在赠与合同的适用参引程式	一、主张赠与合同有效 　　诉请：确认赠与合同有效 　　案由：确认合同有效纠纷 　　检视程式：参见第一章第一节确认合同有效纠纷 二、主张赠与合同无效 　　诉请：确认赠与合同无效 　　案由：确认合同无效纠纷 　　检视程式：参见第一章第二节确认合同无效纠纷 三、主张缔约过失责任 　　诉请一：违反先合同义务的损害赔偿 　　诉请二：违反附随义务的缔约过失损害赔偿 　　案由：缔约过失责任纠纷 　　检视程式：参见第一章第三节缔约过失责任纠纷

四、被代理人主张违反代理职责的代理人赔偿损害

　　被代理人诉请：代理人赔偿损害

　　案由：赠与合同纠纷

　　检视程式：参见第二章第一节"二、被代理人主张违反代理职责的代理人赔偿损害"

五、被代理人主张代理人与相对人承担连带责任

　　被代理人诉请：代理人与相对人承担连带责任

　　案由：赠与合同纠纷

　　检视程式：参见第二章第一节"三、被代理人主张代理人与相对人承担连带责任"

六、相对人主张违法代理的被代理人与代理人承担连带责任

　　相对人诉请：被代理人与代理人承担连带责任

　　案由：赠与合同纠纷

　　检视程式：参见第二章第一节"四、相对人主张违法代理的被代理人与代理人承担连带责任"

七、相对人主张无权代理人履行/赔偿损害

　　相对人诉请一：无权代理人履行

　　相对人诉请二：无权代理人赔偿损害

　　案由：赠与合同纠纷

　　检视程式：参见第二章第一节"五、相对人主张无权代理人履行/赔偿损害"

八、债务人主张债权人承担的费用

　　诉请一：提存费用

　　诉请二：受领迟延的费用

　　案由：赠与合同纠纷

　　检视程式：参见第二章第一节"十一、债务人主张债权人承担的费用"

九、主张后合同义务履行请求权

　　诉请：履行后合同义务

　　案由：赠与合同纠纷

　　检视程式：参见第二章第一节"十二、主张后合同义务履行请求权"

十、主张违反后合同义务的损害赔偿

　　诉请：违反后合同义务的损害赔偿

　　案由：赠与合同纠纷

　　检视程式：参见第二章第一节"十三、主张违反后合同义务的损害赔偿"

续表

案由特别主张与诉请赠与合同程式	一、赠与方主张撤销赠与合同 　　赠与人诉请一：行使任意撤销权撤销合同 　　赠与人诉请二：行使法定撤销权撤销合同 　　赠与人继承人/法定代理人诉请：撤销赠与合同 二、赠与方主张撤销后的返还 　　赠与方诉请：受赠人返还赠与的财产 三、主张赠与合同履行请求权 　　受赠人诉请：赠与人交付赠与财产＋办理登记等手续 　　赠与人诉请：受赠人履行赠与所附义务 四、受赠人主张赠与人承担违约责任 　　受赠人诉请一：赠与财产毁损/灭失的损害赔偿 　　受赠人诉请二：附义务赠与的修理/重作/更换 　　受赠人诉请三：附义务赠与财产瑕疵的损害赔偿 　　受赠人诉请四：赠与财产瑕疵的损害赔偿

一、赠与方主张撤销赠与合同

赠与人诉请一：行使任意撤销权撤销合同

规范基础

第658条第1款

赠与人在赠与财产的权利转移之前可以撤销赠与。

检视程式

（一）权利已产生

1.赠与合同成立且无效力障碍

赠与合同的定义：第657条

2.抗辩：第658条第2款

经过公证的赠与合同/依法不得撤销的具有救灾、扶贫、助残等公益、道德义务性质的赠与合同

（二）权利未消灭

1.赠与财产的权利已经移转

2.放弃撤销权

（三）权利的行使

有相对人意思表示的生效：第137条

赠与人诉请二：行使法定撤销权撤销合同

规范基础

第 663 条第 1 款

受赠人有下列情形之一的，赠与人可以撤销赠与：
（一）严重侵害赠与人或者赠与人近亲属的合法权益；
（二）对赠与人有扶养义务而不履行；
（三）不履行赠与合同约定的义务。

检视程式

（一）权利已产生

1. 赠与合同成立且无效力障碍

赠与合同的定义：第 657 条

2. 受赠人严重侵害赠与人或者赠与人近亲属的合法权益
3. 受赠人对赠与人有扶养义务而不履行
4. 受赠人不履行赠与合同约定的义务

（二）权利未消灭

1. 除斥期间：知道/应知撤销事由 +1 年，第 663 条第 2 款
2. 放弃撤销权

（三）权利的行使

有相对人意思表示的生效：第 137 条

赠与人继承人/法定代理人诉请：撤销赠与合同

规范基础

第 664 条第 1 款

因受赠人的违法行为致使赠与人死亡或者丧失民事行为能力的，赠与人的继承人或者法定代理人可以撤销赠与。

检视程式

（一）权利已产生

1. 赠与合同成立且无效力障碍

赠与合同的定义：第 657 条

2. 受赠人的违法行为 + 致使赠与人死亡/丧失民事行为能力

（二）权利未消灭

1. 除斥期间：知道/应知撤销事由 +6 个月，第 664 条第 2 款
2. 放弃撤销权

（三）权利的行使
有相对人意思表示的生效：第137条

二、赠与方主张撤销后的返还

赠与方诉请：受赠人返还赠与的财产

请求权基础

第665条
撤销权人撤销赠与的，可以向受赠人请求返还赠与的财产。

第157条第1句
民事法律行为无效、被撤销或者确定不发生效力后，行为人因该行为取得的财产，应当予以返还；不能返还或者没有必要返还的，应当折价补偿。

第985条主文
得利人没有法律根据取得不当利益的，受损失的人可以请求得利人返还取得的利益……

检视程式

（一）请求权已产生
1. 产生要件
（1）受赠人取得财产
（2）基于赠与合同的给付取得
（3）合同被撤销（给付目的落空）
（4）请求折价补偿的附加要件：不能返还或者没有必要返还
2. 产生抗辩

（二）请求权未消灭
1. 善意得利丧失的抗辩：第986条
2. 债的一般消灭事由：第557条第1款

（三）请求权可行使
时效抗辩权：第192条第1款
自合同撤销之日起算：时效规定5

三、主张赠与合同履行请求权

受赠人诉请：赠与人交付赠与财产＋办理登记等手续

请求权基础

第660条第1款
经过公证的赠与合同或者依法不得撤销的具有救灾、扶贫、助残等公益、道德义务性质的赠与合同，赠与人不交付赠与财产的，受赠人可以请求交付。

第659条
赠与的财产依法需要办理登记或者其他手续的，应当办理有关手续。

检视程式

（一）请求权已产生

1.赠与合同成立且无效力障碍

赠与合同的定义：第657条

2.经过公证的赠与合同/依法不得撤销的具有救灾、扶贫、助残等公益、道德义务性质的赠与合同

（二）请求权未消灭

1.合同已解除：第557条第2款

2.解除条件成就：第158条第3句、第159条

3.终止期限届满：第160条第3句

4.给付不能：第580条第1款但书第1—2项

5.赠与人陷于贫困：第666条

6.债的一般消灭事由：第557条第1款

（三）请求权可行使

1.附义务赠与的履行抗辩权：第525—527条

2.时效抗辩权：第192条第1款

赠与人诉请：受赠人履行赠与所附义务

请求权基础

第661条第2款

赠与附义务的，受赠人应当按照约定履行义务。

检视程式

（一）请求权已产生

1.赠与合同成立且无效力障碍

赠与合同的定义：第657条

2.赠与附义务

（二）请求权未消灭

1.合同已解除：第557条第2款

2.解除条件成就：第158条第3句、第159条

3.终止期限届满：第160条第3句

4.给付不能：第580条第1款但书第1—2项

5.债的一般消灭事由：第557条第1款

（三）请求权可行使
1. 履行抗辩权：第 525—527 条
2. 时效抗辩权：第 192 条第 1 款

四、受赠人主张赠与人承担违约责任

受赠人诉请一：赠与财产毁损/灭失的损害赔偿

请求权基础
第 660 条第 2 款
依据前款规定应当交付的赠与财产因赠与人故意或者重大过失致使毁损、灭失的，赠与人应当承担赔偿责任。

检视程式

（一）请求权已产生
1. 责任成立
（1）赠与合同成立且无效力障碍
赠与合同的定义：第 657 条
（2）经过公证的赠与合同/依法不得撤销的具有救灾、扶贫、助残等公益、道德义务性质的赠与合同
（3）应当交付的赠与财产毁损/灭失
（4）因赠与人故意/重大过失
（5）抗辩：与有过失，第 592 条第 2 款
2. 责任范围
（1）损害：第 584 条主文+合同通则解释 60—62
（2）责任范围因果关系
①抗辩：可预见性，第 584 条但书+合同通则解释 63.1—63.2
②抗辩：合同目的限制
（3）抗辩：违反减损义务，第 591 条第 1 款

（二）请求权未消灭
1. 赠与人陷于贫困：第 666 条
2. 债的一般消灭事由：第 557 条第 1 款
3. 损益相抵：合同通则解释 63.3

（三）请求权可行使
1. 附义务赠与的履行抗辩权：第 525—527 条
2. 时效抗辩权：第 192 条第 1 款

受赠人诉请二：附义务赠与的修理/重作/更换

请求权基础

第662条第1款第2句

附义务的赠与，赠与的财产有瑕疵的，赠与人在附义务的限度内承担与出卖人相同的责任。

第582条

履行不符合约定的，应当按照当事人的约定承担违约责任。对违约责任没有约定或者约定不明确，依据本法第五百一十条的规定仍不能确定的，受损害方根据标的的性质以及损失的大小，可以合理选择请求对方承担修理、重作、更换、退货、减少价款或者报酬等违约责任。

检视程式

（一）请求权已产生

1. 赠与合同成立且无效力障碍
2. 附义务的赠与
3. 赠与财产有瑕疵
4. 在附义务的限度内

（二）请求权未消灭

1. 给付不能：第580条第1款但书第1—2项
2. 赠与人陷于贫困：第666条
3. 债的一般消灭事由：第557条第1款

（三）请求权可行使

1. 履行抗辩权：第525—527条
2. 时效抗辩权：第192条第1款

受赠人诉请三：附义务赠与财产瑕疵的损害赔偿

请求权基础

第662条第1款第2句

附义务的赠与，赠与的财产有瑕疵的，赠与人在附义务的限度内承担与出卖人相同的责任。

第617条

出卖人交付的标的物不符合质量要求的，买受人可以依据本法第五百八十二条至第五百八十四条的规定请求承担违约责任。

第577条后半句第3种情形→

第577条

当事人一方不履行合同义务或者履行合同义务不符合约定的，应当承担继续履行、采取补救措施或者赔偿损失等违约责任。

第 583 条

当事人一方不履行合同义务或者履行合同义务不符合约定的，在履行义务或者采取补救措施后，对方还有其他损失的，应当赔偿损失。

检视程式

（一）请求权已产生

1. 责任成立

（1）赠与合同成立且无效力障碍

（2）附义务的赠与

（3）赠与财产有瑕疵

（4）在附义务的限度内

（5）抗辩：与有过失，第 592 条第 2 款

2. 责任范围

（1）损害：第 584 条主文＋合同通则解释 60—62

（2）责任范围因果关系

①抗辩：可预见性，第 584 条但书＋合同通则解释 63.1—63.2

②抗辩：合同目的限制

（3）抗辩：违反减损义务，第 591 条第 1 款

（二）请求权未消灭

1. 债的一般消灭事由：第 557 条第 1 款

2. 损益相抵：合同通则解释 63.3

（三）请求权可行使

1. 同时履行抗辩权：第 525 条＋合同通则解释 31

2. 时效抗辩权：第 192 条第 1 款

受赠人诉请四：赠与财产瑕疵的损害赔偿

请求权基础

第 662 条第 2 款

赠与人故意不告知瑕疵或者保证无瑕疵，造成受赠人损失的，应当承担赔偿责任。

检视程式

（一）请求权已产生

1. 责任成立

（1）赠与合同成立且无效力障碍

（2）赠与财产有瑕疵

（3）赠与人故意不告知瑕疵/保证无瑕疵

（4）抗辩：与有过失，第592条第2款
2.责任范围
（1）损害：第584条主文＋合同通则解释60—62
（2）责任范围因果关系
①抗辩：可预见性，第584条但书＋合同通则解释63.1—63.2
②抗辩：合同目的限制
（3）抗辩：违反减损义务，第591条第1款
（二）请求权未消灭
1.债的一般消灭事由：第557条第1款
2.损益相抵：合同通则解释63.3
（三）请求权可行使
1.同时履行抗辩权：第525条＋合同通则解释31
2.时效抗辩权：第192条第1款

第十二节　金融借款合同纠纷（4级案由）

合同一般主张与诉请在金融借款合同的适用参引程式	一、主张金融借款合同有效 　　诉请：确认金融借款合同有效 　　案由：确认合同有效纠纷 　　检视程式：参见第一章第一节确认合同有效纠纷 二、主张金融借款合同无效 　　诉请：确认金融借款合同无效 　　案由：确认合同无效纠纷 　　检视程式：参见第一章第二节确认合同无效纠纷 三、主张撤销金融借款合同 　　诉请：撤销金融借款合同 　　案由：金融借款合同纠纷 　　检视程式：参见第二章第一节"一、主张撤销合同" 四、主张合同不成立/无效/被撤销后的返还 　　诉请：合同不成立/无效/被撤销的不当得利返还 　　案由：不当得利纠纷[①] 　　检视程式：参见第五章第二节"一、主张法律行为不成立/无效/被撤销后的返还/折价补偿" 五、主张缔约过失责任 　　诉请一：违反先合同义务的损害赔偿

[①] 若认为第157条第1句所涉并非不当得利返还请求权，则该诉请应适用"合同纠纷"项下的案由。

	诉请二：违反附随义务的缔约过失损害赔偿
	诉请三：违反报批义务的损害赔偿
	诉请四：违反报批义务的违约金
	诉请五：违反报批义务的定金双倍返还
	案由：缔约过失责任纠纷（定金适用定金合同纠纷）
	检视程式：参见第一章第三节缔约过失责任纠纷（定金参见第一章第五节定金合同纠纷）
	六、主张预约的履行/违反预约的违约责任
	诉请一：订立金融借款合同
	诉请二：违反预约的损害赔偿/违约金/双倍返还定金
	案由：预约合同纠纷（定金适用定金合同纠纷）
	检视程式：参见第一章第四节预约合同纠纷（定金参见第一章第五节定金合同纠纷）
	七、被代理人主张违反代理职责的代理人赔偿损害
	被代理人诉请：代理人赔偿损害
	案由：金融借款合同纠纷
	检视程式：参见第二章第一节"二、被代理人主张违反代理职责的代理人赔偿损害"
	八、被代理人主张代理人与相对人承担连带责任
	被代理人诉请：代理人与相对人承担连带责任
	案由：金融借款合同纠纷
	检视程式：参见第二章第一节"三、被代理人主张代理人与相对人承担连带责任"
	九、相对人主张违法代理的被代理人与代理人承担连带责任
	相对人诉请：被代理人与代理人承担连带责任
	案由：金融借款合同纠纷
	检视程式：参见第二章第一节"四、相对人主张违法代理的被代理人与代理人承担连带责任"
	十、相对人主张无权代理人履行/赔偿损害
	相对人诉请一：无权代理人履行
	相对人诉请二：无权代理人赔偿损害
	案由：金融借款合同纠纷
	检视程式：参见第二章第一节"五、相对人主张无权代理人履行/赔偿损害"
	十一、主张对方承担违约责任
	诉请一：支付违约金

续表

| | 诉请二：双倍返还定金
案由：金融借款合同纠纷（定金适用定金合同纠纷）
检视程式：参见第二章第一节"七、主张对方承担违约责任"（定金参见第一章第五节定金合同纠纷）
十二、主张解除合同
　　诉请一：确认合同已合意解除
　　诉请二：确认已行使/依诉行使意定解除权
　　诉请三：确认已行使/依诉行使法定解除权
　　诉请四：申请因情事变更解除
　　诉请五：解除合同+恢复原状（返还）/采取其他补救措施/赔偿损失
　　案由：金融借款合同纠纷
　　检视程式：参见第二章第一节"八、主张解除合同"
十三、主张合同未解除
　　诉请：确认合同未解除
　　案由：金融借款合同纠纷
　　检视程式：参见第二章第一节"九、主张合同未解除"
十四、贷款人主张借款人承担的费用
　　贷款人诉请一：提前履行增加的费用
　　贷款人诉请二：部分履行增加的费用
　　贷款人诉请三：主债权及利息的实现费用
　　贷款人诉请四：第三人替代履行的费用
　　贷款人诉请五：防止损失扩大的费用
　　案由：金融借款合同纠纷
　　检视程式：参见第二章第一节"十、债权人主张债务人承担的费用"
十五、借款人主张贷款人承担的费用
　　借款人诉请一：提存费用
　　借款人诉请二：受领迟延的费用
　　案由：金融借款合同纠纷
　　检视程式：参见第二章第一节"十一、债务人主张债权人承担的费用"
十六、主张后合同义务履行请求权
　　诉请：履行后合同义务
　　案由：金融借款合同纠纷
　　检视程式：参见第二章第一节"十二、主张后合同义务履行请求权"
十七、主张违反后合同义务的损害赔偿
　　诉请：违反后合同义务的损害赔偿 |

续表

	案由：金融借款合同纠纷 检视程式：参见第二章第一节"十三、主张违反后合同义务的损害赔偿"
案由特别主张 与诉请 金融借款合同 程式	一、主张金融借款合同履行请求权 　　借款人诉请：贷款人发放借款 　　贷款人诉请一：检查监督借款使用情况 　　贷款人诉请二：支付借款利息（期内利息） 　　贷款人诉请三：返还借款 二、主张对方承担违约责任 　　借款人诉请：贷款人赔偿损失 　　贷款人诉请一：提前收回借款 　　贷款人诉请二：支付逾期利息 三、贷款人主张解除合同（借款特有的解除事由） 　　贷款人诉请：确认已行使/依诉行使法定解除权

一、主张金融借款合同履行请求权

借款人诉请：贷款人发放借款

请求权基础

金融借款合同

检视程式

（一）请求权已产生
1.产生要件
合同成立且无效力障碍
借款合同的定义：第667条
借款合同的内容：第668条第2款
金融借款合同的形式要求：书面形式，第668条第1款主文
2.产生抗辩
借款人违反约定用途使用借款→贷款人可停止发放借款：第673条
（二）请求权未消灭
1.合同已解除：第557条第2款
2.解除条件成就：第158条第3句、第159条
3.终止期限届满：第160条第3句
4.债的一般消灭事由：第557条第1款

（三）请求权可行使

1. 不安履行抗辩权：第527条第1款＋合同通则解释31.1

借款人告知义务：第669条

2. 时效抗辩权：第192条第1款

贷款人诉请一：检查监督借款使用情况

请求权基础

第672条

贷款人按照约定可以检查、监督借款的使用情况。借款人应当按照约定向贷款人定期提供有关财务会计报表或者其他资料。

检视程式

（一）请求权已产生

合同成立且无效力障碍

借款合同的定义：第667条

借款合同的内容：第668条第2款

金融借款合同的形式要求：书面形式，第668条第1款主文

（二）请求权未消灭

1. 合同已解除：第557条第2款
2. 解除条件成就：第158条第3句、第159条
3. 终止期限届满：第160条第3句

（三）请求权可行使

贷款人诉请二：支付借款利息（期内利息）

请求权基础

第674条第1句→

第674条

借款人应当按照约定的期限支付利息。对支付利息的期限没有约定或者约定不明确，依据本法第五百一十条的规定仍不能确定，借款期间不满一年的，应当在返还借款时一并支付；借款期间一年以上的，应当在每届满一年时支付，剩余期间不满一年的，应当在返还借款时一并支付。

检视程式

（一）请求权已产生

1. 产生要件

合同成立且无效力障碍

借款合同的定义：第667条

借款合同的内容：第668条第2款

金融借款合同的形式要求：书面形式，第668条第1款主文

2.产生抗辩：高利放贷，第680条第1款

3.权利内容

（1）利息的确定

①约定

②约定不明确→补充协议

③不能达成补充协议→交易方式+交易习惯+市场利率等，第680条第3款第1分句

④未依约收取借款→仍按约定计息：第671条第2款

（2）支付期限：第674条第2句+第510条

①约定

②未约定或约定不明→补充协议→合同条款/交易习惯

③仍不能确定

A.借款期间不满1年：返还借款时一并支付

B.借款期间1年以上：每届满1年时+剩余期限不满1年时于返还借款时一并支付

（3）提前还款的利息

依实际借款期间计算：第677条

（二）请求权未消灭

1.合同已解除：第557条第2款

2.解除条件成就：第158条第3句、第159条

3.终止期限届满：第160条第3句

4.债的一般消灭事由：第557条第1款

（三）请求权可行使

时效抗辩权：第192条第1款

贷款人诉请三：返还借款

请求权基础

第675条第1句→

第675条

借款人应当按照约定的期限返还借款。对借款期限没有约定或者约定不明确，依据本法第五百一十条的规定仍不能确定的，借款人可以随时返还；贷款人可以催告借款人在合理期限内返还。

检视程式

（一）请求权已产生

1.产生要件

（1）合同成立且无效力障碍

借款合同的定义：第667条

借款合同的内容：第668条第2款
金融借款合同的形式要求：书面形式，第668条第1款主文
（2）借款期限届满：第675条第2句+第510条
①约定
②未约定或约定不明→补充协议→合同条款/交易习惯
③仍不能确定
A.借款人可随时返还
B.贷款人可催告借款人在合理期限内返还
④贷款展期：第678条
2.产生抗辩：禁止利息预先扣除，第670条
（二）请求权未消灭
债的一般消灭事由：第557条第1款
（三）请求权可行使
1.履行顺序：费用→利息→本金，第561条
2.时效抗辩权：第192条第1款

二、主张对方承担违约责任

借款人诉请：贷款人赔偿损失

请求权基础

第671条第1款
贷款人未按照约定的日期、数额提供借款，造成借款人损失的，应当赔偿损失。

检视程式

（一）请求权已产生
1.责任成立
（1）合同成立且无效力障碍
借款合同的定义：第667条
借款合同的内容：第668条第2款
金融借款合同的形式要求：书面形式，第668条第1款主文
（2）贷款人未按照约定的日期/数额提供借款
（3）抗辩：不可抗力，第590条
（4）抗辩：与有过失，第592条第2款
（5）抗辩：第三人原因，第593条第1句
2.责任范围
（1）损害：第584条主文+合同通则解释60—62
（2）责任范围因果关系
①抗辩：可预见性，第584条但书+合同通则解释63.1—63.2

②抗辩：合同目的限制
（3）抗辩：违反减损义务，第591条第1款
（4）抗辩：受领迟延利息请求权未产生，第589条第2款
（二）请求权未消灭
1.债的一般消灭事由：第557条第1款
2.损益相抵：合同通则解释63.3
（三）请求权可行使
1.不安履行抗辩权：第527条第1款+合同通则解释31.1
2.时效抗辩权：第192条第1款

贷款人诉请一：提前收回借款

请求权基础

第673条第2种情形→
第673条
借款人未按照约定的借款用途使用借款的，贷款人可以停止发放借款、提前收回借款或者解除合同。

检视程式

（一）请求权已产生
1.合同成立且无效力障碍
借款合同的定义：第667条
借款合同的内容：第668条第2款
金融借款合同的形式要求：书面形式，第668条第1款主文
2.借款人违反约定用途使用借款
（二）请求权未消灭
债的一般消灭事由：第557条第1款
（三）请求权可行使
时效抗辩权：第192条第1款

贷款人诉请二：支付逾期利息

请求权基础

第676条
借款人未按照约定的期限返还借款的，应当按照约定或者国家有关规定支付逾期利息。

检视程式

（一）请求权已产生

1.合同成立且无效力障碍

借款合同的定义：第667条

借款合同的内容：第668条第2款

金融借款合同的形式要求：书面形式，第668条第1款主文

2.借款人未依约返还借款

（二）请求权未消灭

债的一般消灭事由：第557条第1款第1项

（三）请求权可行使

时效抗辩权：第192条第1款

三、贷款人主张解除合同（借款特有的解除事由）

贷款人诉请：确认已行使／依诉行使法定解除权

规范基础

第673条第3种情形→

第673条

借款人未按照约定的借款用途使用借款的，贷款人可以停止发放借款、提前收回借款或者解除合同。

检视程式

（一）解除权已产生

1.合同成立且无效力障碍

借款合同的定义：第667条

借款合同的内容：第668条第2款

金融借款合同的形式要求：书面形式，第668条第1款主文

2.借款人违反约定用途使用借款

（二）解除权未消灭

1.除斥期间：第564条

（1）解除权人知道或应知解除事由之日起1年

（2）对方催告后的合理期限

2.放弃解除权

（三）解除权的行使：第565条，合同通则解释53—54

1.解除通知＋到达

2.通知载明债务人在一定期限内不履行债务则合同自动解除＋载明的期限届满＋债务人在该期限内未履行债务

3. 未通知+直接以诉讼或仲裁方式主张解除+起诉状副本或仲裁申请书副本送达对方

第十三节　民间借贷纠纷（4级案由）

合同一般主张与诉请在民间借贷的适用参引程式	一、主张撤销民间借贷合同 　　诉请：撤销民间借贷合同 　　案由：民间借贷纠纷 　　检视程式：参见第二章第一节"一、主张撤销合同" 二、主张合同不成立/无效/被撤销后的返还+补偿 　　诉请：合同不成立/无效/被撤销的不当得利返还/折价补偿 　　案由：不当得利纠纷① 　　检视程式：参见第五章第二节"一、主张法律行为不成立/无效/被撤销后的返还/折价补偿" 三、主张缔约过失责任 　　诉请一：违反先合同义务的损害赔偿 　　诉请二：违反附随义务的缔约过失损害赔偿 　　案由：缔约过失责任纠纷 　　检视程式：参见第一章第三节缔约过失责任纠纷 四、主张预约的履行/违反预约的违约责任 　　诉请一：订立民间借贷合同 　　诉请二：违反预约的损害赔偿/违约金/双倍返还定金 　　案由：预约合同纠纷（定金适用定金合同纠纷） 　　检视程式：参见第一章第四节预约合同纠纷（定金参见第一章第五节定金合同纠纷） 五、被代理人主张违反代理职责的代理人赔偿损害 　　被代理人诉请：代理人赔偿损害 　　案由：民间借贷纠纷 　　检视程式：参见第二章第一节"二、被代理人主张违反代理职责的代理人赔偿损害" 六、被代理人主张代理人与相对人承担连带责任 　　被代理人诉请：代理人与相对人承担连带责任 　　案由：民间借贷纠纷 　　检视程式：参见第二章第一节"三、被代理人主张代理人与相对人承担连带责任"

---

① 若认为第157条第1句所涉并非不当得利返还请求权，则该诉请应适用"合同纠纷"项下的案由。

续表

| | 七、相对人主张违法代理的被代理人与代理人承担连带责任
　　相对人诉请：被代理人与代理人承担连带责任
　　案由：民间借贷纠纷
　　检视程式：参见第二章第一节"四、相对人主张违法代理的被代理人与代理人承担连带责任"
八、相对人主张无权代理人履行/赔偿损害
　　相对人诉请一：无权代理人履行
　　相对人诉请二：无权代理人赔偿损害
　　案由：民间借贷纠纷
　　检视程式：参见第二章第一节"五、相对人主张无权代理人履行/赔偿损害"
九、主张对方承担违约责任
　　诉请一：支付违约金
　　诉请二：双倍返还定金
　　案由：民间借贷纠纷（定金适用定金合同纠纷）
　　检视程式：参见第二章第一节"七、主张对方承担违约责任"（定金参见第一章第五节定金合同纠纷）
十、主张解除合同
　　诉请一：确认合同已合意解除
　　诉请二：确认已行使/依诉行使意定解除权
　　诉请三：确认已行使/依诉行使法定解除权
　　诉请四：申请因情事变更解除
　　诉请五：解除合同+恢复原状（返还）/采取其他补救措施/赔偿损失
　　案由：民间借贷纠纷
　　检视程式：参见第二章第一节"八、主张解除合同"
十一、主张合同未解除
　　诉请：确认合同未解除
　　案由：民间借贷纠纷
　　检视程式：参见第二章第一节"九、主张合同未解除"
十二、出借人主张借款人承担的费用
　　出借人诉请一：提前履行增加的费用
　　出借人诉请二：部分履行增加的费用
　　出借人诉请三：主债权及利息的实现费用
　　出借人诉请四：第三人替代履行的费用
　　出借人诉请五：防止损失扩大的费用
　　案由：民间借贷纠纷 |

续表

	检视程式：参见第二章第一节"十、债权人主张债务人承担的费用" 十三、借款人主张出借人承担的费用 　　借款人诉请一：提存费用 　　借款人诉请二：受领迟延的费用 　　案由：民间借贷纠纷 　　检视程式：参见第二章第一节"十一、债务人主张债权人承担的费用" 十四、主张后合同义务履行请求权 　　诉请：履行后合同义务 　　案由：民间借贷纠纷 　　检视程式：参见第二章第一节"十二、主张后合同义务履行请求权" 十五、主张违反后合同义务的损害赔偿 　　诉请：违反后合同义务的损害赔偿 　　案由：民间借贷纠纷 　　检视程式：参见第二章第一节"十三、主张违反后合同义务的损害赔偿"
确认合同有效纠纷案由在民间借贷的适用民间借贷程式	一、主张民间借贷合同有效 　　诉请一：确认非自然人主体间为生产经营的民间借贷合同有效 　　诉请二：确认向职工筹资的民间借贷合同有效 　　诉请三：涉嫌/构成犯罪的民间借贷合同有效 　　诉请四：自然人之间的民间借贷合同有效
确认合同无效纠纷案由在民间借贷的适用民间借贷程式	二、主张民间借贷合同无效 　　诉请一：确认非自然人主体间为生产经营的民间借贷合同无效 　　诉请二：确认向职工筹资的民间借贷合同无效 　　诉请三：涉嫌/构成犯罪的民间借贷合同无效 　　诉请四：自然人之间的民间借贷合同无效
案由特别主张与诉请民间借贷程式	三、主张民间借贷合同履行请求权 　　借款人诉请：出借人发放借款 　　出借人诉请一：检查监督借款使用情况 　　出借人诉请二：支付借款利息（期内利息） 　　出借人诉请三：返还借款 四、主张对方承担违约责任 　　借款人诉请：出借人赔偿损失 　　出借人诉请一：提前收回借款 　　出借人诉请二：支付逾期利息 五、出借人主张解除合同（借款特有的解除事由） 　　出借人诉请：确认已行使/依诉行使法定解除权

续表

	六、借款人主张提前还款 　　借款人诉请：出借人受领提前还款 七、出借人主张网贷平台承担担保责任 　　出借人诉请：网贷平台承担担保责任 八、出借人申请拍卖买卖合同标的物 　　出借人诉请：拍卖买卖合同标的物
说　明	同时就借贷合同和担保合同提起诉讼，援用"借贷合同纠纷"案由；单独就担保合同提起诉讼时，援用各担保合同各自的案由。

一、主张民间借贷合同有效

诉请一：确认非自然人主体间为生产经营的民间借贷合同有效

规范基础

第136条第1款

民事法律行为自成立时生效，但是法律另有规定或者当事人另有约定的除外。

借贷规定10

法人之间、非法人组织之间以及它们相互之间为生产、经营需要订立的民间借贷合同，除存在民法典第一百四十六条、第一百五十三条、第一百五十四条以及本规定第十三条规定的情形外，当事人主张民间借贷合同有效的，人民法院应予支持。

检视程式

（一）合同成立要件

1.要约

借款合同的定义：第667条

借款合同的内容：第668条第2款

法人之间、非法人组织之间以及它们相互之间为生产、经营需要订立的民间借贷合同

2.承诺

3.借款合同的形式要求：书面形式，第668条第1款主文

4.借贷关系成立的证据：借贷规定2，14—16

（二）合同未成立抗辩

格式条款未提示说明

（三）合同生效要件

代理行为的代理权

（四）合同未生效抗辩

1.附生效条件

2.附生效期限

（五）合同效力待定抗辩

1.自己代理

2.双方代理

（六）合同无效抗辩：借贷规定10

1.通谋虚伪

2.违反法律强制性规定

3.违反公序良俗

4.恶意串通

5.格式条款的无效

6.民间借贷合同特别无效事由：借贷规定13

（1）套取金融机构贷款转贷

（2）向其他营利法人借贷、向本单位职工集资，或者以向公众非法吸收存款等方式取得的资金转贷

（3）未依法取得放贷资格的出借人，以营利为目的向社会不特定对象提供借款

（4）出借人事先知道或者应当知道借款人借款用于违法犯罪活动仍然提供借款

（七）合同已失效抗辩

1.解除条件成就

2.终止期限届满

诉请二：确认向职工筹资的民间借贷合同有效

规范基础

第136条第1款

民事法律行为自成立时生效，但是法律另有规定或者当事人另有约定的除外。

借贷规定11

法人或者非法人组织在本单位内部通过借款形式向职工筹集资金，用于本单位生产、经营，且不存在民法典第一百四十四条、第一百四十六条、第一百五十三条、第一百五十四条以及本规定第十三条规定的情形，当事人主张民间借贷合同有效的，人民法院应予支持。

检视程式

（一）合同成立要件

1.要约

借款合同的定义：第667条

借款合同的内容：第668条第2款

法人或者非法人组织在本单位内部通过借款形式向职工筹集资金，用于本单位生产、经营

2.承诺

3.借款合同的形式要求：书面形式，第668条第1款主文

4.借贷关系成立的证据：借贷规定2，14—16

（二）合同未成立抗辩

格式条款未提示说明

（三）合同生效要件

代理行为的代理权

（四）合同未生效抗辩

1.附生效条件

2.附生效期限

（五）合同效力待定抗辩

1.自己代理

2.双方代理

（六）合同无效抗辩：借贷规定11

1.无行为能力

2.通谋虚伪

3.违反法律强制性规定

4.违反公序良俗

5.恶意串通

6.格式条款的无效

7.民间借贷合同特别无效事由：借贷规定13

（1）套取金融机构贷款转贷

（2）向其他营利法人借贷、向本单位职工集资，或者以向公众非法吸收存款等方式取得的资金转贷

（3）未依法取得放贷资格的出借人，以营利为目的向社会不特定对象提供借款

（4）出借人事先知道或者应当知道借款人借款用于违法犯罪活动仍然提供借款

（七）合同已失效抗辩

1.解除条件成就

2.终止期限届满

诉请三：涉嫌/构成犯罪的民间借贷合同有效

规范基础

第136条第1款

民事法律行为自成立时生效，但是法律另有规定或者当事人另有约定的除外。

借贷规定12.1

借款人或者出借人的借贷行为涉嫌犯罪，或者已经生效的裁判认定构成犯罪，当事人提起民事诉讼的，民间借贷合同并不当然无效。人民法院应当依据民法典第

一百四十四条、第一百四十六条、第一百五十三条、第一百五十四条以及本规定第十三条之规定，认定民间借贷合同的效力。

检视程式

（一）合同成立要件
1.要约
借款合同的定义：第667条
借款合同的内容：第668条第2款
2.承诺
3.借款合同的形式要求：书面形式，第668条第1款主文
4.借贷关系成立的证据：借贷规定2，14—16

（二）合同未成立抗辩
格式条款未提示说明

（三）合同生效要件
代理行为的代理权

（四）合同未生效抗辩
1.附生效条件
2.附生效期限

（五）合同效力待定抗辩
1.自己代理
2.双方代理

（六）合同无效抗辩：借贷规定12.1
1.无行为能力
2.通谋虚伪
3.违反法律强制性规定
借款人或者出借人的借贷行为涉嫌犯罪，或者已经生效的裁判认定构成犯罪，当事人提起民事诉讼的，民间借贷合同并不当然无效
4.违反公序良俗
5.恶意串通
6.格式条款的无效
7.民间借贷合同特别无效事由：借贷规定13
（1）套取金融机构贷款转贷
（2）向其他营利法人借贷、向本单位职工集资，或者以向公众非法吸收存款等方式取得的资金转贷
（3）未依法取得放贷资格的出借人，以营利为目的向社会不特定对象提供借款
（4）出借人事先知道或者应当知道借款人借款用于违法犯罪活动仍然提供借款

（七）合同已失效抗辩
1.解除条件成就

2.终止期限届满

诉请四：自然人之间的民间借贷合同有效

规范基础

第679条
自然人之间的借款合同，自贷款人提供借款时成立。

检视程式

（一）合同成立要件
1.要约
借款合同的定义：第667条
借款合同的内容：第668条第2款
2.承诺
3.书面形式及其特约排除：第668条第1款
4.出借人提供借款：借贷规定9
5.借贷关系成立的证据：借贷规定2，14—16
（二）合同未成立抗辩
格式条款未提示说明
（三）合同生效要件
代理行为的代理权
（四）合同未生效抗辩
1.附生效条件
2.附生效期限
（五）合同效力待定抗辩
1.限制行为能力
2.自己代理
3.双方代理
（六）合同无效抗辩
1.无行为能力
2.通谋虚伪
3.违反法律强制性规定
4.违反公序良俗
5.恶意串通
6.限制行为能力+拒绝追认/相对人撤销
7.代理情形的无效事由
8.格式条款的无效
9.民间借贷合同特别无效事由：借贷规定13

（1）套取金融机构贷款转贷

（2）向其他营利法人借贷、向本单位职工集资，或者以向公众非法吸收存款等方式取得的资金转贷

（3）未依法取得放贷资格的出借人，以营利为目的向社会不特定对象提供借款

（4）出借人事先知道或者应当知道借款人借款用于违法犯罪活动仍然提供借款

（七）合同已失效抗辩

1.解除条件成就

2.终止期限届满

二、主张民间借贷合同无效

诉请一：确认非自然人主体间为生产经营的民间借贷合同无效

规范基础

第136条第1款

民事法律行为自成立时生效，但是法律另有规定或者当事人另有约定的除外。

借贷规定10

法人之间、非法人组织之间以及它们相互之间为生产、经营需要订立的民间借贷合同，除存在民法典第一百四十六条、第一百五十三条、第一百五十四条以及本规定第十三条规定的情形外，当事人主张民间借贷合同有效的，人民法院应予支持。

检视程式

（一）合同未成立事由

1.要约障碍

借款合同的定义：第667条

借款合同的内容：第668条第2款

法人之间、非法人组织之间以及它们相互之间为生产、经营需要订立的民间借贷合同

2.承诺障碍

3.未遵守法定书面形式：第668条第1款主文

4.未遵守意定形式要件

5.格式条款未提示说明

6.以要约/承诺以外的其他方式订立合同的要件不满足

7.借贷关系成立的证据：借贷规定2，14—16

（二）合同未生效事由

附生效条件+条件终局不成就

（三）合同无效事由：借贷规定10

1.通谋虚伪

2.违反法律强制性规定

3.违反公序良俗

4.恶意串通

5.代理情形的无效事由

6.格式条款无效

7.民间借贷合同特别无效事由：借贷规定13

（1）套取金融机构贷款转贷

（2）向其他营利法人借贷、向本单位职工集资，或者以向公众非法吸收存款等方式取得的资金转贷

（3）未依法取得放贷资格的出借人，以营利为目的向社会不特定对象提供借款

（4）出借人事先知道或者应当知道借款人借款用于违法犯罪活动仍然提供借款

（四）合同失效事由

1.解除条件成就

2.终止期限届满

（五）权利滥用事由：第132条+总则解释3

诉请二：确认向职工筹资的民间借贷合同无效

规范基础

第136条第1款

民事法律行为自成立时生效，但是法律另有规定或者当事人另有约定的除外。

借贷规定11

法人或者非法人组织在本单位内部通过借款形式向职工筹集资金，用于本单位生产、经营，且不存在民法典第一百四十四条、第一百四十六条、第一百五十三条、第一百五十四条以及本规定第十三条规定的情形，当事人主张民间借贷合同有效的，人民法院应予支持。

检视程式

（一）合同未成立事由

1.要约障碍

借款合同的定义：第667条

借款合同的内容：第668条第2款

法人或者非法人组织在本单位内部通过借款形式向职工筹集资金，用于本单位生产、经营

2.承诺障碍

3.未遵守法定书面形式：第668条第1款主文

4.未遵守意定形式要件

5.格式条款未提示说明

6.以要约/承诺以外的其他方式订立合同的要件不满足

7.借贷关系成立的证据：借贷规定2，14—16

（二）合同未生效事由
附生效条件＋条件终局不成就

（三）合同无效事由：借贷规定11
1.无行为能力

2.通谋虚伪

3.违反法律强制性规定

4.违反公序良俗

5.恶意串通

6.代理情形的无效事由

7.格式条款无效

8.民间借贷合同特别无效事由：借贷规定13

（1）套取金融机构贷款转贷

（2）向其他营利法人借贷、向本单位职工集资，或者以向公众非法吸收存款等方式取得的资金转贷

（3）未依法取得放贷资格的出借人，以营利为目的向社会不特定对象提供借款

（4）出借人事先知道或者应当知道借款人借款用于违法犯罪活动仍然提供借款

（四）合同失效事由
1.解除条件成就

2.终止期限届满

（五）权利滥用事由：第132条＋总则解释3

诉请三：涉嫌/构成犯罪的民间借贷合同无效

规范基础

第136条第1款
民事法律行为自成立时生效，但是法律另有规定或者当事人另有约定的除外。

借贷规定12.1
借款人或者出借人的借贷行为涉嫌犯罪，或者已经生效的裁判认定构成犯罪，当事人提起民事诉讼的，民间借贷合同并不当然无效。人民法院应当依据民法典第一百四十四条、第一百四十六条、第一百五十三条、第一百五十四条以及本规定第十三条之规定，认定民间借贷合同的效力。

检视程式

（一）合同未成立事由
1.要约障碍

借款合同的定义：第667条

借款合同的内容：第668条第2款

2.承诺障碍

3.未遵守法定书面形式：第668条第1款主文

4.未遵守意定形式要件

5.格式条款未提示说明

6.以要约/承诺以外的其他方式订立合同的要件不满足

7.借贷关系成立的证据：借贷规定2，14—16

（二）合同未生效事由

附生效条件+条件终局不成就

（三）合同无效事由：借贷规定12.1

1.无行为能力

2.通谋虚伪

3.违反法律强制性规定

借款人或者出借人的借贷行为涉嫌犯罪，或者已经生效的裁判认定构成犯罪，当事人提起民事诉讼的，民间借贷合同并不当然无效

4.违反公序良俗

5.恶意串通

6.代理情形的无效事由

7.格式条款无效

8.民间借贷合同特别无效事由：借贷规定13

（1）套取金融机构贷款转贷

（2）向其他营利法人借贷、向本单位职工集资，或者以向公众非法吸收存款等方式取得的资金转贷

（3）未依法取得放贷资格的出借人，以营利为目的向社会不特定对象提供借款

（4）出借人事先知道或者应当知道借款人借款用于违法犯罪活动仍然提供借款

（四）合同失效事由

1.解除条件成就

2.终止期限届满

（五）权利滥用事由：第132条+总则解释3

诉请四：自然人之间的民间借贷合同无效

规范基础

第679条

自然人之间的借款合同，自贷款人提供借款时成立。

检视程式

（一）合同未成立事由
1. 要约障碍
借款合同的定义：第667条
借款合同的内容：第668条第2款
2. 承诺障碍
3. 书面形式及其特约排除：第668条第1款
4. 格式条款未提示说明
5. 以要约/承诺以外的其他方式订立合同的要件不满足
6. 出借人提供借款：借贷规定9
7. 借贷关系成立的证据：借贷规定2，14—16

（二）合同未生效事由
附生效条件+条件终局不成就

（三）合同无效事由
1. 无行为能力
2. 通谋虚伪
3. 违反法律强制性规定
4. 违反公序良俗
5. 恶意串通
6. 限制行为能力+拒绝追认/相对人撤销
7. 代理情形的无效事由
8. 格式条款无效
9. 民间借贷合同特别无效事由：借贷规定13
（1）套取金融机构贷款转贷
（2）向其他营利法人借贷、向本单位职工集资，或者以向公众非法吸收存款等方式取得的资金转贷
（3）未依法取得放贷资格的出借人，以营利为目的向社会不特定对象提供借款
（4）出借人事先知道或者应当知道借款人借款用于违法犯罪活动仍然提供借款

（四）合同失效事由
1. 解除条件成就
2. 终止期限届满

（五）权利滥用事由：第132条+总则解释3

三、主张民间借贷合同履行请求权

借款人诉请：出借人发放借款

请求权基础

借款合同

检视程式

（一）请求权已产生
1.产生要件
合同成立且无效力障碍（参见本节"一、主张民间借贷合同有效"）
2.产生抗辩
借款人违反约定用途使用借款→出借人可停止发放借款：第673条
3.履行地：借贷规定3

（二）请求权未消灭
1.合同已解除：第557条第2款
2.解除条件成就：第158条第3句、第159条
3.终止期限届满：第160条第3句
4.债的一般消灭事由：第557条第1款

（三）请求权可行使
1.不安履行抗辩权：第527条第1款+合同通则解释31.1
借款人告知义务：第669条
2.时效抗辩权：第192条第1款

出借人诉请一：检查监督借款使用情况

请求权基础

第672条

贷款人按照约定可以检查、监督借款的使用情况。借款人应当按照约定向贷款人定期提供有关财务会计报表或者其他资料。

检视程式

（一）请求权已产生
合同成立且无效力障碍（参见本节"一、主张民间借贷合同有效"）

（二）请求权未消灭
1.合同已解除：第557条第2款
2.解除条件成就：第158条第3句、第159条
3.终止期限届满：第160条第3句

（三）请求权可行使

出借人诉请二：支付借款利息（期内利息）

请求权基础

第674条第1句→
第674条
借款人应当按照约定的期限支付利息。对支付利息的期限没有约定或者约定不明确，依据本法第五百一十条的规定仍不能确定，借款期间不满一年的，应当在返还借款时一并支付；借款期间一年以上的，应当在每届满一年时支付，剩余期间不满一年的，应当在返还借款时一并支付。

检视程式

（一）请求权已产生

1.产生要件
合同成立且无效力障碍（参见本节"一、主张民间借贷合同有效"）
否认：未约定利息→视为没有利息：第680条第2款
2.产生抗辩：高利放贷，第680条第1款+借贷规定25，27
3.权利内容
（1）利息的确定
①约定
②约定不明确
A.自然人之间借款→没有利息：借贷规定24.2
B.非自然人之间借款→合同内容+交易方式+交易习惯+市场利率等，第680条第3款第1分句+借贷规定24.2
③未依约收取借款→仍按约定计息：第671条第2款
（2）支付期限：第674条第2句+第510条
①约定
②未约定或约定不明→补充协议→合同条款/交易习惯
③仍不能确定
A.借款期间不满1年：返还借款时一并支付
B.借款期间1年以上：每届满1年时+剩余期限不满1年时于返还借款时一并支付
（3）履行地：借贷规定3
（4）提前还款的利息
依实际借款期间计算：第677条
4.义务主体
单位名义借款+个人使用：借贷规定22.1
个人名义借款+单位使用：借贷规定22.2

（二）请求权未消灭

1. 合同已解除：第557条第2款
2. 解除条件成就：第158条第3句、第159条
3. 终止期限届满：第160条第3句
4. 债的一般消灭事由：第557条第1款

（三）请求权可行使

时效抗辩权：第192条第1款

出借人诉请三：返还借款

请求权基础

第675条第1句→

第675条

借款人应当按照约定的期限返还借款。对借款期限没有约定或者约定不明确，依据本法第五百一十条的规定仍不能确定的，借款人可以随时返还；贷款人可以催告借款人在合理期限内返还。

检视程式

（一）请求权已产生

1. 产生要件

（1）合同成立且无效力障碍（参见本节"一、主张民间借贷合同有效"）

（2）借款期限届满：第675条第2句+第510条

①约定

②未约定或约定不明→补充协议→合同条款/交易习惯

③仍不能确定

A. 借款人可随时返还

B. 出借人可催告借款人在合理期限内返还

④贷款展期：第678条

2. 产生抗辩：禁止利息预先扣除，第670条+借贷规定26—27

3. 履行地：借贷规定3

4. 义务主体

单位名义借款+个人使用：借贷规定22.1

个人名义借款+单位使用：借贷规定22.2

（二）请求权未消灭

债的一般消灭事由：第557条第1款

（三）请求权可行使

1. 履行顺序：费用→利息→本金，第561条
2. 时效抗辩权：第192条第1款

129

四、主张对方承担违约责任

借款人诉请：出借人赔偿损失

请求权基础

第671条第1款
贷款人未按照约定的日期、数额提供借款，造成借款人损失的，应当赔偿损失。

检视程式

（一）请求权已产生
1.责任成立
（1）合同成立且无效力障碍（参见本节"一、主张民间借贷合同有效"）
（2）出借人未按照约定的日期/数额提供借款
（3）抗辩：不可抗力，第590条
（4）抗辩：与有过失，第592条第2款
（5）抗辩：第三人原因，第593条第1句
2.责任范围
（1）损害：第584条主文+合同通则解释60—62
（2）责任范围因果关系
①抗辩：可预见性，第584条但书+合同通则解释63.1—63.2
②抗辩：合同目的限制
（3）抗辩：违反减损义务，第591条第1款
（4）抗辩：受领迟延利息请求权未产生，第589条第2款
3.义务主体
单位名义借款+个人使用：借贷规定22.1
个人名义借款+单位使用：借贷规定22.2
（二）请求权未消灭
1.债的一般消灭事由：第557条第1款
2.损益相抵：合同通则解释63.3
（三）请求权可行使
1.不安履行抗辩权：第527条第1款+合同通则解释31.1
2.时效抗辩权：第192条第1款

出借人诉请一：提前收回借款

请求权基础

第673条第2种情形→
第673条
借款人未按照约定的借款用途使用借款的，贷款人可以停止发放借款、提前收

回借款或者解除合同。

检视程式

（一）请求权已产生
1.合同成立且无效力障碍（参见本节"一、主张民间借贷合同有效"）
2.借款人违反约定用途使用借款
3.履行地：借贷规定3
4.义务主体
单位名义借款+个人使用：借贷规定22.1
个人名义借款+单位使用：借贷规定22.2

（二）请求权未消灭
债的一般消灭事由：第557条第1款

（三）请求权可行使
时效抗辩权：第192条第1款

出借人诉请二：支付逾期利息

请求权基础

第676条

借款人未按照约定的期限返还借款的，应当按照约定或者国家有关规定支付逾期利息。

检视程式

（一）请求权已产生
1.合同成立且无效力障碍（参见本节"一、主张民间借贷合同有效"）
2.借款人未依约返还借款
3.逾期利息的确定：民间借贷28
（1）约定
抗辩：利率4倍管制，借贷规定28.1
（2）无约定
①约定期内利率→依期内利率
②未约定期内利率→参照一年期贷款市场报价利率
4.履行地：借贷规定3
5.义务主体
单位名义借款+个人使用：借贷规定22.1
个人名义借款+单位使用：借贷规定22.2

（二）请求权未消灭
债的一般消灭事由：第557条第1款

（三）请求权可行使
时效抗辩权：第192条第1款

聚合提示
可与违约金、其他费用并存，但总额受4倍利率管制限制：借贷规定29

五、出借人主张解除合同（借款特有的解除事由）

出借人诉请：确认已行使/依诉行使法定解除权

规范基础
第673条第3种情形→
第673条
借款人未按照约定的借款用途使用借款的，贷款人可以停止发放借款、提前收回借款或者解除合同。

检视程式
（一）解除权已产生
1.合同成立且无效力障碍（参见本节"一、主张民间借贷合同有效"）
2.借款人违反约定用途使用借款
（二）解除权未消灭
1.除斥期间：第564条
（1）解除权人知道或应知解除事由之日起1年
（2）对方催告后的合理期限
2.放弃解除权
（三）解除权的行使：第565条，合同通则解释53—54
1.解除通知+到达
2.通知载明债务人在一定期限内不履行债务则合同自动解除+载明的期限届满+债务人在该期限内未履行债务
3.未通知+直接以诉讼或仲裁方式主张解除+起诉状副本或仲裁申请书副本送达对方

六、借款人主张提前还款

借款人诉请：出借人受领提前还款

请求权基础
借款合同
借贷规定30.1
借款人可以提前偿还借款，但是当事人另有约定的除外。

检视程式

（一）请求权已产生

1.产生要件

合同成立且无效力障碍（参见本节"一、主张民间借贷合同有效"）

2.借款人请求提前偿还借款

3.履行地：借贷规定3

4.提前还款的利息

依实际借款期间计算：第677条＋借贷规定30.2

（二）请求权未消灭

1.合同已解除：第557条第2款

2.债的一般消灭事由：第557条第1款

（三）请求权可行使

七、出借人主张网贷平台承担担保责任

出借人诉请：网贷平台承担担保责任

请求权基础

网贷平台担保合同

借贷规定21.2

网络贷款平台的提供者通过网页、广告或者其他媒介明示或者有其他证据证明其为借贷提供担保，出借人请求网络贷款平台的提供者承担担保责任的，人民法院应予支持。

检视程式

（一）请求权已产生

网络贷款平台的提供者通过网页、广告或者其他媒介明示或者有其他证据证明其为借贷提供担保

（二）请求权未消灭

债的一般消灭事由：第557条第1款

（三）请求权可行使

时效抗辩权：第192条第1款

八、出借人申请拍卖买卖合同标的物

出借人诉请：拍卖买卖合同标的物

请求权基础

作为民间借贷合同担保合同的买卖合同

借贷规定23

当事人以订立买卖合同作为民间借贷合同的担保，借款到期后借款人不能还款，

出借人请求履行买卖合同的，人民法院应当按照民间借贷法律关系审理。当事人根据法庭审理情况变更诉讼请求的，人民法院应当准许。

按照民间借贷法律关系审理作出的判决生效后，借款人不履行生效判决确定的金钱债务，出借人可以申请拍卖买卖合同标的物，以偿还债务。就拍卖所得的价款与应偿还借款本息之间的差额，借款人或者出借人有权主张返还或者补偿。

检视程式

（一）请求权已产生
1. 民间借贷合同成立且无效力障碍（参见本节"一、主张民间借贷合同有效"）
2. 以订立买卖合同作为民间借贷合同的担保
3. 担保合同成立且无效力障碍
4. 借款到期后借款人不能还款
5. 借款人不履行生效判决确定的金钱债务

（二）请求权未消灭
债的一般消灭事由：第557条第1款

（三）请求权可行使
时效抗辩权：第192条第1款

说 明

权利行使后的清算→多退少补。

第十四节　保证合同纠纷

| 合同一般主张与诉请在保证合同的适用参引程式 | 一、主张撤销保证合同
　　诉请：撤销保证合同
　　案由：保证合同纠纷
　　检视程式：参见第二章第一节"一、主张撤销合同"
二、主张合同不成立/无效/被撤销后的返还
　　诉请：合同不成立/无效/被撤销的不当得利返还
　　案由：不当得利纠纷①
　　检视程式：参见第五章第二节"一、主张法律行为不成立/无效/被撤销后的返还/折价补偿"
三、主张缔约过失责任
　　诉请一：违反先合同义务的损害赔偿
　　诉请二：违反附随义务的缔约过失损害赔偿 |

---

① 若认为第157条第1句所涉并非不当得利返还请求权，则该诉请应适用"合同纠纷"项下的案由。

续表

	诉请三：违反报批义务的损害赔偿
	诉请四：违反报批义务的违约金
	诉请五：违反报批义务的定金双倍返还
	案由：缔约过失责任纠纷（定金适用定金合同纠纷）
	检视程式：参见第一章第三节缔约过失责任纠纷（定金参见第一章第五节定金合同纠纷）
	四、主张保证预约的履行/违反预约的违约责任
	诉请一：订立保证合同
	诉请二：违反预约的损害赔偿/违约金/双倍返还定金
	案由：预约合同纠纷（定金适用定金合同纠纷）
	检视程式：参见第一章第四节预约合同纠纷（定金参见第一章第五节定金合同纠纷）
	五、被代理人主张违反代理职责的代理人赔偿损害
	被代理人诉请：代理人赔偿损害
	案由：保证合同纠纷
	检视程式：参见第二章第一节"二、被代理人主张违反代理职责的代理人赔偿损害"
	六、被代理人主张代理人与相对人承担连带责任
	被代理人诉请：代理人与相对人承担连带责任
	案由：保证合同纠纷
	检视程式：参见第二章第一节"三、被代理人主张代理人与相对人承担连带责任"
	七、相对人主张违法代理的被代理人与代理人承担连带责任
	相对人诉请：被代理人与代理人承担连带责任
	案由：保证合同纠纷
	检视程式：参见第二章第一节"四、相对人主张违法代理的被代理人与代理人承担连带责任"
	八、相对人主张无权代理人履行/赔偿损害
	相对人诉请一：无权代理人履行
	相对人诉请二：无权代理人赔偿损害
	案由：保证合同纠纷
	检视程式：参见第二章第一节"五、相对人主张无权代理人履行/赔偿损害"
	九、主张解除合同
	诉请一：确认合同已合意解除
	诉请二：确认已行使/依诉行使意定解除权

	诉请三：确认已行使/依诉行使法定解除权
	诉请四：申请因情事变更解除
	诉请五：解除合同+恢复原状（返还）/采取其他补救措施/赔偿损失
	案由：保证合同纠纷
	检视程式：参见第二章第一节"八、主张解除合同"
	十、主张合同未解除
	诉请：确认合同未解除
	案由：保证合同纠纷
	检视程式：参见第二章第一节"九、主张合同未解除"
	十一、债权人主张保证人承担的费用
	债权人诉请一：提前履行增加的费用
	债权人诉请二：部分履行增加的费用
	债权人诉请三：主债权及利息的实现费用
	债权人诉请四：防止损失扩大的费用
	案由：保证合同纠纷
	检视程式：参见第二章第一节"十、债权人主张债务人承担的费用"
	十二、保证人主张债权人承担的费用
	保证人诉请一：提存费用
	保证人诉请二：受领迟延的费用
	案由：保证合同纠纷
	检视程式：参见第二章第一节"十一、债务人主张债权人承担的费用"
	十三、主张后合同义务履行请求权
	诉请：履行后合同义务
	案由：保证合同纠纷
	检视程式：参见第二章第一节"十二、主张后合同义务履行请求权"
	十四、主张违反后合同义务的损害赔偿
	诉请：违反后合同义务的损害赔偿
	案由：保证合同纠纷
	检视程式：参见第二章第一节"十三、主张违反后合同义务的损害赔偿"
确认合同有效纠纷案由在保证合同的适用保证合同程式	一、主张保证合同有效
	诉请：确认保证合同有效

续表

确认合同无效纠纷案由在保证合同的适用保证合同程式	二、主张保证合同无效 　　诉请：确认保证合同无效
案由特别主张与诉请保证合同程式	三、债权人主张保证人承担缔约过失责任 　　债权人诉请：保证人赔偿保证合同无效的损害 四、债权人主张保证人承担保证责任 　　债权人诉请：保证人承担保证责任
说　　明	同时就主合同和保证合同提起诉讼，援用主合同案由；单独就保证合同提起诉讼，援用保证合同案由。

一、主张保证合同有效

诉请一：确认保证合同有效

规范基础

第136条第1款
民事法律行为自成立时生效，但是法律另有规定或者当事人另有约定的除外。

检视程式

（一）合同成立要件
1. 要约
保证合同定义：第681条
保证合同内容：第684条
增信措施认定为保证：担保解释36
2. 承诺
3. 书面形式：第685条+借贷规定20
（二）合同未成立抗辩
格式条款未提示说明
（三）合同生效要件
1. 批准手续
2. 代理行为的代理权
（四）合同未生效抗辩
1. 附生效条件
2. 附生效期限

（五）合同效力待定抗辩

1. 限制行为能力
2. 自己代理
3. 双方代理

（六）合同无效抗辩

1. 无行为能力
2. 通谋虚伪
3. 违反法律强制性规定
4. 违反公序良俗
5. 恶意串通
6. 格式条款无效
7. 保证合同的特别无效事由

（1）担保主体不适格：第683条+担保解释5—6

（2）主合同无效：第682条第1款主文+担保解释2

（3）法定代表人越权代表+相对人非善意：担保解释7

（4）公司未经决议的对外担保：担保解释8—10

（5）担保合同无效不构成反担保无效的抗辩事由：担保解释19

（七）合同已失效抗辩

1. 解除条件成就
2. 终止期限届满

二、主张保证合同无效

诉请：确认保证合同无效

规范基础

第136条第1款

民事法律行为自成立时生效，但是法律另有规定或者当事人另有约定的除外。

检视框架

（一）合同未成立事由

1. 要约障碍

保证合同定义：第681条

保证合同内容：第684条

增信措施认定为保证：担保解释36

2. 承诺障碍
3. 书面形式：第685条+借贷规定20
4. 格式条款未提示说明

（二）合同未生效事由

1. 未履行批准手续
2. 附生效条件+条件终局不成就

（三）合同无效事由

1. 无行为能力
2. 通谋虚伪
3. 违反法律强制性规定
4. 违反公序良俗
5. 恶意串通
6. 限制行为能力+拒绝追认/相对人撤销
7. 代理情形的无效事由
8. 格式条款无效
9. 保证合同的特别无效事由

（1）担保主体不适格：第683条+担保解释5—6
（2）主合同无效：第682条第1款主文+担保解释2
（3）法定代表人越权代表+相对人非善意：担保解释7
（4）公司未经决议的对外担保：担保解释8—10
（5）担保合同无效不构成反担保无效的抗辩事由：担保解释19

（四）合同失效事由

1. 解除条件成就
2. 终止期限届满

（五）权利滥用事由：第132条+总则解释3

三、债权人主张保证人承担缔约过失责任

债权人诉请：保证人赔偿保证合同无效的损害

请求权基础

第682条第2款

保证合同被确认无效后，债务人、保证人、债权人有过错的，应当根据其过错各自承担相应的民事责任。

担保解释17

主合同有效而第三人提供的担保合同无效，人民法院应当区分不同情形确定担保人的赔偿责任：

（一）债权人与担保人均有过错的，担保人承担的赔偿责任不应超过债务人不能清偿部分的二分之一；

（二）担保人有过错而债权人无过错的，担保人对债务人不能清偿的部分承担赔偿责任；

（三）债权人有过错而担保人无过错的，担保人不承担赔偿责任。

主合同无效导致第三人提供的担保合同无效，担保人无过错的，不承担赔偿责任；担保人有过错的，其承担的赔偿责任不应超过债务人不能清偿部分的三分之一。

检视程式

（一）请求权已产生
1.责任成立
（1）订立合同过程中
（2）保证人违反诚信的行为
①假借订立合同，恶意进行磋商
②故意隐瞒与订立合同有关的重要事实或者提供虚假情况
③有其他违背诚信原则的行为
违反诚信导致合同无效或撤销
（3）保证人的过错
2.责任范围：担保解释17
（1）损害：债务人不能清偿的部分
（2）责任范围因果关系
①主合同有效而保证合同无效
A.仅保证人有过错：债务人不能清偿部分
B.抗辩：债权人与保证人均有过错，不超过债务人不能清偿部分的1/2
②主合同无效导致保证合同无效
不超过债务人不能清偿部分的1/3
（3）抗辩：违反减损义务，类推第591条第1款

（二）请求权未消灭
1.保证期间届满：担保解释33
2.债的一般消灭事由：第557条第1款
3.损益相抵：合同通则解释63.3

（三）请求权可行使
时效抗辩权：第192条第1款

四、债权人主张保证人承担保证责任

债权人诉请：保证人承担保证责任

请求权基础

保证合同
第681条
保证合同是为保障债权的实现，保证人和债权人约定，当债务人不履行到期债务或者发生当事人约定的情形时，保证人履行债务或者承担责任的合同。

检视程式

（一）请求权已产生

1.责任产生

（1）保证合同成立且无效力障碍（参见本节"一、主张保证合同有效"）

（2）产生抗辩：以新偿旧，担保解释16

2.责任范围

（1）保证方式

一般保证/连带保证：第686—688条+担保解释25

最高额保证：第690条+担保解释15

共同保证：第699条

（2）保证责任的范围：第691条+担保解释3.1，19.1

（二）请求权未消灭

1.合同已解除：第557条第2款

2.解除条件成就：第158条第3句、第159条

3.保证期间届满

（1）保证期间

①约定：第692条第1款

②未约定/约定不明→主债务履行期届满之日/宽限期届满之日起6个月：第692条第2—3款+担保解释32

③最高额保证的保证期间：担保解释30

（2）届满未主张权利

①一般保证的债权人未在保证期间对债务人提起诉讼/申请仲裁：第693条第1款+担保解释27，31.1

②连带责任保证的债权人未在保证期间请求保证人承担保证责任：第693条第2款+担保解释31.2

③复数保证人：担保解释29

4.主债权的加重/违反禁转约定的债权转让/免责的债务承担：第695—697条

5.债权人放弃债务人自物保：第409条第2款主文/第435条第2句主文

6.债权人放弃/怠于行使对主债务人的权利→一般保证的免责：第698条

7.债权人知道/应知债务人破产+未申报债权且未通知担保人+担保人不能预先行使追偿权→担保人可能受偿的范围内保证责任消灭：担保解释24

8.保证人间有相互追偿权+债权人未在保证期间向部分保证人行使权利+其他保证人丧失追偿权→在不能追偿的范围内保证责任消灭：担保解释29.2

9.主债务人的权利消灭抗辩：第701条

10.债的一般消灭事由：第557条第1款、第520条

（三）请求权可行使

1.一般保证人的先诉抗辩权：第687条第2款

2.未通知保证人的债权让与：第696条第1款
3.主债务人的权利行使抗辩权：第701条
4.保证人在主债务人抵销权/撤销权范围内的履行拒绝权：第702条
5.时效抗辩权
（1）主债权时效抗辩权：时效规定18.1
（2）保证责任时效抗辩权：第192条第1款
①时效起算
一般保证时效起算：先诉抗辩权消灭之日，第694条第1款+担保解释28
连带保证时效起算：债权人请求保证人承担保证责任之日，第694条第2款
②反抗辩：担保解释35

第十五节　抵押合同纠纷

合同一般主张与诉请在抵押合同的适用参引程式	一、主张撤销抵押合同 　　诉请：撤销抵押合同 　　案由：抵押合同纠纷 　　检视程式：参见第二章第一节"一、主张撤销合同" 二、主张抵押合同不成立/无效/被撤销后的涂销登记+补偿 　　诉请：抵押合同不成立/无效/被撤销的不当得利返还（涂销登记）+ 　　　　　折价补偿 　　案由：不当得利纠纷① 　　检视程式：参见第五章第二节"一、主张法律行为不成立/无效/被 　　　　　　　撤销后的返还/折价补偿" 三、主张缔约过失责任 　　诉请一：违反先合同义务的损害赔偿 　　诉请二：违反附随义务的缔约过失损害赔偿 　　诉请三：违反报批义务的损害赔偿 　　诉请四：违反报批义务的违约金 　　诉请五：违反报批义务的定金双倍返还 　　案由：缔约过失责任纠纷（定金适用定金合同纠纷） 　　检视程式：参见第一章第三节缔约过失责任纠纷（定金参见第一章 　　　　　　　第五节定金合同纠纷） 四、主张抵押预约的履行/违反预约的违约责任 　　诉请一：订立抵押合同

① 若认为第157条第1句所涉并非不当得利返还请求权，则该诉请应适用"合同纠纷"项下的案由。

续表

	诉请二：违反预约的损害赔偿/违约金/双倍返还定金 案由：预约合同纠纷（定金适用定金合同纠纷） 检视程式：参见第一章第四节预约合同纠纷（定金参见第一章第五节定金合同纠纷） 五、被代理人主张违反代理职责的代理人赔偿损害 　　被代理人诉请：代理人赔偿损害 　　案由：抵押合同纠纷 　　检视程式：参见第二章第一节"二、被代理人主张违反代理职责的代理人赔偿损害" 六、被代理人主张代理人与相对人承担连带责任 　　被代理人诉请：代理人与相对人承担连带责任 　　案由：抵押合同纠纷 　　检视程式：参见第二章第一节"三、被代理人主张代理人与相对人承担连带责任" 七、相对人主张违法代理的被代理人与代理人承担连带责任 　　相对人诉请：被代理人与代理人承担连带责任 　　案由：抵押合同纠纷 　　检视程式：参见第二章第一节"四、相对人主张违法代理的被代理人与代理人承担连带责任" 八、相对人主张无权代理人履行/赔偿损害 　　相对人诉请一：无权代理人履行 　　相对人诉请二：无权代理人赔偿损害 　　案由：抵押合同纠纷 　　检视程式：参见第二章第一节"五、相对人主张无权代理人履行/赔偿损害" 九、债权人主张抵押人承担违约责任 　　债权人诉请一：违约损害赔偿 　　债权人诉请二：支付违约金 　　债权人诉请三：双倍返还定金 　　案由：抵押合同纠纷（定金适用定金合同纠纷） 　　检视程式：参见第二章第一节"七、主张对方承担违约责任"（定金参见第一章第五节定金合同纠纷） 十、主张解除合同 　　诉请一：确认合同已合意解除 　　诉请二：确认已行使/依诉行使意定解除权 　　诉请三：确认已行使/依诉行使法定解除权

	诉请四：申请司法解除 诉请五：申请因情事变更解除 诉请六：解除合同+恢复原状（返还）/采取其他补救措施/赔偿损失 案由：抵押合同纠纷 检视程式：参见第二章第一节"八、主张解除合同" 十一、主张合同未解除 　　诉请：确认合同未解除 　　案由：抵押合同纠纷 　　检视程式：参见第二章第一节"九、主张合同未解除" 十二、债权人主张抵押人承担的费用 　　债权人诉请一：提前履行增加的费用 　　债权人诉请二：部分履行增加的费用 　　债权人诉请三：主债权及利息的实现费用 　　债权人诉请四：防止损失扩大的费用 　　案由：抵押合同纠纷 　　检视程式：参见第二章第一节"十、债权人主张债务人承担的费用" 十三、抵押人主张债权人承担的费用 　　抵押人诉请一：提存费用 　　抵押人诉请二：受领迟延的费用 　　案由：抵押合同纠纷 　　检视程式：参见第二章第一节"十一、债务人主张债权人承担的费用" 十四、主张后合同义务履行请求权 　　诉请：履行后合同义务 　　案由：抵押合同纠纷 　　检视程式：参见第二章第一节"十二、主张后合同义务履行请求权" 十五、主张违反后合同义务的损害赔偿 　　诉请：违反后合同义务的损害赔偿 　　案由：抵押合同纠纷 　　检视程式：参见第二章第一节"十三、主张违反后合同义务的损害赔偿"
确认合同有效纠纷案由在抵押合同的适用抵押合同程式	一、主张抵押合同有效 　　诉请：确认抵押合同有效

确认合同无效纠纷案由在抵押合同的适用 抵押合同程式	二、主张抵押合同无效 　　诉请：确认抵押合同无效
案由特别主张与诉请 抵押合同程式	三、债权人主张抵押人承担缔约过失责任 　　债权人诉请：抵押人赔偿抵押合同无效的损害 四、债权人主张抵押人办理抵押登记 　　债权人诉请：抵押人办理抵押登记 五、债权人主张抵押人承担违约责任 　　债权人诉请一：抵押人承担违反登记义务的赔偿责任 　　债权人诉请二：抵押人承担违约转让抵押财产的赔偿责任
说　　明	同时就主合同和抵押合同提起诉讼，援用主合同案由；单独就抵押合同提起诉讼，援用抵押合同案由。

一、主张抵押合同有效

诉请：确认抵押合同有效

规范基础

第136条第1款

民事法律行为自成立时生效，但是法律另有规定或者当事人另有约定的除外。

检视程式

（一）合同成立要件

1.要约

抵押合同内容：第400条第2款

动产抵押财产的概括描述：担保解释53

2.承诺

3.书面形式：第400条第1款

（二）合同未成立抗辩

格式条款未提示说明

（三）合同生效要件

1.批准手续

划拨建设用地或其上建筑物的抵押合同不以批准为生效要件：担保解释50

2.代理行为的代理权

（四）合同未生效抗辩

1.附生效条件

2. 附生效期限

（五）合同效力待定抗辩

1. 限制行为能力
2. 自己代理
3. 双方代理

（六）合同无效抗辩

1. 无行为能力
2. 通谋虚伪
3. 违反法律强制性规定
4. 违反公序良俗
5. 恶意串通
6. 格式条款无效
7. 担保合同的特别无效事由
（1）担保主体不适格：担保解释5—6
（2）抵押财产不适格：第395、399条＋担保解释37，49—50
（3）主合同无效：第388条第1款第4句主文＋担保解释2
（4）法定代表人越权代表＋相对人非善意：担保解释7
（5）公司未经决议的对外担保：担保解释8—10
（6）担保合同无效不构成反担保无效的抗辩事由：担保解释19

（七）合同已失效抗辩

1. 解除条件成就
2. 终止期限届满

二、主张抵押合同无效

> **诉请：确认抵押合同无效**

规范基础

第136条第1款

民事法律行为自成立时生效，但是法律另有规定或者当事人另有约定的除外。

检视框架

（一）合同未成立事由

1. 要约障碍
抵押合同内容：第400条第2款
动产抵押财产的概括描述：担保解释53
2. 承诺障碍
3. 书面形式：第400条第1款
4. 格式条款未提示说明

（二）合同未生效事由

1. 未履行批准手续

划拨建设用地或其上建筑物的抵押合同不以批准为生效要件：担保解释50

2. 附生效条件+条件终局不成就

（三）合同无效事由

1. 无行为能力
2. 通谋虚伪
3. 违反法律强制性规定
4. 违反公序良俗
5. 恶意串通
6. 限制行为能力+拒绝追认/相对人撤销
7. 代理情形的无效事由
8. 格式条款无效
9. 抵押合同的特别无效事由

（1）担保主体不适格：担保解释5—6

（2）抵押财产不适格：第395、399条+担保解释37，49—50

（3）主合同无效：第388条第1款第4句主文+担保解释2

（4）法定代表人越权代表+相对人非善意：担保解释7

（5）公司未经决议的对外担保：担保解释8—10

（6）担保合同无效不构成反担保无效的抗辩事由：担保解释19

（四）合同失效事由

1. 解除条件成就
2. 终止期限届满

（五）权利滥用事由：第132条+总则解释3

聚合提示

可与抵押合同无效后的涂销登记请求权并存。

三、债权人主张抵押人承担缔约过失责任

债权人诉请：抵押人赔偿抵押合同无效的损害

请求权基础

第388条第2款

担保合同被确认无效后，债务人、担保人、债权人有过错的，应当根据其过错各自承担相应的民事责任。

担保解释17

主合同有效而第三人提供的担保合同无效，人民法院应当区分不同情形确定担保人的赔偿责任：

（一）债权人与担保人均有过错的，担保人承担的赔偿责任不应超过债务人不能

清偿部分的二分之一；

（二）担保人有过错而债权人无过错的，担保人对债务人不能清偿的部分承担赔偿责任；

（三）债权人有过错而担保人无过错的，担保人不承担赔偿责任。

主合同无效导致第三人提供的担保合同无效，担保人无过错的，不承担赔偿责任；担保人有过错的，其承担的赔偿责任不应超过债务人不能清偿部分的三分之一。

检视程式

（一）请求权已产生
1.责任成立
（1）订立合同过程中
（2）抵押人违反诚信的行为
①假借订立合同，恶意进行磋商
②故意隐瞒与订立合同有关的重要事实或者提供虚假情况
③有其他违背诚信原则的行为
违反诚信导致合同无效或撤销
（3）抵押人的过错
2.责任范围：担保解释17
（1）损害：债务人不能清偿的部分
（2）责任范围因果关系
①主合同有效而抵押合同无效
A.仅抵押人有过错：债务人不能清偿部分
B.抗辩：债权人与抵押人均有过错，不超过债务人不能清偿部分的1/2
②主合同无效导致抵押合同无效
不超过债务人不能清偿部分的1/3
（3）抗辩：违反减损义务，类推第591条第1款
（二）请求权未消灭
1.债的一般消灭事由：第557条第1款
2.损益相抵：合同通则解释63.3
（三）请求权可行使
时效抗辩权：第192条第1款

四、债权人主张抵押人办理抵押登记

债权人诉请：抵押人办理抵押登记

请求权基础

抵押合同
担保解释46.1
不动产抵押合同生效后未办理抵押登记手续，债权人请求抵押人办理抵押登记

手续的，人民法院应予支持。

第402条
以本法第三百九十五条第一款第一项至第三项规定的财产或者第五项规定的正在建造的建筑物抵押的，应当办理抵押登记。抵押权自登记时设立。

第403条
以动产抵押的，抵押权自抵押合同生效时设立；未经登记，不得对抗善意第三人。

检视程式

（一）请求权已产生
1.产生要件
（1）抵押合同成立且无效力障碍（参见本节"一、主张抵押合同有效"）
（2）动产抵押约定登记（不动产抵押登记义务不以约定为要件）
2.产生抗辩：以新偿旧，担保解释16
3.请求权内容
房随地走、地随房走的登记：第397—398条

（二）请求权未消灭
1.合同已解除：第557条第2款
2.解除条件成就：第158条第3句、第159条
3.终止期限届满：第160条第3句
4.给付不能：第580条第1款但书第1—2项
5.债的一般消灭事由：第557条第1款

（三）请求权可行使
1.主债权时效抗辩权：类推时效规定18.1
2.抵押人违约责任时效抗辩权：第192条第1款

五、债权人主张抵押人承担违约责任

债权人诉请一：抵押人承担违反登记义务的赔偿责任

请求权基础

第577条后半句第3种情形→
第577条
当事人一方不履行合同义务或者履行合同义务不符合约定的，应当承担继续履行、采取补救措施或者赔偿损失等违约责任。

担保解释46.2—46.3
抵押财产因不可归责于抵押人自身的原因灭失或者被征收等导致不能办理抵押登记，债权人请求抵押人在约定的担保范围内承担责任的，人民法院不予支持；但是抵押人已经获得保险金、赔偿金或者补偿金等，债权人请求抵押人在其所获金额范围内承担赔偿责任的，人民法院依法予以支持。

因抵押人转让抵押财产或者其他可归责于抵押人自身的原因导致不能办理抵押登记，债权人请求抵押人在约定的担保范围内承担责任的，人民法院依法予以支持，但是不得超过抵押权能够设立时抵押人应当承担的责任范围。

检视程式

（一）请求权已产生

1. 责任产生

（1）抵押合同成立且无效力障碍（参见本节"一、主张抵押合同有效"）

（2）因不可归责于抵押人自身的原因灭失/被征收等导致不能办理抵押登记＋抵押人已经获得保险金、赔偿金或者补偿金等

（3）因抵押人转让抵押财产/其他可归责于抵押人自身的原因导致不能办理抵押登记

（4）抗辩：以新偿旧，担保解释16

（5）抗辩：与有过失，第592条第2款

2. 责任范围：担保解释3.1，19.1

（1）不动产抵押人

保险金、赔偿金或者补偿金/约定的担保范围

（2）动产抵押权人

因未办理抵押登记导致动产抵押无法对抗善意第三人而产生的担保利益损失：担保解释54

（3）抗辩：不得超过抵押权能够设立时抵押人应当承担的责任范围

（二）请求权未消灭

1. 合同已解除：第557条第2款
2. 主债权的加重/免责的债务承担：第391条、第695条、第697条＋担保解释20
3. 债权人放弃债务人自物保：第409条第2款主文/第435条第2句主文
4. 债权人知道/应知债务人破产＋未申报债权且未通知担保人＋担保人不能预先行使追偿权→担保人可能受偿的范围内担保责任消灭：担保解释24
5. 主债务人的权利消灭抗辩：第701条＋担保解释20
6. 债的一般消灭事由：第557条第1款
7. 损益相抵：合同通则解释63.3

（三）请求权可行使

1. 未通知抵押人的债权让与：第696条第1款＋担保解释20
2. 主债务人的权利行使抗辩：第701条＋担保解释20
3. 在主债务人抵销权/撤销权范围内的履行拒绝权：第702条＋担保解释20
4. 时效抗辩权

（1）主债权时效抗辩权：类推时效规定18.1

（2）抵押人违约责任时效抗辩权：第192条第1款

债权人诉请二：抵押人承担违约转让抵押财产的赔偿责任

请求权基础

第 577 条后半句第 3 种情形→

第 577 条

当事人一方不履行合同义务或者履行合同义务不符合约定的，应当承担继续履行、采取补救措施或者赔偿损失等违约责任。

担保解释 43.1

当事人约定禁止或者限制转让抵押财产但是未将约定登记，抵押人违反约定转让抵押财产，抵押权人请求确认转让合同无效的，人民法院不予支持；抵押财产已经交付或者登记，抵押权人请求确认转让不发生物权效力的，人民法院不予支持，但是抵押权人有证据证明受让人知道的除外；抵押权人请求抵押人承担违约责任的，人民法院依法予以支持。

检视程式

（一）请求权已产生

1.责任产生

（1）抵押合同成立且无效力障碍（参见本节"一、主张抵押合同有效"）

（2）当事人约定禁止/限制转让抵押财产+未将约定登记

（3）因抵押人转让抵押财产/其他可归责于抵押人自身的原因导致不能办理抵押登记

（4）抵押人违反约定转让抵押财产→发生物权效力

抗辩：受让人知情→不发生物权效力

2.责任范围

抵押人在担保责任范围内承担赔偿责任

（二）请求权未消灭

1.合同已解除：第 557 条第 2 款

2.主债权的加重/免责的债务承担：第 391 条、第 695 条、第 697 条+担保解释 20

3.债权人放弃债务人自物保：第 409 条第 2 款主文/第 435 条第 2 句主文

4.债权人知道/应知债务人破产+未申报债权且未通知担保人+担保人不能预先行使追偿权→担保人可能受偿的范围内担保责任消灭：担保解释 24

5.主债务人的权利消灭抗辩：第 701 条+担保解释 20

6.债的一般消灭事由：第 557 条第 1 款

7.损益相抵：合同通则解释 63.3

（三）请求权可行使

1.未通知抵押人的债权让与：第 696 条第 1 款+担保解释 20

2.主债务人的权利行使抗辩权：第 701 条+担保解释 20

3.在主债务人抵销权/撤销权范围内的履行拒绝权：第 702 条+担保解释 20

4.时效抗辩权

（1）主债权时效抗辩权：类推时效规定18.1

（2）抵押人违约责任时效抗辩权：第192条第1款

第十六节　质押合同纠纷

合同一般主张 与诉请 在质押合同的 适用 参引程式	一、主张撤销质押合同 　　诉请：撤销质押合同 　　案由：质押合同纠纷 　　检视程式：参见第二章第一节"一、主张撤销合同" 二、主张质押合同不成立/无效/被撤销后的返还+补偿 　　诉请：质押合同不成立/无效/被撤销的不当得利返还/折价补偿 　　案由：不当得利纠纷① 　　检视程式：参见第五章第二节"一、主张法律行为不成立/无效/被 　　　　　　撤销后的返还/折价补偿" 三、主张缔约过失责任 　　诉请一：违反先合同义务的损害赔偿 　　诉请二：违反附随义务的缔约过失损害赔偿 　　诉请三：违反报批义务的损害赔偿 　　诉请四：违反报批义务的违约金 　　诉请五：违反报批义务的定金双倍返还 　　案由：缔约过失责任纠纷（定金适用定金合同纠纷） 　　检视程式：参见第一章第三节缔约过失责任纠纷（定金参见第一章 　　　　　　第五节定金合同纠纷） 四、主张质押预约的履行/违反预约的违约责任 　　诉请一：订立质押合同 　　诉请二：违反预约的损害赔偿/违约金/双倍返还定金 　　案由：预约合同纠纷（定金适用定金合同纠纷） 　　检视程式：参见第一章第四节预约合同纠纷（定金参见第一章第五 　　　　　　节定金合同纠纷） 五、被代理人主张违反代理职责的代理人赔偿损害 　　被代理人诉请：代理人赔偿损害 　　案由：质押合同纠纷 　　检视程式：参见第二章第一节"二、被代理人主张违反代理职责的 　　　　　　代理人赔偿损害"

---

① 若认为第157条第1句所涉并非不当得利返还请求权，则该诉请应适用"合同纠纷"项下的案由。

六、被代理人主张代理人与相对人承担连带责任

　　被代理人诉请：代理人与相对人承担连带责任

　　案由：质押合同纠纷

　　检视程式：参见第二章第一节"三、被代理人主张代理人与相对人承担连带责任"

七、相对人主张违法代理的被代理人与代理人承担连带责任

　　相对人诉请：被代理人与代理人承担连带责任

　　案由：质押合同纠纷

　　检视程式：参见第二章第一节"四、相对人主张违法代理的被代理人与代理人承担连带责任"

八、相对人主张无权代理人履行/赔偿损害

　　相对人诉请一：无权代理人履行

　　相对人诉请二：无权代理人赔偿损害

　　案由：质押合同纠纷

　　检视程式：参见第二章第一节"五、相对人主张无权代理人履行/赔偿损害"

九、债权人主张质押人承担违约责任

　　债权人诉请一：违约损害赔偿

　　债权人诉请二：支付违约金

　　债权人诉请三：双倍返还定金

　　案由：抵押合同纠纷（定金适用定金合同纠纷）

　　检视程式：参见第二章第一节"七、主张对方承担违约责任"（定金参见第一章第五节定金合同纠纷）

十、主张解除合同

　　诉请一：确认合同已合意解除

　　诉请二：确认已行使/依诉行使意定解除权

　　诉请三：确认已行使/依诉行使法定解除权

　　诉请四：申请司法解除

　　诉请五：申请因情事变更解除

　　诉请六：解除合同+恢复原状（返还）/采取其他补救措施/赔偿损失

　　案由：质押合同纠纷

　　检视程式：参见第二章第一节"八、主张解除合同"

十一、主张合同未解除

　　诉请：确认合同未解除

　　案由：质押合同纠纷

　　检视程式：参见第二章第一节"九、主张合同未解除"

续表

	十二、债权人主张抵押人承担的费用 　　债权人诉请一：提前履行增加的费用 　　债权人诉请二：部分履行增加的费用 　　债权人诉请三：主债权及利息的实现费用 　　债权人诉请四：防止损失扩大的费用 　　案由：质押合同纠纷 　　检视程式：参见第二章第一节"十、债权人主张债务人承担的费用" 十三、质押人主张债权人承担的费用 　　质押人诉请一：提存费用 　　质押人诉请二：受领迟延的费用 　　案由：质押合同纠纷 　　检视程式：参见第二章第一节"十一、债务人主张债权人承担的费用" 十四、主张后合同义务履行请求权 　　诉请：履行后合同义务 　　案由：质押合同纠纷 　　检视程式：参见第二章第一节"十二、主张后合同义务履行请求权" 十五、主张违反后合同义务的损害赔偿 　　诉请：违反后合同义务的损害赔偿 　　案由：质押合同纠纷 　　检视程式：参见第二章第一节"十三、主张违反后合同义务的损害赔偿"
确认合同有效纠纷案由在质押合同的适用 质押合同程式	一、主张质押合同有效 　　诉请：确认质押合同有效
确认合同无效纠纷案由在质押合同的适用 质押合同程式	二、主张质押合同无效 　　诉请：确认质押合同无效
案由特别主张与诉请 质押合同程式	三、债权人主张质押人承担缔约过失责任 　　债权人诉请：质押人赔偿质押合同无效的损害 四、债权人主张质押人交付质押财产/办理权利质押登记 　　债权人诉请：质押人交付质押财产/办理权利质押登记 五、债权人主张质押人承担违约责任 　　债权人诉请：质押人承担赔偿责任
说　明	同时就主合同和质押合同提起诉讼，援用主合同案由；单独就质押合同提起诉讼，援用质押合同案由。

一、主张质押合同有效

诉请一：确认质押合同有效

规范基础

第136条第1款

民事法律行为自成立时生效，但是法律另有规定或者当事人另有约定的除外。

检视程式

（一）合同成立要件

1.要约

质押合同内容：第427条第2款

2.承诺

3.书面形式：第427条第1款

（二）合同未成立抗辩

格式条款未提示说明

（三）合同生效要件

1.批准手续

2.代理行为的代理权

（四）合同未生效抗辩

1.附生效条件

2.附生效期限

（五）合同效力待定抗辩

1.限制行为能力

2.自己代理

3.双方代理

（六）合同无效抗辩

1.无行为能力

2.通谋虚伪

3.违反法律强制性规定

4.违反公序良俗

5.恶意串通

6.格式条款无效

7.担保合同的特别无效事由

（1）担保主体不适格：担保解释5—6

（2）质押财产不适格：第426条+第440条

（3）主合同无效：第388条第1款第4句主文+担保解释2

（4）法定代表人越权代表+相对人非善意：担保解释7

（5）公司未经决议的对外担保：担保解释8—10
（6）担保合同无效不构成反担保无效的抗辩事由：担保解释19
（七）合同已失效抗辩
1.解除条件成就
2.终止期限届满

二、主张质押合同无效

诉请：确认质押合同无效

规范基础

第136条第1款
民事法律行为自成立时生效，但是法律另有规定或者当事人另有约定的除外。

检视框架

（一）合同未成立事由
1.要约障碍
质押合同内容：第427条第2款
2.承诺障碍
3.书面形式：第427条第1款
4.格式条款未提示说明

（二）合同未生效事由
1.未履行批准手续
2.附生效条件+条件终局不成就

（三）合同无效事由
1.无行为能力
2.通谋虚伪
3.违反法律强制性规定
4.违反公序良俗
5.恶意串通
6.限制行为能力+拒绝追认/相对人撤销
7.代理情形的无效事由
8.格式条款无效
9.抵押合同的特别无效事由
（1）担保主体不适格：担保解释5—6
（2）质押财产不适格：第426条+第440条
（3）主合同无效：第388条第1款第4句主文+担保解释2
（4）法定代表人越权代表+相对人非善意：担保解释7
（5）公司未经决议的对外担保：担保解释8—10

（6）担保合同无效不构成反担保无效的抗辩事由：担保解释 19

（四）合同失效事由

1. 解除条件成就
2. 终止期限届满

（五）权利滥用事由：第 132 条＋总则解释 3

聚合提示

可与质押合同无效后的质押财产返还/折价补偿/权利质押涂销登记请求权并存。

三、债权人主张质押人承担缔约过失责任

债权人诉请：质押人赔偿质押合同无效的损害

请求权基础

第 388 条第 2 款

担保合同被确认无效后，债务人、担保人、债权人有过错的，应当根据其过错各自承担相应的民事责任。

担保解释 17

主合同有效而第三人提供的担保合同无效，人民法院应当区分不同情形确定担保人的赔偿责任：

（一）债权人与担保人均有过错的，担保人承担的赔偿责任不应超过债务人不能清偿部分的二分之一；

（二）担保人有过错而债权人无过错的，担保人对债务人不能清偿的部分承担赔偿责任；

（三）债权人有过错而担保人无过错的，担保人不承担赔偿责任。

主合同无效导致第三人提供的担保合同无效，担保人无过错的，不承担赔偿责任；担保人有过错的，其承担的赔偿责任不应超过债务人不能清偿部分的三分之一。

检视程式

（一）请求权已产生

1. 责任成立

（1）订立合同过程中

（2）质押人违反诚信的行为

①假借订立合同，恶意进行磋商

②故意隐瞒与订立合同有关的重要事实或者提供虚假情况

③有其他违背诚信原则的行为

违反诚信导致合同无效或撤销

（3）质押人的过错

2.责任范围：担保解释 17
（1）损害：债务人不能清偿的部分
（2）责任范围因果关系
①主合同有效而质押合同无效
A.仅质押人有过错：债务人不能清偿部分
B.抗辩：债权人与质押人均有过错，不超过债务人不能清偿部分的1/2
②主合同无效导致质押合同无效
不超过债务人不能清偿部分的1/3
（3）抗辩：违反减损义务，类推第591条第1款
（二）请求权未消灭
1.债的一般消灭事由：第557条第1款
2.损益相抵：合同通则解释63.3
（三）请求权可行使
时效抗辩权：第192条第1款

四、债权人主张质押人交付质押财产/办理权利质押登记

债权人诉请：质押人交付质押财产/办理权利质押登记

请求权基础

质押合同

检视程式

（一）请求权已产生
1.产生要件
质押合同成立且无效力障碍（参见本节"一、主张质押合同有效"）
2.产生抗辩：以新偿旧，担保解释16
3.请求权内容
（1）交付质押财产：流动质押，担保解释55
（2）办理权利质押登记
（二）请求权未消灭
1.合同已解除：第557条第2款
2.解除条件成就：第158条第3句、第159条
3.终止期限届满：第160条第3句
4.给付不能：第580条第1款但书第1—2项
5.债的一般消灭事由：第557条第1款
（三）请求权可行使
1.主债权时效抗辩权：类推时效规定18.1
2.质押人违约责任时效抗辩权：第192条第1款

五、债权人主张质押人承担违约责任

债权人诉请：质押人承担赔偿责任

请求权基础

第577条后半句第3种情形→

第577条

当事人一方不履行合同义务或者履行合同义务不符合约定的，应当承担继续履行、采取补救措施或者赔偿损失等违约责任。

类推担保解释46.2—46.3

抵押财产因不可归责于抵押人自身的原因灭失或者被征收等导致不能办理抵押登记，债权人请求抵押人在约定的担保范围内承担责任的，人民法院不予支持；但是抵押人已经获得保险金、赔偿金或者补偿金等，债权人请求抵押人在其所获金额范围内承担赔偿责任的，人民法院依法予以支持。

因抵押人转让抵押财产或者其他可归责于抵押人自身的原因导致不能办理抵押登记，债权人请求抵押人在约定的担保范围内承担责任的，人民法院依法予以支持，但是不得超过抵押权能够设立时抵押人应当承担的责任范围。

担保解释第55条第2款第2句主文→

担保解释55.2

在前款规定情形下，当事人有证据证明监管人系受出质人委托监管该货物，或者虽然受债权人委托但是未实际履行监管职责，导致货物仍由出质人实际控制的，人民法院应当认定质权未设立。债权人可以基于质押合同的约定请求出质人承担违约责任，但是不得超过质权有效设立时出质人应当承担的责任范围。监管人未履行监管职责，债权人请求监管人承担责任的，人民法院依法予以支持。

检视程式

（一）请求权已产生

1. 责任产生

（1）质押合同成立且无效力障碍（参见本节"一、主张质押合同有效"）

（2）因不可归责于抵押人自身的原因灭失/被征收等导致不能交付/不能办理权利质押登记+质押人已经获得保险金、赔偿金或者补偿金等：类推担保解释46.2

（3）因质押人转让抵押财产/其他可归责于质押人自身的原因导致不能交付/不能办理权利质押登记：类推担保解释46.3

（4）抗辩：以新偿旧，担保解释16

（5）抗辩：与有过失，第592条第2款

2. 责任范围：担保解释3.1，19.1

（1）保险金、赔偿金或者补偿金/约定的担保范围

（2）抗辩：不得超过质押权能够设立时质押人应当承担的责任范围

（二）请求权未消灭

1. 合同已解除：第557条第2款
2. 主债权的加重/免责的债务承担：第391条、第695条、第697条+担保解释20
3. 债权人放弃债务人自物保：第409条第2款主文/第435条第2句主文
4. 债权人知道/应知债务人破产+未申报债权且未通知担保人+担保人不能预先行使追偿权→担保人可能受偿的范围内担保责任消灭：担保解释24
5. 主债务人的权利消灭抗辩：第701条+担保解释20
6. 债的一般消灭事由：第557条第1款
7. 损益相抵：合同通则解释63.3

（三）请求权可行使

1. 未通知质押人的债权让与：第696条第1款+担保解释20
2. 主债务人的权利行使抗辩权：第701条+担保解释20
3. 在主债务人抵销权/撤销权范围内的履行拒绝权：第702条+担保解释20
4. 时效抗辩权
   （1）主债权时效抗辩权：类推时效规定18.1
   （2）质押人违约责任时效抗辩权：第192条第1款

第十七节　房屋租赁合同纠纷（4级案由）

合同一般主张与诉请在房屋租赁合同的适用参引程序	一、主张房屋租赁合同有效 　　诉请：确认房屋租赁合同有效 　　案由：确认合同有效纠纷 　　检视程式：参见第一章第一节确认合同有效纠纷 二、主张房屋租赁合同无效 　　诉请：确认房屋租赁合同无效 　　案由：确认合同无效纠纷 　　检视程式：参见第一章第二节确认合同无效纠纷 三、主张撤销房屋租赁合同 　　诉请：撤销房屋租赁合同 　　案由：房屋租赁合同纠纷 　　检视程式：参见第二章第一节"一、主张撤销合同" 四、主张合同不成立/无效/被撤销后的返还/补偿 　　诉请：合同不成立/无效/被撤销的不当得利返还/折价补偿 　　案由：不当得利纠纷①

---

① 若认为第157条第1句所涉并非不当得利返还请求权，则该诉请应适用"合同纠纷"项下的案由。

续表

	检视程式：参见第五章第二节"一、主张法律行为不成立/无效/被撤销后的返还/折价补偿"
	五、主张缔约过失责任 　　诉请一：违反先合同义务的损害赔偿 　　诉请二：违反附随义务的缔约过失损害赔偿 　　诉请三：违反报批义务的损害赔偿 　　诉请四：违反报批义务的违约金 　　诉请五：违反报批义务的定金双倍返还 　　案由：缔约过失责任纠纷（定金适用定金合同纠纷） 　　检视程式：参见第一章第三节缔约过失责任纠纷（定金参见第一章第五节定金合同纠纷）
	六、主张房屋租赁预约的履行/违反预约的违约责任 　　诉请一：订立房屋租赁合同 　　诉请二：违反预约的损害赔偿/违约金/双倍返还定金 　　案由：预约合同纠纷（定金适用定金合同纠纷） 　　检视程式：参见第一章第四节预约合同纠纷（定金参见第一章第五节定金合同纠纷）
	七、被代理人主张违反代理职责的代理人赔偿损害 　　被代理人诉请：代理人赔偿损害 　　案由：房屋租赁合同纠纷 　　检视程式：参见第二章第一节"二、被代理人主张违反代理职责的代理人赔偿损害"
	八、被代理人主张代理人与相对人承担连带责任 　　被代理人诉请：代理人与相对人承担连带责任 　　案由：房屋租赁合同纠纷 　　检视程式：参见第二章第一节"三、被代理人主张代理人与相对人承担连带责任"
	九、相对人主张违法代理的被代理人与代理人承担连带责任 　　被代理人诉请：被代理人与代理人承担连带责任 　　案由：房屋租赁合同纠纷 　　检视程式：参见第二章第一节"四、相对人主张违法代理的被代理人与代理人承担连带责任"
	十、相对人主张无权代理人履行/赔偿损害 　　相对人诉请一：无权代理人履行 　　相对人诉请二：无权代理人赔偿损害 　　案由：房屋租赁合同纠纷

	检视程式：参见第二章第一节"五、相对人主张无权代理人履行/赔偿损害"
	十一、主张对方承担违约责任
	诉请一：违约损害赔偿
	诉请二：支付违约金
	诉请三：双倍返还定金
	案由：房屋租赁合同纠纷（定金适用定金合同纠纷）
	检视程式：参见第二章第一节"七、主张对方承担违约责任"（定金参见第一章第五节定金合同纠纷）
	十二、主张解除合同
	诉请一：确认合同已合意解除
	诉请二：确认已行使/依诉行使意定解除权
	诉请三：确认已行使/依诉行使法定解除权
	诉请四：申请司法解除
	诉请五：申请因情事变更解除
	诉请六：解除合同+恢复原状（返还）/采取其他补救措施/赔偿损失
	案由：房屋租赁合同纠纷
	检视程式：参见第二章第一节"八、主张解除合同"
	十三、主张合同未解除
	诉请：确认合同未解除
	案由：房屋租赁合同纠纷
	检视程式：参见第二章第一节"九、主张合同未解除"
	十四、债权人主张债务人承担的费用
	诉请一：提前履行增加的费用
	诉请二：部分履行增加的费用
	诉请三：主债权及利息的实现费用
	诉请四：第三人替代履行的费用
	诉请五：防止损失扩大的费用
	案由：房屋租赁合同纠纷
	检视程式：参见第二章第一节"十、债权人主张债务人承担的费用"
	十五、债务人主张债权人承担的费用
	诉请一：提存费用
	诉请二：受领迟延的费用
	案由：房屋租赁合同纠纷
	检视程式：参见第二章第一节"十一、债务人主张债权人承担的费用"

	十六、主张后合同义务履行请求权 　　诉请：履行后合同义务 　　案由：房屋租赁合同纠纷 　　检视程式：参见第二章第一节"十二、主张后合同义务履行请求权" 十七、主张违反后合同义务的损害赔偿 　　诉请：违反后合同义务的损害赔偿 　　案由：房屋租赁合同纠纷 　　检视程式：参见第二章第一节"十三、主张违反后合同义务的损害赔偿"
确认合同无效纠纷案由在房屋租赁合同的适用 **房屋租赁合同程式**	房屋租赁合同的特别无效事由： 1.未取得建设工程规划许可证/未按照建设工程规划许可证的规定建设的房屋：租赁解释2 2.未经批准/未按照批准内容建设的临时建筑：租赁解释3.1 3.超过临时建筑使用期限：租赁解释3.2 4.租赁期限超过20年的部分：第705条第1款 5.租赁合同登记备案不构成租赁合同生效要件：第706条 6.设立居住权的住宅出租：第369条第2句
案由特别主张与诉请 **房屋租赁合同程式**	一、出租人主张房屋占有使用费 　　出租人诉请一：承租人支付房屋占有使用费 　　出租人诉请二：次承租人支付房屋占有使用费 二、承租人主张装饰装修物的折价 　　承租人诉请：出租人补偿装饰装修物的价值 三、出租人合同无效后主张装饰装修物的拆除+恢复原状 　　出租人合同无效后诉请：拆除装饰装修物+恢复原状 四、主张房屋租赁合同履行请求权 　　出租人诉请一：承租人支付租金 　　出租人诉请二：承租人租期届满后返还房屋 　　承租人诉请一：出租人交付房屋 　　承租人诉请二：出租人维修房屋 　　共同居住人诉请：继续承租房屋 五、承租人主张出租人承担维修费用/扩建费用 　　承租人诉请：出租人负担维修费用/扩建费用 六、主张对方承担违约责任 　　出租人诉请一：承租人赔偿损害 　　出租人诉请二：承租人恢复原状+赔偿损失 　　承租人诉请一：延长租期

续表

	承租人诉请二：出租人赔偿侵害优先购买权的损害
	七、主张解除房屋租赁合同（租赁特有的解除事由）
	诉请：确认已行使/依诉行使不定期租赁任意解除权
	出租人诉请：确认已行使/依诉行使法定解除权
	承租人诉请：确认已行使/依诉行使法定解除权
	八、出租人主张合同期满/解除后装饰装修物的拆除+恢复原状
	出租人诉请：合同期满/解除后拆除装饰装修物+恢复原状
	九、承租人主张出租人赔偿/补偿装饰装修物残值损失
	承租人诉请：出租人赔偿/补偿装饰装修物残值损失
	十、承租人主张优先购买权
	承租人诉请：出租人履行行使优先购买权成立的买卖合同
	十一、承租人主张优先承租权
	承租人诉请：出租人履行行使优先承租权成立的租赁合同
	十二、次承租人主张代付租金/违约金
	次承租人诉请：出租人受领代付租金/违约金
	十三、次承租人主张对承租人的追偿权
	次承租人诉请：承租人赔偿代付租金/违约金

一、出租人主张房屋占有使用费

出租人诉请一：承租人支付房屋占有使用费

请求权基础

第985条主文

得利人没有法律根据取得不当利益的，受损失的人可以请求得利人返还取得的利益……

第157条第1款第1句第2分句

……不能返还或者没有必要返还的，应当折价补偿。

租赁解释4.1

房屋租赁合同无效，当事人请求参照合同约定的租金标准支付房屋占有使用费的，人民法院一般应予支持。

检视程式

（一）请求权已产生

1. 房屋租赁合同无效
2. 承租人占有使用房屋

（二）请求权未消灭

债的一般消灭事由：第 557 条第 1 款

（三）请求权可行使

1. 同时履行抗辩权：第 525 条 + 合同通则解释 31
2. 时效抗辩权：第 192 条第 1 款

合同撤销的自合同撤销之日起算：时效规定 5.2

出租人诉请二：次承租人支付房屋占有使用费

请求权基础

第 985 条主文

得利人没有法律根据取得不当利益的，受损失的人可以请求得利人返还取得的利益……

租赁解释 13

房屋租赁合同无效、履行期限届满或者解除，出租人请求负有腾房义务的次承租人支付逾期腾房占有使用费的，人民法院应予支持。

检视程式

（一）请求权已产生

1. 房屋租赁合同无效/履行期限届满/解除
2. 次承租人占有使用房屋
3. 抗辩：次承租人不负有腾房义务

（二）请求权未消灭

1. 债的一般消灭事由：第 557 条第 1 款
2. 损益相抵：合同通则解释 63.3

（三）请求权可行使

1. 留置抗辩权：类推第 525 条
2. 时效抗辩权：第 192 条第 1 款

二、承租人主张装饰装修物的折价

承租人诉请：出租人补偿装饰装修物的价值

请求权基础

第 985 条主文

得利人没有法律根据取得不当利益的，受损失的人可以请求得利人返还取得的利益……

租赁解释第 7 条第 1 款第 1 分句/第 2 款→

租赁解释 7

承租人经出租人同意装饰装修，租赁合同无效时，未形成附合的装饰装修物，出租人同意利用的，可折价归出租人所有；不同意利用的，可由承租人拆除。因拆除造成房屋毁损的，承租人应当恢复原状。

已形成附合的装饰装修物，出租人同意利用的，可折价归出租人所有；不同意利用的，由双方各自按照导致合同无效的过错分担现值损失。

检视程式

（一）请求权已产生
1.房屋租赁合同无效
2.承租人经出租人同意装饰装修＋未形成附合＋出租人同意利用
3.已形成附合＋出租人同意利用
4.已形成附合＋出租人不同意利用＋出租人导致合同无效的过错
抗辩：承租人与有过失→分担现值损失

（二）请求权未消灭
1.债的一般消灭事由：第557条第1款
2.损益相抵：合同通则解释63.3

（三）请求权可行使
1.留置抗辩权：类推第525条
2.时效抗辩权：第192条第1款

三、出租人合同无效后主张装饰装修物的拆除＋恢复原状

出租人合同无效后诉请：拆除装饰装修物＋恢复原状

请求权基础

第733条
租赁期限届满，承租人应当返还租赁物。返还的租赁物应当符合按照约定或者根据租赁物的性质使用后的状态。

租赁解释7第1款第2分句→
租赁解释7.1

承租人经出租人同意装饰装修，租赁合同无效时，未形成附合的装饰装修物，出租人同意利用的，可折价归出租人所有；不同意利用的，可由承租人拆除。因拆除造成房屋毁损的，承租人应当恢复原状。

检视程式

（一）请求权已产生
1.请求拆除
（1）房屋租赁合同无效
（2）承租人经出租人同意装饰装修
（3）未形成附合

（4）出租人不同意利用
2.恢复原状的附加要件
（1）房屋毁损
（2）因拆除造成
（二）请求权未消灭
1.债的一般消灭事由：第557条第1款
2.损益相抵：合同通则解释63.3
（三）请求权可行使
1.留置抗辩权：类推第525条
2.时效抗辩权：第192条第1款

四、主张房屋租赁合同履行请求权

出租人诉请一：承租人支付租金

请求权基础

第721条第1句
承租人应当按照约定的期限支付租金。

检视程式

（一）请求权已产生
房屋租赁合同成立且无效力障碍
租赁合同的定义：第703条
租赁合同的内容：第704条
（二）请求权未消灭
1.合同已解除：第557条第2款
2.解除条件成就：第158条第3句、第159条
3.终止期限届满：第160条第3句
4.债的一般消灭事由
（1）已履行：第557条第1款第1项
租金支付期限：第721条第2句、第722条第1分句
（2）抵销、提存、免除、混同等：第557条第1款第2—6项
5.减少/不付租金事由
（1）因维修租赁物影响承租人使用：第713条第1款第3句第1种情形
（2）次承租人代为支付的租金和违约金→充抵次承租人向承租人支付的租金：第719条第2款第1分句
（3）租赁物权利瑕疵：第723条
（4）租赁物毁损/灭失+不可归责于承租人：第729条第1分句

（三）请求权可行使

1.履行抗辩权

（1）先履行抗辩权：第526条，合同通则解释31.3

（2）不安履行抗辩权：第527条第1款，合同通则解释31.1

2.时效抗辩权：第192条第1款

出租人诉请二：承租人租期届满后返还房屋

请求权基础

第733条

租赁期限届满，承租人应当返还租赁物。返还的租赁物应当符合按照约定或者根据租赁物的性质使用后的状态。

检视程式

（一）请求权已产生

1.房屋租赁合同成立且无效力障碍

租赁合同的定义：第703条

租赁合同的内容：第704条

2.租期届满

租赁期限：第705条、第707条、第730条、第734条第1款

（二）请求权未消灭

1.给付不能：第580条第1款但书第1—2项

2.债的一般消灭事由：第557条第1款

（三）请求权可行使

1.履行抗辩权：合同通则解释31

（1）同时履行抗辩权：第525条

（2）先履行抗辩权：第526条

（3）不安履行抗辩权：第527条第1款

2.时效抗辩权：第192条第1款

出租人为所有权人时，基于请求权竞合的相互影响说，出租人返还房屋的请求权不受时效限制

竞合提示

可能与物权返还请求权、不当得利返还请求权、侵权返还请求权产生竞合。

承租人诉请一：出租人交付房屋

请求权基础

第708条

出租人应当按照约定将租赁物交付承租人，并在租赁期限内保持租赁物符合约

定的用途。

检视程式

（一）请求权已产生
房屋租赁合同成立且无效力障碍
租赁合同的定义：第703条
租赁合同的内容：第704条

（二）请求权未消灭
1. 合同已解除：第557条第2款
2. 解除条件成就：第158条第3句、第159条
3. 终止期限届满：第160条第3句
4. 给付不能：第580条第1款但书第1—2项
5. 债的一般消灭事由：第557条第1款

（三）请求权可行使
1. 数份租赁合同的履行顺序：租赁解释5
2. 履行抗辩权：合同通则解释31
（1）同时履行抗辩权：第525条
（2）先履行抗辩权：第526条
（3）不安履行抗辩权：第527条第1款
3. 时效抗辩权：第192条第1款

承租人诉请二：出租人维修房屋

请求权基础

第712条
出租人应当履行租赁物的维修义务，但是当事人另有约定的除外。

检视程式

（一）请求权已产生
1. 成立要件
房屋租赁合同成立且无效力障碍
租赁合同的定义：第703条
租赁合同的内容：第704条
2. 成立抗辩
承租人过错导致租赁物需要维修：第713条第2款

（二）请求权未消灭
1. 合同已解除：第557条第2款
2. 给付不能：第580条第1款但书第1—2项

3.债的一般消灭事由：第557条第1款

（三）请求权可行使

时效抗辩权：第192条第1款

共同居住人诉请：继续承租房屋

请求权基础

第732条

承租人在房屋租赁期限内死亡的，与其生前共同居住的人或者共同经营人可以按照原租赁合同租赁该房屋。

检视程式

（一）请求权已产生

1.房屋租赁合同成立且无效力障碍

租赁合同的定义：第703条

租赁合同的内容：第704条

2.承租人在房屋租赁期限内死亡

3.请求人与承租人生前共同居住/共同经营

（二）请求权未消灭

1.合同已解除：第557条第2款

2.债的一般消灭事由：第557条第1款

（三）请求权可行使

1.履行抗辩权：合同通则解释31

（1）同时履行抗辩权：第525条

（2）先履行抗辩权：第526条

（3）不安履行抗辩权：第527条第1款

2.时效抗辩权：第192条第1款

五、承租人主张出租人承担维修费用/扩建费用

承租人诉请：出租人负担维修费用/扩建费用

请求权基础

第713条第1款第2句

出租人未履行维修义务的，承租人可以自行维修，维修费用由出租人负担。

租赁解释12

承租人经出租人同意扩建，但双方对扩建费用的处理没有约定的，人民法院按照下列情形分别处理：

（一）办理合法建设手续的，扩建造价费用由出租人负担；

（二）未办理合法建设手续的，扩建造价费用由双方按照过错分担。

检视程式

（一）请求权已产生

1.房屋租赁合同成立且无效力障碍

租赁合同的定义：第703条

租赁合同的内容：第704条

2.维修费用请求权：

出租人未履行修复义务+承租人自行维修

抗辩：承租人过错导致租赁物需要维修，第713条第2款

3.扩建费用请求权：租赁解释12

（1）承租人经出租人同意扩建+未约定扩建费用的处理+办理合法建设手续

（2）承租人经出租人同意扩建+未约定扩建费用的处理+未办理合法建设手续+出租人过错

抗辩：承租人与有过失→扩建造价费用由双方按照过错分担

（3）否认：未经出租人同意扩建，租赁解释11

（二）请求权未消灭

1.合同已解除：第557条第2款

2.债的一般消灭事由：第557条第1款

（三）请求权可行使

1.履行抗辩权

（1）先履行抗辩权：第526条，合同通则解释31.3

（2）不安履行抗辩权：第527条第1款，合同通则解释31.1

2.时效抗辩权：第192条第1款

六、主张对方承担违约责任

出租人诉请一：承租人赔偿损害

请求权基础

第714条

承租人应当妥善保管租赁物，因保管不善造成租赁物毁损、灭失的，应当承担赔偿责任。

第716条第1款第2句第2分句→

第716条第1款

承租人经出租人同意，可以将租赁物转租给第三人。承租人转租的，承租人与出租人之间的租赁合同继续有效；第三人造成租赁物损失的，承租人应当赔偿损失。

检视程式

（一）请求权已产生
1.责任成立
（1）房屋租赁合同成立且无效力障碍
租赁合同的定义：第703条
租赁合同的内容：第704条
（2）房屋毁损/灭失
（3）承租人履行障碍
①保管不善
②次承租人造成房屋损失
（4）抗辩：不可抗力，第590条
（5）抗辩：与有过失，第592条第2款
（6）抗辩：第三人原因，第593条第1句
2.责任范围
（1）损害：第584条主文＋合同通则解释60—62
（2）责任范围因果关系
①抗辩：可预见性，第584条但书＋合同通则解释63.1—63.2
②抗辩：合同目的限制
（3）抗辩：违反减损义务，第591条第1款
（4）抗辩：受领迟延利息请求权未产生，第589条第2款

（二）请求权未消灭
1.债的一般消灭事由：第557条第1款
2.损益相抵：合同通则解释63.3
租赁期限内租赁物的收益归承租人所有：第720条

（三）请求权可行使
1.同时履行抗辩权：第525条＋合同通则解释31
2.时效抗辩权：第192条第1款

出租人诉请二：承租人恢复原状＋赔偿损失

请求权基础

第715条第2款
承租人未经出租人同意，对租赁物进行改善或者增设他物的，出租人可以请求承租人恢复原状或者赔偿损失。

检视程式

（一）请求权已产生
1.责任成立

（1）房屋租赁合同成立且无效力障碍

租赁合同的定义：第703条

租赁合同的内容：第704条

（2）承租人对租赁物进行改善/增设他物：租赁解释11

（3）未经出租人同意

2.责任范围

（1）恢复原状

（2）损害：第584条主文+合同通则解释60—62

（3）责任范围因果关系

①抗辩：可预见性，第584条但书+合同通则解释63.1—63.2

②抗辩：合同目的限制

（4）抗辩：违反减损义务，第591条第1款

（5）抗辩：受领迟延利息请求权未产生，第589条第2款

（二）请求权未消灭

1.债的一般消灭事由：第557条第1款

2.损益相抵：合同通则解释63.3

租赁期限内租赁物的收益归承租人所有：第720条

（三）请求权可行使

1.同时履行抗辩权：第525条+合同通则解释31

2.时效抗辩权：第192条第1款

竞合提示

可能与侵权请求权产生竞合。

承租人诉请一：延长租期

规范基础

第713条第1款第3句第2种情形→

第713条第1款第3句

因维修租赁物影响承租人使用的，应当相应减少租金或者延长租期。

检视程式

（一）权利已产生

1.房屋租赁合同成立且无效力障碍

租赁合同的定义：第703条

租赁合同的内容：第704条

2.因维修房屋影响承租人使用

（二）权利未消灭

合同已解除：第557条第2款

（三）权利的行使

承租人诉请二：出租人赔偿侵害优先购买权的损害
请求权基础

第728条主文
出租人未通知承租人或者有其他妨害承租人行使优先购买权情形的，承租人可以请求出租人承担赔偿责任。

检视程式

（一）请求权已产生
1.责任成立
（1）房屋租赁合同成立且无效力障碍
租赁合同的定义：第703条
租赁合同的内容：第704条
（2）出租人侵害承租人优先购买权
①未通知承租人
②其他妨害承租人行使优先购买权的情形
（3）抗辩：与有过失，第592条第2款
2.责任范围
（1）损害：第584条主文＋合同通则解释60—62
（2）责任范围因果关系
①抗辩：可预见性，第584条但书＋合同通则解释63.1—63.2
②抗辩：优先购买权制度目的限制
（3）抗辩：违反减损义务，第591条第1款
（4）抗辩：受领迟延利息请求权未产生，第589条第2款

（二）请求权未消灭
1.债的一般消灭事由：第557条第1款
2.损益相抵：合同通则解释63.3

（三）请求权可行使
1.同时履行抗辩权：第525条＋合同通则解释31
2.时效抗辩权：第192条第1款

七、主张解除房屋租赁合同（租赁特有的解除事由）

诉请：确认已行使／依诉行使不定期租赁任意解除权
规范基础

第730条
当事人对租赁期限没有约定或者约定不明确，依据本法第五百一十条的规定仍

不能确定的，视为不定期租赁；当事人可以随时解除合同，但是应当在合理期限之前通知对方。

检视程式

（一）解除权已产生
1.房屋租赁合同成立且无效力障碍
租赁合同的定义：第703条
租赁合同的内容：第704条
2.不定期租赁：第707条、第730条、第734条第1款

（二）解除权未消灭

（三）解除权的行使：第565条，合同通则解释53—54
1.在合理期限的解除通知+到达
2.未通知+直接以诉讼或仲裁方式主张解除+起诉状副本或仲裁申请书副本送达对方

出租人诉请：确认已行使/依诉行使法定解除权

规范基础

第711条
承租人未按照约定的方法或者未根据租赁物的性质使用租赁物，致使租赁物受到损失的，出租人可以解除合同并请求赔偿损失。

第716条第2款
承租人未经出租人同意转租的，出租人可以解除合同。

第722条
承租人无正当理由未支付或者迟延支付租金的，出租人可以请求承租人在合理期限内支付；承租人逾期不支付的，出租人可以解除合同。

检视程式

（一）解除权已产生
1.房屋租赁合同成立且无效力障碍
租赁合同的定义：第703条
租赁合同的内容：第704条
2.出租人的法定解除权
（1）承租人未依约定用途使用房屋+造成房屋损害：第711条
擅自变动房屋结构/扩建+合理期限内不恢复原状：租赁解释6
（2）转租+未经出租人同意：第716条第2款
（3）承租人拒付/迟延支付租金+催告后合理期限：第722条

（二）解除权未消灭

1.除斥期间：第564条

（1）解除权人知道或应知解除事由之日起1年

（2）对方催告后的合理期限

2.放弃解除权

（三）解除权的行使：第565条，合同通则解释53—54

1.解除通知+到达

2.通知载明债务人在一定期限内不履行债务则合同自动解除+载明的期限届满+债务人在该期限内未履行债务

3.未通知+直接以诉讼或仲裁方式主张解除+起诉状副本或仲裁申请书副本送达对方

承租人诉请：确认已行使/依诉行使法定解除权

规范基础

第724条

有下列情形之一，非因承租人原因致使租赁物无法使用的，承租人可以解除合同：

（一）租赁物被司法机关或者行政机关依法查封、扣押；

（二）租赁物权属有争议；

（三）租赁物具有违反法律、行政法规关于使用条件的强制性规定情形。

第729条第2分句

因租赁物部分或者全部毁损、灭失，致使不能实现合同目的的，承租人可以解除合同。

第731条

租赁物危及承租人的安全或者健康的，即使承租人订立合同时明知该租赁物质量不合格，承租人仍然可以随时解除合同。

检视程式

（一）解除权已产生

1.房屋租赁合同成立且无效力障碍

租赁合同的定义：第703条

租赁合同的内容：第704条

2.承租人的法定解除权

（1）房屋无法使用：第724条、第729条

①非因承租人原因

②具备下列情形之一

A.房屋被司法机关或者行政机关依法查封/扣押

B.房屋物权属有争议

C.房屋具有违反法律、行政法规关于使用条件的强制性规定情形
D.房屋部分/全部毁损/灭失+不能实现合同目的
（2）危及安全/健康：第731条
承租人订立合同时明知该租赁物质量不合格不构成解除权产生的抗辩事由
（二）解除权未消灭
1.除斥期间：第564条
（1）法定除斥期间
第731条的解除权不受除斥期间限制
（2）法律未规定解除权行使期限+解除权人知道或应知解除事由之日起1年
（3）法律未规定解除权行使期限+对方催告后的合理期限
2.放弃解除权
（三）解除权的行使：第565条，合同通则解释53—54
1.解除通知+到达
2.通知载明债务人在一定期限内不履行债务则合同自动解除+载明的期限届满+债务人在该期限内未履行债务
3.未通知+直接以诉讼或仲裁方式主张解除+起诉状副本或仲裁申请书副本送达对方

八、出租人主张合同期满/解除后装饰装修物的拆除+恢复原状

出租人诉请：合同期满/解除后拆除装饰装修物+恢复原状

请求权基础

第733条
租赁期限届满，承租人应当返还租赁物。返还的租赁物应当符合按照约定或者根据租赁物的性质使用后的状态。
租赁解释8
承租人经出租人同意装饰装修，租赁期间届满或者合同解除时，除当事人另有约定外，未形成附合的装饰装修物，可由承租人拆除。因拆除造成房屋毁损的，承租人应当恢复原状。

检视程式

（一）请求权已产生
1.请求拆除
（1）房屋租赁合同期满/解除
（2）承租人经出租人同意装饰装修
（3）未形成附合
期满附合→不予补偿：租赁解释10

2.恢复原状的附加要件：
（1）房屋毁损
（2）因拆除造成
（二）请求权未消灭
1.债的一般消灭事由：第557条第1款
2.损益相抵：合同通则解释63.3
租赁期限内租赁物的收益归承租人所有：第720条
（三）请求权可行使
1.留置抗辩权：类推第525条
2.时效抗辩权：第192条第1款

九、承租人主张出租人赔偿/补偿装饰装修物残值损失

承租人诉请：出租人赔偿/补偿装饰装修物残值损失

请求权基础

第566条第2款

合同因违约解除的，解除权人可以请求违约方承担违约责任，但是当事人另有约定的除外。

租赁解释9

承租人经出租人同意装饰装修，合同解除时，双方对已形成附合的装饰装修物的处理没有约定的，人民法院按照下列情形分别处理：

（一）因出租人违约导致合同解除，承租人请求出租人赔偿剩余租赁期内装饰装修残值损失的，应予支持；

（二）因承租人违约导致合同解除，承租人请求出租人赔偿剩余租赁期内装饰装修残值损失的，不予支持。但出租人同意利用的，应在利用价值范围内予以适当补偿；

（三）因双方违约导致合同解除，剩余租赁期内的装饰装修残值损失，由双方根据各自的过错承担相应的责任；

（四）因不可归责于双方的事由导致合同解除的，剩余租赁期内的装饰装修残值损失，由双方按照公平原则分担。法律另有规定的，适用其规定。

检视程式

（一）请求权已产生

1.请求赔偿
（1）房屋租赁合同解除
（2）承租人经出租人同意装饰装修
（3）已形成附合
（4）因出租人违约导致合同解除

（5）抗辩：承租人与有过失→出租人承担与其过错相应的责任

2.请求补偿

（1）房屋租赁合同解除

（2）承租人经出租人同意装饰装修

（3）已形成附合

（4）因承租人违约导致合同解除＋出租人同意利用→在利用价值范围内予以适当补偿

（5）因不可归责于双方的事由导致合同解除的→依公平原则分担

（二）请求权未消灭

1.债的一般消灭事由：第557条第1款

2.损益相抵：合同通则解释63.3

（三）请求权可行使

1.留置抗辩权：类推第525条

2.时效抗辩权：第192条第1款

十、承租人主张优先购买权

承租人诉请：出租人履行行使优先购买权成立的买卖合同

规范基础

第726条第1款主文

出租人出卖租赁房屋的，应当在出卖之前的合理期限内通知承租人，承租人享有以同等条件优先购买的权利……

检视程式

（一）权利已产生

1.房屋租赁合同成立且无效力障碍

租赁合同的定义：第703条

租赁合同的内容：第704条

2.出租人出卖租赁房屋

出租人与抵押权人协议折价、变卖房屋：租赁解释15

3.同等条件

4.抗辩：房屋按份共有人行使优先购买权

5.抗辩：出租人将房屋出卖给近亲属

（二）权利未消灭：放弃优先购买权

1.出租人通知后＋承租人15日内未明确表示购买：第726条第2款

2.出租人拍卖5日前通知＋承租人未参加拍卖：第727条

（三）权利的行使

十一、承租人主张优先承租权

承租人诉请：出租人履行行使优先承租权成立的租赁合同

规范基础

第734条第2款
租赁期限届满，房屋承租人享有以同等条件优先承租的权利。

检视程式

（一）权利已产生
1. 房屋租赁合同成立且无效力障碍
租赁合同的定义：第703条
租赁合同的内容：第704条
2. 租赁期限届满
3. 同等条件

（二）权利未消灭
1. 合理期限
2. 承租人放弃权利

（三）权利的行使

十二、次承租人主张代付租金/违约金

次承租人诉请：出租人受领代付租金/违约金

请求权基础

第719条第1款主文
承租人拖欠租金的，次承租人可以代承租人支付其欠付的租金和违约金……

检视程式

（一）请求权已产生
1. 出租人与承租人的合同成立且无效力障碍
租赁合同的定义：第703条
租赁合同的内容：第704条
2. 承租人与次承租人的合同成立且无效力障碍
3. 承租人欠付租金/违约金
4. 次承租人向出租人提出代付

（二）请求权未消灭

（三）请求权可行使

十三、次承租人主张对承租人的追偿权

次承租人诉请：承租人赔偿代付租金/违约金

请求权基础

第719条第2款第2分句→
第719条第2款

次承租人代为支付的租金和违约金，可以充抵次承租人应当向承租人支付的租金；超出其应付的租金数额的，可以向承租人追偿。

检视程式

（一）请求权已产生
1.出租人与承租人的合同成立且无效力障碍
租赁合同的定义：第703条
租赁合同的内容：第704条
2.承租人与次承租人的合同成立且无效力障碍
3.承租人欠付租金/违约金
4.次承租人代承租人支付
5.代负金额超出次承租人应付租金数额
（二）请求权未消灭
1.债的一般消灭事由：第557条第1款
2.损益相抵：合同通则解释63.3
（三）请求权可行使
1.留置抗辩权：类推第525条
2.时效抗辩权：第192条第1款

第十八节　融资租赁合同纠纷

合同一般主张与诉请在融资租赁合同的适用参引程式	一、主张融资租赁合同有效 　　诉请：确认融资租赁合同有效 　　案由：确认合同有效纠纷 　　检视程式：参见第一章第一节确认合同有效纠纷 二、主张融资租赁合同无效 　　诉请：确认融资租赁合同无效 　　案由：确认合同无效纠纷 　　检视程式：参见第一章第二节确认合同无效纠纷 三、主张撤销融资租赁合同 　　诉请：撤销融资租赁合同

	案由：融资租赁合同纠纷
	检视程式：参见第二章第一节"一、主张撤销合同"
	四、主张合同不成立/无效/被撤销后的返还/补偿
	诉请：合同不成立/无效/被撤销的不当得利返还/折价补偿
	案由：不当得利纠纷①
	检视程式：参见第五章第二节"一、主张法律行为不成立/无效/被撤销后的返还/折价补偿"
	五、主张缔约过失责任
	诉请一：违反先合同义务的损害赔偿
	诉请二：违反附随义务的缔约过失损害赔偿
	诉请三：违反报批义务的损害赔偿
	诉请四：违反报批义务的违约金
	诉请五：违反报批义务的定金双倍返还
	案由：缔约过失责任纠纷（定金适用定金合同纠纷）
	检视程式：参见第一章第三节缔约过失责任纠纷（定金参见第一章第五节定金合同纠纷）
	六、主张融资租赁预约的履行/违反预约的违约责任
	诉请一：订立融资租赁合同
	诉请二：违反预约的损害赔偿/违约金/双倍返还定金
	案由：预约合同纠纷（定金适用定金合同纠纷）
	检视程式：参见第一章第四节预约合同纠纷（定金参见第一章第五节定金合同纠纷）
	七、被代理人主张违反代理职责的代理人赔偿损害
	被代理人诉请：代理人赔偿损害
	案由：融资租赁合同纠纷
	检视程式：参见第二章第一节"二、被代理人主张违反代理职责的代理人赔偿损害"
	八、被代理人主张代理人与相对人承担连带责任
	被代理人诉请：代理人与相对人承担连带责任
	案由：融资租赁合同纠纷
	检视程式：参见第二章第一节"三、被代理人主张代理人与相对人承担连带责任"
	九、相对人主张违法代理的被代理人与代理人承担连带责任
	被代理人诉请：被代理人与代理人承担连带责任
	案由：融资租赁合同纠纷

---

① 若认为第157条第1句所涉并非不当得利返还请求权，则该诉请应适用"合同纠纷"项下的案由。

续表

		检视程式：参见第二章第一节"四、相对人主张违法代理的被代理人与代理人承担连带责任"

十、相对人主张无权代理人履行/赔偿损害

  相对人诉请一：无权代理人履行

  相对人诉请二：无权代理人赔偿损害

  案由：融资租赁合同纠纷

  检视程式：参见第二章第一节"五、相对人主张无权代理人履行/赔偿损害"

十一、主张对方承担违约责任

  诉请一：违约损害赔偿

  诉请二：支付违约金

  诉请三：双倍返还定金

  案由：融资租赁合同纠纷（定金适用定金合同纠纷）

  检视程式：参见第二章第一节"七、主张对方承担违约责任"（定金参见第一章第五节定金合同纠纷）

十二、主张解除合同

  诉请一：确认合同已合意解除

  诉请二：确认已行使/依诉行使意定解除权

  诉请三：确认已行使/依诉行使法定解除权

  诉请四：申请司法解除

  诉请五：申请因情事变更解除

  诉请六：解除合同+恢复原状（返还）/采取其他补救措施/赔偿损失

  案由：融资租赁合同纠纷

  检视程式：参见第二章第一节"八、主张解除合同"

十三、主张合同未解除

  诉请：确认合同未解除

  案由：融资租赁合同纠纷

  检视程式：参见第二章第一节"九、主张合同未解除"

十四、债权人主张债务人承担的费用

  诉请一：提前履行增加的费用

  诉请二：部分履行增加的费用

  诉请三：主债权及利息的实现费用

  诉请四：第三人替代履行的费用

  诉请五：防止损失扩大的费用

  案由：融资租赁合同纠纷

  检视程式：参见第二章第一节"十、债权人主张债务人承担的费用"

十五、债务人主张债权人承担的费用

  诉请一：提存费用

续表

	诉请二：受领迟延的费用 案由：融资租赁合同纠纷 检视程式：参见第二章第一节"十一、债务人主张债权人承担的费用" 十六、主张后合同义务履行请求权 　　诉请：履行后合同义务 　　案由：融资租赁合同纠纷 　　检视程式：参见第二章第一节"十二、主张后合同义务履行请求权" 十七、主张违反后合同义务的损害赔偿 　　诉请：违反后合同义务的损害赔偿 　　案由：融资租赁合同纠纷 　　检视程式：参见第二章第一节"十三、主张违反后合同义务的损害赔偿"
确认合同无效 纠纷案由在融资 租赁合同的适用 融资租赁合同 程式	融资租赁合同的特别效力瑕疵事由 1. 不成立事由：未采用书面形式，第736条第2款 2. 无效事由：虚构租赁物：第737条 3. 租赁物经营使用未经行政许可不影响合同效力：第738条
案由特别主张 与诉请 融资租赁合同 程式	一、出租人主张融资租赁合同无效的返还/补偿 　　出租人诉请：融资租赁合同无效的租赁物返还/合理补偿 二、主张融资租赁合同履行请求权 　　承租人诉请：出卖人交付标的物 　　出租人诉请一：承租人支付租金 　　出租人诉请二：承租人期满返还租赁物 三、主张融资租赁合同违约责任 　　承租人诉请一：出卖人赔偿损害 　　承租人诉请二：出租人赔偿损害 　　出租人诉请一：承租人支付全部租金 　　出租人诉请二：承租人赔偿损害 　　出租人诉请三：承租人期满返还不能的合理 四、主张解除融资租赁合同（融资租赁特有的解除事由） 　　诉请：确认已行使/依诉行使法定解除权 　　出租人诉请：确认已行使/依诉行使法定解除权+收回租赁物 　　承租人诉请：确认已行使/依诉行使法定解除权 五、主张解除融资租赁合同的赔偿/补偿/价值差额返还 　　出租人诉请一：承租人赔偿解除损失 　　出租人诉请二：承租人补偿租赁物价值 　　承租人诉请：出租人返还解除租赁物的价值差额

一、出租人主张融资租赁合同无效的返还/补偿

出租人诉请：融资租赁合同无效的租赁物返还/合理补偿

请求权基础

第760条

融资租赁合同无效，当事人就该情形下租赁物的归属有约定的，按照其约定；没有约定或者约定不明确的，租赁物应当返还出租人。但是，因承租人原因致使合同无效，出租人不请求返还或者返还后会显著降低租赁物效用的，租赁物的所有权归承租人，由承租人给予出租人合理补偿。

检视程式

（一）请求权已产生

1. 融资租赁合同无效

融资租赁合同的认定：融租解释1—2

2. 对租赁物归属无约定/约定不明→返还出租人

3. 请求合理补偿的附加要件

（1）因承租人原因致使合同无效

（2）出租人不请求返还/返还后会显著降低租赁物效用→租赁物的所有权归承租人

（二）请求权未消灭

债的一般消灭事由：第557条第1款

（三）请求权可行使

1. 同时履行抗辩权：第525条+合同通则解释31
2. 时效抗辩权：第192条第1款

二、主张融资租赁合同履行请求权

承租人诉请：出卖人交付标的物

请求权基础

第739条

出租人根据承租人对出卖人、租赁物的选择订立的买卖合同，出卖人应当按照约定向承租人交付标的物，承租人享有与受领标的物有关的买受人的权利。

检视程式

（一）请求权已产生

1. 融租房屋租赁合同成立且无效力障碍

融资租赁合同的定义：第735条

融资租赁合同的内容：第736条第1款

融资租赁合同的认定：融租解释1—2
2.出租人根据承租人对出卖人、租赁物的选择订立买卖合同
3.承租人的拒绝受领权（再交付请求权）：第740条第1款第1项
（二）请求权未消灭
1.融资租赁合同/买卖已解除：第557条第2款
2.解除条件成就：第158条第3句、第159条
3.终止期限届满：第160条第3句
4.给付不能：第580条第1款但书第1—2项
5.债的一般消灭事由：第557条第1款
（三）请求权可行使
时效抗辩权：第192条第1款

说 明

承租人基于买卖合同和融资租赁合同直接向出卖人主张受领租赁物、索赔等买卖合同权利的，人民法院应通知出租人作为第三人参加诉讼：融租解释13.3

出租人诉请一：承租人支付租金

请求权基础

第752条第1句
承租人应当按照约定支付租金。

检视程式

（一）请求权已产生
1.融租房屋租赁合同成立且无效力障碍
融资租赁合同的定义：第735条
融资租赁合同的内容：第736条第1款
融资租赁合同的认定：融租解释1—2
2.租金的确定：租赁物的大部分或者全部成本以及出租人的合理利润，第746条
3.减免租金的抗辩
承租人对出卖人行使索赔权利+承租人依赖出租人的技能确定租赁物或者出租人干预选择租赁物：第742条但书
4.租金请求权的抗辩排除事由
（1）承租人对出卖人行使索赔权利，不构成可导致其租金支付义务消灭的抗辩事由：第742条主文
（2）承租人占有租赁物期间+租赁物毁损、灭失→不构成可导致其租金支付义务消灭的抗辩事由：第750—751条

（二）请求权未消灭
1. 合同已解除：第 557 条第 2 款
2. 解除条件成就：第 158 条第 3 句、第 159 条
3. 终止期限届满：第 160 条第 3 句
4. 债的一般消灭事由：第 557 条第 1 款

（三）请求权可行使
1. 履行抗辩权：第 525—527 条
2. 时效抗辩权：第 192 条第 1 款
   起算：租赁期限届满，融租解释 14

出租人诉请二：承租人期满返还租赁物

请求权基础

融资租赁合同
第 757 条
出租人和承租人可以约定租赁期限届满租赁物的归属；对租赁物的归属没有约定或者约定不明确，依据本法第五百一十条的规定仍不能确定的，租赁物的所有权归出租人。

检视程式

（一）请求权已产生
1. 融租房屋租赁合同成立且无效力障碍
   融资租赁合同的定义：第 735 条
   融资租赁合同的内容：第 736 条第 1 款
   融资租赁合同的认定：融租解释 1—2
2. 租赁期限届满
3. 租赁物所有权归出租人所有：第 757 条，第 759 条

（二）请求权未消灭
1. 给付不能：第 580 条第 1 款但书第 1—2 项
2. 债的一般消灭事由：第 557 条第 1 款

（三）请求权可行使
1. 履行抗辩权：第 525—527 条
2. 时效抗辩权：第 192 条第 1 款

三、主张融资租赁合同违约责任

承租人诉请一：出卖人赔偿损害

请求权基础

第 741 条第 1 句
出租人、出卖人、承租人可以约定，出卖人不履行买卖合同义务的，由承租人

行使索赔的权利。

检视程式

（一）请求权已产生
1.融租房屋租赁合同成立且无效力障碍
融资租赁合同的定义：第735条
融资租赁合同的内容：第736条第1款
融资租赁合同的认定：融租解释1—2
2.买卖合同成立且无效力障碍
3.三方约定，出卖人不履行买卖合同义务，由承租人行使索赔权
4.出卖人不履行合同义务

（二）请求权未消灭
1.融资租赁合同/买卖已解除：第557条第2款
2.债的一般消灭事由：第557条第1款

（三）请求权可行使
时效抗辩权：第192条第1款

说　明

承租人基于买卖合同和融资租赁合同直接向出卖人主张受领租赁物、索赔等买卖合同权利的，人民法院应通知出租人作为第三人参加诉讼：融租解释13.3

承租人诉请二：出租人赔偿损害

请求权基础

第743条
出租人有下列情形之一，致使承租人对出卖人行使索赔权利失败的，承租人有权请求出租人承担相应的责任：
（一）明知租赁物有质量瑕疵而不告知承租人；
（二）承租人行使索赔权利时，未及时提供必要协助。
出租人怠于行使只能由其对出卖人行使的索赔权利，造成承租人损失的，承租人有权请求出租人承担赔偿责任。

第747条
租赁物不符合约定或者不符合使用目的的，出租人不承担责任。但是，承租人依赖出租人的技能确定租赁物或者出租人干预选择租赁物的除外。

第748条第2款
出租人有下列情形之一的，承租人有权请求其赔偿损失：
（一）无正当理由收回租赁物；
（二）无正当理由妨碍、干扰承租人对租赁物的占有和使用；

（三）因出租人的原因致使第三人对租赁物主张权利；
（四）不当影响承租人对租赁物占有和使用的其他情形。

检视程式

（一）请求权已产生

1.责任成立

（1）融租房屋租赁合同成立且无效力障碍

融资租赁合同的定义：第735条

融资租赁合同的内容：第736条第1款

融资租赁合同的认定：融租解释1—2

（2）出租人的履行障碍

①承租人向出卖人索赔失败+出租人原因导致：第743条第1款

A.明知质量瑕疵+不告知

B.未及时提供必要协助：第741条第2句

②租赁物不符合约定/不符合使用目的+承租人依赖出租人的技能确定租赁物/出租人干预选择租赁物：第747条+融租解释8

③违反保证承租人占有/使用租赁物的义务：第748条

A.无正当理由收回租赁物

B.无正当理由妨碍、干扰承租人对租赁物的占有和使用

C.因出租人的原因致使第三人对租赁物主张权利

D.不当影响承租人对租赁物占有和使用的其他情形

（4）抗辩：不可抗力，第590条

（5）抗辩：与有过失，第592条第2款

（6）抗辩：第三人原因，第593条第1句

2.责任范围

（1）损害：第584条主文+合同通则解释60—62

（2）责任范围因果关系

①抗辩：可预见性，第584条但书+合同通则解释63.1—63.2

②抗辩：合同目的限制

（3）抗辩：违反减损义务，第591条第1款

（4）抗辩：受领迟延利息请求权未产生，第589条第2款

（二）请求权未消灭

1.债的一般消灭事由：第557条第1款

2.损益相抵：合同通则解释63.3

（三）请求权可行使

1.同时履行抗辩权：第525条+合同通则解释31

2.时效抗辩权：第192条第1款

出租人诉请一：承租人支付全部租金

请求权基础

第 752 条第 2 句第 1 分句

承租人经催告后在合理期限内仍不支付租金的，出租人可以请求支付全部租金……

检视程式

（一）请求权已产生

1.融租房屋租赁合同成立且无效力障碍

融资租赁合同的定义：第 735 条

融资租赁合同的内容：第 736 条第 1 款

融资租赁合同的认定：融租解释 1—2

2.租赁期限届满

3.出租人催告+合理期限

4.租金的确定：租赁物的大部分或者全部成本以及出租人的合理利润，第 746 条

5.减免租金的抗辩

承租人对出卖人行使索赔权利+承租人依赖出租人的技能确定租赁物或者出租人干预选择租赁物：第 742 条但书

6.租金请求权的抗辩排除事由

（1）承租人对出卖人行使索赔权利，不构成可导致其租金支付义务消灭的抗辩事由：第 742 条主文

（2）承租人占有租赁物期间+租赁物毁损、灭失→不构成可导致其租金支付义务消灭的抗辩事由：第 750—751 条

7.请求权的内容：担保解释 65.1

（二）请求权未消灭

1.合同已解除：第 557 条第 2 款

2.请求以租赁物变价所得价款支付租金的给付不能

因第三人的在先权利而全部/部分消灭：

（1）未登记不得对抗善意第三人：第 745 条+担保解释 67、54

（2）已登记的与其他担保物权排序：第 414 条第 2 款

（3）融租租赁所有权作为价款优先权：担保解释 57

（4）不得对抗正常经营买受人：第 404 条+担保解释 56

3.债的一般消灭事由：第 557 条第 1 款

（三）请求权的行使

1.履行抗辩权：第 525—527 条

2.清算义务：多余价款的返还义务

3.时效抗辩权：第 192 条第 1 款

起算：租赁期限届满，融租解释14

出租人诉请二：承租人赔偿损害
请求权基础
第577条后半句第3种情形→

第577条

当事人一方不履行合同义务或者履行合同义务不符合约定的，应当承担继续履行、采取补救措施或者赔偿损失等违约责任。

融租解释3

承租人拒绝受领租赁物，未及时通知出租人，或者无正当理由拒绝受领租赁物，造成出租人损失，出租人向承租人主张损害赔偿的，人民法院应予支持。

检视程式

（一）请求权已产生

1.责任成立

（1）融租房屋租赁合同成立且无效力障碍

融资租赁合同的定义：第735条

融资租赁合同的内容：第736条第1款

融资租赁合同的认定：融租解释1—2

（2）买卖合同成立且无效力障碍

（3）承租人拒绝受领租赁物+未及时通知出租人/无正当理由

（4）抗辩：不可抗力，第590条

（5）抗辩：与有过失，第592条第2款

（6）抗辩：第三人原因，第593条第1句

2.责任范围

（1）损害：第584条主文+合同通则解释60—62

（2）责任范围因果关系

①抗辩：可预见性，第584条但书+合同通则解释63.1—63.2

②抗辩：合同目的限制

（3）抗辩：违反减损义务，第591条第1款

（4）抗辩：受领迟延利息请求权未产生，第589条第2款

（二）请求权未消灭

1.债的一般消灭事由：第557条第1款

2.损益相抵：合同通则解释63.3

（三）请求权可行使

1.同时履行抗辩权：第525条+合同通则解释31

2.时效抗辩权：第192条第1款

出租人诉请三：承租人期满返还不能的合理补偿
请求权基础

第758条第2款

当事人约定租赁期限届满租赁物归出租人所有，因租赁物毁损、灭失或者附合、混合于他物致使承租人不能返还的，出租人有权请求承租人给予合理补偿。

检视程式

（一）请求权已产生
1.融租房屋租赁合同成立且无效力障碍
融资租赁合同的定义：第735条
融资租赁合同的内容：第736条第1款
融资租赁合同的认定：融租解释1—2
2.租赁期限届满
3.租赁物所有权归出租人所有：第757条，第759条
4.承租人返还不能
5.因租赁物毁损、灭失或者附合、混合于他物
6.租赁物价值的确定：融租解释12
（二）请求权未消灭
1.合同已解除：第557条第2款
2.债的一般消灭事由：第557条第1款
（三）请求权可行使
1.同时履行抗辩权：第525条＋合同通则解释31
2.时效抗辩权：第192条第1款

四、主张解除融资租赁合同（融资租赁特有的解除事由）

诉请：确认已行使/依诉行使法定解除权
规范基础

第754条

有下列情形之一的，出租人或者承租人可以解除融资租赁合同：
（一）出租人与出卖人订立的买卖合同解除、被确认无效或者被撤销，且未能重新订立买卖合同；
（二）租赁物因不可归责于当事人的原因毁损、灭失，且不能修复或者确定替代物；
（三）因出卖人的原因致使融资租赁合同的目的不能实现。

检视程式

（一）解除权已产生
1.融租房屋租赁合同成立且无效力障碍

融资租赁合同的定义：第735条
融资租赁合同的内容：第736条第1款
融资租赁合同的认定：融租解释1—2

2.法定解除事由

（1）出租人与出卖人订立的买卖合同解除、被确认无效或者被撤销，且未能重新订立买卖合同

（2）租赁物因不可归责于当事人的原因毁损、灭失，且不能修复或者确定替代物

（3）因出卖人的原因致使融资租赁合同的目的不能实现

（二）解除权未消灭

1.除斥期间：第564条

（1）解除权人知道或应知解除事由之日起1年

（2）对方催告后的合理期限

2.放弃解除权

（三）解除权的行使：第565条，合同通则解释53—54

1.解除通知＋到达

2.通知载明债务人在一定期限内不履行债务则合同自动解除＋载明的期限届满＋债务人在该期限内未履行债务

3.未通知＋直接以诉讼或仲裁方式主张解除＋起诉状副本或仲裁申请书副本送达对方

出租人诉请：确认已行使/依诉行使法定解除权＋收回租赁物

规范基础

第752条第2句第2分句→

第752条第2句

承租人经催告后在合理期限内仍不支付租金的，出租人可以请求支付全部租金；也可以解除合同，收回租赁物。

第753条

承租人未经出租人同意，将租赁物转让、抵押、质押、投资入股或者以其他方式处分的，出租人可以解除融资租赁合同。

融租解释5

有下列情形之一，出租人请求解除融资租赁合同的，人民法院应予支持：

（一）承租人未按照合同约定的期限和数额支付租金，符合合同约定的解除条件，经出租人催告后在合理期限内仍不支付的；

（二）合同对于欠付租金解除合同的情形没有明确约定，但承租人欠付租金达到两期以上，或者数额达到全部租金百分之十五以上，经出租人催告后在合理期限内仍不支付的；

（三）承租人违反合同约定，致使合同目的不能实现的其他情形。

检视程式

（一）权利已产生

1.融租房屋租赁合同成立且无效力障碍

融资租赁合同的定义：第735条

融资租赁合同的内容：第736条第1款

融资租赁合同的认定：融租解释1—2

2.出租人的法定解除权

（1）承租人欠付租金2期以上/15%以上＋出租人催告＋合理期限内＋仍未支付：第752条第2句第2分句＋融租解释5

（2）承租人处分租赁物＋未经出租人同意：第753条

（3）承租人违反合同约定，致使合同目的不能实现的其他情形：融租解释5

（二）权利未消灭

1.解除权的消灭

（1）除斥期间：第564条

①解除权人知道或应知解除事由之日起1年

②对方催告后的合理期限

（2）解除权的放弃

2.收回权的消灭

（1）给付不能：第580条第1款但书第1—2项

因第三人的在先权利而全部/部分给付不能：

①未登记不得对抗善意第三人：第745条＋担保解释67、54

②已登记的与其他担保物权排序：第414条第2款

③融租租赁所有权作为价款优先权：担保解释57

④不得对抗正常经营买受人：第404条＋担保解释56

（2）债的一般消灭事由：第557条第1款

（三）权利的行使

1.解除权的行使：第565条，合同通则解释53—54，融租解释10

（1）解除通知＋到达

（2）通知载明债务人在一定期限内不履行债务则合同自动解除＋载明的期限届满＋债务人在该期限内未履行债务

（3）未通知＋直接以诉讼或仲裁方式主张解除＋起诉状副本或仲裁申请书副本送达对方

2.收回权的行使

（1）同时履行抗辩权：第525条＋合同通则解释31，担保解释65.2

（2）时效抗辩权：第192条第1款

承租人诉请：确认已行使／依诉行使法定解除权

规范基础

第 563 条第 1 款第 4 项
有下列情形之一的，当事人可以解除合同……
（四）当事人一方迟延履行债务或者有其他违约行为致使不能实现合同目的……

融租解释 6
因出租人的原因致使承租人无法占有、使用租赁物，承租人请求解除融资租赁合同的，人民法院应予支持。

检视程式

（一）解除权已产生
1. 融租房屋租赁合同成立且无效力障碍
融资租赁合同的定义：第 735 条
融资租赁合同的内容：第 736 条第 1 款
融资租赁合同的认定：融租解释 1—2
2. 承租人无法占有／使用租赁物
3. 因出租人的原因
（二）解除权未消灭
1. 除斥期间：第 564 条
（1）解除权人知道或应知解除事由之日起 1 年
（2）对方催告后的合理期限
2. 放弃解除权
（三）解除权的行使：第 565 条，合同通则解释 53—54
1. 解除通知＋到达
2. 通知载明债务人在一定期限内不履行债务则合同自动解除＋载明的期限届满＋债务人在该期限内未履行债务
3. 未通知＋直接以诉讼或仲裁方式主张解除＋起诉状副本或仲裁申请书副本送达对方

五、主张解除融资租赁合同的赔偿／补偿／价值差额返还

出租人诉请一：承租人赔偿解除损失

请求权基础

第 755 条第 1 款主文
融资租赁合同因买卖合同解除、被确认无效或者被撤销而解除，出卖人、租赁物系由承租人选择的，出租人有权请求承租人赔偿相应损失……

融租解释 11.1
出租人依照本解释第五条的规定请求解除融资租赁合同，同时请求收回租赁物并赔偿损失的，人民法院应予支持。

检视程式

（一）请求权已产生

1.责任产生

（1）融租房屋租赁合同成立且无效力障碍

融资租赁合同的定义：第735条

融资租赁合同的内容：第736条第1款

融资租赁合同的认定：融租解释1—2

（2）买卖合同解除、被确认无效或者被撤销＋导致融资租赁合同解除＋出卖人、租赁物系由承租人选择：第755条

抗辩：因出租人原因致使买卖合同解除、被确认无效或者被撤销，第755条第1款但书

（3）出租人行使法定解除权：融租解释5，11.1

（4）抗辩：与有过失，第592条第2款

2.责任范围

（1）损害：融租解释11.2

（2）责任范围因果关系

①抗辩：可预见性，第584条但书＋合同通则解释63.1—63.2

②抗辩：合同目的限制

（3）抗辩：违反减损义务，第591条第1款

（4）抗辩：受领迟延利息请求权未产生，第589条第2款

（二）请求权未消灭

1.债的一般消灭事由：第557条第1款

2.损益相抵：第755条第2款

（三）请求权可行使

1.同时履行抗辩权：第525条＋合同通则解释31

2.时效抗辩权：第192条第1款

出租人诉请二：承租人补偿租赁物价值

请求权基础

第756条
融资租赁合同因租赁物交付承租人后意外毁损、灭失等不可归责于当事人的原因解除的，出租人可以请求承租人按照租赁物折旧情况给予补偿。

检视程式

（一）请求权已产生

1. 责任产生

（1）融租房屋租赁合同成立且无效力障碍

融资租赁合同的定义：第735条

融资租赁合同的内容：第736条第1款

融资租赁合同的认定：融租解释1—2

（2）融资租赁合同解除

（3）因租赁物交付后意外毁损、灭失等不可归责于当事人的原因

2. 责任范围

（1）租赁物价值的确定：融租解释12

（2）按照租赁物折旧情况给予补偿

（二）请求权未消灭

1. 债的一般消灭事由：第557条第1款

2. 损益相抵：合同通则解释63.3

（三）请求权可行使

1. 同时履行抗辩权：第525条＋合同通则解释31

2. 时效抗辩权：第192条第1款

承租人诉请：出租人返还解除租赁物的价值差额

请求权基础

第758条第1款

当事人约定租赁期限届满租赁物归承租人所有，承租人已经支付大部分租金，但是无力支付剩余租金，出租人因此解除合同收回租赁物，收回的租赁物的价值超过承租人欠付的租金以及其他费用的，承租人可以请求相应返还。

检视程式

（一）请求权已产生

1. 责任产生

（1）融租房屋租赁合同成立且无效力障碍

融资租赁合同的定义：第735条

融资租赁合同的内容：第736条第1款

融资租赁合同的认定：融租解释1—2

（2）承租人已经支付大部分租金，但是无力支付剩余租金，出租人因此解除合同收回租赁物

（3）当事人约定租赁期限届满租赁物归承租人所有：第757条、第760条

（4）收回的租赁物的价值超过承租人欠付的租金以及其他费用

租赁物价值的确定：担保解释65.2，融租解释12
2.责任范围
价值差额
（二）请求权未消灭
1.债的一般消灭事由：第557条第1款
2.损益相抵：合同通则解释63.3
（三）请求权可行使
1.同时履行抗辩权：第525条+合同通则解释31
2.时效抗辩权：第192条第1款

第十九节　保理合同纠纷

合同一般主张与诉请在保理合同的适用参引程式	一、主张撤销保理合同 　　诉请：撤销保理合同 　　案由：保理合同纠纷 　　检视程式：参见第二章第一节"一、主张撤销合同" 二、主张合同不成立/无效/被撤销后的返还 　　诉请：合同不成立/无效/被撤销的不当得利返还 　　案由：不当得利纠纷① 　　检视程式：参见第五章第二节"一、主张法律行为不成立/无效/被撤销后的返还/折价补偿" 三、主张缔约过失责任 　　诉请一：违反先合同义务的损害赔偿 　　诉请二：违反附随义务的缔约过失损害赔偿 　　诉请三：违反报批义务的损害赔偿 　　诉请四：违反报批义务的违约金 　　诉请五：违反报批义务的定金双倍返还 　　案由：缔约过失责任纠纷（定金适用定金合同纠纷） 　　检视程式：参见第一章第三节缔约过失责任纠纷（定金参见第一章第五节定金合同纠纷） 四、主张保理预约的履行/违反预约的违约责任 　　诉请一：订立保理合同 　　诉请二：违反预约的损害赔偿/违约金/双倍返还定金 　　案由：预约合同纠纷（定金适用定金合同纠纷） 　　检视程式：参见第一章第四节预约合同纠纷（定金参见第一章第五节定金合同纠纷）

---

① 若认为第157条第1句所涉并非不当得利返还请求权，则该诉请应适用"合同纠纷"项下的案由。

续表

| | 五、被代理人主张违反代理职责的代理人赔偿损害
　　被代理人诉请：代理人赔偿损害
　　案由：保理合同纠纷
　　检视程式：参见第二章第一节"二、被代理人主张违反代理职责的代理人赔偿损害"
六、被代理人主张代理人与相对人承担连带责任
　　被代理人诉请：代理人与相对人承担连带责任
　　案由：保理合同纠纷
　　检视程式：参见第二章第一节"三、被代理人主张代理人与相对人承担连带责任"
七、相对人主张违法代理的被代理人与代理人承担连带责任
　　相对人诉请：被代理人与代理人承担连带责任
　　案由：保理合同纠纷
　　检视程式：参见第二章第一节"四、相对人主张违法代理的被代理人与代理人承担连带责任"
八、相对人主张无权代理人履行/赔偿损害
　　相对人诉请一：无权代理人履行
　　相对人诉请二：无权代理人赔偿损害
　　案由：保理合同纠纷
　　检视程式：参见第二章第一节"五、相对人主张无权代理人履行/赔偿损害"
九、主张解除合同
　　诉请一：确认合同已合意解除
　　诉请二：确认已行使/依诉行使意定解除权
　　诉请三：确认已行使/依诉行使法定解除权
　　诉请四：申请因情事变更解除
　　诉请五：解除合同+恢复原状（返还）/采取其他补救措施/赔偿损失
　　案由：保理合同纠纷
　　检视程式：参见第二章第一节"八、主张解除合同"
十、主张合同未解除
　　诉请：确认合同未解除
　　案由：保理合同纠纷
　　检视程式：参见第二章第一节"九、主张合同未解除"
十一、债权人主张保理人承担的费用
　　债权人诉请一：提前履行增加的费用
　　债权人诉请二：部分履行增加的费用 |

	债权人诉请三：主债权及利息的实现费用 债权人诉请四：防止损失扩大的费用 案由：保理合同纠纷 检视程式：参见第二章第一节"十、债权人主张债务人承担的费用" 十二、保理人主张债权人承担的费用 保理人诉请一：提存费用 保理人诉请二：受领迟延的费用 案由：保理合同纠纷 检视程式：参见第二章第一节"十一、债务人主张债权人承担的费用" 十三、主张后合同义务履行请求权 诉请：履行后合同义务 案由：保理合同纠纷 检视程式：参见第二章第一节"十二、主张后合同义务履行请求权" 十四、主张违反后合同义务的损害赔偿 诉请：违反后合同义务的损害赔偿 案由：保理合同纠纷 检视程式：参见第二章第一节"十三、主张违反后合同义务的损害赔偿"
确认合同无效纠纷案由在保理合同的适用 保理合同程式	保理合同的特别无效事由： 1.不成立事由：未遵守书面形式，第762条第2款 2.应收账款债权人与债务人虚构应收账款＋保理人明知：第763条 3.应收账款债权人与债务人约定债权不得转让，不构成保理合同无效的事由：第545条第2款第2句
案由特别主张与诉请 保理合同程式	一、有追索权保理人主张应收账款债权人返还保理融资本息/回购应收账款债权 有追索权保理人诉请：应收账款债权人返还保理融资本息/回购应收账款债权 二、保理人主张应收账款债务人履行债务 保理人诉请：应收账款债务人履行债务 三、应收账款债权人主张有追索权保理人返还超额款项 应收账款债权人诉请：有追索权保理人返还超额款项

一、有追索权保理人主张应收账款债权人返还保理融资本息 / 回购应收账款债权

有追索权保理人诉请：应收账款债权人返还保理融资本息 / 回购应收账款债权

请求权基础

第766条第1句前半句→
第766条第1句

当事人约定有追索权保理的，保理人可以向应收账款债权人主张返还保理融资款本息或者回购应收账款债权，也可以向应收账款债务人主张应收账款债权。

检视程式

（一）请求权已产生
保理合同成立且无效力障碍
保理合同的定义：第761条
保理合同的内容：第762条第1款
（二）请求权未消灭
1.保理合同已解除：第557条第2款
2.因第三人的在先权利消灭/部分消灭
（1）多重保理的权利顺位：第768条
（2）保理、应收账款质押、债权转让的权利顺位：担保解释66.1
3.债的一般消灭事由：第557条第1款
（三）请求权可行使
时效抗辩权：第192条第1款

说　明

有追索权保理人可单独或一并起诉应收账款债权人/债务人：担保解释66.2

二、保理人主张应收账款债务人履行债务

保理人诉请：应收账款债务人履行债务

请求权基础

第766条第1句后半句→
第766条第1句

当事人约定有追索权保理的，保理人可以向应收账款债权人主张返还保理融资款本息或者回购应收账款债权，也可以向应收账款债务人主张应收账款债权。

第767条第1—2半句

当事人约定无追索权保理的，保理人应当向应收账款债务人主张应收账款债权……

检视程式

（一）请求权已产生
1.保理合同成立且无效力障碍

保理合同的定义：第761条

保理合同的内容：第762条第1款

2.保理人通知应收账款债务人：第764条、第546条

（二）请求权未消灭
1.保理合同已解除：第557条第2款

2.应收账款债权人与债务人协商变更/终止基础交易合同

反抗辩：应收账款债务人接到转让通知＋无正当理由＋对保理人产生不利影响，第765条

3.应收账款债务人向保理人主张对应收账款债权人的抵销权：第549条

4.应收账款债务人向保理人主张对应收账款债权人的其他权利消灭抗辩：第548条

5.因第三人的在先权利消灭/部分消灭

（1）多重保理的权利顺位：第768条

（2）保理、应收账款质押、债权转让的权利顺位：担保解释66.1

6.债的一般消灭事由：第557条第1款

（三）请求权可行使
1.应收账款的时效抗辩权：第192条第1款

2.应收账款债务人向保理人主张对应收账款债权人的其他权利行使抗辩权：第548条

三、应收账款债权人主张有追索权保理人返还超额款项

应收账款债权人诉请：有追索权保理人返还超额款项

请求权基础

第766条第2句→

第766条

当事人约定有追索权保理的，保理人可以向应收账款债权人主张返还保理融资款本息或者回购应收账款债权，也可以向应收账款债务人主张应收账款债权。保理人向应收账款债务人主张应收账款债权，在扣除保理融资款本息和相关费用后有剩余的，剩余部分应当返还给应收账款债权人。

检视程式

（一）请求权已产生
1.保理合同成立且无效力障碍

保理合同的定义：第761条

保理合同的内容：第762条第1款
2.保理人向应收账款债务人主张应收账款债权
3.扣除保理融资款本息和相关费用后有剩余
（二）请求权未消灭
1.保理合同已解除：第557条第2款
2.债的一般消灭事由：第557条第1款
（三）请求权可行使
时效抗辩权：第192条第1款

第二十节　承揽合同纠纷

合同一般主张与诉请在承揽合同的适用参引程式	一、主张承揽合同有效 　　诉请：确认承揽合同有效 　　案由：确认合同有效纠纷 　　检视程式：参见第一章第一节确认合同有效纠纷 二、主张承揽合同无效 　　诉请：确认承揽合同无效 　　案由：确认合同无效纠纷 　　检视程式：参见第一章第二节确认合同无效纠纷 三、主张撤销承揽合同 　　诉请：撤销承揽合同 　　案由：承揽合同纠纷 　　检视程式：参见第二章第一节"一、主张撤销合同" 四、主张合同不成立/无效/被撤销后的返还/补偿 　　诉请：合同不成立/无效/被撤销的不当得利返还/折价补偿 　　案由：不当得利纠纷① 　　检视程式：参见第五章第二节"一、主张法律行为不成立/无效/被撤销后的返还/折价补偿" 五、主张缔约过失责任 　　诉请一：违反先合同义务的损害赔偿 　　诉请二：违反附随义务的缔约过失损害赔偿 　　诉请三：违反报批义务的损害赔偿 　　诉请四：违反报批义务的违约金 　　诉请五：违反报批义务的定金双倍返还 　　案由：缔约过失责任纠纷（定金适用定金合同纠纷）

---

① 若认为第157条第1句所涉并非不当得利返还请求权，则该诉请应适用"合同纠纷"项下的案由。

续表

	检视程式：参见第一章第三节缔约过失责任纠纷（定金参见第一章第五节定金合同纠纷）
	六、主张承揽预约的履行/违反预约的违约责任
	诉请一：订立承揽合同
	诉请二：违反预约的损害赔偿/违约金/双倍返还定金
	案由：预约合同纠纷（定金适用定金合同纠纷）
	检视程式：参见第一章第四节预约合同纠纷（定金参见第一章第五节定金合同纠纷）
	七、被代理人主张违反代理职责的代理人赔偿损害
	被代理人诉请：代理人赔偿损害
	案由：承揽合同纠纷
	检视程式：参见第二章第一节"二、被代理人主张违反代理职责的代理人赔偿损害"
	八、被代理人主张代理人与相对人承担连带责任
	被代理人诉请：代理人与相对人承担连带责任
	案由：承揽合同纠纷
	检视程式：参见第二章第一节"三、被代理人主张代理人与相对人承担连带责任"
	九、相对人主张违法代理的被代理人与代理人承担连带责任
	相对人诉请：被代理人与代理人承担连带责任
	案由：承揽合同纠纷
	检视程式：参见第二章第一节"四、相对人主张违法代理的被代理人与代理人承担连带责任"
	十、相对人主张无权代理人履行/赔偿损害
	相对人诉请一：无权代理人履行
	相对人诉请二：无权代理人赔偿损害
	案由：承揽合同纠纷
	检视程式：参见第二章第一节"五、相对人主张无权代理人履行/赔偿损害"
	十一、主张对方承担违约责任
	诉请一：违约损害赔偿
	诉请二：支付违约金
	诉请三：双倍返还定金
	案由：承揽合同纠纷（定金适用定金合同纠纷）
	检视程式：参见第二章第一节"七、主张对方承担违约责任"（定金参见第一章第五节定金合同纠纷）

续表

十二、主张解除合同
　　诉请一：确认合同已合意解除
　　诉请二：确认已行使/依诉行使意定解除权
　　诉请三：确认已行使/依诉行使法定解除权
　　诉请四：申请司法解除
　　诉请五：申请因情事变更解除
　　诉请六：解除合同+恢复原状（返还）/采取其他补救措施/赔偿损失
　　案由：承揽合同纠纷
　　检视程式：参见第二章第一节"八、主张解除合同"

十三、主张合同未解除
　　诉请：确认合同未解除
　　案由：承揽合同纠纷
　　检视程式：参见第二章第一节"九、主张合同未解除"

十四、债权人主张债务人承担的费用
　　诉请一：提前履行增加的费用
　　诉请二：部分履行增加的费用
　　诉请三：主债权及利息的实现费用
　　诉请四：第三人替代履行的费用
　　诉请五：防止损失扩大的费用
　　案由：承揽合同纠纷
　　检视程式：参见第二章第一节"十、债权人主张债务人承担的费用"

十五、债务人主张债权人承担的费用
　　诉请一：提存费用
　　诉请二：受领迟延的费用
　　案由：承揽合同纠纷
　　检视程式：参见第二章第一节"十一、债务人主张债权人承担的
　　　　　　　费用"

十六、主张后合同义务履行请求权
　　诉请：履行后合同义务
　　案由：承揽合同纠纷
　　检视程式：参见第二章第一节"十二、主张后合同义务履行请求权"

十七、主张违反后合同义务的损害赔偿
　　诉请：违反后合同义务的损害赔偿
　　案由：承揽合同纠纷
　　检视程式：参见第二章第一节"十三、主张违反后合同义务的损
　　　　　　　害赔偿"

续表

案由特别主张与诉请承揽合同程式	一、主张承揽合同履行请求权 　　定作人诉请：承揽人交付成果+技术资料+质量证明 　　承揽人诉请：定作人支付报酬 二、主张对方承担违约责任 　　定作人诉请一：承揽人修理/重作/减少报酬 　　定作人诉请二：承揽人赔偿损害 　　定作人诉请三：承揽人为第三人完成的成果负责 　　承揽人诉请一：定作人更换、补齐材料/采取其他补救措施 　　承揽人诉请二：定作人赔偿损害 三、主张解除承揽合同（承揽特有的解除事由） 　　定作人诉请一：确认已行使/依诉行使任意解除权 　　定作人诉请二：确认已行使/依诉行使法定解除权 　　承揽人诉请：确认已行使/依诉行使法定解除权 四、承揽人主张定作人行使任意解除权的损害赔偿 　　承揽人诉请：定作人赔偿行使任意解除权的损害
说　明	1.加工、定作、修理、复制、测试、检验、铁路机车/车辆建造等承揽合同有独立的4级案由，本案由适用于上述类型之外的承揽合同。 2.共同承揽人对定作人承担连带责任：第786条

一、主张承揽合同履行请求权

定作人诉请：承揽人交付成果+技术资料+质量证明

请求权基础

第780条第1句

　　承揽人完成工作的，应当向定作人交付工作成果，并提交必要的技术资料和有关质量证明。

检视程式

（一）请求权已产生

承揽合同成立且无效力障碍

承揽合同的定义：第770条

承揽合同的内容：第771条

（二）请求权未消灭

1.合同已解除：第557条第2款

2.解除条件成就：第158条第3句、第159条

3.终止期限届满：第160条第3句
4.给付不能：第580条第1款但书第1—2项
5.债的一般消灭事由：第557条第1款

(三) 请求权可行使
1.留置权：第783条
2.履行抗辩权：合同通则解释31
(1) 同时履行抗辩权：第525条
(2) 先履行抗辩权：第526条
(3) 不安履行抗辩权：第527条第1款
3.时效抗辩权：第192条第1款

承揽人诉请：定作人支付报酬

请求权基础

第782条第1句
定作人应当按照约定的期限支付报酬。

检视程式

(一) 请求权已产生
1.承揽合同成立且无效力障碍
承揽合同的定义：第770条
承揽合同的内容：第771条
2.期限届满：第782条第2句
抗辩：期限的顺延，第778条第2句第1分句
3.部分交付→支付相应报酬：第782条第2句第2分句
4.减酬抗辩：第781条第3种情形

(二) 请求权未消灭
1.合同已解除：第557条第2款
2.解除条件成就：第158条第3句、第159条
3.终止期限届满：第160条第3句
4.债的一般消灭事由：第557条第1款

(三) 请求权可行使
1.履行抗辩权：合同通则解释31
(1) 同时履行抗辩权：第525条
(2) 先履行抗辩权：第526条
(3) 不安履行抗辩权：第527条第1款
2.时效抗辩权：第192条第1款

二、主张对方承担违约责任

定作人诉请一：承揽人修理/重作/减少报酬

请求权基础

第781条第1—3种情形→

第781条

承揽人交付的工作成果不符合质量要求的，定作人可以合理选择请求承揽人承担修理、重作、减少报酬、赔偿损失等违约责任。

检视程式

（一）请求权已产生
1.承揽合同成立且无效力障碍
承揽合同的定义：第770条
承揽合同的内容：第771条
2.工作成果品质瑕疵
（二）请求权未消灭
1.合同已解除：第557条第2款
2.给付不能：第580条第1款但书第1—2项
3.债的一般消灭事由：第557条第1款
（三）请求权可行使
1.履行抗辩权：合同通则解释31
（1）同时履行抗辩权：第525条
（2）先履行抗辩权：第526条
（3）不安履行抗辩权：第527条第1款
2.时效抗辩权：第192条第1款

说 明

补正履行本质上仍是合同履行请求权（原合同请求权）的延续。

聚合提示

可与违约损害赔偿并存：第583条

定作人诉请二：承揽人赔偿损害

请求权基础

第781条第4种情形→

第781条

承揽人交付的工作成果不符合质量要求的，定作人可以合理选择请求承揽人承担修理、重作、减少报酬、赔偿损失等违约责任。

第784条

承揽人应当妥善保管定作人提供的材料以及完成的工作成果，因保管不善造成毁损、灭失的，应当承担赔偿责任。

第775条第2款

承揽人不得擅自更换定作人提供的材料，不得更换不需要修理的零部件。

第785条

承揽人应当按照定作人的要求保守秘密，未经定作人许可，不得留存复制品或者技术资料。

检视程式

（一）请求权已产生

1.责任成立

（1）承揽合同成立且无效力障碍

承揽合同的定义：第770条

承揽合同的内容：第771条

（2）承揽人的违约行为

①工作成果品质瑕疵：第781条

②保管不善：第784条

③擅自更换材料/零部件：第775条第2款

④违反保密义务：第785条

（3）抗辩：不可抗力，第590条

（4）抗辩：与有过失，第592条第2款

（5）抗辩：第三人原因，第593条第1句

2.责任范围

（1）损害：第584条主文＋合同通则解释60—62

（2）责任范围因果关系

①抗辩：可预见性，第584条但书＋合同通则解释63.1—63.2

②抗辩：合同目的限制

（3）抗辩：违反减损义务，第591条第1款

（4）抗辩：受领迟延利息请求权未产生，第589条第2款

（二）请求权未消灭

1.债的一般消灭事由：第557条第1款

2.损益相抵：合同通则解释63.3

（三）请求权可行使

1.同时履行抗辩权：第525条＋合同通则解释31

2.时效抗辩权：第192条第1款

定作人诉请三：承揽人为第三人完成的成果负责

请求权基础

第772条第2款第1分句
承揽人将其承揽的主要工作交由第三人完成的，应当就该第三人完成的工作成果向定作人负责……

第773条第2句
承揽人将其承揽的辅助工作交由第三人完成的，应当就该第三人完成的工作成果向定作人负责。

检视程式

（一）请求权已产生
1.责任成立
（1）承揽合同成立且无效力障碍
承揽合同的定义：第770条
承揽合同的内容：第771条
（2）承揽人将工作交由第三人完成：第772—773条
（3）第三人的工作瑕疵
（4）抗辩：不可抗力，第590条
（5）抗辩：与有过失，第592条第2款
2.责任范围
（1）损害：第584条主文＋合同通则解释60—62
（2）责任范围因果关系
①抗辩：可预见性，第584条但书＋合同通则解释63.1—63.2
②抗辩：合同目的限制
（3）抗辩：违反减损义务，第591条第1款
（4）抗辩：受领迟延利息请求权未产生，第589条第2款
（二）请求权未消灭
1.债的一般消灭事由：第557条第1款
2.损益相抵：合同通则解释63.3
（三）请求权可行使
1.同时履行抗辩权：第525条＋合同通则解释31
2.时效抗辩权：第192条第1款

承揽人诉请一：定作人更换、补齐材料／采取其他补救措施

请求权基础

第775条第1款第2句
承揽人对定作人提供的材料应当及时检验，发现不符合约定时，应当及时通知

定作人更换、补齐或者采取其他补救措施。

检视程式

（一）请求权已产生
1.承揽合同成立且无效力障碍
承揽合同的定义：第770条
承揽合同的内容：第771条
2.承揽人及时检验+发现定作人提供的材料存在瑕疵

（二）请求权未消灭
1.合同已解除：第557条第2款
2.给付不能：第580条第1款但书第1—2项
3.债的一般消灭事由：第557条第1款

（三）请求权可行使
1.履行抗辩权：合同通则解释31
（1）同时履行抗辩权：第525条
（2）先履行抗辩权：第526条
（3）不安履行抗辩权：第527条第1款
2.时效抗辩权：第192条第1款

承揽人诉请二：定作人赔偿损害

请求权基础

第776条
承揽人发现定作人提供的图纸或者技术要求不合理的，应当及时通知定作人。因定作人怠于答复等原因造成承揽人损失的，应当赔偿损失。

第777条
定作人中途变更承揽工作的要求，造成承揽人损失的，应当赔偿损失。

检视程式

（一）请求权已产生
1.责任成立
（1）承揽合同成立且无效力障碍
承揽合同的定义：第770条
承揽合同的内容：第771条
（2）定作人的违约行为
①提供的图纸或技术要求不合理+收到通知后怠于答复：第776条
②中途变更承揽工作的要求
（3）抗辩：不可抗力，第590条

（4）抗辩：与有过失，第592条第2款
2.责任范围
（1）损害：第584条主文＋合同通则解释60—62
（2）责任范围因果关系
①抗辩：可预见性，第584条但书＋合同通则解释63.1—63.2
②抗辩：合同目的限制
（3）抗辩：违反减损义务，第591条第1款
（4）抗辩：受领迟延利息请求权未产生，第589条第2款
（二）请求权未消灭
1.债的一般消灭事由：第557条第1款
2.损益相抵：合同通则解释63.3
（三）请求权可行使
1.同时履行抗辩权：第525条＋合同通则解释31
2.时效抗辩权：第192条第1款

三、主张解除承揽合同（承揽特有的解除事由）

定作人诉请一：确认已行使／依诉行使任意解除权

规范基础

第787条前半句
定作人在承揽人完成工作前可以随时解除合同……

检视程式

（一）解除权已产生
1.承揽合同成立且无效力障碍
承揽合同的定义：第770条
承揽合同的内容：第771条
2.抗辩：承揽人已完成工作
（二）解除权未消灭
（三）解除权的行使：第565条，合同通则解释53—54
1.解除通知＋到达
2.未通知＋直接以诉讼或仲裁方式主张解除＋起诉状副本或仲裁申请书副本送达对方

定作人诉请二：确认已行使／依诉行使法定解除权

规范基础

第772条第2款第2分句→
第772条
承揽人应当以自己的设备、技术和劳力，完成主要工作，但是当事人另有约定

的除外。

承揽人将其承揽的主要工作交由第三人完成的，应当就该第三人完成的工作成果向定作人负责；未经定作人同意的，定作人也可以解除合同。

检视程式

（一）解除权已产生
1. 承揽合同成立且无效力障碍
承揽合同的定义：第770条
承揽合同的内容：第771条
2. 承揽人将主要工作交由第三人完成+未经定作人同意

（二）解除权未消灭
1. 除斥期间：第564条
（1）解除权人知道或应知解除事由之日起1年
（2）对方催告后的合理期限
2. 放弃解除权

（三）解除权的行使：第565条，合同通则解释53—54
1. 解除通知+到达
2. 通知载明债务人在一定期限内不履行债务则合同自动解除+载明的期限届满+债务人在该期限内未履行债务
3. 未通知+直接以诉讼或仲裁方式主张解除+起诉状副本或仲裁申请书副本送达对方

承揽人诉请：确认已行使/依诉行使法定解除权

规范基础

第778条第2句第2分句→
第778条
承揽工作需要定作人协助的，定作人有协助的义务。定作人不履行协助义务致使承揽工作不能完成的，承揽人可以催告定作人在合理期限内履行义务，并可以顺延履行期限；定作人逾期不履行的，承揽人可以解除合同。

检视程式

（一）解除权已产生
1. 承揽合同成立且无效力障碍
承揽合同的定义：第770条
承揽合同的内容：第771条
2. 定作人不履行协助义务
3. 导致承揽工作不能完成
4. 承揽人催告+合理期限+定作人逾期不履行

（二）解除权未消灭

1.除斥期间：第564条

（1）解除权人知道或应知解除事由之日起1年

（2）对方催告后的合理期限

2.放弃解除权

（三）解除权的行使：第565条，合同通则解释53—54

1.解除通知＋到达

2.通知载明债务人在一定期限内不履行债务则合同自动解除＋载明的期限届满＋债务人在该期限内未履行债务

3.未通知＋直接以诉讼或仲裁方式主张解除＋起诉状副本或仲裁申请书副本送达对方

四、承揽人主张定作人行使任意解除权的损害赔偿

承揽人诉请：定作人赔偿行使任意解除权的损害

请求权基础

第787条后半句→

第787条

定作人在承揽人完成工作前可以随时解除合同，造成承揽人损失的，应当赔偿损失。

检视程式

（一）请求权已产生

1.责任成立

（1）承揽合同成立且无效力障碍

承揽合同的定义：第770条

承揽合同的内容：第771条

（2）定作人行使任意解除权

（3）抗辩：不可抗力，第590条

（4）抗辩：与有过失，第592条第2款

（5）抗辩：第三人原因，第593条第1句

2.责任范围

（1）损害

（2）责任范围因果关系

（3）抗辩：违反减损义务，第591条第1款

（4）抗辩：受领迟延利息请求权未产生，第589条第2款

（二）请求权未消灭

1.债的一般消灭事由：第557条第1款

2.损益相抵：合同通则解释63.3
（三）请求权可行使
1.同时履行抗辩权：第525条+合同通则解释31
2.时效抗辩权：第192条第1款

第二十一节　加工合同纠纷（4级案由）

案由特别主张与诉请	一、主张加工合同履行请求权 　　定作人诉请：加工人交付成果+技术资料+质量证明 　　承揽人诉请：定作人支付报酬 二、主张对方承担违约责任 　　定作人诉请一：加工人修理/重作/减少报酬 　　定作人诉请二：加工人赔偿损害 　　定作人诉请三：加工人为第三人完成的成果负责 　　加工人诉请一：定作人更换、补齐材料/采取其他补救措施 　　加工人诉请二：定作人赔偿损害 三、主张解除加工合同（承揽特有的解除事由） 　　定作人诉请一：确认已行使/依诉行使任意解除权 　　定作人诉请二：确认已行使/依诉行使法定解除权 　　加工人诉请：确认已行使/依诉行使法定解除权 四、加工人主张定作人行使任意解除权的损害赔偿 　　加工人诉请：定作人赔偿行使任意解除权的损害
说　明	检视程式与本章第二十节承揽合同纠纷相同，将后者的"承揽"替换为"加工"。

第二十二节　定作合同纠纷（4级案由）

案由特别主张与诉请	一、主张定作合同履行请求权 　　定作人诉请：承揽人交付成果+技术资料+质量证明 　　承揽人诉请：定作人支付报酬 二、主张对方承担违约责任 　　定作人诉请一：承揽人修理/重作/减少报酬 　　定作人诉请二：承揽人赔偿损害 　　定作人诉请三：承揽人为第三人完成的成果负责

	承揽人诉请一：定作人更换、补齐材料/采取其他补救措施
	承揽人诉请二：定作人赔偿损害
	三、主张解除定作合同（承揽特有的解除事由）
	定作人诉请一：确认已行使/依诉行使任意解除权
	定作人诉请二：确认已行使/依诉行使法定解除权
	承揽人诉请：确认已行使/依诉行使法定解除权
	四、承揽人主张定作人行使任意解除权的损害赔偿
	承揽人诉请：定作人赔偿行使任意解除权的损害
说　明	检视程式与本章第二十节承揽合同纠纷相同，将后者的"承揽"替换为"定作"。

第二十三节　修理合同纠纷（4级案由）

案由特别主张与诉请	一、主张修理合同履行请求权
	定作人诉请：修理人交付成果+技术资料+质量证明
	承揽人诉请：定作人支付报酬
	二、主张对方承担违约责任
	定作人诉请一：修理人修理/重作/减少报酬
	定作人诉请二：修理人赔偿损害
	定作人诉请三：修理人为第三人完成的成果负责
	修理人诉请一：定作人更换、补齐材料/采取其他补救措施
	修理人诉请二：定作人赔偿损害
	三、主张解除修理合同（承揽特有的解除事由）
	定作人诉请一：确认已行使/依诉行使任意解除权
	定作人诉请二：确认已行使/依诉行使法定解除权
	修理人诉请：确认已行使/依诉行使法定解除权
	四、修理人主张定作人行使任意解除权的损害赔偿
	修理人诉请：定作人赔偿行使任意解除权的损害
说　明	检视程式与本章第二十节承揽合同纠纷相同，将后者的"承揽"替换为"修理"。

第二十四节　建设工程勘察合同纠纷（4级案由）

合同一般主张与诉请在建设工程勘察合同的适用参引程式	一、主张建设工程勘察合同有效 　　诉请：确认建设工程勘察合同有效 　　案由：确认合同有效纠纷 　　检视程式：参见第一章第一节确认合同有效纠纷 二、主张建设工程勘察合同无效 　　诉请：确认建设工程勘察合同无效 　　案由：确认合同无效纠纷 　　检视程式：参见第一章第二节确认合同无效纠纷 三、主张撤销建设工程勘察合同 　　诉请：撤销建设工程勘察合同 　　案由：建设工程勘察合同纠纷 　　检视程式：参见第二章第一节"一、主张撤销合同" 四、主张合同不成立/无效/被撤销后的返还/补偿 　　诉请：合同不成立/无效/被撤销的不当得利返还/折价补偿 　　案由：不当得利纠纷① 　　检视程式：参见第五章第二节"一、主张法律行为不成立/无效/被撤销后的返还/折价补偿" 五、主张缔约过失责任 　　诉请一：违反先合同义务的损害赔偿 　　诉请二：违反附随义务的缔约过失损害赔偿 　　诉请三：违反报批义务的损害赔偿 　　诉请四：违反报批义务的违约金 　　诉请五：违反报批义务的定金双倍返还 　　案由：缔约过失责任纠纷（定金适用定金合同纠纷） 　　检视程式：参见第一章第三节缔约过失责任纠纷（定金参见第一章第五节定金合同纠纷） 六、主张建设工程勘察预约的履行/违反预约的违约责任 　　诉请一：订立建设工程勘察合同 　　诉请二：违反预约的损害赔偿/违约金/双倍返还定金 　　案由：预约合同纠纷（定金适用定金合同纠纷） 　　检视程式：参见第一章第四节预约合同纠纷（定金参见第一章第五节定金合同纠纷）

---

① 若认为第157条第1句所涉并非不当得利返还请求权，则该诉请应适用"合同纠纷"项下的案由。

续表

七、被代理人主张违反代理职责的代理人赔偿损害 　　被代理人诉请：代理人赔偿损害 　　案由：建设工程勘察合同纠纷 　　检视程式：参见第二章第一节"二、被代理人主张违反代理职责的代理人赔偿损害" 八、被代理人主张代理人与相对人承担连带责任 　　被代理人诉请：代理人与相对人承担连带责任 　　案由：建设工程勘察合同纠纷 　　检视程式：参见第二章第一节"三、被代理人主张代理人与相对人承担连带责任" 九、相对人主张违法代理的被代理人与代理人承担连带责任 　　相对人诉请：被代理人与代理人承担连带责任 　　案由：建设工程勘察合同纠纷 　　检视程式：参见第二章第一节"四、相对人主张违法代理的被代理人与代理人承担连带责任" 十、相对人主张无权代理人履行/赔偿损害 　　相对人诉请一：无权代理人履行 　　相对人诉请二：无权代理人赔偿损害 　　案由：建设工程勘察合同纠纷 　　检视程式：参见第二章第一节"五、相对人主张无权代理人履行/赔偿损害" 十一、主张对方承担违约责任 　　诉请一：违约损害赔偿 　　诉请二：支付违约金 　　诉请三：双倍返还定金 　　案由：建设工程勘察合同纠纷（定金适用定金合同纠纷） 　　检视程式：参见第二章第一节"七、主张对方承担违约责任"（定金参见第一章第五节定金合同纠纷） 十二、主张解除合同 　　诉请一：确认合同已合意解除 　　诉请二：确认已行使/依诉行使意定解除权 　　诉请三：确认已行使/依诉行使法定解除权 　　诉请四：申请司法解除 　　诉请五：申请因情事变更解除 　　诉请六：解除合同+恢复原状（返还）/采取其他补救措施/赔偿损失 　　案由：建设工程勘察合同纠纷

续表

	检视程式：参见第二章第一节"八、主张解除合同" 十三、主张合同未解除 　　诉请：确认合同未解除 　　案由：建设工程勘察合同纠纷 　　检视程式：参见第二章第一节"九、主张合同未解除" 十四、债权人主张债务人承担的费用 　　诉请一：提前履行增加的费用 　　诉请二：部分履行增加的费用 　　诉请三：主债权及利息的实现费用 　　诉请四：第三人替代履行的费用 　　诉请五：防止损失扩大的费用 　　案由：建设工程勘察合同纠纷 　　检视程式：参见第二章第一节"十、债权人主张债务人承担的费用" 十五、债务人主张债权人承担的费用 　　诉请一：提存费用 　　诉请二：受领迟延的费用 　　案由：建设工程合同勘察纠纷 　　检视程式：参见第二章第一节"十一、债务人主张债权人承担的费用" 十六、主张后合同义务履行请求权 　　诉请：履行后合同义务 　　案由：建设工程勘察合同纠纷 　　检视程式：参见第二章第一节"十二、主张后合同义务履行请求权" 十七、主张违反后合同义务的损害赔偿 　　诉请：违反后合同义务的损害赔偿 　　案由：建设工程勘察合同纠纷 　　检视程式：参见第二章第一节"十三、主张违反后合同义务的损害赔偿"
确认合同无效纠纷案由在建设工程勘察合同的适用 建设工程勘察合同程式	建设工程勘察合同的特别无效事由： 　　不成立事由：未遵守书面形式，第789条

	续表
案由特别主张与诉请建设工程勘察合同程式	一、发包人主张勘察人继续完善勘察、减收/免收勘察费 　　发包人诉请：勘察人继续完善勘察、减收/免收勘察费 二、发包人主张勘察人赔偿损失 　　发包人诉请：勘察人赔偿损失 三、发包人主张勘察人与第三人承担连带责任 　　发包人诉请：勘察人与第三人承担连带责任 四、勘察人主张发包人增付费用 　　勘察人诉请：发包人增付费用
说　明	1.发包人可以与总承包人订立建设工程合同，也可以分别与勘察人、设计人、施工人订立勘察、设计、施工承包合同：第791条第1款第1句 2.就发包人与总承包人间的建设工程合同纠纷，援用3级案由"建设工程合同纠纷"。

一、发包人主张勘察人继续完善勘察、减收/免收勘察费

发包人诉请：勘察人继续完善勘察、减收/免收勘察费

请求权基础

第800条

勘察、设计的质量不符合要求或者未按照期限提交勘察、设计文件拖延工期，造成发包人损失的，勘察人、设计人应当继续完善勘察、设计，减收或者免收勘察、设计费并赔偿损失。

检视程式

（一）请求权已产生
1.建设工程勘察合同成立且无效力障碍
勘察合同的内容：第794条
2.勘察的质量不符合要求/未按照期限提交勘察文件拖延工期
（二）请求权未消灭
1.合同已解除：第557条第2款
2.解除条件成就：第158条第3句、第159条
3.终止期限届满：第160条第3句
4.给付不能：第580条第1款但书第1—2项
5.债的一般消灭事由：第557条第1款
（三）请求权可行使
1.同时履行抗辩权：第525条+合同通则解释31
2.时效抗辩权：第192条第1款

二、发包人主张勘察人赔偿损失

发包人诉请：勘察人赔偿损失

请求权基础

第800条

勘察、设计的质量不符合要求或者未按照期限提交勘察、设计文件拖延工期，造成发包人损失的，勘察人、设计人应当继续完善勘察、设计，减收或者免收勘察、设计费并赔偿损失。

检视程式

（一）请求权已产生
1.责任成立
（1）建设工程勘察合同成立且无效力障碍
勘察合同的内容：第794条
（2）勘察的质量不符合要求/未按照期限提交勘察文件拖延工期
（3）抗辩：不可抗力，第590条
（4）抗辩：与有过失，第592条第2款
（5）抗辩：第三人原因，第593条第1句
2.责任范围
（1）损害：第584条主文+合同通则解释60—62
（2）责任范围因果关系
①抗辩：可预见性，第584条但书+合同通则解释63.1—63.2
②抗辩：合同目的限制
（3）抗辩：违反减损义务，第591条第1款
（4）抗辩：受领迟延利息请求权未产生，第589条第2款
（二）请求权未消灭
1.债的一般消灭事由：第557条第1款
2.损益相抵：合同通则解释63.3
（三）请求权可行使
1.同时履行抗辩权：第525条+合同通则解释31
2.时效抗辩权：第192条第1款

三、发包人主张勘察人与第三人承担连带责任

发包人诉请：勘察人与第三人承担连带责任

请求权基础

第791条第2款第2句

第三人就其完成的工作成果与总承包人或者勘察、设计、施工承包人向发包人

承担连带责任。

检视程式

（一）请求权已产生

1.建设工程勘察合同成立且无效力障碍

勘察合同的内容：第794条

2.勘察人经发包人同意，将自己承包的部分工作交由第三人完成

3.第三人完成的工作成果存在瑕疵

4.抗辩：不可抗力，第590条

5.抗辩：与有过失，第592条第2款

6.抗辩：违反减损义务，第591条第1款

7.抗辩：受领迟延利息请求权未产生，第589条第2款

（二）请求权未消灭

1.债的一般消灭事由：第557条第1款、第520条

2.损益相抵：合同通则解释63.3

（三）请求权可行使

1.同时履行抗辩权：第525条+合同通则解释31

2.时效抗辩权：第192条第1款

四、勘察人主张发包人增付费用

勘察人诉请：发包人增付费用

请求权基础

第805条

因发包人变更计划，提供的资料不准确，或者未按照期限提供必需的勘察、设计工作条件而造成勘察、设计的返工、停工或者修改设计，发包人应当按照勘察人、设计人实际消耗的工作量增付费用。

检视程式

（一）请求权已产生

1.建设工程勘察合同成立且无效力障碍

勘察合同的内容：第794条

2.勘察的返工/停工

3.因发包人变更计划/提供的资料不准确/未按照期限提供必需的勘察工作条件造成

（二）请求权未消灭

1.债的一般消灭事由：第557条第1款

2.损益相抵：合同通则解释63.3

（三）请求权可行使
1.同时履行抗辩权：第525条+合同通则解释31
2.时效抗辩权：第192条第1款

第二十五节　建设工程设计合同纠纷（4级案由）

合同一般主张与诉请在建设工程设计合同的适用参引程式	一、主张建设工程设计合同有效 　　诉请：确认建设工程设计合同有效 　　案由：确认合同有效纠纷 　　检视程式：参见第一章第一节确认合同有效纠纷 二、主张建设工程设计合同无效 　　诉请：确认建设工程设计合同无效 　　案由：确认合同无效纠纷 　　检视程式：参见第一章第二节确认合同无效纠纷 三、主张撤销建设工程设计合同 　　诉请：撤销建设工程设计合同 　　案由：建设工程设计合同纠纷 　　检视程式：参见第二章第一节"一、主张撤销合同" 四、主张合同不成立/无效/被撤销后的返还/补偿 　　诉请：合同不成立/无效/被撤销的不当得利返还/折价补偿 　　案由：不当得利纠纷[①] 　　检视程式：参见第五章第二节"一、主张法律行为不成立/无效/被撤销后的返还/折价补偿" 五、主张缔约过失责任 　　诉请一：违反先合同义务的损害赔偿 　　诉请二：违反附随义务的缔约过失损害赔偿 　　诉请三：违反报批义务的损害赔偿 　　诉请四：违反报批义务的违约金 　　诉请五：违反报批义务的定金双倍返还 　　案由：缔约过失责任纠纷（定金适用定金合同纠纷） 　　检视程式：参见第一章第三节缔约过失责任纠纷（定金参见第一章第五节定金合同纠纷） 六、主张建设工程设计预约的履行/违反预约的违约责任 　　诉请一：订立建设工程设计合同 　　诉请二：违反预约的损害赔偿/违约金/双倍返还定金

---

① 若认为第157条第1句所涉并非不当得利返还请求权，则该诉请应适用"合同纠纷"项下的案由。

续表

	案由：预约合同纠纷（定金适用定金合同纠纷） 检视程式：参见第一章第四节预约合同纠纷（定金参见第一章第五节定金合同纠纷） 七、被代理人主张违反代理职责的代理人赔偿损害 　　被代理人诉请：代理人赔偿损害 　　案由：建设工程设计合同纠纷 　　检视程式：参见第二章第一节"二、被代理人主张违反代理职责的代理人赔偿损害" 八、被代理人主张代理人与相对人承担连带责任 　　被代理人诉请：代理人与相对人承担连带责任 　　案由：建设工程设计合同纠纷 　　检视程式：参见第二章第一节"三、被代理人主张代理人与相对人承担连带责任" 九、相对人主张违法代理的被代理人与代理人承担连带责任 　　相对人诉请：被代理人与代理人承担连带责任 　　案由：建设工程设计合同纠纷 　　检视程式：参见第二章第一节"四、相对人主张违法代理的被代理人与代理人承担连带责任" 十、相对人主张无权代理人履行/赔偿损害 　　相对人诉请一：无权代理人履行 　　相对人诉请二：无权代理人赔偿损害 　　案由：建设工程设计合同纠纷 　　检视程式：参见第二章第一节"五、相对人主张无权代理人履行/赔偿损害" 十一、主张对方承担违约责任 　　诉请一：违约损害赔偿 　　诉请二：支付违约金 　　诉请三：双倍返还定金 　　案由：建设工程设计合同纠纷（定金适用定金合同纠纷） 　　检视程式：参见第二章第一节"七、主张对方承担违约责任"（定金参见第一章第五节定金合同纠纷） 十二、主张解除合同 　　诉请一：确认合同已合意解除 　　诉请二：确认已行使/依诉行使意定解除权 　　诉请三：确认已行使/依诉行使法定解除权 　　诉请四：申请司法解除

续表

	诉请五：申请因情事变更解除 诉请六：解除合同+恢复原状（返还）/采取其他补救措施/赔偿损失 案由：建设工程设计合同纠纷 检视程式：参见第二章第一节"八、主张解除合同" 十三、主张合同未解除 　　诉请：确认合同未解除 　　案由：建设工程设计合同纠纷 　　检视程式：参见第二章第一节"九、主张合同未解除" 十四、债权人主张债务人承担的费用 　　诉请一：提前履行增加的费用 　　诉请二：部分履行增加的费用 　　诉请三：主债权及利息的实现费用 　　诉请四：第三人替代履行的费用 　　诉请五：防止损失扩大的费用 　　案由：建设工程设计合同纠纷 　　检视程式：参见第二章第一节"十、债权人主张债务人承担的费用" 十五、债务人主张债权人承担的费用 　　诉请一：提存费用 　　诉请二：受领迟延的费用 　　案由：建设工程合同设计纠纷 　　检视程式：参见第二章第一节"十一、债务人主张债权人承担的费用" 十六、主张后合同义务履行请求权 　　诉请：履行后合同义务 　　案由：建设工程设计合同纠纷 　　检视程式：参见第二章第一节"十二、主张后合同义务履行请求权" 十七、主张违反后合同义务的损害赔偿 　　诉请：违反后合同义务的损害赔偿 　　案由：建设工程设计合同纠纷 　　检视程式：参见第二章第一节"十三、主张违反后合同义务的损害赔偿"
确认合同无效纠纷案由在建设工程设计合同的适用 建设工程设计合同程式	建设工程设计合同的特别无效事由： 　　不成立事由：未遵守书面形式，第789条

续表

案由特别主张与诉请建设工程设计合同程式	一、发包人主张设计人继续完善设计、减收/免收设计费 　　发包人诉请：设计人继续完善设计、减收/免收设计费 二、发包人主张设计人赔偿损失 　　发包人诉请：设计人赔偿损失 三、发包人主张设计人与第三人承担连带责任 　　发包人诉请：设计人与第三人承担连带责任 四、设计人主张发包人增付费用 　　设计人诉请：发包人增付费用
说　明	1.发包人可以与总承包人订立建设工程合同，也可以分别与勘察人、设计人、施工人订立勘察、设计、施工承包合同：第791条第1款第1句 2.就发包人与总承包人间的建设工程合同纠纷，援用3级案由"建设工程合同纠纷"。

一、发包人主张设计人继续完善设计、减收/免收设计费

发包人诉请：设计人继续完善设计、减收/免收设计费

请求权基础

第800条

勘察、设计的质量不符合要求或者未按照期限提交勘察、设计文件拖延工期，造成发包人损失的，勘察人、设计人应当继续完善勘察、设计，减收或者免收勘察、设计费并赔偿损失。

检视程式

（一）请求权已产生
1.建设工程设计合同成立且无效力障碍
设计合同的内容：第794条
2.设计的质量不符合要求/未按照期限提交设计文件拖延工期
（二）请求权未消灭
1.合同已解除：第557条第2款
2.解除条件成就：第158条第3句、第159条
3.终止期限届满：第160条第3句
4.给付不能：第580条第1款但书第1—2项
5.债的一般消灭事由：第557条第1款
（三）请求权可行使
1.同时履行抗辩权：第525条+合同通则解释31
2.时效抗辩权：第192条第1款

二、发包人主张设计人赔偿损失

发包人诉请：设计人赔偿损失

请求权基础

第800条

勘察、设计的质量不符合要求或者未按照期限提交勘察、设计文件拖延工期，造成发包人损失的，勘察人、设计人应当继续完善勘察、设计，减收或者免收勘察、设计费并赔偿损失。

检视程式

（一）请求权已产生

1.责任成立

（1）建设工程设计合同成立且无效力障碍

设计合同的内容：第794条

（2）设计的质量不符合要求/未按照期限提交设计文件拖延工期

（3）抗辩：不可抗力，第590条

（4）抗辩：与有过失，第592条第2款

（5）抗辩：第三人原因，第593条第1句

2.责任范围

（1）损害：第584条主文+合同通则解释60 62

（2）责任范围因果关系

①抗辩：可预见性，第584条但书+合同通则解释63.1—63.2

②抗辩：合同目的限制

（3）抗辩：违反减损义务，第591条第1款

（4）抗辩：受领迟延利息请求权未产生，第589条第2款

（二）请求权未消灭

1.债的一般消灭事由：第557条第1款

2.损益相抵：合同通则解释63.3

（三）请求权可行使

1.同时履行抗辩权：第525条+合同通则解释31

2.时效抗辩权：第192条第1款

三、发包人主张设计人与第三人承担连带责任

发包人诉请：设计人与第三人承担连带责任

请求权基础

第791条第2款第2句

第三人就其完成的工作成果与总承包人或者勘察、设计、施工承包人向发包人

承担连带责任。

检视程式

（一）请求权已产生
1.建设工程设计合同成立且无效力障碍
设计合同的内容：第794条
2.设计人经发包人同意，将自己承包的部分工作交由第三人完成
3.第三人完成的工作成果存在瑕疵
4.抗辩：不可抗力，第590条
5.抗辩：与有过失，第592条第2款
6.抗辩：违反减损义务，第591条第1款
7.抗辩：受领迟延利息请求权未产生，第589条第2款

（二）请求权未消灭
1.债的一般消灭事由：第557条第1款、第520条
2.损益相抵：合同通则解释63.3

（三）请求权可行使
1.同时履行抗辩权：第525条+合同通则解释31
2.时效抗辩权：第192条第1款

四、设计人主张发包人增付费用

设计人诉请：发包人增付费用

请求权基础

第805条
因发包人变更计划，提供的资料不准确，或者未按照期限提供必需的勘察、设计工作条件而造成勘察、设计的返工、停工或者修改设计，发包人应当按照勘察人、设计人实际消耗的工作量增付费用。

检视程式

（一）请求权已产生
1.建设工程设计合同成立且无效力障碍
设计合同的内容：第794条
2.设计的返工/停工/修改
3.因发包人变更计划/提供的资料不准确/未按照期限提供必需的设计工作条件造成

（二）请求权未消灭
1.债的一般消灭事由：第557条第1款
2.损益相抵：合同通则解释63.3

（三）请求权可行使
1.同时履行抗辩权：第525条+合同通则解释31
2.时效抗辩权：第192条第1款

第二十六节　建设工程施工合同纠纷（4级案由）

| 合同一般主张与诉请在建设工程施工合同的适用参引程式 | 一、主张建设工程施工合同有效
　　诉请：确认建设工程施工合同有效
　　案由：确认合同有效纠纷
　　检视程式：参见第一章第一节确认合同有效纠纷
二、主张建设工程施工合同无效
　　诉请：确认建设工程施工合同无效
　　案由：确认合同无效纠纷
　　检视程式：参见第一章第二节确认合同无效纠纷
三、主张撤销建设工程施工合同
　　诉请：撤销建设工程施工合同
　　案由：建设工程施工合同纠纷
　　检视程式：参见第二章第一节"一、主张撤销合同"
四、主张合同不成立/无效/被撤销后的返还/补偿
　　诉请：合同不成立/无效/被撤销的不当得利返还/折价补偿
　　案由：不当得利纠纷①
　　检视程式：参见第五章第二节"一、主张法律行为不成立/无效/被撤销后的返还/折价补偿"
五、主张缔约过失责任
　　诉请一：违反先合同义务的损害赔偿
　　诉请二：违反附随义务的缔约过失损害赔偿
　　诉请三：违反报批义务的损害赔偿
　　诉请四：违反报批义务的违约金
　　诉请五：违反报批义务的定金双倍返还
　　案由：缔约过失责任纠纷（定金适用定金合同纠纷）
　　检视程式：参见第一章第三节缔约过失责任纠纷（定金参见第一章第五节定金合同纠纷）
六、主张建设工程施工预约的履行/违反预约的违约责任
　　诉请一：订立建设工程施工合同
　　诉请二：违反预约的损害赔偿/违约金/双倍返还定金 |

---

① 若认为第157条第1句所涉并非不当得利返还请求权，则该诉请应适用"合同纠纷"项下的案由。

	案由：预约合同纠纷（定金适用定金合同纠纷） 检视程式：参见第一章第四节预约合同纠纷（定金参见第一章第五节定金合同纠纷） 七、被代理人主张违反代理职责的代理人赔偿损害 　　被代理人诉请：代理人赔偿损害 　　案由：建设工程施工合同纠纷 　　检视程式：参见第二章第一节"二、被代理人主张违反代理职责的代理人赔偿损害" 八、被代理人主张代理人与相对人承担连带责任 　　被代理人诉请：代理人与相对人承担连带责任 　　案由：建设工程施工合同纠纷 　　检视程式：参见第二章第一节"三、被代理人主张代理人与相对人承担连带责任" 九、相对人主张违法代理的被代理人与代理人承担连带责任 　　相对人诉请：被代理人与代理人承担连带责任 　　案由：建设工程施工合同纠纷 　　检视程式：参见第二章第一节"四、相对人主张违法代理的被代理人与代理人承担连带责任" 十、相对人主张无权代理人履行/赔偿损害 　　相对人诉请一：无权代理人履行 　　相对人诉请二：无权代理人赔偿损害 　　案由：建设工程施工合同纠纷 　　检视程式：参见第二章第一节"五、相对人主张无权代理人履行/赔偿损害" 十一、主张对方承担违约责任 　　诉请一：违约损害赔偿 　　诉请二：支付违约金 　　诉请三：双倍返还定金 　　案由：建设工程施工合同纠纷（定金适用定金合同纠纷） 　　检视程式：参见第二章第一节"七、主张对方承担违约责任"（定金参见第一章第五节定金合同纠纷） 十二、主张解除合同 　　诉请一：确认合同已合意解除 　　诉请二：确认已行使/依诉行使意定解除权 　　诉请三：确认已行使/依诉行使法定解除权 　　诉请四：申请司法解除

续表

	诉请五：申请因情事变更解除
	诉请六：解除合同+恢复原状（返还）/采取其他补救措施/赔偿损失
	案由：建设工程施工合同纠纷
	检视程式：参见第二章第一节"八、主张解除合同"
	十三、主张合同未解除
	诉请：确认合同未解除
	案由：建设工程施工合同纠纷
	检视程式：参见第二章第一节"九、主张合同未解除"
	十四、债权人主张债务人承担的费用
	诉请一：提前履行增加的费用
	诉请二：部分履行增加的费用
	诉请三：主债权及利息的实现费用
	诉请四：第三人替代履行的费用
	诉请五：防止损失扩大的费用
	案由：建设工程施工合同纠纷
	检视程式：参见第二章第一节"十、债权人主张债务人承担的费用"
	十五、债务人主张债权人承担的费用
	诉请一：提存费用
	诉请二：受领迟延的费用
	案由：建设工程合同施工纠纷
	检视程式：参见第二章第一节"十一、债务人主张债权人承担的费用"
	十六、主张后合同义务履行请求权
	诉请：履行后合同义务
	案由：建设工程施工合同纠纷
	检视程式：参见第二章第一节"十二、主张后合同义务履行请求权"
	十七、主张违反后合同义务的损害赔偿
	诉请：违反后合同义务的损害赔偿
	案由：建设工程施工合同纠纷
	检视程式：参见第二章第一节"十三、主张违反后合同义务的损害赔偿"

续表

确认合同无效纠纷案由在建设工程施工合同的适用 建设工程施工合同程式	建设工程施工合同的特别无效事由： 1.不成立事由：未遵守书面形式，第789条 2.违反法律强制性规定：第153条第1款+建工解释一1.1 （1）承包人未取得建筑业企业资质或者超越资质等级 　　反抗辩：竣工前取得资质，建工解释一4 （2）没有资质的实际施工人借用有资质的建筑施工企业名义 （3）建设工程必须进行招标而未招标或者中标无效 3.合同背离中标合同实质内容：建工解释一2 4.发包人欠缺建设工程规划许可证等规划审批手续：建工解释一3 　　反抗辩：发包人在起诉前取得建设工程规划许可证等规划审批手续 　　反抗辩：发包人能够办理审批手续而未办理，并以未办理审批手续为由请求确认建设工程施工合同无效→不予支持
案由特别主张与诉请 建设工程施工合同程式	一、承包人主张合同无效的发包人折价补偿 　　承包人诉请：合同无效的发包人折价补偿 二、发包人主张合同无效/解除的承包人承担修复费用 　　发包人诉请：合同无效/解除的承包人承担修复费用 三、主张建设工程施工合同无效的损害赔偿 　　诉请：违反先合同义务的损害赔偿 四、承包人主张发包人支付价款+接收工程 　　承包人诉请：发包人支付价款+接收工程 五、主张对方承担违约责任 　　发包人诉请一：承包人修理/返还/改建/减少价款 　　发包人诉请二：承包人承担违约损害赔偿 　　发包人诉请三：承包人与第三人承担连带责任 　　发包人诉请四：资质出借方与借用方承担连带责任 　　承包人诉请：发包人赔偿停工/窝工等损失+费用 六、主张解除建设工程施工合同（建设工程施工特有的解除事由） 　　发包人诉请：确认已行使/依诉行使法定解除权 　　承包人诉请：确认已行使/依诉行使法定解除权 七、承包人主张解除后发包人支付相应价款 　　承包人诉请：合同解除后发包人支付相应价款 八、承包人主张发包人返还工程质量保证金 　　承包人诉请：发包人返还工程质量保证金 九、承包人主张解除后发包人返还垫资+利息 　　承包人诉请：发包人返还垫资+利息

说 明	1.发包人可以与总承包人订立建设工程合同，也可以分别与勘察人、设计人、施工人订立勘察、设计、施工承包合同：第791条第1款第1句 2.就发包人与总承包人间的建设工程合同纠纷，援用3级案由"建设工程合同纠纷"。

一、承包人主张合同无效的发包人折价补偿

承包人诉请：合同无效的发包人折价补偿

请求权基础

第793条第1款

建设工程施工合同无效，但是建设工程经验收合格的，可以参照合同关于工程价款的约定折价补偿承包人。

建工解释一24

当事人就同一建设工程订立的数份建设工程施工合同均无效，但建设工程质量合格，一方当事人请求参照实际履行的合同关于工程价款的约定折价补偿承包人的，人民法院应予支持。

实际履行的合同难以确定，当事人请求参照最后签订的合同关于工程价款的约定折价补偿承包人的，人民法院应予支持。

检视程式

（一）请求权已产生
1.建设工程施工合同无效
2.建设工程经验收合格→参照合同关于工程价款的约定折价补偿：建工解释一24

（二）请求权未消灭
1.债的一般消灭事由：第557条第1款
2.损益相抵：合同通则解释63.3

（三）请求权可行使
1.同时履行抗辩权：第525条＋合同通则解释31
2.时效抗辩权：第192条第1款

二、发包人主张合同无效/解除的承包人承担修复费用

发包人诉请：合同无效/解除的承包人承担修复费用

请求权基础

第793条第2款第1项

建设工程施工合同无效，且建设工程经验收不合格的，按照以下情形处理：

（一）修复后的建设工程经验收合格的，发包人可以请求承包人承担修复费用……

第806条第3款第2分句→

第806条第3款

合同解除后，已经完成的建设工程质量合格的，发包人应当按照约定支付相应的工程价款；已经完成的建设工程质量不合格的，参照本法第七百九十三条的规定处理。

检视程式

（一）请求权已产生
1. 建设工程施工合同无效/解除
2. 建设工程经验收不合格
3. 修复后的建设工程经验收合格

（二）请求权未消灭
1. 债的一般消灭事由：第557条第1款
2. 损益相抵：合同通则解释63.3

（三）请求权可行使
1. 同时履行抗辩权：第525条＋合同通则解释31
2. 时效抗辩权：第192条第1款

三、主张建设工程施工合同无效的损害赔偿

诉请：违反先合同义务的损害赔偿

请求权基础

第500条
当事人在订立合同过程中有下列情形之一，造成对方损失的，应当承担赔偿责任：
（一）假借订立合同，恶意进行磋商；
（二）故意隐瞒与订立合同有关的重要事实或者提供虚假情况；
（三）有其他违背诚信原则的行为。

建工解释一6
建设工程施工合同无效，一方当事人请求对方赔偿损失的，应当就对方过错、损失大小、过错与损失之间的因果关系承担举证责任。

损失大小无法确定，一方当事人请求参照合同约定的质量标准、建设工期、工程价款支付时间等内容确定损失大小的，人民法院可以结合双方过错程度、过错与损失之间的因果关系等因素作出裁判。

检视程式

（一）请求权已产生
1. 责任成立
（1）订立合同过程中

（2）违反诚信的行为
（3）违反诚信导致合同无效
（4）过错：建工解释一6.1
（4）抗辩：与有过失，类推第592条第2款
2.责任范围
（1）损害：建工解释一6
（2）责任范围因果关系：建工解释一6.1
（3）抗辩：违反减损义务，类推第591条第1款
（4）抗辩：受领迟延利息请求权未产生，第589条第2款
（二）请求权未消灭
1.债的一般消灭事由：第557条第1款
2.损益相抵：合同通则解释63.3
（三）请求权可行使
1.同时履行抗辩权：第525条＋合同通则解释31
2.时效抗辩权：第192条第1款

四、承包人主张发包人支付价款＋接收工程

承包人诉请：发包人支付价款＋接收工程

请求权基础

第799条第1款第2句
验收合格的，发包人应当按照约定支付价款，并接收该建设工程。

检视程式

（一）请求权已产生
1.建设工程施工合同成立且无效力障碍
建设工程合同的定义：第788条
施工合同的内容：第795条，建工解释一2.1
2.经发包人验收合格：第799条第2款
发包人验收义务：第799条第1款第1句
3.工期的认定
（1）开工日期：建工解释一8
（2）竣工日期：建工解释一9
（3）抗辩：顺延工期，第798条第2句、第803条、建工解释一10—11
4.工程计价：建工解释一19
5.工程量：建工解释一20
6.竣工计算文件：建工解释一21
7.招投标文件与施工合同：建工解释一22—23

8.欠付工程价款利息：建工解释一26—27
9.工程造价等鉴定：建工解释一28—34
10.减价抗辩：建工解释一12

（二）请求权未消灭

1.合同已解除：第557条第2款
2.解除条件成就：第158条第3句、第159条
3.终止期限届满：第160条第3句
4.债的一般消灭事由：第557条第1款

（三）请求权可行使

1.履行抗辩权：合同通则解释31
（1）同时履行抗辩权：第525条
（2）先履行抗辩权：第526条
（3）不安履行抗辩权：第527条第1款
2.时效抗辩权：第192条第1款

五、主张对方承担违约责任

发包人诉请一：承包人修理/返还/改建/减少价款

请求权基础

第801条第1句

因施工人的原因致使建设工程质量不符合约定的，发包人有权请求施工人在合理期限内无偿修理或者返工、改建。

建工解释一14

建设工程未经竣工验收，发包人擅自使用后，又以使用部分质量不符合约定为由主张权利的，人民法院不予支持；但是承包人应当在建设工程的合理使用寿命内对地基基础工程和主体结构质量承担民事责任。

建工解释一19.3

建设工程施工合同有效，但建设工程经竣工验收不合格的，依照民法典第五百七十七条规定处理。

检视程式

（一）请求权已产生

1.建设工程施工合同成立且无效力障碍
建设工程合同的定义：第788条
施工合同的内容：第795条，建工解释一2.1
2.建设工程质量瑕疵＋因施工人的原因
3.抗辩：发包人未经验收擅自使用，建工解释一14
抗辩排除：即使发包人未经验收擅自使用→承包人仍应在建设工程的合理使用

寿命内对地基基础工程和主体结构质量承担民事责任，建工解释一14

4.建设工程竣工验收不合格：建工解释一19.3

（二）请求权未消灭

1.合同已解除：第557条第2款

2.给付不能：第580条第1款但书第1—2项

3.债的一般消灭事由：第557条第1款

（三）请求权可行使

1.履行抗辩权：合同通则解释31

（1）同时履行抗辩权：第525条

（2）先履行抗辩权：第526条

（3）不安履行抗辩权：第527条第1款

2.时效抗辩权：第192条第1款

发包人诉请二：承包人承担违约损害赔偿

请求权基础

第801条第2句

经过修理或者返工、改建后，造成逾期交付的，施工人应当承担违约责任。

建工解释一14

建设工程未经竣工验收，发包人擅自使用后，又以使用部分质量不符合约定为由主张权利的，人民法院不予支持；但是承包人应当在建设工程的合理使用寿命内对地基基础工程和主体结构质量承担民事责任。

建工解释一19.3

建设工程施工合同有效，但建设工程经竣工验收不合格的，依照民法典第五百七十七条规定处理。

检视程式

（一）请求权已产生

1.责任成立

（1）建设工程施工合同成立且无效力障碍

建设工程合同的定义：第788条

施工合同的内容：第795条，建工解释一2.1

（2）施工承包人的履行障碍

①逾期交付：第801条

②建设工程质量瑕疵

抗辩：发包人未经验收擅自使用，建工解释一14

抗辩排除：即使发包人未经验收擅自使用→承包人仍应在建设工程的合理使用寿命内对地基基础工程和主体结构质量承担民事责任，建工解释一14

③建设工程竣工验收不合格：建工解释一19.3
（3）抗辩：不可抗力，第590条
（4）抗辩：与有过失，第592条第2款
（5）抗辩：第三人原因，第593条第1句
2.责任范围
（1）损害：第584条主文+合同通则解释60—62
（2）责任范围因果关系
①抗辩：可预见性，第584条但书+合同通则解释63.1—63.2
②抗辩：合同目的限制
（3）抗辩：违反减损义务，第591条第1款
（4）抗辩：受领迟延利息请求权未产生，第589条第2款
（二）请求权未消灭
1.债的一般消灭事由：第557条第1款
2.损益相抵：合同通则解释63.3
（三）请求权可行使
1.同时履行抗辩权：第525条+合同通则解释31
2.时效抗辩权：第192条第1款

发包人诉请三：承包人与第三人承担连带责任

请求权基础

第791条第2款第2句

第三人就其完成的工作成果与总承包人或者勘察、设计、施工承包人向发包人承担连带责任。

检视程式

（一）请求权已产生
1.建设工程施工合同成立且无效力障碍
建设工程合同的定义：第788条
施工合同的内容：第795条，建工解释一2.1
2.施工人经发包人同意，将自己承包的部分工作交由第三人完成
3.第三人完成的工作成果存在瑕疵
4.抗辩：不可抗力，第590条
5.抗辩：与有过失，第592条第2款
6.抗辩：违反减损义务，第591条第1款
7.抗辩：受领迟延利息请求权未产生，第589条第2款
（二）请求权未消灭
1.债的一般消灭事由：第557条第1款、第520条

2.损益相抵：合同通则解释63.3

（三）请求权可行使

1.同时履行抗辩权：第525条+合同通则解释31

2.时效抗辩权：第192条第1款

发包人诉请四：资质出借方与借用方承担连带责任

请求权基础

第1168条

二人以上共同实施侵权行为，造成他人损害的，应当承担连带责任。

建工解释一7

缺乏资质的单位或者个人借用有资质的建筑施工企业名义签订建设工程施工合同，发包人请求出借方与借用方对建设工程质量不合格等因出借资质造成的损失承担连带赔偿责任的，人民法院应予支持。

检视程式

（一）请求权已产生

1.缺乏资质的单位/个人借用有资质的建筑施工企业名义签订建设工程施工合同

2.建设工程质量不合格等履行障碍

3.抗辩：不可抗力，第590条

4.抗辩：与有过失，第592条第2款

5.抗辩：违反减损义务，第591条第1款

6.抗辩：受领迟延利息请求权未产生，第589条第2款

（二）请求权未消灭

1.债的一般消灭事由：第557条第1款、第520条

2.损益相抵：合同通则解释63.3

（三）请求权可行使

1.同时履行抗辩权：第525条+合同通则解释31

2.时效抗辩权：第192条第1款

承包人诉请：发包人赔偿停工/窝工等损失+费用

请求权基础

第798条第2句

发包人没有及时检查的，承包人可以顺延工程日期，并有权请求赔偿停工、窝工等损失。

第803条

发包人未按照约定的时间和要求提供原材料、设备、场地、资金、技术资料的，承包人可以顺延工程日期，并有权请求赔偿停工、窝工等损失。

第804条

因发包人的原因致使工程中途停建、缓建的，发包人应当采取措施弥补或者减少损失，赔偿承包人因此造成的停工、窝工、倒运、机械设备调迁、材料和构件积压等损失和实际费用。

检视程式

（一）请求权已产生

1.责任成立

（1）建设工程施工合同成立且无效力障碍

建设工程合同的定义：第788条

施工合同的内容：第795条，建工解释一2.1

（2）发包人的履行障碍

①隐蔽工程隐蔽前＋承包人通知发包人检查＋发包人未及时检查：第798条

②发包人未按照约定的时间和要求提供原材料、设备、场地、资金、技术资料：第803条

③因发包人的原因致使工程中途停建、缓建：第804条

（3）抗辩：不可抗力，第590条

（4）抗辩：与有过失，第592条第2款

（5）抗辩：第三人原因，第593条第1句

2.责任范围

（1）损失＋费用

开工日期的认定：建工解释一8

（2）责任范围因果关系

（3）抗辩：承包人违反减损义务，第591条第1款

（4）抗辩：受领迟延利息请求权未产生，第589条第2款

（二）请求权未消灭

1.债的一般消灭事由：第557条第1款

2.损益相抵：合同通则解释63.3

（三）请求权可行使

1.同时履行抗辩权：第525条＋合同通则解释31

2.时效抗辩权：第192条第1款

六、主张解除建设工程施工合同（建设工程施工特有的解除事由）

发包人诉请：确认已行使／依诉行使法定解除权

规范基础

第806条第1款

承包人将建设工程转包、违法分包的，发包人可以解除合同。

检视程式

（一）解除权已产生
1.建设工程施工合同成立且无效力障碍
建设工程合同的定义：第788条
施工合同的内容：第795条，建工解释一2.1
2.承包人将建设工程转包、违法分包

（二）解除权未消灭
1.除斥期间：第564条
（1）解除权人知道或应知解除事由之日起1年
（2）对方催告后的合理期限
2.放弃解除权

（三）解除权的行使：第565条，合同通则解释53—54
1.解除通知+到达
2.通知载明债务人在一定期限内不履行债务则合同自动解除+载明的期限届满+债务人在该期限内未履行债务
3.未通知+直接以诉讼或仲裁方式主张解除+起诉状副本或仲裁申请书副本送达对方

承包人诉请：确认已行使／依诉行使法定解除权

规范基础

第806条第2款
发包人提供的主要建筑材料、建筑构配件和设备不符合强制性标准或者不履行协助义务，致使承包人无法施工，经催告后在合理期限内仍未履行相应义务的，承包人可以解除合同。

检视程式

（一）解除权已产生
1.建设工程施工合同成立且无效力障碍
建设工程合同的定义：第788条
施工合同的内容：第795条，建工解释一2.1
2.发包人提供的主要建筑材料、建筑构配件和设备不符合强制性标准／不履行协助义务
3.致使承包人无法施工
4.经催告后在合理期限内仍未履行相应义务

（二）解除权未消灭
1.除斥期间：第564条
（1）解除权人知道或应知解除事由之日起1年

（2）对方催告后的合理期限
2.放弃解除权
（三）解除权的行使：第565条，合同通则解释53—54
1.解除通知+到达
2.通知载明债务人在一定期限内不履行债务则合同自动解除+载明的期限届满+债务人在该期限内未履行债务
3.未通知+直接以诉讼或仲裁方式主张解除+起诉状副本或仲裁申请书副本送达对方

七、承包人主张解除后发包人支付相应价款

承包人诉请：合同解除后发包人支付相应价款

请求权基础

第806条第3款第1分句
合同解除后，已经完成的建设工程质量合格的，发包人应当按照约定支付相应的工程价款……

检视程式

（一）请求权已产生
1.建设工程施工合同成立且无效力障碍
建设工程合同的定义：第788条
施工合同的内容：第795条，建工解释一2.1
2.建设工程施工合同解除
3.已经完成的建设工程质量合格
（二）请求权未消灭
1.债的一般消灭事由：第557条第1款
2.损益相抵：合同通则解释63.3
（三）请求权可行使
1.同时履行抗辩权：第525条+合同通则解释31
2.时效抗辩权：第192条第1款

八、承包人主张发包人返还工程质量保证金

承包人诉请：发包人返还工程质量保证金

请求权基础

建设工程施工合同
建工解释一17.1
有下列情形之一，承包人请求发包人返还工程质量保证金的，人民法院应予支持：

（一）当事人约定的工程质量保证金返还期限届满；

（二）当事人未约定工程质量保证金返还期限的，自建设工程通过竣工验收之日起满二年；

（三）因发包人原因建设工程未按约定期限进行竣工验收的，自承包人提交工程竣工验收报告九十日后当事人约定的工程质量保证金返还期限届满；当事人未约定工程质量保证金返还期限的，自承包人提交工程竣工验收报告九十日后起满二年。

检视程式

（一）请求权已产生
1.建设工程施工合同成立且无效力障碍
建设工程合同的定义：第788条
施工合同的内容：第795条，建工解释一2.1
2.承包人支付工程质量保证金
3.约定/法定的返还期限届满：建工解释一17.1

（二）请求权未消灭
1.债的一般消灭事由：第557条第1款
2.损益相抵：合同通则解释63.3

（三）请求权可行使
时效抗辩权：第192条第1款

九、承包人主张解除后发包人返还垫资＋利息

承包人诉请：发包人返还垫资＋利息

请求权基础

建设工程施工合同
建工解释一25

当事人对垫资和垫资利息有约定，承包人请求按照约定返还垫资及其利息的，人民法院应予支持，但是约定的利息计算标准高于垫资时的同类贷款利率或者同期贷款市场报价利率的部分除外。

当事人对垫资没有约定的，按照工程欠款处理。

当事人对垫资利息没有约定，承包人请求支付利息的，人民法院不予支持。

检视程式

（一）请求权已产生
1.建设工程施工合同成立且无效力障碍
建设工程合同的定义：第788条
施工合同的内容：第795条，建工解释一2.1
2.约定垫资＋利息：利息限制，建工解释一25.1

3.未约定垫资→依工程欠款处理，建工解释一25.2
4.未约定垫资利息→不附利息，建工解释一25.3
（二）请求权未消灭
1.债的一般消灭事由：第557条第1款
2.损益相抵：合同通则解释63.3
（三）请求权可行使
1.同时履行抗辩权：第525条+合同通则解释31
2.时效抗辩权：第192条第1款

第二十七节　建设工程价款优先受偿权纠纷（4级案由）

承包人主张工程价款优先受偿权

承包人诉请：发包人容忍承包人将建设工程变价优先受偿

请求权基础

第807条第2—3句

发包人逾期不支付的，除根据建设工程的性质不宜折价、拍卖外，承包人可以与发包人协议将该工程折价，也可以请求人民法院将该工程依法拍卖。建设工程的价款就该工程折价或者拍卖的价款优先受偿。

检视程式

（一）请求权已产生
1.建设工程施工合同成立且无效力障碍
建设工程合同的定义：第788条
施工合同的内容：第795条，建工解释一2.1
2.承包人的工程价款
（1）与发包人订立建设工程施工合同的承包人：建工解释一35
（2）建设工程质量合格的承包人：建工解释一38
（3）未竣工的建设工程质量合格：建工解释一39
3.发包人经催告人仍逾期不支付价款
4.抗辩：建设工程的性质不宜折价、拍卖
5.优先受偿的范围：建工解释一40
（二）请求权未消灭
1.合理期限经过
发包人应给付工程价款之日起算+最长不超过18个月：建工解释一41
2.给付不能：因第三人的在先权利而全部/部分给付不能
商品房消费者的房屋交付请求权/价款返还请求权优先于建设工程价款优先受偿

权：商品房消费者批复2—3

3.不得约定放弃或限制：建工解释一42

（三）请求权的行使

1.承包人可以与发包人协议将该工程折价+优先受偿

2.也可以请求人民法院将该工程依法拍卖+优先受偿

3.优于抵押权和其他债权：建工解释一36

第二十八节　建设工程分包合同纠纷（4级案由）

确认合同无效纠纷案由在建设工程分包合同的适用 建设工程分包合同程式	建设工程分包合同的特别无效事由： 1.不成立事由：未遵守书面形式，第789条 2.违反法律强制性规定：第153条第1款，建工解释一1.2 （1）发包人将应当由一个承包人完成的建设工程支解成若干部分发包给数个承包人：第791条第1款第2句 （2）承包人将其承包的全部建设工程转包给第三人/将其承包的全部建设工程支解以后以分包的名义分别转包给第三人：第791条第2款第3句 （3）承包人将工程分包给不具备相应资质条件的单位：第791条第3款第1句、建工解释一4 （4）分包单位将其承包的工程再分包：第791条第3款第2句 （5）承包人将建设工程主体结构分包给第三人：第791条第3款第3句 （6）劳务分包并非无效：建工解释　5
案由特别主张与诉请 建设工程分包合同程式	一、实际施工人主张发包人支付工程价款 　　实际施工人诉请：发包人支付工程价款 二、实际施工人主张行使代位权 　　实际施工人诉请：次债务人发包人向自己履行义务

一、实际施工人主张发包人支付工程价款

实际施工人诉请：发包人支付工程价款

请求权基础

第985条主文

得利人没有法律根据取得不当利益的，受损失的人可以请求得利人返还取得的利益……

建工解释一43.2

实际施工人以发包人为被告主张权利的，人民法院应当追加转包人或者违法分包人为本案第三人，在查明发包人欠付转包人或者违法分包人建设工程价款的数额

后，判决发包人在欠付建设工程价款范围内对实际施工人承担责任。

检视程式

（一）请求权已产生
1. 建设工程转包/违法分包
2. 实际施工人完成建设工程
3. 发包人欠付转包人或者违法分包人建设工程价款的数额→发包人在欠付建设工程价款范围内对实际施工人承担责任
4. 减价抗辩：建工解释一12

（二）请求权未消灭
债的一般消灭事由：第557条第1款

（三）请求权可行使
1. 同时履行抗辩权：第525条+合同通则解释31
2. 时效抗辩权：第192条第1款

二、实际施工人主张行使代位权

实际施工人诉请：次债务人发包人向自己履行义务

规范基础

第535条第1款
因债务人怠于行使其债权或者与该债权有关的从权利，影响债权人的到期债权实现的，债权人可以向人民法院请求以自己的名义代位行使债务人对相对人的权利，但是该权利专属于债务人自身的除外。

建工解释一44
实际施工人依据民法典第五百三十五条规定，以转包人或者违法分包人怠于向发包人行使到期债权或者与该债权有关的从权利，影响其到期债权实现，提起代位权诉讼的，人民法院应予支持。

检视程式

（一）权利已产生
1. 建设工程转包/违法分包
2. 实际施工人完成建设工程
3. 转包人或者违法分包人怠于向发包人行使到期债权或者与该债权有关的从权利
   发包人得主张其对转包人/违法分包人的权利产生抗辩：第535条第3款
4. 影响实际施工人到期债权实现
5. 减价抗辩：建工解释一12
6. 权利范围
   （1）以实际施工人的到期债权为限：第535条第2款第1句

（2）行使代位权的费用→转包人/违法分包人负担：第535条第2款第2句
（二）权利未消灭
发包人得主张其对转包人/违法分包人的权利消灭抗辩：第535条第3款
1.债的一般消灭事由：第557条第1款
2.损益相抵：合同通则解释63.3
（三）权利的行使
发包人得主张其对转包人/违法分包人的权利行使抗辩权：第535条第3款
1.同时履行抗辩权：第525条+合同通则解释31
2.时效抗辩权：第192条第1款
时效中断：时效规定16

说　明

债权人提起代位权诉讼，对债权人的债权和债务人的债权均发生诉讼时效中断的效力：时效规定16

第二十九节　运输合同纠纷

合同一般主张与诉请在运输合同的适用参引程式	一、主张运输合同有效 　诉请：确认运输合同有效 　案由：确认合同有效纠纷 　检视程式：参见第一章第一节确认合同有效纠纷 二、主张运输合同无效 　诉请：确认运输合同无效 　案由：确认合同无效纠纷 　检视程式：参见第一章第二节确认合同无效纠纷 三、主张撤销运输合同 　诉请：撤销运输合同 　案由：运输合同纠纷 　检视程式：参见第二章第一节"一、主张撤销合同" 四、主张合同不成立/无效/被撤销后的返还/补偿 　诉请：合同不成立/无效/被撤销的不当得利返还/折价补偿 　案由：不当得利纠纷[①] 　检视程式：参见第五章第二节"一、主张法律行为不成立/无效/被撤销后的返还/折价补偿"

[①] 若认为第157条第1句所涉并非不当得利返还请求权，则该诉请应适用"合同纠纷"项下的案由。

续表

| | 五、主张缔约过失责任
诉请一：违反先合同义务的损害赔偿
诉请二：违反附随义务的缔约过失损害赔偿
诉请三：违反报批义务的损害赔偿
诉请四：违反报批义务的违约金
诉请五：违反报批义务的定金双倍返还
案由：缔约过失责任纠纷（定金适用定金合同纠纷）
检视程式：参见第一章第三节缔约过失责任纠纷（定金参见第一章第五节定金合同纠纷）

六、主张运输预约的履行/违反预约的违约责任
诉请一：订立运输合同
诉请二：违反预约的损害赔偿/违约金/双倍返还定金
案由：预约合同纠纷（定金适用定金合同纠纷）
检视程式：参见第一章第四节预约合同纠纷（定金参见第一章第五节定金合同纠纷）

七、被代理人主张违反代理职责的代理人赔偿损害
被代理人诉请：代理人赔偿损害
案由：运输合同纠纷
检视程式：参见第二章第一节"二、被代理人主张违反代理职责的代理人赔偿损害"

八、被代理人主张代理人与相对人承担连带责任
被代理人诉请：代理人与相对人承担连带责任
案由：运输合同纠纷
检视程式：参见第二章第一节"三、被代理人主张代理人与相对人承担连带责任"

九、相对人主张违法代理的被代理人与代理人承担连带责任
相对人诉请：被代理人与代理人承担连带责任
案由：运输合同纠纷
检视程式：参见第二章第一节"四、相对人主张违法代理的被代理人与代理人承担连带责任"

十、相对人主张无权代理人履行/赔偿损害
相对人诉请一：无权代理人履行
相对人诉请二：无权代理人赔偿损害
案由：运输合同纠纷
检视程式：参见第二章第一节"五、相对人主张无权代理人履行/赔偿损害" |

续表

十一、主张对方承担违约责任
　　诉请一：违约损害赔偿
　　诉请二：支付违约金
　　诉请三：双倍返还定金
　　案由：运输合同纠纷（定金适用定金合同纠纷）
　　检视程式：参见第二章第一节"七、主张对方承担违约责任"（定金参见第一章第五节定金合同纠纷）

十二、主张解除合同
　　诉请一：确认合同已合意解除
　　诉请二：确认已行使/依诉行使意定解除权
　　诉请三：确认已行使/依诉行使法定解除权
　　诉请四：申请司法解除
　　诉请五：申请因情事变更解除
　　诉请六：解除合同+恢复原状（返还）/采取其他补救措施/赔偿损失
　　案由：运输合同纠纷
　　检视程式：参见第二章第一节"八、主张解除合同"

十三、主张合同未解除
　　诉请：确认合同未解除
　　案由：运输合同纠纷
　　检视程式：参见第二章第一节"九、主张合同未解除"

十四、债权人主张债务人承担的费用
　　诉请一：提前履行增加的费用
　　诉请二：部分履行增加的费用
　　诉请三：主债权及利息的实现费用
　　诉请四：防止损失扩大的费用
　　案由：运输合同纠纷
　　检视程式：参见第二章第一节"十、债权人主张债务人承担的费用"

十五、债务人主张债权人承担的费用
　　诉请一：提存费用
　　诉请二：受领迟延的费用
　　案由：运输合同纠纷
　　检视程式：参见第二章第一节"十一、债务人主张债权人承担的费用"

十六、主张后合同义务履行请求权
　　诉请：履行后合同义务
　　案由：运输合同纠纷

		检视程式：参见第二章第一节"十二、主张后合同义务履行请求权" 十七、主张违反后合同义务的损害赔偿 诉请：违反后合同义务的损害赔偿 案由：运输合同纠纷 检视程式：参见第二章第一节"十三、主张违反后合同义务的损害赔偿"
案由特别主张 与诉请 运输合同程式		一、旅客/托运人主张承运人履行运输义务 　　旅客/托运人诉请：承运人履行运输义务 二、承运人主张旅客/托运人/收货人支付票款/运费 　　承运人诉请：旅客/托运人/收货人支付票款/运费 三、主张基于客运合同的其他请求权 　　承运人诉请：旅客补交票款 　　旅客诉请一：改乘/退票 　　旅客诉请二：退票/减收票款 　　旅客诉请三：迟延赔偿 　　旅客诉请四：伤亡赔偿 　　旅客诉请五：随身携带物品损害赔偿 　　旅客诉请六：托运行李赔偿（参见本节四、"托运人诉请二：承运人赔偿货损"） 四、主张基于货运合同的其他请求权 　　承运人诉请一：托运人赔偿损失 　　承运人诉请二：托运人承担费用 　　承运人诉请三：收货人承担费用 　　托运人诉请一：中止运输/返还货物/变更到达地/变更收货人 　　托运人诉请二：承运人赔偿货损
说　明		1."运输合同纠纷"作为3级案由，其项下有公路旅客运输合同纠纷、公路货物运输合同纠纷、水路旅客运输合同纠纷、水路货物运输合同纠纷、航空旅客运输合同纠纷、航空货物运输合同纠纷、出租汽车运输合同纠纷、管道运输合同纠纷、城市公交运输合同纠纷、联合运输合同纠纷、多式联运合同纠纷、铁路货物运输合同纠纷、铁路旅客运输合同纠纷、铁路行李运输合同纠纷、铁路包裹运输合同纠纷、国际铁路联运合同纠纷等4级案由，应优先援用各4级案由，不适用4级案由的情形可援用运输合同纠纷3级案由。 2.本节的检视程式在其项下4级案由无特别规定之处，可适用于具体的4级案由。

一、旅客/托运人主张承运人履行运输义务

旅客/托运人诉请：承运人履行运输义务

请求权基础

运输合同

第811条

承运人应当在约定期限或者合理期限内将旅客、货物安全运输到约定地点。

第812条

承运人应当按照约定的或者通常的运输路线将旅客、货物运输到约定地点。

检视程式

（一）请求权已产生

1.运输合同成立且无效力障碍

运输合同的定义：第809条

公共运输承运人强制缔约义务：第810条

2.请求权内容：依约定时间+约定路线运输，第811条、第812条

（二）请求权未消灭

1.客运合同旅客逾期办理退票/变更手续：第816条第2分句

2.货运合同的提存：第837条

3.货运合同收货人未及时检验→承运人交付的初步证据：第831条

4.给付不能：第580条第1款但书第1—2项

5.债的一般消灭事由：第557条第1款

（三）请求权可行使

1.拒绝运输抗辩权

（1）客运合同承运人的拒绝运输抗辩权

①旅客不支付票款：第815条第1款第2句第2分句

②旅客携带违禁品/危险品：第818条第2款第2句

（2）货运合同承运人的拒绝运输抗辩权

①托运人违反包装义务：第827条

②托运人违反托运危险物品的义务：第828条

2.货运合同承运人的留置权：第836条

3.履行抗辩权：第525条—第527条第1款+合同通则解释31

4.时效抗辩权：第192条第1款

二、承运人主张旅客/托运人/收货人支付票款/运费

承运人诉请：旅客/托运人/收货人支付票款/运费

请求权基础

第 813 条第 1 句
旅客、托运人或者收货人应当支付票款或者运输费用。

检视程式

（一）请求权已产生
1.运输合同成立且无效力障碍
运输合同的定义：第 809 条
公共运输承运人强制缔约义务：第 810 条
2.权利产生的抗辩
（1）违反约定/通常路线增加票款/运费：第 813 条第 2 句
（2）客运合同承运人降低服务标准：第 821 条第 1 分句
（3）货运合同货物因不可抗力灭失：第 835 条第 1 句
（二）请求权未消灭
债的一般消灭事由：第 557 条第 1 款
（三）请求权可行使
1.履行抗辩权：第 525 条—第 527 条第 1 款+合同通则解释 31
2.时效抗辩权：第 192 条第 1 款

三、主张基于客运合同的其他请求权

承运人诉请：旅客补交票款

请求权基础

第 815 条第 1 款第 2 句第 1 分句
旅客无票乘坐、超程乘坐、越级乘坐或者持不符合减价条件的优惠客票乘坐的，应当补交票款，承运人可以按照规定加收票款……

检视程式

（一）请求权已产生
旅客无票/超程/越级/持不符合减价条件的优惠客票乘坐
（二）请求权未消灭
债的一般消灭事由：第 557 条第 1 款
（三）请求权可行使
时效抗辩权：第 192 条第 1 款

旅客诉请一：改乘/退票

请求权基础

客运合同

第 816 条第 1 分句

旅客因自己的原因不能按照客票记载的时间乘坐的，应当在约定的期限内办理退票或者变更手续……

第 820 条第 2 句第 1 分句

承运人迟延运输或者有其他不能正常运输情形的，应当及时告知和提醒旅客，采取必要的安置措施，并根据旅客的要求安排改乘其他班次或者退票……

检视程式

（一）请求权已产生

1. 客运合同成立且无效力障碍

运输合同的定义：第 809 条

公共运输承运人强制缔约义务：第 810 条

客运合同的成立：承运人向旅客出具客票时，第 814 条

2. 旅客因自己的原因不能按照客票记载的时间乘坐：第 816 条第 1 分句

3. 承运人迟延/不能正常运输：第 820 条第 2 句第 1 分句

（二）请求权未消灭

1. 已履行
2. 免除

（三）请求权可行使

1. 履行抗辩权：第 525 条—第 527 条第 1 款 + 合同通则解释 31
2. 时效抗辩权：第 192 条第 1 款

旅客诉请二：退票/减收票款

请求权基础

第 821 条

承运人擅自降低服务标准的，应当根据旅客的请求退票或者减收票款……

检视程式

（一）请求权已产生

1. 客运合同成立且无效力障碍

运输合同的定义：第 809 条

公共运输承运人强制缔约义务：第 810 条

客运合同的成立：承运人向旅客出具客票时，第 814 条

2.承运人擅自降低服务标准

（二）请求权未消灭
1.已履行
2.免除

（三）请求权可行使
时效抗辩权：第192条第1款

旅客诉请三：迟延赔偿
请求权基础

第820条第2句第2分句→
第820条第2句
　　承运人迟延运输或者有其他不能正常运输情形的，应当及时告知和提醒旅客，采取必要的安置措施，并根据旅客的要求安排改乘其他班次或者退票；由此造成旅客损失的，承运人应当承担赔偿责任，但是不可归责于承运人的除外。

检视程式

（一）请求权已产生
1.责任成立
（1）客运合同成立且无效力障碍
运输合同的定义：第809条
公共运输承运人强制缔约义务：第810条
客运合同的成立：承运人向旅客出具客票时，第814条
（2）承运人迟延/不能正常运输
（3）抗辩：不可归责于承运人
（4）抗辩：与有过失，第592条第2款
2.责任范围
（1）旅客迟延损失
（2）责任范围因果关系
①抗辩：可预见性，第584条但书＋合同通则解释63.1—63.2
②抗辩：合同目的限制
（3）抗辩：违反减损义务，第591条第1款
（4）抗辩：受领迟延利息请求权未产生，第589条第2款
（5）责任限额

（二）请求权未消灭
1.债的一般消灭事由：第557条第1款
2.损益相抵：合同通则解释63.3

（三）请求权可行使
时效抗辩权：第192条第1款

旅客诉请四：伤亡赔偿

请求权基础

第 823 条

承运人应当对运输过程中旅客的伤亡承担赔偿责任；但是，伤亡是旅客自身健康原因造成的或者承运人证明伤亡是旅客故意、重大过失造成的除外。

前款规定适用于按照规定免票、持优待票或者经承运人许可搭乘的无票旅客。

检视程式

（一）请求权已产生

1.责任成立

（1）客运合同成立且无效力障碍

运输合同的定义：第 809 条

公共运输承运人强制缔约义务：第 810 条

客运合同的成立：承运人向旅客出具客票时，第 814 条

（2）运输过程中旅客伤亡

承运人救助义务：第 822 条

（3）抗辩：旅客自身健康原因造成/旅客故意、重大过失

2.责任范围

（1）旅客伤亡损害：第 1179—1180 条

（2）责任范围因果关系

（3）抗辩：违反减损义务，第 591 条第 1 款

（4）抗辩：受领迟延利息请求权未产生，第 589 条第 2 款

（5）责任限额

（二）请求权未消灭

1.债的一般消灭事由：第 557 条第 1 款

2.损益相抵：合同通则解释 63.3

（三）请求权可行使

时效抗辩权：第 192 条第 1 款

竞合提示

可能与侵权损害赔偿竞合。

旅客诉请五：随身携带物品损害赔偿

请求权基础

第 824 条第 1 款

在运输过程中旅客随身携带物品毁损、灭失，承运人有过错的，应当承担赔

偿责任。

检视程式

（一）请求权已产生

1. 责任成立

（1）客运合同成立且无效力障碍

运输合同的定义：第809条

公共运输承运人强制缔约义务：第810条

客运合同的成立：承运人向旅客出具客票时，第814条

（2）旅客随身携带物品毁损/灭失

（3）承运人有过错

（4）抗辩：与有过失，第592条第2款

2. 责任范围

（1）损害：第1184条

（2）责任范围因果关系

（3）抗辩：违反减损义务，第591条第1款

（4）抗辩：受领迟延利息请求权未产生，第589条第2款

（5）责任限额

（二）请求权未消灭

1. 债的一般消灭事由：第557条第1款
2. 损益相抵：合同通则解释63.3

（三）请求权可行使

时效抗辩权：第192条第1款

竞合提示

可能与侵权损害赔偿竞合。

四、主张基于货运合同的其他请求权

承运人诉请一：托运人赔偿损失

请求权基础

第825条第2款

因托运人申报不实或者遗漏重要情况，造成承运人损失的，托运人应当承担赔偿责任。

第829条但书→

第829条

在承运人将货物交付收货人之前，托运人可以要求承运人中止运输、返还货物、变更到达地或者将货物交给其他收货人，但是应当赔偿承运人因此受到

的损失。

检视程式

（一）请求权已产生

1.责任成立

（1）货运合同成立且无效力障碍

运输合同的定义：第809条

公共运输承运人强制缔约义务：第810条

（2）托运人申报不实/遗漏重要情况：第825条

（3）托运人中止运输/返还货物/变更到达地/变更收货人：第829条

（4）抗辩：与有过失，第592条第2款

2.责任范围

（1）损害：第1184条

（2）责任范围因果关系

（3）抗辩：违反减损义务，第591条第1款

（4）抗辩：受领迟延利息请求权未产生，第589条第2款

（二）请求权未消灭

1.债的一般消灭事由：第557条第1款

2.损益相抵：合同通则解释63.3

（三）请求权可行使

时效抗辩权：第192条第1款

承运人诉请二：托运人承担费用

请求权基础

第828条第2款→

第828条

托运人托运易燃、易爆、有毒、有腐蚀性、有放射性等危险物品的，应当按照国家有关危险物品运输的规定对危险物品妥善包装，做出危险物品标志和标签，并将有关危险物品的名称、性质和防范措施的书面材料提交承运人。

托运人违反前款规定的，承运人可以拒绝运输，也可以采取相应措施以避免损失的发生，因此产生的费用由托运人负担。

检视程式

（一）请求权已产生

1.货运合同成立且无效力障碍

运输合同的定义：第809条

公共运输承运人强制缔约义务：第810条

2.托运人未尽托运危险品的相应义务：第828条第1款
3.承运人采取措施避免损失的发生
（二）请求权未消灭
债的一般消灭事由：第557条第1款
（三）请求权可行使
时效抗辩权：第192条第1款

承运人诉请三：收货人承担费用

请求权基础

第830条第2句
收货人逾期提货的，应当向承运人支付保管费等费用。

检视程式

（一）请求权已产生
1.货运合同成立且无效力障碍
运输合同的定义：第809条
公共运输承运人强制缔约义务：第810条
2.收货人逾期提货
（二）请求权未消灭
债的一般消灭事由：第557条第1款
（三）请求权可行使
时效抗辩权：第192条第1款

托运人诉请一：中止运输／返还货物／变更到达地／变更收货人

请求权基础

第829条主文
在承运人将货物交付收货人之前，托运人可以要求承运人中止运输、返还货物、变更到达地或者将货物交给其他收货人……

检视程式

（一）请求权已产生
1.货运合同成立且无效力障碍
运输合同的定义：第809条
公共运输承运人强制缔约义务：第810条
2.抗辩：承运人已将货物交付收货人

（二）请求权未消灭：已履行
（三）请求权可行使
1.同时履行抗辩权：第829条但书
2.时效抗辩权：第192条第1款

托运人诉请二：承运人赔偿货损

请求权基础

第832条
承运人对运输过程中货物的毁损、灭失承担赔偿责任。但是，承运人证明货物的毁损、灭失是因不可抗力、货物本身的自然性质或者合理损耗以及托运人、收货人的过错造成的，不承担赔偿责任。

检视程式

（一）请求权已产生
1.责任成立
（1）货运合同成立且无效力障碍
运输合同的定义：第809条
公共运输承运人强制缔约义务：第810条
（2）运输过程中货物毁损/灭失
（3）抗辩：因不可抗力、货物本身的自然性质或者合埋损耗以及托运人、收货人的过错造成
2.责任范围
（1）损害：第833条，第1184条
（2）责任范围因果关系
（3）抗辩：违反减损义务，第591条第1款
（4）抗辩：受领迟延利息请求权未产生，第589条第2款
（5）责任限额
（二）请求权未消灭
1.债的一般消灭事由：第557条第1款
2.损益相抵：合同通则解释63.3
（三）请求权可行使
时效抗辩权：第192条第1款

竞合提示

可能与侵权损害赔偿竞合。

第三十节　公路旅客运输合同纠纷（4级案由）

案由特别主张与诉请	一、旅客主张承运人履行运输义务 　　旅客诉请：承运人履行运输义务 二、承运人主张旅客支付票款 　　承运人诉请：旅客支付票款 三、主张基于客运合同的其他请求权 　　承运人诉请：旅客补交票款 　　旅客诉请一：改乘/退票 　　旅客诉请二：退票/减收票款 　　旅客诉请三：迟延赔偿 　　旅客诉请四：伤亡赔偿 　　旅客诉请五：随身携带物品损害赔偿 　　旅客诉请六：托运行李赔偿
说　明	检视程式参见本章第二十九节运输合同纠纷。

第三十一节　公路货物运输合同纠纷（4级案由）

案由特别主张与诉请	一、托运人主张承运人履行运输义务（将货物运交收货人） 　　托运人诉请：承运人履行运输义务 二、承运人主张托运人/收货人支付运费 　　承运人诉请：托运人/收货人支付运费 三、主张基于货运合同的其他请求权 　　承运人诉请一：托运人赔偿损失 　　承运人诉请二：托运人承担费用 　　承运人诉请三：收货人承担费用 　　托运人诉请一：中止运输/返还货物/变更到达地/变更收货人 　　托运人诉请二：承运人赔偿货损
说　明	检视程式参见本章第二十九节运输合同纠纷。

第三十二节　水路旅客运输合同纠纷（4级案由）

案由特别主张与诉请	一、旅客主张承运人履行运输义务 　　旅客诉请：承运人履行运输义务 二、承运人主张旅客支付票款 　　承运人诉请：旅客支付票款 三、主张基于客运合同的其他请求权 　　承运人诉请：旅客补交票款 　　旅客诉请一：改乘/退票 　　旅客诉请二：退票/减收票款 　　旅客诉请三：迟延赔偿 　　旅客诉请四：伤亡赔偿 　　旅客诉请五：随身携带物品损害赔偿 　　旅客诉请六：托运行李赔偿
说　明	1.检视程式参见本章第二十九节运输合同纠纷。 2.注意《国内水路运输管理条例》《国内水路运输管理规定》《水路旅客运输规则》的相关规范。 3.水上运输造成的人身损害侵权责任纠纷，援用"水上运输人身损害责任纠纷案由"。

第三十三节　水路货物运输合同纠纷（4级案由）

案由特别主张与诉请	一、托运人主张承运人履行运输义务（将货物运交收货人） 　　托运人诉请：承运人履行运输义务 二、承运人主张托运人/收货人支付运费 　　承运人诉请：托运人/收货人支付运费 三、主张基于货运合同的其他请求权 　　承运人诉请一：托运人赔偿损失 　　承运人诉请二：托运人承担费用 　　承运人诉请三：收货人承担费用 　　托运人诉请一：中止运输/返还货物/变更到达地/变更收货人 　　托运人诉请二：承运人赔偿货损
说　明	1.检视程式参见本章第二十九节运输合同纠纷。 2.注意《水路运输管理条例》《水路运输管理规定》《水路货物运输意见》的相关规范。 3.水上运输造成的财产损害侵权责任纠纷，援用"水上运输财产损害责任纠纷案由"。

第三十四节　航空旅客运输合同纠纷（4级案由）

案由特别主张 与诉请 运输合同程式	一、旅客主张承运人履行运输义务 　　旅客诉请：承运人履行运输义务 二、承运人主张旅客支付票款 　　承运人诉请：旅客支付票款 三、主张基于客运合同的其他请求权 　　承运人诉请：旅客补交票款 　　旅客诉请一：改乘/退票 　　旅客诉请二：退票/减收票款
说　　明	1.检视程式参见本章第二十九节运输合同纠纷。 2.注意《民用航空法》的相关规范。
案由特别主张 与诉请 航空旅客运输合 同程式	旅客主张航空承运人赔偿损失 　　旅客诉请一：迟延赔偿 　　旅客诉请二：伤亡赔偿 　　旅客诉请三：随身携带物品损害赔偿，民用航空法125 　　旅客诉请四：托运行李赔偿，民用航空法125

旅客主张航空承运人赔偿损失

旅客诉请一：迟延赔偿

请求权基础

民用航空法126

旅客、行李或者货物在航空运输中因延误造成的损失，承运人应当承担责任；但是，承运人证明本人或者其受雇人、代理人为了避免损失的发生，已经采取一切必要措施或者不可能采取此种措施的，不承担责任。

检视程式

（一）请求权已产生

1.责任成立

（1）航空旅客运输合同成立且无效力障碍

（2）承运人迟延/不能正常运输

（3）抗辩：承运人证明本人或者其受雇人、代理人为了避免损失的发生，已经采取一切必要措施或者不可能采取此种措施

（4）抗辩：旅客与有过失，民用航空法127.1

2.责任范围

（1）旅客迟延损失

（2）责任范围因果关系
①抗辩：可预见性，第584条但书＋合同通则解释63.1—63.2
②抗辩：合同目的限制
（3）抗辩：违反减损义务，第591条第1款
（4）抗辩：受领迟延利息请求权未产生，第589条第2款
（5）责任限额：民用航空法128—133

（二）请求权未消灭

1.债的一般消灭事由：第557条第1款
2.损益相抵：合同通则解释63.3

（三）请求权可行使

时效抗辩权：第192条第1款
航空运输的诉讼时效期间为2年＋自民用航空器到达目的地点、应当到达目的地点或者运输终止之日起计算：民用航空法135

旅客诉请二：伤亡赔偿

请求权基础

民用航空法124

因发生在民用航空器上或者在旅客上、下民用航空器过程中的事件，造成旅客人身伤亡的，承运人应当承担责任；但是，旅客的人身伤亡完全是由于旅客本人的健康状况造成的，承运人不承担责任。

检视程式

（一）请求权已产生

1.责任成立
（1）航空旅客运输合同成立且无效力障碍
（2）运输过程中旅客伤亡
（3）抗辩：旅客自身健康原因造成
（4）抗辩：旅客与有过失，民用航空法127.1
2.责任范围
（1）旅客伤亡损害：第1179—1180条
（2）责任范围因果关系
（3）抗辩：违反减损义务，第591条第1款
（4）抗辩：受领迟延利息请求权未产生，第589条第2款
（5）责任限额：民用航空法128—133

（二）请求权未消灭

1.债的一般消灭事由：第557条第1款
2.损益相抵：合同通则解释63.3

（三）请求权可行使

时效抗辩权：第192条第1款

航空运输的诉讼时效期间为2年＋自民用航空器到达目的地点、应当到达目的地点或者运输终止之日起计算：民用航空法135

说　明

航空运输造成的人身损害侵权责任纠纷，援用"航空运输人身损害责任纠纷案由"。

竞合提示

可能与侵权损害赔偿请求权产生竞合。

旅客诉请三：随时携带物品损害赔偿

请求权基础

民用航空法第125条第1款第1句

因发生在民用航空器上或者在旅客上、下民用航空器过程中的事件，造成旅客随身携带物品毁灭、遗失或者损坏的，承运人应当承担责任。

检视程式

（一）请求权已产生

1. 责任成立
（1）航空旅客运输合同成立且无效力障碍
（2）旅客随身携带物品毁损/灭失
（3）因发生在民用航空器上或者在旅客上、下民用航空器过程中的事件造成
（4）抗辩：由于物品本身的自然属性、质量或者缺陷造成，民用航空法125.2
（5）抗辩：索赔人与有过失，民用航空法127.2

2. 责任范围
（1）损害：第1184条
（2）责任范围因果关系
①抗辩：可预见性，第584条但书＋合同通则解释63.1—63.2
②抗辩：合同目的限制
（3）抗辩：违反减损义务，第591条第1款
（4）抗辩：受领迟延利息请求权未产生，第589条第2款
（5）责任限额：民用航空法128—133

（二）请求权未消灭

1. 债的一般消灭事由：第557条第1款
2. 损益相抵：合同通则解释63.3

（三）请求权可行使

时效抗辩权：第192条第1款

航空运输的诉讼时效期间为2年+自民用航空器到达目的地点、应当到达目的地点或者运输终止之日起计算：民用航空法135

说　明

航空运输造成的财产损害侵权责任纠纷，援用"航空运输财产损害责任纠纷案由"。

竞合提示

可能与侵权损害赔偿请求权产生竞合。

旅客诉请四：托运行李赔偿

请求权基础

民用航空法第125条第1款第2句

因发生在航空运输期间的事件，造成旅客的托运行李毁灭、遗失或者损坏的，承运人应当承担责任。

检视程式

（一）请求权已产生

1.责任成立

（1）航空旅客运输合同成立且无效力障碍

（2）托运行李毁损/灭失

（3）因发生在航空运输期间的事件造成

（4）抗辩：由于行李本身的自然属性、质量或者缺陷造成，民用航空法125.2

（5）抗辩：旅客与有过失，民用航空法127.1

2.责任范围

（1）损害：第1184条

（2）责任范围因果关系

①抗辩：可预见性，第584条但书+合同通则解释63.1—63.2

②抗辩：合同目的限制

（3）抗辩：违反减损义务，第591条第1款

（4）抗辩：受领迟延利息请求权未产生，第589条第2款

（5）责任限额：民用航空法128—133

（二）请求权未消灭

1.债的一般消灭事由：第557条第1款

2.损益相抵：合同通则解释63.3

（三）请求权可行使

时效抗辩权：第192条第1款

航空运输的诉讼时效期间为2年+自民用航空器到达目的地点、应当到达目的地点或者运输终止之日起计算：民用航空法135

说 明

航空运输造成的财产损害侵权责任纠纷，援用"航空运输财产损害责任纠纷案由"。

竞合提示

可能与侵权损害赔偿请求权产生竞合。

第三十五节　航空货物运输合同纠纷（4级案由）

案由特别主张与诉请 运输合同程式	一、托运人主张承运人履行运输义务（将货物运交收货人） 　　托运人诉请：承运人履行运输义务 二、承运人主张托运人/收货人支付运费 　　承运人诉请：托运人/收货人支付运费 三、主张基于货运合同的其他请求权 　　承运人诉请一：托运人赔偿损失 　　承运人诉请二：托运人承担费用 　　承运人诉请三：收货人承担费用 　　托运人诉请一：中止运输/返还货物/变更到达地/变更收货人
说　明	1.检视程式参见本章第二十九节运输合同纠纷。 2.注意《民用航空法》的相关规范。
案由特别主张与诉请 航空货物运输合同程式	托运人主张航空承运人赔偿货损 　　托运人诉请：航空承运人赔偿货损

托运人主张航空承运人赔偿货损

托运人诉请：航空承运人赔偿货损

请求权基础

民用航空法125.4

因发生在航空运输期间的事件，造成货物毁灭、遗失或者损坏的，承运人应当承担责任；但是，承运人证明货物的毁灭、遗失或者损坏完全是由于下列原因之一造成的，不承担责任：

（一）货物本身的自然属性、质量或者缺陷；

（二）承运人或者其受雇人、代理人以外的人包装货物的，货物包装不良；

（三）战争或者武装冲突；

（四）政府有关部门实施的与货物入境、出境或者过境有关的行为。

检视程式

（一）请求权已产生

1. 责任成立

（1）航空货物运输合同成立且无效力障碍

（2）货物毁损/灭失

（3）因发生在航空运输期间的事件造成

（4）抗辩：因货物本身的自然属性、质量或者缺陷

（5）抗辩：因承运人或者其受雇人、代理人以外的人包装货物+货物包装不良

（6）抗辩：因战争或者武装冲突

（7）抗辩：因政府有关部门实施的与货物入境、出境或者过境有关的行为

（8）抗辩：旅客与有过失，民用航空法127.1

2. 责任范围

（1）损害：第1184条

（2）责任范围因果关系

①抗辩：可预见性，第584条但书+合同通则解释63.1—63.2

②抗辩：合同目的限制

（3）抗辩：违反减损义务，第591条第1款

（4）抗辩：受领迟延利息请求权未产生，第589条第2款

（5）责任限额：民用航空法128—133

（二）请求权未消灭

1. 债的一般消灭事由：第557条第1款

2. 损益相抵：合同通则解释63.3

（三）请求权可行使

时效抗辩权：第192条第1款

航空运输的诉讼时效期间为2年+自民用航空器到达目的地点、应当到达目的地点或者运输终止之日起计算：民用航空法135

说　明

航空运输造成的财产损害侵权责任纠纷，援用"航空运输财产损害责任纠纷案由"。

竞合提示

可能与侵权损害赔偿请求权产生竞合。

第三十六节　出租汽车运输合同纠纷（4级案由）

案由特别主张与诉请	一、旅客主张承运人履行运输义务 　　旅客诉请：承运人履行运输义务 二、承运人主张旅客支付票款 　　承运人诉请：旅客支付票款 三、主张基于客运合同的其他请求权 　　承运人诉请：旅客补交票款 　　旅客诉请一：改乘/退票 　　旅客诉请二：退票/减收票款 　　旅客诉请三：迟延赔偿 　　旅客诉请四：伤亡赔偿 　　旅客诉请五：随身携带物品损害赔偿 　　旅客诉请六：托运行李赔偿
说　明	1.检视程式参见本章第二十九节运输合同纠纷。 2.注意《巡游出租车规定》的相关内容。

第三十七节　城市公交运输合同纠纷（4级案由）

案由特别主张与诉请	一、旅客主张承运人履行运输义务 　　旅客诉请：承运人履行运输义务 二、承运人主张旅客支付票款 　　承运人诉请：旅客支付票款 三、主张基于客运合同的其他请求权 　　承运人诉请：旅客补交票款 　　旅客诉请一：改乘/退票 　　旅客诉请二：退票/减收票款 　　旅客诉请三：迟延赔偿 　　旅客诉请四：伤亡赔偿 　　旅客诉请五：随身携带物品损害赔偿 　　旅客诉请六：托运行李赔偿
说　明	检视程式参见本章第二十九节运输合同纠纷。

第三十八节　联合运输合同纠纷（4级案由）

案由特别主张与诉请联合运输合同程式	一、托运人主张合同承运人对全程运输承担责任 　　托运人诉请：合同承运人对全程运输承担责任 二、托运人主张合同承运人与区段承运人承担连带责任 　　托运人诉请：合同承运人与区段承运人承担连带责任

一、托运人主张合同承运人对全程运输承担责任

托运人诉请：合同承运人对全程运输承担责任

请求权基础

第834条第1分句

两个以上承运人以同一运输方式联运的，与托运人订立合同的承运人应当对全程运输承担责任……

检视程式

（一）请求权已产生

1.责任成立

（1）两个以上承运人以同一运输方式联运

（2）其中一个承运人与托运人订立运输合同

2.责任范围

（1）损害

（2）责任范围因果关系

（3）抗辩：违反减损义务，第591条第1款

（4）抗辩：受领迟延利息请求权未产生，第589条第2款

（5）责任限额

（二）请求权未消灭

1.债的一般消灭事由：第557条第1款

2.损益相抵：合同通则解释63.3

（三）请求权可行使

时效抗辩权：第192条第1款

二、托运人主张合同承运人与区段承运人承担连带责任

托运人诉请：合同承运人与区段承运人承担连带责任

请求权基础

第834条第2分句

损失发生在某一运输区段的，与托运人订立合同的承运人和该区段的承运人承

担连带责任。

检视程式

（一）请求权已产生
1.责任成立
（1）两个以上承运人以同一运输方式联运
（2）其中一个承运人与托运人订立运输合同
（3）损失发生在某一运输区段
2.责任范围
（1）损害
（2）责任范围因果关系
（3）抗辩：违反减损义务，第591条第1款
（4）抗辩：受领迟延利息请求权未产生，第589条第2款
（5）责任限额
（二）请求权未消灭
1.债的一般消灭事由：第557条第1款、第520条
2.损益相抵：合同通则解释63.3
（三）请求权可行使
时效抗辩权：第192条第1款

第三十九节　多式联运合同纠纷（4级案由）

案由特别主张与诉请多式联运合同程式	一、托运人主张多式联运经营人赔偿损害 　　托运人诉请：多式联运经营人赔偿损害 二、多式联运经营人主张托运人赔偿损失 　　多式联运经营人诉请：托运人赔偿损失

一、托运人主张多式联运经营人赔偿损害

托运人诉请：多式联运经营人赔偿损害

请求权基础

运输合同
第838条
多式联运经营人负责履行或者组织履行多式联运合同，对全程运输享有承运人的权利，承担承运人的义务。
第842条
货物的毁损、灭失发生于多式联运的某一运输区段的，多式联运经营人的赔偿

责任和责任限额，适用调整该区段运输方式的有关法律规定；货物毁损、灭失发生的运输区段不能确定的，依照本章规定承担赔偿责任。

检视程式

（一）请求权已产生

1.责任成立

（1）多式联运合同成立且无效力障碍

（2）货物毁损/灭失

（3）承运人间的内部责任约定不影响多式联运经营人对全程运输承担的义务：第839条

2.责任范围

（1）损害

（2）责任范围因果关系

（3）责任限额

（4）抗辩：违反减损义务，第591条第1款

（5）抗辩：受领迟延利息请求权未产生，第589条第2款

（二）请求权未消灭

1.债的一般消灭事由：第557条第1款

2.损益相抵：合同通则解释63.3

（三）请求权可行使

时效抗辩权：第192条第1款

二、多式联运经营人主张托运人赔偿损失

多式联运经营人诉请：托运人赔偿损失

请求权基础

第841条

因托运人托运货物时的过错造成多式联运经营人损失的，即使托运人已经转让多式联运单据，托运人仍然应当承担赔偿责任。

检视程式

（一）请求权已产生

1.责任成立

（1）多式联运合同成立且无效力障碍

（2）托运人托运货物时的过错

2.责任范围

（1）损害

（2）责任范围因果关系

（3）托运人已转让多式联运单据不构成抗辩事由：第841条
（4）抗辩：违反减损义务，第591条第1款
（5）抗辩：受领迟延利息请求权未产生，第589条第2款

（二）请求权未消灭

1. 债的一般消灭事由：第557条第1款
2. 损益相抵：合同通则解释63.3

（三）请求权可行使

时效抗辩权：第192条第1款

第四十节 铁路货物运输合同纠纷（4级案由）

案由特别主张与诉请 运输合同程式	一、托运人主张承运人履行运输义务（将货物运交收货人） 　　托运人诉请：承运人履行运输义务 二、承运人主张托运人/收货人支付运费 　　承运人诉请：托运人/收货人支付运费 三、主张基于货运合同的其他请求权 　　承运人诉请一：托运人赔偿损失 　　承运人诉请二：托运人承担费用 　　承运人诉请三：收货人承担费用 　　托运人诉请一：中止运输/返还货物/变更到达地/变更收货人
说　明	1. 检视程式参见本章第二十九节运输合同纠纷。 2. 注意《铁路法》《铁路损害解释》的相关规范。
案由特别主张与诉请 铁路货物运输合同程式	托运人主张铁路运输企业承担责任 　　托运人诉请一：赔偿货损 　　托运人诉请二：逾期交付违约金+损害赔偿

托运人主张铁路运输企业承担责任

托运人诉请一：赔偿货损

请求权基础

铁路法17.1

铁路运输企业应当对承运的货物、包裹、行李自接受承运时起到交付时止发生的灭失、短少、变质、污染或者损坏，承担赔偿责任：

（一）托运人或者旅客根据自愿申请办理保价运输的，按照实际损失赔偿，但最

高不超过保价额。

（二）未按保价运输承运的，按照实际损失赔偿，但最高不超过国务院铁路主管部门规定的赔偿限额；如果损失是由于铁路运输企业的故意或者重大过失造成的，不适用赔偿限额的规定，按照实际损失赔偿。

检视程式

（一）请求权已产生

1.责任成立

（1）铁路货物运输合同成立且无效力障碍

（2）货物毁损/灭失

铁路运输企业逾期30日仍未将货物、包裹、行李交付收货人或者旅客的，托运人、收货人或者旅客有权按货物、包裹、行李灭失向铁路运输企业要求赔偿：铁路法16.2

（3）自接受承运时起到交付时止发生

（4）权利未发生的抗辩：铁路法18

①不可抗力

②货物本身的自然属性/合理损耗

③托运人/收货人过错

2.责任范围

（1）损害：铁路损害解释1

（2）责任范围因果关系

①抗辩：可预见性，第584条但书+合同通则解释63.1—63.2

②抗辩：合同目的限制

（3）抗辩：违反减损义务，第591条第1款

（4）抗辩：受领迟延利息请求权未产生，第589条第2款

（5）保价货物损失的赔偿：铁路损害解释2—3，5

（6）保险货物损失的赔偿：铁路损害解释4—5

（二）请求权未消灭

1.债的一般消灭事由：第557条第1款

2.损益相抵：合同通则解释63.3

（三）请求权可行使

时效抗辩权：第192条第1款

说　明

铁路运输造成的财产损害侵权责任纠纷，援用"铁路运输财产损害责任纠纷案由"。

竞合提示

可能与侵权损害赔偿请求权产生竞合。

托运人诉请二：逾期交付违约金＋损害赔偿

请求权基础

第585条第3款
当事人就迟延履行约定违约金的，违约方支付违约金后，还应当履行债务。

铁路损害解释7
货物、包裹、行李逾期交付，如果是因铁路逾期运到造成的，由铁路运输企业支付逾期违约金；如果是因收货人或旅客逾期领取造成的，由收货人或旅客支付保管费；既因逾期运到又因收货人或旅客逾期领取造成的，由双方各自承担相应的责任。

铁路逾期运到并且发生损失时，铁路运输企业除支付逾期违约金外，还应当赔偿损失。对收货人或者旅客逾期领取，铁路运输企业在代保管期间因保管不当造成损失的，由铁路运输企业赔偿。

检视程式

（一）请求权已产生
1. 责任成立
（1）铁路货物运输合同成立且无效力障碍
（2）逾期交付
（3）抗辩：逾期领取
（4）抗辩：与有过失
2. 责任范围
（1）违约金＋迟延损害
（2）责任范围因果关系
（3）抗辩：违反减损义务，第591条第1款
（4）抗辩：受领迟延利息请求权未产生，第589条第2款
（二）请求权未消灭
1. 债的一般消灭事由：第557条第1款
2. 损益相抵：合同通则解释63.3
（三）请求权可行使
1. 同时履行抗辩权：第525条＋合同通则解释31
2. 时效抗辩权：第192条第1款

第四十一节　铁路旅客运输合同纠纷（4级案由）

案由特别主张与诉请	一、旅客主张承运人履行运输义务 　　旅客诉请：承运人履行运输义务 二、承运人主张旅客支付票款 　　承运人诉请：旅客支付票款 三、主张基于客运合同的其他请求权 　　承运人诉请：旅客补交票款 　　旅客诉请一：改乘/退票 　　旅客诉请二：退票/减收票款 　　旅客诉请三：迟延赔偿 　　旅客诉请四：伤亡赔偿 　　旅客诉请五：随身携带物品损害赔偿
说　明	1. 检视程式参见本章第二十九节运输合同纠纷。 2. 注意《铁路法》《铁路损害解释》的相关规范。 3. 铁路运输造成的人身损害侵权责任纠纷，援用"铁路运输人身损害责任纠纷案由"。
竞合提示	可能与侵权损害赔偿请求权产生竞合。

第四十二节　铁路行李运输合同纠纷（4级案由）

案由特别主张与诉请 铁路行李运输合同程式	旅客主张铁路运输企业承担责任 　　旅客诉请一：赔偿行李损害 　　旅客诉请二：逾期交付行李的违约金+损害赔偿
说　明	1. 检视程式参见本章第四十节铁路货物运输合同纠纷。 2. 铁路运输造成的财产损害侵权责任纠纷，援用"铁路运输财产损害责任纠纷案由"。
竞合提示	可能与侵权损害赔偿请求权产生竞合。

第四十三节 铁路包裹运输合同纠纷（4级案由）

案由特别主张与诉请 铁路包裹运输合同程式	托运人主张铁路运输企业赔偿损害 　　托运人诉请一：赔偿包裹损失 　　托运人诉请二：逾期交付违约金+损害赔偿
说　明	1. 检视程式参见本章第四十节铁路货物运输合同纠纷。 2. 铁路运输造成的财产损害侵权责任纠纷，援用"铁路运输财产损害责任纠纷案由"。
竞合提示	可能与侵权损害赔偿请求权产生竞合。

第四十四节 保管合同纠纷

| 合同一般主张与诉请在保管合同的适用参引程式 | 一、主张保管合同有效
　　诉请：确认保管合同有效
　　案由：确认合同有效纠纷
　　检视程式：参见第一章第一节确认合同有效纠纷
二、主张保管合同无效
　　诉请：确认保管合同无效
　　案由：确认合同无效纠纷
　　检视程式：参见第一章第二节确认合同无效纠纷
三、主张撤销保管合同
　　诉请：撤销保管合同
　　案由：保管合同纠纷
　　检视程式：参见第二章第一节"一、主张撤销合同"
四、主张合同不成立/无效/被撤销后的返还/补偿
　　诉请：合同不成立/无效/被撤销的不当得利返还/折价补偿
　　案由：不当得利纠纷①
　　检视程式：参见第五章第二节"一、主张法律行为不成立/无效/被撤销后的返还/折价补偿"
五、主张缔约过失责任
　　诉请一：违反先合同义务的损害赔偿
　　诉请二：违反附随义务的缔约过失损害赔偿
　　诉请三：违反报批义务的损害赔偿 |

---

① 若认为第157条第1句所涉并非不当得利返还请求权，则该诉请应适用"合同纠纷"项下的案由。

续表

	诉请四：违反报批义务的违约金
	诉请五：违反报批义务的定金双倍返还
	案由：缔约过失责任纠纷（定金适用定金合同纠纷）
	检视程式：参见第一章第三节缔约过失责任纠纷（定金参见第一章第五节定金合同纠纷）
	六、主张保管预约的履行/违反预约的违约责任
	诉请一：订立保管合同
	诉请二：违反预约的损害赔偿/违约金/双倍返还定金
	案由：预约合同纠纷（定金适用定金合同纠纷）
	检视程式：参见第一章第四节预约合同纠纷（定金参见第一章第五节定金合同纠纷）
	七、被代理人主张违反代理职责的代理人赔偿损害
	被代理人诉请：代理人赔偿损害
	案由：保管合同纠纷
	检视程式：参见第二章第一节"二、被代理人主张违反代理职责的代理人赔偿损害"
	八、被代理人主张代理人与相对人承担连带责任
	被代理人诉请：代理人与相对人承担连带责任
	案由：保管合同纠纷
	检视程式：参见第二章第一节"三、被代理人主张代理人与相对人承担连带责任"
	九、相对人主张违法代理的被代理人与代理人承担连带责任
	相对人诉请：被代理人与代理人承担连带责任
	案由：保管合同纠纷
	检视程式：参见第二章第一节"四、相对人主张违法代理的被代理人与代理人承担连带责任"
	十、相对人主张无权代理人履行/赔偿损害
	相对人诉请一：无权代理人履行
	相对人诉请二：无权代理人赔偿损害
	案由：保管合同纠纷
	检视程式：参见第二章第一节"五、相对人主张无权代理人履行/赔偿损害"
	十一、主张对方承担违约责任
	诉请一：违约损害赔偿
	诉请二：支付违约金
	诉请三：双倍返还定金

案由：保管合同纠纷（定金适用定金合同纠纷）
检视程式：参见第二章第一节"七、主张对方承担违约责任"（定金参见第一章第五节定金合同纠纷）

十二、主张解除合同
　　诉请一：确认合同已合意解除
　　诉请二：确认已行使/依诉行使意定解除权
　　诉请三：确认已行使/依诉行使法定解除权
　　诉请四：申请司法解除
　　诉请五：申请因情事变更解除
　　诉请六：解除合同＋恢复原状（返还）/采取其他补救措施/赔偿损失
　　案由：保管合同纠纷
　　检视程式：参见第二章第一节"八、主张解除合同"

十三、主张合同未解除
　　诉请：确认合同未解除
　　案由：保管合同纠纷
　　检视程式：参见第二章第一节"九、主张合同未解除"

十四、债权人主张债务人承担的费用
　　诉请一：提前履行增加的费用
　　诉请二：部分履行增加的费用
　　诉请三：主债权及利息的实现费用
　　诉请四：第三人替代履行的费用
　　诉请五：防止损失扩大的费用
　　案由：保管合同纠纷
　　检视程式：参见第二章第一节"十、债权人主张债务人承担的费用"

十五、债务人主张债权人承担的费用
　　诉请一：提存费用
　　诉请二：受领迟延的费用
　　案由：保管合同纠纷
　　检视程式：参见第二章第一节"十一、债务人主张债权人承担的费用"

十六、主张后合同义务履行请求权
　　诉请：履行后合同义务
　　案由：保管合同纠纷
　　检视程式：参见第二章第一节"十二、主张后合同义务履行请求权"

十七、主张违反后合同义务的损害赔偿
　　诉请：违反后合同义务的损害赔偿
　　案由：保管合同纠纷
　　检视程式：参见第二章第一节"十三、主张违反后合同义务的损害赔偿"

续表

确认合同无效纠纷案由在保管合同的适用 保管合同程式	保管合同的特别无效事由： 　　不成立事由：未交付保管物，第890条
案由特别主张与诉请 保管合同程式	一、主张保管合同履行请求权 　　保管人诉请一：寄存人支付保管费 　　保管人诉请二：寄存人领取保管物 　　寄存人诉请一：保管人返还保管物+孳息 　　寄存人诉请二：保管人出具保管凭证 二、主张对方承担违约责任 　　保管人诉请：寄存人承担违约责任 　　寄存人诉请：保管人承担违约责任

一、主张保管合同履行请求权

保管人诉请一：寄存人支付保管费

请求权基础

第889条第1款

寄存人应当按照约定向保管人支付保管费。

检视程式

（一）请求权已产生

1.保管合同成立且无效力障碍

保管合同的定义：第888条

保管合同的要物性：第890条

2.有偿保管

无偿保管：第889条第2款

3.保管期限：第902条

（二）请求权未消灭

1.合同已解除：第557条第2款

2.解除条件成就：第158条第3句、第159条

3.终止期限届满：第160条第3句

4.债的一般消灭事由：第557条第1款

（三）请求权可行使

1.履行抗辩权：合同通则解释31

（1）同时履行抗辩权：第525条、第902条第2款

（2）先履行抗辩权：第526条
（3）不安履行抗辩权：第527条第1款
2.时效抗辩权：第192条第1款

保管人诉请二：寄存人领取保管物

请求权基础

第899条第2款第1分句
当事人对保管期限没有约定或者约定不明确的，保管人可以随时请求寄存人领取保管物……

检视程式

（一）请求权已产生
1.保管合同成立且无效力障碍
保管合同的定义：第888条
保管合同的要物性：第890条
2.未明确约定保管期限

（二）请求权未消灭
1.合同已解除：第557条第2款
2.债的一般消灭事由：第557条第1款

（三）请求权可行使
时效抗辩权：第192条第1款

寄存人诉请一：保管人返还保管物+孳息

请求权基础

第896条第1款
第三人对保管物主张权利的，除依法对保管物采取保全或者执行措施外，保管人应当履行向寄存人返还保管物的义务。

第899条第1款
寄存人可以随时领取保管物。

第900条
保管期限届满或者寄存人提前领取保管物的，保管人应当将原物及其孳息归还寄存人。

检视程式

（一）请求权已产生
1.保管合同成立且无效力障碍
保管合同的定义：第888条

保管合同的要物性：第890条

2.返还的前提

（1）第三人对保管物主张权利：第896条第1款

（2）保管期限届满：第900条

（3）随时领取：第899条第1款

3.可替代物的返还：第901条

（二）请求权未消灭

1.合同已解除：第557条第2款

2.给付不能：第580条第1款但书第1—2项

3.债的一般消灭事由：第557条第1款

（三）请求权可行使

1.留置权：第903条

2.履行抗辩权：合同通则解释31

（1）同时履行抗辩权：第525条

（2）先履行抗辩权：第526条

（3）不安履行抗辩权：第527条第1款

3.时效抗辩权：第192条第1款

寄存人诉请二：保管人出具保管凭证

请求权基础

第891条主文→

第891条

寄存人向保管人交付保管物的，保管人应当出具保管凭证，但是另有交易习惯的除外。

检视程式

（一）请求权已产生

保管合同成立且无效力障碍

保管合同的定义：第888条

保管合同的要物性：第890条

（二）请求权未消灭

1.合同已解除：第557条第2款

2.解除条件成就：第158条第3句、第159条

3.终止期限届满：第160条第3句

4.已出具

5.免除

（三）请求权可行使

1.履行抗辩权：合同通则解释31

（1）同时履行抗辩权：第525条

（2）先履行抗辩权：第526条

（3）不安履行抗辩权：第527条第1款

2.时效抗辩权：第192条第1款

二、主张对方承担违约责任

保管人诉请：寄存人承担违约责任

请求权基础

第893条

寄存人交付的保管物有瑕疵或者根据保管物的性质需要采取特殊保管措施的，寄存人应当将有关情况告知保管人。寄存人未告知，致使保管物受损失的，保管人不承担赔偿责任；保管人因此受损失的，除保管人知道或者应当知道且未采取补救措施外，寄存人应当承担赔偿责任。

检视程式

（一）请求权已产生

1.责任成立

（1）保管合同成立且无效力障碍

保管合同的定义：第888条

保管合同的要物性：第890条

（2）寄存人违反告知义务

（3）抗辩：保管人知道/应知＋未采取补救措施

2.责任范围

（1）损害：第584条主文＋合同通则解释60—62

（2）责任范围因果关系

①抗辩：可预见性，第584条但书＋合同通则解释63.1—63.2

②抗辩：合同目的限制

（3）抗辩：违反减损义务，第591条第1款

（4）抗辩：受领迟延利息请求权未产生，第589条第2款

（二）请求权未消灭

1.债的一般消灭事由：第557条第1款

2.损益相抵：合同通则解释63.3

（三）请求权可行使

1.同时履行抗辩权：第525条＋合同通则解释31

2.时效抗辩权：第192条第1款

寄存人诉请：保管人承担违约责任

请求权基础

第577条

当事人一方不履行合同义务或者履行合同义务不符合约定的，应当承担继续履行、采取补救措施或者赔偿损失等违约责任。

第894条第2款

保管人违反前款规定，将保管物转交第三人保管，造成保管物损失的，应当承担赔偿责任。

第897条主文→

第897条

保管期内，因保管人保管不善造成保管物毁损、灭失的，保管人应当承担赔偿责任。但是，无偿保管人证明自己没有故意或者重大过失的，不承担赔偿责任。

检视程式

（一）请求权已产生

1.责任成立

（1）保管合同成立且无效力障碍

保管合同的定义：第888条

保管合同的要物性：第890条

（2）保管人履行障碍

①违反亲自保管义务：第894条

②使用/许可第三人使用保管物：第895条

③违反妥善保管义务：第892条

A.有偿保管人+保管物毁损/灭失+保管不善

B.无偿保管人+保管物毁损/灭失+故意/重大过失

C.保管不善的否认事由

a.不可抗力，第590条

b.第三人原因，第593条第1句

（3）抗辩：与有过失，第592条第2款

寄存人违反声明义务→按一般物品赔偿：第898条

2.责任范围

（1）损害：第584条主文+合同通则解释60—62

（2）责任范围因果关系

①抗辩：可预见性，第584条但书+合同通则解释63.1—63.2

②抗辩：合同目的限制

（3）抗辩：违反减损义务，第591条第1款

（4）抗辩：受领迟延利息请求权未产生，第589条第2款

（二）请求权未消灭
1. 债的一般消灭事由：第557条第1款
2. 损益相抵：合同通则解释63.3

（三）请求权可行使
1. 同时履行抗辩权：第525条＋合同通则解释31
2. 时效抗辩权：第192条第1款

第四十五节　仓储合同纠纷

合同一般主张 与诉请 在仓储合同的 适用 参引程式	一、主张仓储合同有效 　　诉请：确认仓储合同有效 　　案由：确认合同有效纠纷 　　检视程式：参见第一章第一节确认合同有效纠纷 二、主张仓储合同无效 　　诉请：确认仓储合同无效 　　案由：确认合同无效纠纷 　　检视程式：参见第一章第二节确认合同无效纠纷 三、主张撤销仓储合同 　　诉请：撤销仓储合同 　　案由：仓储合同纠纷 　　检视程式：参见第二章第一节"一、主张撤销合同" 四、主张合同不成立/无效/被撤销后的返还/补偿 　　诉请：合同不成立/无效/被撤销的不当得利返还/折价补偿 　　案由：不当得利纠纷[①] 　　检视程式：参见第五章第二节"一、主张法律行为不成立/无效/被 　　　　　　　撤销后的返还/折价补偿" 五、主张缔约过失责任 　　诉请一：违反先合同义务的损害赔偿 　　诉请二：违反附随义务的缔约过失损害赔偿 　　诉请三：违反报批义务的损害赔偿 　　诉请四：违反报批义务的违约金 　　诉请五：违反报批义务的定金双倍返还 　　案由：缔约过失责任纠纷（定金适用定金合同纠纷） 　　检视程式：参见第一章第三节缔约过失责任纠纷（定金参见第一章 　　　　　　　第五节定金合同纠纷）

[①] 若认为第157条第1句所涉并非不当得利返还请求权，则该诉请应适用"合同纠纷"项下的案由。

	六、主张仓储预约的履行/违反预约的违约责任 　　诉请一：订立仓储合同 　　诉请二：违反预约的损害赔偿/违约金/双倍返还定金 　　案由：预约合同纠纷（定金适用定金合同纠纷） 　　检视程式：参见第一章第四节预约合同纠纷（定金参见第一章第五节定金合同纠纷） 七、被代理人主张违反代理职责的代理人赔偿损害 　　被代理人诉请：代理人赔偿损害 　　案由：仓储合同纠纷 　　检视程式：参见第二章第一节"二、被代理人主张违反代理职责的代理人赔偿损害" 八、被代理人主张代理人与相对人承担连带责任 　　被代理人诉请：代理人与相对人承担连带责任 　　案由：仓储合同纠纷 　　检视程式：参见第二章第一节"三、被代理人主张代理人与相对人承担连带责任" 九、相对人主张违法代理的被代理人与代理人承担连带责任 　　相对人诉请：被代理人与代理人承担连带责任 　　案由：仓储合同纠纷 　　检视程式：参见第二章第一节"四、相对人主张违法代理的被代理人与代理人承担连带责任" 十、相对人主张无权代理人履行/赔偿损害 　　相对人诉请一：无权代理人履行 　　相对人诉请二：无权代理人赔偿损害 　　案由：仓储合同纠纷 　　检视程式：参见第二章第一节"五、相对人主张无权代理人履行/赔偿损害" 十一、主张对方承担违约责任 　　　诉请一：违约损害赔偿 　　　诉请二：支付违约金 　　　诉请三：双倍返还定金 　　　案由：仓储合同纠纷（定金适用定金合同纠纷） 　　　检视程式：参见第二章第一节"七、主张对方承担违约责任"（定金参见第一章第五节定金合同纠纷） 十二、主张解除合同 　　　诉请一：确认合同已合意解除

续表

	诉请二：确认已行使/依诉行使意定解除权
	诉请三：确认已行使/依诉行使法定解除权
	诉请四：申请司法解除
	诉请五：申请因情事变更解除
	诉请六：解除合同+恢复原状（返还）/采取其他补救措施/赔偿损失
	案由：仓储合同纠纷
	检视程式：参见第二章第一节"八、主张解除合同"
	十三、主张合同未解除
	诉请：确认合同未解除
	案由：仓储合同纠纷
	检视程式：参见第二章第一节"九、主张合同未解除"
	十四、债权人主张债务人承担的费用
	诉请一：提前履行增加的费用
	诉请二：部分履行增加的费用
	诉请三：主债权及利息的实现费用
	诉请四：第三人替代履行的费用
	诉请五：防止损失扩大的费用
	案由：仓储合同纠纷
	检视程式：参见第二章第一节"十、债权人主张债务人承担的费用"
	十五、债务人主张债权人承担的费用
	诉请一：提存费用
	诉请二：受领迟延的费用
	案由：仓储合同纠纷
	检视程式：参见第二章第一节"十一、债务人主张债权人承担的费用"
	十六、主张后合同义务履行请求权
	诉请：履行后合同义务
	案由：仓储合同纠纷
	检视程式：参见第二章第一节"十二、主张后合同义务履行请求权"
	十七、主张违反后合同义务的损害赔偿
	诉请：违反后合同义务的损害赔偿
	案由：仓储合同纠纷
	检视程式：参见第二章第一节"十三、主张违反后合同义务的损害赔偿"

续表

案由特别主张与诉请仓储合同程式	一、主张仓储合同履行请求权 　　存货人诉请：保管人出具仓单等凭证 　　存货人/仓单持有人诉请：提取仓储物 　　保管人诉请：存货人/仓单持有人提取仓储物 二、主张对方承担违约责任 　　存货人诉请：保管人承担赔偿责任 　　保管人诉请一：加收仓储费 　　保管人诉请二：存货人负担费用
说　明	无特别规定之处，仓储适用保管规则：第918条

一、主张仓储合同履行请求权

存货人诉请：保管人出具仓单等凭证

请求权基础

第908条
存货人交付仓储物的，保管人应当出具仓单、入库单等凭证。

检视程式

（一）请求权已产生

1.仓储合同成立且无效力障碍
仓储合同的定义：第904条
仓储合同的诺成性：第905条
2.存货人交付仓储物
保管人拒收权：第906条第2款
3.仓单的内容：第909条

（二）请求权未消灭

1.合同已解除：第557条第2款
2.解除条件成就：第158条第3句、第159条
3.终止期限届满：第160条第3句
4.已出具
5.免除

（三）请求权可行使

1.履行抗辩权：合同通则解释31
（1）同时履行抗辩权：第525条
（2）先履行抗辩权：第526条
（3）不安履行抗辩权：第527条第1款

2.时效抗辩权：第192条第1款

存货人/仓单持有人诉请：提取仓储物

请求权基础

第914条
当事人对储存期限没有约定或者约定不明确的，存货人或者仓单持有人可以随时提取仓储物，保管人也可以随时请求存货人或者仓单持有人提取仓储物，但是应当给予必要的准备时间。

第915条第1句
储存期限届满，存货人或者仓单持有人应当凭仓单、入库单等提取仓储物。

检视程式

（一）请求权已产生
1.仓储合同成立且无效力障碍
仓储合同的定义：第904条
仓储合同的诺成性：第905条
2.出示仓单等凭证：第910条
3.储存期限届满：第915条第1句
4.未明确约定储存期限→随时提取+必要准备时间：第914条

（二）请求权未消灭
1.合同已解除：第557条第2款
2.给付不能：第580条第1款但书第1—2项
3.债的一般消灭事由：第557条第1款
催告+提存：第916条

（三）请求权可行使
1.留置权：第918条+第903条
2.履行抗辩权：合同通则解释31
（1）同时履行抗辩权：第525条
（2）先履行抗辩权：第526条
（3）不安履行抗辩权：第527条第1款
3.时效抗辩权：第192条第1款

保管人诉请：存货人/仓单持有人提取仓储物

请求权基础

第914条
当事人对储存期限没有约定或者约定不明确的，存货人或者仓单持有人可以随时提取仓储物，保管人也可以随时请求存货人或者仓单持有人提取仓储物，但是应当给予必要的准备时间。

检视程式

（一）请求权已产生
1.仓储合同成立且无效力障碍
仓储合同的定义：第904条
仓储合同的诺成性：第905条
2.未明确约定仓储期限

（二）请求权未消灭
1.合同已解除：第557条第2款
2.债的一般消灭事由：第557条第1款

（三）请求权可行使
时效抗辩权：第192条第1款

二、主张对方承担违约责任

存货人诉请：保管人承担赔偿责任

请求权基础

第577条后半句第3种情形→
第577条
　　当事人一方不履行合同义务或者履行合同义务不符合约定的，应当承担继续履行、采取补救措施或者赔偿损失等违约责任。
第907条第3句
　　保管人验收后，发生仓储物的品种、数量、质量不符合约定的，保管人应当承担赔偿责任。
第917条第1句
　　储存期内，因保管不善造成仓储物毁损、灭失的，保管人应当承担赔偿责任。

检视程式

（一）请求权已产生
1.责任成立
（1）仓储合同成立且无效力障碍
仓储合同的定义：第904条
仓储合同的诺成性：第905条
（2）保管人履行障碍
①保管人违反验收+通知义务：第907条
②保管人违反催告/通知义务：第912—913条
③保管不善+仓储物毁损/灭失：第917条

保管不善的否认事由

A.因仓储物本身的自然性质、包装不符合约定或者超过有效储存期造成仓储物变质、损坏，第917条第2句

B.不可抗力，第590条

C.第三人原因，第593条第1句

（3）抗辩：与有过失，第592条第2款

违反说明义务：第906条第1款

2.责任范围

（1）损害：第584条主文＋合同通则解释60—62

（2）责任范围因果关系

①抗辩：可预见性，第584条但书＋合同通则解释63.1—63.2

②抗辩：合同目的限制

（3）抗辩：违反减损义务，第591条第1款

（4）抗辩：受领迟延利息请求权未产生，第589条第2款

（二）请求权未消灭

1.债的一般消灭事由：第557条第1款

2.损益相抵：合同通则解释63.3

（三）请求权可行使

1.同时履行抗辩权：第525条＋合同通则解释31

2.时效抗辩权：第192条第1款

保管人诉请一：加收仓储费

请求权基础

第915条第2句第1分句

存货人或者仓单持有人逾期提取的，应当加收仓储费……

检视程式

（一）请求权已产生

1.仓储合同成立且无效力障碍

仓储合同的定义：第904条

仓储合同的诺成性：第905条

2.存货人/仓单持有人逾期提取

（二）请求权未消灭

1.合同已解除：第557条第2款

2.债的一般消灭事由：第557条第1款

（三）请求权可行使

1.同时履行抗辩权：第525条＋合同通则解释31

2.时效抗辩权：第192条第1款

保管人诉请二：存货人负担费用

请求权基础

第906条第2款→
第906条第1—2款

储存易燃、易爆、有毒、有腐蚀性、有放射性等危险物品或者易变质物品的，存货人应当说明该物品的性质，提供有关资料。

存货人违反前款规定的，保管人可以拒收仓储物，也可以采取相应措施以避免损失的发生，因此产生的费用由存货人负担。

检视程式

（一）请求权已产生
1.仓储合同成立且无效力障碍
仓储合同的定义：第904条
仓储合同的诺成性：第905条
2.存货人违反说明+资料提供义务：第906条第1款
3.保管人采取减损措施
4.因此产生费用
（二）请求权未消灭
1.合同已解除：第557条第2款
2.债的一般消灭事由：第557条第1款
（三）请求权可行使
1.同时履行抗辩权：第525条+合同通则解释31
2.时效抗辩权：第192条第1款

第四十六节　委托合同纠纷

合同一般主张与诉请在委托合同的适用参引程式	一、主张委托合同有效 　诉请：确认委托合同有效 　案由：确认合同有效纠纷 　检视程式：参见第一章第一节确认合同有效纠纷 二、主张委托合同无效 　诉请：确认委托合同无效 　案由：确认合同无效纠纷 　检视程式：参见第一章第二节确认合同无效纠纷

三、主张撤销委托合同

    诉请：撤销委托合同

    案由：委托合同纠纷

    检视程式：参见第二章第一节"一、主张撤销合同"

四、主张合同不成立/无效/被撤销后的返还/补偿

    诉请：合同不成立/无效/被撤销的不当得利返还/折价补偿

    案由：不当得利纠纷[①]

    检视程式：参见第五章第二节"一、主张法律行为不成立/无效/被撤销后的返还/折价补偿"

五、主张缔约过失责任

    诉请一：违反先合同义务的损害赔偿

    诉请二：违反附随义务的缔约过失损害赔偿

    诉请三：违反报批义务的损害赔偿

    诉请四：违反报批义务的违约金

    诉请五：违反报批义务的定金双倍返还

    案由：缔约过失责任纠纷（定金适用定金合同纠纷）

    检视程式：参见第一章第三节缔约过失责任纠纷（定金参见第一章第五节定金合同纠纷）

六、主张委托预约的履行/违反预约的违约责任

    诉请一：订立委托合同

    诉请二：违反预约的损害赔偿/违约金/双倍返还定金

    案由：预约合同纠纷（定金适用定金合同纠纷）

    检视程式：参见第一章第四节预约合同纠纷（定金参见第一章第五节定金合同纠纷）

七、被代理人主张违反代理职责的代理人赔偿损害

    被代理人诉请：代理人赔偿损害

    案由：委托合同纠纷

    检视程式：参见第二章第一节"二、被代理人主张违反代理职责的代理人赔偿损害"

八、被代理人主张代理人与相对人承担连带责任

    被代理人诉请：代理人与相对人承担连带责任

    案由：委托合同纠纷

    检视程式：参见第二章第一节"三、被代理人主张代理人与相对人承担连带责任"

[①] 若认为第157条第1句所涉并非不当得利返还请求权，则该诉请应适用"合同纠纷"项下的案由。

续表

九、相对人主张违法代理的被代理人与代理人承担连带责任
　　相对人诉请：被代理人与代理人承担连带责任
　　案由：委托合同纠纷
　　检视程式：参见第二章第一节"四、相对人主张违法代理的被代理
　　　　　　　人与代理人承担连带责任"

十、相对人主张无权代理人履行/赔偿损害
　　相对人诉请一：无权代理人履行
　　相对人诉请二：无权代理人赔偿损害
　　案由：委托合同纠纷
　　检视程式：参见第二章第一节"五、相对人主张无权代理人履行/赔
　　　　　　　偿损害"

十一、主张对方承担违约责任
　　诉请一：违约损害赔偿
　　诉请二：支付违约金
　　诉请三：双倍返还定金
　　案由：委托合同纠纷（定金适用定金合同纠纷）
　　检视程式：参见第二章第一节"七、主张对方承担违约责任"（定
　　　　　　　金参见第一章第五节定金合同纠纷）

十二、债权人主张债务人承担的费用
　　诉请一：提前履行增加的费用
　　诉请二：部分履行增加的费用
　　诉请三：主债权及利息的实现费用
　　诉请四：防止损失扩大的费用
　　案由：委托合同纠纷
　　检视程式：参见第二章第一节"十、债权人主张债务人承担的费用"

十三、债务人主张债权人承担的费用
　　诉请一：提存费用
　　诉请二：受领迟延的费用
　　案由：委托合同纠纷
　　检视程式：参见第二章第一节"十一、债务人主张债权人承担的费用"

十四、主张后合同义务履行请求权
　　诉请：履行后合同义务
　　案由：委托合同纠纷
　　检视程式：参见第二章第一节"十二、主张后合同义务履行请求权"

十五、主张违反后合同义务的损害赔偿
　　诉请：违反后合同义务的损害赔偿

	案由：委托合同纠纷 检视程式：参见第二章第一节"十三、主张违反后合同义务的损害赔偿"

案由特别主张
与诉请
委托合同程式
	一、主张委托合同履行请求权
	   受托人诉请一：委托人预付/偿还费用+利息
	   受托人诉请二：委托人支付报酬
	   委托人诉请一：受托人移交委托利益
	   委托人诉请二：受托人继续处理事务
	   委托人诉请三：受托人继承人等采取必要措施
	二、主张对方承担违约责任
	   受托人诉请一：委托人支付相应报酬
	   受托人诉请二：委托人赔偿因处理事务受到的损失
	   受托人诉请三：委托人赔偿委托第三人的损失
	   受托人诉请四：委托人赔偿违约损害
	   委托人诉请一：受托人赔偿违约损害
	   委托人诉请二：受托人披露第三人
	   委托人诉请三：行使受托人对第三人的权利
	   第三人诉请一：受托人披露委托人
	   第三人诉请二：选择受托人作为相对人主张权利
	   第三人诉请三：选择委托人作为相对人主张权利
	三、主张已行使/依诉行使委托合同任意解除权
	   诉请：确认已行使/依诉行使委托合同任意解除权
	四、主张解除方赔偿解除造成的损失
	   诉请：解除方赔偿解除造成的损失

一、主张委托合同履行请求权

受托人诉请一：委托人预付/偿还费用+利息

请求权基础

第921条

委托人应当预付处理委托事务的费用。受托人为处理委托事务垫付的必要费用，委托人应当偿还该费用并支付利息。

检视程式

（一）请求权已产生

1. 委托合同成立且无效力障碍

委托合同的定义：第919条
委托类型：第920条
2.处理委托事务需要费用/受托人垫付必要费用
（二）请求权未消灭
1.合同已解除：第557条第2款
2.解除条件成就：第158条第3句、第159条
3.终止期限届满：第160条第3句
4.债的一般消灭事由：第557条第1款
（三）请求权可行使
时效抗辩权：第192条第1款

受托人诉请二：委托人支付报酬

请求权基础

第928条第1款

受托人完成委托事务的，委托人应当按照约定向其支付报酬。

检视程式

（一）请求权已产生
1.委托合同成立且无效力障碍
委托合同的定义：第919条
委托类型：第920条
2.受托人完成委托事务
（二）请求权未消灭
1.合同已解除：第557条第2款
2.解除条件成就：第158条第3句、第159条
3.终止期限届满：第160条第3句
4.债的一般消灭事由：第557条第1款
（三）请求权可行使
1.先履行抗辩权：第526条，合同通则解释31.3
2.时效抗辩权：第192条第1款

委托人诉请一：受托人移交委托利益

请求权基础

第927条

受托人处理委托事务取得的财产，应当转交给委托人。

检视程式

（一）请求权已产生
1.委托合同成立且无效力障碍
委托合同的定义：第919条
委托类型：第920条
2.受托人处理委托事务取得财产
3.连带责任：第932条

（二）请求权未消灭
1.合同已解除：第557条第2款
2.解除条件成就：第158条第3句、第159条
3.终止期限届满：第160条第3句
4.给付不能：第580条第1款但书第1—2项
5.债的一般消灭事由：第557条第1款

（三）请求权可行使
1.同时履行抗辩权：第525条＋合同通则解释31
2.时效抗辩权：第192条第1款

委托人诉请二：受托人继续处理事务

请求权基础

第935条

因委托人死亡或者被宣告破产、解散，致使委托合同终止将损害委托人利益的，在委托人的继承人、遗产管理人或者清算人承受委托事务之前，受托人应当继续处理委托事务。

检视程式

（一）请求权已产生
1.委托合同成立且无效力障碍
委托合同的定义：第919条
委托类型：第920条
2.委托人死亡或者被宣告破产、解散
3.委托合同终止将损害委托人利益
4.连带责任：第932条

（二）请求权未消灭
1.合同已解除：第557条第2款
2.解除条件成就：第158条第3句、第159条
3.终止期限届满：第160条第3句
4.给付不能：第580条第1款但书第1—2项

5.委托人的继承人、遗产管理人或者清算人已承受委托事务
（三）请求权可行使
1.履行抗辩权：第525条—第527条第1款+合同通则解释31
2.时效抗辩权：第192条第1款

委托人诉请三：受托人继承人等采取必要措施

请求权基础

第936条第2句→
第936条

因受托人死亡、丧失民事行为能力或者被宣告破产、解散，致使委托合同终止的，受托人的继承人、遗产管理人、法定代理人或者清算人应当及时通知委托人。因委托合同终止将损害委托人利益的，在委托人作出善后处理之前，受托人的继承人、遗产管理人、法定代理人或者清算人应当采取必要措施。

检视程式

（一）请求权已产生
1.委托合同成立且无效力障碍
委托合同的定义：第919条
委托类型：第920条
2.受托人死亡、丧失民事行为能力或者被宣告破产、解散
3.委托合同终止将损害委托人利益
（二）请求权未消灭
1.合同已解除：第557条第2款
2.解除条件成就：第158条第3句、第159条
3.终止期限届满：第160条第3句
4.给付不能：第580条第1款但书第1—2项
5.委托人已作出善后处理
（三）请求权可行使
1.履行抗辩权：第525条—第527条第1款+合同通则解释31
2.时效抗辩权：第192条第1款

二、主张对方承担违约责任

受托人诉请一：委托人支付相应报酬

请求权基础

第928条第2款

因不可归责于受托人的事由，委托合同解除或者委托事务不能完成的，委托人应当向受托人支付相应的报酬。当事人另有约定的，按照其约定。

检视程式

（一）请求权已产生
1. 委托合同成立且无效力障碍
委托合同的定义：第919条
委托类型：第920条
2. 委托合同解除/委托事务不能完成
3. 因不可归责于委托人的事由

（二）请求权未消灭
债的一般消灭事由：第557条第1款

（三）请求权可行使
1. 履行抗辩权：第525条—第527条第1款+合同通则解释31
2. 时效抗辩权：第192条第1款

受托人诉请二：委托人赔偿因处理事务受到的损失

请求权基础

第930条

受托人处理委托事务时，因不可归责于自己的事由受到损失的，可以向委托人请求赔偿损失。

检视程式

（一）请求权已产生
1. 委托合同成立且无效力障碍
委托合同的定义：第919条
委托类型：第920条
2. 受托人处理委托事务+受到损失
3. 因不可归责于受托人的事由

（二）请求权未消灭
债的一般消灭事由：第557条第1款

（三）请求权可行使
时效抗辩权：第192条第1款

受托人诉请三：委托人赔偿委托第三人的损失

请求权基础

第931条

委托人经受托人同意，可以在受托人之外委托第三人处理委托事务。因此造成受托人损失的，受托人可以向委托人请求赔偿损失。

检视程式

（一）请求权已产生

1.委托合同成立且无效力障碍

委托合同的定义：第919条

委托类型：第920条

2.委托人委托第三人处理委托事务+经受托人同意

3.造成受托人损失

4.抗辩：不可抗力，第590条

5.抗辩：与有过失，第592条第2款

6.抗辩：第三人原因，第593条第1句

（二）请求权未消灭

债的一般消灭事由：第557条第1款

（三）请求权可行使

时效抗辩权：第192条第1款

受托人诉请四：委托人赔偿违约损害

请求权基础

第577条后半句第3种情形→

第577条

当事人一方不履行合同义务或者履行合同义务不符合约定的，应当承担继续履行、采取补救措施或者赔偿损失等违约责任。

检视程式

（一）请求权已产生

1.责任成立

（1）委托合同成立且无效力障碍

委托合同的定义：第919条

委托类型：第920条

（2）委托人履行障碍

（3）抗辩：不可抗力，第590条

（4）抗辩：与有过失，第592条第2款

（5）抗辩：第三人原因，第593条第1句

2.责任范围

（1）损害：第584条主文+合同通则解释60—62

（2）责任范围因果关系

①抗辩：可预见性，第584条但书+合同通则解释63.1—63.2

②抗辩：合同目的限制

299

（3）抗辩：违反减损义务，第591条第1款
（4）抗辩：受领迟延利息请求权未产生，第589条第2款
（二）请求权未消灭
1.债的一般消灭事由：第557条第1款
2.损益相抵：合同通则解释63.3
（三）请求权可行使
1.同时履行抗辩权：第525条+合同通则解释31
2.时效抗辩权：第192条第1款

委托人诉请一：受托人赔偿违约损害

请求权基础

第929条

有偿的委托合同，因受托人的过错造成委托人损失的，委托人可以请求赔偿损失。无偿的委托合同，因受托人的故意或者重大过失造成委托人损失的，委托人可以请求赔偿损失。

受托人超越权限造成委托人损失的，应当赔偿损失。

检视程式

（一）请求权已产生
1.责任成立
（1）委托合同成立且无效力障碍
委托合同的定义：第919条
委托类型：第920条
（2）受托人履行障碍
①违反服从指示的义务：第922条
②违反亲自处理委托事务的义务：第923条
③违反报告义务：第924条
④违反移交委托利益的义务：第927条
⑤受托人超越权限
（3）主观要件
①有偿委托+受托人过错
②无偿委托+受托人故意/重大过失
③否认：不可抗力，第590条
④否认：第三人原因，第593条第1句
（4）与有过失，第592条第2款
2.责任范围
（1）损害：第584条主文+合同通则解释60—62

（2）责任范围因果关系
①抗辩：可预见性，第584条但书+合同通则解释63.1—63.2
②抗辩：合同目的限制
（3）抗辩：违反减损义务，第591条第1款
（4）抗辩：受领迟延利息请求权未产生，第589条第2款
（5）连带责任：第932条
（二）请求权未消灭
1.债的一般消灭事由：第557条第1款
2.损益相抵：合同通则解释63.3
（三）请求权可行使
1.同时履行抗辩权：第525条+合同通则解释31
2.时效抗辩权：第192条第1款

委托人诉请二：受托人披露第三人

请求权基础

第926条第2款

受托人因委托人的原因对第三人不履行义务，受托人应当向第三人披露委托人，第三人因此可以选择受托人或者委托人作为相对人主张其权利，但是第三人不得变更选定的相对人。

检视程式

（一）请求权已产生
1.委托合同成立且无效力障碍
委托合同的定义：第919条
委托类型：第920条
2.受托人以自己的名义与第三人订立合同+合同无效力障碍
3.第三人不知道受托人与委托人之间的委托关系
4.受托人因第三人的原因对委托人不履行义务
5.抗辩：第三人与受托人订立合同时如果知道该委托人就不会订立合同，第926条第1款但书
（二）请求权未消灭
已披露
（三）请求权可行使
时效抗辩权：第192条第1款

委托人诉请三：行使受托人对第三人的权利
请求权基础
第 926 条第 1 款第 1 句

受托人以自己的名义与第三人订立合同时，第三人不知道受托人与委托人之间的代理关系的，受托人因第三人的原因对委托人不履行义务，受托人应当向委托人披露第三人，委托人因此可以行使受托人对第三人的权利。

检视程式
（一）请求权已产生

1. 委托合同成立且无效力障碍

委托合同的定义：第 919 条

委托类型：第 920 条

2. 受托人以自己的名义与第三人订立合同+合同无效力障碍
3. 第三人不知道受托人与委托人之间的委托关系
4. 受托人因第三人的原因对委托人不履行义务
5. 受托人已向委托人披露第三人
6. 抗辩：第三人与受托人订立合同时如果知道该委托人就不会订立合同，第 926 条第 1 款但书
7. 抗辩：第三人可以向委托人主张其对受托人的权利产生抗辩，第 926 条第 3 款第 1 句

（二）请求权未消灭

第三人可以向委托人主张其对受托人的权利消灭抗辩：第 926 条第 3 款第 1 句

1. 合同已解除：第 557 条第 2 款
2. 给付不能：第 580 条第 1 款但书第 1—2 项
3. 债的一般消灭事由：第 557 条第 1 款
4. 损益相抵：合同通则解释 63.3

（三）请求权可行使

第三人可以向委托人主张其对受托人的权利行使抗辩权：第 926 条第 3 款第 1 句

1. 履行抗辩权：第 525 条—第 527 条第 1 款+合同通则解释 31
2. 时效抗辩权：第 192 条第 1 款

第三人诉请一：受托人披露委托人
请求权基础
第 926 条第 2 款

受托人因委托人的原因对第三人不履行义务，受托人应当向第三人披露委托人，第三人因此可以选择受托人或者委托人作为相对人主张其权利，但是第三人不得变

更选定的相对人。

检视程式

（一）请求权已产生

1.委托合同成立且无效力障碍

委托合同的定义：第919条

委托类型：第920条

2.受托人以自己的名义与第三人订立合同+合同无效力障碍

3.第三人不知道受托人与委托人之间的委托关系

4.受托人对第三人不履行义务

5.因委托人的原因

（二）请求权未消灭

已披露

（三）请求权可行使

时效抗辩权：第192条第1款

第三人诉请二：选择受托人作为相对人主张权利

请求权基础

第926条第1款第1句

受托人以自己的名义与第三人订立合同时，第三人不知道受托人与委托人之间的代理关系的，受托人因第三人的原因对委托人不履行义务，受托人应当向委托人披露第三人，委托人因此可以行使受托人对第三人的权利。

检视程式

（一）请求权已产生

1.委托合同成立且无效力障碍

委托合同的定义：第919条

委托类型：第920条

2.受托人以自己的名义与第三人订立合同+合同无效力障碍

3.第三人不知道受托人与委托人之间的委托关系

4.受托人对第三人不履行义务

5.因委托人的原因

6.受托人已向第三人披露委托人

（二）请求权未消灭

1.合同已解除：第557条第2款

2.给付不能：第580条第1款但书第1—2项

3.债的一般消灭事由：第557条第1款

4.损益相抵：合同通则解释63.3
（三）请求权可行使
1.履行抗辩权：第525条—第527条第1款，合同通则解释31
2.时效抗辩权：第192条第1款

第三人诉请三：选择委托人作为相对人主张权利

请求权基础

第926条第1款第1句
受托人以自己的名义与第三人订立合同时，第三人不知道受托人与委托人之间的代理关系的，受托人因第三人的原因对委托人不履行义务，受托人应当向委托人披露第三人，委托人因此可以行使受托人对第三人的权利。

检视程式

（一）请求权已产生
1.委托合同成立且无效力障碍
委托合同的定义：第919条
委托类型：第920条
2.受托人以自己的名义与第三人订立合同＋合同无效力障碍
3.第三人不知道受托人与委托人之间的委托关系
4.受托人对第三人不履行义务
5.因委托人的原因
6.受托人已向第三人披露委托人
7.抗辩：委托人可以向第三人主张其对受托人的权利产生抗辩＋受托人对第三人的权利产生抗辩，第926条第3款第2句
（二）请求权未消灭
委托人可以向第三人主张其对受托人的权利消灭抗辩＋受托人对第三人的权利消灭抗辩，第926条第3款第2句
1.合同已解除：第557条第2款
2.给付不能：第580条第1款但书第1—2项
3.债的一般消灭事由：第557条第1款
4.损益相抵：合同通则解释63.3
（三）请求权可行使
委托人可以向第三人主张其对受托人的权利行使抗辩权＋受托人对第三人的权利行使抗辩权，第926条第3款第2句
1.履行抗辩权：第525条—第527条第1款，合同通则解释31
2.时效抗辩权：第192条第1款

三、主张已行使/依诉行使委托合同任意解除权

诉请：确认已行使/依诉行使委托合同任意解除权

规范基础

第933条第1句

委托人或者受托人可以随时解除委托合同。

检视程式

（一）解除权已产生

委托合同成立且无效力障碍

委托合同的定义：第919条

委托类型：第920条

（二）解除权未消灭

（三）解除权的行使：第565条，合同通则解释53—54

1.解除通知+到达
2.未通知+直接以诉讼或仲裁方式主张解除+起诉状副本或仲裁申请书副本送达对方

四、主张解除方赔偿解除造成的损失

诉请：解除方赔偿解除造成的损失

请求权基础

第933条第2句

因解除合同造成对方损失的，除不可归责于该当事人的事由外，无偿委托合同的解除方应当赔偿因解除时间不当造成的直接损失，有偿委托合同的解除方应当赔偿对方的直接损失和合同履行后可以获得的利益。

检视程式

（一）请求权已产生

1.责任成立

（1）委托合同成立且无效力障碍

委托合同的定义：第919条

委托类型：第920条

（2）解除方行使任意解除权

2.责任范围

（1）损害

①无偿委托：直接损失

②有偿委托：直接损失+可得利益

（2）责任范围因果关系

①抗辩：可预见性，第584条但书＋合同通则解释63.1—63.2

②抗辩：合同目的限制

③否认：不可归责于解除方的事由

（3）抗辩：违反减损义务，第591条第1款

（4）抗辩：受领迟延利息请求权未产生，第589条第2款

（二）请求权未消灭

1.债的一般消灭事由：第557条第1款

2.损益相抵：合同通则解释63.3

（三）请求权可行使

1.同时履行抗辩权：第525条＋合同通则解释31

2.时效抗辩权：第192条第1款

第四十七节　民间委托理财合同纠纷（4级案由）

合同一般主张与诉请在民间委托理财合同的适用参引程式	一、主张民间委托理财合同有效 　诉请：确认民间委托理财有效 　案由：确认合同有效纠纷 　检视程式：参见第一章第一节确认合同有效纠纷 二、主张民间委托理财合同无效 　诉请：确认民间委托理财合同无效 　案由：确认合同无效纠纷 　检视程式：参见第一章第二节确认合同无效纠纷 三、主张撤销民间委托理财合同 　诉请：撤销民间委托理财合同 　案由：民间委托理财合同纠纷 　检视程式：参见第二章第一节"一、主张撤销合同" 四、主张合同不成立/无效/被撤销后的返还/补偿 　诉请：合同不成立/无效/被撤销的不当得利返还/折价补偿 　案由：不当得利纠纷① 　检视程式：参见第五章第二节"一、主张法律行为不成立/无效/被撤销后的返还/折价补偿" 五、主张缔约过失责任 　诉请一：违反先合同义务的损害赔偿 　诉请二：违反附随义务的缔约过失损害赔偿

---

① 若认为第157条第1句所涉并非不当得利返还请求权，则该诉请应适用"合同纠纷"项下的案由。

续表

	诉请三：违反报批义务的损害赔偿 诉请四：违反报批义务的违约金 诉请五：违反报批义务的定金双倍返还 案由：缔约过失责任纠纷（定金适用定金合同纠纷） 检视程式：参见第一章第三节缔约过失责任纠纷（定金参见第一章第五节定金合同纠纷） 六、主张民间委托理财预约的履行/违反预约的违约责任 　　诉请一：订立民间委托理财合同 　　诉请二：违反预约的损害赔偿/违约金/双倍返还定金 　　案由：预约合同纠纷（定金适用定金合同纠纷） 　　检视程式：参见第一章第四节预约合同纠纷（定金参见第一章第五节定金合同纠纷） 七、被代理人主张违反代理职责的代理人赔偿损害 　　被代理人诉请：代理人赔偿损害 　　案由：民间委托理财合同纠纷 　　检视程式：参见第二章第一节"二、被代理人主张违反代理职责的代理人赔偿损害" 八、被代理人主张代理人与相对人承担连带责任 　　被代理人诉请：代理人与相对人承担连带责任 　　案由：民间委托理财合同纠纷 　　检视程式：参见第二章第一节"三、被代理人主张代理人与相对人承担连带责任" 九、相对人主张违法代理的被代理人与代理人承担连带责任 　　相对人诉请：被代理人与代理人承担连带责任 　　案由：民间委托理财合同纠纷 　　检视程式：参见第二章第一节"四、相对人主张违法代理的被代理人与代理人承担连带责任" 十、相对人主张无权代理人履行/赔偿损害 　　相对人诉请一：无权代理人履行 　　相对人诉请二：无权代理人赔偿损害 　　案由：民间委托理财合同纠纷 　　检视程式：参见第二章第一节"五、相对人主张无权代理人履行/赔偿损害" 十一、主张对方承担违约责任 　　诉请一：违约损害赔偿 　　诉请二：支付违约金 　　诉请三：双倍返还定金

续表

	案由：民间委托理财合同纠纷（定金适用定金合同纠纷） 检视程式：参见第二章第一节"七、主张对方承担违约责任"（定金参见第一章第五节定金合同纠纷） 十二、债权人主张债务人承担的费用 　　诉请一：提前履行增加的费用 　　诉请二：部分履行增加的费用 　　诉请三：主债权及利息的实现费用 　　诉请四：防止损失扩大的费用 　　案由：民间委托理财合同纠纷 　　检视程式：参见第二章第一节"十、债权人主张债务人承担的费用" 十三、债务人主张债权人承担的费用 　　诉请一：提存费用 　　诉请二：受领迟延的费用 　　案由：民间委托理财合同纠纷 　　检视程式：参见第二章第一节"十一、债务人主张债权人承担的费用" 十四、主张后合同义务履行请求权 　　诉请：履行后合同义务 　　案由：民间委托理财合同纠纷 　　检视程式：参见第二章第一节"十二、主张后合同义务履行请求权" 十五、主张违反后合同义务的损害赔偿 　　诉请：违反后合同义务的损害赔偿 　　案由：民间委托理财合同纠纷 　　检视程式：参见第二章第一节"十三、主张违反后合同义务的损害赔偿"
确认合同无效纠纷案由在民间委托理财合同的适用 民间委托理财合同程式	民间委托理财合同的特别无效事由 1.违反法律强制性规定：第153条第1款+合同通则解释16、18 （1）非法融资 （2）理财方不具备委托理财资质 2.格式条款规制 （1）未尽提示说明义务→未订入合同，第496条第2款，合同通则解释9—10 （2）格式条款的无效→第497条
案由特别主张与诉请 民间委托理财合同程式	一、主张民间委托理财合同无效/被撤销后的返还本金+承担利息损失 　　委托人诉请：理财方返还本金+承担利息损失 二、主张民间委托理财合同履行请求权 　　委托人诉请一：理财方支付收益 　　委托人诉请二：理财方返还本金+支付收益
说　　明	民间委托理财合同可适用本章第四十六节委托合同纠纷的检视程式。

一、主张民间委托理财合同无效 / 被撤销后的返还本金 + 承担利息损失

委托人诉请：理财方返还本金 + 承担利息损失

请求权基础

第157条第1句
民事法律行为无效、被撤销或者确定不发生效力后，行为人因该行为取得的财产，应当予以返还；不能返还或者没有必要返还的，应当折价补偿。

第985条主文
得利人没有法律根据取得不当利益的，受损失的人可以请求得利人返还取得的利益……

检视程式

（一）请求权已产生
1.产生要件
民间委托理财合同无效/被撤销
2.权利范围：合同通则解释25.1
本金+利息

（二）请求权未消灭
债的一般消灭事由：第557条第1款

（三）请求权可行使
同时履行抗辩：合同通则解释25.2
时效抗辩权：第192条第1款
合同撤销的自合同撤销之日起算：时效规定5

二、主张民间委托理财合同履行请求权

委托人诉请一：理财方支付收益

请求权基础

民间委托理财合同
第927条
受托人处理委托事务取得的财产，应当转交给委托人。

检视程式

（一）请求权已产生
民间委托理财合同成立且无效力障碍

（二）请求权未消灭
1.合同已解除：第557条第2款
2.解除条件成就：第158条第3句、第159条

3.终止期限届满：第160条第3句

4.债的一般消灭事由：第557条第1款

（三）请求权可行使

1.同时履行抗辩权：第525条＋合同通则解释31

2.时效抗辩权：第192条第1款

委托人诉请二：理财方返还本金＋支付收益

请求权基础

民间委托理财合同

检视程式

（一）请求权已产生

1.民间委托理财合同成立且无效力障碍

2.委托理财期限届满

（二）请求权未消灭

1.合同已解除：第557条第2款

2.解除条件成就：第158条第3句、第159条

3.终止期限届满：第160条第3句

4.债的一般消灭事由：第557条第1款

（三）请求权可行使

1.同时履行抗辩权：第525条＋合同通则解释31

2.时效抗辩权：第192条第1款

第四十八节 物业服务合同纠纷

合同一般主张与诉请在物业服务合同的适用参引程式	一、主张物业服务合同有效 　诉请：确认物业服务合同有效 　案由：确认合同有效纠纷 　检视程式：参见第一章第一节确认合同有效纠纷 二、主张物业服务合同无效 　诉请：确认物业服务合同无效 　案由：确认合同无效纠纷 　检视程式：参见第一章第二节确认合同无效纠纷 三、主张撤销物业服务合同 　诉请：撤销物业服务合同 　案由：物业服务合同纠纷 　检视程式：参见第二章第一节"一、主张撤销合同"

续表

| | 四、主张合同不成立/无效/被撤销后的返还/补偿
　　诉请：合同不成立/无效/被撤销的不当得利返还/折价补偿
　　案由：不当得利纠纷[①]
　　检视程式：参见第五章第二节"一、主张法律行为不成立/无效/被撤销后的返还/折价补偿"
五、主张缔约过失责任
　　诉请一：违反先合同义务的损害赔偿
　　诉请二：违反附随义务的缔约过失损害赔偿
　　诉请三：违反报批义务的损害赔偿
　　诉请四：违反报批义务的违约金
　　诉请五：违反报批义务的定金双倍返还
　　案由：缔约过失责任纠纷（定金适用定金合同纠纷）
　　检视程式：参见第一章第三节缔约过失责任纠纷（定金参见第一章第五节定金合同纠纷）
六、主张物业服务预约的履行/违反预约的违约责任
　　诉请一：订立物业服务合同
　　诉请二：违反预约的损害赔偿/违约金/双倍返还定金
　　案由：预约合同纠纷（定金适用定金合同纠纷）
　　检视程式：参见第一章第四节预约合同纠纷（定金参见第一章第五节定金合同纠纷）
七、被代理人主张违反代理职责的代理人赔偿损害
　　被代理人诉请：代理人赔偿损害
　　案由：物业服务合同纠纷
　　检视程式：参见第二章第一节"二、被代理人主张违反代理职责的代理人赔偿损害"
八、被代理人主张代理人与相对人承担连带责任
　　被代理人诉请：代理人与相对人承担连带责任
　　案由：物业服务合同纠纷
　　检视程式：参见第二章第一节"三、被代理人主张代理人与相对人承担连带责任"
九、相对人主张违法代理的被代理人与代理人承担连带责任
　　相对人诉请：被代理人与代理人承担连带责任
　　案由：物业服务合同纠纷
　　检视程式：参见第二章第一节"四、相对人主张违法代理的被代理人与代理人承担连带责任" |

[①] 若认为第157条第1句所涉并非不当得利返还请求权，则该诉请应适用"合同纠纷"项下的案由。

续表

十、相对人主张无权代理人履行/赔偿损害
　　相对人诉请一：无权代理人履行
　　相对人诉请二：无权代理人赔偿损害
　　案由：物业服务合同纠纷
　　检视程式：参见第二章第一节"五、相对人主张无权代理人履行/赔
　　　　　　　偿损害"

十一、主张对方承担违约责任
　　诉请一：违约损害赔偿
　　诉请二：支付违约金
　　诉请三：双倍返还定金
　　案由：物业服务合同纠纷（定金适用定金合同纠纷）
　　检视程式：参见第二章第一节"七、主张对方承担违约责任"（定
　　　　　　　金参见第一章第五节定金合同纠纷）

十二、主张解除合同
　　诉请一：确认合同已合意解除
　　诉请二：确认已行使/依诉行使意定解除权
　　诉请三：确认已行使/依诉行使法定解除权
　　诉请四：申请司法解除
　　诉请五：申请因情事变更解除
　　诉请六：解除合同+恢复原状（返还）/采取其他补救措施/赔偿损失
　　案由：物业服务合同纠纷
　　检视程式：参见第二章第一节"八、主张解除合同"

十三、主张合同未解除
　　诉请：确认合同未解除
　　案由：物业服务合同纠纷
　　检视程式：参见第二章第一节"九、主张合同未解除"

十四、债权人主张债务人承担的费用
　　诉请一：提前履行增加的费用
　　诉请二：部分履行增加的费用
　　诉请三：主债权及利息的实现费用
　　诉请四：第三人替代履行的费用
　　诉请五：防止损失扩大的费用
　　案由：物业服务合同纠纷
　　检视程式：参见第二章第一节"十、债权人主张债务人承担的费用"

十五、债务人主张债权人承担的费用
　　诉请一：提存费用

	诉请二：受领迟延的费用 案由：物业服务合同纠纷 检视程式：参见第二章第一节"十一、债务人主张债权人承担的费用" 十六、主张后合同义务履行请求权 　　诉请：履行后合同义务 　　案由：物业服务合同纠纷 　　检视程式：参见第二章第一节"十二、主张后合同义务履行请求权" 十七、主张违反后合同义务的损害赔偿 　　诉请：违反后合同义务的损害赔偿 　　案由：物业服务合同纠纷 　　检视程式：参见第二章第一节"十三、主张违反后合同义务的损害赔偿"
案由特别主张 与诉请 物业服务合同 程式	一、主张物业服务合同履行请求权 　　业主诉请一：物业服务人履行维修/养护/清洁/绿化/经营管理/维护秩序/保护业主安全等主给付义务 　　业主诉请二：物业服务人继续管理 　　物业服务人诉请一：业主支付物业费 　　物业服务人诉请二：业主支付继续管理的物业费 二、主张对方承担违约责任 　　物业服务人诉请：业主停止侵害/排除妨碍/恢复原状 　　业主诉请一：物业服务人为第三人的服务事项负责 　　业主诉请二：确认处分行为无效、物业服务人排除妨害/恢复原状/赔偿损失 　　业主诉请三：退还物业费 三、主张解除/终止物业服务合同 　　诉请一：前期物业服务合同终止 　　诉请二：确认已行使/依诉行使任意解除权 　　业主诉请：确认已行使/依诉行使法定解除权 四、物业服务人主张业主承担解除的损害赔偿 　　物业服务人诉请：业主赔偿解除损害 五、业主主张物业服务人履行后合同义务+赔偿损害 　　业主诉请：物业服务人履行后合同义务+赔偿损害

一、主张物业服务合同履行请求权

业主诉请一：物业服务人履行维修/养护/清洁/绿化/经营管理/维护秩序/保护业主安全等主给付义务

请求权基础

第942条第1款

物业服务人应当按照约定和物业的使用性质，妥善维修、养护、清洁、绿化和经营管理物业服务区域内的业主共有部分，维护物业服务区域内的基本秩序，采取合理措施保护业主的人身、财产安全。

检视程式

（一）请求权已产生

物业服务合同成立且无效力障碍

物业服务合同的定义：第937条

物业服务合同的内容：第938条第1—2款

物业服务合同的要式性：第938条第3款

（二）请求权未消灭

1. 给付不能：第580条第1款但书第1—2项
2. 已履行

（三）请求权可行使

1. 履行抗辩权：合同通则解释31

（1）同时履行抗辩权：第525条

（2）先履行抗辩权：第526条

2. 时效抗辩权：第192条第1款

业主诉请二：物业服务人继续管理

请求权基础

第950条

物业服务合同终止后，在业主或者业主大会选聘的新物业服务人或者决定自行管理的业主接管之前，原物业服务人应当继续处理物业服务事项，并可以请求业主支付该期间的物业费。

检视程式

（一）请求权已产生

1. 物业服务合同成立且无效力障碍

物业服务合同的定义：第937条

物业服务合同的内容：第938条第1—2款

物业服务合同的要式性：第938条第3款
2.物业服务合同终止
（二）请求权未消灭
1.业主或者业主大会选聘新物业服务人/决定自行管理的业主接管
2.合同已解除：第557条第2款
（三）请求权可行使
1.同时履行抗辩权：第525条＋合同通则解释31
2.时效抗辩权：第192条第1款

物业服务人诉请一：业主支付物业费

请求权基础

第944条第1款第1句
业主应当按照约定向物业服务人支付物业费。

检视程式

（一）请求权已产生
1.物业服务合同成立且无效力障碍
物业服务合同的定义：第937条
物业服务合同的内容：第938条第1—2款
物业服务合同的要式性：第938条第3款
物业服务合同对业主的约束力：第939条
2.不得采取停止供电/供水/供热/供燃气等方式催交物业费：第944条第3款
3.物业费的确定：物业管理条例40
物业服务人违反物业服务合同约定或者法律、法规、部门规章规定，擅自扩大收费范围、提高收费标准或者重复收费：物业解释2.1
4.物业费的支付主体：物业管理条例41
（二）请求权未消灭
1.合同已解除：第557条第2款
2.已履行
（三）请求权可行使
1.履行抗辩权：合同通则解释31
（1）同时履行抗辩权：第525条
（2）先履行抗辩权：第526条
物业服务人已经按照约定和有关规定提供服务的，业主不得以未接受或者无须接受相关物业服务为由拒绝支付物业费：第944条第1款第2句
（3）不安履行抗辩权：第527条第1款
2.时效抗辩权：第192条第1款

物业服务人诉请二：业主支付继续管理的物业费

请求权基础

第950条

物业服务合同终止后，在业主或者业主大会选聘的新物业服务人或者决定自行管理的业主接管之前，原物业服务人应当继续处理物业服务事项，并可以请求业主支付该期间的物业费。

检视程式

（一）请求权已产生
1. 物业服务合同成立且无效力障碍
物业服务合同的定义：第937条
物业服务合同的内容：第938条第1—2款
物业服务合同的要式性：第938条第3款
物业服务合同对业主的约束力：第939条
2. 物业服务合同终止
3. 抗辩：物业服务人违反后合同义务，第949条第2款第1分句

（二）请求权未消灭
1. 业主或者业主大会选聘新物业服务人/决定自行管理的业主接管
2. 合同已解除：第557条第2款
3. 已履行支付义务

（三）请求权可行使
1. 同时履行抗辩权：第525条+合同通则解释31
2. 时效抗辩权：第192条第1款

二、主张对方承担违约责任

物业服务人诉请：业主停止侵害／排除妨碍／恢复原状

请求权基础

物业服务合同
物业解释1

业主违反物业服务合同或者法律、法规、管理规约，实施妨碍物业服务与管理的行为，物业服务人请求业主承担停止侵害、排除妨碍、恢复原状等相应民事责任的，人民法院应予支持。

检视程式

（一）请求权已产生
1. 物业服务合同成立且无效力障碍

物业服务合同的定义：第937条
物业服务合同的内容：第938条第1—2款
物业服务合同的要式性：第938条第3款
物业服务合同对业主的约束力：第939条

2.业主违反物业服务合同或者法律、法规、管理规约+实施妨碍物业服务与管理的行为

（二）请求权未消灭

1.给付不能：第580条第1款但书第1—2项
2.已履行

（三）请求权可行使

1.停止侵害/排除妨碍不适用诉讼时效：第196条第1项
2.恢复原状的时效抗辩权：第192条第1款

业主诉请一：物业服务人为第三人的服务事项负责

请求权基础

物业服务合同
第941条第1款
物业服务人将物业服务区域内的部分专项服务事项委托给专业性服务组织或者其他第三人的，应当就该部分专项服务事项向业主负责。

检视程式

（一）请求权已产生

1.责任成立

（1）物业服务合同成立且无效力障碍

物业服务合同的定义：第937条

物业服务合同的内容：第938条第1—2款

物业服务合同的要式性：第938条第3款

物业服务合同对业主的约束力：第939条

（2）物业服务人将物业服务区域内的部分专项服务事项委托给专业性服务组织或者其他第三人

（3）第三人的服务事项瑕疵

（4）抗辩：不可抗力，第590条

（5）抗辩：与有过失，第592条第2款

2.责任范围

（1）损害：第584条主文+合同通则解释60—62

（2）责任范围因果关系

①抗辩：可预见性，第584条但书+合同通则解释63.1—63.2

②抗辩：合同目的限制

（3）抗辩：违反减损义务，第591条第1款

（4）抗辩：受领迟延利息请求权未产生，第589条第2款

（二）请求权未消灭

1.债的一般消灭事由：第557条第1款

2.损益相抵：合同通则解释63.3

（三）请求权可行使

1.同时履行抗辩权：第525条＋合同通则解释31

2.时效抗辩权：第192条第1款

业主诉请二：确认处分行为无效、物业服务人排除妨害/恢复原状/赔偿损失

请求权基础

物业服务合同

区分所有解释14.1

建设单位、物业服务企业或者其他管理人等擅自占用、处分业主共有部分、改变其使用功能或者进行经营性活动，权利人请求排除妨害、恢复原状、确认处分行为无效或者赔偿损失的，人民法院应予支持。

检视程式

（一）请求权已产生

1.责任成立

（1）物业服务合同成立且无效力障碍

物业服务合同的定义：第937条

物业服务合同的内容：第938条第1—2款

物业服务合同的要式性：第938条第3款

物业服务合同对业主的约束力：第939条

（2）物业服务企业擅自占用、处分业主共有部分、改变其使用功能或者进行经营性活动

2.责任范围

（1）处分行为无效、物业服务人排除妨害/恢复原状/赔偿损失

损害：第584条主文＋合同通则解释60—62

擅自进行经营性活动的情形，权利人请求建设单位、物业服务企业或者其他管理人等将扣除合理成本之后的收益用于补充专项维修资金或者业主共同决定的其他用途：区分所有解释14.2

（2）责任范围因果关系

①抗辩：可预见性，第584条但书＋合同通则解释63.1—63.2

②抗辩：合同目的限制

（3）抗辩：违反减损义务，第591条第1款
（4）抗辩：受领迟延利息请求权未产生，第589条第2款
（二）请求权未消灭
1.债的一般消灭事由：第557条第1款
2.损益相抵：合同通则解释63.3
（三）请求权可行使
1.确认处分行为无效不受时效限制
2.停止侵害/排除妨碍不适用诉讼时效：第196条第1项
3.恢复原状/赔偿损失的时效抗辩权：第192条第1款

说 明

可能产生违约损害赔偿责任的物业服务人违约行为还包括：违反主给付义务（第942条第1款）、违反不得全部转委托义务（第941条第2款）、违反报告义务（第943条）等。

业主诉请三：退还物业费

请求权基础

物业服务合同
物业解释2.2
业主请求物业服务人退还其已经收取的违规费用的，人民法院应予支持。

检视程式

（一）请求权已产生
1.物业服务合同成立且无效力障碍
物业服务合同的定义：第937条
物业服务合同的内容：第938条第1—2款
物业服务合同的要式性：第938条第3款
物业服务合同对业主的约束力：第939条
2.物业服务人违反物业服务合同约定或者法律、法规、部门规章规定，擅自扩大收费范围、提高收费标准或者重复收费：物业解释2.1
（二）请求权未消灭
债的一般消灭事由：第557条第1款
（三）请求权可行使
时效抗辩权：第192条第1款

三、主张解除／终止物业服务合同

诉请一：前期物业服务合同终止

规范基础

第940条

建设单位依法与物业服务人订立的前期物业服务合同约定的服务期限届满前，业主委员会或者业主与新物业服务人订立的物业服务合同生效的，前期物业服务合同终止。

检视程式

1. 建设单位依法与物业服务人订立的前期物业服务合同
2. 前期服务合同期限尚未届满
3. 业主委员会或者业主与新物业服务人订立的物业服务合同生效

诉请二：确认已行使／依诉行使任意解除权

规范基础

第948条第2款→

第948条

物业服务期限届满后，业主没有依法作出续聘或者另聘物业服务人的决定，物业服务人继续提供物业服务的，原物业服务合同继续有效，但是服务期限为不定期。当事人可以随时解除不定期物业服务合同，但是应当提前六十日书面通知对方。

检视程式

（一）解除权已产生

1. 物业服务合同成立且无效力障碍

物业服务合同的定义：第937条

物业服务合同的内容：第938条第1—2款

物业服务合同的要式性：第938条第3款

物业服务合同对业主的约束力：第939条

2. 物业服务期限届满
3. 业主没有依法作出续聘或者另聘物业服务人的决定
4. 物业服务人继续提供物业服务

（二）解除权未消灭

（三）解除权的行使

解除通知＋提前60日＋书面＋到达

业主诉请：确认已行使/依诉行使法定解除权

规范基础

第946条第1款

业主依照法定程序共同决定解聘物业服务人的，可以解除物业服务合同。决定解聘的，应当提前六十日书面通知物业服务人，但是合同对通知期限另有约定的除外。

检视程式

（一）解除权已产生

1. 物业服务合同成立且无效力障碍

物业服务合同的定义：第937条

物业服务合同的内容：第938条第1—2款

物业服务合同的要式性：第938条第3款

物业服务合同对业主的约束力：第939条

2. 业主依照法定程序共同决定解聘物业服务人

（二）解除权未消灭

除斥期间：第564条

1. 知道或应知解除事由之日起1年
2. 物业服务人催告行使解除权后的合理期限

（三）解除权的行使

解除通知+提前60日+书面+到达

四、物业服务人主张业主承担解除的损害赔偿

物业服务人诉请：业主赔偿解除损害

请求权基础

第946条第2款

依据前款规定解除合同造成物业服务人损失的，除不可归责于业主的事由外，业主应当赔偿损失。

检视程式

（一）请求权已产生

1. 责任成立

（1）物业服务合同成立且无效力障碍

物业服务合同的定义：第937条

物业服务合同的内容：第938条第1—2款

物业服务合同的要式性：第938条第3款

物业服务合同对业主的约束力：第939条

（2）业主依照法定程序共同决定解聘物业服务人
（3）解除通知＋提前60日＋书面＋到达：第946条第1款
2.责任范围
（1）损害：第584条
（2）责任范围因果关系
①抗辩：可预见性，第584条但书＋合同通则解释63.1—63.2
②抗辩：合同目的限制
③否认：不可归责于业主的事由造成损害
（3）抗辩：违反减损义务，第591条第1款
（4）抗辩：受领迟延利息请求权未产生，第589条第2款

（二）请求权未消灭
1.债的一般消灭事由：第557条第1款
2.损益相抵：合同通则解释63.3

（三）请求权可行使
时效抗辩权：第192条第1款

五、业主主张物业服务人履行后合同义务＋赔偿损害

业主诉请：物业服务人履行后合同义务＋赔偿损害

请求权基础

第949条

物业服务合同终止的，原物业服务人应当在约定期限或者合理期限内退出物业服务区域，将物业服务用房、相关设施、物业服务所必需的相关资料等交还给业主委员会、决定自行管理的业主或者其指定的人，配合新物业服务人做好交接工作，并如实告知物业的使用和管理状况。

原物业服务人违反前款规定的，不得请求业主支付物业服务合同终止后的物业费；造成业主损失的，应当赔偿损失。

检视程式

（一）请求权已产生
1.物业服务合同成立且无效力障碍
物业服务合同的定义：第937条
物业服务合同的内容：第938条第1—2款
物业服务合同的要式性：第938条第3款
物业服务合同对业主的约束力：第939条
2.物业服务合同终止
3.损害赔偿的附加要件
（1）物业服务人违反后合同义务

（2）损害
（3）责任范围因果关系
（4）抗辩：违反减损义务，第591条第1款
（5）抗辩：受领迟延利息请求权未产生，第589条第2款
（二）请求权未消灭
1.债的一般消灭事由：第557条第1款
2.损益相抵：合同通则解释63.3
（三）请求权可行使
时效抗辩权：第192条第1款

第四十九节　中介合同纠纷

| 合同一般主张与诉请在中介合同的适用参引程式 | 一、主张中介合同有效
　　诉请：确认中介合同有效
　　案由：确认合同有效纠纷
　　检视程式：参见第一章第一节确认合同有效纠纷
二、主张中介合同无效
　　诉请：确认中介合同无效
　　案由：确认合同无效纠纷
　　检视程式：参见第一章第二节确认合同无效纠纷
三、主张撤销中介合同
　　诉请：撤销中介合同
　　案由：中介合同纠纷
　　检视程式：参见第二章第一节"一、主张撤销合同"
四、主张合同不成立/无效/被撤销后的返还/补偿
　　诉请：合同不成立/无效/被撤销的不当得利返还/折价补偿
　　案由：不当得利纠纷[①]
　　检视程式：参见第五章第二节"一、主张法律行为不成立/无效/被撤销后的返还/折价补偿"
五、主张缔约过失责任
　　诉请一：违反先合同义务的损害赔偿
　　诉请二：违反附随义务的缔约过失损害赔偿
　　诉请三：违反报批义务的损害赔偿
　　诉请四：违反报批义务的违约金
　　诉请五：违反报批义务的定金双倍返还 |

---

① 若认为第157条第1句所涉并非不当得利返还请求权，则该诉请应适用"合同纠纷"项下的案由。

续表

　　　　案由：缔约过失责任纠纷（定金适用定金合同纠纷）

　　　　检视程式：参见第一章第三节缔约过失责任纠纷（定金参见第一章第五节定金合同纠纷）

六、主张中介预约的履行/违反预约的违约责任

　　诉请一：订立中介合同

　　诉请二：违反预约的损害赔偿/违约金/双倍返还定金

　　案由：预约合同纠纷（定金适用定金合同纠纷）

　　检视程式：参见第一章第四节预约合同纠纷（定金参见第一章第五节定金合同纠纷）

七、被代理人主张违反代理职责的代理人赔偿损害

　　被代理人诉请：代理人赔偿损害

　　案由：中介合同纠纷

　　检视程式：参见第二章第一节"二、被代理人主张违反代理职责的代理人赔偿损害"

八、被代理人主张代理人与相对人承担连带责任

　　被代理人诉请：代理人与相对人承担连带责任

　　案由：中介合同纠纷

　　检视程式：参见第二章第一节"三、被代理人主张代理人与相对人承担连带责任"

九、相对人主张违法代理的被代理人与代理人承担连带责任

　　相对人诉请：被代理人与代理人承担连带责任

　　案由：中介合同纠纷

　　检视程式：参见第二章第一节"四、相对人主张违法代理的被代理人与代理人承担连带责任"

十、相对人主张无权代理人履行/赔偿损害

　　相对人诉请一：无权代理人履行

　　相对人诉请二：无权代理人赔偿损害

　　案由：中介合同纠纷

　　检视程式：参见第二章第一节"五、相对人主张无权代理人履行/赔偿损害"

十一、主张对方承担违约责任

　　诉请一：违约损害赔偿

　　诉请二：支付违约金

　　诉请三：双倍返还定金

　　案由：中介合同纠纷（定金适用定金合同纠纷）

续表

	检视程式：参见第二章第一节"七、主张对方承担违约责任"（定金参见第一章第五节定金合同纠纷）
	十二、主张解除合同 诉请一：确认合同已合意解除 诉请二：确认已行使/依诉行使意定解除权 诉请三：确认已行使/依诉行使法定解除权 诉请四：申请司法解除 诉请五：申请因情事变更解除 诉请六：解除合同+恢复原状（返还）/采取其他补救措施/赔偿损失 案由：中介合同纠纷 检视程式：参见第二章第一节"八、主张解除合同"
	十三、主张合同未解除 诉请：确认合同未解除 案由：中介合同纠纷 检视程式：参见第二章第一节"九、主张合同未解除"
	十四、债权人主张债务人承担的费用 诉请一：提前履行增加的费用 诉请二：部分履行增加的费用 诉请三：主债权及利息的实现费用 诉请四：防止损失扩大的费用 案由：中介合同纠纷 检视程式：参见第二章第一节"十、债权人主张债务人承担的费用"
	十五、债务人主张债权人承担的费用 诉请一：提存费用 诉请二：受领迟延的费用 案由：中介合同纠纷 检视程式：参见第二章第一节"十一、债务人主张债权人承担的费用"
	十六、主张后合同义务履行请求权 诉请：履行后合同义务 案由：中介合同纠纷 检视程式：参见第二章第一节"十二、主张后合同义务履行请求权"
	十七、主张违反后合同义务的损害赔偿 诉请：违反后合同义务的损害赔偿 案由：中介合同纠纷

	检视程式：参见第二章第一节"十三、主张违反后合同义务的损害赔偿"
案由特别主张 与诉请 中介合同程式	一、主张中介合同履行请求权 　　中介人诉请一：委托人支付报酬 　　中介人诉请二：合同当事人平均负担中介报酬 　　中介人诉请三：委托人支付必要费用 二、主张对方承担违约责任 　　委托人诉请：中介人赔偿损害 　　中介人诉请：跳单委托人支付报酬
说　明	中介无特别规定之处适用委托：第966条

一、主张中介合同履行请求权

中介人诉请一：委托人支付报酬

请求权基础

第963条第1款第1句
中介人促成合同成立的，委托人应当按照约定支付报酬。

检视程式

（一）请求权已产生
1.中介合同成立且无效力障碍
中介合同的定义：第961条
2.中介人报告订约机会
3.中介人促成合同成立
4.报酬的认定：第963条第1款第2句
5.费用由中介人承担：第963条第2款

（二）请求权未消灭
1.合同已解除：第557条第2款
2.解除条件成就：第158条第3句、第159条
3.终止期限届满：第160条第3句
4.债的一般消灭事由：第557条第1款

（三）请求权可行使
1.先履行抗辩权：第526条，合同通则解释31.3
2.时效抗辩权：第192条第1款

中介人诉请二：合同当事人平均负担中介报酬

请求权基础

第963条第1款第3句

因中介人提供订立合同的媒介服务而促成合同成立的，由该合同的当事人平均负担中介人的报酬。

检视程式

（一）请求权已产生

1. 中介合同成立且无效力障碍

中介合同的定义：第961条

2. 中介人充当订约媒介
3. 中介人促成合同成立
4. 报酬的认定：第963条第1款第2句
5. 费用由中介人承担：第963条第2款

（二）请求权未消灭

1. 合同已解除：第557条第2款
2. 解除条件成就：第158条第3句、第159条
3. 终止期限届满：第160条第3句
4. 债的一般消灭事由：第557条第1款

（三）请求权可行使

1. 先履行抗辩权：第526条，合同通则解释31.3
2. 时效抗辩权：第192条第1款

中介人诉请三：委托人支付必要费用

请求权基础

第964条

中介人未促成合同成立的，不得请求支付报酬；但是，可以按照约定请求委托人支付从事中介活动支出的必要费用。

检视程式

（一）请求权已产生

1. 中介合同成立且无效力障碍

中介合同的定义：第961条

2. 中介人从事中介活动
3. 中介人未促成合同成立
4. 中介人支出必要费用

（二）请求权未消灭
1. 合同已解除：第557条第2款
2. 解除条件成就：第158条第3句、第159条
3. 终止期限届满：第160条第3句
4. 债的一般消灭事由：第557条第1款

（三）请求权可行使
时效抗辩权：第192条第1款

二、主张对方承担违约责任

委托人诉请：中介人赔偿损害

请求权基础

第962条第2款

中介人故意隐瞒与订立合同有关的重要事实或者提供虚假情况，损害委托人利益的，不得请求支付报酬并应当承担赔偿责任。

检视程式

（一）请求权已产生
1. 责任成立
（1）中介合同成立且无效力障碍
中介合同的定义：第961条
（2）中介人违反如实告知义务
故意隐瞒与订立合同有关的重要事实或者提供虚假情况
2. 责任范围
（1）损害：第584条主文+合同通则解释60—62
（2）责任范围因果关系
①抗辩：可预见性，第584条但书+合同通则解释63.1—63.2
②抗辩：合同目的限制
（3）抗辩：违反减损义务，第591条第1款
（4）抗辩：受领迟延利息请求权未产生，第589条第2款

（二）请求权未消灭
1. 债的一般消灭事由：第557条第1款
2. 损益相抵：合同通则解释63.3

（三）请求权可行使
时效抗辩权：第192条第1款

中介人诉请：跳单委托人支付报酬

请求权基础

第965条

委托人在接受中介人的服务后，利用中介人提供的交易机会或者媒介服务，绕开中介人直接订立合同的，应当向中介人支付报酬。

检视程式

（一）请求权已产生

1. 中介合同成立且无效力障碍

中介合同的定义：第961条

2. 委托人接受中介服务
3. 利用中介人提供的交易机会/媒介服务
4. 绕开中介人直接订立合同

（二）请求权未消灭

1. 合同已解除：第557条第2款
2. 债的一般消灭事由：第557条第1款

（三）请求权可行使

时效抗辩权：第192条第1款

第五十节 借用合同纠纷

合同一般主张与诉请在借用合同的适用参引程式	一、主张借用合同有效 　诉请：确认借用合同有效 　案由：确认合同有效纠纷 　检视程式：参见第一章第一节确认合同有效纠纷 二、主张借用合同无效 　诉请：确认借用合同无效 　案由：确认合同无效纠纷 　检视程式：参见第一章第二节确认合同无效纠纷 三、主张撤销借用合同 　诉请：撤销借用合同 　案由：借用合同纠纷 　检视程式：参见第二章第一节"一、主张撤销合同" 四、主张合同不成立/无效/被撤销后的返还/补偿 　诉请：合同不成立/无效/被撤销的不当得利返还/折价补偿

续表

	案由：不当得利纠纷①
	检视程式：参见第五章第二节"一、主张法律行为不成立/无效/被撤销后的返还/折价补偿"
五、主张缔约过失责任	
	诉请一：违反先合同义务的损害赔偿
	诉请二：违反附随义务的缔约过失损害赔偿
	诉请三：违反报批义务的损害赔偿
	诉请四：违反报批义务的违约金
	诉请五：违反报批义务的定金双倍返还
	案由：缔约过失责任纠纷（定金适用定金合同纠纷）
	检视程式：参见第一章第三节缔约过失责任纠纷（定金参见第一章第五节定金合同纠纷）
六、主张借用预约的履行/违反预约的违约责任	
	诉请一：订立借用合同
	诉请二：违反预约的损害赔偿/违约金/双倍返还定金
	案由：预约合同纠纷（定金适用定金合同纠纷）
	检视程式：参见第一章第四节预约合同纠纷（定金参见第一章第五节定金合同纠纷）
七、被代理人主张违反代理职责的代理人赔偿损害	
	被代理人诉请：代理人赔偿损害
	案由：借用合同纠纷
	检视程式：参见第二章第一节"二、被代理人主张违反代理职责的代理人赔偿损害"
八、被代理人主张代理人与相对人承担连带责任	
	被代理人诉请：代理人与相对人承担连带责任
	案由：借用合同纠纷
	检视程式：参见第二章第一节"三、被代理人主张代理人与相对人承担连带责任"
九、相对人主张违法代理的被代理人与代理人承担连带责任	
	被代理人诉请：被代理人与代理人承担连带责任
	案由：借用合同纠纷
	检视程式：参见第二章第一节"四、相对人主张违法代理的被代理人与代理人承担连带责任"

---

① 若认为第157条第1句所涉并非不当得利返还请求权，则该诉请应适用"合同纠纷"项下的案由。

续表

十、相对人主张无权代理人履行/赔偿损害

  相对人诉请一：无权代理人履行

  相对人诉请二：无权代理人赔偿损害

  案由：借用合同纠纷

  检视程式：参见第二章第一节"五、相对人主张无权代理人履行/赔偿损害"

十一、主张对方承担违约责任

  诉请一：违约损害赔偿

  诉请二：支付违约金

  诉请三：双倍返还定金

  案由：借用合同纠纷（定金适用定金合同纠纷）

  检视程式：参见第二章第一节"七、主张对方承担违约责任"（定金参见第一章第五节定金合同纠纷）

十二、主张解除合同

  诉请一：确认合同已合意解除

  诉请二：确认已行使/依诉行使意定解除权

  诉请三：确认已行使/依诉行使法定解除权

  诉请四：申请司法解除

  诉请五：申请因情事变更解除

  诉请六：解除合同＋恢复原状（返还）/采取其他补救措施/赔偿损失

  案由：借用合同纠纷

  检视程式：参见第二章第一节"八、主张解除合同"

十三、主张合同未解除

  诉请：确认合同未解除

  案由：借用合同纠纷

  检视程式：参见第二章第一节"九、主张合同未解除"

十四、债权人主张债务人承担的费用

  诉请一：提前履行增加的费用

  诉请二：部分履行增加的费用

  诉请三：主债权及利息的实现费用

  诉请四：第三人替代履行的费用

  诉请五：防止损失扩大的费用

  案由：借用合同纠纷

  检视程式：参见第二章第一节"十、债权人主张债务人承担的费用"

十五、债务人主张债权人承担的费用

  诉请一：提存费用

续表

	诉请二：受领迟延的费用 案由：借用合同纠纷 检视程式：参见第二章第一节"十一、债务人主张债权人承担的费用" 十六、主张后合同义务履行请求权 　　诉请：履行后合同义务 　　案由：借用合同纠纷 　　检视程式：参见第二章第一节"十二、主张后合同义务履行请求权" 十七、主张违反后合同义务的损害赔偿 　　诉请：违反后合同义务的损害赔偿 　　案由：借用合同纠纷 　　检视程式：参见第二章第一节"十三、主张违反后合同义务的损害赔偿"
案由特别主张 与诉请 借用合同程式	一、出借人主张借用人期满返还借用物 　　出借人诉请：借用人期满返还借用物 二、出借人主张借用人赔偿借用物损害 　　出借人诉请：借用人赔偿借用物损害

一、出借人主张借用人期满返还借用物

出借人诉请：借用人期满返还借用物

请求权基础

借用合同

检视程式

（一）请求权已产生
1.借用合同成立且无效力障碍
租赁合同的无偿性+要物性
2.借用期限届满
（二）请求权未消灭
1.合同已解除：第557条第2款
2.给付不能：第580条第1款但书第1—2项
3.债的一般消灭事由：第557条第1款
（三）请求权可行使
时效抗辩权：第192条第1款

竞合提示

可能与物权返还请求权、不当得利返还请求权、侵权返还请求权产生竞合。

二、出借人主张借用人赔偿借用物损害

出借人诉请：借用人赔偿借用物损害

请求权基础

第577条后半句第3种情形→

第577条

当事人一方不履行合同义务或者履行合同义务不符合约定的，应当承担继续履行、采取补救措施或者赔偿损失等违约责任。

检视程式

（一）请求权已产生

1.责任成立

（1）借用合同成立且无效力障碍

租赁合同的无偿性+要物性

（2）借用物毁损/灭失

（3）借用人违反妥善管理/使用义务：管理/使用不善

（4）抗辩：不可抗力，第590条

（5）抗辩：与有过失，第592条第2款

（6）抗辩：第三人原因，第593条第1句

2.责任范围

（1）损害

（2）责任范围因果关系

①抗辩：可预见性，第584条但书+合同通则解释63.1—63.2

②抗辩：合同目的限制

（3）抗辩：违反减损义务，第591条第1款

（4）抗辩：受领迟延利息请求权未产生，第589条第2款

（二）请求权未消灭

1.债的一般消灭事由：第557条第1款

2.损益相抵：合同通则解释63.3

（三）请求权可行使

1.留置抗辩权：类推第525条

2.时效抗辩权：第192条第1款

竞合提示

可能与侵权请求权产生竞合。

第五十一节　合伙合同纠纷

合同一般主张与诉请在合伙合同的适用参引程式	一、主张合伙合同有效 诉请：确认合伙合同有效 案由：确认合同有效纠纷 检视程式：参见第一章第一节确认合同有效纠纷 二、主张合伙合同无效 诉请：确认合伙合同无效 案由：确认合同无效纠纷 检视程式：参见第一章第二节确认合同无效纠纷 三、主张撤销合伙合同 诉请：撤销合伙合同 案由：合伙合同纠纷 检视程式：参见第二章第一节"一、主张撤销合同" 四、主张合同不成立/无效/被撤销后的返还/补偿 诉请：合同不成立/无效/被撤销的不当得利返还/折价补偿 案由：不当得利纠纷① 检视程式：参见第五章第二节"一、主张法律行为不成立/无效/被撤销后的返还/折价补偿" 五、主张缔约过失责任 诉请一：违反先合同义务的损害赔偿 诉请二：违反附随义务的缔约过失损害赔偿 诉请三：违反报批义务的损害赔偿 诉请四：违反报批义务的违约金 诉请五：违反报批义务的定金双倍返还 案由：缔约过失责任纠纷（定金适用定金合同纠纷） 检视程式：参见第一章第三节缔约过失责任纠纷（定金参见第一章第五节定金合同纠纷） 六、主张合伙预约的履行/违反预约的违约责任 诉请一：订立合伙合同 诉请二：违反预约的损害赔偿/违约金/双倍返还定金 案由：预约合同纠纷（定金适用定金合同纠纷）

---

① 若认为第157条第1句所涉并非不当得利返还请求权，则该诉请应适用"合同纠纷"项下的案由。

续表

  检视程式：参见第一章第四节预约合同纠纷（定金参见第一章第五节定金合同纠纷）

七、被代理人主张违反代理职责的代理人赔偿损害

  被代理人诉请：代理人赔偿损害

  案由：合伙合同纠纷

  检视程式：参见第二章第一节"二、被代理人主张违反代理职责的代理人赔偿损害"

八、被代理人主张代理人与相对人承担连带责任

  被代理人诉请：代理人与相对人承担连带责任

  案由：合伙合同纠纷

  检视程式：参见第二章第一节"三、被代理人主张代理人与相对人承担连带责任"

九、相对人主张违法代理的被代理人与代理人承担连带责任

  相对人诉请：被代理人与代理人承担连带责任

  案由：合伙合同纠纷

  检视程式：参见第二章第一节"四、相对人主张违法代理的被代理人与代理人承担连带责任"

十、相对人主张无权代理人履行/赔偿损害

  相对人诉请一：无权代理人履行

  相对人诉请二：无权代理人赔偿损害

  案由：合伙合同纠纷

  检视程式：参见第二章第一节"五、相对人主张无权代理人履行/赔偿损害"

十一、主张对方承担违约责任

  诉请一：违约损害赔偿

  诉请二：支付违约金

  诉请三：双倍返还定金

  案由：合伙合同纠纷（定金适用定金合同纠纷）

  检视程式：参见第二章第一节"七、主张对方承担违约责任"（定金参见第一章第五节定金合同纠纷）

十二、主张解除合同

  诉请一：确认合同已合意解除

  诉请二：确认已行使/依诉行使意定解除权

  诉请三：确认已行使/依诉行使法定解除权

  诉请四：申请司法解除

  诉请五：申请因情事变更解除

  诉请六：解除合同+恢复原状（返还）/采取其他补救措施/赔偿损失

	案由：合伙合同纠纷 检视程式：参见第二章第一节"八、主张解除合同" 十三、主张合同未解除 　　诉请：确认合同未解除 　　案由：合伙合同纠纷 　　检视程式：参见第二章第一节"九、主张合同未解除" 十四、债权人主张债务人承担的费用 　　诉请一：提前履行增加的费用 　　诉请二：部分履行增加的费用 　　诉请三：主债权及利息的实现费用 　　诉请四：第三人替代履行的费用 　　诉请五：防止损失扩大的费用 　　案由：合伙合同纠纷 　　检视程式：参见第二章第一节"十、债权人主张债务人承担的费用" 十五、债务人主张债权人承担的费用 　　诉请一：提存费用 　　诉请二：受领迟延的费用 　　案由：合伙合同纠纷 　　检视程式：参见第二章第一节"十一、债务人主张债权人承担的费用" 十六、主张后合同义务履行请求权 　　诉请：履行后合同义务 　　案由：合伙合同纠纷 　　检视程式：参见第二章第一节"十二、主张后合同义务履行请求权" 十七、主张违反后合同义务的损害赔偿 　　诉请：违反后合同义务的损害赔偿 　　案由：合伙合同纠纷 　　检视程式：参见第二章第一节"十三、主张违反后合同义务的损害赔偿"
案由特别主张 与诉请 合伙合同程式	一、主张合伙合同履行请求权 　　合伙人诉请一：其他合伙人履行出资义务 　　合伙人诉请二：监督合伙事务执行情况 　　合伙人诉请三：暂停合伙事务的执行 　　合伙人诉请四：支付执行合伙事务的报酬 　　合伙人诉请五：利润分配/亏损分担 　　合伙债权人诉请：合伙人对合伙债务承担连带责任

续表

二、主张承担合伙合同违约责任 　　合伙人诉请一：确认关于合伙事务的决定无效 　　合伙人诉请二：确认其他合伙人对外转让份额的处分行为无效 三、主张确认已行使/依诉行使不定期合伙任意解除权 　　合伙人诉请：确认已行使/依诉行使不定期合伙任意解除权 四、主张确认合伙合同已终止 　　诉请：确认合伙合同已终止 五、主张合伙合同终止后剩余财产的分配 　　合伙人诉请：分配合伙合同终止后的剩余财产 六、合伙人的债权人主张行使代位权 　　合伙人的债权人诉请：行使代位权

一、主张合伙合同履行请求权

合伙人诉请一：其他合伙人履行出资义务

请求权基础

第968条
合伙人应当按照约定的出资方式、数额和缴付期限，履行出资义务。

检视程式

（一）请求权已产生
合伙合同成立且无效力障碍
合伙合同的定义：第967条
（二）请求权未消灭
1.合同已解除：第557条第2款
2.解除条件成就：第158条第3句、第159条
3.终止期限届满：第160条第3句
4.债的一般消灭事由：第557条第1款
（三）请求权可行使
出资义务不适用诉讼时效抗辩权：时效规定第1条第3项

合伙人诉请二：监督合伙事务执行情况

请求权基础

第970条第2款第2句第2分句但书→
第970条第2款
合伙事务由全体合伙人共同执行。按照合伙合同的约定或者全体合伙人的决定，

可以委托一个或者数个合伙人执行合伙事务；其他合伙人不再执行合伙事务，但是有权监督执行情况。

检视程式

（一）请求权已产生
1.合伙合同成立且无效力障碍
合伙合同的定义：第967条
2.按照合伙合同的约定/全体合伙人的决定→委托一个/数个合伙人执行合伙事务

（二）请求权未消灭
1.合同已解除：第557条第2款
2.解除条件成就：第158条第3句、第159条
3.终止期限届满：第160条第3句

（三）请求权可行使
监督权依其性质不宜适用诉讼时效抗辩权

合伙人诉请三：暂停合伙事务的执行

请求权基础

第970条第3款第2分句→
第970条第3款

合伙人分别执行合伙事务的，执行事务合伙人可以对其他合伙人执行的事务提出异议；提出异议后，其他合伙人应当暂停该项事务的执行。

检视程式

（一）请求权已产生
1.合伙合同成立且无效力障碍
合伙合同的定义：第967条
2.合伙人分别执行合伙事务
3.执行事务合伙人对其他合伙人执行的事务提出异议

（二）请求权未消灭
1.合同已解除：第557条第2款
2.解除条件成就：第158条第3句、第159条
3.终止期限届满：第160条第3句

（三）请求权可行使
该权利依其性质不宜适用诉讼时效抗辩权

合伙人诉请四：支付执行合伙事务的报酬

请求权基础

合伙合同
第971条
合伙人不得因执行合伙事务而请求支付报酬，但是合伙合同另有约定的除外。

检视程式

（一）请求权已产生
1. 合伙合同成立且无效力障碍
合伙合同的定义：第967条
2. 合伙合同约定了执行合伙事务的报酬
（二）请求权未消灭
1. 合同已解除：第557条第2款
2. 解除条件成就：第158条第3句、第159条
3. 终止期限届满：第160条第3句
4. 债的一般消灭事由：第557条第1款
（三）请求权可行使
时效抗辩权：第192条第1款

合伙人诉请五：利润分配/亏损分担

请求权基础

第972条
合伙的利润分配和亏损分担，按照合伙合同的约定办理；合伙合同没有约定或者约定不明确的，由合伙人协商决定；协商不成的，由合伙人按照实缴出资比例分配、分担；无法确定出资比例的，由合伙人平均分配、分担。

检视程式

（一）请求权已产生
1. 合伙合同成立且无效力障碍
合伙合同的定义：第967条
2. 合伙产生利润/亏损→按照实缴出资比例/平均
（二）请求权未消灭
1. 合同已解除：第557条第2款
2. 解除条件成就：第158条第3句、第159条
3. 终止期限届满：第160条第3句
4. 债的一般消灭事由：第557条第1款

（三）请求权可行使
时效抗辩权：第192条第1款

合伙债权人诉请：合伙人对合伙债务承担连带责任

请求权基础

合伙合同
第973条第1句
合伙人对合伙债务承担连带责任。

检视程式

（一）请求权已产生
1.合伙合同成立且无效力障碍
合伙合同的定义：第967条
2.合伙产生债务

（二）请求权未消灭
1.合同已解除：第557条第2款
2.债的一般消灭事由：第557条第1款、第520条

（三）请求权可行使
时效抗辩权：第192条第1款

二、主张承担合伙合同违约责任

合伙人诉请一：确认关于合伙事务的决定无效

规范基础

第970条第1款
合伙人就合伙事务作出决定的，除合伙合同另有约定外，应当经全体合伙人一致同意。

检视程式

1.合伙人就合伙事务作出决定
2.未经全体合伙人一致同意

合伙人诉请二：确认其他合伙人对外转让份额的处分行为无效

规范基础

第974条
除合伙合同另有约定外，合伙人向合伙人以外的人转让其全部或者部分财产份额的，须经其他合伙人一致同意。

检视程式

1. 合伙人对外转让财产份额
2. 未经其他合伙人一致同意

三、主张确认已行使/依诉行使不定期合伙任意解除权

合伙人诉请：确认已行使/依诉行使不定期合伙任意解除权

规范基础

第976条第3款→

第976条

合伙人对合伙期限没有约定或者约定不明确，依据本法第五百一十条的规定仍不能确定的，视为不定期合伙。

合伙期限届满，合伙人继续执行合伙事务，其他合伙人没有提出异议的，原合伙合同继续有效，但是合伙期限为不定期。

合伙人可以随时解除不定期合伙合同，但是应当在合理期限之前通知其他合伙人。

检视程式

（一）解除权已产生

1. 合伙合同成立且无效力障碍

合伙合同的定义：第967条

2. 不定期合伙：第976条第1—2款

（二）解除权未消灭

（三）解除权的行使

1. 解除通知+合理期限+到达：第976条第3款
2. 未通知+直接以诉讼或仲裁方式主张解除+起诉状副本或仲裁申请书副本送达对方：第565条第2款，合同通则解释54

四、主张确认合伙合同已终止

诉请：确认合伙合同已终止

规范基础

第977条

合伙人死亡、丧失民事行为能力或者终止的，合伙合同终止；但是，合伙合同另有约定或者根据合伙事务的性质不宜终止的除外。

检视程式

（一）合伙合同终止事由
1. 合伙人死亡
2. 合伙人丧失民事行为能力
3. 合伙人终止

（二）合伙合同终止抗辩事由
1. 当事人特约
2. 合伙事务的性质不宜终止

五、主张合伙合同终止后剩余财产的分配

合伙人诉请：分配合伙合同终止后的剩余财产

请求权基础

第978条

合伙合同终止后，合伙财产在支付因终止而产生的费用以及清偿合伙债务后有剩余的，依据本法第九百七十二条的规定进行分配。

第972条

合伙的利润分配和亏损分担，按照合伙合同的约定办理；合伙合同没有约定或者约定不明确的，由合伙人协商决定；协商不成的，由合伙人按照实缴出资比例分配、分担；无法确定出资比例的，由合伙人平均分配、分担。

检视程式

（一）请求权已产生
1. 合伙合同成立且无效力障碍
   合伙合同的定义：第967条
2. 合伙合同终止
3. 合伙财产支付费用和合伙债务后仍有剩余
   合伙财产：第969条第1款
4. 按照实缴出资比例/平均分配：第972条

（二）请求权未消灭
债的一般消灭事由：第557条第1款

（三）请求权可行使
1. 留置抗辩权：类推第525条
2. 时效抗辩权：第192条第1款

六、合伙人的债权人主张行使代位权

合伙人的债权人诉请：行使代位权

规范基础

第 535 条第 1 款

因债务人怠于行使其债权或者与该债权有关的从权利，影响债权人的到期债权实现的，债权人可以向人民法院请求以自己的名义代位行使债务人对相对人的权利，但是该权利专属于债务人自身的除外。

第 975 条

合伙人的债权人不得代位行使合伙人依照本章规定和合伙合同享有的权利，但是合伙人享有的利益分配请求权除外。

检视程式

（一）权利已产生

1. 合伙人怠于行使利益分配请求权
2. 影响合伙人的债权人之到期债权实现

（二）权利未消灭

其他合伙人得主张其对该合伙人的权利消灭抗辩：第 535 条第 3 款

1. 债的一般消灭事由：第 557 条第 1 款
2. 损益相抵：合同通则解释 63.3

（三）权利的行使

其他合伙人得主张其对该合伙人的权利行使抗辩权：第 535 条第 3 款

1. 留置抗辩权：类推第 525 条
2. 时效抗辩权：第 192 条第 1 款

第五十二节　土地承包经营权合同纠纷

案由所涉主张与诉请 土地承包经营权合同程式	一、主张收回/调整承包地的约定无效 　　诉请：收回/调整承包地的约定无效 二、主张履行土地承包经营权合同 　　承包方诉请一：交付承包地+办理登记 　　承包方诉请二：延长承包期限 三、主张对方承担违约责任 　　承包方诉请一：返还承包地 　　承包方诉请二：发包方补偿投入 　　承包方诉请三：发包方停止侵害/排除妨碍/消除危险/返还财产/恢复原状/赔偿损失

续表

	承包方诉请四：发包方返还收益
	承包方诉请五：发包方给付补偿费/安置补助费
	发包方诉请一：承包方停止侵害/恢复原状/赔偿损失
	发包方诉请二：承包方返还剩余流转期限的流转价款
	四、发包方主张终止承包经营权合同
	  发包方诉请：终止承包经营权合同
	五、承包方主张发包方与第三人的承包合同无效+返还承包地+赔偿损失
	  承包方诉请：确认发包方与第三人的承包合同无效+返还承包地+赔偿损失
	六、第三人主张补偿合理投入
	  第三人诉请：受益方补偿合理投入
	七、本集体经济组织成员主张优先承包
	  本集体经济组织成员诉请：发包方履行行使优先承包权成立的土地经营权合同

一、主张收回/调整承包地的约定无效

诉请：收回/调整承包地的约定无效

规范基础

第153条第1款

违反法律、行政法规的强制性规定的民事法律行为无效。但是，该强制性规定不导致该民事法律行为无效的除外。

第336条

承包期内发包人不得调整承包地。

因自然灾害严重毁损承包地等特殊情形，需要适当调整承包的耕地和草地的，应当依照农村土地承包的法律规定办理。

第337条

承包期内发包人不得收回承包地。法律另有规定的，依照其规定。

承包解释5

承包合同中有关收回、调整承包地的约定违反农村土地承包法第二十七条、第二十八条、第三十一条规定的，应当认定该约定无效。

承包法第27条第1—3款

承包期内，发包方不得收回承包地。

国家保护进城农户的土地承包经营权。不得以退出土地承包经营权作为农户进城落户的条件。

承包期内，承包农户进城落户的，引导支持其按照自愿有偿原则依法在本集体经济组织内转让土地承包经营权或者将承包地交回发包方，也可以鼓励其流转土地经营权。

承包法28

承包期内，发包方不得调整承包地。

承包期内，因自然灾害严重毁损承包地等特殊情形对个别农户之间承包的耕地和草地需要适当调整的，必须经本集体经济组织成员的村民会议三分之二以上成员或者三分之二以上村民代表的同意，并报乡（镇）人民政府和县级人民政府农业农村、林业和草原等主管部门批准。承包合同中约定不得调整的，按照其约定。

承包法31

承包期内，妇女结婚，在新居住地未取得承包地的，发包方不得收回其原承包地；妇女离婚或者丧偶，仍在原居住地生活或者不在原居住地生活但在新居住地未取得承包地的，发包方不得收回其原承包地。

检视程式

（一）土地承包经营权合同
（二）约定收回/调整承包地
（三）约定违反法律强制性规定

1. 承包期内，发包方不得收回承包地
2. 不得以退出土地承包经营权作为农户进城落户的条件
3. 承包期内，妇女结婚，在新居住地未取得承包地的，发包方不得收回其原承包地；妇女离婚或者丧偶，仍在原居住地生活或者不在原居住地生活但在新居住地未取得承包地的，发包方不得收回其原承包地
4. 承包期内，发包方不得调整承包地

承包期内，因自然灾害严重毁损承包地等特殊情形对个别农户之间承包的耕地和草地需要适当调整的，必须经本集体经济组织成员的村民会议2/3以上成员或者2/3以上村民代表的同意，并报乡（镇）人民政府和县级人民政府农业农村、林业和草原等主管部门批准。承包合同中约定不得调整的，按照其约定

二、主张履行土地承包经营权合同

承包方诉请一：交付承包地＋办理登记

请求权基础

土地承包经营权合同

第331条

土地承包经营权人依法对其承包经营的耕地、林地、草地等享有占有、使用和收益的权利，有权从事种植业、林业、畜牧业等农业生产。

第333条

土地承包经营权自土地承包经营权合同生效时设立。

登记机构应当向土地承包经营权人发放土地承包经营权证、林权证等证书，并登记造册，确认土地承包经营权。

检视程式

（一）请求权已产生
土地承包经营权合同成立且无效力障碍
土地承包经营权合同的要式性：承包法22.1
土地承包经营权合同的内容：承包法22.2
土地承包经营的方式：家庭承包，承包法16；其他方式，承包法49、52

（二）请求权未消灭
1. 合同已解除：第557条第2款
2. 解除条件成就：第158条第3句、第159条
3. 终止期限届满：第160条第3句
4. 给付不能：第580条第1款但书第1—2项
5. 已履行

（三）请求权可行使
基于土地承包经营权的物权权能，不受时效限制

承包方诉请二：延长承包期限

请求权基础

承包法21
耕地的承包期为三十年。草地的承包期为三十年至五十年。林地的承包期为三十年至七十年。
前款规定的耕地承包期届满后再延长三十年，草地、林地承包期届满后依照前款规定相应延长。

承包解释7
承包合同约定或者土地承包经营权证等证书记载的承包期限短于农村土地承包法规定的期限，承包方请求延长的，应予支持。

检视程式

（一）请求权已产生
1. 土地承包经营权合同成立且无效力障碍
土地承包经营权合同的要式性：承包法22.1
土地承包经营权合同的内容：承包法22.2
土地承包经营的方式：家庭承包，承包法16；其他方式，承包法49、52
2. 承包合同约定／土地承包经营权证等证书记载的承包期限短于承包法规定的期限

（二）请求权未消灭

1. 合同已解除：第557条第2款
2. 解除条件成就：第158条第3句、第159条

（三）请求权可行使

基于土地承包经营权的物权权能，不受时效限制

三、主张对方承担违约责任

承包方诉请一：返还承包地

请求权基础

第331条

土地承包经营权人依法对其承包经营的耕地、林地、草地等享有占有、使用和收益的权利，有权从事种植业、林业、畜牧业等农业生产。

承包解释6.1

因发包方违法收回、调整承包地，或者因发包方收回承包方弃耕、撂荒的承包地产生的纠纷，按照下列情形，分别处理：

（一）发包方未将承包地另行发包，承包方请求返还承包地的，应予支持……

检视程式

（一）请求权已产生

1. 土地承包经营权合同成立且无效力障碍
   土地承包经营权合同的要式性：承包法22.1
   土地承包经营权合同的内容：承包法22.2
   土地承包经营的方式：家庭承包，承包法16；其他方式，承包法49、52
2. 发包方违法收回、调整承包地/发包方收回承包方弃耕、撂荒的承包地
3. 发包方未将承包地另行发包

（二）请求权未消灭

1. 合同已解除：第557条第2款
2. 给付不能：第580条第1款但书第1—2项
3. 已履行

（三）请求权可行使

基于土地承包经营权的物权权能，不受时效限制

承包方诉请二：发包方补偿投入

请求权基础

承包法27.4

承包期内，承包方交回承包地或者发包方依法收回承包地时，承包方对其在承

包地上投入而提高土地生产能力的，有权获得相应的补偿。

检视程式

（一）请求权已产生
1. 土地承包经营权合同成立且无效力障碍
土地承包经营权合同的要式性：承包法22.1
土地承包经营权合同的内容：承包法22.2
土地承包经营的方式：家庭承包，承包法16；其他方式，承包法49、52
2. 承包期内＋承包方交回承包地或者发包方依法收回承包地
3. 承包方在承包地上投入而提高土地生产能力

（二）请求权未消灭
债的一般消灭事由：第557条第1款

（三）请求权可行使
时效抗辩权：第192条第1款

承包方诉请三：发包方停止侵害／排除妨碍／消除危险／返还财产／恢复原状／赔偿损失

请求权基础

承包法57
发包方有下列行为之一的，应当承担停止侵害、排除妨碍、消除危险、返还财产、恢复原状、赔偿损失等民事责任：
（一）干涉承包方依法享有的生产经营自主权；
（二）违反本法规定收回、调整承包地；
（三）强迫或者阻碍承包方进行土地承包经营权的互换、转让或者土地经营权流转；
（四）假借少数服从多数强迫承包方放弃或者变更土地承包经营权；
（五）以划分"口粮田"和"责任田"等为由收回承包地搞招标承包；
（六）将承包地收回抵顶欠款；
（七）剥夺、侵害妇女依法享有的土地承包经营权；
（八）其他侵害土地承包经营权的行为。

承包解释12.2
发包方阻碍承包方依法流转土地经营权，承包方请求排除妨碍、赔偿损失的，应予支持。

检视程式

（一）请求权已产生
1. 土地承包经营权合同成立且无效力障碍
土地承包经营权合同的要式性：承包法22.1
土地承包经营权合同的内容：承包法22.2

土地承包经营的方式：家庭承包，承包法16；其他方式，承包法49、52
2.发包方违法或违约侵害承包方
（1）干涉承包方依法享有的生产经营自主权
（2）违法收回、调整承包地
（3）强迫或者阻碍承包方进行土地承包经营权的互换、转让或者土地经营权流转
（4）假借少数服从多数强迫承包方放弃或者变更土地承包经营权
（5）以划分"口粮田"和"责任田"等为由收回承包地搞招标承包
（6）将承包地收回抵顶欠款
（7）剥夺、侵害妇女依法享有的土地承包经营权
（8）其他侵害土地承包经营权的行为
3.抗辩：违反减损义务，第591条第1款
（二）请求权未消灭
1.给付不能：第580条第1款但书第1—2项
2.债的一般消灭事由：第557条第1款
（三）请求权可行使
1.停止侵害/排除妨碍/消除危险/返还财产不适用时效：第196条第1—2项
2.恢复原状/赔偿损失的时效抗辩权：第192条第1款

承包方诉请四：发包方返还收益

请求权基础

第331条

土地承包经营权人依法对其承包经营的耕地、林地、草地等享有占有、使用和收益的权利，有权从事种植业、林业、畜牧业等农业生产。

承包解释17.1

发包方或者其他组织、个人擅自截留、扣缴承包收益或者土地经营权流转收益，承包方请求返还的，应予支持。

检视程式

（一）请求权已产生
1.土地承包经营权合同成立且无效力障碍
土地承包经营权合同的要式性：承包法22.1
土地承包经营权合同的内容：承包法22.2
土地承包经营的方式：家庭承包，承包法16；其他方式，承包法49、52
2.发包方截留/扣缴承包收益/土地经营权流转收益
（二）请求权未消灭
债的一般消灭事由：第557条第1款（抵销除外，承包解释17.2）

（三）请求权可行使
时效抗辩权：第192条第1款

承包方诉请五：发包方给付补偿费/安置补助费

请求权基础

第338条
承包地被征收的，土地承包经营权人有权依据本法第二百四十三条的规定获得相应补偿。

第243条第2款
征收集体所有的土地，应当依法及时足额支付土地补偿费、安置补助费以及农村村民住宅、其他地上附着物和青苗等的补偿费用，并安排被征地农民的社会保障费用，保障被征地农民的生活，维护被征地农民的合法权益。

承包解释20.1
承包地被依法征收，承包方请求发包方给付已经收到的地上附着物和青苗的补偿费的，应予支持。

承包解释21
承包地被依法征收，放弃统一安置的家庭承包方，请求发包方给付已经收到的安置补助费的，应予支持。

检视程式

（一）请求权已产生
1. 土地承包经营权合同成立且无效力障碍
土地承包经营权合同的要式性：承包法22.1
土地承包经营权合同的内容：承包法22.2
土地承包经营的方式：家庭承包，承包法16；其他方式，承包法49、52
2. 承包地被依法征收
3. 发包方已经收到地上附着物和青苗的补偿费/安置补助费
4. 抗辩：家庭承包法接受统一安置

（二）请求权未消灭
债的一般消灭事由：第557条第1款

（三）请求权可行使
依权利性质不宜适用时效抗辩权

发包方诉请一：承包方停止侵害/恢复原状/赔偿损失

请求权基础

承包法18
承包方承担下列义务：

（一）维持土地的农业用途，未经依法批准不得用于非农建设；
（二）依法保护和合理利用土地，不得给土地造成永久性损害；
（三）法律、行政法规规定的其他义务。

承包法63.2

承包方给承包地造成永久性损害的，发包方有权制止，并有权要求赔偿由此造成的损失。

承包解释8

承包方违反农村土地承包法第十八条规定，未经依法批准将承包地用于非农建设或者对承包地造成永久性损害，发包方请求承包方停止侵害、恢复原状或者赔偿损失的，应予支持。

检视程式

（一）请求权已产生

1.土地承包经营权合同成立且无效力障碍

土地承包经营权合同的要式性：承包法22.1

土地承包经营权合同的内容：承包法22.2

土地承包经营的方式：家庭承包，承包法16；其他方式，承包法49、52

2.承包方违反承包法18规定，未经依法批准将承包地用于非农建设

3.对承包地造成永久性损害

（1）抗辩：不可抗力，第590条

（2）抗辩：与有过失，第592条第2款

（3）抗辩：第三人原因，第593条第1句

（4）抗辩：违反减损义务，第591条第1款

（二）请求权未消灭

1.恢复原状的给付不能：第580条第1款但书第1—2项

2.债的一般消灭事由：第557条第1款

（三）请求权可行使

1.停止侵害不适用时效：第196条第1项

2.承包地恢复原状依其权利性质，不宜适用时效抗辩权

3.赔偿损失的时效抗辩权：第192条第1款

发包方诉请二：承包方返还剩余流转期限的流转价款

请求权基础

第985条主文

得利人没有法律根据取得不当利益的，受损失的人可以请求得利人返还取得的利益……

承包解释9

发包方根据农村土地承包法第二十七条规定收回承包地前,承包方已经以出租、入股或者其他形式将其土地经营权流转给第三人,且流转期限尚未届满,因流转价款收取产生的纠纷,按照下列情形,分别处理:

(一)承包方已经一次性收取了流转价款,发包方请求承包方返还剩余流转期限的流转价款的,应予支持……

检视程式

(一)请求权已产生

1.土地承包经营权合同成立且无效力障碍

土地承包经营权合同的要式性:承包法22.1

土地承包经营权合同的内容:承包法22.2

土地承包经营的方式:家庭承包,承包法16;其他方式,承包法49、52

2.发包方根据承包法27规定收回承包地前

3.承包方已经以出租/入股/其他形式将其土地经营权流转给第三人

4.流转期限尚未届满

5.承包方已经一次性收取了流转价款

(二)请求权未消灭

债的一般消灭事由:第557条第1款(抵销除外,承包解释17.2)

(三)请求权可行使

时效抗辩权:第192条第1款

四、发包方主张终止承包经营权合同

发包方诉请:终止承包经营权合同

规范基础

第533条

合同成立后,合同的基础条件发生了当事人在订立合同时无法预见的、不属于商业风险的重大变化,继续履行合同对于当事人一方明显不公平的,受不利影响的当事人可以与对方重新协商;在合理期限内协商不成的,当事人可以请求人民法院或者仲裁机构变更或者解除合同。

人民法院或者仲裁机构应当结合案件的实际情况,根据公平原则变更或者解除合同。

承包解释15

因承包方不收取流转价款或者向对方支付费用的约定产生纠纷,当事人协商变更无法达成一致,且继续履行又显失公平的,人民法院可以根据发生变更的客观情况,按照公平原则处理。

检视程式

（一）权利已产生

1.土地承包经营权合同成立且无效力障碍

土地承包经营权合同的要式性：承包法22.1

土地承包经营权合同的内容：承包法22.2

土地承包经营的方式：家庭承包，承包法16；其他方式，承包法49、52

2.因承包方不收取流转价款或者向对方支付费用的约定产生纠纷

3.当事人协商变更无法达成一致

4.继续履行又显失公平

5.权利产生抗辩：存在其他法律救济途径（如法定解除权）

（二）权利未消灭

权利的放弃

（三）权利的行使

请求人民法院终止合同权利义务关系

五、承包方主张发包方与第三人的承包合同无效+返还承包地+赔偿损失

承包方诉请：确认发包方与第三人的承包合同无效+返还承包地+赔偿损失

规范基础

第153条第1款

违反法律、行政法规的强制性规定的民事法律行为无效。但是，该强制性规定不导致该民事法律行为无效的除外。

第235条

无权占有不动产或者动产的，权利人可以请求返还原物。

第1165条第1款

行为人因过错侵害他人民事权益造成损害的，应当承担侵权责任。

承包解释6.1

因发包方违法收回、调整承包地，或者因发包方收回承包方弃耕、撂荒的承包地产生的纠纷，按照下列情形，分别处理……

（二）发包方已将承包地另行发包给第三人，承包方以发包方和第三人为共同被告，请求确认其所签订的承包合同无效、返还承包地并赔偿损失的，应予支持。但属于承包方弃耕、撂荒情形的，对其赔偿损失的诉讼请求，不予支持。

检视程式

（一）权利已产生

1.土地承包经营权合同成立且无效力障碍

土地承包经营权合同的要式性：承包法22.1

土地承包经营权合同的内容：承包法22.2
土地承包经营的方式：家庭承包，承包法16；其他方式，承包法49、52
2.发包方违法收回、调整承包地/发包方收回承包方弃耕、撂荒的承包地
3.发包方已将承包地另行发包给第三人
4.赔偿请求权的产生抗辩：承包方弃耕、撂荒

（二）权利未消灭
1.合同已解除：第557条第2款
2.给付不能：第580条第1款但书第1—2项
3.已履行

（三）权利可行使
1.基于土地承包经营权的物权权能，返还承包地不受时效限制
2.损害赔偿的时效抗辩权：第192条第1款

六、第三人主张补偿合理投入

第三人诉请：受益方补偿合理投入

请求权基础

第985条主文
得利人没有法律根据取得不当利益的，受损失的人可以请求得利人返还取得的利益……

承包解释6.2→
承包解释6
因发包方违法收回、调整承包地，或者因发包方收回承包方弃耕、撂荒的承包地产生的纠纷，按照下列情形，分别处理：
（一）发包方未将承包地另行发包，承包方请求返还承包地的，应予支持；
（二）发包方已将承包地另行发包给第三人，承包方以发包方和第三人为共同被告，请求确认其所签订的承包合同无效、返还承包地并赔偿损失的，应予支持。但属于承包方弃耕、撂荒情形的，对其赔偿损失的诉讼请求，不予支持。
前款第（二）项所称的第三人，请求受益方补偿其在承包地上的合理投入的，应予支持。

检视程式

（一）请求权已产生
1.土地承包经营权合同成立且无效力障碍
土地承包经营权合同的要式性：承包法22.1
土地承包经营权合同的内容：承包法22.2
土地承包经营的方式：家庭承包，承包法16；其他方式，承包法49、52
2.发包方违法收回、调整承包地/发包方收回承包方弃耕、撂荒的承包地

3. 发包方已将承包地另行发包给第三人

4. 承包方以发包方和第三人为共同被告，请求确认其所签订的承包合同无效、返还承包地并赔偿损失

5. 第三人在承包地上合理投入

（二）请求权未消灭

1. 合同已解除：第557条第2款

2. 已履行

（三）请求权可行使

时效抗辩权：第192条第1款

七、本集体经济组织成员主张优先承包

本集体经济组织成员诉请：发包方履行行使优先承包权成立的土地经营权合同

规范基础

承包法51

以其他方式承包农村土地，在同等条件下，本集体经济组织成员有权优先承包。

承包解释18

本集体经济组织成员在承包费、承包期限等主要内容相同的条件下主张优先承包的，应予支持。但在发包方将农村土地发包给本集体经济组织以外的组织或者个人，已经法律规定的民主议定程序通过，并由乡（镇）人民政府批准后主张优先承包的，不予支持。

承包法49

以其他方式承包农村土地的，应当签订承包合同，承包方取得土地经营权。当事人的权利和义务、承包期限等，由双方协商确定。以招标、拍卖方式承包的，承包费通过公开竞标、竞价确定；以公开协商等方式承包的，承包费由双方议定。

检视程式

1. 不宜采取家庭承包方式的荒山、荒沟、荒丘、荒滩等农村土地，通过招标、拍卖、公开协商等方式承包：承包法48

2. 本集体经济组织成员

3. 同等条件

4. 抗辩：发包方将农村土地发包给本集体经济组织以外的组织或者个人，已经法律规定的民主议定程序通过，并由乡（镇）人民政府批准后主张优先承包

第五十三节　土地承包经营权转让合同纠纷（4级案由）

确认合同无效合同纠纷案由在土地承包经营权转让合同的适用	土地承包经营权转让合同的特别无效事由： 1. 未经发包方同意：承包法34，承包解释13 　　抗辩：发包方无法定理由不同意/拖延表态，承包解释13 2. 受让方非本集体经济组织成员：承包法34 3. 强迫转让：承包法60
说　明	无特别规定之处，土地承包经营权转让合同纠纷可适用本章第二节"买卖合同纠纷"所涉主张与诉请的检视程式。

受让方主张转让方交付承包地+办理登记

受让方诉请：转让方交付承包地+办理登记

请求权基础

土地承包经营权转让合同
承包法35
土地承包经营权互换、转让的，当事人可以向登记机构申请登记。未经登记，不得对抗善意第三人。

检视程式

（一）请求权已产生
1. 土地承包经营权转让合同成立且无效力障碍
发包方同意+受让方为本集体经济组织成员：承包法34
2. 约定登记

（二）请求权未消灭
1. 合同已解除：第557条第2款
2. 解除条件成就：第158条第3句、第159条
3. 终止期限届满：第160条第3句
4. 给付不能：第580条第1款但书第1—2项
5. 已履行

（三）请求权可行使
1. 履行抗辩权：第525条—第527条第1款，合同通则解释31
2. 基于土地承包经营权的物权权能，不受时效限制

第五十四节　土地承包经营权互换合同纠纷（4级案由）

确认合同无效合同纠纷案由在土地承包经营权互换合同的适用	土地承包经营权互换合同的特别无效事由： 1. 未向发包方备份不构成无效事由：承包法33 2. 受让方非本集体经济组织成员：承包法33 3. 强迫转让：承包法60
土地承包经营权互换合同程式	
说　明	无特别规定之处，土地承包经营权互换合同纠纷可适用本章第二节买卖合同纠纷所涉主张与诉请的检视程式。

互换方主张转让方交付承包地＋办理登记

互换方诉请：对方交付承包地＋办理登记

请求权基础

土地承包经营权互换合同
承包法35

土地承包经营权互换、转让的，当事人可以向登记机构申请登记。未经登记，不得对抗善意第三人。

检视程式

（一）请求权已产生
1. 土地承包经营权互换合同成立且无效力障碍
   受让方为本集体经济组织成员：承包法33
2. 约定登记

（二）请求权未消灭
1. 合同已解除：第557条第2款
2. 解除条件成就：第158条第3句、第159条
3. 终止期限届满：第160条第3句
4. 给付不能：第580条第1款但书第1—2项
5. 已履行

（三）请求权可行使
1. 履行抗辩权：第525条—第527条第1款、合同通则解释31
2. 基于土地承包经营权的物权权能，不受时效限制

357

第五十五节　土地经营权入股合同纠纷（4级案由）

确认合同无效纠纷案由在土地经营权入股合同的适用 土地承包经营权入股合同程式	土地经营权入股合同纠纷的特别无效事由： 1. 未遵守书面形式：承包法40.1 　　抗辩：不超过1年，承包法40.3 2. 再流转未经承包方书面同意：承包法46 3. 未向发包方备案不构成无效事由：承包解释14 4. 强迫入股：承包法60 　　注意：依承包解释12，发包方胁迫承包方将土地经营权流转给第三人，承包方请求撤销其与第三人签订的流转合同的，应予支持。承包解释12与承包法60的无效规则是否存在冲突，容有解释空间。 5. 超过承包期剩余期限的部分无效：承包法38 6. 受让方不具备农业经营能力或资质：承包法38
案由特别主张与诉请 土地经营权入股合同程式	一、承包方主张撤销土地经营权入股合同 　　承包方诉请：撤销土地经营权入股合同 二、被入股方主张交付+办理登记 　　被入股方诉请：承包方交付承包地+办理登记 三、被入股方主张补偿投资 　　被入股方诉请：承包方补偿投资 四、被入股方主张青苗和地上附着物补偿费 　　被入股方诉请：补偿青苗和地上附着物补偿费 五、承包方主张解除土地经营权入股合同 　　承包方诉请：确认已行使/依诉行使土地经营权入股合同解除权 六、发包方主张被入股方支付流转价款 　　发包方诉请：被入股方支付流转价款 七、发包方主张终止土地经营权入股合同 　　发包方诉请：终止土地经营权入股合同

一、承包方主张撤销土地经营权入股合同

承包方诉请：撤销土地经营权入股合同

规范基础

第150条

一方或者第三人以胁迫手段，使对方在违背真实意思的情况下实施的民事法律行为，受胁迫方有权请求人民法院或者仲裁机构予以撤销。

承包解释12.1

发包方胁迫承包方将土地经营权流转给第三人，承包方请求撤销其与第三人签

订的流转合同的，应予支持。

检视程式

（一）撤销权已产生
1. 发包方的胁迫行为：总则解释22
2. 胁迫故意
（1）使承包方陷于恐惧的故意
（2）使承包方基于恐惧作出迎合自己的意思表示的故意
3. 胁迫的不法性
4. 因果关系
（1）承包方因胁迫而陷于恐惧
（2）承包方因恐惧而作出迎合发包方的意思表示

（二）撤销权未消灭：第152条
1. 除斥期间
（1）胁迫终止之日+1年
（2）法律行为发生之日+5年
2. 放弃撤销权

（三）撤销权的行使

二、被入股方主张交付+办理登记

被入股方诉请：承包方交付承包地+办理登记

请求权基础

土地经营权入股合同

第340条
土地经营权人有权在合同约定的期限内占有农村土地，自主开展农业生产经营并取得收益。

第341条
流转期限为五年以上的土地经营权，自流转合同生效时设立。当事人可以向登记机构申请土地经营权登记；未经登记，不得对抗善意第三人。

承包法41
土地经营权流转期限为五年以上的，当事人可以向登记机构申请土地经营权登记。未经登记，不得对抗善意第三人。

检视程式

（一）请求权已产生
1. 土地经营权入股合同成立且无效力障碍
土地经营权入股合同的书面形式：承包法40.1，40.3

土地经营权入股合同的内容：承包法40.2
2.登记的附加要件：5年以上+约定登记

（二）请求权未消灭
1.合同已解除：第557条第2款
2.解除条件成就：第158条第3句、第159条
3.终止期限届满：第160条第3句
4.给付不能：第580条第1款但书第1—2项
5.已履行

（三）请求权可行使
1.履行抗辩权：第525条—第527条第1款，合同通则解释31
2.基于土地承包经营权的物权权能，不受时效限制

三、被入股方主张补偿投资

被入股方诉请：承包方补偿投资

请求权基础

土地经营权入股合同
承包法43

经承包方同意，受让方可以依法投资改良土壤，建设农业生产附属、配套设施，并按照合同约定对其投资部分获得合理补偿。

检视程式

（一）请求权已产生
1.土地经营权入股合同成立且无效力障碍
土地经营权入股合同的书面形式：承包法40.1，40.3
土地经营权入股合同的内容：承包法40.2
2.受让方依法投资改良土壤，建设农业生产附属、配套设施
3.经承包方同意

（二）请求权未消灭
1.合同已解除：第557条第2款
2.已履行

（三）请求权可行使
1.履行抗辩权：第525条—第527条第1款，合同通则解释31
2.时效抗辩权：第192条第1款

四、被入股方主张青苗和地上附着物补偿费

被入股方诉请：补偿青苗和地上附着物补偿费

请求权基础

土地经营权入股合同
承包解释20.2→
承包解释20

承包地被依法征收，承包方请求发包方给付已经收到的地上附着物和青苗的补偿费的，应予支持。

承包方已将土地经营权以出租、入股或者其他方式流转给第三人的，除当事人另有约定外，青苗补偿费归实际投入人所有，地上附着物补偿费归附着物所有人所有。

检视程式

（一）请求权已产生
1. 土地经营权入股合同成立且无效力障碍
土地经营权入股合同的书面形式：承包法40.1，40.3
土地经营权入股合同的内容：承包法40.2
2. 承包地被依法征收
3. 发包方已经收到地上附着物和青苗的补偿费
4. 被入股方为青苗实际投入人/地上附着物所有人
（二）请求权未消灭
债的一般消灭事由：第557条第1款
（三）请求权可行使
依权利性质不宜适用时效抗辩权

五、承包方主张解除土地经营权入股合同

承包方诉请：确认已行使/依诉行使土地经营权入股合同解除权

规范基础

承包法42

承包方不得单方解除土地经营权流转合同，但受让方有下列情形之一的除外：
（一）擅自改变土地的农业用途；
（二）弃耕抛荒连续两年以上；
（三）给土地造成严重损害或者严重破坏土地生态环境；
（四）其他严重违约行为。

检视程式

（一）解除权已产生

1. 土地经营权入股合同成立且无效力障碍

土地经营权入股合同的书面形式：承包法40.1，40.3

土地经营权入股合同的内容：承包法40.2

2. 具备法定解除事由：

（1）被入股方擅自改变土地的农业用途

（2）被入股方弃耕抛荒连续2年以上

（3）被入股方给土地造成严重损害/严重破坏土地生态环境

（4）被入股方其他严重违约行为

（二）解除权未消灭

依权利性质不宜适用除斥期间

（三）解除权的行使：第565条，合同通则解释53—54

1. 解除通知+到达

2. 通知载明债务人在一定期限内不履行债务则合同自动解除+载明的期限届满+债务人在该期限内未履行债务

3. 未通知+直接以诉讼或仲裁方式主张解除+起诉状副本或仲裁申请书副本送达对方

六、发包方主张被入股方支付流转价款

发包方诉请：被入股方支付流转价款

请求权基础

第240条

所有权人对自己的不动产或者动产，依法享有占有、使用、收益和处分的权利。

承包解释9

发包方根据农村土地承包法第二十七条规定收回承包地前，承包方已经以出租、入股或者其他形式将其土地经营权流转给第三人，且流转期限尚未届满，因流转价款收取产生的纠纷，按照下列情形，分别处理……

（二）流转价款为分期支付，发包方请求第三人按照流转合同的约定支付流转价款的，应予支持。

检视程式

（一）请求权已产生

1. 土地经营权入股合同成立且无效力障碍

土地经营权入股合同的书面形式：承包法40.1，40.3

土地经营权入股合同的内容：承包法40.2

2. 发包方根据承包法27规定收回承包地前
3. 入股期限尚未届满
4. 入股价款为分期支付

（二）请求权未消灭

债的一般消灭事由：第557条第1款

（三）请求权可行使

时效抗辩权：第192条第1款

七、发包方主张终止土地经营权入股合同

发包方诉请：终止土地经营权入股合同

规范基础

承包法第64条第1句

土地经营权人擅自改变土地的农业用途、弃耕抛荒连续两年以上、给土地造成严重损害或者严重破坏土地生态环境，承包方在合理期限内不解除土地经营权流转合同的，发包方有权要求终止土地经营权流转合同。

检视程式

1. 土地经营权入股合同成立且无效力障碍

土地经营权入股合同的书面形式：承包法40.1，40.3

土地经营权入股合同的内容：承包法40.2

2. 土地经营权人擅自改变土地的农业用途/弃耕抛荒连续2年以上/给土地造成严重损害/严重破坏土地生态环境

3. 承包方在合理期限内不解除土地经营权入股合同

第五十六节　土地经营权抵押合同纠纷（4级案由）

确认合同无效纠纷案由在土地经营权抵押合同的适用 土地承包经营权抵押合同程式	土地经营权抵押合同纠纷的特别无效事由： 1. 未遵守书面形式：承包法40.1 2. 土地经营权人抵押未经承包方书面同意：承包法47.1 3. 未向发包方备案不构成无效事由：承包法47.1，承包解释14 4. 强迫抵押：承包法60 　注意：依承包解释12，发包方胁迫承包方将土地经营权流转给第三人，承包方请求撤销其与第三人签订的流转合同的，应予支持。承包解释12与承包法60的无效规则是否存在冲突，容有解释空间。

案由特别主张与诉请 土地经营权抵押合同程式	一、承包方主张撤销土地经营权抵押合同 　　承包方诉请：撤销土地经营权抵押合同 二、抵押权人主张抵押人办理土地经营权抵押登记 　　抵押权人诉请：抵押人办理土地经营权抵押登记
说　明	无特别规定之处，土地经营权抵押合同纠纷可适用本章第十五节"抵押合同纠纷"所涉主张与诉请的检视程式。

一、承包方主张撤销土地经营权抵押合同

承包方诉请：撤销土地经营权抵押合同

规范基础

第150条

一方或者第三人以胁迫手段，使对方在违背真实意思的情况下实施的民事法律行为，受胁迫方有权请求人民法院或者仲裁机构予以撤销。

承包解释12.1

发包方胁迫承包方将土地经营权流转给第三人，承包方请求撤销其与第三人签订的流转合同的，应予支持。

检视程式

（一）撤销权已产生

1.发包方的胁迫行为：总则解释22

2.胁迫故意

（1）使承包方陷于恐惧的故意

（2）使承包方基于恐惧作出迎合自己的意思表示的故意

3.胁迫的不法性

4.因果关系

（1）承包方因胁迫而陷于恐惧

（2）承包方因恐惧而作出迎合发包方的意思表示

（二）撤销权未消灭：第152条

1.除斥期间

（1）胁迫终止之日+1年

（2）法律行为发生之日+5年

2.放弃撤销权

（三）撤销权的行使

二、抵押权人主张抵押人办理土地经营权抵押登记

抵押权人诉请：抵押人办理土地经营权抵押登记

请求权基础

土地经营权抵押合同
承包法47.2

担保物权自融资担保合同生效时设立。当事人可以向登记机构申请登记；未经登记，不得对抗善意第三人。

检视程式

（一）请求权已产生
1. 土地经营权抵押合同成立且无效力障碍
2. 约定登记

（二）请求权未消灭
1. 合同已解除：第557条第2款
2. 解除条件成就：第158条第3句、第159条
3. 终止期限届满：第160条第3句
4. 给付不能：第580条第1款但书第1—2项
5. 已履行

（三）请求权可行使
1. 主债权时效抗辩权：类推 时效规定18.1
2. 抵押人违约责任时效抗辩权：第192条第1款

第五十七节　土地经营权出租合同纠纷（4级案由）

| 确认合同无效纠纷案由在土地经营权出租合同的适用土地承包经营权出租合同程式 | 土地经营权出租合同纠纷的特别无效事由：
1. 未遵守书面形式：承包法40.1
　　抗辩：不超过1年，承包法40.3
2. 再流转未经承包方书面同意：承包法46
3. 未向发包方备案不构成无效事由：承包解释14
4. 强迫出租：承包法60
　　注意：依承包解释12，发包方胁迫承包方将土地经营权流转给第三人，承包方请求撤销其与第三人签订的流转合同的，应予支持。承包解释12与承包法60的无效规则是否存在冲突，容有解释空间。
5. 超过承包期剩余期限的部分无效：承包法38
6. 受让方不具备农业经营能力或资质：承包法38 |

案由特别主张与诉请 土地经营权出租合同程式	一、承包方主张撤销土地经营权出租合同 　　承包方诉请：撤销土地经营权出租合同 二、承租方主张交付+办理登记 　　承租方诉请：出租方交付承包地+办理登记 三、出租方主张承租方返还承包地 　　出租方诉请：承租方返还承包地 四、承租方主张出租方补偿投资 　　承租方诉请：出租方补偿投资 五、承租方主张青苗和地上附着物补偿费 　　承租方诉请：给付青苗和地上附着物补偿费 六、出租方主张解除土地经营权出租合同 　　出租方诉请：确认已行使/依诉行使土地经营权出租合同解除权 七、发包方主张承租方支付租金 　　发包方诉请：承租方支付租金 八、发包方主张终止土地经营权出租合同 　　发包方诉请：终止土地经营权出租合同 九、本集体经济组织成员主张优先权 　　本集体经济组织成员诉请：出租方履行行使优先权成立的土地经营权出租合同

一、承包方主张撤销土地经营权出租合同

承包方诉请：撤销土地经营权出租合同

规范基础

第150条

一方或者第三人以胁迫手段，使对方在违背真实意思的情况下实施的民事法律行为，受胁迫方有权请求人民法院或者仲裁机构予以撤销。

承包解释12.1

发包方胁迫承包方将土地经营权流转给第三人，承包方请求撤销其与第三人签订的流转合同的，应予支持。

检视程式

（一）撤销权已产生

1.发包方的胁迫行为：总则解释22

2.胁迫故意

（1）使承包方陷于恐惧的故意

（2）使承包方基于恐惧作出迎合自己的意思表示的故意
3.胁迫的不法性
4.因果关系
（1）承包方因胁迫而陷于恐惧
（2）承包方因恐惧而作出迎合发包方的意思表示
（二）撤销权未消灭：第152条
1.除斥期间
（1）胁迫终止之日+1年
（2）法律行为发生之日+5年
2.放弃撤销权
（三）撤销权的行使

二、承租方主张交付+办理登记

承租方诉请：出租方交付承包地+办理登记

请求权基础

土地经营权出租合同
第340条
土地经营权人有权在合同约定的期限内占有农村土地，自主开展农业生产经营并取得收益。
第341条
流转期限为五年以上的土地经营权，自流转合同生效时设立。当事人可以向登记机构申请土地经营权登记；未经登记，不得对抗善意第三人。
承包法41
土地经营权流转期限为五年以上的，当事人可以向登记机构申请土地经营权登记。未经登记，不得对抗善意第三人。

检视程式

（一）请求权已产生
1.土地经营权出租合同成立且无效力障碍
土地经营权出租合同的书面形式：承包法40.1，40.3
土地经营权出租合同的内容：承包法40.2
2.登记的附加要件：5年以上+约定登记
（二）请求权未消灭
1.合同已解除：第557条第2款
2.解除条件成就：第158条第3句、第159条
3.终止期限届满：第160条第3句
4.给付不能：第580条第1款但书第1—2项

5.已履行

（三）请求权可行使

1.履行抗辩权：第525条—第527条第1款，合同通则解释31

2.基于土地承包经营权的物权权能，不受时效限制

三、出租方主张承租方返还承包地

出租方诉请：承租方返还承包地

请求权基础

土地经营权出租合同
承包解释16.1
当事人对出租地流转期限没有约定或者约定不明的，参照民法典第七百三十条规定处理。除当事人另有约定或者属于林地承包经营外，承包地交回的时间应当在农作物收获期结束后或者下一耕种期开始前。

检视程式

（一）请求权已产生

1.土地经营权出租合同成立且无效力障碍

土地经营权出租合同的书面形式：承包法40.1，40.3

土地经营权出租合同的内容：承包法40.2

2.租期届满

租赁期限：承包解释16，第730条

3.农作物收获期结束后或者下一耕种期开始前

（二）请求权未消灭

1.合同已解除：第557条第2款

2.给付不能：第580条第1款但书第1—2项

3.债的一般消灭事由：第557条第1款

（三）请求权可行使

1.履行抗辩权：第525条—第527条第1款，合同通则解释31

2.基于权利性质，不宜适用时效抗辩权

四、承租方主张出租方补偿投资

承租方诉请：出租方补偿投资

请求权基础

土地经营权出租合同
承包解释16.2
对提高土地生产能力的投入，对方当事人请求承包方给予相应补偿的，应予支持。

检视程式

（一）请求权已产生

1.土地经营权出租合同成立且无效力障碍

土地经营权出租合同的书面形式：承包法40.1，40.3

土地经营权出租合同的内容：承包法40.2

2.承租人对提供土地生产能力的投入

（二）请求权未消灭

1.合同已解除：第557条第2款

2.已履行

（三）请求权可行使

1.履行抗辩权：第525条—第527条第1款，合同通则解释31

2.时效抗辩权：第192条第1款

五、承租方主张青苗和地上附着物补偿费

承租方诉请：给付青苗和地上附着物补偿费

请求权基础

土地经营权出租合同

承包解释20.2→

承包解释20

承包地被依法征收，承包方请求发包方给付已经收到的地上附着物和青苗的补偿费的，应予支持。

承包方已将土地经营权以出租、入股或者其他方式流转给第三人的，除当事人另有约定外，青苗补偿费归实际投入人所有，地上附着物补偿费归附着物所有人所有。

检视程式

（一）请求权已产生

1.土地经营权出租合同成立且无效力障碍

土地经营权出租合同的书面形式：承包法40.1，40.3

土地经营权出租合同的内容：承包法40.2

2.承包地被依法征收

3.发包方已经收到地上附着物和青苗的补偿费

4.承租方为青苗实际投入人/地上附着物所有人

（二）请求权未消灭

债的一般消灭事由：第557条第1款

（三）请求权可行使

依权利性质不宜适用时效抗辩权

六、出租方主张解除土地经营权出租合同

出租方诉请：确认已行使/依诉行使土地经营权出租合同解除权

规范基础

承包法42
承包方不得单方解除土地经营权流转合同，但受让方有下列情形之一的除外：
（一）擅自改变土地的农业用途；
（二）弃耕抛荒连续两年以上；
（三）给土地造成严重损害或者严重破坏土地生态环境；
（四）其他严重违约行为。

检视程式

（一）解除权已产生
1.土地经营权出租合同成立且无效力障碍
土地经营权出租合同的书面形式：承包法40.1，40.3
土地经营权出租合同的内容：承包法40.2
2.具备法定解除事由：
（1）承租方擅自改变土地的农业用途
（2）承租方弃耕抛荒连续2年以上
（3）承租方给土地造成严重损害/严重破坏土地生态环境
（4）承租方其他严重违约行为
（二）解除权未消灭
依权利性质不宜适用除斥期间
（三）解除权的行使：第565条，合同通则解释53—54
1.解除通知+到达
2.通知载明债务人在一定期限内不履行债务则合同自动解除+载明的期限届满+债务人在该期限内未履行债务
3.未通知+直接以诉讼或仲裁方式主张解除+起诉状副本或仲裁申请书副本送达对方

七、发包方主张承租方支付租金

发包方诉请：承租方支付租金

请求权基础

第240条
所有权人对自己的不动产或者动产，依法享有占有、使用、收益和处分的权利。

承包解释9

发包方根据农村土地承包法第二十七条规定收回承包地前,承包方已经以出租、入股或者其他形式将其土地经营权流转给第三人,且流转期限尚未届满,因流转价款收取产生的纠纷,按照下列情形,分别处理……

(二)流转价款为分期支付,发包方请求第三人按照流转合同的约定支付流转价款的,应予支持。

检视程式

(一)请求权已产生
1. 土地经营权出租合同成立且无效力障碍
土地经营权出租合同的书面形式:承包法40.1,40.3
土地经营权出租合同的内容:承包法40.2
2. 发包方根据承包法27规定收回承包地前
3. 租期尚未届满
4. 租金为分期支付

(二)请求权未消灭
债的一般消灭事由:第557条第1款

(三)请求权可行使
时效抗辩权:第192条第1款

八、发包方主张终止土地经营权出租合同

发包方诉请:终止土地经营权出租合同

规范基础

承包法第64条第1句

土地经营权人擅自改变土地的农业用途、弃耕抛荒连续两年以上、给土地造成严重损害或者严重破坏土地生态环境,承包方在合理期限内不解除土地经营权流转合同的,发包方有权要求终止土地经营权流转合同。

检视程式

1. 土地经营权出租合同成立且无效力障碍
土地经营权出租合同的书面形式:承包法40.1,40.3
土地经营权出租合同的内容:承包法40.2
2. 土地经营权人擅自改变土地的农业用途/弃耕抛荒连续2年以上/给土地造成严重损害/严重破坏土地生态环境
3. 承包方在合理期限内不解除土地经营权出租合同

九、本集体经济组织成员主张优先权

本集体经济组织成员诉请：出租方履行行使优先权成立的土地经营权出租合同

规范基础

承包法38

……在同等条件下，本集体经济组织成员享有优先权。

承包解释11

土地经营权流转中，本集体经济组织成员在流转价款、流转期限等主要内容相同的条件下主张优先权的，应予支持。但下列情形除外：

（一）在书面公示的合理期限内未提出优先权主张的；

（二）未经书面公示，在本集体经济组织以外的人开始使用承包地两个月内未提出优先权主张的。

检视程式

1. 土地经营权出租
2. 本集体经济组织成员
3. 同等条件
4. 抗辩：在书面公示的合理期限内未提出优先权主张
5. 抗辩：未经书面公示，在本集体经济组织以外的人开始使用承包地2个月内未提出优先权主张

第五十八节　居住权合同纠纷

确认合同无效纠纷案由在居住权合同的适用 居住权合同程式	居住权合同的特别无效事由： 1.未遵循书面形式：第367条第1款 2.居住权转让合同无效：第369条第1句
案由特别主张与诉请 居住权合同程式	主张居住权合同履行请求权 　居住权人诉请：所有权人交付+办理登记 　所有权人诉请一：居住权人支付对价 　所有权人诉请二：居住权消灭后返还房屋+办理注销登记
说　明	无特别规定之处，居住权合同纠纷可适用本章第十七节"房屋租赁合同纠纷"所涉主张与诉请的检视程式。

主张居住权合同履行请求权

居住权人诉请：所有权人交付+办理登记

请求权基础

居住权合同
第366条
居住权人有权按照合同约定，对他人的住宅享有占有、使用的用益物权，以满足生活居住的需要。
第368条第2句
设立居住权的，应当向登记机构申请居住权登记。

检视程式

（一）请求权已产生
居住权合同成立且无效力障碍
居住权合同的书面形式：第367条第1款
居住权合同的内容：第367条第2款
（二）请求权未消灭
1. 合同已解除：第557条第2款
2. 解除条件成就：第158条第3句、第159条
3. 终止期限届满：第160条第3句
4. 给付不能：第580条第1款但书第1—2项
5. 债的一般消灭事由：第557条第1款
（三）请求权可行使
1. 履行抗辩权：第525—527条第1款
2. 时效抗辩权：第192条第1款

所有权人诉请一：居住权人支付对价

请求权基础

居住权合同
第368条第1句
居住权无偿设立，但是当事人另有约定的除外。

检视程式

（一）请求权已产生
1. 居住权合同成立且无效力障碍
居住权合同的书面形式：第367条第1款
居住权合同的内容：第367条第2款
2. 约定居住权对价

（二）请求权未消灭
1. 合同已解除：第557条第2款
2. 解除条件成就：第158条第3句、第159条
3. 终止期限届满：第160条第3句
4. 债的一般消灭事由：第557条第1款

（三）请求权可行使
1. 履行抗辩权：第525—527条第1款
2. 时效抗辩权：第192条第1款

所有权人诉请二：居住权消灭后返还房屋+办理注销登记

请求权基础

居住权合同
第370条

居住权期限届满或者居住权人死亡的，居住权消灭。居住权消灭的，应当及时办理注销登记。

检视程式

（一）请求权已产生
1. 居住权合同成立且无效力障碍
居住权合同的书面形式：第367条第1款
居住权合同的内容：第367条第2款
2. 居住权消灭
居住期限届满/居住权人死亡

（二）请求权未消灭
1. 给付不能：第580条第1款但书第1—2项
2. 债的一般消灭事由：第557条第1款

（三）请求权可行使
1. 履行抗辩权：第525—527条第1款
2. 不适用时效抗辩权：第196条第2项

第五十九节　悬赏广告纠纷

主张悬赏人支付报酬

行为人诉请：悬赏人支付报酬

请求权基础

第499条

悬赏人以公开方式声明对完成特定行为的人支付报酬的，完成该行为的人可以

请求其支付。

检视程式

(一) 请求权已产生

1.悬赏广告成立且无效力障碍

(1) 悬赏广告成立

①内容具体确定

②受法律拘束的意思

③公告发出：第139条

(2) 代理行为的代理权

(3) 无效抗辩

①无行为能力：第144条

②违反法律强制性规定：第153条第1款+合同通则解释16、18

③违反公序良俗：第153条第2款+合同通则解释17

(4) 悬赏撤销抗辩：第476条

①撤销悬赏广告的表示

②撤销生效：第137条

③反抗辩：悬赏人以确定承诺期限或者其他形式明示悬赏不可撤销

④反抗辩：受要约人有理由认为悬赏不可撤销+已为履行做合理准备

2.行为人完成悬赏行为

(二) 请求权未消灭

债的一般消灭事由：第557条第1款

(三) 请求权可行使

时效抗辩权：第192条第1款

说　明

因意思表示瑕疵主张依诉撤销悬赏广告，适用本章第一节"一、主张撤销合同"部分的检视程式。

第三章　债的保全案由

第一节　债权人代位权纠纷

案由所涉主张与诉请	债权人主张行使代位权 债权人诉请一：次债务人向自己履行义务 债权人诉请二：次债务人向债务人履行义务

债权人主张行使代位权

债权人诉请一：次债务人向自己履行义务

规范基础

第535条第1款

因债务人怠于行使其债权或者与该债权有关的从权利，影响债权人的到期债权实现的，债权人可以向人民法院请求以自己的名义代位行使债务人对相对人的权利，但是该权利专属于债务人自身的除外。

检视程式

（一）权利已产生

1. 债务人怠于行使其债权或者与该债权有关的从权利：合同通则解释33
次债务人对债务人的权利产生抗辩：第535条第3款
2. 影响债权人的到期债权实现
3. 抗辩：该权利专属于债务人自身，合同通则解释34
4. 权利范围
（1）以债权人的到期债权为限：第535条第2款第1句
（2）行使代位权的费用→债务人负担：第535条第2款第2句
5. 债务人对相对人的债权或者与该债权有关的从权利被采取保全、执行措施，或者债务人破产的，依照相关法律的规定处理：第537条第2句

（二）权利未消灭

次债务人得主张其对债务人的权利消灭抗辩：第535条第3款，合同通则解释41
1. 债的一般消灭事由：第557条第1款
2. 损益相抵：合同通则解释63.3

（三）权利的行使

次债务人得主张其对债务人的权利行使抗辩权：第535条第3款，合同通则解释41

1. 履行抗辩权：第525条—第527条第1款，合同通则解释31
2. 时效抗辩权：第192条第1款

说　明

债权人提起代位权诉讼，对债权人的债权和债务人的债权均发生诉讼时效中断的效力：时效规定16

债权人诉请二：次债务人向债务人履行义务

规范基础

第536条

债权人的债权到期前，债务人的债权或者与该债权有关的从权利存在诉讼时效期间即将届满或者未及时申报破产债权等情形，影响债权人的债权实现的，债权人可以代位向债务人的相对人请求其向债务人履行、向破产管理人申报或者作出其他必要的行为。

检视程式

（一）权利已产生

1. 债权人的债权到期前
2. 债务人的债权或者与该债权有关的从权利存在诉讼时效期间即将届满等情形

次债务人对债务人的权利产生抗辩：第535条第3款

3. 影响债权人的到期债权实现
4. 债务人对相对人的债权或者与该债权有关的从权利被采取保全、执行措施，或者债务人破产的，依照相关法律的规定处理：第537条第2句

（二）权利未消灭

次债务人得主张其对债务人的权利消灭抗辩：第535条第3款

1. 债的一般消灭事由：第557条第1款
2. 损益相抵：合同通则解释63.3

（三）权利的行使

次债务人得主张其对债务人的权利行使抗辩权：第535条第3款

1. 履行抗辩权：第525条—第527条第1款，合同通则解释31
2. 时效抗辩权：第192条第1款

说　明

债权人提起代位权诉讼，对债权人的债权和债务人的债权均发生诉讼时效中断的效力：时效规定16

第二节　债权人撤销权纠纷

债权人主张行使撤销权

债权人诉请：撤销债务人的行为

规范基础

第 538 条

债务人以放弃其债权、放弃债权担保、无偿转让财产等方式无偿处分财产权益，或者恶意延长其到期债权的履行期限，影响债权人的债权实现的，债权人可以请求人民法院撤销债务人的行为。

第 539 条

债务人以明显不合理的低价转让财产、以明显不合理的高价受让他人财产或者为他人的债务提供担保，影响债权人的债权实现，债务人的相对人知道或者应当知道该情形的，债权人可以请求人民法院撤销债务人的行为。

检视程式

（一）权利已产生

1. 不以相对人恶意为前提的债权人撤销权：第 538 条

（1）债务人以放弃其债权、放弃债权担保、无偿转让财产等方式无偿处分财产权益 / 恶意延长其到期债权的履行期限

（2）影响债权人的债权实现

2. 以相对人恶意为前提的债权人撤销权：第 539 条，合同通则解释 42—43

（1）债务人以明显不合理的低价转让财产 / 以明显不合理的高价受让他人财产 / 为他人的债务提供担保

（2）影响债权人的债权实现

（3）债务人的相对人知道或者应当知道该情形

3. 权利范围

（1）以债权人的到期债权为限：第 540 条第 1 句，合同通则解释 45.1

（2）行使撤销权的费用→债务人负担：第 540 条第 2 句，合同通则解释 45.2

（二）权利未消灭：第 541 条

1. 自债权人知道 / 应当知道撤销事由之日起 1 年

2. 自债务人的行为发生之日起 5 年

（三）权利的行使

债权人行使撤销权的效力→被撤销的行为自始无效：第 542 条，合同通则解释 46

第四章　债的移转案由

第一节　债权转让合同纠纷

债权受让人主张受让的债权+从权利

债权受让人诉请：债务人向其履行主债务+行使从权利

请求权基础

债权让与
第547条第1款主文→
第547条第1款

债权人转让债权的，受让人取得与债权有关的从权利，但是该从权利专属于债权人自身的除外。

检视程式

（一）请求权已产生
1.债权让与成立且无效力障碍
不得转让的债权：第545条
（1）根据债权性质不得转让
（2）当事人约定非金钱债权不得转让+第三人恶意
（3）依照法律规定不得转让
2.抗辩：从权利专属于让与人自身，第547条第1款但书
3.受让人取得从权利不因该从权利未办理转移登记手续或者未转移占有而受到影响：第547条第2款
4.债务人对让与人的权利产生抗辩：第548条
5.权利范围：因债权转让增加的履行费用→让与人负担：第550条

（二）请求权未消灭
1.债务人对受让人的权利消灭抗辩
（1）债的一般消灭事由：第557条第1款
（2）损益相抵：合同通则解释63.3
2.债务人对让与人的权利消灭抗辩：第548条
其中，债务人对让与人的抵销权：第549条

（1）债务人接到债权转让通知时，债务人对让与人享有债权，且债务人的债权先于转让的债权到期或者同时到期

（2）债务人的债权与转让的债权是基于同一合同产生

（三）请求权可行使

1.未通知债务人抗辩：第546条，合同通则解释48—50

2.应收账款的履行顺位抗辩权：担保解释66

3.时效抗辩权：第192条第1款

债权转让的时效中断→通知到达债务人之日：时效规定17.1

4.债务人对让与人的权利行使抗辩权：第548条

第二节　债务转移合同纠纷

债权人向债务承担人主张主债权+从债权

债权人诉请：债务承担人履行主债务+从债务

请求权基础

债务承担

第554条主文→

第554条

债务人转移债务的，新债务人应当承担与主债务有关的从债务，但是该从债务专属于原债务人自身的除外。

检视程式

（一）请求权已产生

1.债务承担成立且无效力障碍

债权人的同意：第551条

2.抗辩：从债务专属于原债务人自身，第554条但书

3.原债务人对债权人的权利产生抗辩：第553条第1分句

（二）请求权未消灭

1.债务承担人对债权人的权利消灭抗辩

（1）债的一般消灭事由：第557条第1款

（2）损益相抵：合同通则解释63.3

2.原债务人对债权人的权利消灭抗辩：第553条第1分句

债务承担人不得主张原债务人对债权人的抵销权：第553条第2分句

（三）请求权可行使

1.时效抗辩权：第192条第1款

债权承担构成原债务人的债务承认→债务承担意思表示到达债权人之日起时效

中断：时效规定 17.2
2.原债务人对债权人的权利行使抗辩权：第 553 条第 1 分句

第三节 债权债务概括转移合同纠纷

案由所涉主张与诉请	一、受让人主张债权 　　受让人诉请：相对人履行债务 二、相对人对受让人主张债权 　　相对人诉请：受让人履行债务
说　明	债权债务概括转让，适用债权转让、债务转移的有关规定：第 556 条

一、受让人主张债权

受让人诉请：相对人履行债务

请求权基础

债权债务概括转移

检视程式

（一）请求权已产生

1.债权债务概括转移成立且无效力障碍

（1）不得转让的债权：第 545 条

①根据债权性质不得转让

②当事人约定非金钱债权不得转让＋第三人恶意

③依照法律规定不得转让

（2）合同概括转移：合同相对方的同意，第 555 条

2.抗辩：从权利专属于让与人自身，第 547 条第 1 款但书

3.受让人取得从权利不因该从权利未办理转移登记手续或者未转移占有而受到影响：第 547 条第 2 款

4.相对人对让与人的权利产生抗辩：第 548 条

5.权利范围：因债权转让增加的履行费用→让与人负担：第 550 条

（二）请求权未消灭

1.相对人对受让人的权利消灭抗辩

（1）债的一般消灭事由：第 557 条第 1 款

（2）损益相抵：合同通则解释 63.3

2.相对人对让与人的权利消灭抗辩：第 548 条

其中，相对人对让与人的抵销权：第 549 条

（1）相对人接到债权转让通知时，相对人对让与人享有债权，且债务人的债权

先于转让的债权到期或者同时到期
（2）相对人的债权与转让的债权是基于同一合同产生
（三）请求权可行使
1.应收账款的履行顺位抗辩权：担保解释66
2.时效抗辩权：第192条第1款
时效中断→通知到达相对人之日：时效规定17.1
3.相对人对让与人的权利行使抗辩权：第548条

二、相对人对受让人主张债权

相对人诉请：受让人履行债务

请求权基础

债权债务概括转移

检视程式

（一）请求权已产生
1.债权债务概括转移成立且无效力障碍
2.抗辩：从债务专属于原债务人自身，第554条但书
3.让与人对相对人的权利产生抗辩：第553条第1分句
（二）请求权未消灭
1.受让人对债权人的权利消灭抗辩
（1）债的一般消灭事由：第557条第1款
（2）损益相抵：合同通则解释63.3
2.让与人对相对人的权利消灭抗辩：第553条第1分句
受让人不得主张让与人对相对人的抵销权：第553条第2分句
（三）请求权可行使
1.时效抗辩权：第192条第1款
构成让与人的债务承认→概括移转意思表示到达相对人之日起时效中断：时效规定17.2
2.让与人对相对人的权利行使抗辩权：第553条第1分句

第四节　债务加入纠纷

债权人主张债务加入承担连带责任

债权人诉请：债务加入人承担连带责任

请求权基础

债务加入

检视程式

（一）请求权已产生
1. 债务加入成立且无效力障碍
2. 抗辩：从债务专属于原债务人自身：第554条但书
3. 原债务人对债权人的权利产生抗辩：第553条第1分句

（二）请求权未消灭
1. 债务加入人对债权人的权利消灭抗辩
（1）债的一般消灭事由：第557条第1款
（2）损益相抵：合同通则解释63.3
2. 原债务人对债权人的权利消灭抗辩：第520条

（三）请求权可行使
1. 时效抗辩权：第192条第1款
债权承担构成原债务人的债务承认→债务承担意思表示到达债权人之日起时效中断：时效规定17.2
2. 原债务人对债权人的权利行使抗辩权：第553条第1分句

说 明

以公司名义加入债务的效力参照担保规则：担保解释12

第五节 追偿权纠纷

案由所涉主张与诉请	一、担保人主张对主债务人的追偿权 　　担保人诉请：主债务人赔偿担保人承担的担保责任 二、担保人主张对其他担保人的追偿权 　　担保人诉请：其他担保人承担内部份额责任 三、合伙人主张对其他合伙人的追偿权 　　合伙人诉请：其他合伙人承担内部份额责任

一、担保人主张对主债务人的追偿权

担保人诉请：主债务人赔偿担保人承担的担保责任

请求权基础

第700条主文→
第700条
保证人承担保证责任后，除当事人另有约定外，有权在其承担保证责任的范围内向债务人追偿，享有债权人对债务人的权利，但是不得损害债权人的利益。

第 392 条第 2 句
提供担保的第三人承担担保责任后，有权向债务人追偿。
担保解释 18.1
承担了担保责任或者赔偿责任的担保人，在其承担责任的范围内向债务人追偿的，人民法院应予支持。

检视程式

（一）请求权已产生
1. 责任产生
（1）产生要件
①担保人承担了担保责任
②担保人承担了无效担保合同的赔偿责任：担保解释 18.1
（2）产生抗辩
①担保人承担的责任超出主债务人的责任范围：担保解释 3.2
②保证人未主张主债务人的时效抗辩权：时效规定 18.2 + 担保解释 35
2. 责任范围
（1）保证人承担的担保责任范围
（2）主债权人对债务人的担保物权：担保解释 18.2

（二）请求权未消灭
债的一般消灭事由：第 557 条第 1 款

（三）请求权可行使
1. 主债权人的债权优先：第 700 条但书
2. 时效抗辩权：第 192 条第 1 款

二、担保人主张对其他担保人的追偿权

担保人诉请：其他担保人承担内部份额责任

请求权基础

担保人相互追偿约定/连带共同担保合同
担保解释 13
同一债务有两个以上第三人提供担保，担保人之间约定相互追偿及分担份额，承担了担保责任的担保人请求其他担保人按照约定分担份额的，人民法院应予支持；担保人之间约定承担连带共同担保，或者约定相互追偿但是未约定分担份额的，各担保人按照比例分担向债务人不能追偿的部分。

同一债务有两个以上第三人提供担保，担保人之间未对相互追偿作出约定且未约定承担连带共同担保，但是各担保人在同一份合同书上签字、盖章或者按指印，承担了担保责任的担保人请求其他担保人按照比例分担向债务人不能追偿部分的，人民法院应予支持。

除前两款规定的情形外，承担了担保责任的担保人请求其他担保人分担向债务人不能追偿部分的，人民法院不予支持。

检视程式

（一）请求权已产生
1.责任产生
（1）产生要件
①各担保人之间约定相互追偿/连带共同担保
②未约定但各担保人在同一份合同书上签字/盖章/按指印
③部分担保人承担了担保责任
担保人受让债权认定为承担担保责任：担保解释14
（2）产生抗辩
①担保人承担的责任超出主债务人的责任范围：担保解释3.2
②保证人未主张主债务人的时效抗辩权：时效规定18.2+担保解释35
2.责任范围
按照约定份额/比例分担向债务人不能追偿部分

（二）请求权未消灭
债的一般消灭事由：第557条第1款

（三）请求权可行使
1.主债权人的债权优先：第700条但书
2.时效抗辩权：第192条第1款

三、合伙人主张对其他合伙人的追偿权

合伙人诉请：其他合伙人承担内部份额责任

请求权基础

第973条第2句
清偿合伙债务超过自己应当承担份额的合伙人，有权向其他合伙人追偿。

检视程式

（一）请求权已产生
1.责任产生
（1）清偿合伙债务
（2）超过自己应当承担份额
2.责任范围
按照约定份额→未明确约定，按照实缴出资比例→无法确定出资比例，平均分担：第972条

（二）请求权未消灭
债的一般消灭事由：第557条第1款、第520条

（三）请求权可行使
时效抗辩权：第192条第1款

第五章　准合同案由

第一节　无因管理纠纷

案由所涉主张与诉请	一、适法管理人主张费用偿还请求权 　　适法管理人诉请：本人偿还必要费用 二、适法管理人主张损失补偿请求权 　　适法管理人诉请：本人补偿损失 三、本人主张财产移交请求权 　　本人诉请：管理人移交财产 四、本人主张损害赔偿请求权 　　本人诉请：管理人赔偿损失 五、不适法/不法管理受益人主张享有管理利益 　　不适法/不法管理受益人诉请：管理人移交财产 六、不适法/不法管理人主张费用偿还请求权 　　不适法/不法管理人诉请：本人偿还必要费用 七、不适法/不法管理人主张损失补偿请求权 　　不适法/不法管理人诉请：本人补偿损失

一、适法管理人主张费用偿还请求权

适法管理人诉请：本人偿还必要费用

请求权基础

第979条第1款第1分句

管理人没有法定的或者约定的义务，为避免他人利益受损失而管理他人事务的，可以请求受益人偿还因管理事务而支出的必要费用……

检视程式

（一）请求权已产生

1.产生要件

（1）管理人支出费用

（2）管理他人事务

（3）管理意思
①客观他人事务→推定管理人可识别"他人性"→推定存在管理意思
②客观中性事务＋管理意思积极证明
（4）费用支出与事务管理间的因果关系
（5）费用的必要性
2.产生抗辩
（1）管理人对本人负担法定或约定的管理义务
本人事后追认：第984条
（2）管理事务不符合本人真实意思：第979条第2款第1分句
反抗辩：本人真实意思违法或背俗，第979条第2款但书
（3）管理事务不符合本人可推知的意思：依学理与判例
（二）请求权未消灭
债的一般消灭事由：第557条第1款
（三）请求权可行使
1.留置抗辩权：类推第525条
2.时效抗辩权：第192条第1款
起算：无因管理结束＋管理人知道/应知本人，时效规定7.1

二、适法管理人主张损失补偿请求权

适法管理人诉请：本人补偿损失

请求权基础

第979条第1款第2分句
管理人没有法定的或者约定的义务，为避免他人利益受损失而管理他人事务的……管理人因管理事务受到损失的，可以请求受益人给予适当补偿。

检视程式

（一）请求权已产生
1.产生要件
（1）管理人受到损失
（2）管理他人事务
（3）管理意思
①客观他人事务→推定管理人可识别"他人性"→推定存在管理意思
②客观中性事务＋管理意思积极证明
（4）损失与事务管理间的因果关系
2.产生抗辩
（1）管理人对本人负担法定或约定的管理义务
本人事后追认：第984条

（2）管理事务不符合本人真实意思：第979条第2款第1分句

反抗辩：本人真实意思违法或背俗，第979条第2款但书

（3）管理事务不符合本人可推知的意思

（二）请求权未消灭

债的一般消灭事由：第557条第1款

（三）请求权可行使

1.留置抗辩权：类推第525条

2.时效抗辩权：第192条第1款

起算：无因管理结束+管理人知道/应知本人，时效规定7.1

三、本人主张财产移交请求权

本人诉请：管理人移交财产

请求权基础

第983条第2句

管理人管理事务取得的财产，应当及时转交给受益人。

检视程式

（一）请求权已产生

1.产生要件

（1）管理人管理本人事务

（2）管理意思

①客观他人事务→推定管理人可识别"他人性"→推定存在管理意思

②客观中性事务+管理意思积极证明

（3）因事务管理取得财产

2.产生抗辩

（1）管理人对本人负担法定或约定的管理义务

本人事后追认：第984条

（2）管理事务不符合本人真实意思：第979条第2款第1分句

反抗辩：本人真实意思违法或背俗，第979条第2款但书

（3）管理事务不符合本人可推知的意思

（二）请求权未消灭

债的一般消灭事由：第557条第1款

（三）请求权可行使

1.留置抗辩权：类推第525条

2.时效抗辩权：第192条第1款

四、本人主张损害赔偿请求权

本人诉请：管理人赔偿损失

请求权基础

第468条

非因合同产生的债权债务关系，适用有关该债权债务关系的法律规定；没有规定的，适用本编通则的有关规定，但是根据其性质不能适用的除外。

第577条

当事人一方不履行合同义务或者履行合同义务不符合约定的，应当承担继续履行、采取补救措施或者赔偿损失等违约责任。

检视程式

（一）请求权已产生
1.产生要件
（1）本人的损害
（2）管理人管理本人事务
（3）管理意思
①客观他人事务→推定管理人可识别"他人性"→推定存在管理意思
②客观中性事务+管理意思积极证明
（4）违反管理义务
①违反善良管理义务：第981条
②违反通知/等待指示义务：第982条
③违反报告义务：第983条第1句
④违反财产移交义务：第983条第2句
（5）管理人违反管理义务与本人损害间的因果关系
2.产生抗辩
（1）管理人对本人负担法定或约定的管理义务
本人事后追认：第984条
（2）管理事务不符合本人真实意思：第979条第2款第1分句
反抗辩：本人真实意思违法或背俗，第979条第2款但书
（3）管理事务不符合本人可推知的意思
（二）请求权未消灭
1.紧急救助的免责：第184条
2.债的一般消灭事由：第557条第1款
（三）请求权可行使
1.留置抗辩权：类推第525条
2.时效抗辩权：第192条第1款
起算：知道/应知管理人+损害事实，时效规定7.2

五、不适法/不法管理受益人主张享有管理利益

不适法/不法管理受益人诉请：管理人移交财产

请求权基础

第980条前半句
管理人管理事务不属于前条规定的情形，但是受益人享有管理利益的……

检视程式

（一）请求权已产生
1. 管理人管理本人事务
2. 不适法管理：有管理意思但不符合本人明示或可推知的意思
3. 不法管理：明知为他人事务＋为自己利益
4. 管理人因管理事务取得财产

（二）请求权未消灭
债的一般消灭事由：第557条第1款

（三）请求权可行使
1. 留置抗辩权：类推第525条
2. 时效抗辩权：第192条第1款

竞合提示

可能与不当得利、侵权请求权竞合。

六、不适法/不法管理人主张费用偿还请求权

不适法/不法管理人诉请：本人偿还必要费用

请求权基础

第980条
管理人管理事务不属于前条规定的情形，但是受益人享有管理利益的，受益人应当在其获得的利益范围内向管理人承担前条第一款规定的义务。

检视程式

（一）请求权已产生
1. 管理人支出费用
2. 管理人管理本人事务
3. 不适法管理：有管理意思但不符合本人明示或可推知的意思
4. 不法管理：明知为他人事务＋为自己利益
5. 费用支出与事务管理间的因果关系

6.费用的必要性

（二）请求权未消灭

债的一般消灭事由：第557条第1款

（三）请求权可行使

1.留置抗辩权：类推第525条

2.时效抗辩权：第192条第1款

七、不适法/不法管理人主张损失补偿请求权

不适法/不法管理人诉请：本人补偿损失

请求权基础

第980条

管理人管理事务不属于前条规定的情形，但是受益人享有管理利益的，受益人应当在其获得的利益范围内向管理人承担前条第一款规定的义务。

检视程式

（一）请求权已产生

1.管理人受到损失

2.管理人管理本人事务

3.不适法管理：有管理意思但不符合本人明示或可推知的意思

4.不法管理：明知为他人事务＋为自己利益

5.损失与事务管理间的因果关系

（二）请求权未消灭

债的一般消灭事由：第557条第1款

（三）请求权可行使

1.留置抗辩权：类推第525条

2.时效抗辩权：第192条第1款

第二节　不当得利纠纷

案由所涉主张与诉请	一、主张法律行为不成立/无效/被撤销后的返还/折价补偿 　　诉请：返还基于法律行为给付的财产/折价补偿 二、主张给付不当得利请求权 　　诉请：返还因给付所得的不当得利/折价补偿 三、主张权益侵害不当得利请求权 　　诉请：返还财产利益/折价补偿 四、主张因添附失权的价值补偿（权益侵害不当得利） 　　诉请：补偿因添附失权的损害

续表

	五、主张费用支出不当得利请求权
	诉请：支付费用
	六、主张第三人返还不当得利
	诉请：第三人返还财产利益

一、主张法律行为不成立 / 无效 / 被撤销后的返还 / 折价补偿

诉请：返还基于法律行为给付的财产 / 折价补偿

请求权基础

第 157 条第 1 句

民事法律行为无效、被撤销或者确定不发生效力后，行为人因该行为取得的财产，应当予以返还；不能返还或者没有必要返还的，应当折价补偿。

总则解释 23

民事法律行为不成立，当事人请求返还财产、折价补偿或者赔偿损失的，参照适用民法典第一百五十七条的规定。

第 985 条主文

得利人没有法律根据取得不当利益的，受损失的人可以请求得利人返还取得的利益……

检视程式

（一）请求权已产生

1.产生要件

（1）相对人取得财产利益

（2）基于法律行为的给付

（3）法律行为不成立 / 无效 / 被撤销（给付目的落空）

2.权利范围：合同通则解释 24—25.1

（1）返还给付

（2）不能返还或者没有必要返还：折价补偿

（二）请求权未消灭

1.善意得利丧失的抗辩：第 986 条

目的论限缩：双务合同不成立 / 无效 / 被撤销的返还，不适用善意得利丧失的抗辩

2.债的一般消灭事由：第 557 条第 1 款

（三）请求权可行使

1.同时履行抗辩权：第 525 条，合同通则解释 25.2、31

2.时效抗辩权：第 192 条第 1 款

合同撤销的自合同撤销之日起算：时效规定5

二、主张给付不当得利请求权

诉请：返还因给付所得的不当得利/折价补偿

请求权基础

第985条主文→
第985条

得利人没有法律根据取得不当利益的，受损失的人可以请求得利人返还取得的利益，但是有下列情形之一的除外：

（一）为履行道德义务进行的给付；
（二）债务到期之前的清偿；
（三）明知无给付义务而进行的债务清偿。

检视程式

（一）请求权已产生

1.产生要件
（1）相对人取得财产利益
（2）给付关系（吸收因果关系）
（3）给付目的落空（无法律上原因）
（4）请求折价补偿的附加要件：不能返还或者没有必要返还
2.产生抗辩
（1）为履行道德义务进行的给付
（2）债务到期之前的清偿
（3）明知无给付义务而进行的债务清偿

（二）请求权未消灭

1.得利人善意+得利不存在：第986条
2.债的一般消灭事由：第557条第1款

（三）请求权可行使

时效抗辩权：第192条第1款
起算：知道/应知不当得利事实+得利人，时效规定6

三、主张权益侵害不当得利请求权

诉请：返还财产利益/折价补偿

请求权基础

第985条主文

得利人没有法律根据取得不当利益的，受损失的人可以请求得利人返还取得的利益……

检视程式

（一）请求权已产生
1.产生要件
（1）相对人取得财产利益
（2）利益应归属于请求权人
（3）权益侵害（吸收因果关系）≠侵权行为
（4）请求折价补偿的附加要件：不能返还或者没有必要返还
2.产生抗辩
得利有法律上原因

（二）请求权未消灭
1.得利人善意+得利不存在：第986条
2.债的一般消灭事由：第557条第1款

（三）请求权可行使
时效抗辩权：第192条第1款
起算：知道/应知不当得利事实+得利人，时效规定6

四、主张因添附失权的价值补偿（权益侵害不当得利）

诉请：补偿因添附失权的损害

请求权基础

第322条第2句第2种情形→
第322条第2句
因一方当事人的过错或者确定物的归属造成另一方当事人损害的，应当给予赔偿或者补偿。

检视程式

（一）请求权已产生
1.相对人因添附取得物之所有权
2.请求权人失权

（二）请求权未消灭
1.得利人善意+得利不存在：第986条
2.债的一般消灭事由：第557条第1款

（三）请求权可行使
时效抗辩权：第192条第1款
起算：知道/应知不当得利事实+得利人，时效规定6

五、主张费用支出不当得利请求权

诉请：支付费用

请求权基础

第985条主文
得利人没有法律根据取得不当利益的，受损失的人可以请求得利人返还取得的利益……

检视程式

（一）请求权已产生
1. 相对人取得财产利益
2. 请求人对相对人之物支出费用
3. 基于错误支出费用（无法律上原因）
4. 相对人得利与请求人支出费用间的因果关系

（二）请求权未消灭
1. 得利人善意+得利不存在：第986条
2. 债的一般消灭事由：第557条第1款

（三）请求权可行使
时效抗辩权：第192条第1款
起算：知道/应知不当得利事实+得利人，时效规定6

六、主张第三人返还不当得利

诉请：第三人返还财产利益

请求权基础

第988条
得利人已经将取得的利益无偿转让给第三人的，受损失的人可以请求第三人在相应范围内承担返还义务。

检视程式

（一）请求权已产生
1. 不当得利人将利益转让给第三人
2. 转让系无偿

（二）请求权未消灭
1. 得利人善意+得利不存在：第986条
2. 债的一般消灭事由：第557条第1款

（三）请求权可行使
时效抗辩权：第192条第1款
起算：知道/应知不当得利事实+得利人，时效规定6

第六章　物权案由

第一节　所有权确认纠纷（4级案由）

所有权人主张确认其所有权

所有权人诉请：确认所有权

规范基础

第240条
所有权人对自己的不动产或者动产，依法享有占有、使用、收益和处分的权利。

检视程式

（一）所有权的取得
1.依法律行为取得
（1）自有权人处取得
①处分合意
②公示：第208条
A.不动产所有权：登记，第209—214条
B.动产所有权
交付：第224条
简易交付：第226条
返还请求权让与以代交付：第227条
占有改定：第228条
C.特殊动产：登记对抗，第225条＋物权解释一6
③处分权
（2）善意取得
①处分合意
②让与人无处分权
A.预告登记对处分权的限制：第221条，物权解释一4、15.1
B.异议登记对处分权的限制：物权解释一15.1
C.抵押物禁转约定＋登记/受让人恶意：担保解释43
③让与人的权利外观：占有/登记
④取得人取得权利外观
不动产：过户登记

动产：交付/简易交付/返还请求权让与以代交付，物权解释一17.2
特殊动产：交付，物权解释一19
⑤抗辩：动产系脱手物，第312条
⑥抗辩：取得人非善意，物权解释一14—17
⑦抗辩：非合理价格，物权解释一18
⑧抗辩：原因行为效力瑕疵，物权解释一20
2.非依法律行为取得：物权解释一8
（1）裁判文书：第229条，物权解释一7
（2）继承开始：第230条
（3）事实行为成就：第231条
（4）添附：第322条第1句
3.登记错误的证明：物权解释一2
异议登记失效不影响物权确认请求：物权解释一3
（二）所有权未变更
1.依法律行为移转
（1）处分合意+公示（交付/登记）+处分权
（2）第三人善意取得
2.非依法律行为变更
（1）裁判文书：第229条，物权解释一7
（2）添附：第322条第1句
（三）所有权未消灭
1.物之灭失
2.抛弃所有权
抛弃意思+抛弃占有/涂销登记
3.裁判文书、征收决定：第229条，物权解释一7

第二节　用益物权确认纠纷（4级案由）

案由所涉主张与诉请	一、主张确认建设用地使用权 　　诉请：确认建设用地使用权 二、主张确认宅基地使用权 　　诉请：确认宅基地使用权 三、主张确认居住权 　　诉请：确认居住权 四、主张确认地役权 　　诉请：确认地役权
说　明	"土地承包经营权确认纠纷"为"土地承包经营权纠纷"（3级案由）项下的独立4级案由，不必援用本案由。

一、主张确认建设用地使用权

诉请：确认建设用地使用权

规范基础

第344条

建设用地使用权人依法对国家所有的土地享有占有、使用和收益的权利，有权利用该土地建造建筑物、构筑物及其附属设施。

检视程式

（一）建设用地使用权的取得
1. 依法律行为取得
（1）建设用地使用权出让
①出让方式：第347条第2款
②建设用地使用权出让合同+书面形式：第348条
③登记：第349条
④缴纳土地出让金后方可使用土地：土地管理法55
（2）建设用地使用权转让
①建设用地使用权转让合同+书面形式：第354条第1句
②不得超过剩余期限：第354条第2句
③登记：第355条
2. 非依法律行为取得
（1）划拨：土地管理法54
严格限制：第347条第3款
（2）地随房走：第357条
（3）裁判文书：第229条，物权解释一7
3. 登记错误的证明：物权解释一2
异议登记失效不影响物权确认请求：物权解释一3
（二）建设用地使用权未变更
1. 依法律行为移转：建设用地使用权转让
（1）建设用地使用权转让合同+书面形式：第354条第1句
（2）不得超过剩余期限：第354条第2句
（3）登记：第355条
2. 非依法律行为变更
（1）地随房走：第357条
（2）裁判文书：第229条，物权解释一7
（三）建设用地使用权未消灭：第360条
1. 建设用地灭失：房地产管理法21

2.抛弃建设用地使用权
抛弃意思+涂销登记
3.裁判文书、征收决定：第229条，物权解释一7
4.期限届满并非消灭事由：第359条

二、主张确认宅基地使用权

诉请：确认宅基地使用权

规范基础

第362条
宅基地使用权人依法对集体所有的土地享有占有和使用的权利，有权依法利用该土地建造住宅及其附属设施。

检视程式

（一）宅基地使用权的取得
1.申请取得
一户一宅：土地管理法62.1
审核批准：土地管理法62.4
2.重新分配：第364条第2句
出卖、出租、赠与住宅后，再申请宅基地的，不予批准：土地管理法62.5
3.裁判文书：第229条，物权解释一7
4.登记错误的证明：物权解释一2
异议登记失效不影响物权确认请求：物权解释一3
（二）宅基地使用权未变更
1.进城落户的农村村民依法自愿有偿退出宅基地：土地管理法62.6
2.裁判文书：第229条，物权解释一7
（三）宅基地使用权未消灭：第365条
1.宅基地灭失：第364条第1句
2.抛弃宅基地使用权
3.裁判文书、征收决定：第229条，物权解释一7

三、主张确认居住权

诉请：确认居住权

规范基础

第366条
居住权人有权按照合同约定，对他人的住宅享有占有、使用的用益物权，以满足生活居住的需要。

检视程式

（一）居住权的取得

1.依法律行为取得

（1）自有权人处取得

①居住权合同+书面形式：第367条

②登记生效：第368条第2—3句

③处分权

（2）善意取得：第311条第3款

①居住权合同+书面形式：第367条

②设立人无处分权

A.预告登记对处分权的限制：第221条，物权解释一4、15.1

B.异议登记对处分权的限制：物权解释一15.1

③设立人的权利外观：登记

④居住权人取得权利外观：登记

⑤抗辩：取得人非善意，物权解释一14—15，17

⑥抗辩：非合理价格，物权解释一18

居住权原则无偿、特约有偿：第368条第1句

⑦抗辩：居住权合同效力瑕疵，物权解释一20

（3）遗嘱设立：第371条

2.非依法律行为取得：物权解释一8

裁判文书：第229条，物权解释一7

3.登记错误的证明：物权解释一2

异议登记失效不影响物权确认请求：物权解释一3

（二）居住权未变更

1.裁判文书：第229条，物权解释一7

2.不得转让、继承：第369条第1句

（三）居住权未消灭

1.房屋灭失

2.抛弃居住权

抛弃意思+涂销登记

3.裁判文书、征收决定：第229条，物权解释一7

四、主张确认地役权

诉请：确认地役权

规范基础

第372条第1款

地役权人有权按照合同约定，利用他人的不动产，以提高自己的不动产的效益。

检视程式

（一）地役权的取得
1.依法律行为取得
（1）自有权人处取得
①地役权合同＋书面形式：第373条
②处分权
③不得超过供役地的剩余期限：第377条但书
④既有用益物权人的同意：第379条
⑤登记对抗：第374条
（2）善意取得：第311条第3款
①地役权合同＋书面形式：第373条
②设立人无处分权
A.预告登记对处分权的限制：第221条，物权解释一4、15.1
B.异议登记对处分权的限制：物权解释一15.1
③设立人的权利外观
④抗辩：取得人非善意，物权解释一14—15，17
⑤抗辩：非合理价格，物权解释一18
⑥抗辩：地役权合同效力瑕疵，物权解释一20
2.非依法律行为取得：物权解释一8
裁判文书：第229条，物权解释一7
3.登记错误的证明：物权解释一2
异议登记失效不影响物权确认请求：物权解释一3

（二）地役权未变更
1.供役地转让（地役权的从属性）：第380—381条
2.裁判文书：第229条，物权解释一7

（三）地役权未消灭：第385条
1.土地灭失
2.期限届满：第377条
3.解除地役权合同：第384条
4.抛弃地役权
5.未登记地役权之供役地权的转让：第374条
6.裁判文书、征收决定：第229条，物权解释一7

第三节　担保物权确认纠纷（4级案由）

案由所涉主张与诉请	一、主张确认不动产抵押权 　　诉请：确认不动产抵押权 二、主张确认动产抵押权 　　诉请：确认动产抵押权 三、主张确认动产质权 　　诉请：确认动产质权 四、主张确认权利质权 　　诉请：确认权利质权 五、主张确认留置权 　　诉请：确认留置权 六、主张确认让与担保 　　诉请：确认让与担保

一、主张确认不动产抵押权

诉请：确认不动产抵押权

规范基础

第394条第1款

为担保债务的履行，债务人或者第三人不转移财产的占有，将该财产抵押给债权人的，债务人不履行到期债务或者发生当事人约定的实现抵押权的情形，债权人有权就该财产优先受偿。

检视程式

（一）抵押权的取得
1.依法律行为取得
（1）自有权人处取得
①主债权存在（从属性）
②抵押财产适格：第395条、第399条，担保解释37
③抵押合同+书面形式：第400条
④登记生效：第402条
抵押预告登记的效力：担保解释52
⑤抵押人处分权
⑥抗辩：抵押合同效力瑕疵
（2）善意取得：第311条第3款

①主债权存在（从属性）

②抵押财产适格：第395条、第399条，担保解释37

③抵押合同+书面形式：第400条

④抵押人无处分权

A.预告登记对处分权的限制：第221条，物权解释一4、15.1

B.异议登记对处分权的限制：物权解释一15.1

⑤抵押人的权利外观：登记

⑥抵押权人取得权利外观：登记生效，第402条

抵押预告登记的效力：担保解释52

⑦抗辩：抵押权人非善意，物权解释一14—15，17

⑧抗辩：抵押合同效力瑕疵，物权解释一20

2.非依法律行为取得：物权解释一8

（1）房地一并抵押：第397—398条，担保解释51.1

新增建筑物不属于抵押财产：第417条，担保解释51.2

（2）从物抵押权：担保解释40

（3）添附物抵押权：担保解释41

（4）裁判文书：第229条，物权解释一7

（5）继承开始：第230条

3.登记错误的证明：物权解释一2

异议登记失效不影响物权确认请求：物权解释一3

（二）抵押权未变更

1.主债权移转（抵押权的从属性）：第407条

2.抵押权顺位变更：第409条第1款

3.裁判文书：第229条，物权解释一7

（三）抵押权未消灭：第393条

1.主债权消灭

2.抵押权实现

3.在先顺位担保物权实现+担保物价值无剩余

4.债权人放弃不动产抵押权：第409条第1款

抛弃意思+涂销登记

5.主债权的加重/违反禁转约定的债权转让/免责的债务承担：第391条、第695—697条+担保解释20

6.债权人放弃债务人自物保→第三担保人在债权人丧失优先受偿权的范围内免除担保责任：第409条第2款、第435条第2句

7.债权人知道/应知债务人破产+未申报债权且未通知担保人+担保人不能预先行使追偿权→担保人可能受偿的范围内担保责任消灭：担保解释24

8.主债务人的权利消灭抗辩：第701条+担保解释20

9.裁判文书：第229条，物权解释一7

10.抵押物灭失不导致抵押权消灭→物上代位：第390条
11.抵押财产转让不影响抵押权：第406条

二、主张确认动产抵押权

诉请：确认动产抵押权

规范基础

第394条第1款
为担保债务的履行，债务人或者第三人不转移财产的占有，将该财产抵押给债权人的，债务人不履行到期债务或者发生当事人约定的实现抵押权的情形，债权人有权就该财产优先受偿。

检视程式

（一）抵押权的取得
1.依法律行为取得
（1）自有权人处取得
①主债权存在（从属性）
②抵押财产适格：第395条、第399条，担保解释37
③抵押合同＋书面形式：第400条
抵押财产概括描述：担保解释53
④抵押人处分权
⑤登记对抗：第403条
（2）善意取得：第311条第3款
①主债权存在（从属性）
②抵押财产适格：第395条、第399条，担保解释37
③抵押合同＋书面形式：第400条
④抵押人无处分权
⑤抵押人的权利外观：占有
⑥抗辩：抵押权人非善意，物权解释一14—15、17
⑦抗辩：抵押合同效力瑕疵，物权解释一20
2.非依法律行为取得：物权解释一8
（1）从物抵押权：担保解释40
（2）添附物抵押权：担保解释41
（3）裁判文书：第229条，物权解释一7
（4）继承开始：第230条

（二）抵押权未变更
1.主债权移转（抵押权的从属性）：第407条
2.抵押权顺位变更：第409条第1款

3. 裁判文书：第229条，物权解释一7
（三）抵押权未消灭：第393条
1. 主债权消灭
2. 抵押权实现
3. 在先顺位担保物权实现+担保物价值无剩余
4. 债权人放弃动产抵押权：第409条第1款
5. 主债权的加重/违反禁转约定的债权转让/免责的债务承担：第391条、第695—697条+担保解释20
6. 债权人放弃债务人自物保→第三担保人在债权人丧失优先受偿权的范围内免除担保责任：第409条第2款、第435条第2句
7. 债权人知道/应知债务人破产+未申报债权且未通知担保人+担保人不能预先行使追偿权→担保人可能受偿的范围内担保责任消灭：担保解释24
8. 主债务人的权利消灭抗辩：第701条+担保解释20
9. 正常经营买受人：第404条，担保解释56
10. 未登记动产抵押财产的转让：担保解释54
11. 裁判文书：第229条，物权解释一7
12. 抵押物灭失不导致抵押权消灭→物上代位：第390条
13. 抵押财产转让不影响抵押权：第406条

三、主张确认动产质权

诉请：确认动产质权

规范基础

第425条第1款

为担保债务的履行，债务人或者第三人将其动产出质给债权人占有的，债务人不履行到期债务或者发生当事人约定的实现质权的情形，债权人有权就该动产优先受偿。

检视程式

（一）动产质权的取得
1. 依法律行为取得
（1）自有权人处取得
①主债权存在（从属性）
②质押财产适格：第426条
③质押合同+书面形式：第427条
④交付生效：第429条
交付：第224条
简易交付：第226条

返还请求权让与代交付：第227条
占有改定不满足质权交付要件
动态质押的交付：担保解释55
⑤出质人处分权
⑥转质经出质人同意：第434条
（2）善意取得：第311条第3款
①主债权存在（从属性）
②质物适格：第426条
③质押合同+书面形式：第427条
④出质人无处分权
⑤出质人的权利外观：占有
⑥质权人取得权利外观：交付
动产：交付/简易交付/返还请求权让与代交付，物权解释一17.2
特殊动产：交付，物权解释一19
动态质押的交付：担保解释55
⑦抗辩：动产系脱手物，第312条
⑧抗辩：质权人非善意，物权解释一14、16—17
⑨抗辩：质押合同效力瑕疵，物权解释一20
2.非依法律行为取得：物权解释一8
（1）裁判文书：第229条，物权解释一7
（2）继承开始：第230条
（3）添附：第322条第1句
（二）动产质权未变更
1.主债权移转（质权的从属性）
2.裁判文书：第229条，物权解释一7
（三）动产质权未消灭：第393条
1.主债权消灭
2.质权实现
3.在先顺位担保物权实现+担保物价值无剩余
4.债权人放弃动产质权：第435条第1句
5.主债权的加重/违反禁转约定的债权转让/免责的债务承担：第391条、第695—697条+担保解释20
6.债权人放弃债务人自物保→第三担保人在债权人丧失优先受偿权的范围内免除担保责任：第409条第2款、第435条第2句
7.债权人知道/应知债务人破产+未申报债权且未通知担保人+担保人不能预先行使追偿权→担保人可能受偿的范围内担保责任消灭：担保解释24
8.主债务人的权利消灭抗辩：第701条+担保解释20
9.质物被第三人善意取得

10. 裁判文书：第229条，物权解释一7
11. 质物灭失不导致质权消灭→物上代位：第390条

四、主张确认权利质权

诉请：确认权利质权

规范基础

第386条

担保物权人在债务人不履行到期债务或者发生当事人约定的实现担保物权的情形，依法享有就担保财产优先受偿的权利，但是法律另有规定的除外。

检视程式

（一）权利质权的取得
1. 依法律行为取得
（1）自有权人处取得
①主债权存在（从属性）
②出质权利适格：第440条
③权利质押合同+书面形式：第446条+第427条
④公示
A. 有价证券→权利凭证交付/出质登记生效：第441条，担保解释58—60条
B. 基金份额/股权→出质登记生效：第443条第1款
C. 知识产权→出质登记生效：第444条第1款
D. 应收账款→出质登记生效：第445条第1款
⑤转质经出质人同意：第446条+第434条
（2）善意取得：第311条第3款
①主债权存在（从属性）
②出质权利适格：第440条
③权利质押合同+书面形式：第446条+第427条
④出质人无处分权
⑤出质人的权利外观
⑥质权人取得权利外观
A. 有价证券→权利凭证交付/出质登记：第441条
B. 基金份额/股权→出质登记：第443条第1款
C. 知识产权→出质登记：第444条第1款
D. 应收账款→出质登记：第445条第1款
⑦抗辩：有价证券权利凭证系脱手物，第312条
⑧抗辩：质权人非善意，物权解释一14—17
⑨抗辩：质押合同效力瑕疵，物权解释一20

2.非依法律行为取得：物权解释一8
（1）裁判文书：第229条，物权解释一7
（2）继承开始：第230条
（二）权利质权未变更
1.主债权移转（质权的从属性）
2.裁判文书：第229条，物权解释一7
（三）权利质权未消灭：第393条
1.主债权消灭
2.质权实现
3.在先顺位担保物权实现+担保财产价值无剩余
4.债权人放弃权利质权：第446条+第435条第1句
5.债权人放弃债务人自物保→第三担保人在债权人丧失优先受偿权的范围内免除担保责任：第409条第2款、第435条第2句
6.主债权的加重/违反禁转约定的债权转让/免责的债务承担：第391条、第695—697条+担保解释20
7.债权人知道/应知债务人破产+未申报债权且未通知担保人+担保人不能预先行使追偿权→担保人可能受偿的范围内担保责任消灭：担保解释24
8.主债务人的权利消灭抗辩：第701条+担保解释20
9.出质权利被第三人善意取得
10.裁判文书：第229条，物权解释一7
11.出质权利消灭

五、主张确认留置权

诉请：确认留置权

规范基础

第447条第1款

债务人不履行到期债务，债权人可以留置已经合法占有的债务人的动产，并有权就该动产优先受偿。

检视程式

（一）留置权的取得
1.债务人不履行到期债务
2.债权人已经合法占有债务人的动产
留置财产并非债务人的财产不影响留置权的成立：担保解释62.1
3.留置财产适格：第449条
可分留置物：第450条
4.留置财产与债权属于同一法律关系：第448条主文

抗辩：企业之间留置+非属同一法律关系→不影响留置权成立，第448条但书

反抗辩一：企业之间留置+非属同一法律关系+债权不属于企业持续经营中发生的债权→留置权不成立，担保解释62.2

反抗辩二：企业之间留置+非属同一法律关系+留置第三人的财产→留置权不成立，担保解释62.3

5.裁判文书取得：第229条，物权解释一7

6.继承开始：第230条

7.添附：第322条第1句

（二）留置权未变更

1.主债权移转（留置权的从属性）

2.裁判文书：第229条，物权解释一7

（三）留置权未消灭：第393条

1.主债权消灭

2.留置权实现

3.留置权人对留置财产丧失占有：第457条

4.留置权人接受债务人另行提供的担保：第457条

5.债权人放弃动产留置权

6.主债权的加重/违反禁转约定的债权转让/免责的债务承担：第391条、第695—697条+担保解释20

7.债权人放弃债务人自物保→第三担保人在债权人丧失优先受偿权的范围内免除担保责任：第409条第2款、第435条第2句

8.债权人知道/应知债务人破产+未申报债权且未通知担保人+担保人不能预先行使追偿权→担保人可能受偿的范围内担保责任消灭：担保解释24

9.主债务人的权利消灭抗辩：第701条+担保解释20

10.留置财产被第三人善意取得

11.裁判文书：第229条，物权解释一7

12.留置财产灭失不导致留置权消灭→物上代位：第390条

六、主张确认让与担保

诉请：确认让与担保

规范基础

第386条

担保物权人在债务人不履行到期债务或者发生当事人约定的实现担保物权的情形，依法享有就担保财产优先受偿的权利，但是法律另有规定的除外。

担保解释68

债务人或者第三人与债权人约定将财产形式上转移至债权人名下，债务人不履行到期债务，债权人有权对财产折价或者以拍卖、变卖该财产所得价款偿还债务的，

人民法院应当认定该约定有效。当事人已经完成财产权利变动的公示，债务人不履行到期债务，债权人请求参照民法典关于担保物权的有关规定就该财产优先受偿的，人民法院应予支持。

债务人或者第三人与债权人约定将财产形式上转移至债权人名下，债务人不履行到期债务，财产归债权人所有的，人民法院应当认定该约定无效，但是不影响当事人有关提供担保的意思表示的效力。当事人已经完成财产权利变动的公示，债务人不履行到期债务，债权人请求对该财产享有所有权的，人民法院不予支持；债权人请求参照民法典关于担保物权的规定对财产折价或者以拍卖、变卖该财产所得的价款优先受偿的，人民法院应予支持；债务人履行债务后请求返还财产，或者请求对财产折价或者以拍卖、变卖所得的价款清偿债务的，人民法院应予支持。

债务人与债权人约定将财产转移至债权人名下，在一定期间后再由债务人或者其指定的第三人以交易本金加上溢价款回购，债务人到期不履行回购义务，财产归债权人所有的，人民法院应当参照第二款规定处理。回购对象自始不存在的，人民法院应当依照民法典第一百四十六条第二款的规定，按照其实际构成的法律关系处理。

检视程式

（一）让与担保的设立

1. 依法律行为取得

（1）自有权人处取得

① 主债权存在（从属性）

② 担保财产适格：担保解释63

③ 让与担保合同：第388条第1款第2句

债务人/第三人与债权人约定将财产形式上转移至债权人名下

A. 约定清算义务：担保解释68.1

B. 未约定清算义务：担保解释68.2

④ 担保人处分权

⑤ 已经完成财产权利变动的公示

（2）善意取得：第311条第3款

① 主债权存在（从属性）

② 担保财产适格：担保解释63

③ 让与担保合同：第388条第1款第2句

债务人/第三人与债权人约定将财产形式上转移至债权人名下

A. 约定清算义务：担保解释68.1

B. 未约定清算义务：担保解释68.2

④ 担保人无处分权

⑤ 担保人的权利外观

⑥ 担保权人取得权利外观

⑦抗辩：动产系脱手物，第312条
⑧抗辩：担保权人非善意，物权解释一14—17
⑨抗辩：让与担保合同效力瑕疵，物权解释一20
2.非依法律行为取得：物权解释一8
（1）裁判文书：第229条，物权解释一7
（2）继承开始：第230条
3.登记错误的证明：物权解释一2
（二）让与担保未变更
1.主债权移转（从属性）
2.裁判文书：第229条，物权解释一7
（三）让与担保未消灭：第393条
1.主债权消灭
2.担保权实现
3.在先顺位担保物权实现+担保物价值无剩余
4.债权人放弃担保权
5.主债权的加重/违反禁转约定的债权转让/免责的债务承担：第391条、第695—697条+担保解释20
6.债权人放弃债务人自物保→第三担保人在债权人丧失优先受偿权的范围内免除担保责任：第409条第2款、第435条第2句
7.债权人知道/应知债务人破产+未申报债权且未通知担保人+担保人不能预先行使追偿权→担保人可能受偿的范围内担保责任消灭：担保解释24
8.主债务人的权利消灭抗辩：第701条+担保解释20
9.动产让与担保之正常经营买受人：第404条，担保解释56
10.未登记动产担保财产的转让：担保解释54
11.裁判文书：第229条，物权解释一7
12.担保财产灭失不导致担保权消灭→物上代位：第390条

第四节　返还原物纠纷

物权人主张原物返还请求权

物权人诉请：返还原物

请求权基础

第235条
无权占有不动产或者动产的，权利人可以请求返还原物。

检视程式

（一）请求权已产生

1.产生要件

（1）请求人为物权人

（2）相对人为占有人

2.产生抗辩

（1）抗辩：相对人的占有本权

让与不破租赁：第725条

（2）抗辩：不法性阻却事由

正当防卫：第181条第1款

紧急避险：第182条第1—2款

紧急救助：第184条

自助行为：第1177条第1款主文

（3）抗辩：权利滥用，第132条+总则解释3

（二）请求权未消灭

1.给付不能：第580条第1款但书第1—2项

2.债的一般消灭事由：第557条第1款

（三）请求权可行使

1.留置抗辩权：类推第525条

2.时效抗辩权：第192条第1款

不动产物权/登记动产原物返还请求权时效抗辩权的排除：第196条第2项

聚合提示

可与其他物权请求权、侵权请求权并存：第238—239条

竞合提示

可与合同期满后的返还请求权、不当得利返还请求权、侵权返还请求权竞合。

第五节　排除妨害纠纷

物权人主张排除妨害请求权

物权人诉请：排除妨害

请求权基础

第236条第1种情形→

第236条

妨害物权或者可能妨害物权的，权利人可以请求排除妨害或者消除危险。

检视程式

（一）请求权已产生

1.产生要件

（1）请求人为物权人

（2）相对人妨害物权

①行为妨害：直接实施妨害行为

②状态妨害：妨害至少可追溯至妨害人的间接意思

2.抗辩：不法性阻却事由

正当防卫：第181条第1款

紧急避险：第182条第1—2款

紧急救助：第184条

自助行为：第1177条第1款主文

3.抗辩：权利滥用，第132条＋总则解释3

（二）请求权未消灭

1.给付不能：第580条第1款但书第1—2项

2.履行

3.免除

4.混同

（三）请求权可行使

时效抗辩权的排除：第196条第1项

第六节　消除危险纠纷

物权人主张消除危险请求权

物权人诉请：消除危险

请求权基础

第236条第2种情形→

第236条

妨害物权或者可能妨害物权的，权利人可以请求排除妨害或者消除危险。

检视程式

（一）请求权已产生

1.产生要件

（1）请求人为物权人

（2）相对人可能妨害物权（存在妨害危险）

2.抗辩：不法性阻却事由

正当防卫：第181条第1款

紧急避险：第182条第1—2款

紧急救助：第184条

自助行为：第1177条第1款主文

3.抗辩：权利滥用，第132条＋总则解释3

（二）请求权未消灭

1.给付不能：第580条第1款但书第1—2项

2.履行

3.免除

4.混同

（三）请求权可行使

时效抗辩权的排除：第196条第1项

第七节　恢复原状纠纷

物权人主张恢复原状请求权

物权人诉请：恢复原状

请求权基础

第237条

造成不动产或者动产毁损的，权利人可以依法请求修理、重作、更换或者恢复原状。

第1165条第1款

行为人因过错侵害他人民事权益造成损害的，应当承担侵权责任。

检视程式

（一）请求权已产生

1.不动产或者动产毁损

2.加害行为

3.因果关系

否认：受害人故意，第1174条

否认：第三人原因，第1175条

4.抗辩：不法性阻却事由

正当防卫：第181条第1款

紧急避险：第182条第1—2款

紧急救助：第184条

自助行为：第1177条第1款主文
5. 抗辩：欠缺责任能力
6. 过错
7. 抗辩：与有过失，第1173条

（二）请求权未消灭
1. 给付不能：第580条第1款但书第1—2项
2. 履行
3. 免除
4. 混同

（三）请求权可行使
1. 留置抗辩权：类推第525条
2. 时效抗辩权：第192条第1款

说 明

恢复原状请求权实质属于过错侵权请求权。

聚合提示

可与物权请求权并存：第239条

第八节　财产损害赔偿纠纷

物权人主张侵权损害赔偿请求权

物权人诉请：赔偿物权损害

请求权基础

第238条

侵害物权，造成权利人损害的，权利人可以依法请求损害赔偿，也可以依法请求承担其他民事责任。

第1165条第1款

行为人因过错侵害他人民事权益造成损害的，应当承担侵权责任。

检视程式

（一）请求权已产生
1. 责任成立
（1）物权被侵
（2）加害行为
（3）责任成立因果关系

否认：受害人故意，第1174条

否认：第三人原因，第1175条

（4）抗辩：不法性阻却事由

正当防卫：第181条第1款

紧急避险：第182条第1—2款

紧急救助：第184条

自助行为：第1177条第1款主文

（5）抗辩：欠缺责任能力

（6）过错

（7）抗辩：与有过失，第1173条

2.责任范围

（1）损害：第1184条

（2）责任范围因果关系

（3）抗辩：被侵权人对损害的扩大有过错（与有过失），第1173条

（二）请求权未消灭

1.债的一般消灭事由：第557条第1款

2.损益相抵

（三）请求权可行使

1.留置抗辩权：类推第525条

2.时效抗辩权：第192条第1款

说　明

实质属于过错侵权请求权。

聚合提示

可与物权请求权并存：第239条

第九节　业主撤销权纠纷

业主主张撤销业主大会/业主委员会的决定

业主诉请：撤销业主大会/业主委员会的决定

规范基础

第280条第2款

业主大会或者业主委员会作出的决定侵害业主合法权益的，受侵害的业主可以请求人民法院予以撤销。

物业管理条例 12.5
业主大会或者业主委员会作出的决定侵害业主合法权益的，受侵害的业主可以请求人民法院予以撤销。

检视程式

（一）权利的产生
1.业主大会或者业主委员会作出的决定→对业主有法律约束力：第280条第1款
业主多数决事项：第278条
业主一致同意事项：第279条
2.侵害业主合法权益
业主：区分所有解释1

（二）权利未消灭
知道/应知业主大会或者业主委员会作出决定之日起1年内

（三）权利的行使

第十节　业主知情权纠纷

业主主张公布/查阅资料

业主诉请：公布/查阅资料

请求权基础

第281条第1款第3句
建筑物及其附属设施的维修资金的筹集、使用情况应当定期公布。

区分所有解释13
业主请求公布、查阅下列应当向业主公开的情况和资料的，人民法院应予支持：
（一）建筑物及其附属设施的维修资金的筹集、使用情况；
（二）管理规约、业主大会议事规则，以及业主大会或者业主委员会的决定及会议记录；
（三）物业服务合同、共有部分的使用和收益情况；
（四）建筑区划内规划用于停放汽车的车位、车库的处分情况；
（五）其他应当向业主公开的情况和资料。

检视程式

（一）请求权已产生
1.应当向业主公开的情况和资料
（1）建筑物及其附属设施的维修资金的筹集、使用情况
（2）管理规约、业主大会议事规则，以及业主大会或者业主委员会的决定及会

议记录

  （3）物业服务合同、共有部分的使用和收益情况

  （4）建筑区划内规划用于停放汽车的车位、车库的处分情况

  （5）其他应当向业主公开的情况和资料

2.业主：区分所有解释1

（二）请求权未消灭

已公开

（三）请求权可行使

依权利性质不宜适用诉讼时效抗辩权

第十一节 遗失物返还纠纷

案由所涉主张与诉请	一、权利人主张拾得人返还遗失物 　　权利人诉请：拾得人返还遗失物 二、权利人主张拾得人/有关部门赔偿遗失物损害 　　权利人诉请：拾得人/有关部门赔偿遗失物损害 三、拾得人/有关部门主张权利人支付必要费用 　　拾得人/有关部门诉请：权利人支付必要费用 四、拾得人主张权利人支付报酬 　　拾得人诉请：权利人支付报酬 五、权利人主张无权处分人损害赔偿 　　权利人诉请：无权处分人赔偿损害 六、权利人主张受让人返还原物 　　权利人诉请：受让人返还原物 七、受让人主张权利人支付购买费用 　　受让人诉请：权利人支付购买费用 八、权利人主张对无权处分人的追偿权 　　权利人诉请：无权处分人支付赔偿的费用

一、权利人主张拾得人返还遗失物

权利人诉请：拾得人返还遗失物

请求权基础

第314条第1句

拾得遗失物，应当返还权利人。

第235条

无权占有不动产或者动产的，权利人可以请求返还原物。

检视程式

（一）请求权已产生
1.产生要件
（1）请求人为物权人
①遗失物的失权：第318条
②遗失物被第三人受让取得（权利人追认）：第312条
③遗失物被第三人善意取得（满2年）：第312条
（2）相对人为拾得人
2.通知义务：第314条第2句、第315条
3.产生抗辩：相对人的占有本权

（二）请求权未消灭
1.物已灭失
2.债的一般消灭事由：第557条第1款

（三）请求权可行使
1.留置抗辩权：类推第525条
2.时效抗辩权：第192条第1款
不动产物权/登记动产原物返还请求权时效抗辩权的排除：第196条第2项

聚合提示

可与其他物权请求权、侵权请求权并存：第238—239条

竞合提示

可与不当得利返还请求权、侵权返还请求权竞合。

二、权利人主张拾得人/有关部门赔偿遗失物损害

权利人诉请：拾得人/有关部门赔偿遗失物损害

请求权基础

第316条
拾得人在遗失物送交有关部门前，有关部门在遗失物被领取前，应当妥善保管遗失物。因故意或者重大过失致使遗失物毁损、灭失的，应当承担民事责任。

检视程式

（一）请求权已产生
1.请求人为原物权人
（1）遗失物的失权：第318条
（2）遗失物被第三人受让取得（权利人追认）：第312条

（3）遗失物被第三人善意取得（满2年）：第312条

2.遗失物毁损/灭失

3.因果关系

4.故意/重大过失

5.抗辩：与有过失

（二）请求权未消灭

债的一般消灭事由：第557条第1款

（三）请求权可行使

1.留置抗辩权：类推第525条

2.时效抗辩权：第192条第1款

三、拾得人/有关部门主张权利人支付必要费用

拾得人/有关部门诉请：权利人支付必要费用

请求权基础

第317条第1款

权利人领取遗失物时，应当向拾得人或者有关部门支付保管遗失物等支出的必要费用。

检视程式

（一）请求权已产生

1.权利人领取遗失物

（1）遗失物的失权：第318条

（2）遗失物被第三人受让取得（权利人追认）：第312条

（3）遗失物被第三人善意取得（满2年）：第312条

2.拾得人/有关部门支付费用

3.费用的必要性

4.抗辩：拾得人侵占遗失物，第317条第3款

（二）请求权未消灭

债的一般消灭事由：第557条第1款

（三）请求权可行使

1.留置抗辩权：类推第525条

2.时效抗辩权：第192条第1款

四、拾得人主张权利人支付报酬

拾得人诉请：权利人支付报酬

请求权基础

第317条第2款

权利人悬赏寻找遗失物的，领取遗失物时应当按照承诺履行义务。

检视程式

（一）请求权已产生

1.权利人领取遗失物

（1）遗失物的失权：第318条

（2）遗失物被第三人受让取得（权利人追认）：第312条

（3）遗失物被第三人善意取得（满2年）：第312条

2.权利人悬赏寻找遗失物

3.抗辩：拾得人侵占遗失物，第317条第3款

（二）请求权未消灭

债的一般消灭事由：第557条第1款

（三）请求权可行使

1.留置抗辩权：类推第525条

2.时效抗辩权：第192条第1款

五、权利人主张无权处分人损害赔偿

权利人诉请：无权处分人赔偿损害

请求权基础

第312条第2句主文前半句

该遗失物通过转让被他人占有的，权利人有权向无处分权人请求损害赔偿……

第985条主文

得利人没有法律根据取得不当利益的，受损失的人可以请求得利人返还取得的利益……

检视程式

（一）请求权已产生

1.请求人为原物权人

（1）遗失物的失权：第318条

（2）遗失物被第三人受让取得（权利人追认）

（3）遗失物被第三人善意取得（满2年）：第312条第2句主文

2.遗失物被无权处分

3.无权处分人取得财产利益

4.受让人占有遗失物

（二）请求权未消灭

债的一般消灭事由：第557条第1款

（三）请求权可行使

1.留置抗辩权：类推第525条

2.时效抗辩权：第192条第1款

六、权利人主张受让人返还原物

权利人诉请：受让人返还原物

请求权基础

第312条第2句主文后半句→

第312条第2句主文

该遗失物通过转让被他人占有的，权利人有权向无处分权人请求损害赔偿，或者自知道或者应当知道受让人之日起二年内向受让人请求返还原物……

第235条

无权占有不动产或者动产的，权利人可以请求返还原物。

检视程式

（一）请求权已产生

1.请求人为原物权人

（1）遗失物的失权：第318条

（2）遗失物被第三人受让取得（权利人追认）

（3）遗失物被第三人善意取得（满2年）：第312条第2句主文

2.遗失物被无权处分

3.受让人占有遗失物

（二）请求权未消灭

1.物已灭失

2.受让人丧失占有

3.债的一般消灭事由：第557条第1款

（三）请求权可行使

1.留置抗辩权：类推第525条

2.时效抗辩权：第192条第1款

不动产物权/登记动产原物返还请求权时效抗辩权的排除：第196条第2项

聚合提示

可与其他物权请求权、侵权请求权并存：第238—239条

竞合提示

可与不当得利返还请求权、侵权返还请求权竞合。

七、受让人主张权利人支付购买费用

受让人诉请：权利人支付购买费用

请求权基础

第312条第2句但书→
第312条第2句
该遗失物通过转让被他人占有的，权利人有权向无处分权人请求损害赔偿，或者自知道或者应当知道受让人之日起二年内向受让人请求返还原物；但是，受让人通过拍卖或者向具有经营资格的经营者购得该遗失物的，权利人请求返还原物时应当支付受让人所付的费用。

检视程式

（一）请求权已产生
1. 请求人为受让人
（1）遗失物的失权：第318条
（2）遗失物被第三人受让取得（权利人追认）
（3）遗失物被第三人善意取得（满2年）：第312条第2句主文
2. 遗失物被无权处分
3. 受让人占有遗失物
4. 受让人通过拍卖/向具有经营资格的经营者购得该遗失物
5. 权利人请求返还原物

（二）请求权未消灭
1. 物已灭失
2. 受让人丧失占有
3. 债的一般消灭事由：第557条第1款

（三）请求权可行使
1. 留置抗辩权：类推第525条
2. 时效抗辩权：第192条第1款

八、权利人主张对无权处分人的追偿权

权利人诉请：无权处分人支付赔偿的费用

请求权基础

第312条第3句

权利人向受让人支付所付费用后，有权向无处分权人追偿。

第985条主文

得利人没有法律根据取得不当利益的，受损失的人可以请求得利人返还取得的利益……

检视程式

（一）请求权已产生

1. 请求人为原物权人

（1）遗失物的失权：第318条

（2）遗失物被第三人受让取得（权利人追认）

（3）遗失物被第三人善意取得（满2年）：第312条第2句主文

2. 遗失物被无权处分

3. 受让人占有遗失物

4. 受让人通过拍卖/向具有经营资格的经营者购得该遗失物

5. 权利人请求返还原物

6. 权利人向受让人支付购买费用

（二）请求权未消灭

债的一般消灭事由：第557条第1款

（三）请求权可行使

时效抗辩权：第192条第1款

第十二节　添附物归属纠纷

案由所涉主张与诉请	一、主张确认添附物所有权/共有 诉请：确认添附物所有权/共有 二、主张赔偿过错造成的损害 诉请：赔偿过错造成的损害 三、主张补偿添附物归属造成的损害 诉请：补偿添附物归属造成的损害

一、主张确认添附物所有权/共有

诉请：确认添附物所有权/共有

规范基础

第 322 条第 1 句

因加工、附合、混合而产生的物的归属，有约定的，按照约定；没有约定或者约定不明确的，依照法律规定；法律没有规定的，按照充分发挥物的效用以及保护无过错当事人的原则确定。

检视程式

（一）添附物所有权/共有的取得

1. 加工/附合/混合
2. 产生新物/一物成为另一物的重要成分
3. 按照充分发挥物的效用以及保护无过错当事人的原则确定

（二）添附物所有权/共有未消灭

当事人特约：第 322 条第 1 句第 1 分句

二、主张赔偿过错造成的损害

诉请：赔偿过错造成的损害

请求权基础

第 322 条第 2 句

因一方当事人的过错或者确定物的归属造成另一方当事人损害的，应当给予赔偿或者补偿。

第 1165 条第 1 款

行为人因过错侵害他人民事权益造成损害的，应当承担侵权责任。

检视程式

（一）请求权已产生

1. 责任成立

（1）请求人因添附丧失所有权/与添附人共有

（2）相对人行为导致添附

否认：受害人故意，第 1174 条

否认：第三人原因，第 1175 条

（3）抗辩：欠缺责任能力

（4）过错

因醉酒、滥用麻醉药品或者精神药品，或因过错导致自己暂时丧失意识或失去

控制：第1190条
（5）抗辩：与有过失，第1173条
2.责任范围
（1）损害：第1184条
（2）责任范围因果关系
（3）抗辩：被侵权人对损害的扩大有过错（与有过失），第1173条
（二）请求权未消灭
1.债的一般消灭事由：第557条第1款
2.损益相抵
（三）请求权可行使
1.留置抗辩权：类推第525条
2.时效抗辩权：第192条第1款

三、主张补偿添附物归属造成的损害

诉请：补偿添附物归属造成的损害

请求权基础

第322条第2句

因一方当事人的过错或者确定物的归属造成另一方当事人损害的，应当给予赔偿或者补偿。

第985条主文

得利人没有法律根据取得不当利益的，受损失的人可以请求得利人返还取得的利益……

检视程式

（一）请求权已产生
1.添附
2.添附物归相对人所有/请求人与相对人共有
（二）请求权未消灭
1.善意得利不存在的抗辩：第986条
2.债的一般消灭事由：第557条第1款
（三）请求权可行使
1.留置抗辩权：类推第525条
2.时效抗辩权：第192条第1款

第十三节　相邻关系纠纷

案由所涉主张与诉请	一、主张相邻方提供必要的便利 　　诉请：相邻方提供必要的便利 二、主张相邻方停止侵害/排除妨害/消除危险 　　诉请：相邻方停止侵害/排除妨害/消除危险 三、主张相邻方补偿损失 　　诉请：相邻方补偿损失（牺牲补偿） 四、主张相邻方赔偿损害 　　诉请：相邻方赔偿损害
说　明	"相邻关系纠纷"3级案由项下有"相邻用水、排水纠纷，相邻通行纠纷，相邻土地、建筑物利用关系纠纷，相邻通风纠纷，相邻采光、日照纠纷，相邻污染侵害纠纷，相邻损害防免关系纠纷"等4级案由，仅在无可援用的4级案由时，始得援用该3级案由。

一、主张相邻方提供必要的便利

诉请：相邻方提供必要的便利

请求权基础

第288条

不动产的相邻权利人应当按照有利生产、方便生活、团结互助、公平合理的原则，正确处理相邻关系。

第289条

法律、法规对处理相邻关系有规定的，依照其规定；法律、法规没有规定的，可以按照当地习惯。

类推第290—292条

检视程式

（一）请求权已产生

1. 双方的相邻关系
2. 请求权方利用邻地的必须性

必须性的认定：法益衡量+除此之外别无他法

3. 提供便利以必要为限

（二）请求权未消灭

1. 履行
2. 免除

3.混同
（三）请求权可行使
1.留置抗辩权：类推第525条
2.基于相邻关系的性质，不宜适用时效抗辩权

二、主张相邻方停止侵害/排除妨害/消除危险

诉请：相邻方停止侵害/排除妨害/消除危险

请求权基础

第236条
妨害物权或者可能妨害物权的，权利人可以请求排除妨害或者消除危险。

检视程式

（一）请求权已产生
1.双方的相邻关系
2.相邻方利用己方不动产/请求人不动产的行为
3.妨害/可能妨害请求人不动产的安全
4.抗辩：不法性阻却事由
正当防卫：第181条第1款
紧急避险：第182条第1—2款
紧急救助：第184条
自助行为：第1177条第1款主文
5.抗辩：权利滥用，第132条+总则解释3
（二）请求权未消灭
1.给付不能：第580条第1款但书第1—2项
2.履行
3.免除
4.混同
（三）请求权可行使
1.留置抗辩权：类推第525条
2.时效抗辩权的排除：第196条第1项

三、主张相邻方补偿损失

诉请：相邻方补偿损失（牺牲补偿）

请求权基础

第288条
不动产的相邻权利人应当按照有利生产、方便生活、团结互助、公平合理的原

则，正确处理相邻关系。

第289条

法律、法规对处理相邻关系有规定的，依照其规定；法律、法规没有规定的，可以按照当地习惯。

检视程式

（一）请求权已产生

1. 双方的相邻关系
2. 相邻方必须利用请求方的不动产

必须性的认定：法益衡量+除此之外别无他法

3. 请求方提供必要的便利
4. 请求方因此造成损失

（二）请求权未消灭

1. 履行
2. 免除
3. 混同

（三）请求权可行使

1. 留置抗辩权：类推**第525条**
2. 时效抗辩权：**第192条第1款**

四、主张相邻方赔偿损害

诉请：相邻方赔偿损害

请求权基础

第238条

侵害物权，造成权利人损害的，权利人可以依法请求损害赔偿，也可以依法请求承担其他民事责任。

第1165条第1款

行为人因过错侵害他人民事权益造成损害的，应当承担侵权责任。

检视程式

（一）请求权已产生

1. 责任成立
（1）双方的相邻关系
（2）相邻方不当利用请求方的不动产
（3）责任成立因果关系
否认：受害人故意，**第1174条**
否认：第三人原因，**第1175条**

（4）抗辩：不法性阻却事由

正当防卫：第181条第1款

紧急避险：第182条第1—2款

紧急救助：第184条

自助行为：第1177条第1款主文

（5）抗辩：欠缺责任能力

（6）过错

（7）抗辩：与有过失，第1173条

2.责任范围

（1）损害：第1184条

（2）责任范围因果关系

（3）抗辩：被侵权人对损害的扩大有过错（与有过失），第1173条

（二）请求权未消灭

1.债的一般消灭事由：第557条第1款

2.损益相抵

（三）请求权可行使

1.留置抗辩权：类推第525条

2.时效抗辩权：第192条第1款

说　明

实质属于过错侵权请求权。

聚合提示

可与停止侵害/排除妨害/消除危险请求权并存。

第十四节　相邻用水、排水纠纷（4级案由）

主张相邻方为用水/排水提供必要的便利

诉请：相邻方为用水/排水提供必要的便利

请求权基础

第290条第1款

不动产权利人应当为相邻权利人用水、排水提供必要的便利。

检视程式

（一）请求权已产生

1.双方的相邻关系

2.请求权方因用水、排水利用邻地的必须性
必须性的认定：法益衡量+除此之外别无他法
合理分配+尊重自然流向：第290条第2款
3.提供便利以必要为限

（二）请求权未消灭

1.履行

2.免除

3.混同

（三）请求权可行使

1.留置抗辩权：类推第525条

2.基于相邻关系的性质，不宜适用时效抗辩权

第十五节　相邻通行纠纷（4级案由）

主张相邻方为通行提供必要的便利

诉请：相邻方为通行提供必要的便利

请求权基础

第291条

不动产权利人对相邻权利人因通行等必须利用其土地的，应当提供必要的便利。

检视程式

（一）请求权已产生

1.双方的相邻关系

2.请求权方因通行必须利用邻地

必须性的认定：法益衡量+除此之外别无他法

3.提供便利以必要为限

（二）请求权未消灭

1.履行

2.免除

3.混同

（三）请求权可行使

1.留置抗辩权：类推第525条

2.基于相邻关系的性质，不宜适用时效抗辩权

第十六节 相邻土地、建筑物利用关系纠纷（4级案由）

主张相邻方为施工提供必要的便利

诉请：相邻方为施工提供必要的便利

请求权基础

第292条

不动产权利人因建造、修缮建筑物以及铺设电线、电缆、水管、暖气和燃气管线等必须利用相邻土地、建筑物的，该土地、建筑物的权利人应当提供必要的便利。

检视程式

（一）请求权已产生
1.双方的相邻关系
2.请求权方因建造、修缮建筑物以及铺设电线、电缆、水管、暖气和燃气管线等必须利用邻地
必须性的认定：法益衡量+除此之外别无他法
3.提供便利以必要为限

（二）请求权未消灭
1.履行
2.免除
3.混同

（三）请求权可行使
1.留置抗辩权：类推第525条
2.基于相邻关系的性质，不宜适用时效抗辩权

第十七节 相邻通风纠纷（4级案由）

主张相邻方不得妨碍通风

诉请：相邻方停止侵害/排除妨害/消除危险（不得妨碍通风）

请求权基础

第293条

建造建筑物，不得违反国家有关工程建设标准，不得妨碍相邻建筑物的通风、采光和日照。

检视程式

（一）请求权已产生
1. 双方的相邻关系
2. 相邻方建造建筑物
3. 妨碍/可能妨碍相邻建筑物的通风
4. 抗辩：不法性阻却事由
正当防卫：第181条第1款
紧急避险：第182条第1—2款
紧急救助：第184条
自助行为：第1177条第1款主文
5. 抗辩：权利滥用，第132条＋总则解释3

（二）请求权未消灭
1. 给付不能：第580条第1款但书第1—2项
2. 履行
3. 免除
4. 混同

（三）请求权可行使
1. 留置抗辩权：类推第525条
2. 时效抗辩权的排除：第196条第1项

第十八节　相邻采光、日照纠纷（4级案由）

主张相邻方不得妨碍采光/日照

诉请：相邻方停止侵害/排除妨害/消除危险（不得妨碍采光/日照）

请求权基础

第293条
建造建筑物，不得违反国家有关工程建设标准，不得妨碍相邻建筑物的通风、采光和日照。

检视程式

（一）请求权已产生
1. 双方的相邻关系
2. 相邻方建造建筑物
3. 妨碍/可能妨碍相邻建筑物的采光/日照
4. 抗辩：不法性阻却事由

正当防卫：第181条第1款
紧急避险：第182条第1—2款
紧急救助：第184条
自助行为：第1177条第1款主文
5.抗辩：权利滥用，第132条+总则解释3

（二）请求权未消灭
1.给付不能：第580条第1款但书第1—2项
2.履行
3.免除
4.混同

（三）请求权可行使
1.留置抗辩权：类推第525条
2.时效抗辩权的排除：第196条第1项

第十九节　相邻污染侵害纠纷（4级案由）

主张相邻方停止排放有害物质/排除妨害/消除危险

诉请：相邻方停止排放有害物质/排除妨害/消除危险

请求权基础

第294条
不动产权利人不得违反国家规定弃置固体废物，排放大气污染物、水污染物、土壤污染物、噪声、光辐射、电磁辐射等有害物质。

检视程式

（一）请求权已产生
1.双方的相邻关系
2.相邻方弃置固体废物/排放大气污染物、水污染物、土壤污染物、噪声、光辐射、电磁辐射等有害物质
3.违反国家规定
4.抗辩：不法性阻却事由
正当防卫：第181条第1款
紧急避险：第182条第1—2款
紧急救助：第184条
自助行为：第1177条第1款主文
5.抗辩：权利滥用，第132条+总则解释3

（二）请求权未消灭
1. 给付不能：第 580 条第 1 款但书第 1—2 项
2. 履行
3. 免除
4. 混同

（三）请求权可行使
1. 留置抗辩权：类推第 525 条
2. 时效抗辩权的排除：第 196 条第 1 项

第二十节　相邻损害防免关系纠纷（4级案由）

案由所涉主张与诉请	一、主张相邻方停止侵害/排除妨害/消除危险 　　诉请：相邻方停止侵害/排除妨害/消除危险 二、主张相邻方赔偿损害 　　诉请：相邻方赔偿损害

一、主张相邻方停止侵害/排除妨害/消除危险

诉请：相邻方停止侵害/排除妨害/消除危险

请求权基础

第 296 条

不动产权利人因用水、排水、通行、铺设管线等利用相邻不动产的，应当尽量避免对相邻的不动产权利人造成损害。

第 236 条

妨害物权或者可能妨害物权的，权利人可以请求排除妨害或者消除危险。

检视程式

（一）请求权已产生
1. 双方的相邻关系
2. 相邻方因用水、排水、通行、铺设管线等利用请求人不动产
3. 妨害/可能妨害请求人不动产的安全
4. 抗辩：不法性阻却事由

正当防卫：第 181 条第 1 款
紧急避险：第 182 条第 1—2 款
紧急救助：第 184 条
自助行为：第 1177 条第 1 款主文

5. 抗辩：权利滥用，第 132 条+总则解释 3

（二）请求权未消灭
1. 给付不能：第580条第1款但书第1—2项
2. 履行
3. 免除
4. 混同

（三）请求权可行使
1. 留置抗辩权：类推第525条
2. 时效抗辩权的排除：第196条第1项

二、主张相邻方赔偿损害

诉请：相邻方赔偿损害

请求权基础

第238条
侵害物权，造成权利人损害的，权利人可以依法请求损害赔偿，也可以依法请求承担其他民事责任。

第1165条第1款
行为人因过错侵害他人民事权益造成损害的，应当承担侵权责任。

检视程式

（一）请求权已产生
1. 责任成立
（1）请求人的不动产被侵
（2）相邻方因用水、排水、通行、铺设管线等利用请求人不动产
（3）违反损害防免义务：第296条
（4）责任成立因果关系
否认：受害人故意，第1174条
否认：第三人原因，第1175条
（5）抗辩：不法性阻却事由
正当防卫：第181条第1款
紧急避险：第182条第1—2款
紧急救助：第184条
自助行为：第1177条第1款主文
（6）抗辩：欠缺责任能力
（7）过错
（8）抗辩：与有过失，第1173条
2. 责任范围
（1）损害：第1184条

（2）责任范围因果关系
（3）抗辩：被侵权人对损害的扩大有过错（与有过失），第1173条

（二）请求权未消灭
1.债的一般消灭事由：第557条第1款
2.损益相抵

（三）请求权可行使
1.留置抗辩权：类推第525条
2.时效抗辩权：第192条第1款

说　明

实质属于过错侵权请求权。

聚合提示

可与停止侵害/排除妨害/消除危险请求权并存。

第二十一节　共有权确认纠纷（4级案由）

案由所涉主张与诉请	一、主张确认按份共有权 诉请：确认按份共有权 二、主张确认共同共有权 诉请：确认共同共有权

一、主张确认按份共有权

诉请：确认按份共有权

规范基础

第298条
按份共有人对共有的不动产或者动产按照其份额享有所有权。
第308条
共有人对共有的不动产或者动产没有约定为按份共有或者共同共有，或者约定不明确的，除共有人具有家庭关系等外，视为按份共有。

检视程式

（一）按份共有权的取得
1.依法律行为取得
（1）共有人的约定
未明确约定的共有→除家庭关系等外，视为按份共有：第308条

（2）共有份额的受让：第305条

2.非依法律行为取得

（1）裁判文书：第229条，物权解释一7

（2）继承开始：第230条

（3）添附：第322条第1句

3.共有份额的认定

约定→出资额→等额：第309条

（二）按份共有权未变更

1.依法律行为移转

按份共有权人转让共有份额：第305条

2.非依法律行为变更

裁判文书：第229条，物权解释一7

（三）按份共有权未消灭

1.共有物灭失

2.共有物的分割：第303条第1句、第304条第1款

3.抛弃按份共有权

4.裁判文书、征收决定：第229条，物权解释一7

二、主张确认共同共有权

诉请：确认共同共有权

规范基础

第299条

共同共有人对共有的不动产或者动产共同享有所有权。

第308条

共有人对共有的不动产或者动产没有约定为按份共有或者共同共有，或者约定不明确的，除共有人具有家庭关系等外，视为按份共有。

检视程式

（一）共同共有权的取得

1.依法律行为取得

（1）共同共有关系+标的物属于共同共有财产

①婚姻关系

②合伙关系

③家庭关系：第308条

（2）共同共有份额的受让（如合伙）

2.非依法律行为取得

（1）裁判文书：第229条，物权解释一7

（2）继承开始：第230条
（二）共同共有权未变更
1.依法律行为移转
共同共有权人转让共有份额（如合伙）
2.非依法律行为变更
裁判文书：第229条，物权解释一7
（三）共同共有权未消灭
1.共有物灭失
2.共同关系的消灭
3.共有物的分割：第303条第1句、第304条第1款
4.裁判文书、征收决定：第229条，物权解释一7

第二十二节 共有物分割纠纷（4级案由）

案由所涉主张与诉请	一、主张分割共有物 　　诉请：分割共有物 二、主张赔偿分割损害 　　诉请：赔偿分割损害 三、主张分担瑕疵共有物损害 　　诉请：分担瑕疵共有物损害

一、主张分割共有物

诉请：分割共有物

规范基础

第303条第1句
共有人约定不得分割共有的不动产或者动产，以维持共有关系的，应当按照约定，但是共有人有重大理由需要分割的，可以请求分割；没有约定或者约定不明确的，按份共有人可以随时请求分割，共同共有人在共有的基础丧失或者有重大理由需要分割时可以请求分割。

检视程式

（一）权利已产生
1.按份共有人可随时请求分割
抗辩：约定不得分割
反抗辩：共有人有重大理由需要分割
2.共同共有的共有基础丧失/有重大理由需要分割

（二）权利未消灭
1. 共有物灭失
2. 已分割
3. 混同

（三）权利的行使
分割方式：协议分割→实物分割→价款分割，第304条第1款

二、主张赔偿分割损害

诉请：赔偿分割损害

请求权基础

第303条第2句
因分割造成其他共有人损害的，应当给予赔偿。

检视程式

（一）请求权已产生
1. 责任成立
（1）部分共有人主张共有物分割
（2）造成其他共有人损害
（3）抗辩：与有过失，第592条第2款
2. 责任范围
抗辩：违反减损义务，第591条第1款

（二）请求权未消灭
1. 债的一般消灭事由：第557条第1款
2. 损益相抵

（三）请求权可行使
时效抗辩权：第192条第1款

三、主张分担瑕疵共有物损害

诉请：分担瑕疵共有物损害

请求权基础

第304条第2款
共有人分割所得的不动产或者动产有瑕疵的，其他共有人应当分担损失。

检视程式

（一）请求权已产生
1. 责任成立
（1）部分共有人取得分割后的共有物

（2）所得共有物有瑕疵
（3）抗辩：与有过失，第592条第2款
2.责任范围
（1）损害
（2）责任范围因果关系
（3）抗辩：违反减损义务，第591条第1款
（二）请求权未消灭
1.债的一般消灭事由：第557条第1款
2.损益相抵
（三）请求权可行使
时效抗辩权：第192条第1款

第二十三节　共有人优先购买权纠纷（4级案由）

案由所涉主张与诉请	一、主张行使优先购买权 　　诉请：履行行使优先购买权成立的份额转让合同 二、主张赔偿侵害优先购买权的损害 　　诉请：赔偿侵害优先购买权的损害

一、主张行使优先购买权

诉请：履行行使优先购买权成立的份额转让合同

规范基础

第305条
按份共有人可以转让其享有的共有的不动产或者动产份额。其他共有人在同等条件下享有优先购买的权利。

检视程式

（一）权利已产生
1.其他按份共有人转让共有份额
共有分割的继承/遗赠等并非转让：物权解释一9
共有人之间转让不适用：物权解释一13
2.同等条件：物权解释一10
提出减少转让价款/增加转让人负担等实质性变更要求：物权解释一12
（二）权利未消灭
1.行使期限届满：第306条第1款、物权解释一11
2.放弃优先购买权

3.共有物灭失

4.债的一般消灭事由：第557条第1款

（三）权利的行使

1.仅请求撤销共有份额转让合同/认定该合同无效→不构成优先购买权的行使：物权解释一12

2.两个以上共有人主张行使优先购买权：协商确定比例→共有份额比例，第306条第2款

二、主张赔偿侵害优先购买权的损害

诉请：赔偿侵害优先购买权的损害

请求权基础

第306条第1款第1句

按份共有人转让其享有的共有的不动产或者动产份额的，应当将转让条件及时通知其他共有人。

类推第728条主文

出租人未通知承租人或者有其他妨害承租人行使优先购买权情形的，承租人可以请求出租人承担赔偿责任。

检视程式

（一）请求权已产生

1.责任成立

（1）其他按份共有人转让共有份额

共有分割的继承/遗赠等并非转让：物权解释一9

共有人之间转让不适用：物权解释一13

（2）侵害请求人优先购买权

①未通知请求人

②其他妨害行使优先购买权的情形

（3）抗辩：与有过失，第592条第2款

2.责任范围

（1）损害

（2）责任范围因果关系

优先购买权制度目的限制

（3）抗辩：违反减损义务，第591条第1款

（二）请求权未消灭

1.债的一般消灭事由：第557条第1款

2.损益相抵

（三）请求权可行使
时效抗辩权：第192条第1款

第二十四节　土地承包经营权确认纠纷（4级案由）

主张确认土地承包经营权

诉请：确认土地承包经营权

规范基础

第331条
土地承包经营权人依法对其承包经营的耕地、林地、草地等享有占有、使用和收益的权利，有权从事种植业、林业、畜牧业等农业生产。

检视程式

（一）土地承包经营权的取得
1. 依法律行为取得
（1）发包取得
①承包主体：本集体经济组织的农户，承包法16.1
②土地承包经营权合同（书面）生效时设立：第333条第1款，承包法22—23
③登记确认：第333条第2款，承包法24
（2）互换取得：第334条
①互换合同：承包法33
②向发包方备案：承包法33
③登记对抗：第335条，承包法35
（3）受让取得：第334条
①发包方同意：承包法34
②与发包方确立新的承包关系：承包法34
③登记对抗：第335条，承包法35
2. 非依法律行为取得
裁判文书：第229条，物权解释一7

（二）承包经营权未变更
1. 依法律行为移转
（1）承包经营权互换：第334条
①互换合同：承包法33
②向发包方备案：承包法33
③登记对抗：第335条，承包法35
（2）承包经营权转让：第334条

①发包方同意：承包法34
②与发包方确立新的承包关系：承包法34
③登记对抗：第335条，承包法35
2.非依法律行为变更
裁判文书：第229条，物权解释一7
（三）承包经营权未消灭
1.承包地灭失
2.承包经营权人死亡+继承人均非集体经济组织成员：承包法32
3.发包方收回承包地：第337条，承包法27、30—31，承包解释10
4.土地承包经营权解除：承包法25—26
5.裁判文书、征收决定：第229条，物权解释一7
6.期限届满并非消灭事由：期满继续承包，第332条第2款，承包法21

第二十五节　土地经营权纠纷

主张确认土地经营权

诉请：确认土地经营权

规范基础

第340条
土地经营权人有权在合同约定的期限内占有农村土地，自主开展农业生产经营并取得收益。

检视程式

（一）土地经营权的取得
1.依法律行为取得
（1）被入股取得
①入股合同（书面）生效时设立：第341条第1句，承包法40
②不得超过承包期的剩余期限：承包法38
③受让方有农业经营能力/资质：承包法38
④本集体经济组织成员优先权：承包法38，承包解释11
⑤向发包方备案：承包法36，承包解释14
⑥5年以上登记对抗：第341条第2句，承包法41
（2）承租取得
①出租合同（书面）生效时设立：第341条第1句，承包法40
②不得超过承包期的剩余期限：承包法38
③受让方有农业经营能力/资质：承包法38

④本集体经济组织成员优先权：承包法38，承包解释11
⑤向发包方备案：承包法36，承包解释14
⑥5年以上登记对抗：第341条第2句，承包法41
（3）四荒地
①招标/拍卖/公开协商等方式：第342条
②承包合同：承包法49
非集体经济组织成员受让：承包法52
数份土地经营权合同的履行顺序：
登记→生效在先→占有使用在先，承包解释19
③本集体经济组织成员优先权：承包法51，承包解释11、18
④依法登记取得权属证书：承包法53
（4）再流转取得：承包法46
①再流转合同
②承包方书面同意：承包法46
③向本集体经济组织备案：承包法46
④不得超过承包期的剩余期限：承包法38
⑤受让方有农业经营能力/资质：承包法38
⑥本集体经济组织成员优先权：承包法51，承包解释11
⑦5年以上登记对抗：第341条第2句，承包法41
⑧四荒地土地经营权的再流转：第342条，承包法53
2.非依法律行为取得
（1）裁判文书：第229条，物权解释一7
（2）继承：第230条，承包法54，承包解释23

（二）土地经营权未变更
1.土地经营权再流转：承包法46
（1）再流转合同
（2）承包方书面同意：承包法46
（3）向本集体经济组织备案：承包法46
（4）不得超过承包期的剩余期限：承包法38
（5）受让方有农业经营能力/资质：承包法38
（6）本集体经济组织成员优先权：承包法51，承包解释11
（7）5年以上登记对抗：第341条第2句，承包法41
（8）四荒地土地经营权的再流转：第342条，承包法53
2.非依法律行为变更
裁判文书：第229条，物权解释一7

（三）土地经营权未消灭
1.承包地灭失
2.土地经营权合同解除：承包法42

3. 土地经营权期限届满：承包解释16
4. 裁判文书、征收决定：第229条，物权解释一7

第二十六节　建设用地使用权纠纷

案由所涉主张与诉请	一、主张确认建筑物/构筑物及其附属设施的归属 　　诉请：确认建筑物/构筑物及其附属设施的归属 二、主张附着于土地上的建筑物/构筑物及其附属设施一并处分 　　诉请：附着于土地上的建筑物/构筑物及其附属设施一并处分 三、主张建筑物/构筑物及其附属设施占用范围内的建设用地使用权一并处分 　　诉请：建筑物/构筑物及其附属设施占用范围内的建设用地使用权一并处分
说　明	建设用地使用权的确认援用"用益物权确认纠纷（4级案由）"，建设用地使用权出让合同纠纷、建设用地使用权转让合同纠纷，也有其各自对应的4级案由。

一、主张确认建筑物/构筑物及其附属设施的归属

诉请：确认建筑物/构筑物及其附属设施的归属

规范基础

第352条

建设用地使用权人建造的建筑物、构筑物及其附属设施的所有权属于建设用地使用权人，但是有相反证据证明的除外。

检视程式

（一）建筑物/构筑物及其附属设施所有权的取得
1. 建设用地使用权人
2. 建造建筑物/构筑物及其附属设施
3. 抗辩：有相反证据证明
（二）建筑物/构筑物及其附属设施所有权未变更
1. 依法律行为移转：出让
2. 非依法律行为变更
裁判文书：第229条，物权解释一7
（三）建筑物/构筑物及其附属设施所有权未消灭
1. 灭失

2.抛弃：抛弃意思+涂销登记
3.裁判文书、征收决定：第229条，物权解释一7

二、主张附着于土地上的建筑物/构筑物及其附属设施一并处分

诉请：附着于土地上的建筑物/构筑物及其附属设施一并处分

规范基础

第356条

建设用地使用权转让、互换、出资或者赠与的，附着于该土地上的建筑物、构筑物及其附属设施一并处分。

检视程式

（一）建筑物/构筑物及其附属设施所有权的取得
1.建设用地使用权转让/互换/出资/赠与
2.存在附着于土地上的建造建筑物/构筑物及其附属设施
（二）建筑物/构筑物及其附属设施所有权未消灭
1.灭失
2.抛弃
3.裁判文书、征收决定：第229条，物权解释一7

三、主张建筑物/构筑物及其附属设施占用范围内的建设用地使用权一并处分

诉请：建筑物/构筑物及其附属设施占用范围内的建设用地使用权一并处分

规范基础

第357条

建筑物、构筑物及其附属设施转让、互换、出资或者赠与的，该建筑物、构筑物及其附属设施占用范围内的建设用地使用权一并处分。

检视程式

（一）建设用地使用权的取得
1.建筑物/构筑物及其附属设施转让/互换/出资/赠与
2.占有范围内的建设用地使用权
（二）建设用地使用权未消灭
1.灭失
2.抛弃
3.裁判文书、征收决定：第229条，物权解释一7

第二十七节 宅基地使用权纠纷

案由所涉主张与诉请	一、主张确认住宅及其附属设施的归属 　　诉请：确认住宅及其附属设施的归属 二、主张重新分配宅基地 　　诉请：重新分配宅基地
说　明	宅基地使用权的确认援用案由"用益物权确认纠纷（4级案由）"。

一、主张确认住宅及其附属设施的归属

诉请：确认住宅及其附属设施的归属

规范基础

第362条

宅基地使用权人依法对集体所有的土地享有占有和使用的权利，有权依法利用该土地建造住宅及其附属设施。

检视程式

（一）住宅及其附属设施所有权的取得
1. 宅基地使用权人
2. 建造住宅及其附属设施

（二）住宅及其附属设施所有权未消灭
1. 灭失
2. 抛弃
3. 裁判文书、征收决定：第229条，物权解释一7

二、主张重新分配宅基地

诉请：重新分配宅基地

请求权基础

第364条

宅基地因自然灾害等原因灭失的，宅基地使用权消灭。对失去宅基地的村民，应当依法重新分配宅基地。

检视程式

（一）请求权已产生
1. 宅基地因自然灾害等原因灭失
出卖、出租、赠与住宅后，再申请宅基地→不予批准：土地管理法62.5

2. 村民
3. 一户一宅：土地管理法 62.1
4. 审核批准：土地管理法 62.4
（二）请求权未消灭
裁判文书、征收决定：第 229 条，物权解释一 7
（三）请求权可行使
依权利性质不宜适用时效抗辩权

第二十八节　居住权纠纷

案由所涉主张与诉请	一、居住权人主张所有权人交付住宅 　　居住权人诉请：所有权人交付住宅 二、主张居住权转让无效 　　诉请：确认居住权转让无效
说　明	1. 居住权的确认援用案由"用益物权确认纠纷（4 级案由）"。 2. 居住权合同的效力、履行等问题援用案由"居住权合同纠纷"。

一、居住权人主张所有权人交付住宅

居住权人诉请：所有权人交付住宅

请求权基础

第 366 条

居住权人有权按照合同约定，对他人的住宅享有占有、使用的用益物权，以满足生活居住的需要。

检视程式

（一）请求权已产生
居住权已设立＋未变更＋未消灭（参见本章第二节"三、主张确认居住权"）
（二）请求权未消灭
已交付
（三）请求权可行使
1. 有偿设立的居住权类推履行抗辩权：第 525 条—第 527 条第 1 款
2. 行使物权不适用诉讼时效：类推第 196 条第 2 项

二、主张居住权转让无效

诉请：确认居住权转让无效

规范基础

第369条第1句

居住权不得转让、继承。

检视程式

1. 居住权已设立+未变更+未消灭（参见本章第二节"三、主张确认居住权"）
2. 居住权人转让居住权

第二十九节　地役权纠纷

案由所涉主张与诉请	一、主张用益物权人继续享有/负担已经设立的地役权 　　诉请：用益物权人继续享有/负担已经设立的地役权 二、主张地役权一并转让 　　诉请：地役权一并转让 三、受让人主张同时享有地役权 　　受让人诉请：同时享有地役权 四、主张地役权对受让人具有法律约束力 　　诉请：地役权对受让人具有法律约束力 五、主张解除地役权合同 　　诉请：解除地役权合同
说　明	建设用地使用权的确认援用"用益物权确认纠纷（4级案由）"，建设用地使用权出让合同纠纷、建设用地使用权转让合同纠纷，也有其各自对应的4级案由。

一、主张用益物权人继续享有/负担已经设立的地役权

诉请：用益物权人继续享有/负担已经设立的地役权

规范基础

第378条

土地所有权人享有地役权或者负担地役权的，设立土地承包经营权、宅基地使用权等用益物权时，该用益物权人继续享有或者负担已经设立的地役权。

检视程式

（一）权利已产生
1. 土地所有权人享有/负担地役权
2. 设立土地承包经营权、宅基地使用权等用益物权

（二）权利未消灭
1. 土地灭失
2. 地役权期限届满：第377条
3. 地役权合同解除：第384条

二、主张地役权一并转让

诉请：地役权一并转让

规范基础

第380条

地役权不得单独转让。土地承包经营权、建设用地使用权等转让的，地役权一并转让，但是合同另有约定的除外。

检视程式

（一）权利已产生
1. 土地承包经营权、建设用地使用权等转让
2. 土地上设有地役权

（二）权利未消灭
1. 土地灭失
2. 地役权期限届满：第377条
3. 地役权合同解除：第384条

三、受让人主张同时享有地役权

受让人诉请：同时享有地役权

规范基础

第382条

需役地以及需役地上的土地承包经营权、建设用地使用权等部分转让时，转让部分涉及地役权的，受让人同时享有地役权。

检视程式

（一）权利已产生
1. 需役地以及需役地上的土地承包经营权/建设用地使用权等部分转让

2.转让部分涉及地役权

（二）权利未消灭

1.土地灭失

2.地役权期限届满：第377条

3.地役权合同解除：第384条

四、主张地役权对受让人具有法律约束力

诉请：地役权对受让人具有法律约束力

规范基础

第383条

供役地以及供役地上的土地承包经营权、建设用地使用权等部分转让时，转让部分涉及地役权的，地役权对受让人具有法律约束力。

检视程式

（一）权利已产生

1.供役地以及供役地上的土地承包经营权/建设用地使用权等部分转让

2.转让部分涉及地役权

（二）权利未消灭

1.土地灭失

2.地役权期限届满：第377条

3.地役权合同解除：第384条

五、主张解除地役权合同

诉请：解除地役权合同

规范基础

第384条

地役权人有下列情形之一的，供役地权利人有权解除地役权合同，地役权消灭：

（一）违反法律规定或者合同约定，滥用地役权；

（二）有偿利用供役地，约定的付款期限届满后在合理期限内经两次催告未支付费用。

检视程式

（一）解除权已产生

1.违反法律规定或者合同约定＋滥用地役权

2.有偿利用供役地＋约定的付款期限届满后在合理期限内经两次催告＋未支付费用

（二）解除权未消灭

1.放弃解除权

2.依权利性质不宜适用除斥期间

（三）解除权的行使：第565条，合同通则解释25.2、31

1.解除通知＋到达

2.通知载明债务人在一定期限内不履行债务则合同自动解除＋载明的期限届满＋债务人在该期限内未履行债务

3.未通知＋直接以诉讼或仲裁方式主张解除＋起诉状副本或仲裁申请书副本送达对方

第三十节　抵押权纠纷

案由所涉主张与诉请	一、抵押权人主张担保财产的保全 　抵押权人诉请：担保人停止行为/恢复抵押财产价值/提供相应担保/提前清偿债务 二、抵押权人主张实现抵押权 　抵押权人诉请：实现抵押权（担保人容忍变价） 三、抵押权人主张行使物上代位权 　抵押权人诉请：行使物上代位权 四、抵押权人主张抵押人承担增加的费用 　抵押权人诉请：抵押人承担增加的费用 五、抵押人主张抵押权人返还超额价款 　抵押人诉请：抵押权人返还超额价款
说　明	1.抵押权作为从权利以主债权的存在为前提，因而在主债权纠纷中一并就抵押权提起诉请的，援用主债权所对应的案由；单独就抵押权提起诉请的，援用抵押权纠纷及其项下的对应案由。 2.因抵押合同产生的纠纷，援用合同纠纷项下的"抵押合同纠纷"案由；因抵押权产生的纠纷，援用抵押权纠纷及其项下的4级案由。 3."抵押权纠纷"（3级案由）项下设有11项4级案由（建筑物和其他土地附着物抵押权纠纷，在建建筑物抵押权纠纷，建设用地使用权抵押权纠纷，土地经营权抵押权纠纷，探矿权抵押权纠纷，采矿权抵押权纠纷，海域使用权抵押权纠纷，动产抵押权纠纷，在建船舶、航空器抵押权纠纷，动产浮动抵押权纠纷，最高额抵押权纠纷），仅在无可援用的4级案由时，始得援用本案由。

一、抵押权人主张担保财产的保全

抵押权人诉请：担保人停止行为/恢复抵押财产价值/提供相应担保/提前清偿债务

请求权基础

第408条

抵押人的行为足以使抵押财产价值减少的，抵押权人有权请求抵押人停止其行为；抵押财产价值减少的，抵押权人有权请求恢复抵押财产的价值，或者提供与减少的价值相应的担保。抵押人不恢复抵押财产的价值，也不提供担保的，抵押权人有权请求债务人提前清偿债务。

检视程式

（一）请求权已产生

1.抵押权已设立＋未变更＋未消灭（参见本章第三节"一、主张确认不动产抵押权""二、主张确认动产抵押权"）

2.抵押人的行为足以使抵押财产价值减少→停止行为：第408条第1句第1分句

3.抵押财产价值减少→恢复抵押财产价值/提供与减少价值相应的担保：第408条第1句第2分句

4.抵押人不恢复财产价值＋不提供担保→提前清偿：第408条第2句

（二）请求权未消灭

1.债的一般消灭事由：第557条第1款

2.对先顺位担保权人的清偿：第414—416条、第409条、第456条，担保解释52.1

（三）请求权可行使

1.未通知抵押人的债权让与：第696条第1款＋担保解释20

2.主债务人的权利行使抗辩权：第701条＋担保解释20

3.在主债务人抵销权/撤销权范围内的履行拒绝权：第702条＋担保解释20

4.主债权时效抗辩权：第419条，担保解释44.1

二、抵押权人主张实现抵押权

抵押权人诉请：实现抵押权（担保人容忍变价）

请求权基础

第410条

债务人不履行到期债务或者发生当事人约定的实现抵押权的情形，抵押权人可以与抵押人协议以抵押财产折价或者以拍卖、变卖该抵押财产所得的价款优先受偿。协议损害其他债权人利益的，其他债权人可以请求人民法院撤销该协议。

抵押权人与抵押人未就抵押权实现方式达成协议的，抵押权人可以请求人民法院拍卖、变卖抵押财产。

抵押财产折价或者变卖的，应当参照市场价格。

检视程式

（一）请求权已产生

1.抵押权已设立+未变更+未消灭（参见本章第三节"一、主张确认不动产抵押权""二、主张确认动产抵押权"）

2.协议折价/拍卖/变卖：第410条第1款

担保人其他债权人的撤销权：第410条第1款第2句

3.未就抵押权实现方式达成协议→请求法院拍卖/变卖：第410条第2款

4.抵押权的范围

（1）主债权范围

①主债权+利息+违约金+损害赔偿金+保管费用+实现费用：第389条

②主债权分割/部分转让→各债权人就其债权份额：担保解释39.1

③登记与抵押合同不一致→以登记为准：担保解释47

（2）抵押财产范围

①主债权未受全部清偿→抵押财产全部：担保解释38.1

②担保财产分割/部分转让→分割/转让后的抵押财产：担保解释38.2

③主债务分割/部分转移+债务人自物保→抵押财产全部：担保解释39.2

④孳息：第412条

⑤从物：担保解释40

⑥添附物：担保解释41

⑦登记与抵押合同不一致→以登记为准：担保解释47

5.不得改变集体所有土地的性质和土地用途：第418条

（二）请求权未消灭

1.实现抵押权的协议解除：第557条第2款

2.对先顺位担保权人的清偿：第414—416条、第409条、第456条，担保解释52.1

3.已依协议实现抵押权

（三）请求权可行使

1.自物保责任顺位在先的抗辩：第392条第1句第2分句

2.未通知抵押人的债权让与：第696条第1款+担保解释20

3.主债务人的权利行使抗辩权：第701条+担保解释20

4.在主债务人抵销权/撤销权范围内的履行拒绝权：第702条+担保解释20

5.主债权时效抗辩权：第419条，担保解释44.1

说　明

债权人以诉讼方式行使担保物权的，应当以债务人和担保人作为共同被告：担

保解释45.3

三、抵押权人主张行使物上代位权

抵押权人诉请：行使物上代位权

请求权基础

第390条

担保期间，担保财产毁损、灭失或者被征收等，担保物权人可以就获得的保险金、赔偿金或者补偿金等优先受偿。被担保债权的履行期限未届满的，也可以提存该保险金、赔偿金或者补偿金等。

检视程式

（一）请求权已产生

1.抵押权已设立+未变更+未消灭（参见本章第三节"一、主张确认不动产抵押权""二、主张确认动产抵押权"）

2.抵押财产毁损/灭失/被征收

3.物上代位权的范围

（1）主债权范围

①主债权+利息+违约金+损害赔偿金+保管费用+实现费用：第389条

②主债权分割/部分转让→各债权人就其债权份额：担保解释39.1

（2）抵押财产范围：保险金/赔偿金/补偿金

①主债权未受全部清偿→担保财产全部：担保解释38.1

②抵押财产分割/部分转让→分割/转让后的抵押财产：担保解释38.2

③主债务分割/部分转移+债务人自物保→抵押财产全部：担保解释39.2

④利息（孳息）：第412条

（二）请求权未消灭

1.对先顺位担保权人的清偿：第414—416条、第409条、第456条，担保解释42.1、52.1

2.物上代位权实现：给付义务人已向抵押权人给付

3.给付义务人已向抵押人给付：担保解释42.2

（三）请求权可行使

1.自物保责任顺位在先的抗辩：第392条第1句第2分句

2.未通知抵押人的债权让与：第696条第1款+担保解释20

3.主债务人的权利行使抗辩权：第701条+担保解释20

4.在主债务人抵销权/撤销权范围内的履行拒绝权：第702条+担保解释20

5.主债权时效抗辩权：第419条，担保解释44.1

四、抵押权人主张抵押人承担增加的费用

抵押权人诉请：抵押人承担增加的费用

请求权基础

第 394 条第 1 款

为担保债务的履行，债务人或者第三人不转移财产的占有，将该财产抵押给债权人的，债务人不履行到期债务或者发生当事人约定的实现抵押权的情形，债权人有权就该财产优先受偿。

第 389 条第 1 句

担保物权的担保范围包括主债权及其利息、违约金、损害赔偿金、保管担保财产和实现担保物权的费用。

担保解释 45.1

当事人约定当债务人不履行到期债务或者发生当事人约定的实现担保物权的情形，担保物权人有权将担保财产自行拍卖、变卖并就所得的价款优先受偿的，该约定有效。因担保人的原因导致担保物权人无法自行对担保财产进行拍卖、变卖，担保物权人请求担保人承担因此增加的费用的，人民法院应予支持。

检视程式

（一）请求权已产生

1. 抵押权已设立＋未变更＋未消灭（参见本章第三节"一、主张确认不动产抵押权""二、主张确认动产抵押权"）
2. 约定抵押权人有权将担保财产自行拍卖/变卖
3. 因抵押人的原因导致抵押权人无法自行对担保财产拍卖/变卖
4. 抵押权人因此增加费用支出

（二）请求权未消灭

1. 约定自行拍卖/变卖的协议解除：第 557 条第 2 款
2. 债的一般消灭事由：第 557 条第 1 款
3. 损益相抵

（三）请求权可行使

1. 留置抗辩权：类推第 525 条
2. 时效抗辩权：第 192 条第 1 款

五、抵押人主张抵押权人返还超额价款

抵押人诉请：抵押权人返还超额价款

请求权基础

第 413 条

抵押财产折价或者拍卖、变卖后，其价款超过债权数额的部分归抵押人所有，

不足部分由债务人清偿。

检视程式

（一）请求权已产生

1. 抵押权已设立+未变更+未消灭（参见本章第三节"一、主张确认不动产抵押权""二、主张确认动产抵押权"）
2. 抵押财产折价/拍卖/变卖
3. 价款超过债权数额
4. 抵押权人收取超额价款

（二）请求权未消灭

1. 债的一般消灭事由：第557条第1款
2. 损益相抵

（三）请求权可行使

1. 留置抗辩权：类推第525条
2. 时效抗辩权：第192条第1款

第三十一节　建筑物和其他土地附着物抵押权纠纷（4级案由）

案由所涉主张与诉请	一、建筑物/附着物抵押权人主张担保财产的保全 　　建筑物/附着物抵押权人诉请：担保人停止行为/恢复抵押财产价值/ 　　　　　　　　　　　　　　　提供相应担保/提前清偿债务 二、建筑物/附着物抵押权人主张实现抵押权 　　建筑物/附着物抵押权人诉请：实现抵押权（担保人容忍变价） 三、建筑物/附着物抵押权人主张行使物上代位权 　　建筑物/附着物抵押权人诉请：行使物上代位权 四、建筑物/附着物抵押权人主张抵押人承担增加的费用 　　建筑物/附着物抵押权人诉请：抵押人承担增加的费用 五、建筑物/附着物抵押人主张抵押权人返还超额价款 　　建筑物/附着物抵押人诉请：抵押权人返还超额价款
说　明	1. 抵押权作为从权利以主债权的存在为前提，因而在主债权纠纷中一并就抵押权提起诉请的，援用主债权所对应的案由；单独就建筑物/附着物抵押权提起诉请的，援用本案由。 2. 因抵押合同产生的纠纷，援用合同纠纷项下的"抵押合同纠纷"案由。

一、建筑物/附着物抵押权人主张担保财产的保全

建筑物/附着物抵押权人诉请：担保人停止行为/恢复抵押财产价值/提供相应担保/提前清偿债务

请求权基础

第408条

抵押人的行为足以使抵押财产价值减少的，抵押权人有权请求抵押人停止其行为；抵押财产价值减少的，抵押权人有权请求恢复抵押财产的价值，或者提供与减少的价值相应的担保。抵押人不恢复抵押财产的价值，也不提供担保的，抵押权人有权请求债务人提前清偿债务。

检视程式

（一）请求权已产生

1.抵押权已设立+未变更+未消灭（参见本章第三节"一、主张确认不动产抵押权"）

2.抵押人的行为足以使抵押财产价值减少→停止行为：第408条第1句第1分句

抵押财产→建筑物占有范围内的建设用地使用权一并抵押：第397条第1款第1句、第398条

3.抵押财产价值减少→恢复抵押财产价值/提供与减少价值相应的担保：第408条第1句第2分句

4.抵押人不恢复财产价值+不提供担保→提前清偿：第408条第2句

（二）请求权未消灭

1.债的一般消灭事由：第557条第1款

2.划拨建设用地上的建筑物抵押→价款优先补缴建设用地使用权土地使用权出让金：担保解释50.1

3.对先顺位担保权人的清偿：第414条、第409条，担保解释51.3、52.1

（三）请求权可行使

1.未通知抵押人的债权让与：第696条第1款+担保解释20

2.主债务人的权利行使抗辩权：第701条+担保解释20

3.在主债务人抵销权/撤销权范围内的履行拒绝权：第702条+担保解释20

4.主债权时效抗辩权：第419条，担保解释44

二、建筑物/附着物抵押权人主张实现抵押权

建筑物/附着物抵押权人诉请：实现抵押权（担保人容忍变价）

请求权基础

第410条

债务人不履行到期债务或者发生当事人约定的实现抵押权的情形，抵押权人可以与抵押人协议以抵押财产折价或者以拍卖、变卖该抵押财产所得的价款优先受偿。

协议损害其他债权人利益的，其他债权人可以请求人民法院撤销该协议。

抵押权人与抵押人未就抵押权实现方式达成协议的，抵押权人可以请求人民法院拍卖、变卖抵押财产。

抵押财产折价或者变卖的，应当参照市场价格。

检视程式

（一）请求权已产生

1.抵押权已设立＋未变更＋未消灭（参见本章第三节"一、主张确认不动产抵押权"）

2.协议折价/拍卖/变卖：第410条第1款

担保人其他债权人的撤销权：第410条第1款第2句

3.未就抵押权实现方式达成协议→请求法院拍卖/变卖：第410条第2款

4.抵押权的范围

（1）主债权范围

①主债权＋利息＋违约金＋损害赔偿金＋保管费用＋实现费用：第389条

②主债权分割/部分转让→各债权人就其债权份额：担保解释39.1

③登记与抵押合同不一致→以登记为准：担保解释47

（2）抵押财产范围

①主债权未受全部清偿→抵押财产全部：担保解释38.1

②担保财产分割/部分转让→分割/转让后的抵押财产：担保解释38.2

③主债务分割/部分转移＋债务人自物保→抵押财产全部：担保解释39.2

④孳息：第412条

⑤从物：担保解释40

⑥添附物：担保解释41

⑦登记与抵押合同不一致→以登记为准：担保解释47

⑧建筑物占有范围内的建设用地使用权一并抵押：第397条第1款第1句、第398条

5.不得改变集体所有土地的性质和土地用途：第418条

（二）请求权未消灭

1.实现抵押权的协议解除：第557条第2款

2.划拨建设用地上的建筑物抵押→价款优先补缴建设用地使用权土地使用权出让金：担保解释50.1

3.对先顺位担保权人的清偿：第414条、第409条，担保解释51.3、52.1

4.已依协议实现抵押权

（三）请求权可行使

1.自物保责任顺位在先的抗辩：第392条第1句第2分句

2.未通知抵押人的债权让与：第696条第1款＋担保解释20

3.主债务人的权利行使抗辩权：第701条＋担保解释20

4.在主债务人抵销权/撤销权范围内的履行拒绝权：第702条＋担保解释20

5.主债权时效抗辩权：第419条，担保解释44.1

说 明

债权人以诉讼方式行使担保物权的，应当以债务人和担保人作为共同被告：担保解释45.3

三、建筑物/附着物抵押权人主张行使物上代位权

建筑物/附着物抵押权人诉请：行使物上代位权

请求权基础

第390条

担保期间，担保财产毁损、灭失或者被征收等，担保物权人可以就获得的保险金、赔偿金或者补偿金等优先受偿。被担保债权的履行期限未届满的，也可以提存该保险金、赔偿金或者补偿金等。

检视程式

（一）请求权已产生

1.抵押权已设立+未变更+未消灭（参见本章第三节"一、主张确认不动产抵押权"）

2.抵押财产毁损/灭失/被征收

抵押财产→建筑物占有范围内的建设用地使用权一并抵押：第397条第1款第1句、第398条

3.物上代位权的范围

（1）主债权范围

①主债权+利息+违约金+损害赔偿金+保管费用+实现费用：第389条

②主债权分割/部分转让→各债权人就其债权份额：担保解释39.1

（2）抵押财产范围：保险金/赔偿金/补偿金

①主债权未受全部清偿→担保财产全部：担保解释38.1

②抵押财产分割/部分转让→分割/转让后的抵押财产：担保解释38.2

③主债务分割/部分转移+债务人自物保→抵押财产全部：担保解释39.2

④利息（孳息）：第412条

（二）请求权未消灭

1.划拨建设用地上的建筑物抵押→价款优先补缴建设用地使用权出让金：担保解释50.1

2.对先顺位担保权人的清偿：第414条、第409条，担保解释42.1、51.3、52.1

3.物上代位权实现：给付义务人已向抵押权人给付

4.给付义务人已向抵押人给付：担保解释42.2

（三）请求权可行使

1.自物保责任顺位在先的抗辩：第392条第1句第2分句

2.未通知抵押人的债权让与：第696条第1款+担保解释20
3.主债务人的权利行使抗辩权：第701条+担保解释20
4.在主债务人抵销权/撤销权范围内的履行拒绝权：第702条+担保解释20
5.主债权时效抗辩权：第419条，担保解释44.1

四、建筑物/附着物抵押权人主张抵押人承担增加的费用

建筑物/附着物抵押权人诉请：抵押人承担增加的费用

请求权基础

第394条第1款
为担保债务的履行，债务人或者第三人不转移财产的占有，将该财产抵押给债权人的，债务人不履行到期债务或者发生当事人约定的实现抵押权的情形，债权人有权就该财产优先受偿。

第389条第1句
担保物权的担保范围包括主债权及其利息、违约金、损害赔偿金、保管担保财产和实现担保物权的费用。

担保解释45.1
当事人约定当债务人不履行到期债务或者发生当事人约定的实现担保物权的情形，担保物权人有权将担保财产自行拍卖、变卖并就所得的价款优先受偿的，该约定有效。因担保人的原因导致担保物权人无法自行对担保财产进行拍卖、变卖，担保物权人请求担保人承担因此增加的费用的，人民法院应予支持。

检视程式

（一）请求权已产生
1.抵押权已设立+未变更+未消灭（参见本章第三节"一、主张确认不动产抵押权"）
2.约定抵押权人有权将担保财产自行拍卖/变卖
抵押财产→建筑物占有范围内的建设用地使用权一并抵押：第397条第1款第1句、第398条
3.因抵押人的原因导致抵押权人无法自行对担保财产拍卖/变卖
4.抵押权人因此增加费用支出
（二）请求权未消灭
1.约定自行拍卖/变卖的协议解除：第557条第2款
2.债的一般消灭事由：第557条第1款
3.损益相抵
（三）请求权可行使
1.留置抗辩权：类推第525条
2.时效抗辩权：第192条第1款

五、建筑物/附着物抵押人主张抵押权人返还超额价款

建筑物/附着物抵押人诉请：抵押权人返还超额价款

请求权基础

第413条

抵押财产折价或者拍卖、变卖后，其价款超过债权数额的部分归抵押人所有，不足部分由债务人清偿。

检视程式

（一）请求权已产生
1.抵押权已设立+未变更+未消灭（参见本章第三节"一、主张确认不动产抵押权"）
2.抵押财产折价/拍卖/变卖
抵押财产→建筑物占有范围内的建设用地使用权一并抵押：第397条第1款第1句、第398条
3.价款超过债权数额
4.抵押权人收取超额价款

（二）请求权未消灭
1.债的一般消灭事由：第557条第1款
2.损益相抵

（三）请求权可行使
1.留置抗辩权：类推第525条
2.时效抗辩权：第192条第1款

第三十二节　在建建筑物抵押权纠纷（4级案由）

案由所涉主张与诉请	一、在建建筑物抵押权人主张担保财产的保全 　　在建建筑物抵押权人诉请：担保人停止行为/恢复抵押财产价值/提供相应担保/提前清偿债务 二、在建建筑物抵押权人主张实现抵押权 　　在建建筑物抵押权人诉请：实现抵押权（担保人容忍变价） 三、在建建筑物抵押权人主张行使物上代位权 　　在建建筑物抵押权人诉请：行使物上代位权 四、在建建筑物抵押权人主张抵押人承担增加的费用 　　在建建筑物抵押权人诉请：抵押人承担增加的费用 五、在建建筑物抵押人主张抵押权人返还超额价款 　　在建建筑物抵押人诉请：抵押权人返还超额价款

说 明	1.抵押权作为从权利以主债权的存在为前提，因而在主债权纠纷中一并就抵押权提起诉请的，援用主债权所对应的案由；单独就在建建筑物抵押权提起诉请的，援用本案由。 2.因抵押合同产生的纠纷，援用合同纠纷项下的"抵押合同纠纷"案由。

一、在建建筑物抵押权人主张担保财产的保全

在建建筑物抵押权人诉请：担保人停止行为／恢复抵押财产价值／提供相应担保／提前清偿债务

请求权基础

第408条

抵押人的行为足以使抵押财产价值减少的，抵押权人有权请求抵押人停止其行为；抵押财产价值减少的，抵押权人有权请求恢复抵押财产的价值，或者提供与减少的价值相应的担保。抵押人不恢复抵押财产的价值，也不提供担保的，抵押权人有权请求债务人提前清偿债务。

检视程式

（一）请求权已产生

1.抵押权已设立＋未变更＋未消灭（参见本章第三节"一、主张确认不动产抵押权"）

2.抵押人的行为足以使抵押财产价值减少→停止行为：第408条第1句第1分句

在建建筑物的效力范围限于已登记部分→不及于续建部分／新增建筑物／规划中尚未建造的建筑物：担保解释51.2

抵押财产→建筑物占有范围内的建设用地使用权一并抵押：第397条第1款第1句、第398条

3.抵押财产价值减少→恢复抵押财产价值／提供与减少价值相应的担保：第408条第1句第2分句

4.抵押人不恢复财产价值＋不提供担保→提前清偿：第408条第2句

（二）请求权未消灭

1.债的一般消灭事由：第557条第1款

2.划拨建设用地上的建筑物抵押→价款优先补缴建设用地使用权出让金：担保解释50.1

3.对先顺位担保权人的清偿：第414条、第409条，担保解释51.3、52.1

（三）请求权可行使

1.未通知抵押人的债权让与：第696条第1款＋担保解释20

2.主债务人的权利行使抗辩权：第701条＋担保解释20

3.在主债务人抵销权／撤销权范围内的履行拒绝权：第702条＋担保解释20

4.主债权时效抗辩权：第419条，担保解释44.1

二、在建建筑物抵押权人主张实现抵押权

在建建筑物抵押权人诉请：实现抵押权（担保人容忍变价）

请求权基础

第410条

债务人不履行到期债务或者发生当事人约定的实现抵押权的情形，抵押权人可以与抵押人协议以抵押财产折价或者以拍卖、变卖该抵押财产所得的价款优先受偿。协议损害其他债权人利益的，其他债权人可以请求人民法院撤销该协议。

抵押权人与抵押人未就抵押权实现方式达成协议的，抵押权人可以请求人民法院拍卖、变卖抵押财产。

抵押财产折价或者变卖的，应当参照市场价格。

检视程式

（一）请求权已产生
1.抵押权已设立+未变更+未消灭（参见本章第三节"一、主张确认不动产抵押权"）
2.协议折价/拍卖/变卖：第410条第1款
　担保人其他债权人的撤销权：第410条第1款第2句
3.未就抵押权实现方式达成协议→请求法院拍卖/变卖：第410条第2款
4.抵押权的范围
（1）主债权范围
①主债权+利息+违约金+损害赔偿金+保管费用+实现费用：第389条
②主债权分割/部分转让→各债权人就其债权份额：担保解释39.1
③登记与抵押合同不一致→以登记为准：担保解释47
（2）抵押财产范围
①主债权未受全部清偿→抵押财产全部：担保解释38.1
②担保财产分割/部分转让→分割/转让后的抵押财产：担保解释38.2
③主债务分割/部分转移+债务人自物保→抵押财产全部：担保解释39.2
④孳息：第412条
⑤从物：担保解释40
⑥添附物：担保解释41
⑦登记与抵押合同不一致→以登记为准：担保解释47
⑧在建建筑物的效力范围限于已登记部分→不及于续建部分/新增建筑物/规划中尚未建造的建筑物：担保解释51.2
⑨建筑物占有范围内的建设用地使用权一并抵押：第397条第1款第1句、第398条

5.不得改变集体所有土地的性质和土地用途：第418条

（二）请求权未消灭
1.实现抵押权的协议解除：第557条第2款
2.划拨建设用地上的建筑物抵押→价款优先补缴建设用地使用权出让金：担保解释50.1
3.对先顺位担保权人的清偿：第414条、第409条，担保解释51.3、52.1
4.已依协议实现抵押权

（三）请求权可行使
1.自物保责任顺位在先的抗辩：第392条第1句第2分句
2.未通知抵押人的债权让与：第696条第1款+担保解释20
3.主债务人的权利行使抗辩权：第701条+担保解释20
4.在主债务人抵销权/撤销权范围内的履行拒绝权：第702条+担保解释20
5.主债权时效抗辩权：第419条，担保解释44.1

说　明

债权人以诉讼方式行使担保物权的，应当以债务人和担保人作为共同被告：担保解释45.3

三、在建建筑物抵押权人主张行使物上代位权

在建建筑物抵押权人诉请：行使物上代位权

请求权基础

第390条

担保期间，担保财产毁损、灭失或者被征收等，担保物权人可以就获得的保险金、赔偿金或者补偿金等优先受偿。被担保债权的履行期限未届满的，也可以提存该保险金、赔偿金或者补偿金等。

检视程式

（一）请求权已产生
1.抵押权已设立+未变更+未消灭（参见本章第三节"一、主张确认不动产抵押权"）
2.抵押财产毁损/灭失/被征收

在建建筑物的效力范围限于已登记部分→不及于续建部分/新增建筑物/规划中尚未建造的建筑物：担保解释51.2

抵押财产→建筑物占有范围内的建设用地使用权一并抵押：第397条第1款第1句、第398条

3.物上代位权的范围
（1）主债权范围
①主债权+利息+违约金+损害赔偿金+保管费用+实现费用：第389条
②主债权分割/部分转让→各债权人就其债权份额：担保解释39.1

（2）抵押财产范围：保险金/赔偿金/补偿金
①主债权未受全部清偿→担保财产全部：担保解释38.1
②抵押财产分割/部分转让→分割/转让后的抵押财产：担保解释38.2
③主债务分割/部分转移+债务人自物保→抵押财产全部：担保解释39.2
④利息（孳息）：第412条

（二）请求权未消灭
1.划拨建设用地上的建筑物抵押→价款优先补缴建设用地使用权出让金：担保解释50.1
2.对先顺位担保权人的清偿：第414条、第409条，担保解释42.1、51.3、52.1
3.物上代位权实现：给付义务人已向抵押权人给付
4.给付义务人已向抵押人给付：担保解释42.2

（三）请求权可行使
1.自物保责任顺位在先的抗辩：第392条第1句第2分句
2.未通知抵押人的债权让与：第696条第1款+担保解释20
3.主债务人的权利行使抗辩权：第701条+担保解释20
4.在主债务人抵销权/撤销权范围内的履行拒绝权：第702条+担保解释20
5.主债权时效抗辩权：第419条，担保解释44.1

四、在建建筑物抵押权人主张抵押人承担增加的费用

在建建筑物抵押权人诉请：抵押人承担增加的费用

请求权基础

第394条第1款
为担保债务的履行，债务人或者第三人不转移财产的占有，将该财产抵押给债权人的，债务人不履行到期债务或者发生当事人约定的实现抵押权的情形，债权人有权就该财产优先受偿。

第389条第1句
担保物权的担保范围包括主债权及其利息、违约金、损害赔偿金、保管担保财产和实现担保物权的费用。

担保解释45.1
当事人约定当债务人不履行到期债务或者发生当事人约定的实现担保物权的情形，担保物权人有权将担保财产自行拍卖、变卖并就所得的价款优先受偿的，该约定有效。因担保人的原因导致担保物权人无法自行对担保财产进行拍卖、变卖，担保物权人请求担保人承担因此增加的费用的，人民法院应予支持。

检视程式

（一）请求权已产生
1.抵押权已设立+未变更+未消灭（参见本章第三节"一、主张确认不动产抵押权"）

2.约定抵押权人有权将担保财产自行拍卖/变卖

在建建筑物的效力范围限于已登记部分→不及于续建部分/新增建筑物/规划中尚未建造的建筑物：担保解释51.2

抵押财产→建筑物占有范围内的建设用地使用权一并抵押：第397条第1款第1句、第398条

3.因抵押人的原因导致抵押权人无法自行对担保财产拍卖/变卖

4.抵押权人因此增加费用支出

（二）请求权未消灭

1.约定自行拍卖/变卖的协议解除：第557条第2款

2.债的一般消灭事由：第557条第1款

3.损益相抵

（三）请求权可行使

1.留置抗辩权：类推第525条

2.时效抗辩权：第192条第1款

五、在建建筑物抵押人主张抵押权人返还超额价款

在建建筑物抵押人诉请：抵押权人返还超额价款

请求权基础

第413条

抵押财产折价或者拍卖、变卖后，其价款超过债权数额的部分归抵押人所有，不足部分由债务人清偿。

检视程式

（一）请求权已产生

1.抵押权已设立+未变更+未消灭（参见本章第三节"一、主张确认不动产抵押权"）

2.抵押财产折价/拍卖/变卖

在建建筑物的效力范围限于已登记部分→不及于续建部分/新增建筑物/规划中尚未建造的建筑物：担保解释51.2

抵押财产→建筑物占有范围内的建设用地使用权一并抵押：第397条第1款第1句、第398条

3.价款超过债权数额

4.抵押权人收取超额价款

（二）请求权未消灭

1.债的一般消灭事由：第557条第1款

2.损益相抵

（三）请求权可行使

1.留置抗辩权：类推第525条

2.时效抗辩权：第192条第1款

第三十三节　建设用地使用权抵押权纠纷（4级案由）

案由所涉主张与诉请	一、建设用地使用权抵押权人主张担保财产的保全 　　建设用地使用权抵押权人诉请：担保人停止行为/恢复抵押财产价值/提供相应担保/提前清偿债务 二、建设用地使用权抵押权人主张实现抵押权 　　建设用地使用权抵押权人诉请：实现抵押权（担保人容忍变价） 三、建设用地使用权抵押权人主张行使物上代位权 　　建设用地使用权抵押权人诉请：行使物上代位权 四、建设用地使用权抵押权人主张抵押人承担增加的费用 　　建设用地使用权抵押权人诉请：抵押人承担增加的费用 五、建设用地使用权抵押人主张抵押权人返还超额价款 　　建设用地使用权抵押人诉请：抵押权人返还超额价款
说　明	1.抵押权作为从权利以主债权的存在为前提，因而在主债权纠纷中一并就抵押权提起诉请的，援用主债权所对应的案由；单独就建设用地使用权抵押权提起诉请的，援用本案由。 2.因抵押合同产生的纠纷，援用合同纠纷项下的"抵押合同纠纷"案由。

一、建设用地使用权抵押权人主张担保财产的保全

建设用地使用权抵押权人诉请：担保人停止行为/恢复抵押财产价值/提供相应担保/提前清偿债务

请求权基础

第408条

抵押人的行为足以使抵押财产价值减少的，抵押权人有权请求抵押人停止其行为；抵押财产价值减少的，抵押权人有权请求恢复抵押财产的价值，或者提供与减少的价值相应的担保。抵押人不恢复抵押财产的价值，也不提供担保的，抵押权人有权请求债务人提前清偿债务。

检视程式

（一）请求权已产生

1.抵押权已设立+未变更+未消灭（参见本章第三节"一、主张确认不动产抵押权"）
乡镇/村企业的建设用地使用权不得单独抵押：第398条第1句
2.抵押人的行为足以使抵押财产价值减少→停止行为：第408条第1句第1分句

抵押财产→土地上的建筑物一并抵押：第397条第1款第2句
3.抵押财产价值减少→恢复抵押财产价值/提供与减少价值相应的担保：第408条第1句第2分句
4.抵押人不恢复财产价值+不提供担保→提前清偿：第408条第2句
（二）请求权未消灭
1.债的一般消灭事由：第557条第1款
2.划拨建设用地使用权抵押→价款优先补缴建设用地使用权出让金：担保解释50.2
3.对先顺位担保权人的清偿：第414条、第409条，担保解释51.3、52.1
（三）请求权可行使
1.未通知抵押人的债权让与：第696条第1款+担保解释20
2.主债务人的权利行使抗辩权：第701条+担保解释20
3.在主债务人抵销权/撤销权范围内的履行拒绝权：第702条+担保解释20
4.主债权时效抗辩权：第419条，担保解释44.1

二、建设用地使用权抵押权人主张实现抵押权

建设用地使用权抵押权人诉请：实现抵押权（担保人容忍变价）

请求权基础

第410条

债务人不履行到期债务或者发生当事人约定的实现抵押权的情形，抵押权人可以与抵押人协议以抵押财产折价或者以拍卖、变卖该抵押财产所得的价款优先受偿。协议损害其他债权人利益的，其他债权人可以请求人民法院撤销该协议。

抵押权人与抵押人未就抵押权实现方式达成协议的，抵押权人可以请求人民法院拍卖、变卖抵押财产。

抵押财产折价或者变卖的，应当参照市场价格。

检视程式

（一）请求权已产生
1.抵押权已设立+未变更+未消灭（参见本章第三节"一、主张确认不动产抵押权"）
乡镇/村企业的建设用地使用权不得单独抵押：第398条第1句
2.协议折价/拍卖/变卖：第410条第1款
担保人其他债权人的撤销权：第410条第1款第2句
3.未就抵押权实现方式达成协议→请求法院拍卖/变卖：第410条第2款
4.抵押权的范围
（1）主债权范围
①主债权+利息+违约金+损害赔偿金+保管费用+实现费用：第389条
②主债权分割/部分转让→各债权人就其债权份额：担保解释39.1

③登记与抵押合同不一致→以登记为准：担保解释47
（2）抵押财产范围
①主债权未受全部清偿→抵押财产全部：担保解释38.1
②担保财产分割/部分转让→分割/转让后的抵押财产：担保解释38.2
③主债务分割/部分转移+债务人自物保→抵押财产全部：担保解释39.2
④孳息：第412条
⑤从物：担保解释40
⑥添附物：担保解释41
⑦登记与抵押合同不一致→以登记为准：担保解释47
⑧土地上的建筑物一并抵押：第397条第1款第2句

（二）请求权未消灭
1.实现抵押权的协议解除：第557条第2款
2.划拨建设用地使用权抵押→价款优先补缴建设用地使用权出让金：担保解释50.2
3.对先顺位担保权人的清偿：第414条、第409条，担保解释51.3、52.1
4.已依协议实现抵押权

（三）请求权可行使
1.自物保责任顺位在先的抗辩：第392条第1句第2分句
2.未通知抵押人的债权让与：第696条第1款+担保解释20
3.主债务人的权利行使抗辩权：第701条+担保解释20
4.在主债务人抵销权/撤销权范围内的履行拒绝权：第702条+担保解释20
5.主债权时效抗辩权：第419条，担保解释44.1

说　明

债权人以诉讼方式行使担保物权的，应当以债务人和担保人作为共同被告：担保解释45.3

三、建设用地使用权抵押权人主张行使物上代位权

建设用地使用权抵押权人诉请：行使物上代位权

请求权基础

第390条

担保期间，担保财产毁损、灭失或者被征收等，担保物权人可以就获得的保险金、赔偿金或者补偿金等优先受偿。被担保债权的履行期限未届满的，也可以提存该保险金、赔偿金或者补偿金等。

检视程式

（一）请求权已产生

1.抵押权已设立+未变更+未消灭（参见本章第三节"一、主张确认不动产抵押权"）

乡镇/村企业的建设用地使用权不得单独抵押：第398条第1句

2.抵押财产毁损/灭失/被征收

抵押财产→土地上的建筑物一并抵押：第397条第1款第2句

3.物上代位权的范围

（1）主债权范围

①主债权+利息+违约金+损害赔偿金+保管费用+实现费用：第389条

②主债权分割/部分转让→各债权人就其债权份额：担保解释39.1

（2）抵押财产范围：保险金/赔偿金/补偿金

①主债权未受全部清偿→担保财产全部：担保解释38.1

②抵押财产分割/部分转让→分割/转让后的抵押财产：担保解释38.2

③主债务分割/部分转移+债务人自物保→抵押财产全部：担保解释39.2

④利息（孳息）：第412条

（二）请求权未消灭

1.划拨建设用地使用权抵押→价款优先补缴建设用地使用权出让金：担保解释50.2

2.对先顺位担保权人的清偿：第414条、第409条，担保解释42.1、51.3、52.1

3.物上代位权实现：给付义务人已向抵押权人给付

4.给付义务人已向抵押人给付：担保解释42.2

（三）请求权可行使

1.自物保责任顺位在先的抗辩：第392条第1句第2分句

2.未通知抵押人的债权让与：第696条第1款+担保解释20

3.主债务人的权利行使抗辩权：第701条+担保解释20

4.在主债务人抵销权/撤销权范围内的履行拒绝权：第702条+担保解释20

5.主债权时效抗辩权：第419条，担保解释44.1

四、建设用地使用权抵押权人主张抵押人承担增加的费用

建设用地使用权抵押权人诉请：抵押人承担增加的费用

请求权基础

第394条第1款

为担保债务的履行，债务人或者第三人不转移财产的占有，将该财产抵押给债权人的，债务人不履行到期债务或者发生当事人约定的实现抵押权的情形，债权人有权就该财产优先受偿。

第389条第1句

担保物权的担保范围包括主债权及其利息、违约金、损害赔偿金、保管担保财

产和实现担保物权的费用。

担保解释45.1

当事人约定当债务人不履行到期债务或者发生当事人约定的实现担保物权的情形，担保物权人有权将担保财产自行拍卖、变卖并就所得的价款优先受偿的，该约定有效。因担保人的原因导致担保物权人无法自行对担保财产进行拍卖、变卖，担保物权人请求担保人承担因此增加的费用的，人民法院应予支持。

检视程式

（一）请求权已产生

1.抵押权已设立+未变更+未消灭（参见本章第三节"一、主张确认不动产抵押权"）

乡镇/村企业的建设用地使用权不得单独抵押：第398条第1句

2.约定抵押权人有权将担保财产自行拍卖/变卖

抵押财产→土地上的建筑物一并抵押：第397条第1款第2句

3.因抵押人的原因导致抵押权人无法自行对担保财产拍卖/变卖

4.抵押权人因此增加费用支出

（二）请求权未消灭

1.约定自行拍卖/变卖的协议解除：第557条第2款

2.债的一般消灭事由：第557条第1款

3.损益相抵

（三）请求权可行使

1.留置抗辩权：类推第525条

2.时效抗辩权：第192条第1款

五、建设用地使用权抵押人主张抵押权人返还超额价款

建设用地使用权抵押人诉请：抵押权人返还超额价款

请求权基础

第413条

抵押财产折价或者拍卖、变卖后，其价款超过债权数额的部分归抵押人所有，不足部分由债务人清偿。

检视程式

（一）请求权已产生

1.抵押权已设立+未变更+未消灭（参见本章第三节"一、主张确认不动产抵押权"）

乡镇/村企业的建设用地使用权不得单独抵押：第398条第1句

2.抵押财产折价/拍卖/变卖

抵押财产→土地上的建筑物一并抵押：第397条第1款第2句

3.价款超过债权数额

4.抵押权人收取超额价款

（二）请求权未消灭
1.债的一般消灭事由：第557条第1款
2.损益相抵

（三）请求权可行使
1.留置抗辩权：类推第525条
2.时效抗辩权：第192条第1款

第三十四节　土地经营权抵押权纠纷（4级案由）

案由所涉主张与诉请	一、土地经营权抵押权人主张担保财产的保全 　　土地经营权抵押权人诉请：担保人停止行为/恢复抵押财产价值/提供相应担保/提前清偿债务 二、土地经营权抵押权人主张实现抵押权 　　土地经营权抵押权人诉请：实现抵押权（担保人容忍变价） 三、土地经营权抵押权人主张行使物上代位权 　　土地经营权抵押权人诉请：行使物上代位权 四、土地经营权抵押权人主张抵押人承担增加的费用 　　土地经营权抵押权人诉请：抵押人承担增加的费用 五、土地经营权抵押人主张抵押权人返还超额价款 　　土地经营权抵押人诉请：抵押权人返还超额价款
说　明	1.抵押权作为从权利以主债权的存在为前提，因而在主债权纠纷中一并就抵押权提起诉请的，援用主债权所对应的案由；单独就土地经营权抵押权提起诉请的，援用本案由。 2.因抵押合同产生的纠纷，援用合同纠纷项下的"抵押合同纠纷"案由。

一、土地经营权抵押权人主张担保财产的保全

土地经营权抵押权人诉请：担保人停止行为/恢复抵押财产价值/提供相应担保/提前清偿债务

请求权基础

第408条

抵押人的行为足以使抵押财产价值减少的，抵押权人有权请求抵押人停止其行为；抵押财产价值减少的，抵押权人有权请求恢复抵押财产的价值，或者提供与减少的价值相应的担保。抵押人不恢复抵押财产的价值，也不提供担保的，抵押权人有权请求债务人提前清偿债务。

475

检视程式

（一）请求权已产生
1. 抵押权已设立+未变更+未消灭（参见本章第三节"一、主张确认不动产抵押权"）
（1）承包方以土地经营权抵押→向发包方备案：承包法47.1
（2）土地经营权流转受让方抵押→承包方书面同意+向发包方备案：承包法47.1
（3）四荒地土地经营权抵押：第342条
（4）担保合同生效时设立+登记对抗：承包法47.2
2. 抵押人的行为足以使抵押财产价值减少→停止行为：第408条第1句第1分句
3. 抵押财产价值减少→恢复抵押财产价值/提供与减少价值相应的担保：第408条第1句第2分句
4. 抵押人不恢复财产价值+不提供担保→提前清偿：第408条第2句

（二）请求权未消灭
1. 债的一般消灭事由：第557条第1款
2. 对先顺位担保权人的清偿：第414条、第409条，担保解释51.3、52.1

（三）请求权可行使
1. 未通知抵押人的债权让与：第696条第1款+担保解释20
2. 主债务人的权利行使抗辩权：第701条+担保解释20
3. 在主债务人抵销权/撤销权范围内的履行拒绝权：第702条+担保解释20
4. 主债权时效抗辩权：第419条，担保解释44.1

二、土地经营权抵押权人主张实现抵押权

土地经营权抵押权人诉请：实现抵押权（担保人容忍变价）

请求权基础

> 第410条
> 债务人不履行到期债务或者发生当事人约定的实现抵押权的情形，抵押权人可以与抵押人协议以抵押财产折价或者以拍卖、变卖该抵押财产所得的价款优先受偿。协议损害其他债权人利益的，其他债权人可以请求人民法院撤销该协议。
> 抵押权人与抵押人未就抵押权实现方式达成协议的，抵押权人可以请求人民法院拍卖、变卖抵押财产。
> 抵押财产折价或者变卖的，应当参照市场价格。

检视程式

（一）请求权已产生
1. 抵押权已设立+未变更+未消灭（参见本章第三节"一、主张确认不动产抵押权"）
（1）承包方以土地经营权抵押→向发包方备案：承包法47.1
（2）土地经营权流转受让方抵押→承包方书面同意+向发包方备案：承包法47.1
（3）四荒地土地经营权抵押：第342条

（4）担保合同生效时设立+登记对抗：承包法47.2
2.协议折价/拍卖/变卖：第410条第1款
担保人其他债权人的撤销权：第410条第1款第2句
3.未就抵押权实现方式达成协议→请求法院拍卖/变卖：第410条第2款
4.抵押权的范围
（1）主债权范围
①主债权+利息+违约金+损害赔偿金+保管费用+实现费用：第389条
②主债权分割/部分转让→各债权人就其债权份额：担保解释39.1
③登记与抵押合同不一致→以登记为准：担保解释47
（2）抵押财产范围
①主债权未受全部清偿→抵押财产全部：担保解释38.1
②担保财产分割/部分转让→分割/转让后的抵押财产：担保解释38.2
③主债务分割/部分转移+债务人自物保→抵押财产全部：担保解释39.2
④孳息：第412条
⑤从物：担保解释40
⑥添附物：担保解释41
⑦登记与抵押合同不一致→以登记为准：担保解释47
（二）请求权未消灭
1.实现抵押权的协议解除：第557条第2款
2.对先顺位担保权人的清偿：第414条、第409条，担保解释51.3、52.1
3.已依协议实现抵押权
（三）请求权可行使
1.自物保责任顺位在先的抗辩：第392条第1句第2分句
2.未通知抵押人的债权让与：第696条第1款+担保解释20
3.主债务人的权利行使抗辩权：第701条+担保解释20
4.在主债务人抵销权/撤销权范围内的履行拒绝权：第702条+担保解释20
5.主债权时效抗辩权：第419条，担保解释44.1

说　明

债权人以诉讼方式行使担保物权的，应当以债务人和担保人作为共同被告：担保解释45.3

三、土地经营权抵押权人主张行使物上代位权

土地经营权抵押权人诉请：行使物上代位权

请求权基础

第390条
担保期间，担保财产毁损、灭失或者被征收等，担保物权人可以就获得的保险

金、赔偿金或者补偿金等优先受偿。被担保债权的履行期限未届满的，也可以提存该保险金、赔偿金或者补偿金等。

检视程式

（一）请求权已产生
1.抵押权已设立+未变更+未消灭（参见本章第三节"一、主张确认不动产抵押权"）
（1）承包方以土地经营权抵押→向发包方备案：承包法47.1
（2）土地经营权流转受让方抵押→承包方书面同意+向发包方备案：承包法47.1
（3）四荒地土地经营权抵押：第342条
（4）担保合同生效时设立+登记对抗：承包法47.2
2.抵押财产毁损/灭失/被征收
3.物上代位权的范围
（1）主债权范围
①主债权+利息+违约金+损害赔偿金+保管费用+实现费用：第389条
②主债权分割/部分转让→各债权人就其债权份额：担保解释39.1
（2）抵押财产范围：保险金/赔偿金/补偿金
①主债权未受全部清偿→担保财产全部：担保解释38.1
②抵押财产分割/部分转让→分割/转让后的抵押财产：担保解释38.2
③主债务分割/部分转移+债务人自物保→抵押财产全部：担保解释39.2
④利息（孳息）：第412条

（二）请求权未消灭
1.对先顺位担保权人的清偿：第414条、第409条，担保解释42.1、51.3、52.1
2.物上代位权实现：给付义务人已向抵押权人给付
3.给付义务人已向抵押人给付：担保解释42.2

（三）请求权可行使
1.自物保责任顺位在先的抗辩：第392条第1句第2分句
2.未通知抵押人的债权让与：第696条第1款+担保解释20
3.主债务人的权利行使抗辩权：第701条+担保解释20
4.在主债务人抵销权/撤销权范围内的履行拒绝权：第702条+担保解释20
5.主债权时效抗辩权：第419条，担保解释44.1

四、土地经营权抵押权人主张抵押人承担增加的费用

土地经营权抵押权人诉请：抵押人承担增加的费用

请求权基础

第394条第1款

为担保债务的履行，债务人或者第三人不转移财产的占有，将该财产抵押给债权人的，债务人不履行到期债务或者发生当事人约定的实现抵押权的情形，债权人

有权就该财产优先受偿。

第389条第1句

担保物权的担保范围包括主债权及其利息、违约金、损害赔偿金、保管担保财产和实现担保物权的费用。

担保解释45.1

当事人约定当债务人不履行到期债务或者发生当事人约定的实现担保物权的情形，担保物权人有权将担保财产自行拍卖、变卖并就所得的价款优先受偿的，该约定有效。因担保人的原因导致担保物权人无法自行对担保财产进行拍卖、变卖，担保物权人请求担保人承担因此增加的费用的，人民法院应予支持。

检视程式

（一）请求权已产生

1. 抵押权已设立+未变更+未消灭（参见本章第三节"一、主张确认不动产抵押权"）
（1）承包方以土地经营权抵押→向发包方备案：承包法47.1
（2）土地经营权流转受让方抵押→承包方书面同意+向发包方备案：承包法47.1
（3）四荒地土地经营权抵押：第342条
（4）担保合同生效时设立+登记对抗：承包法47.2
2. 约定抵押权人有权将担保财产自行拍卖/变卖
3. 因抵押人的原因导致抵押权人无法自行对担保财产拍卖/变卖
4. 抵押权人因此增加费用支出

（二）请求权未消灭

1. 约定自行拍卖/变卖的协议解除：第557条第2款
2. 债的一般消灭事由：第557条第1款
3. 损益相抵

（三）请求权可行使

1. 留置抗辩权：类推第525条
2. 时效抗辩权：第192条第1款

五、土地经营权抵押人主张抵押权人返还超额价款

土地经营权抵押人诉请：抵押权人返还超额价款

请求权基础

第413条

抵押财产折价或者拍卖、变卖后，其价款超过债权数额的部分归抵押人所有，不足部分由债务人清偿。

检视程式

（一）请求权已产生

1.抵押权已设立+未变更+未消灭（参见本章第三节"一、主张确认不动产抵押权"）

（1）承包方以土地经营权抵押→向发包方备案：承包法47.1

（2）土地经营权流转受让方抵押→承包方书面同意+向发包方备案：承包法47.1

（3）四荒地土地经营权抵押：第342条

（4）担保合同生效时设立+登记对抗：承包法47.2

2.抵押财产折价/拍卖/变卖

3.价款超过债权数额

4.抵押权人收取超额价款

（二）请求权未消灭

1.债的一般消灭事由：第557条第1款

2.损益相抵

（三）请求权可行使

1.留置抗辩权：类推第525条

2.时效抗辩权：第192条第1款

第三十五节　动产抵押权纠纷（4级案由）

案由所涉主张与诉请	一、动产抵押权人主张担保财产的保全 　　动产抵押权人诉请：担保人停止行为/恢复抵押财产价值/提供相应担保/提前清偿债务 二、动产抵押权人主张实现抵押权 　　动产抵押权人诉请：实现抵押权（担保人容忍变价） 三、动产抵押权人主张行使物上代位权 　　动产抵押权人诉请：行使物上代位权 四、动产抵押权人主张抵押人承担增加的费用 　　动产抵押权人诉请：抵押人承担增加的费用 五、动产抵押人主张抵押权人返还超额价款 　　动产抵押人诉请：抵押权人返还超额价款
说　明	1.抵押权作为从权利以主债权的存在为前提，因而在主债权纠纷中一并就抵押权提起诉请的，援用主债权所对应的案由；单独就动产抵押权提起诉请的，援用本案由。 2.因抵押合同产生的纠纷，援用合同纠纷项下的"抵押合同纠纷"案由。

一、动产抵押权人主张担保财产的保全

动产抵押权人诉请：担保人停止行为/恢复抵押财产价值/提供相应担保/提前清偿债务

请求权基础

第408条

抵押人的行为足以使抵押财产价值减少的，抵押权人有权请求抵押人停止其行为；抵押财产价值减少的，抵押权人有权请求恢复抵押财产的价值，或者提供与减少的价值相应的担保。抵押人不恢复抵押财产的价值，也不提供担保的，抵押权人有权请求债务人提前清偿债务。

检视程式

（一）请求权已产生

1.抵押权已设立+未变更+未消灭（参见本章第三节"二、主张确认动产抵押权"）
2.抵押人的行为足以使抵押财产价值减少→停止行为：第408条第1句第1分句
3.抵押财产价值减少→恢复抵押财产价值/提供与减少价值相应的担保：第408条第1句第2分句
4.抵押人不恢复财产价值+不提供担保→提前清偿：第408条第2句

（二）请求权未消灭

1.债的一般消灭事由：第557条第1款
2.对先顺位担保权人的清偿：第414—416条、第456条、第409条，担保解释57

（三）请求权可行使

1.未通知抵押人的债权让与：第696条第1款+担保解释20
2.主债务人的权利行使抗辩权：第701条+担保解释20
3.在主债务人抵销权/撤销权范围内的履行拒绝权：第702条+担保解释20
4.主债权时效抗辩权：第419条，担保解释44.1

二、动产抵押权人主张实现抵押权

动产抵押权人诉请：实现抵押权（担保人容忍变价）

请求权基础

第410条

债务人不履行到期债务或者发生当事人约定的实现抵押权的情形，抵押权人可以与抵押人协议以抵押财产折价或者以拍卖、变卖该抵押财产所得的价款优先受偿。协议损害其他债权人利益的，其他债权人可以请求人民法院撤销该协议。

抵押权人与抵押人未就抵押权实现方式达成协议的，抵押权人可以请求人民法院拍卖、变卖抵押财产。

抵押财产折价或者变卖的，应当参照市场价格。

检视程式

（一）请求权已产生

1. 抵押权已设立＋未变更＋未消灭（参见本章第三节"二、主张确认动产抵押权"）
2. 协议折价/拍卖/变卖：第410条第1款
   担保人其他债权人的撤销权：第410条第1款第2句
3. 未就抵押权实现方式达成协议→请求法院拍卖/变卖：第410条第2款
4. 抵押权的范围
   （1）主债权范围
   ①主债权＋利息＋违约金＋损害赔偿金＋保管费用＋实现费用：第389条
   ②主债权分割/部分转让→各债权人就其债权份额：担保解释39.1
   （2）抵押财产范围
   ①主债权未受全部清偿→抵押财产全部：担保解释38.1
   ②担保财产分割/部分转让→分割/转让后的抵押财产：担保解释38.2
   ③主债务分割/部分转移＋债务人自物保→抵押财产全部：担保解释39.2
   ④孳息：第412条
   ⑤从物：担保解释40
   ⑥添附物：担保解释41

（二）请求权未消灭

1. 实现抵押权的协议解除：第557条第2款
2. 对先顺位担保权人的清偿：第414—416条、第456条、第409条，担保解释57
3. 已依协议实现抵押权

（三）请求权可行使

1. 自物保责任顺位在先的抗辩：第392条第1句第2分句
2. 未通知抵押人的债权让与：第696条第1款＋担保解释20
3. 主债务人的权利行使抗辩权：第701条＋担保解释20
4. 在主债务人抵销权/撤销权范围内的履行拒绝权：第702条＋担保解释20
5. 主债权时效抗辩权：第419条，担保解释44.1

说 明

债权人以诉讼方式行使担保物权的，应当以债务人和担保人作为共同被告：担保解释45.3

三、动产抵押权人主张行使物上代位权

动产抵押权人诉请：行使物上代位权

请求权基础

第390条

担保期间，担保财产毁损、灭失或者被征收等，担保物权人可以就获得的保险

金、赔偿金或者补偿金等优先受偿。被担保债权的履行期限未届满的,也可以提存该保险金、赔偿金或者补偿金等。

检视程式

（一）请求权已产生

1.抵押权已设立+未变更+未消灭（参见本章第三节"二、主张确认动产抵押权"）

2.抵押财产毁损/灭失/被征收

3.物上代位权的范围

（1）主债权范围

①主债权+利息+违约金+损害赔偿金+保管费用+实现费用：第389条

②主债权分割/部分转让→各债权人就其债权份额：担保解释39.1

（2）抵押财产范围：保险金/赔偿金/补偿金

①主债权未受全部清偿→担保财产全部：担保解释38.1

②抵押财产分割/部分转让→分割/转让后的抵押财产：担保解释38.2

③主债务分割/部分转移+债务人自物保→抵押财产全部：担保解释39.2

④利息（孳息）：第412条

（二）请求权未消灭

1.对先顺位担保权人的清偿：第414—416条、第456条、第409条，担保解释42.1、57

2.物上代位权实现：给付义务人已向抵押权人给付

3.给付义务人已向抵押人给付：担保解释42.2

（三）请求权可行使

1.自物保责任顺位在先的抗辩：第392条第1句第2分句

2.未通知抵押人的债权让与：第696条第1款+担保解释20

3.主债务人的权利行使抗辩权：第701条+担保解释20

4.在主债务人抵销权/撤销权范围内的履行拒绝权：第702条+担保解释20

5.主债权时效抗辩权：第419条，担保解释44.1

四、动产抵押权人主张抵押人承担增加的费用

动产抵押权人诉请：抵押人承担增加的费用

请求权基础

第394条第1款

为担保债务的履行,债务人或者第三人不转移财产的占有,将该财产抵押给债权人的,债务人不履行到期债务或者发生当事人约定的实现抵押权的情形,债权人有权就该财产优先受偿。

第389条第1句

担保物权的担保范围包括主债权及其利息、违约金、损害赔偿金、保管担保财

产和实现担保物权的费用。

担保解释45.1
当事人约定当债务人不履行到期债务或者发生当事人约定的实现担保物权的情形，担保物权人有权将担保财产自行拍卖、变卖并就所得的价款优先受偿的，该约定有效。因担保人的原因导致担保物权人无法自行对担保财产进行拍卖、变卖，担保物权人请求担保人承担因此增加的费用的，人民法院应予支持。

检视程式

（一）请求权已产生
1. 抵押权已设立＋未变更＋未消灭（参见本章第三节"二、主张确认动产抵押权"）
2. 约定抵押权人有权将担保财产自行拍卖/变卖
3. 因抵押人的原因导致抵押权人无法自行对担保财产拍卖/变卖
4. 抵押权人因此增加费用支出

（二）请求权未消灭
1. 约定自行拍卖/变卖的协议解除：第557条第2款
2. 债的一般消灭事由：第557条第1款
3. 损益相抵

（三）请求权可行使
1. 留置抗辩权：类推第525条
2. 时效抗辩权：第192条第1款

五、动产抵押人主张抵押权人返还超额价款

动产抵押人诉请：抵押权人返还超额价款

请求权基础

第413条
抵押财产折价或者拍卖、变卖后，其价款超过债权数额的部分归抵押人所有，不足部分由债务人清偿。

检视程式

（一）请求权已产生
1. 抵押权已设立＋未变更＋未消灭（参见本章第三节"二、主张确认动产抵押权"）
2. 抵押财产折价/拍卖/变卖
3. 价款超过债权数额
4. 抵押权人收取超额价款

（二）请求权未消灭
1. 债的一般消灭事由：第557条第1款
2. 损益相抵

（三）请求权可行使

1. 留置抗辩权：类推第525条
2. 时效抗辩权：第192条第1款

第三十六节　动产浮动抵押权纠纷（4级案由）

案由所涉主张与诉请	一、动产浮动抵押权人主张担保财产的保全 　　动产浮动抵押权人诉请：担保人停止行为/恢复抵押财产价值/提供相应担保/提前清偿债务 二、动产浮动抵押权人主张实现抵押权 　　动产浮动抵押权人诉请：实现抵押权（担保人容忍变价） 三、动产浮动抵押权人主张行使物上代位权 　　动产浮动抵押权人诉请：行使物上代位权 四、动产浮动抵押权人主张抵押人承担增加的费用 　　动产浮动抵押权人诉请：抵押人承担增加的费用 五、动产浮动抵押人主张抵押权人返还超额价款 　　动产浮动抵押人诉请：抵押权人返还超额价款
说　明	1.抵押权作为从权利以主债权的存在为前提，因而在主债权纠纷中一并就抵押权提起诉请的，援用主债权所对应的案由；单独就动产浮动抵押权提起诉请的，援用本案由。 2.因抵押合同产生的纠纷，援用合同纠纷项下的"抵押合同纠纷"案由。

一、动产浮动抵押权人主张担保财产的保全

动产浮动抵押权人诉请：担保人停止行为/恢复抵押财产价值/提供相应担保/提前清偿债务

请求权基础

第408条

抵押人的行为足以使抵押财产价值减少的，抵押权人有权请求抵押人停止其行为；抵押财产价值减少的，抵押权人有权请求恢复抵押财产的价值，或者提供与减少的价值相应的担保。抵押人不恢复抵押财产的价值，也不提供担保的，抵押权人有权请求债务人提前清偿债务。

检视程序

（一）请求权已产生

1. 抵押权已设立+未变更+未消灭（参见本章第三节"二、主张确认动产抵押权"）
动产浮动抵押的设立：第396条

2.动产浮动抵押财产的确定：第411条
3.抵押人的行为足以使抵押财产价值减少→停止行为：第408条第1句第1分句
4.抵押财产价值减少→恢复抵押财产价值/提供与减少价值相应的担保：第408条第1句第2分句
5.抵押人不恢复财产价值＋不提供担保→提前清偿：第408条第2句

（二）请求权未消灭

1.债的一般消灭事由：第557条第1款
2.对先顺位担保权人的清偿：第414—416条、第456条、第409条，担保解释57

（三）请求权可行使

1.未通知抵押人的债权让与：第696条第1款＋担保解释20
2.主债务人的权利行使抗辩权：第701条＋担保解释20
3.在主债务人抵销权/撤销权范围内的履行拒绝权：第702条＋担保解释20
4.主债权时效抗辩权：第419条，担保解释44.1

二、动产浮动抵押权人主张实现抵押权

动产浮动抵押权人诉请：实现抵押权（担保人容忍变价）

请求权基础

第396条

企业、个体工商户、农业生产经营者可以将现有的以及将有的生产设备、原材料、半成品、产品抵押，债务人不履行到期债务或者发生当事人约定的实现抵押权的情形，债权人有权就抵押财产确定时的动产优先受偿。

第410条

债务人不履行到期债务或者发生当事人约定的实现抵押权的情形，抵押权人可以与抵押人协议以抵押财产折价或者以拍卖、变卖该抵押财产所得的价款优先受偿。协议损害其他债权人利益的，其他债权人可以请求人民法院撤销该协议。

抵押权人与抵押人未就抵押权实现方式达成协议的，抵押权人可以请求人民法院拍卖、变卖抵押财产。

抵押财产折价或者变卖的，应当参照市场价格。

检视程式

（一）请求权已产生

1.抵押权已设立＋未变更＋未消灭（参见本章第三节"二、主张确认动产抵押权"）
动产浮动抵押的设立：第396条
2.动产浮动抵押财产的确定：第411条
3.协议折价/拍卖/变卖：第410条第1款
4.担保人其他债权人的撤销权：第410条第1款第2句
5.未就抵押权实现方式达成协议→请求法院拍卖/变卖：第410条第2款

6.抵押权的范围
（1）主债权范围
①主债权+利息+违约金+损害赔偿金+保管费用+实现费用：第389条
②主债权分割/部分转让→各债权人就其债权份额：担保解释39.1
（2）抵押财产范围
①动产浮动抵押财产的确定：第411条
②主债权未受全部清偿→抵押财产全部：担保解释38.1
③担保财产分割/部分转让→分割/转让后的抵押财产：担保解释38.2
④主债务分割/部分转移+债务人自物保→抵押财产全部：担保解释39.2
⑤孳息：第412条
⑥从物：担保解释40
⑦添附物：担保解释41

（二）请求权未消灭
1.实现抵押权的协议解除：第557条第2款
2.对先顺位担保权人的清偿：第414—416条、第456条、第409条，担保解释57
3.已依协议实现抵押权

（三）请求权可行使
1.自物保责任顺位在先的抗辩：第392条第1句第2分句
2.未通知抵押人的债权让与：第696条第1款+担保解释20
3.主债务人的权利行使抗辩权：第701条+担保解释20
4.在主债务人抵销权/撤销权范围内的履行拒绝权：第702条+担保解释20
5.主债权时效抗辩权：第419条，担保解释44.1

说　明

债权人以诉讼方式行使担保物权的，应当以债务人和担保人作为共同被告：担保解释45.3

三、动产浮动抵押权人主张行使物上代位权

动产浮动抵押权人诉请：行使物上代位权

请求权基础

第390条
担保期间，担保财产毁损、灭失或者被征收等，担保物权人可以就获得的保险金、赔偿金或者补偿金等优先受偿。被担保债权的履行期限未届满的，也可以提存该保险金、赔偿金或者补偿金等。

检视程式

（一）请求权已产生

1.抵押权已设立+未变更+未消灭（参见本章第三节"二、主张确认动产抵押权"）动产浮动抵押的设立：第396条

2.动产浮动抵押财产的确定：第411条

3.抵押财产毁损/灭失/被征收

4.物上代位权的范围

（1）主债权范围

①主债权+利息+违约金+损害赔偿金+保管费用+实现费用：第389条

②主债权分割/部分转让→各债权人就其债权份额：担保解释39.1

（2）抵押财产范围：保险金/赔偿金/补偿金

①主债权未受全部清偿→担保财产全部：担保解释38.1

②抵押财产分割/部分转让→分割/转让后的抵押财产：担保解释38.2

③主债务分割/部分转移+债务人自物保→抵押财产全部：担保解释39.2

④利息（孳息）：第412条

（二）请求权未消灭

1.对先顺位担保权人的清偿：第414—416条、第456条、第409条，担保解释42.1、57

2.物上代位权实现：给付义务人已向抵押权人给付

3.给付义务人已向抵押人给付：担保解释42.2

（三）请求权可行使

1.自物保责任顺位在先的抗辩：第392条第1句第2分句

2.未通知抵押人的债权让与：第696条第1款+担保解释20

3.主债务人的权利行使抗辩权：第701条+担保解释20

4.在主债务人抵销权/撤销权范围内的履行拒绝权：第702条+担保解释20

5.主债权时效抗辩权：第419条，担保解释44.1

四、动产浮动抵押权人主张抵押人承担增加的费用

动产浮动抵押权人诉请：抵押人承担增加的费用

请求权基础

第394条第1款

为担保债务的履行，债务人或者第三人不转移财产的占有，将该财产抵押给债权人的，债务人不履行到期债务或者发生当事人约定的实现抵押权的情形，债权人有权就该财产优先受偿。

第389条第1句

担保物权的担保范围包括主债权及其利息、违约金、损害赔偿金、保管担保财

产和实现担保物权的费用。

担保解释 45.1

当事人约定当债务人不履行到期债务或者发生当事人约定的实现担保物权的情形，担保物权人有权将担保财产自行拍卖、变卖并就所得的价款优先受偿的，该约定有效。因担保人的原因导致担保物权人无法自行对担保财产进行拍卖、变卖，担保物权人请求担保人承担因此增加的费用的，人民法院应予支持。

检视程式

（一）请求权已产生

1. 抵押权已设立＋未变更＋未消灭（参见本章第三节"二、主张确认动产抵押权"）动产浮动抵押的设立：第396条
2. 约定抵押权人有权将担保财产自行拍卖/变卖
3. 动产浮动抵押财产的确定：第411条
4. 因抵押人的原因导致抵押权人无法自行对担保财产拍卖/变卖
5. 抵押权人因此增加费用支出

（二）请求权未消灭

1. 约定自行拍卖/变卖的协议解除：第557条第2款
2. 债的一般消灭事由：第557条第1款
3. 损益相抵

（三）请求权可行使

1. 留置抗辩权：类推第525条
2. 时效抗辩权：第192条第1款

五、动产浮动抵押人主张抵押权人返还超额价款

动产浮动抵押人诉请：抵押权人返还超额价款

请求权基础

第413条

抵押财产折价或者拍卖、变卖后，其价款超过债权数额的部分归抵押人所有，不足部分由债务人清偿。

检视程式

（一）请求权已产生

1. 抵押权已设立＋未变更＋未消灭（参见本章第三节"二、主张确认动产抵押权"）动产浮动抵押的设立：第396条
2. 动产浮动抵押财产的确定：第411条
3. 抵押财产折价/拍卖/变卖
4. 价款超过债权数额

5.抵押权人收取超额价款
（二）请求权未消灭
1.债的一般消灭事由：第557条第1款
2.损益相抵
（三）请求权可行使
1.留置抗辩权：类推第525条
2.时效抗辩权：第192条第1款

第三十七节　最高额抵押权纠纷（4级案由）

案由所涉主张与诉请	一、最高额抵押权人主张担保财产的保全 　　最高额抵押权人诉请：担保人停止行为/恢复抵押财产价值/提供相应担保/提前清偿债务 二、最高额抵押权人主张实现抵押权 　　最高额抵押权人诉请：实现抵押权（担保人容忍变价） 三、最高额抵押权人主张行使物上代位权 　　最高额抵押权人诉请：行使物上代位权 四、最高额抵押权人主张抵押人承担增加的费用 　　最高额抵押权人诉请：抵押人承担增加的费用 五、最高额抵押人主张抵押权人返还超额价款 　　最高额抵押人诉请：抵押权人返还超额价款
说　明	1.抵押权作为从权利以主债权的存在为前提，因而在主债权纠纷中一并就抵押权提起诉请的，援用主债权所对应的案由；单独就最高额抵押权提起诉请的，援用本案由。 2.因抵押合同产生的纠纷，援用合同纠纷项下的"抵押合同纠纷"案由。

一、最高额抵押权人主张担保财产的保全

最高额抵押权人诉请：担保人停止行为/恢复抵押财产价值/提供相应担保/提前清偿债务

请求权基础

第408条

抵押人的行为足以使抵押财产价值减少的，抵押权人有权请求抵押人停止其行为；抵押财产价值减少的，抵押权人有权请求恢复抵押财产的价值，或者提供与减少的价值相应的担保。抵押人不恢复抵押财产的价值，也不提供担保的，抵押权人有权请求债务人提前清偿债务。

检视程式

（一）请求权已产生

1.抵押权已设立+未变更+未消灭（参见本章第三节"一、主张确认不动产抵押权""二、主张确认动产抵押权"）

抵押人对一定期间内将要连续发生的债权提供担保财产：第420条

2.抵押人的行为足以使抵押财产价值减少→停止行为：第408条第1句第1分句

3.抵押财产价值减少→恢复抵押财产价值/提供与减少价值相应的担保：第408条第1句第2分句

4.抵押人不恢复财产价值+不提供担保→提前清偿：第408条第2句

（1）最高额债权的确定：第423条

（2）最高额抵押权设立前已存在的债权→合意纳入最高额债权：第420条第2款

（3）最高额债权确定前→可协议变更债权确定的时间/债权范围/最高债权额→变更内容不得对其他抵押权人产生不利影响：第422条

（二）请求权未消灭

1.债的一般消灭事由：第557条第1款

2.对先顺位担保权人的清偿：第414—416条、第409条、第456条，担保解释52.1

（三）请求权可行使

1.未通知抵押人的债权让与：第696条第1款+担保解释20

2.主债务人的权利行使抗辩权：第701条+担保解释20

3.在主债务人抵销权/撤销权范围内的履行拒绝权：第702条+担保解释20

4.主债权时效抗辩权：第419条，担保解释44.1

二、最高额抵押权人主张实现抵押权

最高额抵押权人诉请：实现抵押权（担保人容忍变价）

请求权基础

第420条第1款

为担保债务的履行，债务人或者第三人对一定期间内将要连续发生的债权提供担保财产的，债务人不履行到期债务或者发生当事人约定的实现抵押权的情形，抵押权人有权在最高债权额限度内就该担保财产优先受偿。

第410条

债务人不履行到期债务或者发生当事人约定的实现抵押权的情形，抵押权人可以与抵押人协议以抵押财产折价或者以拍卖、变卖该抵押财产所得的价款优先受偿。协议损害其他债权人利益的，其他债权人可以请求人民法院撤销该协议。

抵押权人与抵押人未就抵押权实现方式达成协议的，抵押权人可以请求人民法院拍卖、变卖抵押财产。

抵押财产折价或者变卖的，应当参照市场价格。

检视程式

（一）请求权已产生

1.抵押权已设立+未变更+未消灭（参见本章第三节"一、主张确认不动产抵押权""二、主张确认动产抵押权"）

抵押人对一定期间内将要连续发生的债权提供担保财产：第420条

2.最高额债权的确定：第423条

（1）最高额抵押权设立前已存在的债权→合意纳入最高额债权：第420条第2款

（2）最高额债权确定前→可协议变更债权确定的时间/债权范围/最高债权额→变更内容不得对其他抵押权人产生不利影响：第422条

3.协议折价/拍卖/变卖：第410条第1款

担保人其他债权人的撤销权：第410条第1款第2句

4.未就抵押权实现方式达成协议→请求法院拍卖/变卖：第410条第2款

5.抵押权的范围

（1）主债权范围

①主债权+利息+违约金+损害赔偿金+保管费用+实现债权/担保物权的费用：担保解释15.1

②最高额债权确定前+主债权分割/部分转让→最高额抵押权不转让：第421条

③登记与约定不一致→以登记为准：担保解释15.2

（2）抵押财产范围

①主债权未受全部清偿→抵押财产全部：担保解释38.1

②担保财产分割/部分转让→分割/转让后的抵押财产：担保解释38.2

③主债务分割/部分转移+债务人自物保→抵押财产全部：担保解释39.2

④孳息：第412条

⑤从物：担保解释40

⑥添附物：担保解释41

5.不得改变集体所有土地的性质和土地用途：第418条

（二）请求权未消灭

1.实现抵押权的协议解除：第557条第2款

2.对先顺位担保权人的清偿：第414—416条、第409条、第456条，担保解释52.1

3.已依协议实现抵押权

（三）请求权可行使

1.自物保责任顺位在先的抗辩：第392条第1句第2分句

2.未通知抵押人的债权让与：第696条第1款+担保解释20

3.主债务人的权利行使抗辩权：第701条+担保解释20

4.在主债务人抵销权/撤销权范围内的履行拒绝权：第702条+担保解释20

5.主债权时效抗辩权：第419条，担保解释44.1

说　明

债权人以诉讼方式行使担保物权的，应当以债务人和担保人作为共同被告：担保解释45.3

三、最高额抵押权人主张行使物上代位权

最高额抵押权人诉请：行使物上代位权

请求权基础

第390条

担保期间，担保财产毁损、灭失或者被征收等，担保物权人可以就获得的保险金、赔偿金或者补偿金等优先受偿。被担保债权的履行期限未届满的，也可以提存该保险金、赔偿金或者补偿金等。

检视程式

（一）请求权已产生

1.抵押权已设立+未变更+未消灭（参见本章第三节"一、主张确认不动产抵押权""二、主张确认动产抵押权"）

抵押人对一定期间内将要连续发生的债权提供担保财产：第420条

2.最高额债权的确定：第423条

（1）最高额抵押权设立前已存在的债权→合意纳入最高额债权：第420条第2款

（2）最高额债权确定前→可协议变更债权确定的时间/债权范围/最高债权额→变更内容不得对其他抵押权人产生不利影响：第422条

3.抵押财产毁损/灭失/被征收

4.物上代位权的范围

（1）主债权范围

①主债权+利息+违约金+损害赔偿金+保管费用+实现债权/担保物权的费用：担保解释15.1

②最高额债权确定前+主债权分割/部分转让→最高额抵押权不转让：第421条

（2）抵押财产范围：保险金/赔偿金/补偿金

①主债权未受全部清偿→担保财产全部：担保解释38.1

②抵押财产分割/部分转让→分割/转让后的抵押财产：担保解释38.2

③主债务分割/部分转移+债务人自物保→抵押财产全部：担保解释39.2

④利息（孳息）：第412条

（二）请求权未消灭

1.对先顺位担保权人的清偿：第414—416条、第409条、第456条，担保解释42.1、52.1

2.物上代位权实现：给付义务人已向抵押权人给付

3.给付义务人已向抵押人给付：担保解释42.2

（三）请求权可行使

1.自物保责任顺位在先的抗辩：第392条第1句第2分句

2.未通知抵押人的债权让与：第696条第1款+担保解释20

3.主债务人的权利行使抗辩权：第701条+担保解释20

4.在主债务人抵销权/撤销权范围内的履行拒绝权：第702条+担保解释20

5.主债权时效抗辩权：第419条，担保解释44.1

四、最高额抵押权人主张抵押人承担增加的费用

最高额抵押权人诉请：抵押人承担增加的费用

请求权基础

第394条第1款

为担保债务的履行，债务人或者第三人不转移财产的占有，将该财产抵押给债权人的，债务人不履行到期债务或者发生当事人约定的实现抵押权的情形，债权人有权就该财产优先受偿。

第389条第1句

担保物权的担保范围包括主债权及其利息、违约金、损害赔偿金、保管担保财产和实现担保物权的费用。

担保解释45.1

当事人约定当债务人不履行到期债务或者发生当事人约定的实现担保物权的情形，担保物权人有权将担保财产自行拍卖、变卖并就所得的价款优先受偿的，该约定有效。因担保人的原因导致担保物权人无法自行对担保财产进行拍卖、变卖，担保物权人请求担保人承担因此增加的费用的，人民法院应予支持。

检视程式

（一）请求权已产生

1.抵押权已设立+未变更+未消灭（参见本章第三节"一、主张确认不动产抵押权""二、主张确认动产抵押权"）

抵押人对一定期间内将要连续发生的债权提供担保财产：第420条

2.约定抵押权人有权将担保财产自行拍卖/变卖

3.最高额债权的确定：第423条

（1）最高额抵押权设立前已存在的债权→合意纳入最高额债权：第420条第2款

（2）最高额债权确定前→可协议变更债权确定的时间/债权范围/最高债权额→变更内容不得对其他抵押权人产生不利影响：第422条

4.因抵押人的原因导致抵押权人无法自行对担保财产拍卖/变卖

5.抵押权人因此增加费用支出

（二）请求权未消灭

1. 约定自行拍卖/变卖的协议解除：第557条第2款
2. 债的一般消灭事由：第557条第1款
3. 损益相抵

（三）请求权可行使

1. 留置抗辩权：类推第525条
2. 时效抗辩权：第192条第1款

五、最高额抵押人主张抵押权人返还超额价款

最高额抵押人诉请：抵押权人返还超额价款

请求权基础

第413条

抵押财产折价或者拍卖、变卖后，其价款超过债权数额的部分归抵押人所有，不足部分由债务人清偿。

检视程式

（一）请求权已产生

1. 抵押权已设立＋未变更＋未消灭（参见本章第三节"一、主张确认不动产抵押权""二、主张确认动产抵押权"）

抵押人对一定期间内将要连续发生的债权提供担保财产：第420条

2. 最高额债权的确定：第423条

（1）最高额抵押权设立前已存在的债权→合意纳入最高额债权：第420条第2款

（2）最高额债权确定前→可协议变更债权确定的时间/债权范围/最高债权额→变更内容不得对其他抵押权人产生不利影响：第422条

3. 抵押财产折价/拍卖/变卖
4. 价款超过债权数额
5. 抵押权人收取超额价款

（二）请求权未消灭

1. 债的一般消灭事由：第557条第1款
2. 损益相抵

（三）请求权可行使

1. 留置抗辩权：类推第525条
2. 时效抗辩权：第192条第1款

第三十八节　动产质权纠纷（4级案由）

案由所涉主张与诉请	一、动产质权人主张担保财产的保全 动产质权人诉请：担保人停止行为/恢复质押财产价值/提供相应担保/提前清偿债务 二、动产质权人主张实现质权 动产质权人诉请：实现质权（担保人容忍变价） 三、动产质权人主张行使物上代位权 动产质权人诉请：行使物上代位权 四、动产质权人主张出质人承担增加的费用 动产质权人诉请：出质人承担增加的费用 五、动产出质人主张质权人赔偿损害（擅自使用/处分质物） 动产出质人诉请：质权人赔偿损害（擅自使用/处分质物） 六、动产出质人主张质权人赔偿损害/提存/受领提前清偿并返还质物（保管不善） 动产出质人诉请：质权人赔偿损害/提存/受领提前清偿并返还质物（保管不善） 七、动产出质人主张质权人返还质物 动产出质人诉请：质权人返还质物 八、动产出质人主张质权人行使质权/赔偿损害/法院拍卖、变卖质物 动产出质人诉请：质权人行使质权/赔偿损害/法院拍卖、变卖质物 九、动产出质人主张质权人返还超额价款 动产出质人诉请：质权人返还超额价款
说　　明	1.质权作为从权利以主债权的存在为前提，因而在主债权纠纷中一并就质权提起诉请的，援用主债权所对应的案由；单独就动产质权提起诉请的，援用本案由。 2.因质押合同产生的纠纷，援用合同纠纷项下的"质押合同纠纷"案由。

一、动产质权人主张担保财产的保全

动产质权人诉请：担保人停止行为/恢复质押财产价值/提供相应担保/提前清偿债务

请求权基础

第433条

因不可归责于质权人的事由可能使质押财产毁损或者价值明显减少，足以危害质权人权利的，质权人有权请求出质人提供相应的担保；出质人不提供的，质权人可以拍卖、变卖质押财产，并与出质人协议将拍卖、变卖所得的价款提前清偿债务或者提存。

检视程式

（一）请求权已产生

1.质权已设立+未变更+未消灭（参见本章第三节"三、主张确认动产质权"）

流动质押的设立：担保解释55

2.不可归责于债权人的事由+可能使质押财产毁损/价值减少

3.足以危害债权人权利→提供相应的担保：第433条第1分句

4.出质人不提供担保→质权人可拍卖/变卖质押财产→协议提前清偿/提存：第433条第2分句

（二）请求权未消灭

1.债的一般消灭事由：第557条第1款

2.对先顺位担保权人的清偿：第415—416条、第456条，担保解释57

（三）请求权可行使

1.未通知出质人的债权让与：第696条第1款+担保解释20

2.主债务人的权利行使抗辩权：第701条+担保解释20

3.在主债务人抵销权/撤销权范围内的履行拒绝权：第702条+担保解释20

4.不受主债权时效抗辩权的限制：担保解释44.3

二、动产质权人主张实现质权

动产质权人诉请：实现质权（担保人容忍变价）

请求权基础

第436条第2款

债务人不履行到期债务或者发生当事人约定的实现质权的情形，质权人可以与出质人协议以质押财产折价，也可以就拍卖、变卖质押财产所得的价款优先受偿。

检视程式

（一）请求权已产生

1.质权已设立+未变更+未消灭（参见本章第三节"三、主张确认动产质权"）

流动质押的设立：担保解释55

2.协议折价：第436条第3款

3.拍卖/变卖：第436条第3款

4.质权的范围

（1）主债权范围

①主债权+利息+违约金+损害赔偿金+保管费用+实现费用：第389条

②主债权分割/部分转让→各债权人就其债权份额：担保解释39.1

（2）质押财产范围

①主债权未受全部清偿→质押财产全部：担保解释38.1

②担保财产分割/部分转让→分割/转让后的质押财产：担保解释38.2
③主债务分割/部分转移+债务人自物保→质押财产全部：担保解释39.2
④孳息：第430条

（二）请求权未消灭
1.实现质权的协议解除：第557条第2款
2.对先顺位担保权人的清偿：第415—416条、第456条，担保解释57
3.已实现质权

（三）请求权可行使
1.自物保责任顺位在先的抗辩：第392条第1句第2分句
2.未通知出质人的债权让与：第696条第1款+担保解释20
3.主债务人的权利行使抗辩权：第701条+担保解释20
4.在主债务人抵销权/撤销权范围内的履行拒绝权：第702条+担保解释20
5.不受主债权时效抗辩权的限制：担保解释44.3

说　明

债权人以诉讼方式行使担保物权的，应当以债务人和担保人作为共同被告：担保解释45.3

三、动产质权人主张行使物上代位权

动产质权人诉请：行使物上代位权

请求权基础

第390条
担保期间，担保财产毁损、灭失或者被征收等，担保物权人可以就获得的保险金、赔偿金或者补偿金等优先受偿。被担保债权的履行期限未届满的，也可以提存该保险金、赔偿金或者补偿金等。

检视程式

（一）请求权已产生
1.质权已设立+未变更+未消灭（参见本章第三节"三、主张确认动产质权"）
流动质押的设立：担保解释55
2.质押财产毁损/灭失/被征收
3.物上代位权的范围
（1）主债权范围
①主债权+利息+违约金+损害赔偿金+保管费用+实现费用：第389条
②主债权分割/部分转让→各债权人就其债权份额：担保解释39.1
（2）质押财产范围：保险金/赔偿金/补偿金
①主债权未受全部清偿→担保财产全部：担保解释38.1

②质押财产分割/部分转让→分割/转让后的质押财产：担保解释38.2
③主债务分割/部分转移+债务人自物保→质押财产全部：担保解释39.2
④利息（孳息）：第430条

（二）请求权未消灭
1. 对先顺位担保权人的清偿：第415—416条、第456条，担保解释42.1、57
2. 物上代位权实现：给付义务人已向质权人给付

（三）请求权可行使
1. 自物保责任顺位在先的抗辩：第392条第1句第2分句
2. 未通知出质人的债权让与：第696条第1款+担保解释20
3. 主债务人的权利行使抗辩权：第701条+担保解释20
4. 在主债务人抵销权/撤销权范围内的履行拒绝权：第702条+担保解释20
5. 不受主债权时效抗辩权的限制：担保解释44.3

四、动产质权人主张出质人承担增加的费用

动产质权人诉请：出质人承担增加的费用

请求权基础

第425条第1款
为担保债务的履行，债务人或者第三人将其动产出质给债权人占有的，债务人不履行到期债务或者发生当事人约定的实现质权的情形，债权人有权就该动产优先受偿。

第389条第1句
担保物权的担保范围包括主债权及其利息、违约金、损害赔偿金、保管担保财产和实现担保物权的费用。

担保解释45.1
当事人约定当债务人不履行到期债务或者发生当事人约定的实现担保物权的情形，担保物权人有权将担保财产自行拍卖、变卖并就所得的价款优先受偿的，该约定有效。因担保人的原因导致担保物权人无法自行对担保财产进行拍卖、变卖，担保物权人请求担保人承担因此增加的费用的，人民法院应予支持。

检视程式

（一）请求权已产生
1. 质权已设立+未变更+未消灭（参见本章第三节"三、主张确认动产质权"）
流动质押的设立：担保解释55
2. 约定质权人有权将担保财产自行拍卖/变卖
3. 因出质人的原因导致质权人无法自行对担保财产拍卖/变卖
4. 质权人因此增加费用支出

（二）请求权未消灭
1.约定自行拍卖/变卖的协议解除：第557条第2款
2.债的一般消灭事由：第557条第1款
3.损益相抵

（三）请求权可行使
1.留置抗辩权：类推第525条
2.时效抗辩权：第192条第1款

五、动产出质人主张质权人赔偿损害（擅自使用/处分质物）

动产出质人诉请：质权人赔偿损害（擅自使用/处分质物）

请求权基础

第431条
质权人在质权存续期间，未经出质人同意，擅自使用、处分质押财产，造成出质人损害的，应当承担赔偿责任。

第1165条第1款
行为人因过错侵害他人民事权益造成损害的，应当承担侵权责任。

检视程式

（一）请求权已产生
1.责任成立
（1）质权已设立+未变更+未消灭（参见本章第三节"三、主张确认动产质权"）
流动质押的设立：担保解释55
（2）质权人使用/处分质物+未经出质人同意
（3）责任成立因果关系
否认：受害人故意，第1174条
否认：第三人原因，第1175条
（4）抗辩：不法性阻却事由
正当防卫：第181条第1款
紧急避险：第182条第1—2款
紧急救助：第184条
（5）抗辩：欠缺责任能力
（6）过错
因醉酒、滥用麻醉药品或者精神药品，或因过错导致自己暂时丧失意识或失去控制：第1190条
（7）抗辩：与有过失，第1173条

2.责任范围
（1）损害：第1184条
（2）责任范围因果关系
（3）抗辩：被侵权人对损害的扩大有过错（与有过失），第1173条
（二）请求权未消灭
1.债的一般消灭事由：第557条第1款
2.损益相抵
（三）请求权可行使
1.留置抗辩权：类推第525条
2.时效抗辩权：第192条第1款

六、动产出质人主张质权人赔偿损害/提存/受领提前清偿并返还质物（保管不善）

动产出质人诉请：质权人赔偿损害/提存/受领提前清偿并返还质物（保管不善）

请求权基础

第432条

质权人负有妥善保管质押财产的义务；因保管不善致使质押财产毁损、灭失的，应当承担赔偿责任。

质权人的行为可能使质押财产毁损、灭失的，出质人可以请求质权人将质押财产提存，或者请求提前清偿债务并返还质押财产。

检视程式

（一）请求权已产生
1.质权已设立＋未变更＋未消灭（参见本章第三节"三、主张确认动产质权"）
流动质押的设立：担保解释55
2.保管不善
（1）致使质物毁损/灭失→损害赔偿
抗辩：与有过失，第1173条
（2）可能使质物毁损/灭失→请求提存/受领提前清偿并返还质物
（二）请求权未消灭
1.债的一般消灭事由：第557条第1款
2.损益相抵
（三）请求权可行使
1.留置抗辩权：类推第525条
2.时效抗辩权：第192条第1款

七、动产出质人主张质权人返还质物

动产出质人诉请：质权人返还质物

请求权基础

第436条第1款

债务人履行债务或者出质人提前清偿所担保的债权的，质权人应当返还质押财产。

检视程式

（一）请求权已产生

1.质权已设立＋未变更＋未消灭（参见本章第三节"三、主张确认动产质权"）

流动质押的设立：担保解释55

2.债务人履行债务／出质人提前清偿所担保的债权

（二）请求权未消灭

1.债的一般消灭事由：第557条第1款

2.损益相抵

（三）请求权可行使

1.留置抗辩权：类推第525条

2.时效抗辩权：第192条第1款

八、动产出质人主张质权人行使质权／赔偿损害／法院拍卖、变卖质物

动产出质人诉请：质权人行使质权／赔偿损害／法院拍卖、变卖质物

请求权基础

第437条

出质人可以请求质权人在债务履行期限届满后及时行使质权；质权人不行使的，出质人可以请求人民法院拍卖、变卖质押财产。

出质人请求质权人及时行使质权，因质权人怠于行使权利造成出质人损害的，由质权人承担赔偿责任。

检视程式

（一）请求权已产生

1.质权已设立＋未变更＋未消灭（参见本章第三节"三、主张确认动产质权"）

流动质押的设立：担保解释55

2.债务履行期限届满

3.出质人可请求质权人及时行使质权

（1）质权人不行使→出质人可请求法院拍卖／变卖

（2）质权人怠于行使＋造成出质人损害→损害赔偿

4.质权的范围
（1）主债权范围
①主债权+利息+违约金+损害赔偿金+保管费用+实现费用：第389条
②主债权分割/部分转让→各债权人就其债权份额：担保解释39.1
（2）质押财产范围
①主债权未受全部清偿→质押财产全部：担保解释38.1
②担保财产分割/部分转让→分割/转让后的质押财产：担保解释38.2
③主债务分割/部分转移+债务人自物保→质押财产全部：担保解释39.2
④孳息：第430条
（二）请求权未消灭
1.对先顺位担保权人的清偿：第414—416条、第456条、第409条，担保解释57
2.已实现质权
（三）请求权可行使
1.自物保责任顺位在先的抗辩：第392条第1句第2分句
2.未通知出质人的债权让与：第696条第1款+担保解释20
3.主债务人的权利行使抗辩权：第701条+担保解释20
4.在主债务人抵销权/撤销权范围内的行使拒绝权：第702条+担保解释20
5.不受主债权时效抗辩权的限制：担保解释44.3

九、动产出质人主张质权人返还超额价款

动产出质人诉请：质权人返还超额价款

请求权基础

第438条
质押财产折价或者拍卖、变卖后，其价款超过债权数额的部分归出质人所有，不足部分由债务人清偿。

检视程式

（一）请求权已产生
1.质权已设立+未变更+未消灭（参见本章第三节"三、主张确认动产质权"）
流动质押的设立：担保解释55
2.质押财产折价/拍卖/变卖
3.价款超过债权数额
4.质权人收取超额价款
（二）请求权未消灭
1.债的一般消灭事由：第557条第1款
2.损益相抵

（三）请求权可行使
1.留置抗辩权：类推第 525 条
2.时效抗辩权：第 192 条第 1 款

第三十九节　转质权纠纷（4级案由）

出质人主张转质人赔偿损害

出质人诉请：转质人赔偿损害

请求权基础

第 434 条
质权人在质权存续期间，未经出质人同意转质，造成质押财产毁损、灭失的，应当承担赔偿责任。

第 1165 条第 1 款
行为人因过错侵害他人民事权益造成损害的，应当承担侵权责任。

检视程式

（一）请求权已产生
1.责任成立
（1）质权已设立+未变更+未消灭（参见本章第三节"三、主张确认动产质权"）
流动质押的设立：担保解释 55
（2）质权人转质+未经出质人同意+质押财产毁损/灭失
（3）责任成立因果关系
否认：受害人故意，第 1174 条
否认：第三人原因，第 1175 条
（4）抗辩：不法性阻却事由
正当防卫：第 181 条第 1 款
紧急避险：第 182 条第 1—2 款
紧急救助：第 184 条
（5）抗辩：欠缺责任能力
（6）过错
因醉酒、滥用麻醉药品或者精神药品，或因过错导致自己暂时丧失意识或失去控制：第 1190 条
（7）抗辩：与有过失，第 1173 条
2.责任范围
（1）损害：第 1184 条
（2）责任范围因果关系

（3）抗辩：被侵权人对损害的扩大有过错（与有过失），第1173条
（二）请求权未消灭
1.债的一般消灭事由：第557条第1款
2.损益相抵
（三）请求权可行使
1.留置抗辩权：类推第525条
2.时效抗辩权：第192条第1款

第四十节　最高额质权纠纷（4级案由）

案由所涉主张与诉请	一、最高额质权人主张担保财产的保全 　　最高额质权人诉请：担保人停止行为/恢复质押财产价值/提供相应担保/提前清偿债务 二、最高额质权人主张实现质权 　　最高额质权人诉请：实现质权（担保人容忍变价） 三、最高额质权人主张行使物上代位权 　　最高额质权人诉请：行使物上代位权 四、最高额质权人主张出质人承担增加的费用 　　最高额质权人诉请：出质人承担增加的费用 五、最高额出质人主张质权人赔偿损害（擅自使用/处分质物） 　　最高额出质人诉请：质权人赔偿损害（擅自使用/处分质物） 六、最高额出质人主张质权人赔偿损害/提存/受领提前清偿并返还质物（保管不善） 　　最高额出质人诉请：质权人赔偿损害/提存/受领提前清偿并返还质物（保管不善） 七、最高额出质人主张质权人返还质物 　　最高额出质人诉请：质权人返还质物 八、最高额出质人主张质权人行使质权/赔偿损害/法院拍卖、变卖质物 　　最高额出质人诉请：质权人行使质权/赔偿损害/法院拍卖、变卖质物 九、最高额出质人主张质权人返还超额价款 　　最高额出质人诉请：质权人返还超额价款
说　明	1.质权作为从权利以主债权的存在为前提，因而在主债权纠纷中一并就质权提起诉请的，援用主债权所对应的案由；单独就最高额质权提起诉请的，援用本案由。 2.因质押合同产生的纠纷，援用合同纠纷项下的"质押合同纠纷"案由。

一、最高额质权人主张担保财产的保全

最高额质权人诉请：担保人停止行为/恢复质押财产价值/提供相应担保/提前清偿债务

请求权基础

第433条

因不可归责于质权人的事由可能使质押财产毁损或者价值明显减少，足以危害质权人权利的，质权人有权请求出质人提供相应的担保；出质人不提供的，质权人可以拍卖、变卖质押财产，并与出质人协议将拍卖、变卖所得的价款提前清偿债务或者提存。

检视程式

（一）请求权已产生

1.质权已设立＋未变更＋未消灭（参见本章第三节"三、主张确认动产质权"）
流动质押的设立：担保解释55
最高额质押：第439条第1款

2.不可归责于债权人的事由＋可能使质押财产毁损/价值减少

3.足以危害债权人权利→提供相应的担保：第433条第1分句

4.出质人不提供担保→质权人可拍卖/变卖质押财产→协议提前清偿/提存：第433条第2分句

（1）最高额债权的确定：第439条第2款＋第423条

（2）最高额质权设立前已存在的债权→合意纳入最高额债权：第439条第2款＋第420条第2款

（3）最高额债权确定前→可协议变更债权确定的时间/债权范围/最高债权额→变更内容不得对其他担保物权人产生不利影响：第439条第2款＋第422条

（二）请求权未消灭

1.债的一般消灭事由：第557条第1款

2.对先顺位担保权人的清偿：第415—416条、第456条，担保解释57

（三）请求权可行使

1.未通知出质人的债权让与：第696条第1款＋担保解释20

2.主债务人的权利行使抗辩权：第701条＋担保解释20

3.在主债务人抵销权/撤销权范围内的履行拒绝权：第702条＋担保解释20

4.不受主债权时效抗辩权的限制：担保解释44.3

二、最高额质权人主张实现质权

最高额质权人诉请：实现质权（担保人容忍变价）

请求权基础

第436条第2款

债务人不履行到期债务或者发生当事人约定的实现质权的情形，质权人可以与

出质人协议以质押财产折价，也可以就拍卖、变卖质押财产所得的价款优先受偿。

检视程式

（一）请求权已产生

1.质权已设立+未变更+未消灭（参见本章第三节"三、主张确认动产质权"）

流动质押的设立：担保解释55

最高额质押：第439条第1款

2.最高额债权的确定：第439条第2款+第423条

（1）最高额质权设立前已存在的债权→合意纳入最高额债权：第439条第2款+第420条第2款

（2）最高额债权确定前→可协议变更债权确定的时间/债权范围/最高债权额→变更内容不得对其他担保物权人产生不利影响：第439条第2款+第422条

3.协议折价：第436条第3款

4.拍卖/变卖：第436条第3款

5.质权的范围

（1）主债权范围

①主债权+利息+违约金+损害赔偿金+保管费用+实现费用：担保解释15.1

②最高额确定前+主债权分割/部分转让→最高额质权不转让：第439条第2款+第421条

（2）质押财产范围

①主债权未受全部清偿→质押财产全部：担保解释38.1

②担保财产分割/部分转让→分割/转让后的质押财产：担保解释38.2

③主债务分割/部分转移+债务人自物保→质押财产全部：担保解释39.2

④孳息：第430条

（二）请求权未消灭

1.实现质权的协议解除：第557条第2款

2.对先顺位担保权人的清偿：第415—416条、第456条，担保解释57

3.已实现质权

（三）请求权可行使

1.自物保责任顺位在先的抗辩：第392条第1句第2分句

2.未通知出质人的债权让与：第696条第1款+担保解释20

3.主债务人的权利行使抗辩权：第701条+担保解释20

4.在主债务人抵销权/撤销权范围内的履行拒绝权：第702条+担保解释20

5.不受主债权时效抗辩权的限制：担保解释44.3

说　明

债权人以诉讼方式行使担保物权的，应当以债务人和担保人作为共同被告：担保解释45.3

三、最高额质权人主张行使物上代位权

最高额质权人诉请：行使物上代位权

请求权基础

第390条
担保期间，担保财产毁损、灭失或者被征收等，担保物权人可以就获得的保险金、赔偿金或者补偿金等优先受偿。被担保债权的履行期限未届满的，也可以提存该保险金、赔偿金或者补偿金等。

检视程式

（一）请求权已产生
1.质权已设立＋未变更＋未消灭（参见本章第三节"三、主张确认动产质权"）
流动质押的设立：担保解释55
最高额质押：第439条第1款
2.最高额债权的确定：第439条第2款＋第423条
（1）最高额质权设立前已存在的债权→合意纳入最高额债权：第439条第2款＋第420条第2款
（2）最高额债权确定前→可协议变更债权确定的时间/债权范围/最高债权额→变更内容不得对其他担保物权人产生不利影响：第439条第2款＋第422条
3.质押财产毁损/灭失/被征收
4.物上代位权的范围
（1）主债权范围
①主债权＋利息＋违约金＋损害赔偿金＋保管费用＋实现费用：担保解释15.1
②最高额确定前＋主债权分割/部分转让→最高额质权不转让：第439条第2款＋第421条
（2）质押财产范围：保险金/赔偿金/补偿金
①主债权未受全部清偿→担保财产全部：担保解释38.1
②质押财产分割/部分转让→分割/转让后的质押财产：担保解释38.2
③主债务分割/部分转移＋债务人自物保→质押财产全部：担保解释39.2
④利息（孳息）：第430条
（二）请求权未消灭
1.对先顺位担保权人的清偿：第415—416条、第456条，担保解释42.1、57
2.物上代位权实现：给付义务人已向质权人给付
（三）请求权可行使
1.自物保责任顺位在先的抗辩：第392条第1句第2分句
2.未通知出质人的债权让与：第696条第1款＋担保解释20
3.主债务人的权利行使抗辩权：第701条＋担保解释20

4. 在主债务人抵销权/撤销权范围内的履行拒绝权：第702条+担保解释20
5. 不受主债权时效抗辩权的限制：担保解释44.3

四、最高额质权人主张出质人承担增加的费用

最高额质权人诉请：出质人承担增加的费用

请求权基础

第425条第1款
为担保债务的履行，债务人或者第三人将其动产出质给债权人占有的，债务人不履行到期债务或者发生当事人约定的实现质权的情形，债权人有权就该动产优先受偿。

第389条第1句
担保物权的担保范围包括主债权及其利息、违约金、损害赔偿金、保管担保财产和实现担保物权的费用。

担保解释45.1
当事人约定当债务人不履行到期债务或者发生当事人约定的实现担保物权的情形，担保物权人有权将担保财产自行拍卖、变卖并就所得的价款优先受偿的，该约定有效。因担保人的原因导致担保物权人无法自行对担保财产进行拍卖、变卖，担保物权人请求担保人承担因此增加的费用的，人民法院应予支持。

检视程式

（一）请求权已产生
1. 质权已设立+未变更+未消灭（参见本章第三节"三、主张确认动产质权"）
   流动质押的设立：担保解释55
   最高额质押：第439条第1款
2. 约定质权人有权将担保财产自行拍卖/变卖
3. 最高额债权的确定：第439条第2款+第423条
（1）最高额质权设立前已存在的债权→合意纳入最高额债权：第439条第2款+第420条第2款
（2）最高额债权确定前→可协议变更债权确定的时间/债权范围/最高债权额→变更内容不得对其他担保物权人产生不利影响：第439条第2款+第422条
4. 因出质人的原因导致质权人无法自行对担保财产拍卖/变卖
5. 质权人因此增加费用支出

（二）请求权未消灭
1. 约定自行拍卖/变卖的协议解除：第557条第2款
2. 债的一般消灭事由：第557条第1款
3. 损益相抵

（三）请求权可行使
1.留置抗辩权：类推第 525 条
2.时效抗辩权：第 192 条第 1 款

五、最高额出质人主张质权人赔偿损害（擅自使用/处分质物）

最高额出质人诉请：质权人赔偿损害（擅自使用/处分质物）

请求权基础

第 431 条
质权人在质权存续期间，未经出质人同意，擅自使用、处分质押财产，造成出质人损害的，应当承担赔偿责任。

第 1165 条第 1 款
行为人因过错侵害他人民事权益造成损害的，应当承担侵权责任。

检视程式

（一）请求权已产生
1.责任成立
（1）质权已设立+未变更+未消灭（参见本章第三节"三、主张确认动产质权"）
流动质押的设立：担保解释 55
最高额质押：第 439 条第 1 款
（2）质权人使用/处分质物+未经出质人同意
（3）责任成立因果关系
否认：受害人故意，第 1174 条
否认：第三人原因，第 1175 条
（4）抗辩：不法性阻却事由
正当防卫：第 181 条第 1 款
紧急避险：第 182 条第 1—2 款
紧急救助：第 184 条
（5）抗辩：欠缺责任能力
（6）过错
因醉酒、滥用麻醉药品或者精神药品，或因过错导致自己暂时丧失意识或失去控制：第 1190 条
（7）抗辩：与有过失，第 1173 条
2.责任范围
（1）损害：第 1184 条
（2）责任范围因果关系
（3）抗辩：被侵权人对损害的扩大有过错（与有过失），第 1173 条

（二）请求权未消灭
1.债的一般消灭事由：第557条第1款
2.损益相抵

（三）请求权可行使
1.留置抗辩权：类推第525条
2.时效抗辩权：第192条第1款

六、最高额出质人主张质权人赔偿损害/提存/受领提前清偿并返还质物（保管不善）

最高额出质人诉请：质权人赔偿损害/提存/受领提前清偿并返还质物（保管不善）

请求权基础

第432条

质权人负有妥善保管质押财产的义务；因保管不善致使质押财产毁损、灭失的，应当承担赔偿责任。

质权人的行为可能使质押财产毁损、灭失的，出质人可以请求质权人将质押财产提存，或者请求提前清偿债务并返还质押财产。

检视程式

（一）请求权已产生
1.质权已设立+未变更+未消灭（参见本章第三节"三、主张确认动产质权"）
流动质押的设立：担保解释55
最高额质押：第439条第1款
2.保管不善
（1）致使质物毁损/灭失→损害赔偿
抗辩：与有过失，第1173条
（2）可能使质物毁损/灭失→请求提存/受领提前清偿并返还质物
①最高额债权的确定：第439条第2款+第423条
②最高额质权设立前已存在的债权→合意纳入最高额债权：第439条第2款+第420条第2款
③最高额债权确定前→可协议变更债权确定的时间/债权范围/最高债权额→变更内容不得对其他担保物权人产生不利影响：第439条第2款+第422条

（二）请求权未消灭
1.债的一般消灭事由：第557条第1款
2.损益相抵

（三）请求权可行使
1.留置抗辩权：类推第525条
2.时效抗辩权：第192条第1款

七、最高额出质人主张质权人返还质物

最高额出质人诉请：质权人返还质物

请求权基础

第436条第1款

债务人履行债务或者出质人提前清偿所担保的债权的，质权人应当返还质押财产。

检视程式

（一）请求权已产生

1.质权已设立＋未变更＋未消灭（参见本章第三节"三、主张确认动产质权"）

流动质押的设立：担保解释55

最高额质押：第439条第1款

2.最高额债权的确定：第439条第2款＋第423条

（1）最高额质权设立前已存在的债权→合意纳入最高额债权：第439条第2款＋第420条第2款

（2）最高额债权确定前→可协议变更债权确定的时间/债权范围/最高债权额→变更内容不得对其他担保物权人产生不利影响：第439条第2款＋第422条

3.债务人履行债务/出质人提前清偿所担保的债权

（二）请求权未消灭

1.债的一般消灭事由：第557条第1款

2.损益相抵

（三）请求权可行使

1.留置抗辩权：类推第525条

2.时效抗辩权：第192条第1款

八、最高额出质人主张质权人行使质权/赔偿损害/法院拍卖、变卖质物

最高额出质人诉请：质权人行使质权/赔偿损害/法院拍卖、变卖质物

请求权基础

第437条

出质人可以请求质权人在债务履行期限届满后及时行使质权；质权人不行使的，出质人可以请求人民法院拍卖、变卖质押财产。

出质人请求质权人及时行使质权，因质权人怠于行使权利造成出质人损害的，由质权人承担赔偿责任。

检视程式

（一）请求权已产生

1.质权已设立＋未变更＋未消灭（参见本章第三节"三、主张确认动产质权"）

流动质押的设立：担保解释55
最高额质押：第439条第1款
2.债务履行期限届满
3.最高额债权的确定：第439条第2款+第423条
（1）最高额质权设立前已存在的债权→合意纳入最高额债权：第439条第2款+第420条第2款
（2）最高额债权确定前→可协议变更债权确定的时间/债权范围/最高债权额→变更内容不得对其他担保物权人产生不利影响：第439条第2款+第422条
4.出质人可请求质权人及时行使质权
（1）质权人不行使→出质人可请求法院拍卖/变卖
（2）质权人怠于行使+造成出质人损害→损害赔偿
5.质权的范围
（1）主债权范围
①主债权+利息+违约金+损害赔偿金+保管费用+实现费用：担保解释15.1
②最高额确定前+主债权分割/部分转让→最高额质权不转让：第439条第2款+第421条
（2）质押财产范围
①主债权未受全部清偿→质押财产全部：担保解释38.1
②担保财产分割/部分转让→分割/转让后的质押财产：担保解释38.2
③主债务分割/部分转移+债务人自物保→质押财产全部：担保解释39.2
④孳息：第430条
（二）请求权未消灭
1.对先顺位担保权人的清偿：第415—416条、第456条，担保解释57
2.已实现质权
（三）请求权可行使
1.自物保责任顺位在先的抗辩：第392条第1句第2分句
2.未通知出质人的债权让与：第696条第1款+担保解释20
3.主债务人的权利行使抗辩权：第701条+担保解释20
4.在主债务人抵销权/撤销权范围内的行使拒绝权：第702条+担保解释20
5.不受主债权时效抗辩权的限制：担保解释44.3

九、最高额出质人主张质权人返还超额价款

最高额出质人诉请：质权人返还超额价款

请求权基础

第438条

质押财产折价或者拍卖、变卖后，其价款超过债权数额的部分归出质人所有，不足部分由债务人清偿。

检视程式

（一）请求权已产生

1. 质权已设立+未变更+未消灭（参见本章第三节"三、主张确认动产质权"）

流动质押的设立：担保解释55

最高额质押：第439条第1款

2. 最高额债权的确定：第439条第2款+第423条

（1）最高额质权设立前已存在的债权→合意纳入最高额债权：第439条第2款+第420条第2款

（2）最高额债权确定前→可协议变更债权确定的时间/债权范围/最高债权额→变更内容不得对其他担保物权人产生不利影响：第439条第2款+第422条

3. 质押财产折价/拍卖/变卖

4. 价款超过债权数额

5. 质权人收取超额价款

（二）请求权未消灭

1. 债的一般消灭事由：第557条第1款

2. 损益相抵

（三）请求权可行使

1. 留置抗辩权：类推第525条

2. 时效抗辩权：第192条第1款

第四十一节 应收账款质权纠纷（4级案由）

案由所涉主张与诉请	一、应收账款质权人主张担保财产的保全 　　应收账款质权人诉请：担保人停止行为/恢复质押财产价值/提供相应担保/提前清偿债务 二、应收账款质权人主张实现质权 　　应收账款质权人诉请：实现质权（担保人容忍变价） 三、应收账款质权人主张出质人提前清偿/提存转让价款 　　应收账款质权人诉请：出质人提前清偿/提存转让价款 四、应收账款质权人主张出质人承担增加的费用 　　应收账款质权人诉请：出质人承担增加的费用 五、应收账款出质人主张质权人返还应收账款 　　应收账款出质人诉请：质权人返还应收账款 六、应收账款出质人主张质权人行使质权/赔偿损害/法院拍卖、变卖应收账款 　　应收账款出质人诉请：质权人行使质权/赔偿损害/法院拍卖、变卖应收账款

	续表
	七、应收账款出质人主张质权人返还超额价款 　　应收账款出质人诉请：质权人返还超额价款
说　明	1.质权作为从权利以主债权的存在为前提，因而在主债权纠纷中一并就质权提起诉请的，援用主债权所对应的案由；单独就应收账款质权提起诉请的，援用本案由 2.因质押合同产生的纠纷，援用合同纠纷项下的"质押合同纠纷"案由

一、应收账款质权人主张担保财产的保全

应收账款质权人诉请：担保人停止行为/恢复质押财产价值/提供相应担保/提前清偿债务

请求权基础

第 433 条

因不可归责于质权人的事由可能使质押财产毁损或者价值明显减少，足以危害质权人权利的，质权人有权请求出质人提供相应的担保；出质人不提供的，质权人可以拍卖、变卖质押财产，并与出质人协议将拍卖、变卖所得的价款提前清偿债务或者提存。

检视程式

（一）请求权已产生

1. 质权已设立+未变更+未消灭（参见本章第三节"四、主张确认权利质权"）

应收账款质押的设立→登记生效：第 445 条第 1 款

应收账款的真实性：担保解释 61.1—61.2

2. 不可归责于债权人的事由+可能使质押财产毁损/价值减少

3. 足以危害债权人权利→提供相应的担保：第 433 条第 1 分句

4. 出质人不提供担保→质权人可拍卖/变卖质押财产→协议提前清偿/提存：第 433 条第 2 分句

（二）请求权未消灭

1. 债的一般消灭事由：第 557 条第 1 款

2. 对先顺位担保权人的清偿：第 415—416 条、第 456 条，担保解释 57

3. 应收账款债务人已向应收账款债权人履行债务→但是接到质权人要求向其履行的通知的除外：担保解释 61.3

（三）请求权可行使

1. 未通知出质人的债权让与：第 696 条第 1 款+担保解释 20

2. 主债务人的权利行使抗辩权：第 701 条+担保解释 20

3. 在主债务人抵销权/撤销权范围内的履行拒绝权：第 702 条+担保解释 20

4.不受主债权时效抗辩权的限制：担保解释44.3

二、应收账款质权人主张实现质权

应收账款质权人诉请：实现质权（担保人容忍变价）

请求权基础

第436条第2款
债务人不履行到期债务或者发生当事人约定的实现质权的情形，质权人可以与出质人协议以质押财产折价，也可以就拍卖、变卖质押财产所得的价款优先受偿。

检视程式

（一）请求权已产生
1.质权已设立+未变更+未消灭（参见本章第三节"四、主张确认权利质权"）
应收账款质押的设立→登记生效：第445条第1款
应收账款的真实性：担保解释61.1—61.2
2.协议折价：第436条第3款
3.拍卖/变卖：第436条第3款
4.质权的范围
（1）主债权范围
①主债权+利息+违约金+损害赔偿金+保管费用+实现费用：第389条
②主债权分割/部分转让→各债权人就其债权份额：担保解释39.1
（2）质押财产范围
①主债权未受全部清偿→质押财产全部：担保解释38.1
②担保财产分割/部分转让→分割/转让后的质押财产：担保解释38.2
③主债务分割/部分转移+债务人自物保→质押财产全部：担保解释39.2
④孳息：第430条
⑤将有应收账款出质→特定账户→将有应收账款：担保解释61.4

（二）请求权未消灭
1.实现质权的协议解除：第557条第2款
2.对先顺位担保权人的清偿：担保解释66
3.已实现质权
4.应收账款债务人已向应收账款债权人履行债务→但是接到质权人要求向其履行的通知的除外：担保解释61.3

（三）请求权可行使
1.自物保责任顺位在先的抗辩：第392条第1句第2分句
2.未通知出质人的债权让与：第696条第1款+担保解释20
3.主债务人的权利行使抗辩权：第701条+担保解释20
4.在主债务人抵销权/撤销权范围内的履行拒绝权：第702条+担保解释20

5.不受主债权时效抗辩权的限制：担保解释44.3

说　明

债权人以诉讼方式行使担保物权的，应当以债务人和担保人作为共同被告：担保解释45.3

三、应收账款质权人主张出质人提前清偿/提存转让价款

应收账款质权人诉请：出质人提前清偿/提存转让价款

请求权基础

第445条第2款第2句→
第445条第2款

应收账款出质后，不得转让，但是出质人与质权人协商同意的除外。出质人转让应收账款所得的价款，应当向质权人提前清偿债务或者提存。

检视程式

（一）请求权已产生

1.质权已设立+未变更+未消灭（参见本章第三节"四、主张确认权利质权"）
应收账款质押的设立→登记生效：第445条第1款
应收账款的真实性：担保解释61.1—61.2
2.协商同意应收账款转让
3.出质人转让应收账款取得价款→提前清偿/提存
4.请求权的范围
（1）主债权范围
①主债权+利息+违约金+损害赔偿金+保管费用+实现费用：第389条
②主债权分割/部分转让→各债权人就其债权份额：担保解释39.1
（2）质押财产范围
①主债权未受全部清偿→担保财产全部：担保解释38.1
②质押财产分割/部分转让→分割/转让后的质押财产：担保解释38.2
③主债务分割/部分转移+债务人自物保→质押财产全部：担保解释39.2
④利息（孳息）：第430条
⑤将有应收账款出质→特定账户→将有应收账款：担保解释61.4

（二）请求权未消灭

1.对先顺位担保权人的清偿：担保解释66
2.物上代位权实现：给付义务人已向质权人给付
3.应收账款债务人已向应收账款债权人履行债务→但是接到质权人要求向其履行的通知的除外：担保解释61.3

（三）请求权可行使
1. 自物保责任顺位在先的抗辩：第392条第1句第2分句
2. 未通知出质人的债权让与：第696条第1款＋担保解释20
3. 主债务人的权利行使抗辩权：第701条＋担保解释20
4. 在主债务人抵销权/撤销权范围内的履行拒绝权：第702条＋担保解释20
5. 不受主债权时效抗辩权的限制：担保解释44.3

四、应收账款质权人主张出质人承担增加的费用

应收账款质权人诉请：出质人承担增加的费用

请求权基础

第425条第1款
为担保债务的履行，债务人或者第三人将其动产出质给债权人占有的，债务人不履行到期债务或者发生当事人约定的实现质权的情形，债权人有权就该动产优先受偿。

第389条第1句
担保物权的担保范围包括主债权及其利息、违约金、损害赔偿金、保管担保财产和实现担保物权的费用。

担保解释45.1
当事人约定当债务人不履行到期债务或者发生当事人约定的实现担保物权的情形，担保物权人有权将担保财产自行拍卖、变卖并就所得的价款优先受偿的，该约定有效。因担保人的原因导致担保物权人无法自行对担保财产进行拍卖、变卖，担保物权人请求担保人承担因此增加的费用的，人民法院应予支持。

检视程式

（一）请求权已产生
1. 质权已设立＋未变更＋未消灭（参见本章第三节"四、主张确认权利质权"）
应收账款质押的设立→登记生效：第445条第1款
应收账款的真实性：担保解释61.1—61.2
2. 约定质权人有权将担保财产自行拍卖/变卖
3. 因出质人的原因导致质权人无法自行对担保财产拍卖/变卖
4. 质权人因此增加费用支出

（二）请求权未消灭
1. 约定自行拍卖/变卖的协议解除：第557条第2款
2. 债的一般消灭事由：第557条第1款
3. 损益相抵

（三）请求权可行使
1. 留置抗辩权：类推第525条

2.时效抗辩权：第192条第1款

五、应收账款出质人主张质权人返还应收账款

应收账款出质人诉请：质权人返还应收账款

请求权基础

第436条第1款

债务人履行债务或者出质人提前清偿所担保的债权的，质权人应当返还质押财产。

检视程式

（一）请求权已产生

1.质权已设立+未变更+未消灭（参见本章第三节"四、主张确认权利质权"）

应收账款质押的设立→登记生效：第445条第1款

应收账款的真实性：担保解释61.1—61.2

2.债务人履行债务/出质人提前清偿所担保的债权

（二）请求权未消灭

1.债的一般消灭事由：第557条第1款

2.损益相抵

（三）请求权可行使

1.留置抗辩权：类推第525条

2.时效抗辩权：第192条第1款

六、应收账款出质人主张质权人行使质权/赔偿损害/法院拍卖、变卖应收账款

应收账款出质人诉请：质权人行使质权/赔偿损害/法院拍卖、变卖应收账款

请求权基础

第437条

出质人可以请求质权人在债务履行期限届满后及时行使质权；质权人不行使的，出质人可以请求人民法院拍卖、变卖质押财产。

出质人请求质权人及时行使质权，因质权人怠于行使权利造成出质人损害的，由质权人承担赔偿责任。

检视程式

（一）请求权已产生

1.质权已设立+未变更+未消灭（参见本章第三节"四、主张确认权利质权"）

应收账款质押的设立→登记生效：第445条第1款

应收账款的真实性：担保解释61.1—61.2

2.债务履行期限届满
3.出质人可请求质权人及时行使质权
（1）质权人不行使→出质人可请求法院拍卖/变卖
（2）质权人怠于行使+造成出质人损害→损害赔偿
4.质权的范围
（1）主债权范围
①主债权+利息+违约金+损害赔偿金+保管费用+实现费用：第389条
②主债权分割/部分转让→各债权人就其债权份额：担保解释39.1
（2）质押财产范围
①主债权未受全部清偿→质押财产全部：担保解释38.1
②担保财产分割/部分转让→分割/转让后的质押财产：担保解释38.2
③主债务分割/部分转移+债务人自物保→质押财产全部：担保解释39.2
④孳息：第430条
⑤将有应收账款出质→特定账户→将有应收账款：担保解释61.4

（二）请求权未消灭

1.对先顺位担保权人的清偿：担保解释66
2.已实现质权
3.应收账款债务人已向应收账款债权人履行债务→但是接到质权人要求向其履行的通知的除外：担保解释61.3

（三）请求权可行使

1.自物保责任顺位在先的抗辩：第392条第1句第2分句
2.未通知出质人的债权让与：第696条第1款+担保解释20
3.主债务人的权利行使抗辩权：第701条+担保解释20
4.在主债务人抵销权/撤销权范围内的行使拒绝权：第702条+担保解释20
5.不受主债权时效抗辩权的限制：担保解释44.3

七、应收账款出质人主张质权人返还超额价款

应收账款出质人诉请：质权人返还超额价款

请求权基础

第438条

质押财产折价或者拍卖、变卖后，其价款超过债权数额的部分归出质人所有，不足部分由债务人清偿。

检视程式

（一）请求权已产生

1.质权已设立+未变更+未消灭（参见本章第三节"四、主张确认权利质权"）
应收账款质押的设立→登记生效：第445条第1款

应收账款的真实性：担保解释61.1—61.2
2. 质押财产折价/拍卖/变卖
3. 价款超过债权数额
4. 质权人收取超额价款

（二）请求权未消灭
1. 债的一般消灭事由：第557条第1款
2. 损益相抵

（三）请求权可行使
1. 留置抗辩权：类推第525条
2. 时效抗辩权：第192条第1款

第四十二节　留置权纠纷

案由所涉主张与诉请	一、留置权人主张实现留置权 　　留置权人诉请：实现留置权（担保人容忍变价） 二、留置权人主张行使物上代位权 　　留置权人诉请：行使物上代位权 三、债务人主张留置权人赔偿损害（保管不善） 　　债务人诉请：留置权人赔偿损害（保管不善） 四、债务人主张留置权人行使留置权/法院拍卖、变卖质物 　　债务人诉请：留置权人行使留置权/法院拍卖、变卖质物 五、债务人主张留置权人返还超额价款 　　债务人诉请：留置权人返还超额价款
说　明	留置权作为从权利以主债权的存在为前提，因而在主债权纠纷中一并就质权提起诉请的，援用主债权所对应的案由；单独就留置权提起诉请的，援用本案由。

一、留置权人主张实现留置权

留置权人诉请：实现留置权（担保人容忍变价）

请求权基础

第453条第1款第2句→
第453条第1款

留置权人与债务人应当约定留置财产后的债务履行期限；没有约定或者约定不明确的，留置权人应当给债务人六十日以上履行债务的期限，但是鲜活易腐等不易保管的动产除外。债务人逾期未履行的，留置权人可以与债务人协议以留置财产折价，也可以就拍卖、变卖留置财产所得的价款优先受偿。

检视程式

（一）请求权已产生

1.留置权已设立＋未变更＋未消灭（参见本章第三节"五、主张确认留置权"）

留置权的产生：第448—450条，担保解释62

2.约定留置财产后的债务履行期限→未明确约定，60日以上

抗辩：鲜活易腐等不易保管的动产

3.债务人逾期未履行

协议折价：第453条第2款

拍卖／变卖：第453条第2款

4.留置权的范围

（1）主债权范围

①主债权＋利息＋违约金＋损害赔偿金＋保管费用＋实现费用：第389条

②主债权分割／部分转让→各债权人就其债权份额：担保解释39.1

（2）留置财产范围

①主债权未受全部清偿：第450条＋担保解释38.1

②留置财产分割／部分转让→分割／转让后的留置财产：担保解释38.2

③主债务分割／部分转移→留置财产全部：担保解释39.2

④孳息：第452条

（二）请求权未消灭

1.实现留置权的协议解除：第557条第2款

2.已实现质权

（三）请求权可行使

1.自物保责任顺位在先的抗辩：第392条第1句第2分句

2.未通知留置债务人的债权让与：第696条第1款＋担保解释20

3.基于主债务的权利行使抗辩权：第701条＋担保解释20

4.不受主债权时效抗辩权的限制：担保解释44.2

说　明

债权人以诉讼方式行使担保物权的，应当以债务人和担保人作为共同被告：担保解释45.3

二、留置权人主张行使物上代位权

留置权人诉请：行使物上代位权

请求权基础

第390条

担保期间，担保财产毁损、灭失或者被征收等，担保物权人可以就获得的保险

金、赔偿金或者补偿金等优先受偿。被担保债权的履行期限未届满的，也可以提存该保险金、赔偿金或者补偿金等。

检视程式

（一）请求权已产生

1.留置权已设立+未变更+未消灭（参见本章第三节"五、主张确认留置权"）
留置权的产生：第448—450条，担保解释62
2.留置财产毁损/灭失/被征收
3.物上代位权的范围
（1）主债权范围
①主债权+利息+违约金+损害赔偿金+保管费用+实现费用：第389条
②主债权分割/部分转让→各债权人就其债权份额：担保解释39.1
（2）留置财产范围：保险金/赔偿金/补偿金
①主债权未受全部清偿：第450条+担保解释38.1
②留置财产分割/部分转让→分割/转让后的留置财产：担保解释38.2
③主债务分割/部分转移→留置财产全部：担保解释39.2
④利息（孳息）：第452条

（二）请求权未消灭

物上代位权实现：给付义务人已向质权人给付

（三）请求权可行使

1.自物保责任顺位在先的抗辩：第392条第1句第2分句
2.未通知留置债务人的债权让与：第696条第1款+担保解释20
3.基于主债务的权利行使抗辩权：第701条+担保解释20
4.不受主债权时效抗辩权的限制：担保解释44.2

三、债务人主张留置权人赔偿损害（保管不善）

债务人诉请：留置权人赔偿损害（保管不善）

请求权基础

第451条

留置权人负有妥善保管留置财产的义务；因保管不善致使留置财产毁损、灭失的，应当承担赔偿责任。

检视程式

（一）请求权已产生

1.留置权已设立+未变更+未消灭（参见本章第三节"五、主张确认留置权"）
留置权的产生：第448—450条，担保解释62
2.保管不善

3.致使留置财产毁损/灭失
4.抗辩：与有过失，第1173条

（二）请求权未消灭

1.债的一般消灭事由：第557条第1款
2.损益相抵

（三）请求权可行使

1.留置抗辩权：类推第525条
2.时效抗辩权：第192条第1款

四、债务人主张留置权人行使留置权/法院拍卖、变卖质物

债务人诉请：留置权人行使留置权/法院拍卖、变卖质物

请求权基础

第454条
债务人可以请求留置权人在债务履行期限届满后行使留置权；留置权人不行使的，债务人可以请求人民法院拍卖、变卖留置财产。

检视程式

（一）请求权已产生

1.留置权已设立+未变更+未消灭（参见本章第三节"五、主张确认留置权"）
留置权的产生：第448—450条，担保解释62
2.债务履行期限届满
3.债务人可请求留置权人行使留置权
留置权人不行使→债务人可请求法院拍卖/变卖
4.留置权的范围
（1）主债权范围
①主债权+利息+违约金+损害赔偿金+保管费用+实现费用：第389条
②主债权分割/部分转让→各债权人就其债权份额：担保解释39.1
（2）质押财产范围
①主债权未受全部清偿：第450条+担保解释38.1
②留置财产分割/部分转让→分割/转让后的留置财产：担保解释38.2
③主债务分割/部分转移→留置财产全部：担保解释39.2
④利息（孳息）：第452条

（二）请求权未消灭

已实现留置权

（三）请求权可行使

1.自物保责任顺位在先的抗辩：第392条第1句第2分句
2.未通知留置债务人的债权让与：第696条第1款+担保解释20

3. 基于主债务的权利行使抗辩权：第701条+担保解释20
4. 不受主债权时效抗辩权的限制：担保解释44.2

五、债务人主张留置权人返还超额价款

债务人诉请：留置权人返还超额价款

请求权基础

第455条

留置财产折价或者拍卖、变卖后，其价款超过债权数额的部分归债务人所有，不足部分由债务人清偿。

检视程式

（一）请求权已产生
1. 留置权已设立+未变更+未消灭（参见本章第三节"五、主张确认留置权"）
留置权的产生：第448—450条，担保解释62
2. 留置财产折价/拍卖/变卖
3. 价款超过债权数额
4. 留置权人收取超额价款

（二）请求权未消灭
1. 债的一般消灭事由：第557条第1款
2. 损益相抵

（三）请求权可行使
1. 留置抗辩权：类推第525条
2. 时效抗辩权：第192条第1款

第四十三节　担保物权纠纷（2级案由）

案由所涉主张与诉请	一、让与担保权人主张担保财产的保全 　　让与担保权人诉请：担保人停止行为/恢复担保财产价值/提供相应担保/提前清偿债务 二、让与担保权人主张实现让与担保权 　　让与担保权人诉请：实现让与担保权（担保人容忍变价） 三、让与担保权人主张行使物上代位权 　　让与担保权人诉请：行使物上代位权 四、让与担保权人主张担保人承担增加的费用 　　让与担保权人诉请：担保人承担增加的费用 五、担保人主张让与担保权人返还超额价款 　　担保人诉请：让与担保权人返还超额价款

说 明	1. 抵押权、质权、留置权各自有其独立案由，非典型担保中的所有权保留、融资租赁、保理也有其独立案由，本案由的适用主要限于非典型担保中的让与担保等类型。 2. 担保物权作为从权利以主债权的存在为前提，因而在主债权纠纷中一并就担保物权提起诉请的，援用主债权所对应的案由；单独就担保物权提起诉请的，援用担保物权纠纷项下的对应案由。

一、让与担保权人主张担保财产的保全

让与担保权人诉请：担保人停止行为/恢复担保财产价值/提供相应担保/提前清偿债务

请求权基础

参照第408条

抵押人的行为足以使抵押财产价值减少的，抵押权人有权请求抵押人停止其行为；抵押财产价值减少的，抵押权人有权请求恢复抵押财产的价值，或者提供与减少的价值相应的担保。抵押人不恢复抵押财产的价值，也不提供担保的，抵押权人有权请求债务人提前清偿债务。

担保解释68

债务人或者第三人与债权人约定将财产形式上转移至债权人名下，债务人不履行到期债务，债权人有权对财产折价或者以拍卖、变卖该财产所得价款偿还债务的，人民法院应当认定该约定有效。当事人已经完成财产权利变动的公示，债务人不履行到期债务，债权人请求参照民法典关于担保物权的有关规定就该财产优先受偿的，人民法院应予支持。

债务人或者第三人与债权人约定将财产形式上转移至债权人名下，债务人不履行到期债务，财产归债权人所有的，人民法院应当认定该约定无效，但是不影响当事人有关提供担保的意思表示的效力。当事人已经完成财产权利变动的公示，债务人不履行到期债务，债权人请求对该财产享有所有权的，人民法院不予支持；债权人请求参照民法典关于担保物权的规定对财产折价或者以拍卖、变卖该财产所得的价款优先受偿的，人民法院应予支持；债务人履行债务后请求返还财产，或者请求对财产折价或者以拍卖、变卖所得的价款清偿债务的，人民法院应予支持。

债务人与债权人约定将财产转移至债权人名下，在一定期间后再由债务人或者其指定的第三人以交易本金加上溢价款回购，债务人到期不履行回购义务，财产归债权人所有的，人民法院应当参照第二款规定处理。回购对象自始不存在的，人民法院应当依照民法典第一百四十六条第二款的规定，按照其实际构成的法律关系处理。

检视程式

（一）请求权已产生
1. 让与担保权已设立+未变更+未消灭（参见本章第三节"六、主张确认让与担保"）
2. 担保人的行为足以使担保财产价值减少→停止行为：参照第408条第1句第1分句
3. 担保财产价值减少→恢复担保财产价值/提供与减少价值相应的担保：参照第408条第1句第2分句
4. 担保人不恢复财产价值+不提供担保→提前清偿：参照第408条第2句

（二）请求权未消灭
1. 债的一般消灭事由：第557条第1款
2. 对先顺位担保权人的清偿：参照第414—416条、第409条、第456条

（三）请求权可行使
1. 未通知担保人的债权让与：第696条第1款+担保解释20
2. 主债务人的权利行使抗辩权：第701条+担保解释20
3. 在主债务人抵销权/撤销权范围内的履行拒绝权：第702条+担保解释20
4. 主债权时效抗辩权：参照第419条，担保解释44

二、让与担保权人主张实现让与担保权

让与担保权人诉请：实现让与担保权（担保人容忍变价）

请求权基础

第386条

担保物权人在债务人不履行到期债务或者发生当事人约定的实现担保物权的情形，依法享有就担保财产优先受偿的权利，但是法律另有规定的除外。

担保解释68

债务人或者第三人与债权人约定将财产形式上转移至债权人名下，债务人不履行到期债务，债权人有权对财产折价或者以拍卖、变卖该财产所得价款偿还债务的，人民法院应当认定该约定有效。当事人已经完成财产权利变动的公示，债务人不履行到期债务，债权人请求参照民法典关于担保物权的有关规定就该财产优先受偿的，人民法院应予支持。

债务人或者第三人与债权人约定将财产形式上转移至债权人名下，债务人不履行到期债务，财产归债权人所有的，人民法院应当认定该约定无效，但是不影响当事人有关提供担保的意思表示的效力。当事人已经完成财产权利变动的公示，债务人不履行到期债务，债权人请求对该财产享有所有权的，人民法院不予支持；债权人请求参照民法典关于担保物权的规定对财产折价或者以拍卖、变卖该财产所得的价款优先受偿的，人民法院应予支持；债务人履行债务后请求返还财产，或者请求对财产折价或者以拍卖、变卖所得的价款清偿债务的，人民法院应予支持。

债务人与债权人约定将财产转移至债权人名下，在一定期间后再由债务人或者其指定的第三人以交易本金加上溢价款回购，债务人到期不履行回购义务，财产归债权人所有的，人民法院应当参照第二款规定处理。回购对象自始不存在的，人民法院应当依照民法典第一百四十六条第二款的规定，按照其实际构成的法律关系处理。

检视程式

（一）请求权已产生
1.让与担保权已设立+未变更+未消灭（参见本章第三节"六、主张确认让与担保"）
2.协议折价/拍卖/变卖：参照第410条第1款
担保人其他债权人的撤销权：参照第410条第1款第2句
3.未就担保权实现方式达成协议→请求法院拍卖/变卖：参照第410条第2款
4.让与担保权的范围
（1）主债权范围
①主债权+利息+违约金+损害赔偿金+保管费用+实现费用：第389条
②主债权分割/部分转让→各债权人就其债权份额：担保解释39.1
（2）担保财产范围
①主债权未受全部清偿→担保财产的全部：担保解释38.1
②担保财产分割/部分转让→分割/转让后的担保财产：担保解释38.2
③主债务分割/部分转移+债务人自物保→担保财产全部：担保解释39.2
④孳息：参照第412条
⑤从物：参照担保解释40
⑥添附物：参照担保解释41

（二）请求权未消灭
1.实现担保权的协议解除：第557条第2款
2.对先顺位担保权人的清偿：参照第414—416条、第409条、第456条
3.已依协议实现担保权

（三）请求权可行使
1.自物保责任顺位在先的抗辩：第392条第1句第2分句
2.未通知担保人的债权让与：第696条第1款+担保解释20
3.主债务人的权利行使抗辩权：第701条+担保解释20
4.在主债务人抵销权/撤销权范围内的履行拒绝权：第702条+担保解释20
5.主债权时效抗辩权：参照第419条，担保解释44

说　明

债权人以诉讼方式行使担保物权的，应当以债务人和担保人作为共同被告：担保解释45.3

三、让与担保权人主张行使物上代位权

让与担保权人诉请：行使物上代位权

请求权基础

第390条

担保期间，担保财产毁损、灭失或者被征收等，担保物权人可以就获得的保险金、赔偿金或者补偿金等优先受偿。被担保债权的履行期限未届满的，也可以提存该保险金、赔偿金或者补偿金等。

担保解释68

债务人或者第三人与债权人约定将财产形式上转移至债权人名下，债务人不履行到期债务，债权人有权对财产折价或者以拍卖、变卖该财产所得价款偿还债务的，人民法院应当认定该约定有效。当事人已经完成财产权利变动的公示，债务人不履行到期债务，债权人请求参照民法典关于担保物权的有关规定就该财产优先受偿的，人民法院应予支持。

债务人或者第三人与债权人约定将财产形式上转移至债权人名下，债务人不履行到期债务，财产归债权人所有的，人民法院应当认定该约定无效，但是不影响当事人有关提供担保的意思表示的效力。当事人已经完成财产权利变动的公示，债务人不履行到期债务，债权人请求对该财产享有所有权的，人民法院不予支持；债权人请求参照民法典关于担保物权的规定对财产折价或者以拍卖、变卖该财产所得的价款优先受偿的，人民法院应予支持；债务人履行债务后请求返还财产，或者请求对财产折价或者以拍卖、变卖所得的价款清偿债务的，人民法院应予支持。

债务人与债权人约定将财产转移至债权人名下，在一定期间后再由债务人或者其指定的第三人以交易本金加上溢价款回购，债务人到期不履行回购义务，财产归债权人所有的，人民法院应当参照第二款规定处理。回购对象自始不存在的，人民法院应当依照民法典第一百四十六条第二款的规定，按照其实际构成的法律关系处理。

检视程式

（一）请求权已产生
1. 让与担保权已设立+未变更+未消灭（参见本章第三节"六、主张确认让与担保"）
2. 担保财产毁损/灭失/被征收
3. 物上代位权的范围
（1）主债权范围
①主债权+利息+违约金+损害赔偿金+保管费用+实现费用：第389条
②主债权分割/部分转让→各债权人就其债权份额：担保解释39.1
（2）担保财产范围：保险金/赔偿金/补偿金
①主债权未受全部清偿→担保财产的全部：担保解释38.1
②担保财产分割/部分转让→分割/转让后的担保财产：担保解释38.2

③主债务分割/部分转移＋债务人自物保→担保财产全部：担保解释39.2

④利息（孳息）：参照第412条

（二）请求权未消灭

1.对先顺位担保权人的清偿：参照第414—416条、第409条、第456条，担保解释42.1

2.物上代位权实现：给付义务人已向担保权人给付

3.给付义务人已向担保人给付：参照担保解释42.2

（三）请求权可行使

1.自物保责任顺位在先的抗辩：第392条第1句第2分句

2.未通知担保人的债权让与：第696条第1款＋担保解释20

3.主债务人的权利行使抗辩权：第701条＋担保解释20

4.在主债务人抵销权/撤销权范围内的履行拒绝权：第702条＋担保解释20

5.主债权时效抗辩权：参照第419条，担保解释44

四、让与担保权人主张担保人承担增加的费用

让与担保权人诉请：担保人承担增加的费用

请求权基础

第386条主文

担保物权人在债务人不履行到期债务或者发生当事人约定的实现担保物权的情形，依法享有就担保财产优先受偿的权利……

第389条第1句

担保物权的担保范围包括主债权及其利息、违约金、损害赔偿金、保管担保财产和实现担保物权的费用。

担保解释45.1

当事人约定当债务人不履行到期债务或者发生当事人约定的实现担保物权的情形，担保物权人有权将担保财产自行拍卖、变卖并就所得的价款优先受偿的，该约定有效。因担保人的原因导致担保物权人无法自行对担保财产进行拍卖、变卖，担保物权人请求担保人承担因此增加的费用的，人民法院应予支持。

担保解释68

债务人或者第三人与债权人约定将财产形式上转移至债权人名下，债务人不履行到期债务，债权人有权对财产折价或者以拍卖、变卖该财产所得价款偿还债务的，人民法院应当认定该约定有效。当事人已经完成财产权利变动的公示，债务人不履行到期债务，债权人请求参照民法典关于担保物权的有关规定就该财产优先受偿的，人民法院应予支持。

债务人或者第三人与债权人约定将财产形式上转移至债权人名下，债务人不履行到期债务，财产归债权人所有的，人民法院应当认定该约定无效，但是不影响当事人有关提供担保的意思表示的效力。当事人已经完成财产权利变动的公示，债务

人不履行到期债务，债权人请求对该财产享有所有权的，人民法院不予支持；债权人请求参照民法典关于担保物权的规定对财产折价或者以拍卖、变卖该财产所得的价款优先受偿的，人民法院应予支持；债务人履行债务后请求返还财产，或者请求对财产折价或者以拍卖、变卖所得的价款清偿债务的，人民法院应予支持。

债务人与债权人约定将财产转移至债权人名下，在一定期间后再由债务人或者其指定的第三人以交易本金加上溢价款回购，债务人到期不履行回购义务，财产归债权人所有的，人民法院应当参照第二款规定处理。回购对象自始不存在的，人民法院应当依照民法典第一百四十六条第二款的规定，按照其实际构成的法律关系处理。

检视程式

（一）请求权已产生
1. 让与担保权已设立+未变更+未消灭（参见本章第三节"六、主张确认让与担保"）
2. 约定担保权人有权将担保财产自行拍卖/变卖
3. 因担保人的原因导致担保物权人无法自行对担保财产拍卖/变卖
4. 担保权人因此增加费用支出

（二）请求权未消灭
1. 约定自行拍卖/变卖的协议解除：第557条第2款
2. 债的一般消灭事由：第557条第1款
3. 损益相抵

（三）请求权可行使
1. 留置抗辩权：类推第525条
2. 时效抗辩权：第192条第1款

五、担保人主张让与担保权人返还超额价款

担保人诉请：让与担保权人返还超额价款

请求权基础

参照第413条

抵押财产折价或者拍卖、变卖后，其价款超过债权数额的部分归抵押人所有，不足部分由债务人清偿。

担保解释68

债务人或者第三人与债权人约定将财产形式上转移至债权人名下，债务人不履行到期债务，债权人有权对财产折价或者以拍卖、变卖该财产所得价款偿还债务的，人民法院应当认定该约定有效。当事人已经完成财产权利变动的公示，债务人不履行到期债务，债权人请求参照民法典关于担保物权的有关规定就该财产优先受偿的，人民法院应予支持。

债务人或者第三人与债权人约定将财产形式上转移至债权人名下，债务人不履行到期债务，财产归债权人所有的，人民法院应当认定该约定无效，但是不影响当

事人有关提供担保的意思表示的效力。当事人已经完成财产权利变动的公示，债务人不履行到期债务，债权人请求对该财产享有所有权的，人民法院不予支持；债权人请求参照民法典关于担保物权的规定对财产折价或者以拍卖、变卖该财产所得的价款优先受偿的，人民法院应予支持；债务人履行债务后请求返还财产，或者请求对财产折价或者以拍卖、变卖所得的价款清偿债务的，人民法院应予支持。

债务人与债权人约定将财产转移至债权人名下，在一定期间后再由债务人或者其指定的第三人以交易本金加上溢价款回购，债务人到期不履行回购义务，财产归债权人所有的，人民法院应当参照第二款规定处理。回购对象自始不存在的，人民法院应当依照民法典第一百四十六条第二款的规定，按照其实际构成的法律关系处理。

检视程式

（一）请求权已产生
1. 让与担保权已设立＋未变更＋未消灭（参见本章第三节"六、主张确认让与担保"）
2. 担保财产折价/拍卖/变卖
3. 价款超过债权数额
4. 担保权人收取超额价款

（二）请求权未消灭
1. 债的一般消灭事由：第557条第1款
2. 损益相抵

（三）请求权可行使
1. 留置抗辩权：类推第525条
2. 时效抗辩权：第192条第1款

第四十四节　申请实现担保物权（非讼程序）

担保物权人申请实现担保物权

规范基础

第410条第2款

抵押权人与抵押人未就抵押权实现方式达成协议的，抵押权人可以请求人民法院拍卖、变卖抵押财产。

民事诉讼法207

申请实现担保物权，由担保物权人以及其他有权请求实现担保物权的人依照民法典等法律，向担保财产所在地或者担保物权登记地基层人民法院提出。

检视程式

（一）担保物权人申请
（二）未就担保物权实现方式达成协议

（三）主债权范围

1. 主债权+利息+违约金+损害赔偿金+保管费用+实现费用：第389条
2. 主债权分割/部分转让→各债权人就其债权份额：担保解释39.1
3. 登记与抵押合同不一致→以登记为准：担保解释47

（四）担保财产范围

1. 主债权未受全部清偿→担保财产全部：担保解释38.1
2. 担保财产分割/部分转让→分割/转让后的担保财产：担保解释38.2
3. 主债务分割/部分转移+债务人自物保→担保财产全部：担保解释39.2
4. 孳息：第412条、第430条
5. 从物：担保解释40
6. 添附物：担保解释41
7. 登记与抵押合同不一致→以登记为准：担保解释47
8. 不得改变集体所有土地的性质和土地用途：第418条

说　明

属于"非讼程序案件（1级案由）"项下案由。

第四十五节　占有保护纠纷（2级案由）

案由所涉主张与诉请	一、所有权人主张恶意占有人赔偿损害 　　所有权人诉请：恶意占有人赔偿损害 二、所有权人主张无权占有人返还原物+孳息 　　所有权人诉请：无权占有人返还原物+孳息 三、善意占有人主张所有权人支付必要费用 　　善意占有人诉请：所有权人支付必要费用 四、所有权人主张占有人返还保险金/赔偿金/补偿金等 　　所有权人诉请：占有人返还保险金/赔偿金/补偿金等 五、所有权人主张恶意占有人赔偿未受弥补的损害 　　所有权人诉请：恶意占有人赔偿未受弥补的损害
说　明	占有物返还、占有排除妨害、占有消除危险、占有物损害赔偿各有其对应的3级案由（本章第四十五节至第四十九节），本案由作为2级案由涉及的是第459—461条之占有回复权利人（尤其是所有权人）与无权占有人的关系，因而本节以所有权人与无权占有人关系为例拆解其所涉请求权基础的检视程式。

一、所有权人主张恶意占有人赔偿损害

所有权人诉请：恶意占有人赔偿损害

请求权基础

第459条

占有人因使用占有的不动产或者动产，致使该不动产或者动产受到损害的，恶意占有人应当承担赔偿责任。

第1165条第1款

行为人因过错侵害他人民事权益造成损害的，应当承担侵权责任。

检视程式

（一）请求权已产生
1.责任成立
（1）所有权人的物受到损害
（2）占有人使用占有物
（3）责任成立因果关系
否认：受害人故意，第1174条
否认：第三人原因，第1175条
（4）抗辩：占有人为善意
（5）抗辩：不法性阻却事由
正当防卫：第181条第1款
紧急避险：第182条第1—2款
紧急救助：第184条
（6）抗辩：欠缺责任能力
（7）过错
（8）抗辩：与有过失，第1173条
2.责任范围
（1）损害
（2）责任范围因果关系
（3）抗辩：所有权人对损害的扩大有过错（与有过失），第1173条
（二）请求权未消灭
1.债的一般消灭事由：第557条第1款
2.损益相抵
（三）请求权可行使
1.留置抗辩权：类推第525条
2.时效抗辩权：第192条第1款

说 明

实质属于过错侵权请求权。

二、所有权人主张无权占有人返还原物+孳息

所有权人诉请：无权占有人返还原物+孳息

请求权基础

第460条第1分句

不动产或者动产被占有人占有的，权利人可以请求返还原物及其孳息……

第235条

无权占有不动产或者动产的，权利人可以请求返还原物。

检视程式

（一）请求权已产生

1.产生要件

（1）请求人为所有权人

（2）相对人为占有人

2.产生抗辩

相对人的占有本权

让与不破租赁：第725条

孳息收取权：第321条

（二）请求权未消灭

1.给付不能：第580条第1款但书第1—2项

2.债的一般消灭事由：第557条第1款

（三）请求权可行使

1.留置抗辩权：类推第525条

2.时效抗辩权：第192条第1款

不动产物权/登记动产原物返还请求权时效抗辩权的排除：第196条第2项

说 明

实质属于所有权人的原物返还请求权。

聚合提示

可与其他物权请求权、侵权请求权并存：第238—239条

竞合提示

可与合同期满后的返还请求权、不当得利返还请求权、侵权返还请求权竞合。

三、善意占有人主张所有权人支付必要费用

善意占有人诉请：所有权人支付必要费用

请求权基础

第460条第2分句→

第460条

不动产或者动产被占有人占有的，权利人可以请求返还原物及其孳息；但是，应当支付善意占有人因维护该不动产或者动产支出的必要费用。

检视程式

（一）请求权已产生
1. 善意占有人
2. 对占有物支出费用
3. 费用的必要性

（二）请求权未消灭
债的一般消灭事由：第557条第1款

（三）请求权可行使
1. 留置抗辩权：类推第525条
2. 时效抗辩权：第192条第1款

四、所有权人主张占有人返还保险金/赔偿金/补偿金等

所有权人诉请：占有人返还保险金/赔偿金/补偿金等

请求权基础

第461条第1分句

占有的不动产或者动产毁损、灭失，该不动产或者动产的权利人请求赔偿的，占有人应当将因毁损、灭失取得的保险金、赔偿金或者补偿金等返还给权利人……

第985条

得利人没有法律根据取得不当利益的，受损失的人可以请求得利人返还取得的利益……

检视程式

（一）请求权已产生
1. 占有物毁损/灭失
2. 占有人取得保险金/赔偿金/补偿金

（二）请求权未消灭
债的一般消灭事由：第557条第1款

（三）请求权可行使

时效抗辩权：第192条第1款

起算：知道/应知不当得利事实+得利人，时效规定6

说 明

实质属于权益侵害不当得利返还请求权。

五、所有权人主张恶意占有人赔偿未受弥补的损害

所有权人诉请：恶意占有人赔偿未受弥补的损害

请求权基础

第461条第2分句→

第461条

占有的不动产或者动产毁损、灭失，该不动产或者动产的权利人请求赔偿的，占有人应当将因毁损、灭失取得的保险金、赔偿金或者补偿金等返还给权利人；权利人的损害未得到足够弥补的，恶意占有人还应当赔偿损失。

第1165条第1款

行为人因过错侵害他人民事权益造成损害的，应当承担侵权责任。

检视程式

（一）请求权已产生

1. 责任成立

（1）所有权人的物受到损害

（2）占有人使用占有物

（3）责任成立因果关系

否认：受害人故意，第1174条

否认：第三人原因，第1175条

（4）抗辩：占有人为善意

（5）抗辩：不法性阻却事由

正当防卫：第181条第1款

紧急避险：第182条第1—2款

紧急救助：第184条

（6）抗辩：欠缺责任能力

（7）过错

（8）抗辩：与有过失，第1173条

2. 责任范围

（1）占有人将保险金/赔偿金/补偿金等返还所有权人仍未受弥补的损害

（2）责任范围因果关系

（3）抗辩：所有权人对损害的扩大有过错（与有过失），第1173条
（二）请求权未消灭
1. 债的一般消灭事由：第557条第1款
2. 损益相抵
（三）请求权可行使
1. 留置抗辩权：类推第525条
2. 时效抗辩权：第192条第1款

说　明

实质属于过错侵权请求权。

第四十六节　占有物返还纠纷

原占有人主张原物返还

原占有人诉请：返还占有物

请求权基础

第462条第1款第1分句
占有的不动产或者动产被侵占的，占有人有权请求返还原物……

检视程式

（一）请求权已产生
1. 产生要件
（1）请求人曾为占有人
（2）因占有侵夺丧失占有
否认：原占有人同意
（3）相对人为瑕疵占有人
2. 产生抗辩：法律许可（如不法性阻却事由）
（二）请求权未消灭
1. 物已灭失
2. 除斥期间届满：第462条第2款
3. 债的一般消灭事由：第557条第1款
（三）请求权可行使

竞合提示

可与不当得利返还请求权、侵权返还请求权竞合。

第四十七节　占有排除妨害纠纷

占有人主张排除妨害请求权

占有人诉请：排除妨害

请求权基础

第462条第1款第2分句第1种情形
对妨害占有的行为，占有人有权请求排除妨害或者消除危险……

检视程式

（一）请求权已产生
1.产生要件
（1）请求人为占有人
（2）相对人妨害占有
①行为妨害：直接实施妨害行为
②状态妨害：妨害至少可追溯至妨害人的间接意思
2.抗辩：不法性阻却事由
正当防卫：第181条第1款
紧急避险：第182条第1—2款
紧急救助：第184条
自助行为：第1177条第1款主文
3.抗辩：权利滥用，第132条＋总则解释3
（二）请求权未消灭
1.物已灭失
2.给付不能：第580条第1款但书第1—2项
3.履行
4.免除
5.混同
（三）请求权可行使

第四十八节　占有消除危险纠纷

占有人主张消除危险请求权

占有人诉请：消除危险

请求权基础

第462条第1款第2分句第2种情形
对妨害占有的行为，占有人有权请求排除妨害或者消除危险……

检视程式

（一）请求权已产生

1.产生要件

（1）请求人为占有人

（2）相对人可能妨害占有（存在妨害危险）

2.抗辩：不法性阻却事由

正当防卫：第181条第1款

紧急避险：第182条第1—2款

紧急救助：第184条

自助行为：第1177条第1款主文

3.抗辩：权利滥用，第132条＋总则解释3

（二）请求权未消灭

1.物已灭失

2.给付不能：第580条第1款但书第1—2项

3.履行

4.免除

5.混同

（三）请求权可行使

第四十九节　占有物损害赔偿纠纷

占有人主张损害赔偿请求权

占有人诉请：赔偿损害

请求权基础

第462条第3分句

因侵占或者妨害造成损害的，占有人有权依法请求损害赔偿。

第1165条第1款

行为人因过错侵害他人民事权益造成损害的，应当承担侵权责任。

检视程式

（一）请求权已产生

1.责任成立

（1）占有人的占有本权被侵

（2）加害行为

（3）责任成立因果关系

否认：受害人故意，第1174条
否认：第三人原因，第1175条
（4）抗辩：不法性阻却事由
正当防卫：第181条第1款
紧急避险：第182条第1—2款
紧急救助：第184条
自助行为：第1177条第1款主文
（5）抗辩：欠缺责任能力
（6）过错
（7）抗辩：与有过失，第1173条
2.责任范围
（1）损害：以占有本权为断，第1184条
（2）责任范围因果关系
（3）抗辩：被侵权人对损害的扩大有过错（与有过失），第1173条
（二）请求权未消灭
1.债的一般消灭事由：第557条第1款
2.损益相抵
（三）请求权可行使
1.留置抗辩权：类推第525条
2.时效抗辩权：第192条第1款

说 明

1.实质属于过错侵权请求权。
2.仅有权占有人的占有被侵得主张损害赔偿请求权。

第七章　人格权案由

第一节　申请人身安全保护令/申请人格权侵害禁令（非讼程序）

主张人格权保护禁令

申请：人身安全保护令 / 人格权侵害禁令

规范基础

第997条

民事主体有证据证明行为人正在实施或者即将实施侵害其人格权的违法行为，不及时制止将使其合法权益受到难以弥补的损害的，有权依法向人民法院申请采取责令行为人停止有关行为的措施。

检视程式

1. 行为人正在实施或者即将实施侵害其人格权的违法行为
2. 不及时制止将使其合法权益受到难以弥补的损害

说　明

属于"非讼程序案件（1级案由）"项下案由。

第二节　生命权、身体权、健康权纠纷

案由所涉主张与诉请	一、捐献方主张人体捐献合同/遗嘱无效 　　捐献方诉请：确认人体捐献合同/遗嘱无效 二、捐献方主张撤销人体捐献合同 　　捐献方诉请：撤销人体捐献合同 三、主张解除人体捐献合同 　　诉请：确认已解除/依诉行使解除权 四、主张人体买卖合同无效 　　诉请：确认人体买卖合同无效

续表

五、受试方主张人体试验合同无效 　　受试方诉请：确认人体试验合同无效	
六、受试方主张撤销人体试验合同 　　受试方诉请：撤销人体试验合同	
七、主张解除人体试验合同 　　诉请：确认已行使/依诉行使解除权	
八、主张人格权消极防御请求权 　　诉请：停止侵害、排除妨碍、消除危险	
九、主张性侵扰消极防御请求权 　　诉请：停止侵害、排除妨碍、消除危险	
十、主张单位承担性侵扰防免/处置义务 　　诉请：采取合理的性侵扰防免/处置措施	
十一、主张人格权"恢复原状"请求权 　　诉请：消除影响、赔礼道歉	
十二、主张人格权损害赔偿请求权 　　诉请：赔偿侵害人格权造成的损失	
十三、主张人格权精神损害赔偿请求权 　　诉请：赔偿精神损害	
十四、费用支出人主张侵权人负担费用 　　费用支出人诉请：侵权人赔偿费用	

一、捐献方主张人体捐献合同/遗嘱无效

捐献方诉请：确认人体捐献合同/遗嘱无效

规范基础

第1006条

完全民事行为能力人有权依法自主决定无偿捐献其人体细胞、人体组织、人体器官、遗体。任何组织或者个人不得强迫、欺骗、利诱其捐献。

完全民事行为能力人依据前款规定同意捐献的，应当采用书面形式，也可以订立遗嘱。

自然人生前未表示不同意捐献的，该自然人死亡后，其配偶、成年子女、父母可以共同决定捐献，决定捐献应当采用书面形式。

检视程式

（一）合同/遗嘱成立

1.人体细胞、人体组织、人体器官、遗体捐献合意

2.遗嘱捐献的符合遗嘱要件
3.无偿
4.书面形式
5.生前不同意捐献的：
（1）自然人死亡
（2）配偶、成年子女、父母共同决定捐献
（3）书面形式
6.格式条款的提示说明：第496条，合同通则解释9—10

（二）合同未生效事由
批准手续：第502条第2款第1句，合同通则解释13

（三）合同无效事由
1.并非完全行为能力
2.强迫、欺骗、利诱捐献
3.通谋虚伪：第146条第1款＋合同通则解释14.1、15
4.违反法律强制性规定：第153条第1款
5.违反公序良俗：第153条第2款＋合同通则解释17
6.恶意串通：第154条
7.格式条款无效：第497条
8.免责条款的无效：第506条

二、捐献方主张撤销人体捐献合同

捐献方诉请：撤销人体捐献合同

规范基础

第147条
基于重大误解实施的民事法律行为，行为人有权请求人民法院或者仲裁机构予以撤销。

检视程式

（一）撤销权已产生
1.人体捐献的意思表示错误：总则解释19
2.错误非无关紧要
3.因果关系

（二）撤销权未消灭
基于人格保护，捐献方人体捐献合同撤销权不应受除斥期间限制

（三）撤销权的行使

说　明

受欺诈、受胁迫、危难被乘构成人体捐献合同的无效事由，而非可撤销事由。

三、主张解除人体捐献合同

诉请：确认已解除／依诉行使解除权

规范基础

第563条第1款
有下列情形之一的，当事人可以解除合同：
（一）因不可抗力致使不能实现合同目的；
（二）在履行期限届满前，当事人一方明确表示或者以自己的行为表明不履行主要债务；
（三）当事人一方迟延履行主要债务，经催告后在合理期限内仍未履行；
（四）当事人一方迟延履行债务或者有其他违约行为致使不能实现合同目的；
（五）法律规定的其他情形。

检视程式

（一）解除权已产生
1.因不可抗力致使不能实现合同目的
2.在履行期限届满前，当事人一方明确表示或者以自己的行为表明不履行主要债务
3.当事人一方迟延履行主要债务，经催告后在合理期限内仍未履行
4.当事人一方迟延履行债务或者有其他违约行为致使不能实现合同目的
5.法律规定的其他情形
6.基于人格保护，捐献方应享有任意解除权

（二）解除权未消灭
1.除斥期间：第564条
（1）法定除斥期间／当事人约定权利行使期限
（2）法律未规定解除权行使期限＋当事人未约定解除权行使期限＋解除权人知道或应知解除事由之日起1年
（3）法律未规定解除权行使期限＋对方催告后的合理期限
2.放弃解除权
3.捐献方的解除权不应受除斥期间的限制

（三）解除权的行使：第565条，合同通则解释53—54
1.解除通知＋到达
2.通知载明债务人在一定期限内不履行债务则合同自动解除＋载明的期限届满＋债务人在该期限内未履行债务
3.未通知＋直接以诉讼或仲裁方式主张解除＋起诉状副本或仲裁申请书副本送达对方

四、主张人体买卖合同无效

诉请：确认人体买卖合同无效

规范基础

第1007条
禁止以任何形式买卖人体细胞、人体组织、人体器官、遗体。
违反前款规定的买卖行为无效。

检视程式

1. 人体细胞、人体组织、人体器官、遗体的交易
2. 任何形式的买卖均无效

五、受试方主张人体试验合同无效

受试方诉请：确认人体试验合同无效

规范基础

第1008条
为研制新药、医疗器械或者发展新的预防和治疗方法，需要进行临床试验的，应当依法经相关主管部门批准并经伦理委员会审查同意，向受试者或者受试者的监护人告知试验目的、用途和可能产生的风险等详细情况，并经其书面同意。
进行临床试验的，不得向受试者收取试验费用。

检视程式

（一）合同成立
1. 人体试验合意
2. 告知义务：向受试者或者受试者的监护人告知试验目的、用途和可能产生的风险等详细情况
3. 受试者或其监护人书面同意

（二）合同生效
1. 主管部门批准
2. 伦理委员会审查同意

（三）合同无效事由
1. 非完全行为能力人+未经监护人同意
2. 受欺诈、受胁迫、危难被乘
3. 通谋虚伪：第146条第1款+合同通则解释14.1、15
4. 违反法律强制性规定：第153条第1款
5. 违反公序良俗：第153条第2款+合同通则解释17

6. 恶意串通：第154条
7. 格式条款无效：第497条
8. 免责条款的无效：第506条
9. 向受试者收取试验费用

六、受试方主张撤销人体试验合同

受试方诉请：撤销人体试验合同

规范基础

第147条

基于重大误解实施的民事法律行为，行为人有权请求人民法院或者仲裁机构予以撤销。

检视程式

（一）撤销权已产生

1. 参与人体试验的意思表示错误：总则解释19
2. 错误非无关紧要
3. 因果关系

（二）撤销权未消灭

基于人格保护，受试方人体试验合同撤销权不应受除斥期间限制

（三）撤销权的行使

说　明

受欺诈、受胁迫、危难被乘构成人体试验合同的无效事由，而非可撤销事由。

七、主张解除人体试验合同

诉请：确认已行使／依诉行使解除权

规范基础

第563条第1款

有下列情形之一的，当事人可以解除合同：

（一）因不可抗力致使不能实现合同目的；

（二）在履行期限届满前，当事人一方明确表示或者以自己的行为表明不履行主要债务；

（三）当事人一方迟延履行主要债务，经催告后在合理期限内仍未履行；

（四）当事人一方迟延履行债务或者有其他违约行为致使不能实现合同目的；

（五）法律规定的其他情形。

检视程式

（一）解除权已产生
1. 因不可抗力致使不能实现合同目的
2. 在履行期限届满前，当事人一方明确表示或者以自己的行为表明不履行主要债务
3. 当事人一方迟延履行主要债务，经催告后在合理期限内仍未履行
4. 当事人一方迟延履行债务或者有其他违约行为致使不能实现合同目的
5. 法律规定的其他情形
6. 基于人格保护，受试方应享有任意解除权

（二）解除权未消灭
1. 除斥期间：第564条
（1）法定除斥期间/当事人约定权利行使期限
（2）法律未规定解除权行使期限＋当事人未约定解除权行使期限＋解除权人知道或应知解除事由之日起1年
（3）法律未规定解除权行使期限＋对方催告后的合理期限
2. 放弃解除权
3. 受试方的解除权不应受除斥期间的限制

（三）解除权的行使：第565条，合同通则解释53—54
1. 解除通知＋到达
2. 通知载明债务人在一定期限内不履行债务则合同自动解除＋载明的期限届满＋债务人在该期限内未履行债务
3. 未通知＋直接以诉讼或仲裁方式主张解除＋起诉状副本或仲裁申请书副本送达对方

八、主张人格权消极防御请求权

诉请：停止侵害、排除妨碍、消除危险

请求权基础

第995条

人格权受到侵害的，受害人有权依照本法和其他法律的规定请求行为人承担民事责任。受害人的停止侵害、排除妨碍、消除危险、消除影响、恢复名誉、赔礼道歉请求权，不适用诉讼时效的规定。

第1167条

侵权行为危及他人人身、财产安全的，被侵权人有权请求侵权人承担停止侵害、排除妨碍、消除危险等侵权责任。

检视程式

（一）请求权已产生
1.生命权、身体权、健康权
2.正在进行或即将发生的侵害或妨害
3.抗辩：不法性阻却事由
正当防卫：第181条第1款
紧急避险：第182条第1—2款
紧急救助：第184条
自助行为：第1177条第1款主文
自甘冒险：第1176条第1款主文

（二）请求权未消灭
1.履行
2.免除

（三）请求权可行使
时效抗辩权的排除：第995条第2句

九、主张性侵扰消极防御请求权

诉请：停止侵害、排除妨碍、消除危险

请求权基础

第1010条第1款
违背他人意愿，以言语、文字、图像、肢体行为等方式对他人实施性骚扰的，受害人有权依法请求行为人承担民事责任。

第1167条
侵权行为危及他人人身、财产安全的，被侵权人有权请求侵权人承担停止侵害、排除妨碍、消除危险等侵权责任。

检视程式

（一）请求权已产生
1.以言语、文字、图像、肢体行为等方式对他人实施性骚扰
2.违背受害人意愿

（二）请求权未消灭
已履行

（三）请求权可行使
时效抗辩权的排除：第995条第2句

十、主张单位承担性侵扰防免/处置义务

诉请：采取合理的性侵扰防免/处置措施

请求权基础

第1010条第2款

机关、企业、学校等单位应当采取合理的预防、受理投诉、调查处置等措施，防止和制止利用职权、从属关系等实施性骚扰。

检视程式

（一）请求权已产生
1. 以言语、文字、图像、肢体行为等方式对他人实施性骚扰
2. 违背受害人意愿
3. 利用机关、企业、学校等单位的职权、从属关系等

（二）请求权未消灭
1. 已履行
2. 免除

（三）请求权可行使
时效抗辩权的排除：第995条第2句

十一、主张人格权"恢复原状"请求权

诉请：消除影响、赔礼道歉

请求权基础

第995条

人格权受到侵害的，受害人有权依照本法和其他法律的规定请求行为人承担民事责任。受害人的停止侵害、排除妨碍、消除危险、消除影响、恢复名誉、赔礼道歉请求权，不适用诉讼时效的规定。

第1165条第1款

行为人因过错侵害他人民事权益造成损害的，应当承担侵权责任。

检视程式

（一）请求权已产生
1. 责任成立
（1）身体权、健康权
（2）加害行为
（3）责任成立因果关系
（4）抗辩：不法性阻却事由

正当防卫：第181条第1款
紧急避险：第182条第1—2款
紧急救助：第184条
自助行为：第1177条第1款主文
自甘冒险：第1176条第1款主文
（5）抗辩：欠缺责任能力
（6）过错
2.责任范围：第1000条
（1）与行为的具体方式和造成的影响范围相当
（2）行为人拒不承担责任
人民法院可以采取在报刊、网络等媒体上发布公告或者公布生效裁判文书等方式执行，产生的费用由行为人负担

（二）请求权未消灭
1.履行
2.免除

（三）请求权可行使
时效抗辩权的排除：第995条第2句

十二、主张人格权损害赔偿请求权

诉请：赔偿侵害人格权造成的损失

请求权基础

第1165条第1款
行为人因过错侵害他人民事权益造成损害的，应当承担侵权责任。

检视程式

（一）请求权已产生
1.责任成立
（1）生命权、身体权、健康权被侵
（2）加害行为
（3）责任成立因果关系
否认：受害人故意，第1174条
否认：第三人原因，第1175条
（4）抗辩：不法性阻却事由
正当防卫：第181条第1款
紧急避险：第182条第1—2款
紧急救助：第184条
自助行为：第1177条第1款主文

自甘冒险：第1176条第1款主文
（5）抗辩：欠缺责任能力
（6）过错
（7）抗辩：与有过失，第1173条
2.责任范围
（1）损害
人身损害：第1179—1180条，人身损害解释6—19
（2）责任范围因果关系
（3）抗辩：被侵权人对损害的扩大有过错（与有过失），第1173条
（4）定期金的担保：第1187条第2分句＋人身损害解释20—21
3.请求权主体
被侵权人死亡的，其近亲属为请求权主体：第1181条第1款第1句
（二）请求权未消灭
1.债的一般消灭事由：第557条第1款（抵销除外）
2.损益相抵
（三）请求权可行使
1.留置抗辩权：类推第525条
2.时效抗辩权：第192条第1款

说　明

实质属于过错侵权请求权。

竞合提示

可能与不当得利请求权产生竞合。

十三、主张人格权精神损害赔偿请求权

诉请：赔偿精神损害

请求权基础

第1183条第1款
侵害自然人人身权益造成严重精神损害的，被侵权人有权请求精神损害赔偿。

检视程式

（一）请求权已产生
1.责任成立
（1）身体权、健康权被侵
（2）加害行为
（3）责任成立因果关系

否认：受害人故意，第1174条
否认：第三人原因，第1175条
（4）抗辩：不法性阻却事由
正当防卫：第181条第1款
紧急避险：第182条第1—2款
紧急救助：第184条
自助行为：第1177条第1款主文
自甘冒险：第1176条第1款主文
（5）抗辩：欠缺责任能力
（6）过错
（7）抗辩：与有过失，第1173条
2.责任范围
（1）严重精神损害：精神损害解释5
（2）责任范围因果关系
（3）抗辩：被侵权人对损害的扩大有过错（与有过失），第1173条
（二）请求权未消灭
债的一般消灭事由：第557条第1款（抵销除外）
（三）请求权可行使
时效抗辩权：第192条第1款

聚合提示

可与违约责任并存：第996条

十四、费用支出人主张侵权人负担费用

费用支出人诉请：侵权人赔偿费用

请求权基础

第1181条第2款

被侵权人死亡的，支付被侵权人医疗费、丧葬费等合理费用的人有权请求侵权人赔偿费用，但是侵权人已经支付该费用的除外。

检视程式

（一）请求权已产生
1.被侵权人死亡
2.请求人支付被侵权人医疗费、丧葬费等合理费用
（二）请求权未消灭
侵权人已经支付该费用

（三）请求权可行使

时效抗辩权：第192条第1款

第三节　姓名权纠纷

案由所涉主张与诉请	一、主张解除姓名权许可使用合同（特有解除权） 　　诉请：确认已行使/依诉行使解除权 二、相对人主张姓名权人承担许可使用合同解除后的损害赔偿 　　相对人诉请：姓名权人赔偿解除许可使用合同后的损害 三、主张姓名权消极防御请求权 　　诉请：停止侵害、排除妨碍、消除危险 四、主张姓名权"恢复原状"请求权 　　诉请：消除影响、赔礼道歉 五、主张姓名权损害赔偿请求权 　　诉请：赔偿侵害姓名权造成的损失 六、主张姓名权精神损害赔偿请求权 　　诉请：赔偿精神损害
说　明	1. 姓名权许可使用合同的有效/无效认定、因意思表示瑕疵的撤销、合同通常解除事由，与一般合同类似，检视程式可参见第二章第一节合同纠纷。 2. 笔名、艺名、网名、译名、姓名的简称等，参照适用姓名权检视程式：第1017条

一、主张解除姓名权许可使用合同（特有解除权）

诉请：确认已行使/依诉行使解除权

规范基础

第1023条第1款

对姓名等的许可使用，参照适用肖像许可使用的有关规定。

第1022条第1款、第2款第1句主文→

第1022条

当事人对肖像许可使用期限没有约定或者约定不明确的，任何一方当事人可以随时解除肖像许可使用合同，但是应当在合理期限之前通知对方。

当事人对肖像许可使用期限有明确约定，肖像权人有正当理由的，可以解除肖像许可使用合同，但是应当在合理期限之前通知对方。因解除合同造成对方损失的，除不可归责于肖像权人的事由外，应当赔偿损失。

检视程式

（一）解除权已产生

1.约定许可使用期限情形

肖像权人享有附正当理由的解除权

2.未约定许可使用期限/约定不明确情形

双方均享有任意解除权

（二）解除权未消灭

上述解除权不因时间经过或抛弃而消灭

（三）解除权的行使：第565条+合同通则解释53—54+第1022条

1.合理期限+解除通知+到达

2.未通知+直接以诉讼或仲裁方式主张解除+起诉状副本或仲裁申请书副本送达对方

二、相对人主张姓名权人承担许可使用合同解除后的损害赔偿

相对人诉请：姓名权人赔偿解除许可使用合同后的损害

请求权基础

第1023条第1款

对姓名等的许可使用，参照适用肖像许可使用的有关规定。

第1022条第2款第2句

因解除合同造成对方损失的，除不可归责于肖像权人的事由外，应当赔偿损失。

检视程式

（一）请求权已产生

1.相对人遭受损失

2.明确约定许可使用期限

3.姓名权人已行使附正当理由的解除权

4.姓名权人解除合同与相对人损失间的因果关系

5.抗辩：不可归责于姓名权人

6.抗辩：可预见性，第584条但书+合同通则解释63.1—63.2

7.抗辩：合同目的限制

（二）请求权未消灭

1.债的一般消灭事由：第557条第1款（抵销除外）

2.损益相抵

（三）请求权可行使

1 同时履行抗辩权：第525条+合同通则解释31

2.时效抗辩权：第192条第1款

说 明

姓名许可使用合同应作有利于姓名权人的解释：第1023条第1款+第1021条

三、主张姓名权消极防御请求权

诉请：停止侵害、排除妨碍、消除危险

请求权基础

第1014条

任何组织或者个人不得以干涉、盗用、假冒等方式侵害他人的姓名权或者名称权。

第1167条

侵权行为危及他人人身、财产安全的，被侵权人有权请求侵权人承担停止侵害、排除妨碍、消除危险等侵权责任。

检视程式

（一）请求权已产生

1. 典型侵害形态

以干涉、盗用、假冒等方式侵害他人的姓名权

2. 非典型侵害形态

权利保护范围、侵害行为、不法性的法益衡量：第998条

姓名的合理使用：第999条

（二）请求权未消灭

1. 履行
2. 免除

（三）请求权可行使

时效抗辩权的排除：第995条第2句

四、主张姓名权"恢复原状"请求权

诉请：消除影响、赔礼道歉

请求权基础

第995条

人格权受到侵害的，受害人有权依照本法和其他法律的规定请求行为人承担民事责任。受害人的停止侵害、排除妨碍、消除危险、消除影响、恢复名誉、赔礼道歉请求权，不适用诉讼时效的规定。

第1165条第1款

行为人因过错侵害他人民事权益造成损害的，应当承担侵权责任。

检视程式

（一）请求权已产生

1. 责任成立

（1）典型侵害形态

以干涉、盗用、假冒等方式侵害他人的姓名权

（2）非典型侵害形态

法益衡量（权利保护范围、侵害行为、责任成立因果关系、不法性、过错判断合一）：第998条

姓名的合理使用：第999条

（3）抗辩：欠缺责任能力

2. 责任范围：第1000条

（1）与行为的具体方式和造成的影响范围相当

（2）行为人拒不承担责任

人民法院可以采取在报刊、网络等媒体上发布公告或者公布生效裁判文书等方式执行，产生的费用由行为人负担

（二）请求权未消灭

1. 履行

2. 免除

（三）请求权可行使

时效抗辩权的排除：第995条第2句

五、主张姓名权损害赔偿请求权

诉请：赔偿侵害姓名权造成的损失

请求权基础

第1165条第1款

行为人因过错侵害他人民事权益造成损害的，应当承担侵权责任。

检视程式

（一）请求权已产生

1. 责任成立

（1）典型侵害形态

以干涉、盗用、假冒等方式侵害他人的姓名权

（2）非典型侵害形态

法益衡量（权利保护范围、侵害行为、责任成立因果关系、不法性、过错判断合一）：第998条

姓名的合理使用：第999条

（3）抗辩：欠缺责任能力
（4）抗辩：与有过失，第1173条
2.责任范围
（1）损害：第1182条
（2）责任范围因果关系
（3）抗辩：被侵权人对损害的扩大有过错（与有过失），第1173条
（4）分期支付的担保：第1187条第2分句+人身损害解释20—21
（二）请求权未消灭
1.债的一般消灭事由：第557条第1款（抵销除外）
2.损益相抵
（三）请求权可行使
1.留置抗辩权：类推第525条
2.时效抗辩权：第192条第1款

说　明

实质属于过错侵权请求权。

竞合提示

可能与不当得利请求权产生竞合。

六、主张姓名权精神损害赔偿请求权

诉请：赔偿精神损害

请求权基础

第1183条第1款
侵害自然人人身权益造成严重精神损害的，被侵权人有权请求精神损害赔偿。

检视程式

（一）请求权已产生
1.责任成立
（1）典型侵害形态
以干涉、盗用、假冒等方式侵害他人的姓名权
（2）非典型侵害形态
法益衡量（权利保护范围、侵害行为、责任成立因果关系、不法性、过错判断合一）：第998条
姓名的合理使用：第999条
（3）抗辩：欠缺责任能力
（4）抗辩：与有过失，第1173条

2.责任范围
（1）严重精神损害：精神损害解释5
（2）责任范围因果关系
（3）抗辩：被侵权人对损害的扩大有过错（与有过失），第1173条
（二）请求权未消灭
债的一般消灭事由：第557条第1款（抵销除外）
（三）请求权可行使
时效抗辩权：第192条第1款

聚合提示

可与违约责任并存：第996条

第四节　名称权纠纷

案由所涉主张与诉请	一、主张名称权消极防御请求权 　　诉请：停止侵害、排除妨碍、消除危险 二、主张名称权"恢复原状"请求权 　　诉请：消除影响、赔礼道歉 三、主张名称权损害赔偿请求权 　　诉请：赔偿侵害名称权造成的损失 四、主张名称权精神损害赔偿请求权 　　诉请：赔偿精神损害
说　　明	1.名称权许可使用合同的有效/无效认定、因意思表示瑕疵的撤销、合同解除，与一般合同类似，检视程序可参见第二章第一节合同纠纷。 2.字号、名称的简称等，参照适用名称权检视程式：第1017条

一、主张名称权消极防御请求权

诉请：停止侵害、排除妨碍、消除危险

请求权基础

第1014条

任何组织或者个人不得以干涉、盗用、假冒等方式侵害他人的姓名权或者名称权。

第1167条

侵权行为危及他人人身、财产安全的，被侵权人有权请求侵权人承担停止侵害、排除妨碍、消除危险等侵权责任。

检视程式

（一）请求权已产生

1.典型侵害形态

以干涉、盗用、假冒等方式侵害他人的名称权

2.非典型侵害形态

权利保护范围、侵害行为、不法性的法益衡量：第998条

名称的合理使用：第999条

（二）请求权未消灭

1.履行

2.免除

（三）请求权可行使

时效抗辩权的排除：第995条第2句

二、主张名称权"恢复原状"请求权

诉请：消除影响、赔礼道歉

请求权基础

第995条

人格权受到侵害的，受害人有权依照本法和其他法律的规定请求行为人承担民事责任。受害人的停止侵害、排除妨碍、消除危险、消除影响、恢复名誉、赔礼道歉请求权，不适用诉讼时效的规定。

第1165条第1款

行为人因过错侵害他人民事权益造成损害的，应当承担侵权责任。

检视程式

（一）请求权已产生

1.责任成立

（1）典型侵害形态

以干涉、盗用、假冒等方式侵害名称权

（2）非典型侵害形态

法益衡量（权利保护范围、侵害行为、责任成立因果关系、不法性、过错判断合一）：第998条

名称的合理使用：第999条

（3）抗辩：欠缺责任能力

2.责任范围：第1000条

（1）与行为的具体方式和造成的影响范围相当

（2）行为人拒不承担责任

人民法院可以采取在报刊、网络等媒体上发布公告或者公布生效裁判文书等方式执行，产生的费用由行为人负担

（二）请求权未消灭

1. 履行
2. 免除

（三）请求权可行使

时效抗辩权的排除：第995条第2句

三、主张名称权损害赔偿请求权

诉请：赔偿侵害名称权造成的损失

请求权基础

第1165条第1款

行为人因过错侵害他人民事权益造成损害的，应当承担侵权责任。

检视程式

（一）请求权已产生

1. 责任成立

（1）典型侵害形态

以干涉、盗用、假冒等方式侵害名称权

（2）非典型侵害形态

法益衡量（权利保护范围、侵害行为、责任成立因果关系、不法性、过错判断合一）：第998条

名称的合理使用：第999条

（3）抗辩：欠缺责任能力

（4）抗辩：与有过失，第1173条

2. 责任范围

（1）损害：第1182条

（2）责任范围因果关系

（3）抗辩：被侵权人对损害的扩大有过错（与有过失），第1173条

（4）分期支付的担保：第1187条第2分句+人身损害解释20—21

（二）请求权未消灭

1. 债的一般消灭事由：第557条第1款（抵销除外）
2. 损益相抵

（三）请求权可行使

1. 留置抗辩权：类推第525条
2. 时效抗辩权：第192条第1款

说 明
实质属于过错侵权请求权。

竞合提示
可能与不当得利请求权产生竞合。

四、主张名称权精神损害赔偿请求权

诉请：赔偿精神损害

请求权基础
第1183条第1款
侵害自然人人身权益造成严重精神损害的，被侵权人有权请求精神损害赔偿。

检视程式

（一）请求权已产生
1.责任成立
（1）典型侵害形态
以干涉、盗用、假冒等方式侵害名称权
（2）非典型侵害形态
法益衡量（权利保护范围、侵害行为、责任成立因果关系、不法性、过错判断合一）：第998条
名称的合理使用：第999条
（3）抗辩：欠缺责任能力
（4）抗辩：与有过失，第1173条
2.责任范围
（1）严重精神损害：精神损害解释5
（2）责任范围因果关系
（3）抗辩：被侵权人对损害的扩大有过错（与有过失），第1173条
（二）请求权未消灭
债的一般消灭事由：第557条第1款（抵销除外）
（三）请求权可行使
时效抗辩权：第192条第1款

聚合提示
可与违约责任并存：第996条

第五节 肖像权纠纷

案由所涉主张与诉请	一、主张解除肖像权许可使用合同（特有解除权） 　　诉请：确认已行使/依诉行使解除权 二、相对人主张肖像权人承担许可使用合同解除后的损害赔偿 　　相对人诉请：肖像权人赔偿解除许可使用合同后的损害 三、主张肖像权消极防御请求权 　　诉请：停止侵害、排除妨碍、消除危险 四、主张肖像权"恢复原状"请求权 　　诉请：消除影响、赔礼道歉 五、主张肖像权损害赔偿请求权 　　诉请：赔偿侵害肖像权造成的损失 六、主张肖像权精神损害赔偿请求权 　　诉请：赔偿精神损害
说　明	肖像权许可使用合同的有效/无效认定、因意思表示瑕疵的撤销、合同通常解除事由，与一般合同类似，检视程式可参见第二章第一节合同纠纷。

一、主张解除肖像权许可使用合同（特有解除权）

诉请：确认已行使/依诉行使解除权

规范基础

第1022条第1款、第2款第1句主文→
第1022条
　　当事人对肖像许可使用期限没有约定或者约定不明确的，任何一方当事人可以随时解除肖像许可使用合同，但是应当在合理期限之前通知对方。
　　当事人对肖像许可使用期限有明确约定，肖像权人有正当理由的，可以解除肖像许可使用合同，但是应当在合理期限之前通知对方。因解除合同造成对方损失的，除不可归责于肖像权人的事由外，应当赔偿损失。

检视程式

（一）解除权已产生
1. 约定许可使用期限情形
肖像权人享有附正当理由的解除权
2. 未约定许可使用期限/约定不明确情形
双方均享有任意解除权

（二）解除权未消灭
上述解除权不因时间经过或抛弃而消灭

（三）解除权的行使：第565条＋合同通则解释53—54＋第1022条
1. 合理期限＋解除通知＋到达
2. 未通知＋直接以诉讼或仲裁方式主张解除＋起诉状副本或仲裁申请书副本送达对方

二、相对人主张肖像权人承担许可使用合同解除后的损害赔偿

相对人诉请：肖像权人赔偿解除许可使用合同后的损害

请求权基础

第1022条第2款第2句
因解除合同造成对方损失的，除不可归责于肖像权人的事由外，应当赔偿损失。

检视程式

（一）请求权已产生
1. 相对人遭受损失
2. 明确约定许可使用期限
3. 肖像权人已行使附正当理由的解除权
4. 肖像权人解除合同与相对人损失间的因果关系
5. 抗辩：不可归责于肖像权人
6. 抗辩：可预见性，第584条但书＋合同通则解释63.1—63.2
7. 抗辩：合同目的限制

（二）请求权未消灭
1. 债的一般消灭事由：第557条第1款
2. 损益相抵

（三）请求权可行使
1. 同时履行抗辩权：第525条＋合同通则解释31
2. 时效抗辩权：第192条第1款

说　明

肖像许可使用合同应作有利于肖像权人的解释：第1021条

三、主张肖像权消极防御请求权

诉请：停止侵害、排除妨碍、消除危险

请求权基础

第1019条
任何组织或者个人不得以丑化、污损，或者利用信息技术手段伪造等方式侵害

他人的肖像权。未经肖像权人同意，不得制作、使用、公开肖像权人的肖像，但是法律另有规定的除外。

未经肖像权人同意，肖像作品权利人不得以发表、复制、发行、出租、展览等方式使用或者公开肖像权人的肖像。

第1167条

侵权行为危及他人人身、财产安全的，被侵权人有权请求侵权人承担停止侵害、排除妨碍、消除危险等侵权责任。

检视程式

（一）请求权已产生

1. 以丑化、污损，或者利用信息技术手段伪造等方式侵害肖像权
2. 制作、使用、公开肖像
3. 以发表、复制、发行、出租、展览等方式使用或者公开肖像
4. 抗辩：肖像权的合理使用不必经同意，第999条+第1020条
（1）为个人学习、艺术欣赏、课堂教学或者科学研究，在必要范围内使用已经公开的肖像
（2）为实施新闻报道，不可避免地制作、使用、公开肖像
（3）为依法履行职责，国家机关在必要范围内制作、使用、公开肖像
（4）为展示特定公共环境，不可避免地制作、使用、公开肖像
（5）为维护公共利益或者肖像权人合法权益，制作、使用、公开肖像
5. 权利保护范围、侵害行为、不法性的法益衡量：第998条

（二）请求权未消灭

1. 履行
2. 免除

（三）请求权可行使

时效抗辩权的排除：第995条第2句

四、主张肖像权"恢复原状"请求权

诉请：消除影响、赔礼道歉

请求权基础

第995条

人格权受到侵害的，受害人有权依照本法和其他法律的规定请求行为人承担民事责任。受害人的停止侵害、排除妨碍、消除危险、消除影响、恢复名誉、赔礼道歉请求权，不适用诉讼时效的规定。

第1165条第1款

行为人因过错侵害他人民事权益造成损害的，应当承担侵权责任。

检视程式

（一）请求权已产生

1.责任成立

（1）以丑化、污损，或者利用信息技术手段伪造等方式侵害肖像权

（2）制作、使用、公开肖像

（3）以发表、复制、发行、出租、展览等方式使用或者公开肖像

（4）抗辩：肖像权的合理使用不必经同意，第999条＋第1020条

①为个人学习、艺术欣赏、课堂教学或者科学研究，在必要范围内使用已经公开的肖像

②为实施新闻报道，不可避免地制作、使用、公开肖像

③为依法履行职责，国家机关在必要范围内制作、使用、公开肖像

④为展示特定公共环境，不可避免地制作、使用、公开肖像

⑤为维护公共利益或者肖像权人合法权益，制作、使用、公开肖像

（5）法益衡量（权利保护范围、侵害行为、责任成立因果关系、不法性、过错判断合一）：第998条

（6）抗辩：欠缺责任能力

2.责任范围：第1000条

（1）与行为的具体方式和造成的影响范围相当

（2）行为人拒不承担责任

人民法院可以采取在报刊、网络等媒体上发布公告或者公布生效裁判文书等方式执行，产生的费用由行为人负担

（二）请求权未消灭

1.履行

2.免除

（三）请求权可行使

时效抗辩权的排除：第995条第2句

五、主张肖像权损害赔偿请求权

诉请：赔偿侵害肖像权造成的损失

请求权基础

第1165条第1款

行为人因过错侵害他人民事权益造成损害的，应当承担侵权责任。

检视程式

（一）请求权已产生

1.责任成立

（1）以丑化、污损，或者利用信息技术手段伪造等方式侵害肖像权

（2）制作、使用、公开肖像

（3）以发表、复制、发行、出租、展览等方式使用或者公开肖像

（4）抗辩：肖像权的合理使用不必经同意，第999条+第1020条

①为个人学习、艺术欣赏、课堂教学或者科学研究，在必要范围内使用已经公开的肖像

②为实施新闻报道，不可避免地制作、使用、公开肖像

③为依法履行职责，国家机关在必要范围内制作、使用、公开肖像

④为展示特定公共环境，不可避免地制作、使用、公开肖像

⑤为维护公共利益或者肖像权人合法权益，制作、使用、公开肖像

（5）法益衡量（权利保护范围、侵害行为、责任成立因果关系、不法性、过错判断合一）：第998条

（6）抗辩：欠缺责任能力

（7）抗辩：与有过失，第1173条

2.责任范围

（1）损害：第1182条

（2）责任范围因果关系

（3）抗辩：被侵权人对损害的扩大有过错（与有过失），第1173条

（4）分期支付的担保：第1187条第2分句+人身损害解释20—21

（二）请求权未消灭

1.债的一般消灭事由：第557条第1款（抵销除外）

2.损益相抵

（三）请求权可行使

1.留置抗辩权：类推第525条

2.时效抗辩权：第192条第1款

说　明

实质属于过错侵权请求权。

竞合提示

可能与不当得利请求权产生竞合。

六、主张肖像权精神损害赔偿请求权

诉请：赔偿精神损害

请求权基础

第1183条第1款

侵害自然人人身权益造成严重精神损害的，被侵权人有权请求精神损害赔偿。

检视程式

（一）请求权已产生

1.责任成立

（1）以丑化、污损，或者利用信息技术手段伪造等方式侵害肖像权

（2）制作、使用、公开肖像

（3）以发表、复制、发行、出租、展览等方式使用或者公开肖像

（4）抗辩：肖像权的合理使用不必经同意，第999条＋第1020条

①为个人学习、艺术欣赏、课堂教学或者科学研究，在必要范围内使用已经公开的肖像

②为实施新闻报道，不可避免地制作、使用、公开肖像

③为依法履行职责，国家机关在必要范围内制作、使用、公开肖像

④为展示特定公共环境，不可避免地制作、使用、公开肖像

⑤为维护公共利益或者肖像权人合法权益，制作、使用、公开肖像

（5）法益衡量（权利保护范围、侵害行为、责任成立因果关系、不法性、过错判断合一）：第998条

（6）抗辩：欠缺责任能力

（7）抗辩：与有过失，第1173条

2.责任范围

（1）严重精神损害：精神损害解释5

（2）责任范围因果关系

（3）抗辩：被侵权人对损害的扩大有过错（与有过失），第1173条

（二）请求权未消灭

债的一般消灭事由：第557条第1款（抵销除外）

（三）请求权可行使

时效抗辩权：第192条第1款

聚合提示

可与违约责任并存：第996条

第六节　声音保护纠纷

案由所涉主张与诉请	一、主张解除声音许可使用合同（特有解除权） 　　诉请：确认已行使/依诉行使解除权 二、相对人主张声音主体承担许可使用合同解除后的损害赔偿 　　相对人诉请：声音主体赔偿解除许可使用合同后的损害 三、主张声音权益消极防御请求权 　　诉请：停止侵害、排除妨碍、消除危险

续表

	四、主张声音权益"恢复原状"请求权 　　诉请：消除影响、赔礼道歉 五、主张声音权益损害赔偿请求权 　　诉请：赔偿侵害声音权益造成的损失 六、主张声音权益精神损害赔偿请求权 　　诉请：赔偿精神损害
说　明	1.声音许可使用合同的有效/无效认定、因意思表示瑕疵的撤销、合同通常解除事由，与一般合同类似，检视程式可参见第二章第一节合同纠纷。 2.自然人声音保护参照适用肖像权保护：第1023条第2款

一、主张解除声音许可使用合同（特有解除权）

诉请：确认已行使/依诉行使解除权

规范基础

第1023条第2款

对自然人声音的保护，参照适用肖像权保护的有关规定。

第1022条第1款、第2款第1句主文→

第1022条

当事人对肖像许可使用期限没有约定或者约定不明确的，任何一方当事人可以随时解除肖像许可使用合同，但是应当在合理期限之前通知对方。

当事人对肖像许可使用期限有明确约定，肖像权人有正当理由的，可以解除肖像许可使用合同，但是应当在合理期限之前通知对方。因解除合同造成对方损失的，除不可归责于肖像权人的事由外，应当赔偿损失。

检视程式

（一）解除权已产生

1.约定许可使用期限情形

声音主体享有附正当理由的解除权

2.未约定许可使用期限/约定不明确情形

双方均享有任意解除权

（二）解除权未消灭

上述解除权不因时间经过或抛弃而消灭

（三）解除权的行使：第565条+合同通则解释53—54+第1022条

1.合理期限+解除通知+到达

2.未通知+直接以诉讼或仲裁方式主张解除+起诉状副本或仲裁申请书副本送达对方

二、相对人主张声音主体承担许可使用合同解除后的损害赔偿

相对人诉请：声音主体赔偿解除许可使用合同后的损害

请求权基础

第1023条第2款
对自然人声音的保护，参照适用肖像权保护的有关规定。

第1022条第2款第2句
因解除合同造成对方损失的，除不可归责于肖像权人的事由外，应当赔偿损失。

检视程式

（一）请求权已产生
1. 相对人遭受损失
2. 明确约定许可使用期限
3. 声音主体已行使附正当理由的解除权
4. 声音主体解除合同与相对人损失间的因果关系
5. 抗辩：不可归责于声音主体
6. 抗辩：可预见性，第584条但书＋合同通则解释63.1—63.2
7. 抗辩：合同目的限制

（二）请求权未消灭
1. 债的一般消灭事由：第557条第1款
2. 损益相抵

（三）请求权可行使
1. 同时履行抗辩权：第525条＋合同通则解释31
2. 时效抗辩权：第192条第1款

说　明

声音许可使用合同应作有利于声音主体的解释：第1023条第2款＋第1021条

三、主张声音权益消极防御请求权

诉请：停止侵害、排除妨碍、消除危险

请求权基础

第1023条第2款
对自然人声音的保护，参照适用肖像权保护的有关规定。

第1019条
任何组织或者个人不得以丑化、污损，或者利用信息技术手段伪造等方式侵害他人的肖像权。未经肖像权人同意，不得制作、使用、公开肖像权人的肖像，但是

法律另有规定的除外。

未经肖像权人同意，肖像作品权利人不得以发表、复制、发行、出租、展览等方式使用或者公开肖像权人的肖像。

第 1167 条

侵权行为危及他人人身、财产安全的，被侵权人有权请求侵权人承担停止侵害、排除妨碍、消除危险等侵权责任。

检视程式

（一）请求权已产生
1. 以丑化、污损，或者利用信息技术手段伪造等方式侵害声音权益
2. 制作、使用、公开声音
3. 以发表、复制、发行、出租、展览等方式使用或者公开声音
4. 抗辩：声音的合理使用不必经同意，第 1023 条第 2 款＋第 999 条＋第 1020 条
5. 权利保护范围、侵害行为、不法性的法益衡量：第 998 条

（二）请求权未消灭
1. 履行
2. 免除

（三）请求权可行使
时效抗辩权的排除：第 995 条第 2 句

四、主张声音权益"恢复原状"请求权

诉请：消除影响、赔礼道歉

请求权基础

第 995 条

人格权受到侵害的，受害人有权依照本法和其他法律的规定请求行为人承担民事责任。受害人的停止侵害、排除妨碍、消除危险、消除影响、恢复名誉、赔礼道歉请求权，不适用诉讼时效的规定。

第 1165 条第 1 款

行为人因过错侵害他人民事权益造成损害的，应当承担侵权责任。

检视程式

（一）请求权已产生
1. 责任成立
（1）以丑化、污损，或者利用信息技术手段伪造等方式侵害声音权益
（2）制作、使用、公开声音
（3）以发表、复制、发行、出租、展览等方式使用或者公开声音
（4）抗辩：声音的合理使用不必经同意，第 1023 条第 2 款＋第 999 条＋第 1020 条

（5）法益衡量（权利保护范围、侵害行为、责任成立因果关系、不法性、过错判断合一）：第998条

（6）抗辩：欠缺责任能力

2.责任范围：第1000条

（1）与行为的具体方式和造成的影响范围相当

（2）行为人拒不承担责任

人民法院可以采取在报刊、网络等媒体上发布公告或者公布生效裁判文书等方式执行，产生的费用由行为人负担

（二）请求权未消灭

1.履行

2.免除

（三）请求权可行使

时效抗辩权的排除：第995条第2句

五、主张声音权益损害赔偿请求权

诉请：赔偿侵害声音权益造成的损失

请求权基础

第1165条第1款

行为人因过错侵害他人民事权益造成损害的，应当承担侵权责任。

检视程式

（一）请求权已产生

1.责任成立

（1）以丑化、污损，或者利用信息技术手段伪造等方式侵害声音权益

（2）制作、使用、公开声音

（3）以发表、复制、发行、出租、展览等方式使用或者公开声音

（4）抗辩：声音的合理使用不必经同意，第1023条第2款＋第999条＋第1020条

（5）法益衡量（权利保护范围、侵害行为、责任成立因果关系、不法性、过错判断合一）：第998条

（6）抗辩：欠缺责任能力

（7）抗辩：与有过失，第1173条

2.责任范围

（1）损害：第1182条

（2）责任范围因果关系

（3）抗辩：被侵权人对损害的扩大有过错（与有过失），第1173条

（4）分期支付的担保：第1187条第2分句＋人身损害解释20—21

（二）请求权未消灭
1. 债的一般消灭事由：第557条第1款（抵销除外）
2. 损益相抵

（三）请求权可行使
1. 留置抗辩权：类推第525条
2. 时效抗辩权：第192条第1款

说　明
实质属于过错侵权请求权。

竞合提示
可能与不当得利请求权产生竞合。

六、主张声音权益精神损害赔偿请求权

诉请：赔偿精神损害

请求权基础

第1183条第1款
侵害自然人人身权益造成严重精神损害的，被侵权人有权请求精神损害赔偿。

检视程式

（一）请求权已产生
1. 责任成立
（1）以丑化、污损，或者利用信息技术手段伪造等方式侵害声音权益
（2）制作、使用、公开声音
（3）以发表、复制、发行、出租、展览等方式使用或者公开声音
（4）抗辩：声音的合理使用不必经同意，第1023条第2款+第999条+第1020条
（5）法益衡量（权利保护范围、侵害行为、责任成立因果关系、不法性、过错判断合一）：第998条
（6）抗辩：欠缺责任能力
（7）抗辩：与有过失，第1173条
2. 责任范围
（1）严重精神损害：精神损害解释5
（2）责任范围因果关系
（3）抗辩：被侵权人对损害的扩大有过错（与有过失），第1173条

（二）请求权未消灭
债的一般消灭事由：第557条第1款（抵销除外）

（三）请求权可行使
时效抗辩权：第192条第1款

聚合提示

可与违约责任并存：第996条

第七节　名誉权纠纷

案由所涉主张与诉请	一、主张名誉权消极防御请求权 　　诉请：停止侵害、排除妨碍、消除危险 二、主张媒体更正/删除失实内容 　　诉请：媒体采取更正或删除等必要措施 三、主张信用评价人更正/删除不当信用评价 　　诉请：信用评价人采取更正或删除必要措施 四、主张名誉权"恢复原状"请求权 　　诉请：消除影响、恢复名誉、赔礼道歉 五、主张名誉权损害赔偿请求权 　　诉请：赔偿侵害名誉权造成的损失 六、主张名誉权精神损害赔偿请求权 　　诉请：赔偿精神损害

一、主张名誉权消极防御请求权

诉请：停止侵害、排除妨碍、消除危险

请求权基础

第1024条第1款第2句
任何组织或者个人不得以侮辱、诽谤等方式侵害他人的名誉权。
第1167条
侵权行为危及他人人身、财产安全的，被侵权人有权请求侵权人承担停止侵害、排除妨碍、消除危险等侵权责任。

检视程式

（一）请求权已产生
1.典型侵害形态：侮辱、诽谤
否认：行为人发表的文学、艺术作品不以特定人为描述对象，仅其中的情节与该特定人的情况相似，第1027条第2款

2.非典型侵害形态

（1）影响他人名誉

（2）权利保护范围、侵害行为、不法性的法益衡量：第998条

（3）抗辩：为公共利益的新闻报道、舆论监督，第1025条主文

反抗辩：对他人提供的严重失实内容未尽到合理核实义务，第1025条但书第2项+第1026条

合理核实义务的认定因素：

①内容来源的可信度

②对明显可能引发争议的内容是否进行了必要的调查

③内容的时限性

④内容与公序良俗的关联性

⑤受害人名誉受贬损的可能性

⑥核实能力和核实成本

（二）请求权未消灭

1.履行

2.免除

（三）请求权可行使

时效抗辩权的排除：第995条第2句

二、主张媒体更正/删除失实内容

诉请：媒体采取更正或删除等必要措施

请求权基础

第1028条

民事主体有证据证明报刊、网络等媒体报道的内容失实，侵害其名誉权的，有权请求该媒体及时采取更正或者删除等必要措施。

检视程式

（一）请求权已产生

1.产生要件

（1）报刊、网络等媒体报道

（2）内容失实

（3）侵害请求人名誉

2.产生抗辩

为公共利益的新闻报道、舆论监督：第1025条主文

反抗辩：对他人提供的严重失实内容未尽到合理核实义务，第1025条但书第2项+第1026条

（二）请求权未消灭
1. 履行
2. 免除

（三）请求权可行使
时效抗辩权的排除：第995条第2句

说 明
实质是特殊的消极防御请求权（排除妨碍）。

三、主张信用评价人更正／删除不当信用评价

诉请：信用评价人采取更正或删除等必要措施

请求权基础

第1029条
民事主体可以依法查询自己的信用评价；发现信用评价不当的，有权提出异议并请求采取更正、删除等必要措施。信用评价人应当及时核查，经核查属实的，应当及时采取必要措施。

检视程式

（一）请求权已产生
1. 信用评价不当
2. 请求人有权提出异议
3. 信用评价人核查义务

（二）请求权未消灭
1. 履行
2. 免除

（三）请求权可行使
时效抗辩权的排除：第995条第2句

说 明
实质是特殊的消极防御请求权（排除妨碍）。

四、主张名誉权"恢复原状"请求权

诉请：消除影响、恢复名誉、赔礼道歉

请求权基础

第995条
人格权受到侵害的，受害人有权依照本法和其他法律的规定请求行为人承担民

事责任。受害人的停止侵害、排除妨碍、消除危险、消除影响、恢复名誉、赔礼道歉请求权，不适用诉讼时效的规定。

第1165条第1款
行为人因过错侵害他人民事权益造成损害的，应当承担侵权责任。

检视程式

（一）请求权已产生

1.责任成立

（1）典型侵害形态：侮辱、诽谤

否认：行为人发表的文学、艺术作品不以特定人为描述对象，仅其中的情节与该特定人的情况相似，第1027条第2款

（2）非典型侵害形态

①影响他人名誉

②法益衡量（权利保护范围、侵害行为、责任成立因果关系、不法性、过错判断合一）：第998条

③抗辩：为公共利益的新闻报道、舆论监督，第1025条主文

反抗辩：对他人提供的严重失实内容未尽到合理核实义务，第1025条但书第2项+第1026条

合理核实义务的认定因素：

A.内容来源的可信度

B.对明显可能引发争议的内容是否进行了必要的调查

C.内容的时限性

D.内容与公序良俗的关联性

E.受害人名誉受贬损的可能性

F.核实能力和核实成本

（3）抗辩：欠缺责任能力

2.责任范围：第1000条

（1）与行为的具体方式和造成的影响范围相当

（2）行为人拒不承担责任

人民法院可以采取在报刊、网络等媒体上发布公告或者公布生效裁判文书等方式执行，产生的费用由行为人负担

（二）请求权未消灭

1.履行

2.免除

（三）请求权可行使

时效抗辩权的排除：第995条第2句

五、主张名誉权损害赔偿请求权

诉请：赔偿侵害名誉权造成的损失

请求权基础

第1165条第1款
行为人因过错侵害他人民事权益造成损害的，应当承担侵权责任。

检视程式

（一）请求权已产生
1.责任成立
（1）典型侵害形态：侮辱、诽谤
否认：行为人发表的文学、艺术作品不以特定人为描述对象，仅其中的情节与该特定人的情况相似，第1027条第2款
（2）非典型侵害形态
①影响他人名誉
②法益衡量（权利保护范围、侵害行为、责任成立因果关系、不法性、过错判断合一）：第998条
③抗辩：为公共利益的新闻报道、舆论监督，第1025条主文
反抗辩：对他人提供的严重失实内容未尽到合理核实义务，第1025条但书第2项+第1026条
合理核实义务的认定因素：
A.内容来源的可信度
B.对明显可能引发争议的内容是否进行了必要的调查
C.内容的时限性
D.内容与公序良俗的关联性
E.受害人名誉受贬损的可能性
F.核实能力和核实成本
（3）抗辩：欠缺责任能力
（4）抗辩：与有过失，第1173条
2.责任范围
（1）损害：第1182条
（2）责任范围因果关系
（3）抗辩：被侵权人对损害的扩大有过错（与有过失），第1173条
（4）分期支付的担保：第1187条第2分句+人身损害解释20—21
（二）请求权未消灭
1.债的一般消灭事由：第557条第1款（抵销除外）
2.损益相抵

（三）请求权可行使
1. 留置抗辩权：类推第525条
2. 时效抗辩权：第192条第1款

说　明
实质属于过错侵权请求权。

竞合提示
可能与不当得利请求权产生竞合。

六、主张名誉权精神损害赔偿请求权

诉请：赔偿精神损害

请求权基础
第1183条第1款
侵害自然人人身权益造成严重精神损害的，被侵权人有权请求精神损害赔偿。

检视程式

（一）请求权已产生
1. 责任成立
（1）典型侵害形态：侮辱、诽谤
否认：行为人发表的文学、艺术作品不以特定人为描述对象，仅其中的情节与该特定人的情况相似，第1027条第2款
（2）非典型侵害形态
①影响他人名誉
②法益衡量（权利保护范围、侵害行为、责任成立因果关系、不法性、过错判断合一）：第998条
③抗辩：为公共利益的新闻报道、舆论监督，第1025条主文
反抗辩：对他人提供的严重失实内容未尽到合理核实义务，第1025条但书第2项+第1026条
合理核实义务的认定因素：
A. 内容来源的可信度
B. 对明显可能引发争议的内容是否进行了必要的调查
C. 内容的时限性
D. 内容与公序良俗的关联性
E. 受害人名誉受贬损的可能性
F. 核实能力和核实成本
（3）抗辩：欠缺责任能力

（4）抗辩：与有过失，第1173条
2.责任范围
（1）严重精神损害：精神损害解释5
（2）责任范围因果关系
（3）抗辩：被侵权人对损害的扩大有过错（与有过失），第1173条
（二）请求权未消灭
债的一般消灭事由：第557条第1款（抵销除外）
（三）请求权可行使
时效抗辩权：第192条第1款

聚合提示

可与违约责任并存：第996条

第八节　隐私权纠纷（4级案由）

案由所涉主张与诉请	一、主张隐私权消极防御请求权 　　诉请：停止侵害、排除妨碍、消除危险 二、主张隐私权"恢复原状"请求权 　　诉请：消除影响、赔礼道歉 三、主张隐私权损害赔偿请求权 　　诉请：赔偿侵害隐私权造成的损失 四、主张隐私权精神损害赔偿请求权 　　诉请：赔偿精神损害

一、主张隐私权消极防御请求权

诉请：停止侵害、排除妨碍、消除危险

请求权基础

第1032条第1款第2句
任何组织或者个人不得以刺探、侵扰、泄露、公开等方式侵害他人的隐私权。
第1167条
侵权行为危及他人人身、财产安全的，被侵权人有权请求侵权人承担停止侵害、排除妨碍、消除危险等侵权责任。

检视程式

（一）请求权已产生
1.**典型侵害形态：刺探、侵扰、泄露、公开**，第1033条＋第1039条

（1）以电话、短信、即时通讯工具、电子邮件、传单等方式侵扰他人的私人生活安宁

（2）进入、拍摄、窥视他人的住宅、宾馆房间等私密空间

（3）拍摄、窥视、窃听、公开他人的私密活动

（4）拍摄、窥视他人身体的私密部位

（5）处理他人的私密信息

（6）公职机构/人员泄露、非法提供他人隐私

2.非典型侵害形态

权利保护范围、侵害行为、不法性的法益衡量：第998条

（二）请求权未消灭

1.履行

2.免除

（三）请求权可行使

时效抗辩权的排除：第995条第2句

二、主张隐私权"恢复原状"请求权

诉请：消除影响、赔礼道歉

请求权基础

第995条

人格权受到侵害的，受害人有权依照本法和其他法律的规定请求行为人承担民事责任。受害人的停止侵害、排除妨碍、消除危险、消除影响、恢复名誉、赔礼道歉请求权，不适用诉讼时效的规定。

第1165条第1款

行为人因过错侵害他人民事权益造成损害的，应当承担侵权责任。

检视程式

（一）请求权已产生

1.责任成立

（1）典型侵害形态：刺探、侵扰、泄露、公开，第1033条+第1039条

①以电话、短信、即时通讯工具、电子邮件、传单等方式侵扰他人的私人生活安宁

②进入、拍摄、窥视他人的住宅、宾馆房间等私密空间

③拍摄、窥视、窃听、公开他人的私密活动

④拍摄、窥视他人身体的私密部位

⑤处理他人的私密信息

⑥公职机构/人员泄露、非法提供他人隐私

（2）非典型侵害形态

法益衡量（权利保护范围、侵害行为、责任成立因果关系、不法性、过错判断合一）：第998条

（3）抗辩：欠缺责任能力

2.责任范围：第1000条

（1）与行为的具体方式和造成的影响范围相当

（2）行为人拒不承担责任

人民法院可以采取在报刊、网络等媒体上发布公告或者公布生效裁判文书等方式执行，产生的费用由行为人负担

（二）请求权未消灭

1.履行

2.免除

（三）请求权可行使

时效抗辩权的排除：第995条第2句

三、主张隐私权损害赔偿请求权

诉请：赔偿侵害隐私权造成的损失

请求权基础

第1165条第1款

行为人因过错侵害他人民事权益造成损害的，应当承担侵权责任。

检视程式

（一）请求权已产生

1.责任成立

（1）典型侵害形态：刺探、侵扰、泄露、公开 第1033条＋第1039条

①以电话、短信、即时通讯工具、电子邮件、传单等方式侵扰他人的私人生活安宁

②进入、拍摄、窥视他人的住宅、宾馆房间等私密空间

③拍摄、窥视、窃听、公开他人的私密活动

④拍摄、窥视他人身体的私密部位

⑤处理他人的私密信息

⑥公职机构/人员泄露、非法提供他人隐私

（2）非典型侵害形态

法益衡量（权利保护范围、侵害行为、责任成立因果关系、不法性、过错判断合一）：第998条

（3）抗辩：欠缺责任能力

（4）抗辩：与有过失，第1173条

2.责任范围
（1）损害：第1182条
（2）责任范围因果关系
（3）抗辩：被侵权人对损害的扩大有过错（与有过失），第1173条
（4）分期支付的担保：第1187条第2分句+人身损害解释20—21
（二）请求权未消灭
1.债的一般消灭事由：第557条第1款（抵销除外）
2.损益相抵
（三）请求权可行使
1.留置抗辩权：类推第525条
2.时效抗辩权：第192条第1款

说　明

实质属于过错侵权请求权。

竞合提示

可能与不当得利请求权产生竞合。

四、主张隐私权精神损害赔偿请求权

诉请：赔偿精神损害

请求权基础

第1183条第1款

侵害自然人人身权益造成严重精神损害的，被侵权人有权请求精神损害赔偿。

检视程式

（一）请求权已产生
1.责任成立
（1）典型侵害形态：刺探、侵扰、泄露、公开，第1033条+第1039条
①以电话、短信、即时通讯工具、电子邮件、传单等方式侵扰他人的私人生活安宁
②进入、拍摄、窥视他人的住宅、宾馆房间等私密空间
③拍摄、窥视、窃听、公开他人的私密活动
④拍摄、窥视他人身体的私密部位
⑤处理他人的私密信息
⑥公职机构/人员泄露、非法提供他人隐私
（2）非典型侵害形态
法益衡量（权利保护范围、侵害行为、责任成立因果关系、不法性、过错判断

合一）：第998条
　　（3）抗辩：欠缺责任能力
　　（4）抗辩：与有过失，第1173条
　2.责任范围
　　（1）严重精神损害：精神损害解释5
　　（2）责任范围因果关系
　　（3）抗辩：被侵权人对损害的扩大有过错（与有过失），第1173条
　（二）请求权未消灭
　债的一般消灭事由：第557条第1款（抵销除外）
　（三）请求权可行使
　时效抗辩权：第192条第1款

聚合提示

　可与违约责任并存：第996条

第九节　个人信息保护纠纷（4级案由）

案由所涉主张与诉请	一、主张个人信息消极防御请求权 　　诉请：停止侵害、排除妨碍、消除危险 二、主张信息处理者更正/删除 　　诉请：信息处理者采取更正或删除等必要措施 三、主张信息处理者确保信息安全 　　诉请：信息处理者采取确保信息安全的必要措施 四、主张个人信息"恢复原状"请求权 　　诉请：消除影响、赔礼道歉 五、主张个人信息损害赔偿请求权 　　诉请：赔偿侵害个人信息造成的损失 六、主张个人信息精神损害赔偿请求权 　　诉请：赔偿精神损害

一、主张个人信息消极防御请求权

诉请：停止侵害、排除妨碍、消除危险

请求权基础

第1038条第1款

信息处理者不得泄露或者篡改其收集、存储的个人信息；未经自然人同意，不得向他人非法提供其个人信息，但是经过加工无法识别特定个人且不能复原的除外。

第1167条

侵权行为危及他人人身、财产安全的，被侵权人有权请求侵权人承担停止侵害、排除妨碍、消除危险等侵权责任。

检视程式

（一）请求权已产生

1.典型侵害形态

（1）信息处理者泄露、篡改、非法提供：第1038条第1款

抗辩：经过加工无法识别特定个人且不能复原

（2）公职机构/人员泄露、非法提供：第1039条

2.非典型侵害形态：个人信息的不当处理

（1）个人信息的处理

个人信息的处理包括个人信息的收集、存储、使用、加工、传输、提供、公开等：第1035条第2款

（2）抗辩：个人信息的合理处理，第1036条

①在该自然人或者其监护人同意的范围内合理实施的行为

②合理处理该自然人自行公开的或者其他已经合法公开的信息

反抗辩：该自然人明确拒绝或者处理该信息侵害其重大利益

③为维护公共利益或者该自然人合法权益合理实施

（3）权利保护范围、侵害行为、不法性的法益衡量：第998条

（4）个人信息的合理使用：第999条

（二）请求权未消灭

1.履行

2.免除

（三）请求权可行使

时效抗辩权的排除：第995条第2句

二、主张信息处理者更正/删除

诉请：信息处理者采取更正或删除等必要措施

请求权基础

第1037条

自然人可以依法向信息处理者查阅或者复制其个人信息；发现信息有错误的，有权提出异议并请求及时采取更正等必要措施。

自然人发现信息处理者违反法律、行政法规的规定或者双方的约定处理其个人信息的，有权请求信息处理者及时删除。

检视程式

（一）请求权已产生
1. 信息处理者处理的个人信息有错误
2. 信息处理者违规/违约处理个人信息

（二）请求权未消灭
1. 履行
2. 免除

（三）请求权可行使
时效抗辩权的排除：第995条第2句

说　明

实质是特殊的消极防御请求权（排除妨碍）。

三、主张信息处理者确保信息安全

诉请：信息处理者采取确保信息安全的必要措施

请求权基础

第1038条第2款
　　信息处理者应当采取技术措施和其他必要措施，确保其收集、存储的个人信息安全，防止信息泄露、篡改、丢失；发生或者可能发生个人信息泄露、篡改、丢失的，应当及时采取补救措施，按照规定告知自然人并向有关主管部门报告。

检视程式

（一）请求权已产生
1. 发生个人信息泄露、篡改、丢失
2. 可能发生个人信息泄露、篡改、丢失

（二）请求权未消灭
1. 履行
2. 免除

（三）请求权可行使
时效抗辩权的排除：第995条第2句

说　明

实质是特殊的消极防御请求权（排除妨碍/消除危险）。

四、主张个人信息"恢复原状"请求权

诉请：消除影响、赔礼道歉

请求权基础

第995条

人格权受到侵害的，受害人有权依照本法和其他法律的规定请求行为人承担民事责任。受害人的停止侵害、排除妨碍、消除危险、消除影响、恢复名誉、赔礼道歉请求权，不适用诉讼时效的规定。

第1165条第1款

行为人因过错侵害他人民事权益造成损害的，应当承担侵权责任。

检视程式

（一）请求权已产生

1.责任成立

（1）典型侵害形态

①信息处理者泄露、篡改、非法提供：第1038条第1款

抗辩：经过加工无法识别特定个人且不能复原

②公职机构/人员泄露、非法提供：第1039条

（2）非典型侵害形态：个人信息的不当处理

①个人信息的处理

个人信息的处理包括个人信息的收集、存储、使用、加工、传输、提供、公开等：第1035条第2款

②抗辩：个人信息的合理处理，第1036条

A.在该自然人或者其监护人同意的范围内合理实施的行为

B.合理处理该自然人自行公开的或者其他已经合法公开的信息

反抗辩：该自然人明确拒绝或者处理该信息侵害其重大利益

C.为维护公共利益或者该自然人合法权益合理实施

③法益衡量（权利保护范围、侵害行为、责任成立因果关系、不法性、过错判断合一）：第998条

④个人信息的合理使用：第999条

（3）抗辩：欠缺责任能力

2.责任范围：第1000条

（1）与行为的具体方式和造成的影响范围相当

（2）行为人拒不承担责任

人民法院可以采取在报刊、网络等媒体上发布公告或者公布生效裁判文书等方式执行，产生的费用由行为人负担

（二）请求权未消灭
1.履行
2.免除
（三）请求权可行使
时效抗辩权的排除：第995条第2句

五、主张个人信息损害赔偿请求权

诉请：赔偿侵害个人信息造成的损失

请求权基础

第1165条第1款
行为人因过错侵害他人民事权益造成损害的，应当承担侵权责任。

检视程式

（一）请求权已产生
1.责任成立
（1）典型侵害形态
①信息处理者泄露、篡改、非法提供：第1038条第1款
抗辩：经过加工无法识别特定个人且不能复原
②公职机构/人员泄露、非法提供：第1039条
（2）非典型侵害形态：个人信息的不当处理
①个人信息的处理
个人信息的处理包括个人信息的收集、存储、使用、加工、传输、提供、公开等：第1035条第2款
②抗辩：个人信息的合理处理，第1036条
A.在该自然人或者其监护人同意的范围内合理实施的行为
B.合理处理该自然人自行公开的或者其他已经合法公开的信息
反抗辩：该自然人明确拒绝或者处理该信息侵害其重大利益
C.为维护公共利益或者该自然人合法权益合理实施
③法益衡量（权利保护范围、侵害行为、责任成立因果关系、不法性、过错判断合一）：第998条
④个人信息的合理使用：第999条
（3）抗辩：欠缺责任能力
（4）抗辩：与有过失，第1173条
2.责任范围
（1）损害：第1182条
（2）责任范围因果关系
（3）抗辩：被侵权人对损害的扩大有过错（与有过失），第1173条

（4）分期支付的担保：第1187条第2分句+人身损害解释20—21
（二）请求权未消灭
1.债的一般消灭事由：第557条第1款（抵销除外）
2.损益相抵
（三）请求权可行使
1.留置抗辩权：类推第525条
2.时效抗辩权：第192条第1款

说 明

实质属于过错侵权请求权。

竞合提示

可能与不当得利请求权产生竞合。

六、主张个人信息精神损害赔偿请求权

诉请：赔偿精神损害

请求权基础

第1183条第1款
侵害自然人人身权益造成严重精神损害的，被侵权人有权请求精神损害赔偿。

检视程式

（一）请求权已产生
1.责任成立
（1）典型侵害形态
①信息处理者泄露、篡改、非法提供：第1038条第1款
抗辩：经过加工无法识别特定个人且不能复原
②公职机构/人员泄露、非法提供：第1039条
（2）非典型侵害形态：个人信息的不当处理
①个人信息的处理
个人信息的处理包括个人信息的收集、存储、使用、加工、传输、提供、公开等：第1035条第2款
②抗辩：个人信息的合理处理，第1036条
A.在该自然人或者其监护人同意的范围内合理实施的行为
B.合理处理该自然人自行公开的或者其他已经合法公开的信息
反抗辩：该自然人明确拒绝或者处理该信息侵害其重大利益
C.为维护公共利益或者该自然人合法权益合理实施
③法益衡量（权利保护范围、侵害行为、责任成立因果关系、不法性、过错判

断合一）：第998条

④个人信息的合理使用：第999条

（3）抗辩：欠缺责任能力

（4）抗辩：与有过失，第1173条

2.责任范围

（1）严重精神损害：精神损害解释5

（2）责任范围因果关系

（3）抗辩：被侵权人对损害的扩大有过错（与有过失），第1173条

（二）请求权未消灭

债的一般消灭事由：第557条第1款（抵销除外）

（三）请求权可行使

时效抗辩权：第192条第1款

聚合提示

可与违约责任并存：第996条

第十节 人身自由权纠纷

案由所涉主张与诉请	一、主张人身自由权消极防御请求权 　　诉请：停止侵害、排除妨碍、消除危险 二、主张人身自由权"恢复原状"请求权 　　诉请：消除影响、赔礼道歉 三、主张人身自由权损害赔偿请求权 　　诉请：赔偿侵害人身自由权造成的损失 四、主张人身自由权精神损害赔偿请求权 　　诉请：赔偿精神损害

一、主张人身自由权消极防御请求权

诉请：停止侵害、排除妨碍、消除危险

请求权基础

第1011条

以非法拘禁等方式剥夺、限制他人的行动自由，或者非法搜查他人身体的，受害人有权依法请求行为人承担民事责任。

第1167条

侵权行为危及他人人身、财产安全的，被侵权人有权请求侵权人承担停止侵害、排除妨碍、消除危险等侵权责任。

检视程式

（一）请求权已产生
1.以非法拘禁等方式剥夺、限制他人的行动自由
2.非法搜查他人身体

（二）请求权未消灭
1.已履行
2.免除

（三）请求权可行使
时效抗辩权的排除：第995条第2句

二、主张人身自由权"恢复原状"请求权

诉请：消除影响、赔礼道歉

请求权基础

第995条
人格权受到侵害的，受害人有权依照本法和其他法律的规定请求行为人承担民事责任。受害人的停止侵害、排除妨碍、消除危险、消除影响、恢复名誉、赔礼道歉请求权，不适用诉讼时效的规定。

第1165条第1款
行为人因过错侵害他人民事权益造成损害的，应当承担侵权责任。

检视程式

（一）请求权已产生
1.责任成立
（1）人身自由权被侵
（2）加害行为
（3）责任成立因果关系
（4）抗辩：不法性阻却事由
正当防卫：第181条第1款
紧急避险：第182条第1—2款
紧急救助：第184条
自助行为：第1177条第1款主文
自甘冒险：第1176条第1款主文
（5）抗辩：欠缺责任能力
（6）过错
2.责任范围：第1000条
（1）与行为的具体方式和造成的影响范围相当

（2）行为人拒不承担责任

人民法院可以采取在报刊、网络等媒体上发布公告或者公布生效裁判文书等方式执行，产生的费用由行为人负担

（二）请求权未消灭

1.履行

2.免除

（三）请求权可行使

时效抗辩权的排除：第995条第2句

三、主张人身自由权损害赔偿请求权

诉请：赔偿侵害人身自由权造成的损失

请求权基础

第1165条第1款

行为人因过错侵害他人民事权益造成损害的，应当承担侵权责任。

检视程式

（一）请求权已产生

1.责任成立

（1）人身自由权被侵

（2）加害行为

（3）责任成立因果关系

否认：受害人故意，第1174条

否认：第三人原因，第1175条

（4）抗辩：不法性阻却事由

正当防卫：第181条第1款

紧急避险：第182条第1—2款

紧急救助：第184条

自助行为：第1177条第1款主文

自甘冒险：第1176条第1款主文

（5）抗辩：欠缺责任能力

（6）过错

（7）抗辩：与有过失，第1173条

2.责任范围

（1）损害

人身损害：第1179—1180条，人身损害解释6—19

（2）责任范围因果关系

（3）抗辩：被侵权人对损害的扩大有过错（与有过失），第1173条

（4）定期金的担保：第1187条第2分句+人身损害解释20—21

3.请求权主体

被侵权人死亡的，其近亲属为请求权主体：第1181条第1款第1句

（二）请求权未消灭

1.债的一般消灭事由：第557条第1款（抵销除外）

2.损益相抵

（三）请求权可行使

1.留置抗辩权：类推第525条

2.时效抗辩权：第192条第1款

说　明

实质属于过错侵权请求权。

竞合提示

可能与不当得利请求权产生竞合。

四、主张人身自由权精神损害赔偿请求权

诉请：赔偿精神损害

请求权基础

第1183条第1款

侵害自然人人身权益造成严重精神损害的，被侵权人有权请求精神损害赔偿。

检视程式

（一）请求权已产生

1.责任成立

（1）人身自由权被侵

（2）加害行为

（3）责任成立因果关系

否认：受害人故意，第1174条

否认：第三人原因，第1175条

（4）抗辩：不法性阻却事由

正当防卫：第181条第1款

紧急避险：第182条第1—2款

紧急救助：第184条

自助行为：第1177条第1款主文

自甘冒险：第1176条第1款主文

（5）抗辩：欠缺责任能力

（6）过错
（7）抗辩：与有过失，第1173条
2.责任范围
（1）严重精神损害：精神损害解释5
（2）责任范围因果关系
（3）抗辩：被侵权人对损害的扩大有过错（与有过失），第1173条
（二）请求权未消灭
债的一般消灭事由：第557条第1款（抵销除外）
（三）请求权可行使
时效抗辩权：第192条第1款

> **聚合提示**
>
> 可与违约责任并存：第996条

第十一节　一般人格权纠纷

案由所涉主张与诉请	一、主张人格权消极防御请求权 　　诉请：停止侵害、排除妨碍、消除危险 二、主张人格权"恢复原状"请求权 　　诉请：消除影响、赔礼道歉 三、主张人格权损害赔偿请求权 　　诉请：赔偿侵害人格权造成的损失 四、主张人格权精神损害赔偿请求权 　　诉请：赔偿精神损害 五、近亲属主张死者人格侵害的精神损害赔偿 　　死者近亲属诉请：赔偿因死者人格侵害造成的精神损害

一、主张人格权消极防御请求权

诉请：停止侵害、排除妨碍、消除危险

请求权基础

第995条

人格权受到侵害的，受害人有权依照本法和其他法律的规定请求行为人承担民事责任。受害人的停止侵害、排除妨碍、消除危险、消除影响、恢复名誉、赔礼道歉请求权，不适用诉讼时效的规定。

第1167条

侵权行为危及他人人身、财产安全的，被侵权人有权请求侵权人承担停止侵害、

排除妨碍、消除危险等侵权责任。

检视程式

（一）请求权已产生

一般人格权被侵的法益衡量：一般人格权的权利保护范围、侵害行为、不法性，第998条

抗辩：标表性人格利益的合理使用，第999条

（二）请求权未消灭

1. 履行
2. 免除

（三）请求权可行使

时效抗辩权的排除：第995条第2句

二、主张人格权"恢复原状"请求权

诉请：消除影响、赔礼道歉

请求权基础

第995条

人格权受到侵害的，受害人有权依照本法和其他法律的规定请求行为人承担民事责任。受害人的停止侵害、排除妨碍、消除危险、消除影响、恢复名誉、赔礼道歉请求权，不适用诉讼时效的规定。

第1165条第1款

行为人因过错侵害他人民事权益造成损害的，应当承担侵权责任。

检视程式

（一）请求权已产生

1. 责任成立

（1）一般人格权受侵害

法益衡量（权利保护范围、侵害行为、责任成立因果关系、不法性、过错判断合一）：第998条

（2）抗辩：标表性人格利益的合理使用，第999条

（3）抗辩：欠缺责任能力

2. 责任范围：第1000条

（1）与行为的具体方式和造成的影响范围相当

（2）行为人拒不承担责任

人民法院可以采取在报刊、网络等媒体上发布公告或者公布生效裁判文书等方式执行，产生的费用由行为人负担

（二）请求权未消灭
1.履行
2.免除
（三）请求权可行使
时效抗辩权的排除：第995条第2句

三、主张人格权损害赔偿请求权

诉请：赔偿侵害人格权造成的损失

请求权基础

第1165条第1款
行为人因过错侵害他人民事权益造成损害的，应当承担侵权责任。

检视程式

（一）请求权已产生
1.责任成立
（1）一般人格权受侵害
法益衡量（权利保护范围、侵害行为、责任成立因果关系、不法性、过错判断合一）：第998条
（2）抗辩：标表性人格利益的合理使用，第999条
（3）抗辩：欠缺责任能力
（4）抗辩：与有过失，第1173条
2.责任范围
（1）损害：第1179—1182条，人身损害解释6—19
（2）责任范围因果关系
（3）抗辩：被侵权人对损害的扩大有过错（与有过失），第1173条
（4）定期金的担保：第1187条第2分句+人身损害解释20—21
（二）请求权未消灭
1.债的一般消灭事由：第557条第1款（抵销除外）
2.损益相抵
（三）请求权可行使
1.留置抗辩权：类推第525条
2.时效抗辩权：第192条第1款

说　明

实质属于过错侵权请求权。

竞合提示

可能与不当得利请求权产生竞合。

四、主张人格权精神损害赔偿请求权

诉请：赔偿精神损害

请求权基础

第1183条

侵害自然人人身权益造成严重精神损害的，被侵权人有权请求精神损害赔偿。

因故意或者重大过失侵害自然人具有人身意义的特定物造成严重精神损害的，被侵权人有权请求精神损害赔偿。

检视程式

（一）请求权已产生

1.责任成立

（1）一般人格权受侵害

①法益衡量（权利保护范围、侵害行为、责任成立因果关系、不法性、过错判断合一）：第998条

②抗辩：标表性人格利益的合理使用，第999条

（2）侵害具有人身意义的特定物

①特定物具有人身意义

②加害行为

③责任成立因果关系

否认：受害人故意，第1174条

否认：第三人原因，第1175条

④抗辩：不法性阻却事由

正当防卫：第181条第1款

紧急避险：第182条第1—2款

紧急救助：第184条

自助行为：第1177条第1款主文

自甘冒险：第1176条第1款主文

⑤故意/重大过失

（3）抗辩：欠缺责任能力

（4）抗辩：与有过失，第1173条

2.责任范围

（1）严重精神损害：精神损害解释5

（2）责任范围因果关系

（3）抗辩：被侵权人对损害的扩大有过错（与有过失），第1173条

（二）请求权未消灭

债的一般消灭事由：第557条第1款（抵销除外）

（三）请求权可行使

时效抗辩权：第192条第1款

聚合提示

可与违约责任并存：第996条

五、近亲属主张死者人格侵害的精神损害赔偿

死者近亲属诉请：赔偿因死者人格侵害造成的精神损害

请求权基础

第1183条第1款
侵害自然人人身权益造成严重精神损害的，被侵权人有权请求精神损害赔偿。

精神损害解释3
死者的姓名、肖像、名誉、荣誉、隐私、遗体、遗骨等受到侵害，其近亲属向人民法院提起诉讼请求精神损害赔偿的，人民法院应当依法予以支持。

检视程式

（一）请求权已产生

1. 责任成立
（1）死者的姓名、肖像、名誉、荣誉、隐私、遗体、遗骨等受到侵害
（2）法益衡量（权利保护范围、侵害行为、责任成立因果关系、不法性、过错判断合一）：第998条
（3）抗辩：姓名、肖像、个人信息等的合理使用，第999条
（4）抗辩：欠缺责任能力
（5）抗辩：与有过失，第1173条

2. 责任范围
（1）严重精神损害：精神损害解释5
（2）责任范围因果关系
（3）抗辩：被侵权人对损害的扩大有过错（与有过失），第1173条

（二）请求权未消灭

债的一般消灭事由：第557条第1款（抵销除外）

（三）请求权可行使

时效抗辩权：第192条第1款

聚合提示

可与违约责任并存：第996条

第十二节　人格权纠纷（2级案由）

案由所涉主张与诉请	一、主张人格权放弃/转让无效 　　诉请：人格权放弃/转让无效 二、主张死者人格保护 　　诉请一：停止侵害、排除妨碍、消除危险 　　诉请二：消除影响、恢复名誉、赔礼道歉
说　　明	本章第二节至第十一节的人格权有其相应的3级案由，不必援引本2级案由。

一、主张人格权放弃/转让无效

诉请：人格权放弃/转让无效

规范基础

第992条

人格权不得放弃、转让或者继承。

检视程式

1. 人格权：第990条
2. 放弃意思/转让合意

二、主张死者人格保护

请求权主体顺位：第994条
1. 死者的配偶、子女、父母
2. 其他近亲属

诉请一：停止侵害、排除妨碍、消除危险

请求权基础

第994条

死者的姓名、肖像、名誉、荣誉、隐私、遗体等受到侵害的，其配偶、子女、父母有权依法请求行为人承担民事责任；死者没有配偶、子女且父母已经死亡的，其他近亲属有权依法请求行为人承担民事责任。

第1167条

侵权行为危及他人人身、财产安全的，被侵权人有权请求侵权人承担停止侵害、排除妨碍、消除危险等侵权责任。

检视程式

（一）请求权已产生
1. 死者的姓名、肖像、名誉、荣誉、隐私、遗体等受到侵害
2. 权利保护范围、侵害行为、不法性的法益衡量：第998条
3. 抗辩：姓名、肖像、个人信息等的合理使用，第999条

（二）请求权未消灭
1. 履行
2. 免除

（三）请求权可行使
时效抗辩权的排除：第995条第2句

诉请二：消除影响、恢复名誉、赔礼道歉

请求权基础

第994条
死者的姓名、肖像、名誉、荣誉、隐私、遗体等受到侵害的，其配偶、子女、父母有权依法请求行为人承担民事责任；死者没有配偶、子女且父母已经死亡的，其他近亲属有权依法请求行为人承担民事责任。

第1165条第1款
行为人因过错侵害他人民事权益造成损害的，应当承担侵权责任。

检视程式

（一）请求权已产生
1. 责任成立
（1）死者的姓名、肖像、名誉、荣誉、隐私、遗体、遗骨等受到侵害
（2）法益衡量（权利保护范围、侵害行为、责任成立因果关系、不法性、过错判断合一）：第998条
（3）抗辩：姓名、肖像、个人信息等的合理使用，第999条
（4）抗辩：欠缺责任能力
2. 责任范围：第1000条
（1）与行为的具体方式和造成的影响范围相当
（2）行为人拒不承担责任
人民法院可以采取在报刊、网络等媒体上发布公告或者公布生效裁判文书等方式执行，产生的费用由行为人负担

（二）请求权未消灭
1. 履行
2. 免除

（三）请求权可行使
时效抗辩权的排除：第995条第2句

第八章　侵权责任案由

第一节　侵权责任纠纷（2级案由）

案由所涉主张与诉请	一、主张消极防御请求权 　　诉请：停止侵害、排除妨碍、消除危险 二、主张过错侵权请求权 　　诉请：过错侵权损害赔偿 三、主张共同侵权损害赔偿 　　诉请：共同侵权人承担连带责任 四、主张共同危险损害赔偿 　　诉请：共同危险行为人承担连带责任 五、主张因果关系竞合型数人侵权损害赔偿 　　诉请：因果关系竞合型侵权人承担连带责任 六、主张因果关系聚合型数人侵权损害赔偿 　　诉请：因果关系聚合型侵权人承担按份责任 七、主张暂时丧失意识或控制者承担公平责任 　　诉请：行为人适当补偿 八、主张精神损害赔偿（参见第七章人格权案由）
说　明	本节列明的各主张与诉请多为侵权共用的主张与诉请，涉及具体侵权类型、侵害物权或人格权的侵权责任时，仍应援用侵权责任纠纷项下3/4级案由、物权纠纷或人格权纠纷的相应案由。

一、主张消极防御请求权

诉请：停止侵害、排除妨碍、消除危险

请求权基础

第1167条

侵权行为危及他人人身、财产安全的，被侵权人有权请求侵权人承担停止侵害、排除妨碍、消除危险等侵权责任。

检视程式

　　（一）请求权已产生
　　1.人身、财产利益
　　2.正在进行或即将发生的侵害或妨害
　　3.抗辩：不法性阻却事由
　　正当防卫：第181条第1款
　　紧急避险：第182条第1—2款
　　紧急救助：第184条
　　自助行为：第1177条第1款主文
　　自甘冒险：第1176条第1款主文
　　（二）请求权未消灭
　　1.给付不能：第580条第1款但书第1—2项
　　2.履行
　　3.免除
　　4.混同
　　（三）请求权可行使
　　时效抗辩权的排除：第196条第1项

二、主张过错侵权请求权

诉请：过错侵权损害赔偿

请求权基础

　　第1165条第1款
　　行为人因过错侵害他人民事权益造成损害的，应当承担侵权责任。

检视程式一

　　作为侵权
　　（一）请求权已产生
　　1.责任成立
　　（1）适格权益被侵
　　（2）加害行为
　　（3）责任成立因果关系
　　否认：受害人故意，第1174条
　　否认：第三人原因，第1175条
　　（4）抗辩：不法性阻却事由
　　正当防卫：第181条第1款
　　紧急避险：第182条第1—2款

紧急救助：第184条
自助行为：第1177条第1款主文
自甘冒险：第1176条第1款主文
（5）抗辩：欠缺责任能力
（6）过错
因醉酒、滥用麻醉药品或者精神药品，或因过错导致自己暂时丧失意识或失去控制：第1190条
（7）抗辩：与有过失，第1173条
2.责任范围
（1）损害：第1179—1182、1184条，人身损害解释6—19
（2）责任范围因果关系
（3）抗辩：被侵权人对损害的扩大有过错（与有过失），第1173条
（4）分期支付的担保：第1187条第2分句+人身损害解释20—21
（二）请求权未消灭
1.债的一般消灭事由：第557条第1款
2.损益相抵
（三）请求权可行使
1.留置抗辩权：类推第525条
2.时效抗辩权：第192条第1款

检视程式二

不作为侵权
（一）请求权已产生
1.责任成立
（1）适格权益被侵
（2）作为义务
推定：不作为+责任成立因果关系+不法性+过错
法定救助义务：第1005条
（3）否认事由
尽到作为义务：否认→不作为+不法性+过错
即使尽到作为义务也无避免可能性：否认责任成立因果性的条件性
受害人故意：否认责任成立因果关系，第1174条
第三人原因：否认责任成立因果关系，第1175条
（4）作为义务的保护范围
（5）抗辩：欠缺责任能力
（6）抗辩：与有过失，第1173条
2.责任范围
（1）损害：第1179—1182、1184条，人身损害解释6—19

（2）责任范围因果关系
（3）抗辩：被侵权人对损害的扩大有过错（与有过失），第1173条
（4）分期支付的担保：第1187条第2分句+人身损害解释20—21
（二）请求权未消灭
1.债的一般消灭事由：第557条第1款
2.损益相抵
（三）请求权可行使
1.留置抗辩权：类推第525条
2.时效抗辩权：第192条第1款

检视程式三

纯粹经济损失

（一）请求权已产生
1.纯粹经济损失
2.加害行为
（1）违反保护性法律
①违反保护性法律
②保护性法律的保护范围
（2）故意悖俗
3.因果关系
否认：受害人故意，第1174条
否认：第三人原因，第1175条
4.抗辩：不法性阻却事由
5.抗辩：欠缺责任能力
6.可归责性
（1）违反保护性法律+过错
（2）违反善良风俗+故意
7.抗辩：与有过失，第1173条
8.分期支付的担保：第1187条
（二）请求权未消灭
1.债的一般消灭事由：第557条第1款
2.损益相抵
（三）请求权可行使
1.留置抗辩权：类推第525条
2.时效抗辩权：第192条第1款

三、主张共同侵权损害赔偿

诉请：共同侵权人承担连带责任

请求权基础

第1168条
二人以上共同实施侵权行为，造成他人损害的，应当承担连带责任。

检视程式

（一）请求权已产生
1.责任成立
（1）适格权益被侵
（2）数人实施共同侵害行为
教唆、帮助：第1169条，环境侵权解释10—11
（3）责任成立因果关系
否认：受害人故意，第1174条
否认：第三人原因，第1175条
（4）抗辩：不法性阻却事由
正当防卫：第181条第1款
紧急避险：第182条第1—2款
紧急救助：第184条
自助行为：第1177条第1款主文
自甘冒险：第1176条第1款主文
（5）抗辩：欠缺责任能力
（6）共同故意或共同过失
（7）抗辩：与有过失，第1173条
2.责任范围
（1）损害：第1179—1182、1184条，人身损害解释6—19
（2）责任范围因果关系
（3）抗辩：被侵权人对损害的扩大有过错（与有过失），第1173条
（4）分期支付的担保：第1187条第2分句+人身损害解释20—21
（二）请求权未消灭
1.债的一般消灭事由：第557条第1款、第520条
2.损益相抵
（三）请求权可行使
1.留置抗辩权：类推第525条
2.时效抗辩权：第192条第1款

四、主张共同危险损害赔偿

诉请：共同危险行为人承担连带责任

请求权基础

第 1170 条第 2 分句

二人以上实施危及他人人身、财产安全的行为，其中一人或者数人的行为造成他人损害……不能确定具体侵权人的，行为人承担连带责任。

检视程式

（一）请求权已产生
1. 责任成立
（1）适格权益被侵
（2）二人以上
（3）各人均实施危险行为
（4）不能确定具体侵权人（推定责任成立因果关系）
否认：受害人故意，第 1174 条
否认：第三人原因，第 1175 条
（5）抗辩：不法性阻却事由
正当防卫：第 181 条第 1 款
紧急避险：第 182 条第 1—2 款
紧急救助：第 184 条
自助行为：第 1177 条第 1 款主文
自甘冒险：第 1176 条第 1 款主文
（6）抗辩：欠缺责任能力
（7）抗辩：与有过失，第 1173 条
2. 责任范围
（1）损害：第 1179—1182、1184 条，人身损害解释 6—19
（2）责任范围因果关系
（3）抗辩：被侵权人对损害的扩大有过错（与有过失），第 1173 条
（4）分期支付的担保：第 1187 条第 2 分句 + 人身损害解释 20—21
（二）请求权未消灭
1. 债的一般消灭事由：第 557 条第 1 款、第 520 条
2. 损益相抵
（三）请求权可行使
1. 留置抗辩权：类推第 525 条
2. 时效抗辩权：第 192 条第 1 款

五、主张因果关系竞合型数人侵权损害赔偿

诉请：因果关系竞合型侵权人承担连带责任

请求权基础

第 1171 条

二人以上分别实施侵权行为造成同一损害，每个人的侵权行为都足以造成全部损害的，行为人承担连带责任。

检视程式

（一）请求权已产生

1. 责任成立
（1）适格权益被侵
（2）数人分别实施侵害行为
（3）责任成立因果关系：每个人的侵权行为都足以造成全部损害
否认：受害人故意，第 1174 条
否认：第三人原因，第 1175 条
（4）抗辩：不法性阻却事由
正当防卫：第 181 条第 1 款
紧急避险：第 182 条第 1—2 款
紧急救助：第 184 条
自助行为：第 1177 条第 1 款主文
自甘冒险：第 1176 条第 1 款主文
（5）抗辩：欠缺责任能力
（6）抗辩：与有过失，第 1173 条

2. 责任范围
（1）损害：第 1179—1182、1184 条，人身损害解释 6—19
（2）责任范围因果关系
（3）抗辩：被侵权人对损害的扩大有过错（与有过失），第 1173 条
（4）分期支付的担保：第 1187 条第 2 分句＋人身损害解释 20—21

（二）请求权未消灭

1. 债的一般消灭事由：第 557 条第 1 款、第 520 条
2. 损益相抵

（三）请求权可行使

1. 留置抗辩权：类推第 525 条
2. 时效抗辩权：第 192 条第 1 款

六、主张因果关系聚合型数人侵权损害赔偿

诉请：因果关系聚合型侵权人承担按份责任

请求权基础

第1172条
二人以上分别实施侵权行为造成同一损害，能够确定责任大小的，各自承担相应的责任；难以确定责任大小的，平均承担责任。

检视程式

（一）请求权已产生

1. 责任成立
（1）适格权益被侵
（2）数人分别实施侵权行为
教唆、帮助人与监护人：第1169条第2款第2分句
（3）责任成立因果关系
各行为相结合造成同一损害
否认：受害人故意，第1174条
否认：第三人原因，第1175条
（4）抗辩：不法性阻却事由
正当防卫：第181条第1款
紧急避险：第182条第1—2款
紧急救助：第184条
自助行为：第1177条第1款主文
自甘冒险：第1176条第1款主文
（5）抗辩：欠缺责任能力
（6）抗辩：与有过失，第1173条

2. 责任范围
（1）损害：第1179—1182、1184条，人身损害解释6—19
（2）责任范围因果关系
（3）抗辩：被侵权人对损害的扩大有过错（与有过失），第1173条
（4）分期支付的担保：第1187条第2分句+人身损害解释20—21

（二）请求权未消灭

1. 债的一般消灭事由：第557条第1款
2. 损益相抵

（三）请求权可行使

1. 留置抗辩权：类推第525条
2. 时效抗辩权：第192条第1款

七、主张暂时丧失意识或控制者承担公平责任

诉请：行为人适当补偿

请求权基础

第1190条第1款第2分句→
第1190条第1款
完全民事行为能力人对自己的行为暂时没有意识或者失去控制造成他人损害有过错的，应当承担侵权责任；没有过错的，根据行为人的经济状况对受害人适当补偿。

检视程式

（一）请求权已产生
1.责任成立
（1）行为人造成他人损害
①适格权益被侵
②加害行为
③责任成立因果关系
否认：受害人故意，第1174条
否认：第三人原因，第1175条
④抗辩：不法性阻却事由
正当防卫：第181条第1款
紧急避险：第182条第1—2款
紧急救助：第184条
自助行为：第1177条第1款主文
自甘冒险：第1176条第1款主文
⑤抗辩：欠缺责任能力
⑥抗辩：与有过失，第1173条
⑦损害：第1179—1184条
⑧责任范围因果关系
⑨抗辩：被侵权人对损害的扩大有过错（与有过失），第1173条
（2）行为人暂时没有意识或者失去控制
（3）行为人没有过错
2.责任范围
根据行为人的经济状况对受害人适当补偿
（二）请求权未消灭
1.债的一般消灭事由：第557条第1款
2.损益相抵

（三）请求权可行使
时效抗辩权：第192条第1款

第二节　监护人责任纠纷

案由所涉主张与诉请	一、主张监护人承担侵权损害赔偿责任 　　诉请：监护人赔偿侵权损害 二、主张监护人承担不足部分的损害赔偿责任 　　诉请：监护人赔偿不足部分 三、主张监护受托人承担相应的责任 　　诉请：监护受托人承担相应的责任

一、主张监护人承担侵权损害赔偿责任

诉请：监护人赔偿侵权损害

请求权基础

第1188条第1款
无民事行为能力人、限制民事行为能力人造成他人损害的，由监护人承担侵权责任。监护人尽到监护职责的，可以减轻其侵权责任。

检视程式

（一）请求权已产生
1. 责任成立
（1）被监护人造成他人损害
①适格权益被侵
②被监护人的加害行为
③责任成立因果关系
否认：受害人故意，第1174条
否认：第三人原因，第1175条
④抗辩：不法性阻却事由
正当防卫：第181条第1款
紧急避险：第182条第1—2款
紧急救助：第184条
自助行为：第1177条第1款主文
自甘冒险：第1176条第1款主文
⑤抗辩：与有过失，第1173条
⑥损害：第1179—1184条，人身损害解释6—19，精神损害解释5

⑦责任范围因果关系
⑧抗辩：被侵权人对损害的扩大有过错（与有过失），第1173条
（2）抗辩：监护人尽到监护职责
2.责任范围
（1）与被监护人致害范围相同
（2）分期支付的担保：第1187条第2分句+人身损害解释20—21
（二）请求权未消灭
1.债的一般消灭事由：第557条第1款
2.损益相抵
（三）请求权可行使
时效抗辩权：第192条第1款

二、主张监护人承担不足部分的损害赔偿责任

诉请：监护人赔偿不足部分

请求权基础

第1188条第2款第2分句→
第1188条第2款

有财产的无民事行为能力人、限制民事行为能力人造成他人损害的，从本人财产中支付赔偿费用；不足部分，由监护人赔偿。

检视程式

（一）请求权已产生
1.责任成立
（1）被监护人造成他人损害
①适格权益被侵
②被监护人的加害行为
③责任成立因果关系
否认：受害人故意，第1174条
否认：第三人原因，第1175条
④抗辩：不法性阻却事由
正当防卫：第181条第1款
紧急避险：第182条第1—2款
紧急救助：第184条
自助行为：第1177条第1款主文
自甘冒险：第1176条第1款主文
⑤抗辩：与有过失，第1173条
⑥损害：第1179—1184条，人身损害解释6—19，精神损害解释5

⑦责任范围因果关系
⑧抗辩：被侵权人对损害的扩大有过错（与有过失），第1173条
（2）监护人尽到监护职责
（3）被监护人有财产+财产不足赔偿
2.责任范围
（1）被监护人财产不足赔偿的部分
（2）分期支付的担保：第1187条第2分句+人身损害解释20—21
（二）请求权未消灭
1.债的一般消灭事由：第557条第1款
2.损益相抵
（三）请求权可行使
时效抗辩权：第192条第1款

三、主张监护受托人承担相应的责任

诉请：监护受托人承担相应的责任

请求权基础

第1189条

无民事行为能力人、限制民事行为能力人造成他人损害，监护人将监护职责委托给他人的，监护人应当承担侵权责任；受托人有过错的，承担相应的责任。

检视程式

（一）请求权已产生
1.责任成立
（1）被监护人造成他人损害
①适格权益被侵
②被监护人的加害行为
③责任成立因果关系
否认：受害人故意，第1174条
否认：第三人原因，第1175条
④抗辩：不法性阻却事由
正当防卫：第181条第1款
紧急避险：第182条第1—2款
紧急救助：第184条
自助行为：第1177条第1款主文
自甘冒险：第1176条第1款主文
⑤抗辩：与有过失，第1173条
⑥损害：第1179—1184条，人身损害解释6—19，精神损害解释5

⑦责任范围因果关系
⑧抗辩：被侵权人对损害的扩大有过错（与有过失），第1173条
（2）监护人将监护职责委托他人
（3）受托人有过错
2.责任范围
（1）与受托人过错范围相当
（2）分期支付的担保：第1187条第2分句+人身损害解释20—21
（二）请求权未消灭
1.债的一般消灭事由：第557条第1款
2.损益相抵
（三）请求权可行使
时效抗辩权：第192条第1款

第三节　用人单位责任纠纷

案由所涉主张与诉请	一、主张用人单位承担侵权损害赔偿责任 诉请：用人单位赔偿侵权损害 二、用人单位主张对工作人员的追偿权 用人单位诉请：工作人员赔偿损失

一、主张用人单位承担侵权损害赔偿责任

诉请：用人单位赔偿侵权损害

请求权基础

第1191条第1款第1句
用人单位的工作人员因执行工作任务造成他人损害的，由用人单位承担侵权责任。

检视程式

（一）请求权已产生
1.责任成立
（1）工作人员执行工作任务
（2）造成他人损害
①适格权益被侵
②工作人员的加害行为
③责任成立因果关系
否认：受害人故意，第1174条
否认：第三人原因，第1175条

④抗辩：不法性阻却事由
正当防卫：第181条第1款
紧急避险：第182条第1—2款
紧急救助：第184条
自助行为：第1177条第1款主文
自甘冒险：第1176条第1款主文
⑤抗辩：与有过失，第1173条
⑥损害：第1179—1184条，人身损害解释6—19，精神损害解释5
⑦责任范围因果关系
⑧抗辩：被侵权人对损害的扩大有过错（与有过失），第1173条
2.责任范围
（1）与工作人员致害范围相同
（2）分期支付的担保：第1187条第2分句+人身损害解释20—21
（二）请求权未消灭
1.债的一般消灭事由：第557条第1款
2.损益相抵
（三）请求权可行使
时效抗辩权：第192条第1款

二、用人单位主张对工作人员的追偿权

用人单位诉请：工作人员赔偿损失

请求权基础

第1191条第1款第2句
用人单位承担侵权责任后，可以向有故意或者重大过失的工作人员追偿。

检视程式

（一）请求权已产生
1.工作人员因执行工作任务造成他人损害
2.用人单位承担侵权责任
3.工作人员有故意/重大过失
（二）请求权未消灭
债的一般消灭事由：第557条第1款
（三）请求权可行使
1.留置抗辩权：类推第525条
2.时效抗辩权：第192条第1款

第四节　劳务派遣工作人员侵权责任纠纷

案由所涉主张与诉请	一、主张用工单位承担侵权损害赔偿责任 　　诉请：用工单位赔偿侵权损害 二、主张劳务派遣单位承担相应的责任 　　诉请：劳务派遣单位承担相应的责任

一、主张用工单位承担侵权损害赔偿责任

诉请：用工单位赔偿侵权损害

请求权基础

第1191条第2款第1分句

劳务派遣期间，被派遣的工作人员因执行工作任务造成他人损害的，由接受劳务派遣的用工单位承担侵权责任……

检视程式

（一）请求权已产生

1.责任成立

（1）被派遣的工作人员执行工作任务

（2）造成他人损害

①适格权益被侵

②工作人员的加害行为

③责任成立因果关系

否认：受害人故意，第1174条

否认：第三人原因，第1175条

④抗辩：不法性阻却事由

正当防卫：第181条第1款

紧急避险：第182条第1—2款

紧急救助：第184条

自助行为：第1177条第1款主文

自甘冒险：第1176条第1款主文

⑤抗辩：与有过失，第1173条

⑥损害：第1179—1184条，人身损害解释6—19，精神损害解释5

⑦责任范围因果关系

⑧抗辩：被侵权人对损害的扩大有过错（与有过失），第1173条

2.责任范围

（1）与被派遣的工作人员致害范围相同

（2）分期支付的担保：第1187条第2分句+人身损害解释20—21
（二）请求权未消灭
1.债的一般消灭事由：第557条第1款
2.损益相抵
（三）请求权可行使
时效抗辩权：第192条第1款

二、主张劳务派遣单位承担相应的责任

诉请：劳务派遣单位承担相应的责任

请求权基础

第1191条第2款第2分句
……劳务派遣单位有过错的，承担相应的责任。

检视程式

（一）请求权已产生
1.责任成立
（1）派遣的工作人员执行工作任务
（2）造成他人损害
①适格权益被侵
②工作人员的加害行为
③责任成立因果关系
否认：受害人故意，第1174条
否认：第三人原因，第1175条
④抗辩：不法性阻却事由
正当防卫：第181条第1款
紧急避险：第182条第1—2款
紧急救助：第184条
自助行为：第1177条第1款主文
自甘冒险：第1176条第1款主文
⑤抗辩：与有过失，第1173条
⑥损害：第1179—1184条，人身损害解释6—19，精神损害解释5
⑦责任范围因果关系
⑧抗辩：被侵权人对损害的扩大有过错（与有过失），第1173条
（3）劳务派遣单位有过错
2.责任范围
（1）与派遣单位过错范围相当
（2）分期支付的担保：第1187条第2分句+人身损害解释20—21

（二）请求权未消灭
1. 债的一般消灭事由：第557条第1款
2. 损益相抵
（三）请求权可行使
时效抗辩权：第192条第1款

第五节　提供劳务者致害责任纠纷

案由所涉主张与诉请	一、主张接受劳务方承担侵权损害赔偿责任 　　诉请：接受劳务方赔偿侵权损害 二、接受劳务方主张对提供劳务方的追偿权 　　接受劳务方诉请：提供劳务方赔偿损失

一、主张接受劳务方承担侵权损害赔偿责任

诉请：接受劳务方赔偿侵权损害

请求权基础

第1192条第1款第1句

个人之间形成劳务关系，提供劳务一方因劳务造成他人损害的，由接受劳务一方承担侵权责任。

人身损害解释第4条第1句

无偿提供劳务的帮工人，在从事帮工活动中致人损害的，被帮工人应当承担赔偿责任。

检视程式

（一）请求权已产生
1. 责任成立
（1）个人间形成劳务关系
（2）行为人提供劳务
（3）因劳务造成他人损害
①适格权益被侵
②提供劳务方的加害行为
③责任成立因果关系
否认：受害人故意，第1174条
否认：第三人原因，第1175条
④抗辩：不法性阻却事由
正当防卫：第181条第1款

紧急避险：第182条第1—2款
紧急救助：第184条
自助行为：第1177条第1款主文
自甘冒险：第1176条第1款主文
⑤抗辩：与有过失，第1173条
⑥损害：第1179—1184条，人身损害解释6—19，精神损害解释5
⑦责任范围因果关系
⑧抗辩：被侵权人对损害的扩大有过错（与有过失），第1173条
（4）抗辩：无偿帮工+被帮工人明确拒绝帮忙，人身损害解释4
2.责任范围
（1）与提供劳务方致害范围相同
（2）分期支付的担保：第1187条第2分句+人身损害解释20—21
（二）请求权未消灭
1.债的一般消灭事由：第557条第1款
2.损益相抵
（三）请求权可行使
时效抗辩权：第192条第1款

二、接受劳务方主张对提供劳务方的追偿权

接受劳务方诉请：提供劳务方赔偿损失

请求权基础

第1192条第1款第2句
接受劳务一方承担侵权责任后，可以向有故意或者重大过失的提供劳务一方追偿。
人身损害解释第4条第2句
被帮工人承担赔偿责任后向有故意或者重大过失的帮工人追偿的，人民法院应予支持。

检视程式

（一）请求权已产生
1.个人之间形成劳务关系/无偿帮工
2.提供劳务方/帮工人因劳务/帮工造成他人损害
3.接受劳务方/被帮工人承担侵权责任
4.提供劳务方/帮工人有故意/重大过失
（二）请求权未消灭
债的一般消灭事由：第557条第1款
（三）请求权可行使
1.留置抗辩权：类推第525条

2.时效抗辩权：第192条第1款

第六节　提供劳务者受害责任纠纷

案由所涉主张与诉请	一、主张接受劳务方赔偿损害 　　诉请：接受劳务方赔偿损害 二、主张接受劳务方给予补偿 　　诉请：接受劳务方补偿 三、接受劳务方主张对第三人的追偿权 　　接受劳务方诉请：第三人赔偿损失

一、主张接受劳务方赔偿损害

诉请：接受劳务方赔偿损害

请求权基础

第1192条第1款第3句

提供劳务一方因劳务受到损害的，根据双方各自的过错承担相应的责任。

检视程式

（一）请求权已产生

1.责任成立

（1）个人间形成劳务关系

（2）提供劳务方因劳务适格权益被侵

（3）责任成立因果关系

否认：受害人故意，第1174条

否认：第三人原因，第1175条

（4）抗辩：不法性阻却事由

正当防卫：第181条第1款

紧急避险：第182条第1—2款

紧急救助：第184条

自助行为：第1177条第1款主文

自甘冒险：第1176条第1款主文

（5）抗辩：欠缺责任能力

（6）接受劳务方的过错

（7）抗辩：提供劳务方与有过失，第1173条

2.责任范围

（1）损害：第1179—1184条，人身损害解释6—19，精神损害解释5

（2）责任范围因果关系
与接受劳务方的过错范围相当
（3）抗辩：被侵权人对损害的扩大有过错（与有过失），第1173条
（4）分期支付的担保：第1187条第2分句+人身损害解释20—21
（二）请求权未消灭
1.债的一般消灭事由：第557条第1款
2.损益相抵
（三）请求权可行使
1.留置抗辩权：类推第525条
2.时效抗辩权：第192条第1款

二、主张接受劳务方给予补偿

诉请：接受劳务方补偿

请求权基础

第1192条第2款第1句后半句→
第1192条第2款第1句
提供劳务期间，因第三人的行为造成提供劳务一方损害的，提供劳务一方有权请求第三人承担侵权责任，也有权请求接受劳务一方给予补偿。

检视程式

（一）请求权已产生
1.责任成立
（1）个人间形成劳务关系
（2）提供劳务方遭受损害
（3）因第三人的行为
2.责任范围
接受劳务方给予适当补偿
（二）请求权未消灭
债的一般消灭事由：第557条第1款
（三）请求权可行使
1.留置抗辩权：类推第525条
2.时效抗辩权：第192条第1款

说　明

第三人责任实为一般过错侵权责任。

三、接受劳务方主张对第三人的追偿权

接受劳务方诉请：第三人赔偿损失

请求权基础

第1192条第2款第2句
接受劳务一方补偿后，可以向第三人追偿。

检视程式

（一）请求权已产生
1.责任成立
（1）个人间形成劳务关系
（2）提供劳务方遭受损害
（3）因第三人的侵权行为
（4）接受劳务一方补偿
2.责任范围
与接受劳务方补偿范围一致

（二）请求权未消灭
债的一般消灭事由：第557条第1款

（三）请求权可行使
时效抗辩权：第192条第1款

第七节　网络侵权责任纠纷

案由所涉主张与诉请	一、权利人主张网络用户承担侵权责任 　　权利人诉请：网络用户赔偿侵权损害 二、权利人主张网络服务提供者采取必要措施 　　权利人诉请：网络服务提供者采取删除/屏蔽/断开链接等必要措施 三、权利人主张网络服务提供者与网络用户就扩大损害承担连带责任 　　权利人诉请：网络服务提供者与网络用户就扩大损害承担连带责任 四、网络用户/网络服务提供者主张权利人承担侵权责任 　　网络用户/网络服务提供者诉请：权利人赔偿侵权损害 五、网络用户主张网络服务提供者终止所采取的措施 　　网络用户诉请：网络服务提供者终止措施 六、权利人主张网络服务提供者与网络用户承担连带责任 　　权利人诉请：网络服务提供者与网络用户承担连带责任 七、网络用户/网络服务提供者主张侵权人承担侵权责任 　　网络用户/网络服务提供者诉请：侵权人恢复原状/赔偿损害

一、权利人主张网络用户承担侵权责任

权利人诉请：网络用户赔偿侵权损害

请求权基础

第1194条第1句

网络用户、网络服务提供者利用网络侵害他人民事权益的，应当承担侵权责任。

检视程式

（一）请求权已产生

1.责任成立

（1）适格权益被侵

（2）网络用户利用网络实施侵害

（3）责任成立因果关系

否认：受害人故意，第1174条

否认：第三人原因，第1175条

（4）抗辩：不法性阻却事由

（5）抗辩：欠缺责任能力

（6）网络用户的过错

（7）抗辩：与有过失，第1173条

2.责任范围

（1）损害：第1179—1184条，人身损害解释6—19，精神损害解释5

（2）责任范围因果关系

（3）抗辩：被侵权人对损害的扩大有过错（与有过失），第1173条

（4）分期支付的担保：第1187条第2分句+人身损害解释20—21

（二）请求权未消灭

1.债的一般消灭事由：第557条第1款

2.损益相抵

（三）请求权可行使

时效抗辩权：第192条第1款

二、权利人主张网络服务提供者采取必要措施

权利人诉请：网络服务提供者采取删除/屏蔽/断开链接等必要措施

请求权基础

第1195条第1款、第2款第1分句

网络用户利用网络服务实施侵权行为的，权利人有权通知网络服务提供者采取删除、屏蔽、断开链接等必要措施。通知应当包括构成侵权的初步证据及权利人的

真实身份信息。

网络服务提供者接到通知后,应当及时将该通知转送相关网络用户,并根据构成侵权的初步证据和服务类型采取必要措施……

检视程式

(一)请求权已产生
1.适格权益被侵
2.网络用户利用网络服务实施侵害
3.责任成立因果关系
否认:受害人故意,第1174条
否认:第三人原因,第1175条
4.抗辩:不法性阻却事由
5.权利人通知网络服务提供者采取删除、屏蔽、断开链接等必要措施
6.通知包括构成侵权的初步证据及权利人的真实身份信息

(二)请求权未消灭
1.已履行
2.免除

(三)请求权可行使
时效抗辩权:第192条第1款

三、权利人主张网络服务提供者与网络用户就扩大损害承担连带责任

权利人诉请:网络服务提供者与网络用户就扩大损害承担连带责任

请求权基础

第1195条第2款第2分句
未及时采取必要措施的,对损害的扩大部分与该网络用户承担连带责任。

检视程式

(一)请求权已产生
1.责任成立
(1)适格权益被侵
(2)网络用户利用网络服务实施侵害
(3)责任成立因果关系
否认:受害人故意,第1174条
否认:第三人原因,第1175条
(4)抗辩:不法性阻却事由
(5)抗辩:欠缺责任能力
(6)网络用户的过错

（7）权利人通知网络服务提供者采取删除、屏蔽、断开链接等必要措施＋通知包括构成侵权的初步证据及权利人的真实身份信息

（8）网络服务提供者未采取必要措施＋损害扩大

及时性的认定：网络侵害规定 4

（9）抗辩：与有过失，第 1173 条

2. 责任范围

（1）损害：第 1179—1184 条，人身损害解释 6—19，精神损害解释 5

（2）责任范围因果关系

与扩大的损害范围相当

（3）抗辩：被侵权人对损害的扩大有过错（与有过失），第 1173 条

（4）分期支付的担保：第 1187 条第 2 分句＋人身损害解释 20—21

（二）请求权未消灭

1. 债的一般消灭事由：第 557 条第 1 款、第 520 条

2. 损益相抵

（三）请求权可行使

时效抗辩权：第 192 条第 1 款

四、网络用户／网络服务提供者主张权利人承担侵权责任

网络用户／网络服务提供者诉请：权利人赔偿侵权损害

请求权基础

第 1195 条第 3 款第 1 句

权利人因错误通知造成网络用户或者网络服务提供者损害的，应当承担侵权责任。

检视程式

（一）请求权已产生

1. 网络用户／网络服务提供者的损害

2. 权利人的错误通知

3. 错误通知与损害的因果关系

4. 抗辩：不法性阻却事由

5. 抗辩：欠缺责任能力

6. 权利人的过错

7. 抗辩：与有过失，第 1173 条

（二）请求权未消灭

1. 债的一般消灭事由：第 557 条第 1 款

2. 损益相抵

（三）请求权可行使

时效抗辩权：第 192 条第 1 款

五、网络用户主张网络服务提供者终止所采取的措施

网络用户诉请：网络服务提供者终止措施

请求权基础

第 1196 条

网络用户接到转送的通知后，可以向网络服务提供者提交不存在侵权行为的声明。声明应当包括不存在侵权行为的初步证据及网络用户的真实身份信息。

网络服务提供者接到声明后，应当将该声明转送发出通知的权利人，并告知其可以向有关部门投诉或者向人民法院提起诉讼。网络服务提供者在转送声明到达权利人后的合理期限内，未收到权利人已经投诉或者提起诉讼通知的，应当及时终止所采取的措施。

检视程式

（一）请求权已产生
1. 网络用户接到转送通知
2. 向网络服务提供者提交不存在侵权的声明
3. 声明包括不存在侵权行为的初步证据及网络用户的真实身份信息
4. 网络服务提供者将声明转送至权利人后的合理期限内，未收到权利人已经投诉或者提起诉讼的通知

（二）请求权未消灭
1. 已终止措施
2. 免除

（三）请求权可行使
时效抗辩权：第 192 条第 1 款

六、权利人主张网络服务提供者与网络用户承担连带责任

权利人诉请：网络服务提供者与网络用户承担连带责任

请求权基础

第 1197 条

网络服务提供者知道或者应当知道网络用户利用其网络服务侵害他人民事权益，未采取必要措施的，与该网络用户承担连带责任。

检视程式

（一）请求权已产生
1. 责任成立
（1）适格权益被侵

（2）网络用户利用网络服务实施侵害
（3）责任成立因果关系
否认：受害人故意，第1174条
否认：第三人原因，第1175条
（4）抗辩：不法性阻却事由
（5）抗辩：欠缺责任能力
（6）网络用户的过错
（7）网络服务提供者知道/应知：网络侵害规定6
（8）抗辩：与有过失，第1173条

2.责任范围
（1）损害：第1179—1184条，人身损害解释6—19，精神损害解释5
（2）责任范围因果关系
（3）抗辩：被侵权人对损害的扩大有过错（与有过失），第1173条
（4）分期支付的担保：第1187条第2分句+人身损害解释20—21

（二）请求权未消灭
1.债的一般消灭事由：第557条第1款、第520条
2.损益相抵

（三）请求权可行使
时效抗辩权：第192条第1款

七、网络用户/网络服务提供者主张侵权人承担侵权责任

网络用户/网络服务提供者诉请：侵权人恢复原状/赔偿损害

请求权基础

第1165条第1款
行为人因过错侵害他人民事权益造成损害的，应当承担侵权责任。

网络侵害规定10.2
擅自篡改、删除、屏蔽特定网络信息或者以断开链接的方式阻止他人获取网络信息，发布该信息的网络用户或者网络服务提供者请求侵权人承担侵权责任的，人民法院应予支持。接受他人委托实施该行为的，委托人与受托人承担连带责任。

检视程式

（一）请求权已产生
1.擅自篡改、删除、屏蔽特定网络信息/以断开链接的方式阻止他人获取网络信息
2.抗辩：欠缺责任能力
3.请求权人：发布该信息的网络用户/网络服务提供者
4.义务人

（1）侵权人
（2）接受委托的→受托人+委托人连带责任
5.权利内容
（1）恢复原状
（2）赔偿损害
损害+责任范围因果关系+损益相抵抗辩

（二）请求权未消灭

债的一般消灭事由：第557条第1款、第520条

（三）请求权可行使

时效抗辩权：第192条第1款

第八节　违反安全保障义务责任纠纷

案由所涉主张与诉请	一、主张安全保障义务人承担侵权责任 　　诉请：安全保障义务人赔偿侵权损害 二、主张安全保障义务人承担补充责任 　　诉请：安全保障义务人承担补充责任 三、安全保障义务人主张对第三人的追偿权 　　安全保障义务人诉请：第三人赔偿损害
说　明	1.安全保障义务人为经营场所、公共场所的经营者、管理者的，应援用4级案由"经营场所、公共场所的经营者、管理者责任纠纷"。 2.安全保障义务人为群众性活动组织者的，应援用4级案由"群众性活动组织者责任纠纷"。

一、主张安全保障义务人承担侵权责任

诉请：安全保障义务人赔偿侵权损害

请求权基础

第1198条第1款

宾馆、商场、银行、车站、机场、体育场馆、娱乐场所等经营场所、公共场所的经营者、管理者或者群众性活动的组织者，未尽到安全保障义务，造成他人损害的，应当承担侵权责任。

检视程式

（　）请求权已产生

1.责任成立

（1）适格权益被侵

（2）安全保障义务人未尽到安全保障义务
（3）否认事由
即使尽到安全保障义务也无避免可能性：否认责任成立因果关系
受害人故意：第1174条
第三人原因：第1175条
（4）抗辩：与有过失，第1173条
2.责任范围
（1）损害：第1179—1184条，人身损害解释6—19，精神损害解释5
（2）责任范围因果关系
（3）抗辩：被侵权人对损害的扩大有过错（与有过失），第1173条
（4）分期支付的担保：第1187条第2分句+人身损害解释20—21
（二）请求权未消灭
1.债的一般消灭事由：第557条第1款
2.损益相抵
（三）请求权可行使
时效抗辩权：第192条第1款

二、主张安全保障义务人承担补充责任

诉请：安全保障义务人承担补充责任

请求权基础

第1198条第2款第1句第2分句→
第1198条第2款第1句
因第三人的行为造成他人损害的，由第三人承担侵权责任；经营者、管理者或者组织者未尽到安全保障义务的，承担相应的补充责任。

检视程式

（一）请求权已产生
1.责任成立
（1）适格权益被侵
（2）第三人的侵权责任成立
（3）安全保障义务人未尽到安全保障义务：如环境侵权解释16
（4）否认事由
即使尽到安全保障义务也无避免可能性：否认责任成立因果关系
受害人故意：第1174条
第三人原因：第1175条
（5）抗辩：与有过失，第1173条

2.责任范围
（1）损害：第1179—1184条，人身损害解释6—19，精神损害解释5
（2）责任范围因果关系
与未尽安全保障义务的范围相当
（3）抗辩：被侵权人对损害的扩大有过错（与有过失），第1173条
（4）分期支付的担保：第1187条第2分句+人身损害解释20—21
（二）请求权未消灭
1.债的一般消灭事由：第557条第1款
2.损益相抵
（三）请求权可行使
时效抗辩权：第192条第1款

说　明

第三人责任实为一般过错侵权责任。

三、安全保障义务人主张对第三人的追偿权

安全保障义务人诉请：第三人赔偿损害

请求权基础

第1198条第2款第2句
经营者、管理者或者组织者承担补充责任后，可以向第三人追偿。

检视程式

（一）请求权已产生
1.责任成立
（1）适格权益被侵
（2）第三人的侵权责任成立
（3）安全保障义务人未尽到安全保障义务
（4）安全保障义务人承担补充责任
2.责任范围
与安全保障义务人承担补充责任的范围一致
（二）请求权未消灭
债的一般消灭事由：第557条第1款
（三）请求权可行使
时效抗辩权：第192条第1款

第九节　经营场所、公共场所的经营者、管理者责任纠纷（4级案由）

案由所涉主张与诉请	一、主张经营场所、公共场所的经营者、管理者承担侵权责任 　　诉请：经营场所、公共场所的经营者、管理者赔偿侵权损害 二、主张经营场所、公共场所的经营者、管理者承担补充责任 　　诉请：经营场所、公共场所的经营者、管理者承担补充责任 三、经营场所、公共场所的经营者、管理者主张对第三人的追偿权 　　经营场所、公共场所的经营者、管理者诉请：第三人赔偿损害
说　明	检视程式参见本章第八节，将第八节检视程式中的"安全保障义务人"替换为"经营场所、公共场所的经营者、管理者"。

第十节　群众性活动组织者责任纠纷（4级案由）

案由所涉主张与诉请	一、主张群众性活动组织者承担侵权责任 　　诉请：群众性活动组织者赔偿侵权损害 二、主张群众性活动组织者承担补充责任 　　诉请：群众性活动组织者承担补充责任 三、群众性活动组织者主张对第三人的追偿权 　　群众性活动组织者诉请：第三人赔偿损害
说　明	检视程式参见本章第八节，将第八节检视程式中的"安全保障义务人"替换为"群众性活动组织者"。

第十一节　教育机构责任纠纷

案由所涉主张与诉请	一、无行为能力人主张教育机构承担侵权责任 　　无行为能力人诉请：教育机构赔偿侵权损害 二、限制行为能力人主张教育机构承担侵权责任 　　限制行为能力人诉请：教育机构赔偿侵权损害 三、主张教育机构承担补充责任 　　诉请：教育机构承担补充责任 四、教育机构主张对第三人的追偿权 　　教育机构诉请：第三人赔偿损害

一、无行为能力人主张教育机构承担侵权责任

无行为能力人诉请：教育机构赔偿侵权损害

请求权基础

第1199条

无民事行为能力人在幼儿园、学校或者其他教育机构学习、生活期间受到人身损害的，幼儿园、学校或者其他教育机构应当承担侵权责任；但是，能够证明尽到教育、管理职责的，不承担侵权责任。

检视程式

（一）请求权已产生

1. 责任成立

（1）无民事行为能力人受到人身损害

（2）在教育机构学习、生活期间

（3）抗辩：教育机构能够证明尽到教育、管理职责

（4）否认事由

即使尽到教育、管理职责也无避免可能性：否认责任成立因果关系

受害人故意：第1174条

第三人原因：第1175条

2. 责任范围

（1）损害：第1179—1183条，人身损害解释6—19，精神损害解释5

（2）责任范围因果关系

（3）分期支付的担保：第1187条第2分句+人身损害解释20—21

（二）请求权未消灭

1. 债的一般消灭事由：第557条第1款（抵销除外）

2. 损益相抵

（三）请求权可行使

时效抗辩权：第192条第1款

二、限制行为能力人主张教育机构承担侵权责任

限制行为能力人诉请：教育机构赔偿侵权损害

请求权基础

第1200条

限制民事行为能力人在学校或者其他教育机构学习、生活期间受到人身损害，学校或者其他教育机构未尽到教育、管理职责的，应当承担侵权责任。

检视程式

（一）请求权已产生

1.责任成立

（1）限制民事行为能力人受到人身损害

（2）在教育机构学习、生活期间

（3）教育机构未尽到教育、管理职责

（4）否认事由

即使尽到安全保障义务也无避免可能性：否认责任成立因果关系

受害人故意：第1174条

第三人原因：第1175条

（5）抗辩：与有过失，第1173条

2.责任范围

（1）损害：第1179—1183条，人身损害解释6—19，精神损害解释5

（2）责任范围因果关系

（3）抗辩：被侵权人对损害的扩大有过错（与有过失），第1173条

（4）分期支付的担保：第1187条第2分句+人身损害解释20—21

（二）请求权未消灭

1.债的一般消灭事由：第557条第1款（抵销除外）

2.损益相抵

（三）请求权可行使

时效抗辩权：第192条第1款

三、主张教育机构承担补充责任

诉请：教育机构承担补充责任

请求权基础

第1201条第1句第2分句→
第1201条第1句

无民事行为能力人或者限制民事行为能力人在幼儿园、学校或者其他教育机构学习、生活期间，受到幼儿园、学校或者其他教育机构以外的第三人人身损害的，由第三人承担侵权责任；幼儿园、学校或者其他教育机构未尽到管理职责的，承担相应的补充责任。

检视程式

（一）请求权已产生

1.责任成立

（1）无民事行为能力人/限制民事行为能力人受到人身损害

（2）在教育机构学习、生活期间
（3）第三人的侵权责任成立
（4）教育机构未尽到管理职责
（5）否认事由
即使尽到管理职责也无避免可能性：否认责任成立因果关系
受害人故意：第1174条
第三人原因：第1175条
（6）抗辩：与有过失，第1173条
2.责任范围
（1）损害：第1179—1183条，人身损害解释6—19，精神损害解释5
（2）责任范围因果关系
与未尽管理职责的范围相当
（3）抗辩：被侵权人对损害的扩大有过错（与有过失），第1173条
（4）分期支付的担保：第1187条第2分句+人身损害解释20—21
（二）请求权未消灭
1.债的一般消灭事由：第557条第1款（抵销除外）
2.损益相抵
（三）请求权可行使
时效抗辩权：第192条第1款

说　明

第三人责任实为一般过错侵权责任。

四、教育机构主张对第三人的追偿权

教育机构诉请：第三人赔偿损害

请求权基础

第1201条第2句
幼儿园、学校或者其他教育机构承担补充责任后，可以向第三人追偿。

检视程式

（一）请求权已产生
1.责任成立
（1）无民事行为能力人/限制民事行为能力人受到人身损害
（2）在教育机构学习、生活期间
（3）第三人的侵权责任成立
（4）教育机构未尽到管理职责
（5）教育机构已承担补充责任

2.责任范围
与承担补充责任的范围一致
（二）请求权未消灭
债的一般消灭事由：第557条第1款
（三）请求权可行使
时效抗辩权：第192条第1款

第十二节　性骚扰损害责任纠纷

案由所涉主张与诉请	一、主张行为人承担侵权损害赔偿责任 诉请：行为人赔偿侵权损害 二、主张单位承担侵权损害赔偿责任 诉请：单位赔偿侵权损害

一、主张行为人承担侵权损害赔偿责任

诉请：行为人赔偿侵权损害

请求权基础

第1010条第1款

违背他人意愿，以言语、文字、图像、肢体行为等方式对他人实施性骚扰的，受害人有权依法请求行为人承担民事责任。

第1165条第1款

行为人因过错侵害他人民事权益造成损害的，应当承担侵权责任。

检视程式

（一）请求权已产生
1.责任成立
（1）以言语、文字、图像、肢体行为等方式对他人实施性骚扰
（2）违背受害人意愿
（3）抗辩：不法性阻却事由
（4）抗辩：欠缺责任能力
（5）过错
（6）抗辩：与有过失，第1173条
2.责任范围
（1）损害：第1179—1183条，人身损害解释6—19，精神损害解释5
（2）责任范围因果关系

（3）抗辩：被侵权人对损害的扩大有过错（与有过失），第1173条
（4）分期支付的担保：第1187条第2分句+人身损害解释20—21

（二）请求权未消灭
1. 履行
2. 免除

（三）请求权可行使
时效抗辩权：第192条第1款

二、主张单位承担侵权损害赔偿责任

诉请：单位赔偿侵权损害

请求权基础

第1010条第2款
机关、企业、学校等单位应当采取合理的预防、受理投诉、调查处置等措施，防止和制止利用职权、从属关系等实施性骚扰。

第1165条第1款
行为人因过错侵害他人民事权益造成损害的，应当承担侵权责任。

检视程式

（一）请求权已产生

1. 责任成立
（1）以言语、文字、图像、肢体行为等方式对他人实施性骚扰
（2）违背受害人意愿
（3）利用机关、企业、学校等单位的职权、从属关系等
（4）单位未尽到采取合理措施的义务
（5）抗辩：与有过失，第1173条

2. 责任范围
（1）损害：第1179—1183条，人身损害解释6—19，精神损害解释5
（2）责任范围因果关系
（3）抗辩：被侵权人对损害的扩大有过错（与有过失），第1173条
（4）分期支付的担保：第1187条第2分句+人身损害解释20—21

（二）请求权未消灭
1. 履行
2. 免除

（三）请求权可行使
时效抗辩权：第192条第1款

第十三节　产品生产者责任纠纷（4级案由）

案由所涉主张与诉请	一、主张对生产者的消极防御请求权 　　诉请：生产者停止侵害、排除妨碍、消除危险 二、主张生产者承担侵权损害赔偿＋惩罚性赔偿 　　诉请：生产者赔偿损害＋惩罚性赔偿 三、主张生产者采取补救措施 　　诉请：生产者采取补救措施 四、主张生产者赔偿扩大损害＋惩罚性赔偿 　　诉请：生产者赔偿扩大损害＋惩罚性赔偿 五、主张生产者负担召回费用 　　诉请：生产者赔偿召回费用 六、销售者主张对生产者的追偿权 　　销售者诉请：生产者赔偿损害

一、主张对生产者的消极防御请求权

诉请：生产者停止侵害、排除妨碍、消除危险

请求权基础

第1205条

因产品缺陷危及他人人身、财产安全的，被侵权人有权请求生产者、销售者承担停止侵害、排除妨碍、消除危险等侵权责任。

检视程式

（一）请求权已产生

1. 产品缺陷
2. 危及他人人身、财产安全
3. 抗辩：产品质量法41.2
（1）未将产品投入流通
（2）产品投入流通时，引起损害的缺陷尚不存在
（3）将产品投入流通时的科学技术水平尚不能发现缺陷的存在

（二）请求权未消灭

1. 履行
2. 免除

（三）请求权可行使

时效抗辩权的排除：第196条第1项

二、主张生产者承担侵权损害赔偿+惩罚性赔偿

诉请：生产者赔偿损害+惩罚性赔偿

请求权基础

第1202条第1款

因产品存在缺陷造成他人损害的，生产者应当承担侵权责任。

第1203条第1款前半句→

第1203条第1款

因产品存在缺陷造成他人损害的，被侵权人可以向产品的生产者请求赔偿，也可以向产品的销售者请求赔偿。

第1207条

明知产品存在缺陷仍然生产、销售，或者没有依据前条规定采取有效补救措施，造成他人死亡或者健康严重损害的，被侵权人有权请求相应的惩罚性赔偿。

消保法55.2

经营者明知商品或者服务存在缺陷，仍然向消费者提供，造成消费者或者其他受害人死亡或者健康严重损害的，受害人有权要求经营者依照本法第四十九条、第五十一条等法律规定赔偿损失，并有权要求所受损失二倍以下的惩罚性赔偿。

医疗损害解释23

医疗产品的生产者、销售者、药品上市许可持有人明知医疗产品存在缺陷仍然生产、销售，造成患者死亡或者健康严重损害，被侵权人请求生产者、销售者、药品上市许可持有人赔偿损失及二倍以下惩罚性赔偿的，人民法院应予支持。

食品安全法148.2主文→

食品安全法148.2

生产不符合食品安全标准的食品或者经营明知是不符合食品安全标准的食品，消费者除要求赔偿损失外，还可以向生产者或者经营者要求支付价款十倍或者损失三倍的赔偿金；增加赔偿的金额不足一千元的，为一千元。但是，食品的标签、说明书存在不影响食品安全且不会对消费者造成误导的瑕疵的除外。

检视程式

（一）请求权已产生

1.责任成立

（1）适格权益被侵

（2）产品存在缺陷

抗辩：产品质量法41.2

①未将产品投入流通

②产品投入流通时，引起损害的缺陷尚不存在

③将产品投入流通时的科学技术水平尚不能发现缺陷的存在
（3）责任成立因果关系
否认：受害人故意，第1174条
否认：第三人原因，第1175条
（4）抗辩：与有过失，第1173条
抗辩排除：知假买假，食品药品规定3
2.责任范围
（1）损害：第1179—1184条，人身损害解释6—19，精神损害解释5
（2）责任范围因果关系
（3）抗辩：被侵权人对损害的扩大有过错（与有过失），第1173条
（4）惩罚性赔偿：第1207条
①明知产品存在缺陷
②仍然生产
③造成他人死亡/健康严重损害
④赔偿范围：消保法55.2，医疗损害解释23，食品安全法148.2
（5）分期支付的担保：第1187条第2分句+人身损害解释20—21
（二）请求权未消灭
1.缺陷产品交付消费者满10年：产品质量法45.2
抗辩：尚未超过明示的安全使用期
2.债的一般消灭事由：第557条第1款
3.损益相抵
（三）请求权可行使
时效抗辩权：2年＋知道/应知其权益受损害时起算，产品质量法45.1

三、主张生产者采取补救措施

诉请：生产者采取补救措施

请求权基础

第1206条第1款第1分句
产品投入流通后发现存在缺陷的，生产者、销售者应当及时采取停止销售、警示、召回等补救措施……

检视程式

（一）请求权已产生
1.产品缺陷
2.产品投入流通后发现
3.抗辩：产品质量法41.2
（1）产品投入流通时，引起损害的缺陷尚不存在

（2）将产品投入流通时的科学技术水平尚不能发现缺陷的存在
（二）请求权未消灭
履行
（三）请求权可行使
时效抗辩权的排除：第196条第1项

四、主张生产者赔偿扩大损害+惩罚性赔偿

诉请：生产者赔偿扩大损害+惩罚性赔偿

请求权基础

第1206条第1款第2分句
……未及时采取补救措施或者补救措施不力造成损害扩大的，对扩大的损害也应当承担侵权责任。

第1207条
明知产品存在缺陷仍然生产、销售，或者没有依据前条规定采取有效补救措施，造成他人死亡或者健康严重损害的，被侵权人有权请求相应的惩罚性赔偿。

检视程式

（一）请求权已产生
1.责任成立
（1）适格权益被侵
（2）产品存在缺陷
抗辩：产品质量法41.2
①产品投入流通时，引起损害的缺陷尚不存在
②将产品投入流通时的科学技术水平尚不能发现缺陷的存在
（3）责任成立因果关系
否认：受害人故意，第1174条
否认：第三人原因，第1175条
（4）产品投入流通后发现存在缺陷+生产者未及时采取补救措施/补救措施不力+造成损害扩大
（5）抗辩：与有过失，第1173条
抗辩排除：知假买假，食品药品规定3
2.责任范围
（1）损害：第1179—1184条，人身损害解释6—19，精神损害解释5
（2）责任范围因果关系
与扩大的损害范围相当
（3）抗辩：被侵权人对损害的扩大有过错（与有过失），第1173条
（4）惩罚性赔偿：第1207条

①投入流通后发现产品缺陷
②未采取有效补救措施
③造成他人死亡/健康严重损害
④赔偿范围：消保法55.2，医疗损害解释23，食品安全法148.2
（5）分期支付的担保：第1187条第2分句＋人身损害解释20—21
（二）请求权未消灭
1.缺陷产品交付消费者满10年：产品质量法45.2
抗辩：尚未超过明示的安全使用期
2.债的一般消灭事由：第557条第1款
3.损益相抵
（三）请求权可行使
时效抗辩权：2年＋知道/应知其权益受损害时起算，产品质量法45.1

五、主张生产者负担召回费用

诉请：生产者赔偿召回费用

请求权基础

第1206条第2款

依据前款规定采取召回措施的，生产者、销售者应当负担被侵权人因此支出的必要费用。

检视程式

（一）请求权已产生
1.产品缺陷
抗辩：产品质量法41.2
（1）产品投入流通时，引起损害的缺陷尚不存在
（2）将产品投入流通时的科学技术水平尚不能发现缺陷的存在
2.产品投入流通后发现
3.生产者采取召回措施
4.被侵权人支付费用
5.费用与召回措施的因果关系
6.费用的必要性
（二）请求权未消灭
债的一般消灭事由：第557条第1款
（三）请求权可行使
时效抗辩权：第192条第1款

六、销售者主张对生产者的追偿权

销售者诉请：生产者赔偿损害

请求权基础

第1203条第2款第1句

产品缺陷由生产者造成的，销售者赔偿后，有权向生产者追偿。

检视程式

（一）请求权已产生
1.责任成立
（1）产品缺陷
抗辩：产品质量法41.2
①未将产品投入流通
②产品投入流通时，引起损害的缺陷尚不存在
③将产品投入流通时的科学技术水平尚不能发现缺陷的存在
（2）生产者造成产品缺陷
（3）销售者赔偿被侵权人损害
2.责任范围
与销售者的赔偿范围一致
（二）请求权未消灭
债的一般消灭事由：第557条第1款
（三）请求权可行使
时效抗辩权：第192条第1款

第十四节　产品销售者责任纠纷（4级案由）

案由所涉主张与诉请	一、主张对销售者的消极防御请求权 　　诉请：销售者停止侵害、排除妨碍、消除危险 二、主张销售者承担侵权损害赔偿＋惩罚性赔偿 　　诉请：销售者赔偿损害＋惩罚性赔偿 三、主张销售者采取补救措施 　　诉请：销售者采取补救措施 四、主张销售者赔偿扩大损害＋惩罚性赔偿 　　诉请：销售者赔偿扩大损害＋惩罚性赔偿 五、主张销售者负担召回费用 　　诉请：销售者赔偿召回费用 六、生产者主张对销售者的追偿权 　　生产者诉请：销售者赔偿损害

一、主张对销售者的消极防御请求权

诉请：销售者停止侵害、排除妨碍、消除危险

请求权基础

第1205条

因产品缺陷危及他人人身、财产安全的，被侵权人有权请求生产者、销售者承担停止侵害、排除妨碍、消除危险等侵权责任。

检视程式

（一）请求权已产生

1. 产品缺陷

抗辩：产品质量法41.2

（1）未将产品投入流通

（2）产品投入流通时，引起损害的缺陷尚不存在

（3）将产品投入流通时的科学技术水平尚不能发现缺陷的存在

2. 危及他人人身、财产安全

（二）请求权未消灭

1. 履行

2. 免除

（三）请求权可行使

时效抗辩权的排除：第196条第1项

二、主张销售者承担侵权损害赔偿＋惩罚性赔偿

诉请：销售者赔偿损害＋惩罚性赔偿

请求权基础

第1203条第1款后半句→
第1203条第1款

因产品存在缺陷造成他人损害的，被侵权人可以向产品的生产者请求赔偿，也可以向产品的销售者请求赔偿。

第1207条

明知产品存在缺陷仍然生产、销售，或者没有依据前条规定采取有效补救措施，造成他人死亡或者健康严重损害的，被侵权人有权请求相应的惩罚性赔偿。

消保法55.2

经营者明知商品或者服务存在缺陷，仍然向消费者提供，造成消费者或者其他受害人死亡或者健康严重损害的，受害人有权要求经营者依照本法第四十九条、第五十一条等法律规定赔偿损失，并有权要求所受损失二倍以下的惩罚性赔偿。

医疗损害解释 23

医疗产品的生产者、销售者、药品上市许可持有人明知医疗产品存在缺陷仍然生产、销售，造成患者死亡或者健康严重损害，被侵权人请求生产者、销售者、药品上市许可持有人赔偿损失及二倍以下惩罚性赔偿的，人民法院应予支持。

食品安全法 148.2 主文→
食品安全法 148.2

生产不符合食品安全标准的食品或者经营明知是不符合食品安全标准的食品，消费者除要求赔偿损失外，还可以向生产者或者经营者要求支付价款十倍或者损失三倍的赔偿金；增加赔偿的金额不足一千元的，为一千元。但是，食品的标签、说明书存在不影响食品安全且不会对消费者造成误导的瑕疵的除外。

检视程式

（一）请求权已产生

1.责任成立

（1）适格权益被侵

（2）产品存在缺陷

抗辩：产品质量法 41.2

①未将产品投入流通

②产品投入流通时，引起损害的缺陷尚不存在

③将产品投入流通时的科学技术水平尚不能发现缺陷的存在

（3）责任成立因果关系

否认：受害人故意，第 1174 条

否认：第三人原因，第 1175 条

（4）抗辩：与有过失，第 1173 条

抗辩排除：知假买假，食品药品规定 3

2.责任范围

（1）损害：第 1179—1184 条，人身损害解释 6—19，精神损害解释 5

（2）责任范围因果关系

（3）抗辩：被侵权人对损害的扩大有过错（与有过失），第 1173 条

（4）惩罚性赔偿：第 1207 条

①明知产品存在缺陷

②仍然销售

③造成他人死亡/健康严重损害

④赔偿数额：消保法 55.2，医疗损害解释 23，食品安全法 148.2

（5）分期支付的担保：第 1187 条第 2 分句+人身损害解释 20—21

（二）请求权未消灭

1.缺陷产品交付消费者满 10 年：产品质量法 45.2

抗辩：尚未超过明示的安全使用期

2.债的一般消灭事由：第 557 条第 1 款

3.损益相抵

（三）请求权可行使

时效抗辩权：2年＋知道/应知其权益受损害时起算，产品质量法45.1

三、主张销售者采取补救措施

诉请：销售者采取补救措施

请求权基础

第1206条第1款第1分句

产品投入流通后发现存在缺陷的，生产者、销售者应当及时采取停止销售、警示、召回等补救措施⋯⋯

检视程式

（一）请求权已产生

1.产品缺陷

抗辩：产品质量法41.2

（1）产品投入流通时，引起损害的缺陷尚不存在

（2）将产品投入流通时的科学技术水平尚不能发现缺陷的存在

2.产品投入流通后发现

（二）请求权未消灭

履行

（三）请求权可行使

时效抗辩权的排除：第196条第1项

四、主张销售者赔偿扩大损害＋惩罚性赔偿

诉请：销售者赔偿扩大损害＋惩罚性赔偿

请求权基础

第1206条第1款第2分句

⋯⋯未及时采取补救措施或者补救措施不力造成损害扩大的，对扩大的损害也应当承担侵权责任。

第1207条

明知产品存在缺陷仍然生产、销售，或者没有依据前条规定采取有效补救措施，造成他人死亡或者健康严重损害的，被侵权人有权请求相应的惩罚性赔偿。

检视程式

（一）请求权已产生

1.责任成立

（1）适格权益被侵

（2）产品存在缺陷

抗辩：产品质量法41.2

①产品投入流通时，引起损害的缺陷尚不存在

②将产品投入流通时的科学技术水平尚不能发现缺陷的存在

（3）责任成立因果关系

否认：受害人故意，第1174条

否认：第三人原因，第1175条

（4）产品投入流通后发现存在缺陷+销售者未及时采取补救措施/补救措施不力+造成损害扩大

（5）抗辩：与有过失，第1173条

抗辩排除：知假买假，食品药品规定3

2.责任范围

（1）损害：第1179—1184条，人身损害解释6—19，精神损害解释5

（2）责任范围因果关系

与扩大的损害范围相当

（3）抗辩：被侵权人对损害的扩大有过错（与有过失），第1173条

（4）惩罚性赔偿：第1207条

①投入流通后发现产品缺陷

②未采取有效补救措施

③造成他人死亡/健康严重损害

④赔偿数额：消保法55.2，医疗损害解释23

（5）分期支付的担保：第1187条第2分句+人身损害解释20—21

（二）请求权未消灭

1.缺陷产品交付消费者满10年：产品质量法45.2

抗辩：尚未超过明示的安全使用期

2.债的一般消灭事由：第557条第1款

3.损益相抵

（三）请求权可行使

时效抗辩权：2年+知道/应知其权益受损害时起算，产品质量法45.1

五、主张销售者负担召回费用

诉请：销售者赔偿召回费用

请求权基础

第1206条第2款

依据前款规定采取召回措施的，生产者、销售者应当负担被侵权人因此支出的必要费用。

检视程式

（一）请求权已产生
1.产品缺陷
抗辩：产品质量法41.2
（1）产品投入流通时，引起损害的缺陷尚不存在
（2）将产品投入流通时的科学技术水平尚不能发现缺陷的存在
2.产品投入流通后发现
3.销售者采取召回措施
4.被侵权人支付费用
5.费用与召回措施的因果关系
6.费用的必要性

（二）请求权未消灭
债的一般消灭事由：第557条第1款

（三）请求权可行使
时效抗辩权：第192条第1款

六、生产者主张对销售者的追偿权

生产者诉请：销售者赔偿损害

请求权基础

第1203条第2款第2句
因销售者的过错使产品存在缺陷的，生产者赔偿后，有权向销售者追偿。

检视程式

（一）请求权已产生
1.责任成立
（1）产品缺陷
（2）销售者造成产品缺陷
（3）销售者的过错
（4）生产者赔偿被侵权人损害
2.责任范围
与生产者的赔偿范围一致

（二）请求权未消灭
债的一般消灭事由：第557条第1款

（三）请求权可行使
时效抗辩权：第192条第1款

第十五节　产品运输者责任纠纷（4级案由）

生产者/销售者主张对运输者的追偿权

生产者/销售者诉请：运输者赔偿损害

请求权基础

第1204条

因运输者、仓储者等第三人的过错使产品存在缺陷，造成他人损害的，产品的生产者、销售者赔偿后，有权向第三人追偿。

检视程式

（一）请求权已产生

1. 责任成立
（1）产品缺陷
（2）运输者造成产品缺陷
（3）运输者的过错
（4）生产者/销售者赔偿被侵权人损害

2. 责任范围
与生产者/销售者的赔偿范围一致

（二）请求权未消灭

债的一般消灭事由：第557条第1款

（三）请求权可行使

时效抗辩权：第192条第1款

第十六节　产品仓储者责任纠纷（4级案由）

生产者/销售者主张对仓储者的追偿权

生产者/销售者诉请：仓储者赔偿损害

请求权基础

第1204条

因运输者、仓储者等第三人的过错使产品存在缺陷，造成他人损害的，产品的生产者、销售者赔偿后，有权向第三人追偿。

检视程式

（一）请求权已产生

1.责任成立

（1）产品缺陷

（2）仓储者造成产品缺陷

（3）仓储者的过错

（4）生产者/销售者赔偿被侵权人损害

2.责任范围

与生产者/销售者的赔偿范围一致

（二）请求权未消灭

债的一般消灭事由：第 557 条第 1 款

（三）请求权可行使

时效抗辩权：第 192 条第 1 款

第十七节　机动车交通事故责任纠纷

案由所涉主张与诉请	一、主张租赁/借用机动车的使用人承担赔偿责任 　　诉请：租赁/借用机动车的使用人赔偿损害 二、主张被租赁/借用机动车的所有人/管理人承担相应的赔偿责任 　　诉请：被租赁/借用机动车的所有人/管理人赔偿相应的损害 三、主张机动车受让人承担赔偿责任 　　诉请：机动车受让人赔偿损害 四、主张套牌车所有人/管理人承担赔偿责任 　　诉请：套牌车所有人/管理人赔偿损害 五、主张被套牌车所有人/管理人与套牌车所有人/管理人承担连带责任 　　诉请：被套牌车所有人/管理人与套牌车所有人/管理人承担连带责任 六、主张机动车挂靠人和被挂靠人承担连带责任 　　诉请：机动车挂靠人和被挂靠人承担连带责任 七、主张无权驾驶机动车的使用人承担赔偿责任 　　诉请：无权驾驶机动车的使用人赔偿损害 八、主张被无权驾驶机动车的所有人/管理人承担相应的赔偿责任 　　诉请：被无权驾驶机动车的所有人/管理人赔偿相应的损害 九、主张机动车转让人和受让人承担连带责任 　　诉请：机动车转让人和受让人承担连带责任 十、主张机动车盗窃人/抢劫人/抢夺人承担赔偿责任 　　诉请：机动车盗窃人/抢劫人/抢夺人赔偿损害

	十一、主张机动车盗窃人/抢劫人/抢夺人与机动车使用人承担连带责任
	诉请：机动车盗窃人/抢劫人/抢夺人与机动车使用人承担连带责任
	十二、主张保险人垫付抢救费用+赔偿损害
	诉请一：交强险保险人垫付抢救费用+赔偿损害
	诉请二：商业三者险保险人赔偿损害
	十三、保险人主张对交通事故责任人的追偿权
	保险人诉请：交通事故责任人赔偿垫付费用+人身损害
	十四、道路交通事故社会救助基金管理机构主张对驾驶人的追偿权
	道路交通事故社会救助基金管理机构诉请：驾驶人赔偿垫付费用
说　明	保险公司作为共同被告的情形：交通事故解释22—23

一、主张租赁/借用机动车的使用人承担赔偿责任

诉请：租赁/借用机动车的使用人赔偿损害

请求权基础

第1209条第1分句

因租赁、借用等情形机动车所有人、管理人与使用人不是同一人时，发生交通事故造成损害，属于该机动车一方责任的，由机动车使用人承担赔偿责任……

道路交通安全法76

机动车发生交通事故造成人身伤亡、财产损失的，由保险公司在机动车第三者责任强制保险责任限额范围内予以赔偿；不足的部分，按照下列规定承担赔偿责任：

（一）机动车之间发生交通事故的，由有过错的一方承担赔偿责任；双方都有过错的，按照各自过错的比例分担责任。

（二）机动车与非机动车驾驶人、行人之间发生交通事故，非机动车驾驶人、行人没有过错的，由机动车一方承担赔偿责任；有证据证明非机动车驾驶人、行人有过错的，根据过错程度适当减轻机动车一方的赔偿责任；机动车一方没有过错的，承担不超过百分之十的赔偿责任。

交通事故的损失是由非机动车驾驶人、行人故意碰撞机动车造成的，机动车一方不承担赔偿责任。

检视程式

（一）请求权已产生

1.责任成立

（1）机动车租赁、借用

（2）所有人/管理人与使用人不同

（3）机动车发生交通事故

（4）责任成立因果关系

否认：受害人故意，第1174条+道路交通安全法76.2

否认：第三人原因，第1175条

（5）抗辩：不法性阻却事由

正当防卫：第181条第1款

紧急避险：第182条第1—2款

紧急救助：第184条

（6）抗辩：欠缺责任能力

（7）机动车之间发生交通事故：过错，道路交通安全法第76条第1款第1项

（8）抗辩：机动车之间发生交通事故+与有过失，第1173条+道路交通安全法第76条第1款第1项

（9）抗辩：机动车与非机动车驾驶人、行人之间发生交通事故+有证据证明非机动车驾驶人、行人有过错，道路交通安全法第76条第1款第2项

（10）抗辩：机动车与非机动车驾驶人、行人之间发生交通事故+机动车一方没有过错，道路交通安全法第76条第1款第2项

（11）交通事故认定书的证明力：交通事故解释24

2.责任范围

（1）损害：第1179—1184条，人身损害解释6—19，精神损害解释5，交通事故解释11—12

（2）责任范围因果关系

①机动车之间发生交通事故+与有过失：根据过错比例分担，第1173条+道路交通安全法第76条第1款第1项

②机动车与非机动车驾驶人、行人之间发生交通事故+有证据证明非机动车驾驶人、行人有过错：根据过错程度适当减轻机动车一方责任，道路交通安全法第76条第1款第2项

（3）法定责任范围

机动车与非机动车驾驶人、行人之间发生交通事故+机动车一方没有过错：承担不超过10%的赔偿责任，道路交通安全法第76条第1款第2项

（4）责任范围减轻：第1217条

抗辩：非营运机动车+无偿搭乘人受损

反抗辩：机动车使用人故意/重大过失

（5）交通事故损害赔偿顺序：第1213条+交通事故解释16

机动车发生交通事故造成损害，属于该机动车一方责任的：

①先由承保机动车强制保险的保险人在强制保险责任限额范围内予以赔偿

②不足部分，由承保机动车商业保险的保险人按照保险合同的约定予以赔偿

③仍然不足/没有投保机动车商业保险的，由侵权人赔偿

④未投保交强险→投保义务人与侵权人不同→投保义务人和侵权人承担相应责任

（6）抗辩：被侵权人对损害的扩大有过错（与有过失），第1173条

（7）分期支付的担保：第1187条第2分句+人身损害解释20—21

（二）请求权未消灭

1.债的一般消灭事由：第557条第1款

2.损益相抵

（三）请求权可行使

时效抗辩权：第192条第1款

二、主张被租赁/借用机动车的所有人/管理人承担相应的赔偿责任

诉请：被租赁/借用机动车的所有人/管理人赔偿相应的损害

请求权基础

第1209条第2分句

机动车所有人、管理人对损害的发生有过错的，承担相应的赔偿责任。

检视程式

（一）请求权已产生

1.责任成立

（1）机动车租赁、借用

（2）所有人/管理人与使用人不同

（3）机动车发生交通事故

（4）责任成立因果关系

否认：受害人故意，第1174条+道路交通安全法76.2

否认：第三人原因，第1175条

（5）抗辩：不法性阻却事由

正当防卫：第181条第1款

紧急避险：第182条第1—2款

紧急救助：第184条

（6）抗辩：欠缺责任能力

（7）机动车所有人/管理人的过错：交通事故解释1

（8）机动车之间发生交通事故：过错，道路交通安全法第76条第1款第1项

（9）抗辩：机动车之间发生交通事故+与有过失，第1173条+道路交通安全法第76条第1款第1项

（10）抗辩：机动车与非机动车驾驶人、行人之间发生交通事故+有证据证明非机动车驾驶人、行人有过错，道路交通安全法第76条第1款第2项

（11）抗辩：机动车与非机动车驾驶人、行人之间发生交通事故+机动车一方没有过错，道路交通安全法第76条第1款第2项

（12）交通事故认定书的证明力：交通事故解释24

2.责任范围

（1）损害：第1179—1184条，人身损害解释6—19，精神损害解释5，交通事故

解释 11—12

（2）责任范围因果关系
①责任范围与过错范围一致
②机动车之间发生交通事故+与有过失：根据过错比例分担。第1173条+道路交通安全法第76条第1款第1项
③机动车与非机动车驾驶人、行人之间发生交通事故+有证据证明非机动车驾驶人、行人有过错：根据过错程度适当减轻机动车一方责任。道路交通安全法第76条第1款第2项
（3）责任范围减轻：第1217条
抗辩：非营运机动车+无偿搭乘人受损
反抗辩：机动车使用人故意/重大过失
（4）交通事故损害赔偿顺序：第1213条+交通事故解释16
机动车发生交通事故造成损害，属于该机动车一方责任的：
①先由承保机动车强制保险的保险人在强制保险责任限额范围内予以赔偿
②不足部分，由承保机动车商业保险的保险人按照保险合同的约定予以赔偿
③仍然不足/没有投保机动车商业保险的，由侵权人赔偿
④未投保交强险→投保义务人（所有人/管理人）赔偿
投保义务人与侵权人不同→投保义务人和侵权人承担相应责任
（5）抗辩：被侵权人对损害的扩大有过错（与有过失），第1173条
（6）分期支付的担保：第1187条第2分句+人身损害解释20—21

（二）请求权未消灭
1.债的一般消灭事由：第557条第1款
2.损益相抵

（三）请求权可行使
时效抗辩权：第192条第1款

三、主张机动车受让人承担赔偿责任

诉请：机动车受让人赔偿损害

请求权基础

第1210条
当事人之间已经以买卖或者其他方式转让并交付机动车但是未办理登记，发生交通事故造成损害，属于该机动车一方责任的，由受让人承担赔偿责任。

检视程式

（一）请求权已产生
1.责任成立
（1）以买卖或者其他方式转让并交付机动车

多次转让的责任主体：交通事故解释2
（2）未办理登记
（3）机动车发生交通事故
（4）责任成立因果关系
否认：受害人故意，第1174条+道路交通安全法76.2
否认：第三人原因，第1175条
（5）抗辩：不法性阻却事由
正当防卫：第181条第1款
紧急避险：第182条第1—2款
紧急救助：第184条
（6）抗辩：欠缺责任能力
（7）机动车之间发生交通事故：过错，道路交通安全法第76条第1款第1项
（8）抗辩：机动车之间发生交通事故+与有过失，第1173条+道路交通安全法第76条第1款第1项
（9）抗辩：机动车与非机动车驾驶人、行人之间发生交通事故+有证据证明非机动车驾驶人、行人有过错，道路交通安全法第76条第1款第2项
（10）抗辩：机动车与非机动车驾驶人、行人之间发生交通事故+机动车一方没有过错，道路交通安全法第76条第1款第2项
（11）交通事故认定书的证明力：交通事故解释24

2.责任范围
（1）损害：第1179—1184条，人身损害解释6—19，精神损害解释5，交通事故解释11—12
（2）责任范围因果关系
①机动车之间发生交通事故+与有过失：根据过错比例分担，第1173条+道路交通安全法第76条第1款第1项
②机动车与非机动车驾驶人、行人之间发生交通事故+有证据证明非机动车驾驶人、行人有过错：根据过错程度适当减轻机动车一方责任，道路交通安全法第76条第1款第2项
（3）法定责任范围
机动车与非机动车驾驶人、行人之间发生交通事故+机动车一方没有过错：承担不超过10%的赔偿责任，道路交通安全法第76条第1款第2项
（4）责任范围减轻：第1217条
抗辩：非营运机动车+无偿搭乘人受损
反抗辩：机动车使用人故意/重大过失
（5）交通事故损害赔偿顺序：第1213条+交通事故解释16
机动车发生交通事故造成损害，属于该机动车一方责任的：
①先由承保机动车强制保险的保险人在强制保险责任限额范围内予以赔偿
②不足部分，由承保机动车商业保险的保险人按照保险合同的约定予以赔偿

③仍然不足/没有投保机动车商业保险的，由侵权人赔偿
④未投保交强险→投保义务人（所有人/管理人）赔偿
投保义务人与侵权人不同→投保义务人和侵权人承担相应责任
（6）抗辩：被侵权人对损害的扩大有过错（与有过失），第1173条
（7）分期支付的担保：第1187条第2分句+人身损害解释20—21
（二）请求权未消灭
1.债的一般消灭事由：第557条第1款
2.损益相抵
（三）请求权可行使
时效抗辩权：第192条第1款

四、主张套牌车所有人/管理人承担赔偿责任

诉请：套牌车所有人/管理人赔偿损害

请求权基础

道路交通安全法76
机动车发生交通事故造成人身伤亡、财产损失的，由保险公司在机动车第三者责任强制保险责任限额范围内予以赔偿；不足的部分，按照下列规定承担赔偿责任：

（一）机动车之间发生交通事故的，由有过错的一方承担赔偿责任；双方都有过错的，按照各自过错的比例分担责任。

（二）机动车与非机动车驾驶人、行人之间发生交通事故，非机动车驾驶人、行人没有过错的，由机动车一方承担赔偿责任；有证据证明非机动车驾驶人、行人有过错的，根据过错程度适当减轻机动车一方的赔偿责任；机动车一方没有过错的，承担不超过百分之十的赔偿责任。

交通事故的损失是由非机动车驾驶人、行人故意碰撞机动车造成的，机动车一方不承担赔偿责任。

交通事故解释第3条第1分句
套牌机动车发生交通事故造成损害，属于该机动车一方责任，当事人请求由套牌机动车的所有人或者管理人承担赔偿责任的，人民法院应予支持……

检视程式

（一）请求权已产生
1.责任成立
（1）套牌机动车
（2）机动车发生交通事故
（3）责任成立因果关系
否认：受害人故意，第1174条+道路交通安全法76.2
否认：第三人原因，第1175条

（4）抗辩：不法性阻却事由

正当防卫：第181条第1款

紧急避险：第182条第1—2款

紧急救助：第184条

（5）抗辩：欠缺责任能力

（6）机动车之间发生交通事故：过错，道路交通安全法第76条第1款第1项

（7）抗辩：机动车之间发生交通事故+与有过失，第1173条+道路交通安全法第76条第1款第1项

（8）抗辩：机动车与非机动车驾驶人、行人之间发生交通事故+有证据证明非机动车驾驶人、行人有过错，道路交通安全法第76条第1款第2项

（9）抗辩：机动车与非机动车驾驶人、行人之间发生交通事故+机动车一方没有过错，道路交通安全法第76条第1款第2项

（10）交通事故认定书的证明力：交通事故解释24

2.责任范围

（1）损害：第1179—1184条，人身损害解释6—19，精神损害解释5，交通事故解释11—12

（2）责任范围因果关系

①机动车之间发生交通事故+与有过失：根据过错比例分担，第1173条+道路交通安全法第76条第1款第1项

②机动车与非机动车驾驶人、行人之间发生交通事故+有证据证明非机动车驾驶人、行人有过错：根据过错程度适当减轻机动车一方责任，道路交通安全法第76条第1款第2项

（3）法定责任范围

机动车与非机动车驾驶人、行人之间发生交通事故+机动车一方没有过错：承担不超过10%的赔偿责任，道路交通安全法第76条第1款第2项

（4）责任范围减轻：第1217条

抗辩：非营运机动车+无偿搭乘人受损

反抗辩：机动车使用人故意/重大过失

（5）交通事故损害赔偿顺序：第1213条+交通事故解释16

机动车发生交通事故造成损害，属于该机动车一方责任的：

①先由承保机动车强制保险的保险人在强制保险责任限额范围内予以赔偿

②不足部分，由承保机动车商业保险的保险人按照保险合同的约定予以赔偿

③仍然不足/没有投保机动车商业保险的，由侵权人赔偿

④未投保交强险→投保义务人（所有人/管理人）赔偿

投保义务人与侵权人不同→投保义务人和侵权人承担相应责任

（6）抗辩：被侵权人对损害的扩大有过错（与有过失），第1173条

（7）分期支付的担保：第1187条第2分句+人身损害解释20—21

（二）请求权未消灭
1. 债的一般消灭事由：第557条第1款
2. 损益相抵

（三）请求权可行使
时效抗辩权：第192条第1款

五、主张被套牌车所有人/管理人与套牌车所有人/管理人承担连带责任

诉请：被套牌车所有人/管理人与套牌车所有人/管理人承担连带责任

请求权基础

第1168条
二人以上共同实施侵权行为，造成他人损害的，应当承担连带责任。
交通事故解释第3条第2分句
被套牌机动车所有人或者管理人同意套牌的，应当与套牌机动车的所有人或者管理人承担连带责任。

检视程式

（一）请求权已产生
1. 责任成立
（1）套牌机动车
（2）机动车发生交通事故
（3）被套牌机动车所有人/管理人同意套牌
（4）责任成立因果关系

否认：受害人故意，第1174条+道路交通安全法76.2

否认：第三人原因，第1175条

（5）抗辩：不法性阻却事由

正当防卫：第181条第1款

紧急避险：第182条第1—2款

紧急救助：第184条

（6）抗辩：欠缺责任能力
（7）机动车所有人/管理人有过错
（8）机动车之间发生交通事故：过错，道路交通安全法第76条第1款第1项
（9）抗辩：机动车之间发生交通事故+与有过失，第1173条+道路交通安全法第76条第1款第1项
（10）抗辩：机动车与非机动车驾驶人、行人之间发生交通事故+有证据证明非机动车驾驶人、行人有过错，道路交通安全法第76条第1款第2项
（11）抗辩：机动车与非机动车驾驶人、行人之间发生交通事故+机动车一方没有过错，道路交通安全法第76条第1款第2项

（12）交通事故认定书的证明力：交通事故解释24

2.责任范围

（1）损害：第1179—1184条，人身损害解释6—19，精神损害解释5，交通事故解释11—12

（2）责任范围因果关系

①责任范围与过错范围一致

②机动车之间发生交通事故＋与有过失：根据过错比例分担，第1173条＋道路交通安全法第76条第1款第1项

③机动车与非机动车驾驶人、行人之间发生交通事故＋有证据证明非机动车驾驶人、行人有过错：根据过错程度适当减轻机动车一方责任，道路交通安全法第76条第1款第2项

（3）法定责任范围

机动车与非机动车驾驶人、行人之间发生交通事故＋机动车一方没有过错：承担不超过10%的赔偿责任，道路交通安全法第76条第1款第2项

（4）责任范围减轻：第1217条

抗辩：非营运机动车＋无偿搭乘人受损

反抗辩：机动车使用人故意/重大过失

（5）交通事故损害赔偿顺序：第1213条＋交通事故解释16

机动车发生交通事故造成损害，属于该机动车一方责任的：

①先由承保机动车强制保险的保险人在强制保险责任限额范围内予以赔偿

②不足部分，由承保机动车商业保险的保险人按照保险合同的约定予以赔偿

③仍然不足/没有投保机动车商业保险的，由侵权人赔偿

④未投保交强险→投保义务人（所有人/管理人）赔偿

投保义务人与侵权人不同→投保义务人和侵权人承担相应责任

（6）抗辩：被侵权人对损害的扩大有过错（与有过失），第1173条

（7）分期支付的担保：第1187条第2分句＋人身损害解释20—21

（二）请求权未消灭

1.债的一般消灭事由：第557条第1款、第520条

2.损益相抵

（三）请求权可行使

时效抗辩权：第192条第1款

六、主张机动车挂靠人和被挂靠人承担连带责任

诉请：机动车挂靠人和被挂靠人承担连带责任

请求权基础

第1211条

以挂靠形式从事道路运输经营活动的机动车，发生交通事故造成损害，属于该机动车一方责任的，由挂靠人和被挂靠人承担连带责任。

检视程式

（一）请求权已产生

1.责任成立

（1）机动车以挂靠形式从事道路运输经营

（2）机动车发生交通事故

（3）责任成立因果关系

否认：受害人故意，第1174条＋道路交通安全法76.2

否认：第三人原因，第1175条

（4）抗辩：不法性阻却事由

正当防卫：第181条第1款

紧急避险：第182条第1—2款

紧急救助：第184条

（5）机动车之间发生交通事故：过错，道路交通安全法第76条第1款第1项

（6）抗辩：机动车之间发生交通事故＋与有过失，第1173条＋道路交通安全法第76条第1款第1项

（7）抗辩：机动车与非机动车驾驶人、行人之间发生交通事故＋有证据证明非机动车驾驶人、行人有过错，道路交通安全法第76条第1款第2项

（8）抗辩：机动车与非机动车驾驶人、行人之间发生交通事故＋机动车一方没有过错，道路交通安全法第76条第1款第2项

（9）交通事故认定书的证明力：交通事故解释24

2.责任范围

（1）损害：第1179—1184条，人身损害解释6—19，精神损害解释5，交通事故解释11—12

（2）责任范围因果关系

①机动车之间发生交通事故＋与有过失：根据过错比例分担，第1173条＋道路交通安全法第76条第1款第1项

②机动车与非机动车驾驶人、行人之间发生交通事故＋有证据证明非机动车驾驶人、行人有过错：根据过错程度适当减轻机动车一方责任，道路交通安全法第76条第1款第2项

（3）法定责任范围

机动车与非机动车驾驶人、行人之间发生交通事故＋机动车一方没有过错：承担不超过10%的赔偿责任，道路交通安全法第76条第1款第2项

（4）责任范围减轻：第1217条

抗辩：非营运机动车＋无偿搭乘人受损

反抗辩：机动车使用人故意/重大过失

（5）交通事故损害赔偿顺序：第1213条＋交通事故解释16

机动车发生交通事故造成损害，属于该机动车一方责任的：

①先由承保机动车强制保险的保险人在强制保险责任限额范围内予以赔偿

②不足部分，由承保机动车商业保险的保险人按照保险合同的约定予以赔偿
③仍然不足/没有投保机动车商业保险的，由侵权人赔偿
④未投保交强险→投保义务人（所有人/管理人）赔偿
投保义务人与侵权人不同→投保义务人和侵权人承担相应责任
（6）抗辩：被侵权人对损害的扩大有过错（与有过失），第1173条
（7）分期支付的担保：第1187条第2分句+人身损害解释20—21
（二）请求权未消灭
1.债的一般消灭事由：第557条第1款、第520条
2.损益相抵
（三）请求权可行使
时效抗辩权：第192条第1款

七、主张无权驾驶机动车的使用人承担赔偿责任

诉请：无权驾驶机动车的使用人赔偿损害

请求权基础

第1212条第1分句

未经允许驾驶他人机动车，发生交通事故造成损害，属于该机动车一方责任的，由机动车使用人承担赔偿责任……

检视程式

（一）请求权已产生
1.责任成立
（1）未经允许驾驶他人机动车
（2）机动车发生交通事故
（3）责任成立因果关系
否认：受害人故意，第1174条+道路交通安全法76.2
否认：第三人原因，第1175条
（4）抗辩：不法性阻却事由
正当防卫：第181条第1款
紧急避险：第182条第1—2款
紧急救助：第184条
（5）抗辩：欠缺责任能力
（6）机动车之间发生交通事故：过错，道路交通安全法第76条第1款第1项
（7）抗辩：机动车之间发生交通事故+与有过失，第1173条+道路交通安全法第76条第1款第1项
（8）抗辩：机动车与非机动车驾驶人、行人之间发生交通事故+有证据证明非机动车驾驶人、行人有过错，道路交通安全法第76条第1款第2项

（9）抗辩：机动车与非机动车驾驶人、行人之间发生交通事故＋机动车一方没有过错，道路交通安全法第76条第1款第2项
（10）交通事故认定书的证明力：交通事故解释24
2.责任范围
（1）损害：第1179—1184条，人身损害解释6—19，精神损害解释5，交通事故解释11—12
（2）责任范围因果关系
①机动车之间发生交通事故＋与有过失：根据过错比例分担，第1173条＋道路交通安全法第76条第1款第1项
②机动车与非机动车驾驶人、行人之间发生交通事故＋有证据证明非机动车驾驶人、行人有过错：根据过错程度适当减轻机动车一方责任，道路交通安全法第76条第1款第2项
（3）法定责任范围
机动车与非机动车驾驶人、行人之间发生交通事故＋机动车一方没有过错：承担不超过10%的赔偿责任，道路交通安全法第76条第1款第2项
（4）责任范围减轻：第1217条
抗辩：非营运机动车＋无偿搭乘人受损
反抗辩：机动车使用人故意/重大过失
（5）交通事故损害赔偿顺序：第1213条＋交通事故解释16
机动车发生交通事故造成损害，属于该机动车一方责任的：
①先由承保机动车强制保险的保险人在强制保险责任限额范围内予以赔偿
②不足部分，由承保机动车商业保险的保险人按照保险合同的约定予以赔偿
③仍然不足/没有投保机动车商业保险的，由侵权人赔偿
④未投保交强险→投保义务人与侵权人不同→投保义务人和侵权人承担相应责任
（6）抗辩：被侵权人对损害的扩大有过错（与有过失），第1173条
（7）分期支付的担保：第1187条第2分句＋人身损害解释20—21

（二）请求权未消灭
1.债的一般消灭事由：第557条第1款
2.损益相抵

（三）请求权可行使
时效抗辩权：第192条第1款

八、主张被无权驾驶机动车的所有人/管理人承担相应的赔偿责任

诉请：被无权驾驶机动车的所有人/管理人赔偿相应的损害

请求权基础

第1212条第2分句

机动车所有人、管理人对损害的发生有过错的，承担相应的赔偿责任，但是本

章另有规定的除外。

检视程式

（一）请求权已产生

1.责任成立

（1）未经允许驾驶他人机动车

（2）机动车发生交通事故

（3）责任成立因果关系

否认：受害人故意，第1174条+道路交通安全法76.2

否认：第三人原因，第1175条

（4）抗辩：不法性阻却事由

正当防卫：第181条第1款

紧急避险：第182条第1—2款

紧急救助：第184条

（5）抗辩：欠缺责任能力

（6）机动车所有人/管理人有过错

（7）机动车之间发生交通事故：过错，道路交通安全法第76条第1款第1项

（8）抗辩：机动车之间发生交通事故+与有过失，第1173条+道路交通安全法第76条第1款第1项

（9）抗辩：机动车与非机动车驾驶人、行人之间发生交通事故+有证据证明非机动车驾驶人、行人有过错，道路交通安全法第76条第1款第2项

（10）抗辩：机动车与非机动车驾驶人、行人之间发生交通事故+机动车一方没有过错，道路交通安全法第76条第1款第2项

（11）交通事故认定书的证明力：交通事故解释24

2.责任范围

（1）损害：第1179—1184条，人身损害解释6—19，精神损害解释5，交通事故解释11—12

（2）责任范围因果关系

①责任范围与过错范围一致

②机动车之间发生交通事故+与有过失：根据过错比例分担，第1173条+道路交通安全法第76条第1款第1项

③机动车与非机动车驾驶人、行人之间发生交通事故+有证据证明非机动车驾驶人、行人有过错：根据过错程度适当减轻机动车一方责任，道路交通安全法第76条第1款第2项

（3）法定责任范围

机动车与非机动车驾驶人、行人之间发生交通事故+机动车一方没有过错：承担不超过10%的赔偿责任，道路交通安全法第76条第1款第2项

（4）责任范围减轻：第1217条
抗辩：非营运机动车＋无偿搭乘人受损
反抗辩：机动车使用人故意/重大过失
（5）交通事故损害赔偿顺序：第1213条＋交通事故解释16
机动车发生交通事故造成损害，属于该机动车一方责任的：
①先由承保机动车强制保险的保险人在强制保险责任限额范围内予以赔偿
②不足部分，由承保机动车商业保险的保险人按照保险合同的约定予以赔偿
③仍然不足/没有投保机动车商业保险的，由侵权人赔偿
④未投保交强险→投保义务人（所有人/管理人）赔偿
投保义务人与侵权人不同→投保义务人和侵权人承担相应责任
（6）抗辩：被侵权人对损害的扩大有过错（与有过失），第1173条
（7）分期支付的担保：第1187条第2分句＋人身损害解释20—21
（二）请求权未消灭
1.债的一般消灭事由：第557条第1款
2.损益相抵
（三）请求权可行使
时效抗辩权：第192条第1款

九、主张机动车转让人和受让人承担连带责任

诉请：机动车转让人和受让人承担连带责任

请求权基础

第1214条

以买卖或者其他方式转让拼装或者已经达到报废标准的机动车，发生交通事故造成损害的，由转让人和受让人承担连带责任。

检视程式

（一）请求权已产生
1.责任成立
（1）以买卖/其他方式转让拼装/已经达到报废标准的机动车
多次转让：交通事故解释4
（2）机动车发生交通事故
（3）责任成立因果关系
否认：受害人故意，第1174条＋道路交通安全法76.2
否认：第三人原因，第1175条
（4）抗辩：不法性阻却事由
正当防卫：第181条第1款
紧急避险：第182条第1—2款

紧急救助：第184条
（5）抗辩：欠缺责任能力
（6）机动车之间发生交通事故：过错，道路交通安全法第76条第1款第1项
（7）抗辩：机动车之间发生交通事故+与有过失，第1173条+道路交通安全法第76条第1款第1项
（8）抗辩：机动车与非机动车驾驶人、行人之间发生交通事故+有证据证明非机动车驾驶人、行人有过错，道路交通安全法第76条第1款第2项
（9）抗辩：机动车与非机动车驾驶人、行人之间发生交通事故+机动车一方没有过错，道路交通安全法第76条第1款第2项
（10）交通事故认定书的证明力：交通事故解释24

2.责任范围
（1）损害：第1179—1184条，人身损害解释6—19，精神损害解释5，交通事故解释11—12
（2）责任范围因果关系
①机动车之间发生交通事故+与有过失：根据过错比例分担，第1173条+道路交通安全法第76条第1款第1项
②机动车与非机动车驾驶人、行人之间发生交通事故+有证据证明非机动车驾驶人、行人有过错：根据过错程度适当减轻机动车一方责任，道路交通安全法第76条第1款第2项
（3）法定责任范围
机动车与非机动车驾驶人、行人之间发生交通事故+机动车一方没有过错：承担不超过10%的赔偿责任，道路交通安全法第76条第1款第2项
（4）责任范围减轻：第1217条
抗辩：非营运机动车+无偿搭乘人受损
反抗辩：机动车使用人故意/重大过失
（5）交通事故损害赔偿顺序：第1213条+交通事故解释16
机动车发生交通事故造成损害，属于该机动车一方责任的：
①先由承保机动车强制保险的保险人在强制保险责任限额范围内予以赔偿
②不足部分，由承保机动车商业保险的保险人按照保险合同的约定予以赔偿
③仍然不足/没有投保机动车商业保险的，由侵权人赔偿
④未投保交强险→投保义务人（所有人/管理人）赔偿
投保义务人与侵权人不同→投保义务人和侵权人承担相应责任
（6）抗辩：被侵权人对损害的扩大有过错（与有过失），第1173条
（7）分期支付的担保：第1187条第2分句+人身损害解释20—21

（二）请求权未消灭
1.债的一般消灭事由：第557条第1款、第520条
2.损益相抵

（三）请求权可行使
时效抗辩权：第 192 条第 1 款

十、主张机动车盗窃人/抢劫人/抢夺人承担赔偿责任

诉请：机动车盗窃人/抢劫人/抢夺人赔偿损害

请求权基础
第 1215 条第 1 款第 1 句

盗窃、抢劫或者抢夺的机动车发生交通事故造成损害的，由盗窃人、抢劫人或者抢夺人承担赔偿责任。

检视程式

（一）请求权已产生
1. 责任成立
（1）盗窃/抢劫/抢夺机动车
（2）机动车发生交通事故
（3）责任成立因果关系
否认：受害人故意，第 1174 条＋道路交通安全法 76.2
否认：第三人原因，第 1175 条
（4）抗辩：不法性阻却事由
正当防卫：第 181 条第 1 款
紧急避险：第 182 条第 1—2 款
紧急救助：第 184 条
（5）抗辩：欠缺责任能力
（6）机动车之间发生交通事故：过错，道路交通安全法第 76 条第 1 款第 1 项
（7）抗辩：机动车之间发生交通事故＋与有过失，第 1173 条＋道路交通安全法第 76 条第 1 款第 1 项
（8）抗辩：机动车与非机动车驾驶人、行人之间发生交通事故＋有证据证明非机动车驾驶人、行人有过错，道路交通安全法第 76 条第 1 款第 2 项
（9）抗辩：机动车与非机动车驾驶人、行人之间发生交通事故＋机动车一方没有过错，道路交通安全法第 76 条第 1 款第 2 项
（10）交通事故认定书的证明力：交通事故解释 24
2. 责任范围
（1）损害：第 1179—1184 条，人身损害解释 6—19，精神损害解释 5，交通事故解释 11—12
（2）责任范围因果关系
①机动车之间发生交通事故＋与有过失：根据过错比例分担，第 1173 条＋道路交通安全法第 76 条第 1 款第 1 项

②机动车与非机动车驾驶人、行人之间发生交通事故+有证据证明非机动车驾驶人、行人有过错：根据过错程度适当减轻机动车一方责任，道路交通安全法第76条第1款第2项

（3）法定责任范围

机动车与非机动车驾驶人、行人之间发生交通事故+机动车一方没有过错：承担不超过10%的赔偿责任，道路交通安全法第76条第1款第2项

（4）责任范围减轻：第1217条

抗辩：非营运机动车+无偿搭乘人受损

反抗辩：机动车使用人故意/重大过失

（5）交通事故损害赔偿顺序：第1213条+交通事故解释16

机动车发生交通事故造成损害，属于该机动车一方责任的：

①先由承保机动车强制保险的保险人在强制保险责任限额范围内予以赔偿

②不足部分，由承保机动车商业保险的保险人按照保险合同的约定予以赔偿

③仍然不足/没有投保机动车商业保险的，由侵权人赔偿

④未投保交强险→投保义务人与侵权人不同→投保义务人和侵权人承担相应责任

（6）抗辩：被侵权人对损害的扩大有过错（与有过失），第1173条

（7）分期支付的担保：第1187条第2分句+人身损害解释20—21

（二）请求权未消灭

1.债的一般消灭事由：第557条第1款

2.损益相抵

（三）请求权可行使

时效抗辩权：第192条第1款

十一、主张机动车盗窃人/抢劫人/抢夺人与机动车使用人承担连带责任

诉请：机动车盗窃人/抢劫人/抢夺人与机动车使用人承担连带责任

请求权基础

第1215条第1款第2句

盗窃人、抢劫人或者抢夺人与机动车使用人不是同一人，发生交通事故造成损害，属于该机动车一方责任的，由盗窃人、抢劫人或者抢夺人与机动车使用人承担连带责任。

检视程式

（一）请求权已产生

1.责任成立

（1）盗窃/抢劫/抢夺机动车

（2）盗窃人/抢劫人/抢夺人与机动车使用人不同

（3）机动车发生交通事故

（4）责任成立因果关系

否认：受害人故意，第1174条+道路交通安全法76.2

否认：第三人原因，第1175条

（5）抗辩：不法性阻却事由

正当防卫：第181条第1款

紧急避险：第182条第1—2款

紧急救助：第184条

（6）抗辩：欠缺责任能力

（7）机动车所有人/管理人有过错

（8）机动车之间发生交通事故：过错，道路交通安全法第76条第1款第1项

（9）抗辩：机动车之间发生交通事故+与有过失，第1173条+道路交通安全法第76条第1款第1项

（10）抗辩：机动车与非机动车驾驶人、行人之间发生交通事故+有证据证明非机动车驾驶人、行人有过错，道路交通安全法第76条第1款第2项

（11）抗辩：机动车与非机动车驾驶人、行人之间发生交通事故+机动车一方没有过错，道路交通安全法第76条第1款第2项

（12）交通事故认定书的证明力：交通事故解释24

2.责任范围

（1）损害：第1179—1184条，人身损害解释6—19，精神损害解释5，交通事故解释11—12

（2）责任范围因果关系

①责任范围与过错范围一致

②机动车之间发生交通事故+与有过失：根据过错比例分担，第1173条+道路交通安全法第76条第1款第1项

③机动车与非机动车驾驶人、行人之间发生交通事故+有证据证明非机动车驾驶人、行人有过错：根据过错程度适当减轻机动车一方责任，道路交通安全法第76条第1款第2项

（3）法定责任范围

机动车与非机动车驾驶人、行人之间发生交通事故+机动车一方没有过错：承担不超过10%的赔偿责任，道路交通安全法第76条第1款第2项

（4）责任范围减轻：第1217条

抗辩：非营运机动车+无偿搭乘人受损

反抗辩：机动车使用人故意/重大过失

（5）交通事故损害赔偿顺序：第1213条+交通事故解释16

机动车发生交通事故造成损害，属于该机动车一方责任的：

①先由承保机动车强制保险的保险人在强制保险责任限额范围内予以赔偿

②不足部分，由承保机动车商业保险的保险人按照保险合同的约定予以赔偿

③仍然不足/没有投保机动车商业保险的，由侵权人赔偿

④未投保交强险→投保义务人（所有人/管理人）赔偿
投保义务人与侵权人不同→投保义务人和侵权人承担相应责任
（6）抗辩：被侵权人对损害的扩大有过错（与有过失），第1173条
（7）分期支付的担保：第1187条第2分句+人身损害解释20—21
（二）请求权未消灭
1.债的一般消灭事由：第557条第1款、第520条
2.损益相抵
（三）请求权可行使
时效抗辩权：第192条第1款

十二、主张保险人垫付抢救费用+赔偿损害

诉请一：交强险保险人垫付抢救费用+赔偿损害

请求权基础

第1213条第1分句
机动车发生交通事故造成损害，属于该机动车一方责任的，先由承保机动车强制保险的保险人在强制保险责任限额范围内予以赔偿……

交强险条例22.1
有下列情形之一的，保险公司在机动车交通事故责任强制保险责任限额范围内垫付抢救费用，并有权向致害人追偿：
（一）驾驶人未取得驾驶资格或者醉酒的；
（二）被保险机动车被盗抢期间肇事的；
（三）被保险人故意制造道路交通事故的。

检视程式

（一）请求权已产生
1.垫付抢救费用请求权：交强险条例22
（1）发生交通事故
（2）具备下列情形之一：
①盗窃/抢劫/抢夺期间肇事
②驾驶人未取得驾驶资格/醉酒/服用管制精神药品或麻醉药品
③被保险人故意制造道路交通事故
2.损害赔偿请求权
（1）发生交通事故
（2）属于该机动车一方责任
（3）在交强险责任范围内
（二）请求权未消灭
债的一般消灭事由：第557条第1款

（三）请求权可行使
时效抗辩权：第192条第1款

诉请二：商业三者险保险人赔偿损害

请求权基础

第1213条第2分句

不足部分，由承保机动车商业保险的保险人按照保险合同的约定予以赔偿……

检视程式

（一）请求权已产生
1. 保险合同成立且无效力障碍
2. 发生交通事故
3. 属于该机动车一方责任
4. 交强险保险人在交强险责任范围内予以赔偿
5. 赔偿仍有不足

（二）请求权未消灭
债的一般消灭事由：第557条第1款

（三）请求权可行使
时效抗辩权：第192条第1款

十三、保险人主张对交通事故责任人的追偿权

保险人诉请：交通事故责任人赔偿垫付费用＋人身损害

请求权基础

第1215条第2款

保险人在机动车强制保险责任限额范围内垫付抢救费用的，有权向交通事故责任人追偿。

交强险条例22.1

有下列情形之一的，保险公司在机动车交通事故责任强制保险责任限额范围内垫付抢救费用，并有权向致害人追偿：

（一）驾驶人未取得驾驶资格或者醉酒的；

（二）被保险机动车被盗抢期间肇事的；

（三）被保险人故意制造道路交通事故的。

交通事故解释第15条第2款第1句→

交通事故解释15

有下列情形之一导致第三人人身损害，当事人请求保险公司在交强险责任限额范围内予以赔偿，人民法院应予支持：

（一）驾驶人未取得驾驶资格或者未取得相应驾驶资格的；
（二）醉酒、服用国家管制的精神药品或者麻醉药品后驾驶机动车发生交通事故的；
（三）驾驶人故意制造交通事故的。

保险公司在赔偿范围内向侵权人主张追偿权的，人民法院应予支持。追偿权的诉讼时效期间自保险公司实际赔偿之日起计算。

检视程式

（一）请求权已产生

1. 盗窃/抢劫/抢夺机动车＋发生交通事故＋保险人在机动车强制保险责任限额范围内垫付抢救费用

2. 驾驶人未取得驾驶资格/醉酒/服用管制精神药品或麻醉药品＋发生交通事故＋保险人在机动车强制保险责任限额范围内垫付抢救费用/赔偿人身损害

3. 被保险人故意制造道路交通事故＋发生交通事故＋保险人在机动车强制保险责任限额范围内垫付抢救费用/赔偿人身损害

（二）请求权未消灭

债的一般消灭事由：第557条第1款

（三）请求权可行使

时效抗辩权：第192条第1款

自保险公司实际赔偿之日起算：交强险条例第15条第2款第2句

十四、道路交通事故社会救助基金管理机构主张对驾驶人的追偿权

道路交通事故社会救助基金管理机构诉请：驾驶人赔偿垫付费用

请求权基础

第1216条

机动车驾驶人发生交通事故后逃逸，该机动车参加强制保险的，由保险人在机动车强制保险责任限额范围内予以赔偿；机动车不明、该机动车未参加强制保险或者抢救费用超过机动车强制保险责任限额，需要支付被侵权人人身伤亡的抢救、丧葬等费用的，由道路交通事故社会救助基金垫付。道路交通事故社会救助基金垫付后，其管理机构有权向交通事故责任人追偿。

交强险条例24

国家设立道路交通事故社会救助基金（以下简称救助基金）。有下列情形之一时，道路交通事故中受害人人身伤亡的丧葬费用、部分或者全部抢救费用，由救助基金先行垫付，救助基金管理机构有权向道路交通事故责任人追偿：

（一）抢救费用超过机动车交通事故责任强制保险责任限额的；
（二）肇事机动车未参加机动车交通事故责任强制保险的；
（三）机动车肇事后逃逸的。

检视程式

（一）请求权已产生

1. 机动车驾驶人发生交通事故后逃逸＋机动车不明／机动车未参加强制保险／抢救费用超过机动车强制保险责任限额
2. 抢救费用超过机动车交通事故责任强制保险责任限额
3. 肇事机动车未参加机动车交通事故责任强制保险
4. 需要支付被侵权人人身伤亡的抢救、丧葬等费用
5. 道路交通事故社会救助基金垫付

（二）请求权未消灭

债的一般消灭事由：第557条第1款

（三）请求权可行使

时效抗辩权：第192条第1款

第十八节　医疗损害责任纠纷

案由所涉主张与诉请	一、主张医疗机构承担诊疗活动中的赔偿责任 　　诉请：医疗机构赔偿诊疗损害 二、主张医疗机构承担违反保密义务的赔偿责任 　　诉请：医疗机构赔偿违反保密义务的损害

一、主张医疗机构承担诊疗活动中的赔偿责任

诉请：医疗机构赔偿诊疗损害

请求权基础

第1218条

患者在诊疗活动中受到损害，医疗机构或者其医务人员有过错的，由医疗机构承担赔偿责任。

检视程式

（一）请求权已产生

1. 责任成立
（1）患者的适格权益被侵
（2）在诊疗活动中：医疗损害解释4.1
（3）医疗机构／医务人员的加害行为
①未尽诊疗义务：第1221条

②违反病历资料妥善填写、保管与提供义务：第1225条

③实施不必要的检查：第1227条

（4）责任成立因果关系：医疗损害解释4.2

否认：受害人故意，第1174条

否认：第三人原因，第1175条

（5）抗辩：不法性阻却事由

正当防卫：第181条第1款

紧急避险：第182条第1—2款

紧急救助：第184条

（6）医疗机构/医务人员的过错：医疗损害解释16

①过错的认定：第1222条+医疗损害解释4.2、6

A.违反法律、行政法规、规章以及其他有关诊疗规范的规定

B.隐匿或者拒绝提供与纠纷有关的病历资料

C.遗失、伪造、篡改或者违法销毁病历资料

②过错的否认：第1224条第1款第2—3项

A.在抢救生命垂危的患者等紧急情况下已经尽到合理诊疗义务

B.限于当时的医疗水平难以诊疗

（7）抗辩：患者或者其近亲属不配合医疗机构进行符合诊疗规范的诊疗（与有过失），第1173条+第1224条第2款

2.责任范围

（1）损害：第1179—1184条，人身损害解释6—19，精神损害解释5

（2）责任范围因果关系

（3）抗辩：被侵权人对损害的扩大有过错（与有过失），第1173条

（4）分期支付的担保：第1187条第2分句+人身损害解释20—21

（二）请求权未消灭

1.债的一般消灭事由：第557条第1款

2.损益相抵

（三）请求权可行使

时效抗辩权：第192条第1款

说　明

1.医疗机构邀请本单位以外的医务人员对患者进行诊疗，因受邀医务人员的过错造成患者损害的，由邀请医疗机构承担赔偿责任：医疗损害解释20

2.可能与缺陷医疗产品责任主体承担连带责任：医疗损害解释22

二、主张医疗机构承担违反保密义务的赔偿责任

诉请：医疗机构赔偿违反保密义务的损害

请求权基础

第1226条

医疗机构及其医务人员应当对患者的隐私和个人信息保密。泄露患者的隐私和个人信息，或者未经患者同意公开其病历资料的，应当承担侵权责任。

检视程式

（一）请求权已产生
1.责任成立
（1）医疗机构/医务人员泄露患者隐私/个人信息
（2）医疗机构/医务人员未经患者同意公开其病历资料
（3）抗辩：与有过失，第1173条
2.责任范围
（1）损害：第1179—1183条，人身损害解释6—19，精神损害解释5
（2）责任范围因果关系
（3）抗辩：被侵权人对损害的扩大有过错（与有过失），第1173条
（4）分期支付的担保：第1187条第2分句+人身损害解释20—21
（二）请求权未消灭
1.债的一般消灭事由：第557条第1款
2.损益相抵
（三）请求权可行使
时效抗辩权：第192条第1款

第十九节　侵害患者知情同意权责任纠纷（4级案由）

主张医疗机构承担侵犯知情同意权的赔偿责任

诉请：医疗机构赔偿侵犯知情同意权的损害

请求权基础

第1219条

医务人员在诊疗活动中应当向患者说明病情和医疗措施。需要实施手术、特殊检查、特殊治疗的，医务人员应当及时向患者具体说明医疗风险、替代医疗方案等情况，并取得其明确同意；不能或者不宜向患者说明的，应当向患者的近亲属说明，并取得其明确同意。

医务人员未尽到前款义务，造成患者损害的，医疗机构应当承担赔偿责任。

检视程式

（一）请求权已产生

1.责任成立

（1）患者的适格权益被侵

（2）在诊疗活动中：医疗损害解释5.1

（3）医疗机构/医务人员侵犯患者知情同意权：医疗损害解释5.2

①应当向患者说明病情和医疗措施

②需要实施手术、特殊检查、特殊治疗+应当及时向患者具体说明医疗风险、替代医疗方案等情况+取得其明确同意

③需要实施手术、特殊检查、特殊治疗+不能或者不宜向患者说明+应当向患者的近亲属说明+取得其明确同意

（4）责任成立因果关系

否认：受害人故意，第1174条

否认：第三人原因，第1175条

（5）抗辩：不法性阻却事由

正当防卫：第181条第1款

紧急避险：第182条第1—2款

（6）抗辩：医疗机构紧急救助，第1220条+医疗损害解释18

因抢救生命垂危的患者等紧急情况+不能取得患者或者其近亲属意见+经医疗机构负责人或者授权的负责人批准→可以立即实施相应的医疗措施

（7）抗辩：与有过失，第1173条

2.责任范围

（1）损害：第1179—1184条，人身损害解释6—19，精神损害解释5，医疗损害解释17

（2）责任范围因果关系

（3）抗辩：被侵权人对损害的扩大有过错（与有过失），第1173条

（4）分期支付的担保：第1187条第2分句+人身损害解释20—21

（二）请求权未消灭

1.债的一般消灭事由：第557条第1款

2.损益相抵

（三）请求权可行使

时效抗辩权：第192条第1款

第二十节　医疗产品责任纠纷（4级案由）

案由所涉主张与诉请	一、主张药品上市许可持有人/生产者/血液提供机构赔偿损害 　　诉请：药品上市许可持有人/生产者/血液提供机构赔偿损害 二、主张医疗机构赔偿医疗产品缺陷损害 　　诉请：医疗机构赔偿医疗产品缺陷损害 三、医疗机构主张对药品上市许可持有人/生产者/血液提供机构的追偿权 　　医疗机构诉请：药品上市许可持有人/生产者/血液提供机构赔偿损害

一、主张药品上市许可持有人/生产者/血液提供机构赔偿损害

诉请：药品上市许可持有人/生产者/血液提供机构赔偿损害

请求权基础

第1223条第1句前半句→
第1223条第1句
因药品、消毒产品、医疗器械的缺陷，或者输入不合格的血液造成患者损害的，患者可以向药品上市许可持有人、生产者、血液提供机构请求赔偿，也可以向医疗机构请求赔偿。

检视程式

（一）请求权已产生
1. 责任成立
（1）患者适格权益被侵
（2）药品、消毒产品、医疗器械存在缺陷/输入不合格的血液：医疗损害解释7.1
（3）责任成立因果关系：医疗损害解释7.2
　　否认：受害人故意，第1174条
　　否认：第三人原因，第1175条
（4）抗辩：与有过失，第1173条
2. 责任范围
（1）损害：第1179—1184条，人身损害解释6—19，精神损害解释5
（2）责任范围因果关系
（3）抗辩：被侵权人对损害的扩大有过错（与有过失），第1173条
（4）分期支付的担保：第1187条第2分句+人身损害解释20—21
（二）请求权未消灭
1. 债的一般消灭事由：第557条第1款
2. 损益相抵
（三）请求权可行使
时效抗辩权：第192条第1款

说　明

　　1.药品上市许可持有人/生产者/血液提供机构与医疗机构承担不真正连带责任：医疗损害解释3

　　2.缺陷医疗产品责任主体与过错诊疗责任主体可能承担连带责任：医疗损害解释22

　　3.医疗产品的生产者、销售者、药品上市许可持有人明知医疗产品存在缺陷仍然生产、销售，造成患者死亡或者健康严重损害，被侵权人有权请求生产者、销售者、药品上市许可持有人赔偿损失及二倍以下惩罚性赔偿：医疗损害解释23

二、主张医疗机构赔偿医疗产品缺陷损害

诉请：医疗机构赔偿医疗产品缺陷损害

请求权基础

　　第1223条第1句后半句→
　　第1223条第1句
　　因药品、消毒产品、医疗器械的缺陷，或者输入不合格的血液造成患者损害的，患者可以向药品上市许可持有人、生产者、血液提供机构请求赔偿，也可以向医疗机构请求赔偿。

检视程式

　　（一）请求权已产生
　　1.责任成立
　　（1）患者适格权益被侵
　　（2）药品、消毒产品、医疗器械存在缺陷/输入不合格的血液：医疗损害解释7.1
　　（3）责任成立因果关系：医疗损害解释7.2
　　否认：受害人故意，第1174条
　　否认：第三人原因，第1175条
　　（4）抗辩：与有过失，第1173条
　　2.责任范围
　　（1）损害：第1179—1184条，人身损害解释6—19，精神损害解释5
　　（2）责任范围因果关系
　　（3）抗辩：被侵权人对损害的扩大有过错（与有过失），第1173条
　　（4）分期支付的担保：第1187条第2分句+人身损害解释20—21
　　（二）请求权未消灭
　　1.债的一般消灭事由：第557条第1款
　　2.损益相抵
　　（三）请求权可行使
　　时效抗辩权：第192条第1款

说 明

1. 药品上市许可持有人/生产者/血液提供机构与医疗机构承担不真正连带责任：医疗损害解释3
2. 缺陷医疗产品责任主体与过错诊疗责任主体可能承担连带责任：医疗损害解释22

三、医疗机构主张对药品上市许可持有人/生产者/血液提供机构的追偿权

医疗机构诉请：药品上市许可持有人/生产者/血液提供机构赔偿损害

请求权基础

第1223条第2句

患者向医疗机构请求赔偿的，医疗机构赔偿后，有权向负有责任的药品上市许可持有人、生产者、血液提供机构追偿。

检视程式

（一）请求权已产生

1. 责任成立

（1）药品、消毒产品、医疗器械存在缺陷/输入不合格的血液

（2）患者向医疗机构请求赔偿

（3）医疗机构赔偿

2. 责任范围

与医疗机构的赔偿范围一致

（二）请求权未消灭

债的一般消灭事由：第557条第1款

（三）请求权可行使

时效抗辩权：第192条第1款

第二十一节　环境污染责任纠纷

案由所涉主张与诉请	一、主张侵权人赔偿环境污染损害+惩罚性赔偿 　　诉请：侵权人赔偿环境污染损害+惩罚性赔偿 二、侵权人主张对第三人的追偿权 　　侵权人诉请：第三人赔偿损害
说　明	1. 大气污染、水污染、土壤污染、电子废物污染、固体废物污染、噪声污染、光污染、放射性污染均有单独的4级案由（本章第二十二节至第二十九节），本节程式适用于上述情形之外的环境污染、生态破坏。 2. 环境侵权被侵权人可以向法院申请作出禁止令：环境侵权禁止令规定1—3

一、主张侵权人赔偿环境污染损害+惩罚性赔偿

诉请：侵权人赔偿环境污染损害+惩罚性赔偿

请求权基础

第1229条
因污染环境、破坏生态造成他人损害的，侵权人应当承担侵权责任。

第1232条
侵权人违反法律规定故意污染环境、破坏生态造成严重后果的，被侵权人有权请求相应的惩罚性赔偿。

检视程式

（一）请求权已产生

1. 责任成立
（1）适格权益被侵：环境侵权证据规定2
（2）污染环境、破坏生态：环境侵权解释1—3，环境侵权证据规定2，8
（3）抗辩：不存在责任成立因果关系，第1230条+环境侵权证据规定5—7
（4）抗辩：受害人故意，第1174条
（5）抗辩：受害人对损害的发生有重大过失，环境侵权解释26

2. 责任范围
（1）损害：第1179—1182条、第1184条，人身损害解释6—19，环境侵权解释22，环境侵权证据规定30
（2）责任范围因果关系：环境侵权解释23
（3）惩罚性赔偿
①侵权人违反法律规定污染环境、破坏生态：环境侵权惩罚性赔偿解释5
②侵权人故意：环境侵权惩罚性赔偿解释6—7
③造成严重后果：环境侵权惩罚性赔偿解释8
④惩罚性赔偿的金额：环境侵权惩罚性赔偿解释9—12
（4）数人环境侵权
①因果关系聚合型数人环境侵权：按份责任，第1231条+环境侵权解释6，8，25
②因果关系竞合型数人环境侵权：连带责任，环境侵权解释5，8，9，24
③因果关系竞合聚合混合型数人环境侵权：部分连带，环境侵权解释7，8，24
④排污单位与第三方治理机构责任：环境侵权解释12—14
⑤公司与股东责任：环境侵权解释15
⑥安全保障义务人补充责任：环境侵权解释16
⑦环境风险管控修复义务人相应责任：环境侵权解释17
⑧第三人过错环境生态侵权：环境侵权解释19—20
⑨环境评价检测机构连带责任：环境法65+环境侵权解释21

（5）分期支付的担保：第1187条第2分句+人身损害解释20—21

（6）抗辩：被侵权人对损失的扩大有重大过失，环境侵权解释26

（二）请求权未消灭

1.债的一般消灭事由：第557条第1款

2.损益相抵

（三）请求权可行使

时效抗辩权：3年+知道/应知受到损害以及侵权人/其他责任人+行为结束起算，环境法66，环境侵权解释27—28

说　明

不得就惩罚性赔偿单独提起诉讼：环境侵权惩罚性赔偿解释3.2

二、侵权人主张对第三人的追偿权

侵权人诉请：第三人赔偿损害

请求权基础

第1233条第2句→

第1233条

因第三人的过错污染环境、破坏生态的，被侵权人可以向侵权人请求赔偿，也可以向第三人请求赔偿。侵权人赔偿后，有权向第三人追偿。

检视程式

（一）请求权已产生

1.责任成立

（1）适格权益被侵

（2）侵权人污染环境、破坏生态

（3）因第三人的过错

第三方治理机构：环境侵权解释12

（4）侵权人赔偿

2.责任范围

与第三人的过错致害范围一致：环境侵权解释19

（二）请求权未消灭

债的一般消灭事由：第557条第1款

（三）请求权可行使

时效抗辩权：第192条第1款

说　明

1.第三人责任实为一般过错侵权责任：环境侵权解释19.2，20.2

2.第三人与侵权人承担不真正连带责任。

第二十二节　大气污染责任纠纷（4级案由）

案由所涉主张与诉请	一、主张侵权人赔偿大气污染损害+惩罚性赔偿 　　诉请：行为人赔偿大气污染损害+惩罚性赔偿 二、侵权人主张对第三人的追偿权 　　侵权人诉请：第三人赔偿损害
说　明	1.检视程式与本章第二十一节环境污染责任纠纷相同，将后者的"污染环境、破坏生态"替换为"大气污染"。 2.注意《大气污染防治法》的适用。

第二十三节　水污染责任纠纷（4级案由）

案由所涉主张与诉请	一、主张侵权人赔偿水污染损害+惩罚性赔偿 　　诉请：行为人赔偿水污染损害+惩罚性赔偿 二、侵权人主张对第三人的追偿权 　　侵权人诉请：第三人赔偿损害
说　明	1.检视程式与本章第二十一节环境污染责任纠纷相同，将后者的"污染环境、破坏生态"替换为"水污染"。 2.海洋生态环境侵权的惩罚性赔偿，不适用环境侵权惩罚性赔偿解释：环境侵权惩罚性赔偿解释13 3.注意《水污染防治法》的适用。

第二十四节　土壤污染责任纠纷（4级案由）

案由所涉主张与诉请	一、主张侵权人赔偿土壤污染损害+惩罚性赔偿 　　诉请：行为人赔偿土壤污染损害+惩罚性赔偿 二、侵权人主张对第三人的追偿权 　　侵权人诉请：第三人赔偿损害
说　明	1.检视程式与本章第二十一节环境污染责任纠纷相同，将后者的"污染环境、破坏生态"替换为"土壤污染"。 2.注意《土壤污染防治法》的适用。

第二十五节　电子废物污染责任纠纷（4级案由）

案由所涉主张与诉请	一、主张侵权人赔偿电子废物污染损害＋惩罚性赔偿 　　诉请：行为人赔偿电子废物污染损害＋惩罚性赔偿 二、侵权人主张对第三人的追偿权 　　侵权人诉请：第三人赔偿损害
说　明	1.检视程式与本章第二十一节环境污染责任纠纷相同，将后者的"污染环境、破坏生态"替换为"电子废物污染"。 2.注意《固体废物污染环境防治法》的适用。

第二十六节　固体废物污染责任纠纷（4级案由）

案由所涉主张与诉请	一、主张侵权人赔偿固体废物污染损害＋惩罚性赔偿 　　诉请：行为人赔偿固体废物污染损害＋惩罚性赔偿 二、侵权人主张对第三人的追偿权 　　侵权人诉请：第三人赔偿损害
说　明	1.检视程式与本章第二十一节环境污染责任纠纷相同，将后者的"污染环境、破坏生态"替换为"固体废物污染"。 2.注意《固体废物污染环境防治法》的适用。

第二十七节　噪声污染责任纠纷（4级案由）

案由所涉主张与诉请	一、主张侵权人赔偿噪声污染损害＋惩罚性赔偿 　　诉请：行为人赔偿噪声污染损害＋惩罚性赔偿 二、侵权人主张对第三人的追偿权 　　侵权人诉请：第三人赔偿损害
说　明	1.检视程式与本章第二十一节环境污染责任纠纷相同，将后者的"污染环境、破坏生态"替换为"噪声污染"。 2.注意《噪声污染防治法》的适用。

第二十八节　光污染责任纠纷（4级案由）

案由所涉主张与诉请	一、主张侵权人赔偿光污染损害+惩罚性赔偿 　　诉请：行为人赔偿光污染损害+惩罚性赔偿 二、侵权人主张对第三人的追偿权 　　侵权人诉请：第三人赔偿损害
说　明	检视程式与本章第二十一节环境污染责任纠纷相同，将后者的"污染环境、破坏生态"替换为"光污染"。

第二十九节　放射性污染责任纠纷（4级案由）

案由所涉主张与诉请	一、主张侵权人赔偿放射性污染损害+惩罚性赔偿 　　诉请：行为人赔偿放射性污染损害+惩罚性赔偿 二、侵权人主张对第三人的追偿权 　　侵权人诉请：第三人赔偿损害
说　明	1.检视程式与本章第二十一节环境污染责任纠纷相同，将后者的"污染环境、破坏生态"替换为"放射性污染"。 2.注意《放射性污染防治法》的适用。

第三十节　民用核设施、核材料损害责任纠纷（4级案由）

主张民用核设施营运单位赔偿损害

诉请：民用核设施营运单位赔偿损害

请求权基础

第1237条主文→

第1237条

民用核设施或者运入运出核设施的核材料发生核事故造成他人损害的，民用核设施的营运单位应当承担侵权责任；但是，能够证明损害是因战争、武装冲突、暴乱等情形或者受害人故意造成的，不承担责任。

检视程式

（一）请求权已产生

1.责任成立

（1）适格权益被侵

（2）民用核设施/运入运出核设施的核材料发生核事故

（3）责任成立因果关系的条件性：若非……，则无……

（4）抗辩：因战争、武装冲突、暴乱等情形或者受害人故意造成

（5）抗辩：被侵权人未经许可进入高度危险区域＋管理人能够证明已经采取足够安全措施并尽到充分警示义务，第1243条

2.责任范围

（1）损害：第1179—1184条，人身损害解释6—19

（2）责任范围因果关系

（3）高度危险责任限额：第1244条

反抗辩：行为人故意/重大过失

（4）抗辩：损益相抵

（5）分期支付的担保：第1187条

（二）请求权未消灭

债的一般消灭事由：第557条第1款

（三）请求权可行使

时效抗辩权：第192条第1款

第三十一节 民用航空器损害责任纠纷（4级案由）

主张民用航空器经营者赔偿损害

诉请：民用航空器经营者赔偿损害

请求权基础

第1238条主文→

第1238条

民用航空器造成他人损害的，民用航空器的经营者应当承担侵权责任；但是，能够证明损害是因受害人故意造成的，不承担责任。→适用范围不限于地面第三人损害

民用航空法157.1主文→

民用航空法157.1

因飞行中的民用航空器或者从飞行中的民用航空器上落下的人或者物，造成地面（包括水面，下同）上的人身伤亡或者财产损害的，受害人有权获得赔偿；但是，所受损害并非造成损害的事故的直接后果，或者所受损害仅是民用航空器依照国家有关的空中交通规则在空中通过造成的，受害人无权要求赔偿。→仅适用于地面第三人损害

检视程式

（一）请求权已产生

1.责任成立

（1）适格权益被侵

（2）民用航空器致害
（3）责任成立因果关系的条件性：若非……，则无……
（4）抗辩：因受害人故意造成
（5）抗辩：被侵权人未经许可进入高度危险区域+管理人能够证明已经采取足够安全措施并尽到充分警示义务，第1243条
（6）地面第三人损害的特殊抗辩
①武装冲突或者骚乱的直接后果，民用航空法160
②并非事故的直接后果/仅是民用航空器依照国家有关的空中交通规则在空中通过造成，民用航空法157
③完全/部分由于受害人或其受雇人、代理人的过错，民用航空法161
2.责任范围
（1）损害：第1179—1184条，人身损害解释6—19
（2）责任范围因果关系
（3）高度危险责任限额：第1244条
反抗辩：行为人故意/重大过失
（4）分期支付的担保：第1187条
3.民用航空经营者的认定：民用航空法158—159
4.地面第三人损害的保险与担保：民用航空法166—170
（二）请求权未消灭
1.债的一般消灭事由：第557条第1款
2.损益相抵
（三）请求权可行使
时效抗辩权：第192条第1款
地面第三人损害赔偿诉讼时效：2年+损害发生之日起算→最长3年，民用航空法171

第三十二节　占有、使用高度危险物损害责任纠纷（4级案由）

主张占有人/使用人赔偿损害

诉请：占有人/使用人赔偿损害

请求权基础

第1239条第1句第1分句→
第1239条
占有或者使用易燃、易爆、剧毒、高放射性、强腐蚀性、高致病性等高度危险物造成他人损害的，占有人或者使用人应当承担侵权责任；但是，能够证明损害是因受害人故意或者不可抗力造成的，不承担责任。被侵权人对损害的发生有重大过

683

失的，可以减轻占有人或者使用人的责任。

检视程式

（一）请求权已产生

1. 责任成立

（1）适格权益被侵

（2）占有或者使用易燃、易爆、剧毒、高放射性、强腐蚀性、高致病性等高度危险物

（3）责任成立因果关系的条件性：若非……，则无……

（4）抗辩：因受害人故意/不可抗力造成

（5）抗辩：欠缺责任能力

（6）抗辩：受害人重大过失

（7）抗辩：被侵权人未经许可进入高度危险区域＋管理人能够证明已经采取足够安全措施并尽到充分警示义务，第1243条

2. 责任范围

（1）损害：第1179—1184条，人身损害解释6—19

（2）责任范围因果关系

（3）高度危险责任限额：第1244条

反抗辩：行为人故意/重大过失

（4）分期支付的担保：第1187条

（二）请求权未消灭

1. 债的一般消灭事由：第557条第1款

2. 损益相抵

（三）请求权可行使

时效抗辩权：第192条第1款

第三十三节　高度危险活动损害责任纠纷（4级案由）

主张经营者赔偿损害

诉请：经营者赔偿损害

请求权基础

第1240条第1句第1分句→

第1240条

从事高空、高压、地下挖掘活动或者使用高速轨道运输工具造成他人损害的，经营者应当承担侵权责任；但是，能够证明损害是因受害人故意或者不可抗力造成的，不承担责任。被侵权人对损害的发生有重大过失的，可以减轻经营者的责任。

检视程式

（一）请求权已产生

1.责任成立

（1）适格权益被侵

（2）从事高空、高压、地下挖掘活动/使用高速轨道运输工具

（3）责任成立因果关系的条件性：若非……，则无……

（4）抗辩：因受害人故意/不可抗力造成

（5）抗辩：受害人重大过失

（6）抗辩：被侵权人未经许可进入高度危险区域＋管理人能够证明已经采取足够安全措施并尽到充分警示义务，第1243条

2.责任范围

（1）损害：第1179—1184条，人身损害解释6—19

（2）责任范围因果关系

（3）高度危险责任限额：第1244条

反抗辩：行为人故意/重大过失

（4）分期支付的担保：第1187条

（二）请求权未消灭

1.债的一般消灭事由：第557条第1款

2.损益相抵

（三）请求权可行使

时效抗辩权：第192条第1款

第三十四节　遗失、抛弃高度危险物损害责任纠纷（4级案由）

案由所涉主张与诉请	一、主张危险物所有人赔偿损害 　　诉请：危险物所有人赔偿损害 二、主张危险物管理人赔偿损害 　　诉请：危险物管理人赔偿损害 三、主张危险物所有人与管理人承担连带责任 　　诉请：危险物所有人与管理人承担连带责任

一、主张危险物所有人赔偿损害

诉请：危险物所有人赔偿损害

请求权基础

第1241条第1句

遗失、抛弃高度危险物造成他人损害的，由所有人承担侵权责任。

检视程式

（一）请求权已产生

1.责任成立

（1）适格权益被侵

（2）遗失、抛弃高度危险物

（3）责任成立因果关系的条件性：若非……，则无……

（4）抗辩：欠缺责任能力

2.责任范围

（1）损害：第1179—1184条，人身损害解释6—19

（2）责任范围因果关系

（3）高度危险责任限额：第1244条

反抗辩：行为人故意/重大过失

（4）分期支付的担保：第1187条

（二）请求权未消灭

1.债的一般消灭事由：第557条第1款

2.损益相抵

（三）请求权可行使

时效抗辩权：第192条第1款

二、主张危险物管理人赔偿损害

诉请：危险物管理人赔偿损害

请求权基础

第1241条第2句第1分句

所有人将高度危险物交由他人管理的，由管理人承担侵权责任……

检视程式

（一）请求权已产生

1.责任成立

（1）适格权益被侵

（2）遗失、抛弃高度危险物

（3）责任成立因果关系的条件性：若非……，则无……

（4）所有人将高度危险物交由他人管理

（5）抗辩：欠缺责任能力

2.责任范围

（1）损害：第1179—1184条，人身损害解释6—19

（2）责任范围因果关系

（3）高度危险责任限额：第1244条
反抗辩：行为人故意/重大过失
（4）分期支付的担保：第1187条
（二）请求权未消灭
1.债的一般消灭事由：第557条第1款
2.损益相抵
（三）请求权可行使
时效抗辩权：第192条第1款

三、主张危险物所有人与管理人承担连带责任

诉请：危险物所有人与管理人承担连带责任

请求权基础

第1241条第2句第2分句
所有人有过错的，与管理人承担连带责任。

检视程式

（一）请求权已产生
1.责任成立
（1）适格权益被侵
（2）遗失、抛弃高度危险物
（3）责任成立因果关系的条件性：若非……，则无……
（4）所有人将高度危险物交由他人管理
（5）抗辩：欠缺责任能力
（6）所有人有过错
2.责任范围
（1）损害：第1179—1184条，人身损害解释6—19
（2）责任范围因果关系
（3）高度危险责任限额：第1244条
反抗辩：行为人故意/重大过失
（4）分期支付的担保：第1187条
（二）请求权未消灭
1.债的一般消灭事由：第557条第1款、第520条
2.损益相抵
（三）请求权可行使
时效抗辩权：第192条第1款

第三十五节　非法占有高度危险物损害责任纠纷（4级案由）

案由所涉主张与诉请	一、主张危险物非法占有人赔偿损害 　　诉请：危险物非法占有人赔偿损害 二、主张危险物所有人/管理人与非法占有人承担连带责任 　　诉请：危险物所有人/管理人与非法占有人承担连带责任

一、主张危险物非法占有人赔偿损害

诉请：危险物非法占有人赔偿损害

请求权基础

第1242条第1句

非法占有高度危险物造成他人损害的，由非法占有人承担侵权责任。

检视程式

（一）请求权已产生

1.责任成立

（1）适格权益被侵

（2）非法占有高度危险物

（3）责任成立因果关系的条件性：若非……，则无……

（4）抗辩：欠缺责任能力

（5）抗辩：被侵权人未经许可进入高度危险区域＋管理人能够证明已经采取足够安全措施并尽到充分警示义务，第1243条

2.责任范围

（1）损害：第1179—1184条，人身损害解释6—19

（2）责任范围因果关系

（3）高度危险责任限额：第1244条

反抗辩：行为人故意/重大过失

（4）分期支付的担保：第1187条

（二）请求权未消灭

1.债的一般消灭事由：第557条第1款

2.损益相抵

（三）请求权可行使

时效抗辩权：第192条第1款

二、主张危险物所有人/管理人与非法占有人承担连带责任

诉请：危险物所有人/管理人与非法占有人承担连带责任

请求权基础

第 1242 条第 2 句

所有人、管理人不能证明对防止非法占有尽到高度注意义务的，与非法占有人承担连带责任。

检视程式

（一）请求权已产生

1.责任成立

（1）适格权益被侵

（2）危险物占有人非法占有

（3）责任成立因果关系的条件性：若非……，则无……

（4）抗辩：欠缺责任能力

（5）抗辩：所有人、管理人证明对防止非法占有尽到高度注意义务

（6）抗辩：被侵权人未经许可进入高度危险区域+管理人能够证明已经采取足够安全措施并尽到充分警示义务，第 1243 条

2.责任范围

（1）损害：第 1179—1184 条，人身损害解释 6—19

（2）责任范围因果关系

（3）高度危险责任限额：第 1244 条

反抗辩：行为人故意/重大过失

（4）分期支付的担保：第 1187 条

（二）请求权未消灭

1.债的一般消灭事由：第 557 条第 1 款、第 520 条

2.损益相抵

（三）请求权可行使

时效抗辩权：第 192 条第 1 款

第三十六节　饲养动物损害责任纠纷

案由所涉主张与诉请	一、主张动物饲养人/管理人赔偿损害 　　诉请：动物饲养人/管理人赔偿损害 二、主张违规未采取安全措施的动物饲养人/管理人赔偿损害 　　诉请：违规未采取安全措施的动物饲养人/管理人赔偿损害 三、主张危险动物饲养人/管理人赔偿损害 　　诉请：危险动物饲养人/管理人赔偿损害

续表

| 四、主张动物园赔偿损害 |
| 诉请：动物园赔偿损害 |
| 五、主张遗弃/逃逸动物原饲养人/管理人赔偿损害 |
| 诉请：遗弃/逃逸动物原饲养人/管理人赔偿损害 |
| 六、动物饲养人/管理人主张对第三人的追偿权 |
| 动物饲养人/管理人诉请：第三人赔偿损害 |

一、主张动物饲养人/管理人赔偿损害

诉请：动物饲养人/管理人赔偿损害

请求权基础

第1245条主文→
第1245条
饲养的动物造成他人损害的，动物饲养人或者管理人应当承担侵权责任；但是，能够证明损害是因被侵权人故意或者重大过失造成的，可以不承担或者减轻责任。

检视程式

（一）请求权已产生
1.责任成立
（1）适格权益被侵
（2）饲养动物致害
（3）责任成立因果关系的条件性：若非……，则无……
（4）抗辩：欠缺责任能力
（5）抗辩：被侵权人故意/重大过失
2.责任范围
（1）损害：第1179—1184条，人身损害解释6—19，精神损害解释5
（2）责任范围因果关系
（3）分期支付的担保：第1187条
（二）请求权未消灭
1.债的一般消灭事由：第557条第1款
2.损益相抵
（三）请求权可行使
时效抗辩权：第192条第1款

二、主张违规未采取安全措施的动物饲养人/管理人赔偿损害

诉请：违规未采取安全措施的动物饲养人/管理人赔偿损害

请求权基础

第1246条主文→
第1246条
违反管理规定，未对动物采取安全措施造成他人损害的，动物饲养人或者管理人应当承担侵权责任；但是，能够证明损害是因被侵权人故意造成的，可以减轻责任。

检视程式

（一）请求权已产生
1.责任成立
（1）适格权益被侵
（2）饲养动物致害
（3）违反管理规定，未对动物采取安全措施
（4）抗辩：欠缺责任能力
（5）抗辩：被侵权人故意
2.责任范围
（1）损害：第1179　1184条，人身损害解释6—19，精神损害解释5
（2）责任范围因果关系
（3）分期支付的担保：第1187条
（二）请求权未消灭
1.债的一般消灭事由：第557条第1款
2.损益相抵
（三）请求权可行使
时效抗辩权：第192条第1款

三、主张危险动物饲养人/管理人赔偿损害

诉请：危险动物饲养人/管理人赔偿损害

请求权基础

第1247条
禁止饲养的烈性犬等危险动物造成他人损害的，动物饲养人或者管理人应当承担侵权责任。

检视程式

（一）请求权已产生

1.责任成立

（1）适格权益被侵

（2）饲养烈性犬等危险动物

（3）责任成立因果关系的条件性：若非……，则无……

（4）抗辩：欠缺责任能力

2.责任范围

（1）损害：第1179—1184条，人身损害解释6—19，精神损害解释5

（2）责任范围因果关系

（3）分期支付的担保：第1187条

（二）请求权未消灭

1.债的一般消灭事由：第557条第1款

2.损益相抵

（三）请求权可行使

时效抗辩权：第192条第1款

四、主张动物园赔偿损害

诉请：动物园赔偿损害

请求权基础

第1248条主文→

第1248条

动物园的动物造成他人损害的，动物园应当承担侵权责任；但是，能够证明尽到管理职责的，不承担侵权责任。

检视程式

（一）请求权已产生

1.责任成立

（1）适格权益被侵

（2）动物园的动物致害

（3）抗辩：能够证明尽到管理职责

（4）否认事由

即使尽到管理职责也无避免可能性：否认责任成立因果性的条件性

2.责任范围

（1）损害：第1179—1184条，人身损害解释6—19

（2）责任范围因果关系

（3）分期支付的担保：第1187条

（二）请求权未消灭

1.债的一般消灭事由：第557条第1款

2.损益相抵

（三）请求权可行使

时效抗辩权：第192条第1款

五、主张遗弃/逃逸动物原饲养人/管理人赔偿损害

诉请：遗弃/逃逸动物原饲养人/管理人赔偿损害

请求权基础

第1249条

遗弃、逃逸的动物在遗弃、逃逸期间造成他人损害的，由动物原饲养人或者管理人承担侵权责任。

检视程式

（一）请求权已产生

1.责任成立

（1）适格权益被侵

（2）遗弃/逃逸动物在遗弃/逃逸期间致害

（3）责任成立因果关系的条件性：若非……，则无……

（4）抗辩：欠缺责任能力

2.责任范围

（1）损害：第1179—1184条，人身损害解释6—19，精神损害解释5

（2）责任范围因果关系

（3）分期支付的担保：第1187条

（二）请求权未消灭

1.债的一般消灭事由：第557条第1款

2.损益相抵

（三）请求权可行使

时效抗辩权：第192条第1款

六、动物饲养人/管理人主张对第三人的追偿权

动物饲养人/管理人诉请：第三人赔偿损害

请求权基础

第1250条第2句

第1250条

因第三人的过错致使动物造成他人损害的，被侵权人可以向动物饲养人或者管

理人请求赔偿，也可以向第三人请求赔偿。动物饲养人或者管理人赔偿后，有权向第三人追偿。

检视程式

（一）请求权已产生

1. 责任成立
（1）适格权益被侵
（2）动物致害
（3）责任成立因果关系的条件性：若非……，则无……
（4）因第三人原因
（5）动物饲养人/管理人赔偿

2. 责任范围
与动物饲养人/管理人的赔偿范围一致

（二）请求权未消灭

债的一般消灭事由：第557条第1款

（三）请求权可行使

时效抗辩权：第192条第1款

说　明

第三人责任实为一般过错侵权责任。

第三十七节　建筑物和物件损害责任纠纷

过错推定侵权请求权

检视程式

（一）请求权已产生

1. 责任成立
（1）给定情形的适格权益被侵
（2）抗辩：尽到作为义务（没有过错）
（3）否认事由
即使尽到作为义务也无避免可能性：否认责任成立因果关系
受害人故意：第1174条
第三人原因：第1175条
（4）抗辩：欠缺责任能力
（5）抗辩：与有过失，第1173条

2. 责任范围
（1）损害：第1179—1184条，人身损害解释6—19

（2）责任范围因果关系
（3）抗辩：被侵权人对损害的扩大有过错（与有过失），第1173条
（4）分期支付的担保：第1187条
（二）请求权未消灭
1.债的一般消灭事由：第557条第1款
2.损益相抵
（三）请求权可行使
时效抗辩权：第192条第1款

说 明

建筑物和物件损害责任所涉多为过错推定型侵权，各自有其4级案由（本章第三十八节至第四十四节）可供援用，但各类过错推定侵权的检视程式仍有其共性，特于本节予以梳理。

第三十八节　物件脱落、坠落损害责任纠纷（4级案由）

案由所涉主张与诉请	一、主张物件所有人/管理人/使用人赔偿损害 　　诉请：物件所有人/管理人/使用人赔偿损害 二、物件所有人/管理人/使用人主张对其他责任人的追偿权 　　物件所有人/管理人/使用人诉请：其他责任人赔偿损害

一、主张物件所有人/管理人/使用人赔偿损害

诉请：物件所有人/管理人/使用人赔偿损害

请求权基础

第1253条第1句前半句→
第1253条第1句
建筑物、构筑物或者其他设施及其搁置物、悬挂物发生脱落、坠落造成他人损害，所有人、管理人或者使用人不能证明自己没有过错的，应当承担侵权责任。

检视程式

（一）请求权已产生
1.责任成立
（1）适格权益被侵
（2）建筑物、构筑物或者其他设施及其搁置物、悬挂物发生脱落、坠落致害
（3）责任成立因果关系否认事由
受害人故意：第1174条

第三人原因：第1175条
（4）抗辩：欠缺责任能力
（5）抗辩：所有人/管理人/使用人没有过错
（6）抗辩：与有过失，第1173条
2.责任范围
（1）损害：第1179—1184条，人身损害解释6—19
（2）责任范围因果关系
（3）抗辩：被侵权人对损害的扩大有过错（与有过失），第1173条
（4）分期支付的担保：第1187条
（二）请求权未消灭
1.债的一般消灭事由：第557条第1款
2.损益相抵
（三）请求权可行使
时效抗辩权：第192条第1款

二、物件所有人/管理人/使用人主张对其他责任人的追偿权

物件所有人/管理人/使用人诉请：其他责任人赔偿损害

请求权基础

第1253条第2句

所有人、管理人或者使用人赔偿后，有其他责任人的，有权向其他责任人追偿。

检视程式

（一）请求权已产生
1.责任成立
（1）适格权益被侵
（2）建筑物、构筑物或者其他设施及其搁置物、悬挂物发生脱落、坠落致害
（3）责任成立因果关系否认事由
受害人故意：第1174条
第三人原因：第1175条
（4）抗辩：欠缺责任能力
（5）抗辩：所有人/管理人/使用人没有过错
（6）抗辩：与有过失，第1173条
（7）所有人/管理人/使用人赔偿
（8）有其他责任人
2.责任范围
与所有人/管理人/使用人赔偿范围一致
（二）请求权未消灭
债的一般消灭事由：第557条第1款

（三）请求权可行使

时效抗辩权：第192条第1款

第三十九节　建筑物、构筑物倒塌、塌陷损害责任纠纷（4级案由）

案由所涉主张与诉请	一、主张建设单位与施工单位承担连带责任 　　诉请：建设单位与施工单位承担连带责任 二、建设单位/施工单位主张对其他责任人的追偿权 　　建设单位/施工单位诉请：其他责任人赔偿损害 三、主张所有人/管理人/使用人/第三人赔偿损害 　　诉请：所有人/管理人/使用人/第三人赔偿损害

一、主张建设单位与施工单位承担连带责任

诉请：建设单位与施工单位承担连带责任

请求权基础

第1252条第1款第1句主文→

第1252条第1款第1句

建筑物、构筑物或者其他设施倒塌、塌陷造成他人损害的，由建设单位与施工单位承担连带责任，但是建设单位与施工单位能够证明不存在质量缺陷的除外。

检视程式

（一）请求权已产生

1. 责任成立

（1）适格权益被侵

（2）建筑物、构筑物或者其他设施倒塌、塌陷致害

（3）抗辩：建设单位与施工单位能够证明不存在质量缺陷

（4）责任成立因果关系

否认：受害人故意，第1174条

否认：第三人原因，第1175条

（5）抗辩：与有过失，第1173条

2. 责任范围

（1）损害：第1179—1184条，人身损害解释6—19

（2）责任范围因果关系

（3）抗辩：被侵权人对损害的扩大有过错（与有过失），第1173条

（4）分期支付的担保：第1187条

（二）请求权未消灭
1. 债的一般消灭事由：第557条第1款、第520条
2. 损益相抵

（三）请求权可行使
时效抗辩权：第192条第1款

二、建设单位/施工单位主张对其他责任人的追偿权

建设单位/施工单位诉请：其他责任人赔偿损害

请求权基础

第1252条第1款第2句

建设单位、施工单位赔偿后，有其他责任人的，有权向其他责任人追偿。

检视程式

（一）请求权已产生
1. 责任成立
（1）适格权益被侵
（2）建筑物、构筑物或者其他设施倒塌、塌陷致害
（3）抗辩：建设单位与施工单位能够证明不存在质量缺陷
（4）责任成立因果关系
否认：受害人故意，第1174条
否认：第三人原因，第1175条
（5）抗辩：与有过失，第1173条
（6）建设单位/施工单位赔偿
（7）有其他责任人
2. 责任范围
与建设单位/施工单位赔偿范围一致

（二）请求权未消灭
债的一般消灭事由：第557条第1款

（三）请求权可行使
时效抗辩权：第192条第1款

三、主张所有人/管理人/使用人/第三人赔偿损害

诉请：所有人/管理人/使用人/第三人赔偿损害

请求权基础

第1252条第2款

因所有人、管理人、使用人或者第三人的原因，建筑物、构筑物或者其他设施

倒塌、塌陷造成他人损害的，由所有人、管理人、使用人或者第三人承担侵权责任。

检视程式

（一）请求权已产生

1.责任成立

（1）适格权益被侵

（2）建筑物、构筑物或者其他设施倒塌、塌陷致害

（3）因所有人/管理人/使用人/第三人

否认：受害人故意，第1174条

（4）抗辩：与有过失，第1173条

2.责任范围

（1）损害：第1179—1184条，人身损害解释6—19

（2）责任范围因果关系

（3）抗辩：被侵权人对损害的扩大有过错（与有过失），第1173条

（4）分期支付的担保：第1187条

（二）请求权未消灭

1.债的一般消灭事由：第557条第1款

2.损益相抵

（三）请求权可行使

时效抗辩权：第192条第1款

第四十节　高空抛物、坠物损害责任纠纷（4级案由）

案由所涉主张与诉请	一、主张可能加害的建筑物使用人补偿损害 　　诉请：可能加害的建筑物使用人补偿损害 二、可能加害的建筑物使用人主张对侵权人的追偿权 　　可能加害的建筑物使用人诉请：侵权人赔偿损害 三、主张建筑物管理人赔偿损害 　　诉请：建筑物管理人赔偿损害

一、主张可能加害的建筑物使用人补偿损害

诉请：可能加害的建筑物使用人补偿损害

请求权基础

第1254条第1款第2句第2分句→

第1254条第1款第2句

从建筑物中抛掷物品或者从建筑物上坠落的物品造成他人损害的，由侵权人依

699

法承担侵权责任；经调查难以确定具体侵权人的，除能够证明自己不是侵权人的外，由可能加害的建筑物使用人给予补偿。

检视程式

（一）请求权已产生

1.责任成立

（1）适格权益被侵

（2）高空抛物/坠物致害

（3）经调查难以确定具体侵权人

（4）抗辩：欠缺责任能力

（5）抗辩：能够证明自己不是侵权人

（6）抗辩：与有过失，第1173条

2.责任范围

（1）损害：第1179—1184条，人身损害解释6—19

（2）责任范围因果关系

（3）抗辩：被侵权人对损害的扩大有过错（与有过失），第1173条

（4）分期支付的担保：第1187条

（二）请求权未消灭

1.债的一般消灭事由：第557条第1款

2.损益相抵

（三）请求权可行使

时效抗辩权：第192条第1款

二、可能加害的建筑物使用人主张对侵权人的追偿权

可能加害的建筑物使用人诉请：侵权人赔偿损害

请求权基础

第1254条第1款第3句

可能加害的建筑物使用人补偿后，有权向侵权人追偿。

检视程式

（一）请求权已产生

1.责任成立

（1）适格权益被侵

（2）高空抛物/坠物致害

（3）经调查难以确定具体侵权人

（4）抗辩：欠缺责任能力

（5）抗辩：能够证明自己不是侵权人

（6）抗辩：与有过失，第1173条
（7）可能加害的建筑物使用人补偿
2.责任范围
与可能加害的建筑物使用人补偿范围一致
（二）请求权未消灭
债的一般消灭事由：第557条第1款
（三）请求权可行使
时效抗辩权：第192条第1款

三、主张建筑物管理人赔偿损害

诉请：建筑物管理人赔偿损害

请求权基础

第1254条第2款
物业服务企业等建筑物管理人应当采取必要的安全保障措施防止前款规定情形的发生；未采取必要的安全保障措施的，应当依法承担未履行安全保障义务的侵权责任。

第1198条第1款
宾馆、商场、银行、车站、机场、体育场馆、娱乐场所等经营场所、公共场所的经营者、管理者或者群众性活动的组织者，未尽到安全保障义务，造成他人损害的，应当承担侵权责任。

检视程式

（一）请求权已产生
1.责任成立
（1）适格权益被侵
（2）物业服务企业等建筑物管理人未采取必要的安全保障措施
（3）否认事由
即使尽到安全保障义务也无避免可能性：否认责任成立因果关系
受害人故意：第1174条
第三人原因：第1175条
（4）抗辩：与有过失，第1173条
2.责任范围
（1）损害：第1179—1184条，人身损害解释6—19，精神损害解释5
（2）责任范围因果关系
（3）抗辩：被侵权人对损害的扩大有过错（与有过失），第1173条
（4）分期支付的担保：第1187条

（二）请求权未消灭
1. 债的一般消灭事由：第557条第1款
2. 损益相抵

（三）请求权可行使
时效抗辩权：第192条第1款

第四十一节　堆放物倒塌、滚落、滑落损害责任纠纷（4级案由）

主张堆放人赔偿损害

诉请：堆放人赔偿损害

请求权基础

第1255条

堆放物倒塌、滚落或者滑落造成他人损害，堆放人不能证明自己没有过错的，应当承担侵权责任。

检视程式

（一）请求权已产生
1. 责任成立
（1）适格权益被侵
（2）堆放物倒塌、滚落或者滑落
（3）责任成立因果关系否认事由
受害人故意：第1174条
第三人原因：第1175条
（4）抗辩：欠缺责任能力
（5）抗辩：堆放人没有过错
（6）抗辩：与有过失，第1173条
2. 责任范围
（1）损害：第1179—1184条，人身损害解释6—19
（2）责任范围因果关系
（3）抗辩：被侵权人对损害的扩大有过错（与有过失），第1173条
（4）分期支付的担保：第1187条

（二）请求权未消灭
1. 债的一般消灭事由：第557条第1款
2. 损益相抵

（三）请求权可行使
时效抗辩权：第192条第1款

第四十二节　公共道路妨碍通行损害责任纠纷（4级案由）

主张公共道路管理人赔偿损害

诉请：公共道路管理人赔偿损害

请求权基础

第1256条第1句→

第1256条

在公共道路上堆放、倾倒、遗撒妨碍通行的物品造成他人损害的，由行为人承担侵权责任。公共道路管理人不能证明已经尽到清理、防护、警示等义务的，应当承担相应的责任。

检视程式

（一）请求权已产生

1.责任成立

（1）适格权益被侵

（2）在公共道路上堆放、倾倒、遗撒妨碍通行的物品

（3）抗辩：尽到清理、防护、警示等义务

（4）责任成立因果关系否认事由

即使尽到清理、防护、警示等义务也无避免可能性

受害人故意：第1174条

第三人原因：第1175条

（5）抗辩：与有过失，第1173条

2.责任范围

（1）损害：第1179—1184条，人身损害解释6—19

（2）责任范围因果关系

（3）抗辩：被侵权人对损害的扩大有过错（与有过失），第1173条

（4）分期支付的担保：第1187条

（二）请求权未消灭

1.债的一般消灭事由：第557条第1款

2.损益相抵

（三）请求权可行使

时效抗辩权：第192条第1款

第四十三节　林木折断、倾倒、果实坠落损害责任纠纷（4级案由）

主张林木所有人/管理人赔偿损害

诉请：林木所有人/管理人赔偿损害

请求权基础

第1257条

因林木折断、倾倒或者果实坠落等造成他人损害，林木的所有人或者管理人不能证明自己没有过错的，应当承担侵权责任。

检视程式

（一）请求权已产生
1. 责任成立
（1）适格权益被侵
（2）林木折断、倾倒或者果实坠落
（3）责任成立因果关系否认事由
受害人故意：第1174条
第三人原因：第1175条
（4）抗辩：欠缺责任能力
（5）抗辩：林木所有人/管理人没有过错
（6）抗辩：与有过失，第1173条
2. 责任范围
（1）损害：第1179—1184条，人身损害解释6—19
（2）责任范围因果关系
（3）抗辩：被侵权人对损害的扩大有过错（与有过失），第1173条
（4）分期支付的担保：第1187条
（二）请求权未消灭
1. 债的一般消灭事由：第557条第1款
2. 损益相抵
（三）请求权可行使
时效抗辩权：第192条第1款

第四十四节　地面施工、地下设施损害责任纠纷（4级案由）

主张施工人/管理人赔偿损害

诉请：施工人/管理人赔偿损害

请求权基础

第1258条

在公共场所或者道路上挖掘、修缮安装地下设施等造成他人损害，施工人不能证明已经设置明显标志和采取安全措施的，应当承担侵权责任。

窨井等地下设施造成他人损害，管理人不能证明尽到管理职责的，应当承担侵权责任。

检视程式

（一）请求权已产生
1.责任成立
（1）适格权益被侵
（2）在公共场所或者道路上挖掘、修缮安装地下设施/窨井等地下设施致害
（3）抗辩：已设置明显标志和采取安全措施/尽到管理职责
（4）责任成立因果关系否认事由
即使已设置明显标志和采取安全措施/尽到管理职责也无避免可能性
受害人故意：第1174条
第三人原因：第1175条
（5）抗辩：与有过失，第1173条
2.责任范围
（1）损害：第1179—1184条，人身损害解释6—19
（2）责任范围因果关系
（3）抗辩：被侵权人对损害的扩大有过错（与有过失），第1173条
（4）分期支付的担保：第1187条
（二）请求权未消灭
1.债的一般消灭事由：第557条第1款
2.损益相抵
（三）请求权可行使
时效抗辩权：第192条第1款

第四十五节　义务帮工人受害责任纠纷

案由所涉主张与诉请	一、主张被帮工人赔偿损害 　　诉请：被帮工人赔偿损害 二、主张被帮工人在受益范围内补偿 　　诉请：被帮工人在受益范围内补偿 三、主张被帮工人适当补偿 　　诉请：被帮工人适当补偿 四、被帮工人主张对第三人的追偿权 　　被帮工人诉请：第三人赔偿损失

一、主张被帮工人赔偿损害

诉请：被帮工人赔偿损害

请求权基础

第1192条第1款第3句
提供劳务一方因劳务受到损害的，根据双方各自的过错承担相应的责任。

人身损害解释第5条第1款第1分句
无偿提供劳务的帮工人因帮工活动遭受人身损害的，根据帮工人和被帮工人各自的过错承担相应的责任……

检视程式

（一）请求权已产生
1. 责任成立
（1）无偿提供劳务
（2）帮工人因帮工活动人身受损
（3）抗辩：被帮工人明确拒绝帮工
（4）责任成立因果关系
否认：受害人故意，第1174条
否认：第三人原因，第1175条
（5）抗辩：不法性阻却事由
正当防卫：第181条第1款
紧急避险：第182条第1—2款
紧急救助：第184条
自助行为：第1177条第1款主文
自甘冒险：第1176条第1款主文
（6）抗辩：欠缺责任能力

（7）被帮工人的过错
（8）抗辩：帮工人与有过失，第1173条
2.责任范围
（1）人身损害：第1179—1182条，人身损害解释6—19
（2）责任范围因果关系
与被帮工人的过错范围相当
（3）抗辩：被侵权人对损害的扩大有过错（与有过失），第1173条
（4）分期支付的担保：第1187条
（二）请求权未消灭
1.债的一般消灭事由：第557条第1款
2.损益相抵
（三）请求权可行使
1.留置抗辩权：类推第525条
2.时效抗辩权：第192条第1款

二、主张被帮工人在受益范围内补偿

诉请：被帮工人在受益范围内补偿

请求权基础

第980条
管理人管理事务不属于前条规定的情形，但是受益人享有管理利益的，受益人应当在其获得的利益范围内向管理人承担前条第一款规定的义务。

人身损害解释第5条第1款第2分句
被帮工人明确拒绝帮工的，被帮工人不承担赔偿责任，但可以在受益范围内予以适当补偿。

检视程式

（一）请求权已产生
1.责任成立
（1）无偿提供劳务
（2）帮工人因帮工活动人身受损
（3）被帮工人明确拒绝帮工
（4）被帮工人受益
2.责任范围
在受益范围内适当补偿
（二）请求权未消灭
债的一般消灭事由：第557条第1款
（三）请求权可行使
1.留置抗辩权：类推第525条

2.时效抗辩权：第192条第1款

三、主张被帮工人适当补偿

诉请：被帮工人适当补偿

请求权基础

第1192条第2款第1句后半句→
第1192条第2款第1句
提供劳务期间，因第三人的行为造成提供劳务一方损害的，提供劳务一方有权请求第三人承担侵权责任，也有权请求接受劳务一方给予补偿。

人身损害解释第5条第2款第1句后半句→
人身损害解释第5条第2款第1句
帮工人在帮工活动中因第三人的行为遭受人身损害的，有权请求第三人承担赔偿责任，也有权请求被帮工人予以适当补偿。

检视程式

（一）请求权已产生
1.责任成立
（1）无偿提供劳务
（2）帮工人在帮工活动中遭受人身损害
（3）因第三人的行为
2.责任范围
被帮工人给予适当补偿
（二）请求权未消灭
债的一般消灭事由：第557条第1款
（三）请求权可行使
1.留置抗辩权：类推第525条
2.时效抗辩权：第192条第1款

说　明

第三人责任实为一般过错侵权责任。

四、被帮工人主张对第三人的追偿权

被帮工人诉请：第三人赔偿损失

请求权基础

第1192条第2款第2句
接受劳务一方补偿后，可以向第三人追偿。

人身损害解释第5条第2款第2句
被帮工人补偿后，可以向第三人追偿。

检视程式

（一）请求权已产生
1.责任成立
（1）无偿提供劳务
（2）帮工人在帮工活动中遭受人身损害
（3）因第三人的行为
（4）被帮工人补偿
2.责任范围
与被帮工人补偿范围一致

（二）请求权未消灭
债的一般消灭事由：第557条第1款

（三）请求权可行使
时效抗辩权：第192条第1款

第四十六节　见义勇为人受害责任纠纷

见义勇为者主张损失补偿请求权

见义勇为者诉请：受益人补偿损失

请求权基础

第183条
因保护他人民事权益使自己受到损害的，由侵权人承担民事责任，受益人可以给予适当补偿。没有侵权人、侵权人逃逸或者无力承担民事责任，受害人请求补偿的，受益人应当给予适当补偿。

检视程式

（一）请求权已产生
1.产生要件
（1）见义勇为者受到损失
（2）保护他人民事权益
（3）损失与保护他人权益间的因果关系
2.产生抗辩
（1）对本人负担法定或约定的保护义务
（2）本人事后追认：第984条

3.补偿范围
（1）侵权人承担责任的，受益人可以适当补偿
（2）没有侵权人、侵权人逃逸或者无力承担民事责任，受益人应当适当补偿
（3）补偿数额的认定因素：总则解释34
（二）请求权未消灭
债的一般消灭事由：第557条第1款
（三）请求权可行使
时效抗辩权：第192条第1款
起算：见义勇为结束+管理人知道/应知本人，时效规定7.1

第四十七节　防卫过当损害责任纠纷

主张防卫人承担适当的民事责任

诉请：防卫人赔偿损害

请求权基础

第181条第2款
正当防卫超过必要的限度，造成不应有的损害的，正当防卫人应当承担适当的民事责任。

第1165条第1款
行为人因过错侵害他人民事权益造成损害的，应当承担侵权责任。

检视程式

（一）请求权已产生
1.责任成立
（1）适格权益被侵
（2）防卫过当：总则解释31
（3）责任成立因果关系
否认：受害人故意，第1174条
否认：第三人原因，第1175条
（4）抗辩：欠缺责任能力
（5）过错
因醉酒、滥用麻醉药品或者精神药品，或因过错导致自己暂时丧失意识或失去控制：第1190条
（6）抗辩：与有过失，第1173条
2.责任范围
（1）损害：第1179—1184条，人身损害解释6—19，精神损害解释5

（2）责任范围因果关系

与防卫过当的范围相应

（3）抗辩：被侵权人对损害的扩大有过错（与有过失），第1173条

（4）分期支付的担保：第1187条

（二）请求权未消灭

1.债的一般消灭事由：第557条第1款

2.损益相抵

（三）请求权可行使

时效抗辩权：第192条第1款

第四十八节　紧急避险损害责任纠纷

案由所涉主张与诉请	一、主张避险人适当补偿 　　诉请：避险人适当补偿 二、主张避险人承担适当的民事责任 　　诉请：避险人赔偿损害

一、主张避险人适当补偿

诉请：避险人适当补偿

请求权基础

第182条第2款

危险由自然原因引起的，紧急避险人不承担民事责任，可以给予适当补偿。

检视程式

（一）请求权已产生

1.责任成立

（1）适格权益被侵

（2）紧急避险

（3）责任成立因果关系

否认：受害人故意，第1174条

否认：第三人原因，第1175条

（4）危险由自然原因引起

2.责任范围

可以给予适当补偿

（二）请求权未消灭

债的一般消灭事由：第557条第1款

（三）请求权可行使
时效抗辩权：第192条第1款

二、主张避险人承担适当的民事责任

诉请：避险人赔偿损害

请求权基础

第182条第3款
紧急避险采取措施不当或者超过必要的限度，造成不应有的损害的，紧急避险人应当承担适当的民事责任。

第1165条第1款
行为人因过错侵害他人民事权益造成损害的，应当承担侵权责任。

检视程式

（一）请求权已产生
1.责任成立
（1）适格权益被侵
（2）避险过当：总则解释33
（3）责任成立因果关系
否认：受害人故意，第1174条
否认：第三人原因，第1175条
（4）抗辩：欠缺责任能力
（5）过错
因醉酒、滥用麻醉药品或者精神药品，或因过错导致自己暂时丧失意识或失去控制：第1190条
（6）抗辩：与有过失，第1173条
2.责任范围
（1）损害：第1179—1184条，人身损害解释6—19，精神损害解释5
（2）责任范围因果关系
与避险过当的范围相应
（3）抗辩：被侵权人对损害的扩大有过错（与有过失），第1173条
（4）分期支付的担保：第1187条

（二）请求权未消灭
1.债的一般消灭事由：第557条第1款
2.损益相抵

（三）请求权可行使
时效抗辩权：第192条第1款

第四十九节　铁路运输人身损害责任纠纷（4级案由）

主张铁路运输企业赔偿人身损害

诉请：铁路运输企业赔偿人身损害

请求权基础

铁路法第58条第1句第1分句→

铁路法58

因铁路行车事故及其他铁路运营事故造成人身伤亡的，铁路运输企业应当承担赔偿责任；如果人身伤亡是因不可抗力或者由于受害人自身的原因造成的，铁路运输企业不承担赔偿责任。

违章通过平交道口或者人行过道，或者在铁路线路上行走、坐卧造成的人身伤亡，属于受害人自身的原因造成的人身伤亡。

检视程式

（一）请求权已产生

1.责任成立

（1）人身伤亡

（2）铁路行车事故及其他铁路运营事故

（3）责任成立因果关系

否认：不可抗力/受害人自身原因，铁路法58.2+铁路人身损害解释5

否认：第三人原因，第1175条

（4）抗辩：受害人过错，铁路人身损害解释6

（5）抗辩：监护人过错，铁路人身损害解释7

2.责任范围

（1）损害：第1179—1182、1184条

（2）责任范围因果关系

（3）抗辩：被侵权人对损害的扩大有过错（与有过失），第1173条

（4）分期支付的担保：第1187条

（5）铁路机车车辆与机动车碰撞的连带责任：铁路人身损害解释8

（二）请求权未消灭

1.债的一般消灭事由：第557条第1款

2.损益相抵

（三）请求权可行使

时效抗辩权：第192条第1款

说 明

1.就铁路运输造成旅客人身损害的情形而言，旅客选择侵权纠纷提起诉讼的，援用本案由；旅客选择合同纠纷提起诉讼的，援用"铁路旅客运输合同纠纷"案由。

2.铁路运输企业的追偿权：铁路人身损害解释8—10

第五十节 铁路运输财产损害责任纠纷（4级案由）

主张铁路运输企业赔偿财产损害

诉请：铁路运输企业赔偿财产损害

请求权基础

铁路法17.1

铁路运输企业应当对承运的货物、包裹、行李自接受承运时起到交付时止发生的灭失、短少、变质、污染或者损坏，承担赔偿责任：

（一）托运人或者旅客根据自愿申请办理保价运输的，按照实际损失赔偿，但最高不超过保价额。

（二）未按保价运输承运的，按照实际损失赔偿，但最高不超过国务院铁路主管部门规定的赔偿限额；如果损失是由于铁路运输企业的故意或者重大过失造成的，不适用赔偿限额的规定，按照实际损失赔偿。

检视程式

（一）请求权已产生

1.责任成立

（1）财产毁损/灭失

铁路运输企业逾期30日仍未将货物、包裹、行李交付收货人或者旅客的，托运人、收货人或者旅客有权按货物、包裹、行李灭失向铁路运输企业要求赔偿：铁路法16.2

（2）自接受承运时起到交付时止发生

（3）权利未发生的抗辩：铁路法18

①不可抗力

②财产本身的自然属性/合理损耗

③受害人过错

2.责任范围

（1）损害：铁路损害解释1

（2）责任范围因果关系

（3）抗辩：被侵权人对损害的扩大有过错（与有过失），第1173条

（4）抗辩：受领迟延利息请求权未产生，第589条第2款
（5）保价货物损失的赔偿：铁路损害解释2—3，5
（6）保险货物损失的赔偿：铁路损害解释4—5

（二）请求权未消灭
1.债的一般消灭事由：第557条第1款
2.损益相抵

（三）请求权可行使
时效抗辩权：第192条第1款

说　明

就铁路运输造成旅客/托运人财产损害的情形而言，当事人选择侵权纠纷提起诉讼的，援用本案由；旅客选择合同纠纷提起诉讼的，援用"铁路旅客运输合同纠纷""铁路货物运输合同纠纷""铁路行李合同纠纷""铁路包裹运输合同纠纷"等相应案由。

第九章　婚姻家庭案由

第一节　婚约财产纠纷

主张返还婚约财产（彩礼）／折价补偿

诉请：返还婚约财产（彩礼）／折价补偿

请求权基础

第985条主文
得利人没有法律根据取得不当利益的，受损失的人可以请求得利人返还取得的利益……

检视程式

（一）请求权已产生
1. 产生要件
（1）相对人取得婚姻财产（彩礼）
（2）请求人与相对人的给付关系（吸收因果关系）
（3）给付目的落空（无法律上原因）：婚姻家庭解释一5
①双方未办理婚姻登记手续
②双方办理婚姻登记手续+确未共同生活+已离婚
③婚前给付+导致给付人生活困难+已离婚
（4）请求折价补偿的附加要件：不能返还或者没有必要返还
2. 产生抗辩
为履行道德义务进行的给付
（二）请求权未消灭
债的一般消灭事由：第557条第1款
（三）请求权可行使
1. 留置抗辩权：类推第525条
2. 时效抗辩权：第192条第1款
起算：知道/应知不当得利事实+得利人，时效规定6

第二节　婚内夫妻财产分割纠纷

主张分割婚内夫妻共同财产

诉请：分割婚内夫妻共同财产

规范基础

第1066条

婚姻关系存续期间，有下列情形之一的，夫妻一方可以向人民法院请求分割共同财产：

（一）一方有隐藏、转移、变卖、毁损、挥霍夫妻共同财产或者伪造夫妻共同债务等严重损害夫妻共同财产利益的行为；

（二）一方负有法定扶养义务的人患重大疾病需要医治，另一方不同意支付相关医疗费用。

检视程式

（一）权利已产生

1.一方有严重损害夫妻共同财产利益的行为

隐藏、转移、变卖、毁损、挥霍夫妻共同财产/伪造夫妻共同债务等

2.一方负有法定扶养义务的人患重大疾病需要医治，另一方不同意支付相关医疗费用

3.其他情形不得主张分割：婚姻家庭解释一·38

（二）权利未消灭

共有物灭失

（三）权利的行使

分割方式：协议分割→实物分割→价款分割，第304条第1款

第三节　离婚纠纷

案由所涉主张与诉请	一、主张解除婚姻关系 　　诉请：解除婚姻关系 二、离婚诉讼时主张直接抚养子女 　　离婚诉讼时诉请：直接抚养子女 三、离婚诉讼时主张子女抚养费 　　离婚诉讼时诉请：子女抚养费 四、离婚诉讼时主张子女探望权 　　离婚诉讼时诉请：确定子女探望权 五、离婚诉讼时主张分割夫妻共同财产 　　离婚诉讼时诉请：分割夫妻共同财产

续表

	六、离婚诉讼时主张离婚经济补偿 　　离婚诉讼时诉请：离婚经济补偿 七、离婚诉讼时主张分割夫妻共同债务 　　离婚诉讼时诉请：分割夫妻共同债务 八、离婚诉讼时主张离婚经济帮助 　　离婚诉讼时诉请：离婚经济帮助 九、离婚诉讼时主张离婚损害赔偿 　　离婚诉讼时诉请：离婚损害赔偿
说　明	离婚同时处理子女抚养探望问题援用本案由，不必援用"抚养纠纷""抚养费纠纷（4级案由）""探望权纠纷"案由。

一、主张解除婚姻关系

诉请：解除婚姻关系

规范基础

第1079条

夫妻一方要求离婚的，可以由有关组织进行调解或者直接向人民法院提起离婚诉讼。

人民法院审理离婚案件，应当进行调解；如果感情确已破裂，调解无效的，应当准予离婚。

有下列情形之一，调解无效的，应当准予离婚：

（一）重婚或者与他人同居；

（二）实施家庭暴力或者虐待、遗弃家庭成员；

（三）有赌博、吸毒等恶习屡教不改；

（四）因感情不和分居满二年；

（五）其他导致夫妻感情破裂的情形。

一方被宣告失踪，另一方提起离婚诉讼的，应当准予离婚。

经人民法院判决不准离婚后，双方又分居满一年，一方再次提起离婚诉讼的，应当准予离婚。

检视程式

（一）权利产生要件

1.有效的婚姻

（1）结婚登记：第1049条，婚姻家庭解释一6—7

（2）婚姻无效或被撤销：第1051—1054条

（3）受理离婚案件后，经审理确属无效婚姻→确认婚姻无效：婚姻家庭解释一12

（4）同时受理离婚和请求确认婚姻无效→先审理婚姻无效纠纷：婚姻家庭解释一13

2.感情确已破裂+调解无效
（1）重婚或者与他人同居
（2）实施家庭暴力/虐待、遗弃家庭成员
（3）有赌博、吸毒等恶习屡教不改
（4）因感情不和分居+满2年
（5）因是否生育发生纠纷+致使感情破裂：婚姻家庭解释一23
（6）其他导致夫妻感情破裂的情形
（7）不应因当事人有过错而判决不准离婚：婚姻家庭解释一63
3.对方被宣告失踪
4.判决不准离婚后+双方又分居满1年

（二）权利产生抗辩
1.相对方为军人：第1081条
反抗辩：征得军人同意/军人一方有重大过失，婚姻家庭解释一64
2.女方在怀孕期间/分娩后1年内/终止妊娠后6个月内，男方不得提出离婚：第1082条
但是，女方提出离婚或者人民法院认为确有必要受理男方离婚请求的除外。

说　明

无行为能力人监护人代理诉请离婚：婚姻家庭解释一62

二、离婚诉讼时主张直接抚养子女

离婚诉讼时诉请：直接抚养子女

规范基础

第1084条第3款
离婚后，不满两周岁的子女，以由母亲直接抚养为原则。已满两周岁的子女，父母双方对抚养问题协议不成的，由人民法院根据双方的具体情况，按照最有利于未成年子女的原则判决。子女已满八周岁的，应当尊重其真实意愿。

检视程式

（一）父母双方协议
1.协议不满2周岁的子女由父亲直接抚养+对子女健康成长并无不利影响→父亲直接抚养：婚姻家庭解释一45
2.协议轮流直接抚养子女+有利于保护子女利益→轮流直接抚养：婚姻家庭解释一48

（二）生父母与继父母离婚
继父母不同意继续抚养→生父母抚养：婚姻家庭解释一54

（三）不满2周岁的子女：婚姻家庭解释一44
1.原则上由母亲直接抚养

2.父亲抗辩
（1）目前患有久治不愈的传染性疾病或者其他严重疾病，子女不宜与其共同生活
（2）有抚养条件不尽抚养义务，而父亲要求子女随其生活
（3）因其他原因，子女确不宜随母亲生活

（四）已满2周岁的子女
1.双方的具体情况＋最有利于未成年子女的原则
优先考虑因素：婚姻家庭解释一46—47
（1）已做绝育手术/因其他原因丧失生育能力
（2）子女随其生活时间较长＋改变生活环境对子女健康成长明显不利
（3）无其他子女＋另一方有其他子女
（4）子女随其生活，对子女成长有利，而另一方患有久治不愈的传染性疾病或者其他严重疾病，或者有其他不利于子女身心健康的情形，不宜与子女共同生活
（5）父母抚养子女的条件基本相同，双方均要求直接抚养子女，但子女单独随祖父母或者外祖父母共同生活多年，且祖父母或者外祖父母要求并且有能力帮助子女照顾孙子女或者外孙子女
2.子女已满8周岁＋尊重其真实意愿
（五）离婚诉讼期间＋双方均拒绝抚养子女→先行裁定暂由一方抚养：婚姻家庭解释一60

三、离婚诉讼时主张子女抚养费

离婚诉讼时诉请：子女抚养费

请求权基础

第1085条第1款
离婚后，子女由一方直接抚养的，另一方应当负担部分或者全部抚养费。负担费用的多少和期限的长短，由双方协议；协议不成的，由人民法院判决。

检视程式

（一）父母双方协议
1.协议非直接抚养方负担费用的多少＋期限长短
2.协议一方直接抚养子女＋直接抚养方负担全部子女抚养费
但是，直接抚养方的抚养能力明显不能保障子女所需费用＋影响子女健康成长→法院不予支持：婚姻家庭解释一52
3.协议轮流直接抚养子女：婚姻家庭解释一48
（二）协议不成
1.抚养费范围与数额：婚姻家庭解释一42，49
2.抚养费给付方式：定期给付/一次性给付，婚姻家庭解释一50
3.抚养费形态：无经济收入/下落不明→财物折抵，婚姻家庭解释一51

4.抚养费给付期限：至18周岁/16周岁劳动成年，婚姻家庭解释一53

四、离婚诉讼时主张子女探望权

离婚诉讼时诉请：确定子女探望权

规范基础

第1086条第1—2款

离婚后，不直接抚养子女的父或者母，有探望子女的权利，另一方有协助的义务。行使探望权利的方式、时间由当事人协议；协议不成的，由人民法院判决。

检视程式

（一）父母双方协议

行使探望权的方式+时间

（二）协议不成→由法院判决

行使探望权的方式+时间

（三）抗辩：中止探望，第1086条第3款

探望子女不利于子女身心健康

五、离婚诉讼时主张分割夫妻共同财产

离婚诉讼时诉请：分割夫妻共同财产

规范基础

第1087条

离婚时，夫妻的共同财产由双方协议处理；协议不成的，由人民法院根据财产的具体情况，按照照顾子女、女方和无过错方权益的原则判决。

对夫或者妻在家庭土地承包经营中享有的权益等，应当依法予以保护。

检视程式

（一）夫妻双方协议

1.协议共同财产的处理

2.夫妻协议共同财产出借给一方→依借款协议：婚姻家庭解释一82

（二）协议不成

1.共同财产的认定：第1062—1063条，婚姻家庭解释一24—27、29—32

2.照顾子女、女方和无过错方权益的原则

3.夫妻一方隐藏、转移、变卖、毁损、挥霍夫妻共同财产/伪造夫妻共同债务企图侵占另一方财产→对该方少分/不分：第1092条

4.军人复员费、自主择业费等一次性费用：婚姻家庭解释一71

5.有价证券/未上市公司股份：婚姻家庭解释一72

6. 以一方名义在有限责任公司的出资额：婚姻家庭解释一73

7. 以一方名义在合伙企业中的出资：婚姻家庭解释一74

8. 以一方名义投资设立个人独资企业：婚姻家庭解释一75

9. 房屋价值及归属：婚姻家庭解释一76

10. 尚未取得所有权的房屋：婚姻家庭解释一77

11. 一方婚前签约支付首付+婚后共同还贷+登记于首付方名下的房屋：婚姻家庭解释一78

12. 夫妻共同财产出资登记在一方父母名下的房改房：婚姻家庭解释一79

13. 养老金：婚姻家庭解释一80

14. 一方继承的尚未分割遗产→遗产分割后另行起诉：婚姻家庭解释一81

六、离婚诉讼时主张离婚经济补偿

离婚诉讼时诉请：离婚经济补偿

请求权基础

第1088条

夫妻一方因抚育子女、照料老年人、协助另一方工作等负担较多义务的，离婚时有权向另一方请求补偿，另一方应当给予补偿。具体办法由双方协议；协议不成的，由人民法院判决。

检视程式

（一）请求权已产生

夫妻一方因抚育子女、照料老年人、协助另一方工作等负担较多义务

（二）请求权未消灭

1. 已补偿
2. 抵销
3. 免除

（三）请求权的行使

协议→协议不成→判决

七、离婚诉讼时主张分割夫妻共同债务

离婚诉讼时诉请：分割夫妻共同债务

规范基础

第1089条

离婚时，夫妻共同债务应当共同偿还。共同财产不足清偿或者财产归各自所有的，由双方协议清偿；协议不成的，由人民法院判决。

检视程式

（一）夫妻共同债务的认定：第1064条、第1065条第3款、婚姻家庭解释一33—37

1. 夫妻双方共同签名/夫妻一方事后追认等共同意思表示所负的债务
2. 夫妻一方在婚姻关系存续期间以个人名义为家庭日常生活需要所负的债务
3. 夫妻一方在婚姻关系存续期间以个人名义所负的债务＋超出家庭日常生活需要＋用于夫妻共同生活、共同生产经营或者基于夫妻双方共同意思表示
4. 夫妻分别财产制＋一方对外所负债务＋相对方知情→个人债务
5. 赌博/吸毒等违法犯罪活动中所负债务→并非夫妻共同债务
6. 一方婚前签约支付首付＋婚后共同还贷＋登记于首付方名下的房屋＋尚未归还的贷款→登记方个人债务，婚姻家庭解释一78

（二）共同财产不足清偿/财产归各自所有→双方协议清偿

（三）协议不成→法院判决

八、离婚诉讼时主张离婚经济帮助

离婚诉讼时诉请：离婚经济帮助

请求权基础

第1090条第1句→

第1090条

离婚时，如果一方生活困难，有负担能力的另一方应当给予适当帮助。具体办法由双方协议；协议不成的，由人民法院判决。

检视程式

（一）请求权已产生

1. 一方生活困难
2. 另一方有负担能力

（二）请求权的范围

适当帮助

（三）请求权的行使

协议→协议不成→判决

九、离婚诉讼时主张离婚损害赔偿

离婚诉讼时诉请：离婚损害赔偿

请求权基础

第1091条

有下列情形之一，导致离婚的，无过错方有权请求损害赔偿：

（一）重婚；
（二）与他人同居；
（三）实施家庭暴力；
（四）虐待、遗弃家庭成员；
（五）有其他重大过错。

检视程式

（一）请求权已产生

1.责任产生

（1）请求权主体：无过错配偶方，婚姻家庭解释一87.1

判决不准离婚→离婚损害赔偿请求不予支持：婚姻家庭解释一87.2

不起诉离婚单独诉请离婚损害赔偿→不予支持：婚姻家庭解释一87.3

（2）对方重大过错导致离婚

①重婚

②与他人同居：婚姻家庭解释一2

③实施家庭暴力

④虐待、遗弃家庭成员：婚姻家庭解释一1

⑤有其他重大过错

（3）权利产生抗辩

请求方也有过错：婚姻家庭解释一90

2.责任范围

（1）损害：物质损害+精神损害，婚姻家庭解释一86

（2）责任范围因果关系

（二）请求权未消灭

已履行

（三）请求权的行使

依权利性质似不宜适用诉讼时效抗辩

第四节　离婚后财产纠纷

案由所涉主张与诉请	一、主张分割离婚时未分割的夫妻共同财产 　　诉请：分割离婚时未分割的夫妻共同财产 二、主张再次分割夫妻共同财产 　　诉请：再次分割夫妻共同财产 三、主张履行夫妻财产分割协议 　　诉请：履行夫妻财产分割协议 四、主张撤销夫妻财产分割协议 　　诉请：撤销夫妻财产分割协议

一、主张分割离婚时未分割的夫妻共同财产

诉请：分割离婚时未分割的夫妻共同财产

规范基础

第 1087 条第 1 款

离婚时，夫妻的共同财产由双方协议处理；协议不成的，由人民法院根据财产的具体情况，按照照顾子女、女方和无过错方权益的原则判决。

婚姻家庭解释一 83

离婚后，一方以尚有夫妻共同财产未处理为由向人民法院起诉请求分割的，经审查该财产确属离婚时未涉及的夫妻共同财产，人民法院应当依法予以分割。

检视程式

（一）离婚后
（二）尚有离婚时未涉及的夫妻共同财产
1.共同财产的认定：第 1062—1063 条，婚姻家庭解释一 24—27、29—32
2.照顾子女、女方和无过错方权益的原则
3.夫妻一方隐藏、转移、变卖、毁损、挥霍夫妻共同财产/伪造夫妻共同债务企图侵占另一方财产→对该方少分/不分：第 1092 条
4.军人复员费、自主择业费等一次性费用：婚姻家庭解释一 71
5.有价证券/未上市公司股份：婚姻家庭解释一 72
6.以一方名义在有限责任公司的出资额：婚姻家庭解释一 73
7.以一方名义在合伙企业中的出资：婚姻家庭解释一 74
8.以一方名义投资设立个人独资企业：婚姻家庭解释一 75
9.房屋价值及归属：婚姻家庭解释一 76
10.尚未取得所有权的房屋：婚姻家庭解释一 77
11.一方婚前签约支付首付+婚后共同还贷+登记于首付方名下的房屋：婚姻家庭解释一 78
12.夫妻共同财产出资登记在一方父母名下的房改房：婚姻家庭解释一 79
13.养老金：婚姻家庭解释一 80
14.一方继承的尚未分割遗产→遗产分割后另行起诉：婚姻家庭解释一 81

二、主张再次分割夫妻共同财产

诉请：再次分割夫妻共同财产

规范基础

第 1092 条第 2 句→

第 1092 条

夫妻一方隐藏、转移、变卖、毁损、挥霍夫妻共同财产，或者伪造夫妻共同债

务企图侵占另一方财产的，在离婚分割夫妻共同财产时，对该方可以少分或者不分。离婚后，另一方发现有上述行为的，可以向人民法院提起诉讼，请求再次分割夫妻共同财产。

检视程式

（一）请求权已产生

1.夫妻一方隐藏、转移、变卖、毁损、挥霍夫妻共同财产/伪造夫妻共同债务企图侵占另一方财产

2.离婚后＋另一方发现

（二）请求权未消灭

1.已履行

2.抵销

3.免除

（三）请求权可行使

时效抗辩权：3年＋发现之日起算，婚姻家庭解释一84

三、主张履行夫妻财产分割协议

诉请：履行夫妻财产分割协议

请求权基础

夫妻财产分割协议
第1076条

夫妻双方自愿离婚的，应当签订书面离婚协议，并亲自到婚姻登记机关申请离婚登记。

离婚协议应当载明双方自愿离婚的意思表示和对子女抚养、财产以及债务处理等事项协商一致的意见。

检视程式

（一）请求权已产生

夫妻财产分割协议成立且无效力障碍

（二）请求权未消灭

1.协议已解除：第557条第2款

2.给付不能

3.债的一般消灭事由：第557条第1款

（三）请求权可行使

1.履行抗辩权：合同通则解释31

（1）同时履行抗辩权：第525条

（2）先履行抗辩权：第526条

（3）不安履行抗辩权：第527条第1款
2.时效抗辩权：第192条第1款

四、主张撤销夫妻财产分割协议

诉请：撤销夫妻财产分割协议

规范基础

第148—151条
婚姻家庭解释一70

夫妻双方协议离婚后就财产分割问题反悔，请求撤销财产分割协议的，人民法院应当受理。

人民法院审理后，未发现订立财产分割协议时存在欺诈、胁迫等情形的，应当依法驳回当事人的诉讼请求。

检视程式

1.离婚后
2.就财产分割问题后悔
3.存在欺诈、胁迫等情形

第五节　离婚后损害责任纠纷

离婚后主张离婚损害赔偿

离婚后诉请：离婚损害赔偿

请求权基础

第1091条
有下列情形之一，导致离婚的，无过错方有权请求损害赔偿：
（一）重婚；
（二）与他人同居；
（三）实施家庭暴力；
（四）虐待、遗弃家庭成员；
（五）有其他重大过错。

检视程式

（一）请求权已产生
1.责任产生
（1）离婚后

（2）请求权主体
①离婚诉讼中的被告＋无过错配偶方，婚姻家庭解释一87—88
②协议离婚＋无过错配偶方，婚姻家庭解释一89
（3）对方重大过错导致离婚
①重婚
②与他人同居：婚姻家庭解释一2
③实施家庭暴力
④虐待、遗弃家庭成员：婚姻家庭解释一1
⑤有其他重大过错
（4）权利产生抗辩
请求方也有过错：婚姻家庭解释一90
2.责任范围
（1）损害：物质损害＋精神损害，婚姻家庭解释一86
（2）责任范围因果关系
（二）请求权未消灭
1.已履行
2.协议离婚时明确放弃该项请求：婚姻家庭解释一89
（三）请求权的行使
时效抗辩权：第192条第1款

第六节　婚姻无效纠纷

案由所涉主张与诉请	一、主张婚姻无效 诉请：确认婚姻无效 二、主张婚姻无效的损害赔偿 诉请：婚姻无效的损害赔偿

一、主张婚姻无效

诉请：确认婚姻无效

规范基础

第1051条

有下列情形之一的，婚姻无效：
（一）重婚；
（二）有禁止结婚的亲属关系；
（三）未到法定婚龄。

检视程式

（一）主体
1.婚姻当事人+利害关系人：婚姻家庭解释一9，15
2.一方死亡：婚姻家庭解释一14—15
（二）无效事由
1.重婚
2.有禁止结婚的亲属关系
直系血亲或三代以内旁系血亲：第1048条
3.未到法定婚龄
男22+女20：第1047条
4.其他事由不予支持：婚姻家庭解释一17.1
（三）抗辩：无效事由在提起诉讼时已消失，婚姻家庭解释一10

说 明

1.不允许撤诉+不适用调解：婚姻家庭解释一11
2.收缴结婚证书并将判决寄送登记机关：婚姻家庭解释一21

二、主张婚姻无效的损害赔偿

诉请：婚姻无效的损害赔偿

请求权基础

第1054条第2款
婚姻无效或者被撤销的，无过错方有权请求损害赔偿。

检视程式

（一）请求权已产生
1.责任产生
（1）婚姻无效
（2）因对方的过错
（3）抗辩：与有过失，类推第592条第2款
2.责任范围
（1）损害：物质损害+精神损害
（2）责任范围因果关系
（二）请求权未消灭
1.已履行
2.抵销
3.免除

（三）请求权的行使
时效抗辩权：第192条第1款

第七节　撤销婚姻纠纷

案由所涉主张与诉请	一、主张撤销婚姻 　　诉请：撤销婚姻 二、主张撤销婚姻的损害赔偿 　　诉请：撤销婚姻的损害赔偿

一、主张撤销婚姻

诉请：撤销婚姻

规范基础

第1052条第1款
因胁迫结婚的，受胁迫的一方可以向人民法院请求撤销婚姻。

第1053条第1款
一方患有重大疾病的，应当在结婚登记前如实告知另一方；不如实告知的，另一方可以向人民法院请求撤销婚姻。

检视程式

（一）撤销权已产生
1. 受胁迫：婚姻家庭解释一18.1
2. 对方未告知重疾

（二）撤销权未消灭：1年除斥期间届满
1. 受胁迫
（1）胁迫行为终止/恢复人身自由之日起算：第1052条第2—3款
（2）不适用5年最长除斥期间：婚姻家庭解释一19.2
2. 对方未告知重疾
知道/应知撤销事由之日起算：第1053条第2款

（三）撤销权的行使：依诉行使

说　明

收缴结婚证书并将判决寄送登记机关：婚姻家庭解释一21

二、主张撤销婚姻的损害赔偿

诉请：撤销婚姻的损害赔偿

请求权基础

第1054条第2款

婚姻无效或者被撤销的，无过错方有权请求损害赔偿。

检视程式

（一）请求权已产生

1. 责任产生

（1）婚姻被撤销

（2）因对方的过错

（3）抗辩：与有过失，类推第592条第2款

2. 责任范围

（1）损害：物质损害+精神损害

（2）责任范围因果关系

（二）请求权未消灭

1. 已履行

2. 抵销

3. 免除

（三）请求权的行使

时效抗辩权：第192条第1款

第八节　夫妻财产约定纠纷

案由所涉主张与诉请	一、主张夫妻财产约定有效 　　诉请：确认夫妻财产约定有效 二、主张夫妻财产约定无效 　　诉请：确认夫妻财产约定无效 三、主张履行夫妻财产约定 　　诉请：履行夫妻财产约定 四、主张违反夫妻财产约定的损害赔偿 　　诉请：违反夫妻财产约定的损害赔偿

一、主张夫妻财产约定有效

诉请：确认夫妻财产约定有效

规范基础

第1065条

男女双方可以约定婚姻关系存续期间所得的财产以及婚前财产归各自所有、共同所有或者部分各自所有、部分共同所有。约定应当采用书面形式。没有约定或者约定不明确的，适用本法第一千零六十二条、第一千零六十三条的规定。

夫妻对婚姻关系存续期间所得的财产以及婚前财产的约定，对双方具有法律约束力。

夫妻对婚姻关系存续期间所得的财产约定归各自所有，夫或者妻一方对外所负的债务，相对人知道该约定的，以夫或者妻一方的个人财产清偿。

检视程式

（一）合同成立要件

1.约定婚姻关系存续期间所得的财产以及婚前财产归各自所有、共同所有或者部分各自所有、部分共同所有

2.书面形式

未采用书面形式＋一方已履行主要义务＋对方接受→合同成立：第490条第2款

（二）合同未生效抗辩

1.附生效条件：第158条第2句、第159条

2.附生效期限：第160条第2句

（三）合同效力待定抗辩

限制行为能力：第145条

（四）合同无效抗辩

1.无行为能力：第144条

2.通谋虚伪：第146条第1款＋合同通则解释14.1、15

3.违反法律强制性规定：第153条第1款

4.违反公序良俗：第153条第2款＋合同通则解释17

5.恶意串通：第154条

（五）合同已失效抗辩

1.解除条件成就：第158条第3句、第159条

2.终止期限届满：第160条第3句

二、主张夫妻财产约定无效

诉请：确认夫妻财产约定无效

规范基础

第1065条

男女双方可以约定婚姻关系存续期间所得的财产以及婚前财产归各自所有、共同所有或者部分各自所有、部分共同所有。约定应当采用书面形式。没有约定或者约定不明确的，适用本法第一千零六十二条、第一千零六十三条的规定。

夫妻对婚姻关系存续期间所得的财产以及婚前财产的约定，对双方具有法律约束力。

夫妻对婚姻关系存续期间所得的财产约定归各自所有，夫或者妻一方对外所负的债务，相对人知道该约定的，以夫或者妻一方的个人财产清偿。

检视程式

（一）合同未成立事由

1.未达成合意
2.未遵守书面形式
未采用书面形式＋一方已履行主要义务＋对方接受→合同成立：第490条第2款

（二）合同未生效事由

1.未履行批准手续：第502条第2款第1句
2.附生效条件＋条件终局不成就：第158条第2句、第159条

（三）合同无效事由

1.无行为能力：第144条
2.通谋虚伪：第146条第1款＋合同通则解释14.1、15
3.违反法律强制性规定：第153条第1款
4.违反公序良俗：第153条第2款＋合同通则解释17
5.恶意串通：第154条
6.限制行为能力＋拒绝追认／相对人撤销：第145条

（四）合同失效事由

1.解除条件成就：第158条第3句、第159条
2.终止期限届满：第160条第3句

三、主张履行夫妻财产约定

诉请：履行夫妻财产约定

请求权基础

夫妻财产约定

第1065条第2款

夫妻对婚姻关系存续期间所得的财产以及婚前财产的约定，对双方具有法律约束力。

检视程式

（一）请求权已产生
夫妻财产约定成立且无效力障碍

（二）请求权未消灭
1.已解除
2.给付不能
3.债的一般消灭事由：第557条第1款

（三）请求权可行使
1.履行抗辩权：合同通则解释31
（1）同时履行抗辩权：第525条
（2）先履行抗辩权：第526条
（3）不安履行抗辩权：第527条第1款
2.依该权利性质似不宜适用诉讼时效抗辩权

四、主张违反夫妻财产约定的损害赔偿

诉请：违反夫妻财产约定的损害赔偿

请求权基础

第464条第2款
婚姻、收养、监护等有关身份关系的协议，适用有关该身份关系的法律规定；没有规定的，可以根据其性质参照适用本编规定。

第577条后半句第3种情形→

第577条
当事人一方不履行合同义务或者履行合同义务不符合约定的，应当承担继续履行、采取补救措施或者赔偿损失等违约责任。

第578条
当事人一方明确表示或者以自己的行为表明不履行合同义务的，对方可以在履行期限届满前请求其承担违约责任。

第583条
当事人一方不履行合同义务或者履行合同义务不符合约定的，在履行义务或者采取补救措施后，对方还有其他损失的，应当赔偿损失。

检视程式

（一）请求权已产生
1.责任成立
（1）夫妻财产约定成立且无效力障碍
（2）对方未依约履行夫妻财产约定

①给付不能：第580条第1款但书第1—2项
②瑕疵给付
③给付迟延
④期前违约：第578条
（3）抗辩：不可抗力，第590条
（4）抗辩：与有过失，第592条第2款
（5）抗辩：第三人原因，第593条第1句
2.责任范围
（1）损害：第584条主文＋合同通则解释60—62
（2）责任范围因果关系
抗辩：可预见性，第584条但书＋合同通则解释63.1—63.2
（3）抗辩：违反减损义务，第591条第1款
（二）请求权未消灭
1.债的一般消灭事由：第557条第1款
2.损益相抵
（三）请求权可行使
1.同时履行抗辩权：第525条＋合同通则解释31
2.依该权利性质似不宜适用诉讼时效抗辩权

第九节　同居关系析产纠纷（4级案由）

主张分割同居共有财产

诉请：分割同居共有财产

规范基础

第1054条第1款第1—2句
　　无效的或者被撤销的婚姻自始没有法律约束力，当事人不具有夫妻的权利和义务。同居期间所得的财产，由当事人协议处理；协议不成的，由人民法院根据照顾无过错方的原则判决。
婚姻家庭解释一3.2
　　当事人因同居期间财产分割或者子女抚养纠纷提起诉讼的，人民法院应当受理。

检视程式

（一）权利已产生
1.同居关系
（1）婚姻无效或者被撤销
（2）有配偶者与他人同居：婚姻家庭解释一2

（3）符合结婚实质要件+未补办登记：婚姻家庭解释一7
2.同居期间取得财产：共同共有，婚姻家庭解释一22
3.协议不成
4.照顾无过错方
5.对重婚导致的无效婚姻的财产处理，不得侵害合法婚姻当事人的财产权益：婚姻家庭解释一16

（二）权利未消灭

共有物灭失

（三）权利的行使

分割方式：协议分割→实物分割→价款分割，第304条第1款

第十节 同居关系子女抚养纠纷（4级案由）

案由所涉主张与诉请	一、同居一方主张直接抚养子女 　　同居一方诉请：直接抚养子女 二、同居一方主张子女抚养费 　　同居一方诉请：子女抚养费 三、同居一方主张子女探望权 　　同居一方诉请：确定子女探望权
说　明	同居关系子女抚养探望问题援用本案由，不必援用"抚养纠纷""抚养费纠纷（4级案由）""探望权纠纷"案由。

一、同居一方主张直接抚养子女

同居一方诉请：直接抚养子女

规范基础

第1054条第1款第4句
当事人所生的子女，适用本法关于父母子女的规定。

婚姻家庭解释一3.2
当事人因同居期间财产分割或者子女抚养纠纷提起诉讼的，人民法院应当受理。

类推第1084条第3款
离婚后，不满两周岁的子女，以由母亲直接抚养为原则。已满两周岁的子女，父母双方对抚养问题协议不成的，由人民法院根据双方的具体情况，按照最有利于未成年子女的原则判决。子女已满八周岁的，应当尊重其真实意愿。

检视程式

（一）父母双方协议

1.协议不满两周岁的子女由父亲直接抚养＋对子女健康成长并无不利影响→父亲直接抚养：类推婚姻家庭解释一45

2.协议轮流直接抚养子女＋有利于保护子女利益→轮流直接抚养：婚姻家庭解释一48

（二）不满两周岁的子女：类推婚姻家庭解释一44

1.原则上由母亲直接抚养

2.父亲抗辩

（1）目前患有久治不愈的传染性疾病或者其他严重疾病，子女不宜与其共同生活

（2）有抚养条件不尽抚养义务，而父亲要求子女随其生活

（3）因其他原因，子女确不宜随母亲生活

（三）已满两周岁的子女

1.双方的具体情况＋最有利于未成年子女的原则

优先考虑因素：婚姻家庭解释一46—47

（1）已做绝育手术/因其他原因丧失生育能力

（2）子女随其生活时间较长＋改变生活环境对子女健康成长明显不利

（3）无其他子女＋另一方有其他子女

（4）子女随其生活，对子女成长有利，而另一方患有久治不愈的传染性疾病或者其他严重疾病，或者有其他不利于子女身心健康的情形，不宜与子女共同生活

（5）父母抚养子女的条件基本相同，双方均要求直接抚养子女，但子女单独随祖父母或者外祖父母共同生活多年，且祖父母或者外祖父母要求并且有能力帮助子女照顾孙子女或者外孙子女

2.子女已满8周岁＋尊重其真实意愿

（四）诉讼期间＋双方均拒绝抚养子女→先行裁定暂由一方抚养：类推婚姻家庭解释一60

二、同居一方主张子女抚养费

同居一方诉请：子女抚养费

请求权基础

第1054条第1款第4句

当事人所生的子女，适用本法关于父母子女的规定。

婚姻家庭解释一3.2

当事人因同居期间财产分割或者子女抚养纠纷提起诉讼的，人民法院应当受理。

类推第1085条第1款

离婚后，子女由一方直接抚养的，另一方应当负担部分或者全部抚养费。负担费用的多少和期限的长短，由双方协议；协议不成的，由人民法院判决。

检视程式

（一）父母双方协议

1. 协议一方直接抚养子女+直接抚养方负担全部子女抚养费

但是，直接抚养方的抚养能力明显不能保障子女所需费用+影响子女健康成长→法院不予支持，婚姻家庭解释一52

2. 协议非直接抚养方负担费用的多少+期限长短

（二）协议不成

1. 抚养费范围与数额：婚姻家庭解释一42，49
2. 抚养费给付方式：定期给付/一次性给付，婚姻家庭解释一50
3. 抚养费形态：无经济收入/下落不明→财物折抵，婚姻家庭解释一51
4. 抚养费给付期限：至18周岁/16周岁劳动成年，婚姻家庭解释一53

三、同居一方主张子女探望权

同居一方诉请：确定子女探望权

规范基础

第1054条第1款第4句

当事人所生的子女，适用本法关于父母子女的规定。

婚姻家庭解释一3.2

当事人因同居期间财产分割或者子女抚养纠纷提起诉讼的，人民法院应当受理。

类推第1086条第1—2款

离婚后，不直接抚养子女的父或者母，有探望子女的权利，另一方有协助的义务。

行使探望权利的方式、时间由当事人协议；协议不成的，由人民法院判决。

检视程式

（一）父母双方协议

行使探望权的方式+时间

（二）协议不成→由法院判决

行使探望权的方式+时间

（三）抗辩：中止探望，类推第1086条第3款

探望子女不利于子女身心健康

第十一节　确认亲子关系纠纷（4级案由）

主张确认亲子关系

诉请：确认亲子关系

规范基础

第1073条

对亲子关系有异议且有正当理由的，父或者母可以向人民法院提起诉讼，请求确认或者否认亲子关系。

对亲子关系有异议且有正当理由的，成年子女可以向人民法院提起诉讼，请求确认亲子关系。

检视程式

（一）主体：父/母/成年子女

（二）对亲子关系有异议且有正当理由

夫妻双方一致同意人工授精所生子女→婚生子女：婚姻家庭解释一40

（三）请求确认方提供必要证据＋另一方没有相反证据且拒绝做亲子鉴定→确认亲子关系：婚姻家庭解释一39.2

第十二节　否认亲子关系纠纷（4级案由）

主张否认亲子关系

诉请：否认亲子关系

规范基础

第1073条

对亲子关系有异议且有正当理由的，父或者母可以向人民法院提起诉讼，请求确认或者否认亲子关系。

对亲子关系有异议且有正当理由的，成年子女可以向人民法院提起诉讼，请求确认亲子关系。

检视程式

（一）主体：父/母/成年子女

（二）对亲子关系有异议且有正当理由

夫妻双方一致同意人工授精所生子女→婚生子女：婚姻家庭解释一40

（三）请求否认方提供必要证据＋另一方没有相反证据且拒绝做亲子鉴定→否认亲子关系：婚姻家庭解释一39.1

第十三节　抚养费纠纷（4级案由）

案由所涉主张与诉请	一、子女主张父母支付抚养费 　　子女诉请：父母支付抚养费 二、子女主张父母增加抚养费 　　子女诉请：父母增加抚养费 三、（外）孙子女主张（外）祖父母支付抚养费 　　（外）孙子女诉请：（外）祖父母支付抚养费
说　明	离婚纠纷涉及子女抚养问题、同居关系子女抚养问题，援用"离婚纠纷""同居关系子女抚养纠纷"案由，不必援用本案由。

一、子女主张父母支付抚养费

子女诉请：父母支付抚养费

请求权基础

第1067条第1款

父母不履行抚养义务的，未成年子女或者不能独立生活的成年子女，有要求父母给付抚养费的权利。

检视程式

（一）请求权已产生

1.父母子女关系

非婚生子女：第1071条第1款

继子女：第1072条第2款

养子女：第1111条、第1117条

不因离婚而消除：第1084条第1款

2.未成年子女/不能独立生活的成年子女：婚姻家庭解释一41

3.父母不履行抚养义务

（1）婚姻存续期间：婚姻家庭解释一43

父母共同承担子女抚养义务：第1058条

（2）离婚后

离婚后，父母对于子女仍有抚养义务：第1084条第2款

离婚后，子女由一方直接抚养的，另一方应当负担部分或者全部抚养费：第1085条第1款

（3）不直接抚养非婚生子女的生父或生母：第1071条第2款

4.请求权的范围

抚养费范围与数额：婚姻家庭解释一42，49

（二）请求权未消灭
父母不得因子女变更姓氏而拒付子女抚养费：婚姻家庭解释一59
（三）请求权可行使
1. 不适用诉讼时效：第196条第3项
2. 抚养费给付方式：定期给付/一次性给付，婚姻家庭解释一50
3. 抚养费形态：无经济收入/下落不明→财物折抵，婚姻家庭解释一51
4. 抚养费给付期限：至18周岁/16周岁劳动成年，婚姻家庭解释一53

二、子女主张父母增加抚养费

子女诉请：父母增加抚养费

请求权基础

第1067条第1款

父母不履行抚养义务的，未成年子女或者不能独立生活的成年子女，有要求父母给付抚养费的权利。

婚姻家庭解释一58

具有下列情形之一，子女要求有负担能力的父或者母增加抚养费的，人民法院应予支持：

（一）原定抚养费数额不足以维持当地实际生活水平；

（二）因子女患病、上学，实际需要已超过原定数额；

（三）有其他正当理由应当增加。

检视程式

（一）请求权已产生
1. 父母子女关系

非婚生子女：第1071条第1款

继子女：第1072条第2款

养子女：第1111条、第1117条

不因离婚而消除：第1084条第1款，婚姻家庭解释一55

2. 未成年子女/不能独立生活的成年子女：婚姻家庭解释一41
3. 增加抚养费的正当理由
（1）原定抚养费数额不足以维持当地实际生活水平
（2）因子女患病、上学，实际需要已超过原定数额
（3）有其他正当理由应当增加
4. 父母有负担能力

（二）请求权未消灭
父母不得因子女变更姓氏而拒付子女抚养费：婚姻家庭解释一59

撤销监护资格不构成抚养义务消灭事由：第37条

（三）请求权可行使
1. 不适用诉讼时效：第 196 条第 3 项
2. 抚养费给付方式：定期给付/一次性给付，婚姻家庭解释一 50
3. 抚养费形态：无经济收入/下落不明→财物折抵，婚姻家庭解释一 51
4. 抚养费给付期限：至 18 周岁/16 周岁劳动成年，婚姻家庭解释一 53

三、（外）孙子女主张（外）祖父母支付抚养费

（外）孙子女诉请：（外）祖父母支付抚养费

请求权基础

第 1074 条第 1 款

有负担能力的祖父母、外祖父母，对于父母已经死亡或者父母无力抚养的未成年孙子女、外孙子女，有抚养的义务。

检视程式

（一）请求权已产生
1. 未成年（外）孙子女 + 父母已经死亡/父母无力抚养
2. （外）祖父母有负担能力
3. （外）祖父母不履行抚养义务
4. 抚养费范围与数额：婚姻家庭解释一 42，49

（二）请求权未消灭
不得因子女变更姓氏而拒付子女抚养费：婚姻家庭解释一 59
撤销监护资格不构成抚养义务消灭事由：第 37 条

（三）请求权可行使
1. 不适用诉讼时效：第 196 条第 3 项
2. 抚养费给付方式：定期给付/一次性给付，婚姻家庭解释一 50
3. 抚养费形态：无经济收入/下落不明→财物折抵，婚姻家庭解释一 51
4. 抚养费给付期限：至 18 周岁/16 周岁劳动成年，婚姻家庭解释一 53

第十四节　变更抚养关系纠纷（4 级案由）

父母一方主张变更抚养关系

父母一方诉请：变更抚养关系

规范基础

第 1058 条

夫妻双方平等享有对未成年子女抚养、教育和保护的权利，共同承担对未成年

子女抚养、教育和保护的义务。

婚姻家庭解释一 56

具有下列情形之一，父母一方要求变更子女抚养关系的，人民法院应予支持：

（一）与子女共同生活的一方因患严重疾病或者因伤残无力继续抚养子女；

（二）与子女共同生活的一方不尽抚养义务或有虐待子女行为，或者其与子女共同生活对子女身心健康确有不利影响；

（三）已满八周岁的子女，愿随另一方生活，该方又有抚养能力；

（四）有其他正当理由需要变更。

检视程式

（一）父母离婚或解除同居关系：婚姻家庭解释一 55

（二）父母协议变更子女抚养关系：婚姻家庭解释一 57

（三）无协议＋需要变更的正当理由

1. 与子女共同生活的一方因患严重疾病/因伤残＋无力继续抚养子女

2. 与子女共同生活的一方不尽抚养义务/有虐待子女行为/其与子女共同生活对子女身心健康确有不利影响

3. 已满8周岁的子女＋愿随另一方生活＋该方又有抚养能力

4. 有其他正当理由需要变更

第十五节　扶养费纠纷（4级案由）

案由所涉主张与诉请	一、夫妻一方主张另一方支付扶养费 夫妻一方诉请：另一方支付扶养费 二、弟/妹主张兄/姐支付扶养费 弟/妹诉请：兄/姐支付扶养费 三、兄/姐主张弟/妹支付扶养费 兄/姐诉请：弟/妹支付扶养费

一、夫妻一方主张另一方支付扶养费

夫妻一方诉请：另一方支付扶养费

请求权基础

第1059条

夫妻有相互扶养的义务。

需要扶养的一方，在另一方不履行扶养义务时，有要求其给付扶养费的权利。

检视程式

（一）请求权已产生
1. 夫妻关系
2. 请求方需要扶养
3. 另一方不履行扶养义务：继承解释一 19
（二）请求权未消灭
撤销监护资格不构成扶养义务消灭事由：第 37 条
（三）请求权可行使
不适用诉讼时效：第 196 条第 3 项

二、弟/妹主张兄/姐支付扶养费

弟/妹诉请：兄/姐支付扶养费

请求权基础

第 1075 条第 1 款
有负担能力的兄、姐，对于父母已经死亡或者父母无力抚养的未成年弟、妹，有扶养的义务。

检视程式

（一）请求权已产生
1. 未成年弟/妹
2. 父母已经死亡/无力抚养
3. 兄/姐有负担能力
4. 兄/姐不履行扶养义务：继承解释一 19
（二）请求权未消灭
撤销监护资格不构成扶养义务消灭事由：第 37 条
（三）请求权可行使
不适用诉讼时效：第 196 条第 3 项

三、兄/姐主张弟/妹支付扶养费

兄/姐诉请：弟/妹支付扶养费

请求权基础

第 1075 条第 2 款
由兄、姐扶养长大的有负担能力的弟、妹，对于缺乏劳动能力又缺乏生活来源的兄、姐，有扶养的义务。

老年人权益法 23.2
由兄、姐扶养的弟、妹成年后，有负担能力的，对年老无赡养人的兄、姐有扶养的义务。

检视程式

（一）请求权已产生
1. 兄/姐缺乏劳动能力+缺乏生活来源（无赡养人）
2. 弟/妹由兄/姐扶养长大
3. 弟/妹有负担能力
4. 弟/妹不履行扶养义务：继承解释一19

（二）请求权未消灭
撤销监护资格不构成扶养义务消灭事由：第37条

（三）请求权可行使
不适用诉讼时效：第196条第3项

第十六节　变更扶养关系纠纷（4级案由）

主张变更扶养关系

诉请：变更扶养关系

规范基础

第1059条
夫妻有相互扶养的义务。
需要扶养的一方，在另一方不履行扶养义务时，有要求其给付扶养费的权利。

第1075条
有负担能力的兄、姐，对于父母已经死亡或者父母无力抚养的未成年弟、妹，有扶养的义务。
由兄、姐扶养长大的有负担能力的弟、妹，对于缺乏劳动能力又缺乏生活来源的兄、姐，有扶养的义务。

老年人权益法23.2
由兄、姐扶养的弟、妹成年后，有负担能力的，对年老无赡养人的兄、姐有扶养的义务。

检视程式

（一）扶养义务
（二）协议变更抚养关系
（三）无协议+需要变更的正当理由
1. 现扶养人因患严重疾病/因伤残+无力继续扶养
2. 现扶养人不尽扶养义务/有虐待被扶养人行为
3. 有其他正当理由需要变更

第十七节　赡养费纠纷（4级案由）

案由所涉主张 与诉请	一、父母主张子女支付赡养费 　　父母诉请：子女支付赡养费 二、（外）祖父母主张（外）孙子女支付赡养费 　　（外）祖父母诉请：（外）孙子女支付赡养费

一、父母主张子女支付赡养费

父母诉请：子女支付赡养费

请求权基础

第1067条第2款

成年子女不履行赡养义务的，缺乏劳动能力或者生活困难的父母，有要求成年子女给付赡养费的权利。

检视程式

（一）请求权已产生
1. 父母子女关系
继子女：第1072条第2款
养子女：第1111条、第1117条
2. 父母缺乏劳动能力/生活困难
3. 子女成年
4. 子女不履行赡养义务：老年人权益法14—17，继承解释一19
（二）请求权未消灭
子女对父母的赡养义务，不因父母的婚姻关系变化而终止：第1069条
放弃继承权并不导致赡养义务消灭：老年人权益法19.1
撤销监护资格不构成赡养义务消灭事由：第37条
（三）请求权可行使
不适用诉讼时效：第196条第3项

二、（外）祖父母主张（外）孙子女支付赡养费

（外）祖父母诉请：（外）孙子女支付赡养费

请求权基础

第1074条第2款

有负担能力的孙子女、外孙子女，对于子女已经死亡或者子女无力赡养的祖父

母、外祖父母，有赡养的义务。

检视程式

（一）请求权已产生
1.（外）祖父母+子女已经死亡/子女无力赡养
2.（外）孙子女有负担能力
3.（外）孙子女不履行赡养义务：老年人权益法14—17，继承解释一19

（二）请求权未消灭
赡养义务不因老年人的婚姻关系变化而终止：老年人权益法21
放弃继承权并不导致赡养义务消灭：老年人权益法19.1
撤销监护资格不构成赡养义务消灭事由：第37条

（三）请求权可行使
不适用诉讼时效：第196条第3项

第十八节　变更赡养关系纠纷（4级案由）

主张变更赡养关系

诉请：变更赡养关系

规范基础

第1067条第2款
成年子女不履行赡养义务的，缺乏劳动能力或者生活困难的父母，有要求成年子女给付赡养费的权利。

第1074条第2款
有负担能力的孙子女、外孙子女，对于子女已经死亡或者子女无力赡养的祖父母、外祖父母，有赡养的义务。

检视程式

（一）赡养义务
（二）协议变更赡养关系：老年人权益法20
（三）无协议+需要变更的正当理由
1.现赡养人因患严重疾病/因伤残+无力继续赡养
2.现赡养人不尽扶养义务/有虐待被赡养人行为
3.有其他正当理由需要变更

第十九节　确认收养关系纠纷（4级案由）

案由所涉主张与诉请	一、主张收养关系成立 诉请：确认收养关系成立 二、主张收养行为无效 诉请：确认收养行为无效

一、主张收养关系成立

诉请：确认收养关系成立

规范基础

第1093—1105条

检视程式

（一）收养关系成立要件
1. 被收养人：第1093条
2. 送养人：第1094—1097条
3. 收养人：第1098—1103条、第1109条
4. 收养自愿+8周岁以上被收养人同意：第1104条
5. 收养登记：第1105条
6. 不构成收养的抚养：第1107条

（二）收养关系成立抗辩
（外）祖父母的优先抚养权：第1108条

（三）收养行为无效抗辩
1. 通谋虚伪：第146条+合同通则解释14.1、15
2. 违反法律强制性规定：第153条第1款
3. 违反公序良俗：第153条第2款+合同通则解释17
4. 恶意串通+损害他人合法权益：第154条

二、主张收养行为无效

诉请：确认收养行为无效

规范基础

第1113条

有本法第一编关于民事法律行为无效规定情形或者违反本编规定的收养行为无效。

无效的收养行为自始没有法律约束力。

检视程式

（一）收养行为不成立事由
1. 被收养人：第1093条
2. 送养人：第1094—1097条
3. 收养人：第1098—1103条、第1109条
4. 收养自愿+8周岁以上被收养人同意：第1104条
5. 收养登记：第1105条
6. 不构成收养的抚养：第1107条
7. 祖父母的优先抚养权：第1108条

（二）收养行为无效事由
1. 通谋虚伪：第146条+合同通则解释14.1、15
2. 违反法律强制性规定：第153条第1款
3. 违反公序良俗：第153条第2款+合同通则解释17
4. 恶意串通+损害他人合法权益：第154条

第二十节　解除收养关系纠纷（4级案由）

案由所涉主张与诉请	一、子女成年前送养人主张解除收养关系 　　送养人诉请：解除收养关系 二、子女成年后养父母/养子女主张解除收养关系 　　养父母/养子女诉请：解除收养关系 三、养父母主张收养关系解除后的养子女给付生活费 　　养父母诉请：收养关系解除后的养子女给付生活费 四、养父母主张收养关系解除后的养子女补偿抚养费 　　养父母诉请：收养关系解除后的养子女补偿抚养费 五、养父母主张生父母补偿抚养费 　　养父母诉请：生父母补偿抚养费

一、子女成年前送养人主张解除收养关系

送养人诉请：解除收养关系

规范基础

第1114条第2款

收养人不履行抚养义务，有虐待、遗弃等侵害未成年养子女合法权益行为的，送养人有权要求解除养父母与养子女间的收养关系。送养人、收养人不能达成解除收养关系协议的，可以向人民法院提起诉讼。

检视程式

1. 收养关系成立
2. 收养人不履行抚养义务
3. 收养人有虐待/遗弃等侵害未成年养子女合法权益的行为

二、子女成年后养父母／养子女主张解除收养关系

养父母／养子女诉请：解除收养关系

规范基础

第 1115 条

养父母与成年养子女关系恶化、无法共同生活的，可以协议解除收养关系。不能达成协议的，可以向人民法院提起诉讼。

检视程式

1. 收养关系成立
2. 养子女成年
3. 养父母与成年养子女关系恶化 + 无法共同生活

三、养父母主张收养关系解除后的养子女给付生活费

养父母诉请：收养关系解除后的养子女给付生活费

请求权基础

第 1118 条第 1 款第 1 句

收养关系解除后，经养父母抚养的成年养子女，对缺乏劳动能力又缺乏生活来源的养父母，应当给付生活费。

检视程式

（一）请求权已产生
1. 收养关系解除
2. 养子女成年 + 经养父母抚养
3. 养父母缺乏劳动能力 + 缺乏生活来源

（二）请求权未消灭

已履行

（三）请求权可行使

不宜适用诉讼时效：类推第 196 条第 3 项

四、养父母主张收养关系解除后的养子女补偿抚养费

养父母诉请：收养关系解除后的养子女补偿抚养费

请求权基础

第1118条第1款第2句

因养子女成年后虐待、遗弃养父母而解除收养关系的，养父母可以要求养子女补偿收养期间支出的抚养费。

检视程式

（一）请求权已产生

1. 收养关系解除
2. 养子女成年
3. 因养子女虐待/遗弃养父母解除收养关系

（二）请求权未消灭

1. 已履行
2. 免除

（三）请求权可行使

依权利性质，似不宜适用诉讼时效

五、养父母主张生父母补偿抚养费

养父母诉请：生父母补偿抚养费

请求权基础

第1118条第2款

生父母要求解除收养关系的，养父母可以要求生父母适当补偿收养期间支出的抚养费；但是，因养父母虐待、遗弃养子女而解除收养关系的除外。

检视程式

（一）请求权已产生

1. 收养关系解除
2. 生父母要求解除收养关系
3. 抗辩：因养父母虐待、遗弃养子女而解除收养关系
4. 适当补偿

（二）请求权未消灭

1. 已履行
2. 免除

（三）请求权可行使

依权利性质，似不宜适用诉讼时效

第二十一节　监护权纠纷

案由所涉主张与诉请	一、监护人主张监护权消极防御请求权 　　监护人诉请：对监护权停止侵害/排除妨碍/消除危险 二、被监护人主张对监护人的消极防御请求权 　　被监护人诉请：监护人停止侵害/排除妨碍/消除危险 三、被监护人主张监护人损害赔偿 　　被监护人诉请：监护人损害赔偿
说　明	"监护权特别程序案件"项下的"申请确定监护人、申请指定监护人、申请变更监护人、申请撤销监护人资格、申请恢复监护人资格"，不必援用本案由。

一、监护人主张监护权消极防御请求权

监护人诉请：对监护权停止侵害/排除妨碍/消除危险

请求权基础

第34条第2款

监护人依法履行监护职责产生的权利，受法律保护。

第1167条

侵权行为危及他人人身、财产安全的，被侵权人有权请求侵权人承担停止侵害、排除妨碍、消除危险等侵权责任。

检视程式

（一）请求权已产生

1. 监护人
2. 正在进行或即将发生的侵害或妨害
3. 抗辩：不法性阻却事由

正当防卫：第181条第1款

紧急避险：第182条第1—2款

紧急救助：第184条

自助行为：第1177条第1款主文

自甘冒险：第1176条第1款主文

（二）请求权未消灭

1. 给付不能：第580条第1款但书第1—2项
2. 履行
3. 免除
4. 混同

（三）请求权可行使

时效抗辩权的排除：第196条第1项

752

二、被监护人主张对监护人的消极防御请求权

被监护人诉请：监护人停止侵害／排除妨碍／消除危险

请求权基础

第 34 条第 3 款
监护人不履行监护职责或者侵害被监护人合法权益的，应当承担法律责任。

第 1167 条
侵权行为危及他人人身、财产安全的，被侵权人有权请求侵权人承担停止侵害、排除妨碍、消除危险等侵权责任。

检视程式

（一）请求权已产生
1. 监护人侵害被监护人合法权益
2. 监护人正在实施或即将发生对被监护人的侵害或妨害
3. 抗辩：不法性阻却事由

正当防卫：第 181 条第 1 款
紧急避险：第 182 条第 1—2 款
紧急救助：第 184 条
自助行为：第 1177 条第 1 款主文
自甘冒险：第 1176 条第 1 款主文

（二）请求权未消灭
1. 给付不能：第 580 条第 1 款但书第 1—2 项
2. 履行
3. 免除

（三）请求权可行使
时效抗辩权的排除：第 196 条第 1 项

三、被监护人主张监护人损害赔偿

被监护人诉请：监护人损害赔偿

请求权基础

第 34 条第 3 款
监护人不履行监护职责或者侵害被监护人合法权益的，应当承担法律责任。

第 1165 条第 1 款
行为人因过错侵害他人民事权益造成损害的，应当承担侵权责任。

检视程式

（一）请求权已产生
1. 责任成立

（1）被监护人适格权益被侵害
（2）监护人不履行监护职责/侵害被监护人合法权益
监护原则：第35条
（3）责任成立因果关系
否认：受害人故意，第1174条
否认：第三人原因，第1175条
（4）抗辩：不法性阻却事由
正当防卫：第181条第1款
紧急避险：第182条第1—2款
紧急救助：第184条
自助行为：第1177条第1款主文
自甘冒险：第1176条第1款主文
（5）抗辩：欠缺责任能力
（6）过错
因醉酒、滥用麻醉药品或者精神药品，或因过错导致自己暂时丧失意识或失去控制：第1190条
（7）抗辩：与有过失，第1173条
2.责任范围
（1）损害：第1179—1182、1184条
（2）责任范围因果关系
（3）抗辩：被监护人对损害的扩大有过错（与有过失），第1173条
（4）分期支付的担保：第1187条
（二）请求权未消灭
1.债的一般消灭事由：第557条第1款
2.损益相抵
（三）请求权可行使
时效抗辩权：第192条第1款

第二十二节　监护权特别程序案件（2级案由/非讼程序）

项下3级案由	一、申请确定监护人 二、申请指定监护人 三、申请变更监护人 四、申请撤销监护人资格 五、申请恢复监护人资格
说　明	属于"非讼程序案件（1级案由）"项下案由。

一、申请确定监护人

规范基础

第27条

父母是未成年子女的监护人。

未成年人的父母已经死亡或者没有监护能力的，由下列有监护能力的人按顺序担任监护人：

（一）祖父母、外祖父母；

（二）兄、姐；

（三）其他愿意担任监护人的个人或者组织，但是须经未成年人住所地的居民委员会、村民委员会或者民政部门同意。

第28条

无民事行为能力或者限制民事行为能力的成年人，由下列有监护能力的人按顺序担任监护人：

（一）配偶；

（二）父母、子女；

（三）其他近亲属；

（四）其他愿意担任监护人的个人或者组织，但是须经被监护人住所地的居民委员会、村民委员会或者民政部门同意。

第29条

被监护人的父母担任监护人的，可以通过遗嘱指定监护人。

第30条

依法具有监护资格的人之间可以协议确定监护人。协议确定监护人应当尊重被监护人的真实意愿。

第32条

没有依法具有监护资格的人的，监护人由民政部门担任，也可以由具备履行监护职责条件的被监护人住所地的居民委员会、村民委员会担任。

第33条

具有完全民事行为能力的成年人，可以与其近亲属、其他愿意担任监护人的个人或者组织事先协商，以书面形式确定自己的监护人，在自己丧失或者部分丧失民事行为能力时，由该监护人履行监护职责。

检视程式一

未成年被监护人

（一）父母

（二）父母已经死亡/没有监护能力

1.父母遗嘱指定的监护人：总则解释7

2.具有监护资格的人协议确定的监护人+尊重被监护人真实意愿：总则解释8

3. 无遗嘱指定/遗嘱被指定人不同意＋无协议

→有监护能力＋监护人顺序：总则解释6

（1）（外）祖父母

（2）兄/姐

（3）其他愿意担任监护人的个人/组织＋未成年人住所地居委会/村委会/民政部门同意

4. 没有具有监护资格的人→组织监护：第32条

检视程式二

成年被监护人

（一）意定监护：第33条，总则解释11

（二）具有监护资格的人协议确定的监护人＋尊重被监护人真实意愿：总则解释8

（三）无意定监护＋无协议→有监护能力＋监护人顺序：总则解释6

1. 配偶

2. 父母/子女

3. 其他愿意担任监护人的个人/组织＋未成年人住所地居委会/村委会/民政部门同意

（四）没有具有监护资格的人→组织监护：第32条

二、申请指定监护人

规范基础

第31条

对监护人的确定有争议的，由被监护人住所地的居民委员会、村民委员会或者民政部门指定监护人，有关当事人对指定不服的，可以向人民法院申请指定监护人；有关当事人也可以直接向人民法院申请指定监护人。

居民委员会、村民委员会、民政部门或者人民法院应当尊重被监护人的真实意愿，按照最有利于被监护人的原则在依法具有监护资格的人中指定监护人。

依据本条第一款规定指定监护人前，被监护人的人身权利、财产权利以及其他合法权益处于无人保护状态的，由被监护人住所地的居民委员会、村民委员会、法律规定的有关组织或者民政部门担任临时监护人。

监护人被指定后，不得擅自变更；擅自变更的，不免除被指定的监护人的责任。

检视程式

（一）对监护人的确定有异议：总则解释10

（二）监护人被撤销监护资格：第36条

（三）尊重被监护人真实意愿

（四）按照最有利于被监护人的原则指定

参考因素：总则解释9
1. 与被监护人生活、情感联系的密切程度
2. 依法具有监护资格的人的监护顺序
3. 是否有不利于履行监护职责的违法犯罪等情形
4. 依法具有监护资格的人的监护能力、意愿、品行等
5. 一般是1人，也可以是数人

三、申请变更监护人

规范基础

第31条第4款

监护人被指定后，不得擅自变更；擅自变更的，不免除被指定的监护人的责任。

总则解释12

监护人、其他依法具有监护资格的人之间就监护人是否有民法典第三十九条第一款第二项、第四项规定的应当终止监护关系的情形发生争议，申请变更监护人的，人民法院应当依法受理。经审理认为理由成立的，人民法院依法予以支持。

被依法指定的监护人与其他具有监护资格的人之间协议变更监护人的，人民法院应当尊重被监护人的真实意愿，按照最有利于被监护人的原则作出裁判。

检视程式

（一）现监护人的监护关系是否终止发生争议：第39条
1. 监护人是否丧失监护能力
2. 其他情形

（二）协议变更监护人：总则解释12.2，13

（三）尊重被监护人真实意愿

（四）最有利于被监护人的原则

参考因素：总则解释9
1. 与被监护人生活、情感联系的密切程度
2. 依法具有监护资格的人的监护顺序
3. 是否有不利于履行监护职责的违法犯罪等情形
4. 依法具有监护资格的人的监护能力、意愿、品行等
5. 一般是1人，也可以是数人

四、申请撤销监护人资格

规范基础

第36条

监护人有下列情形之一的，人民法院根据有关个人或者组织的申请，撤销其监护人资格，安排必要的临时监护措施，并按照最有利于被监护人的原则依法指定监

护人：

（一）实施严重损害被监护人身心健康的行为；

（二）怠于履行监护职责，或者无法履行监护职责且拒绝将监护职责部分或者全部委托给他人，导致被监护人处于危困状态；

（三）实施严重侵害被监护人合法权益的其他行为。

本条规定的有关个人、组织包括：其他依法具有监护资格的人，居民委员会、村民委员会、学校、医疗机构、妇女联合会、残疾人联合会、未成年人保护组织、依法设立的老年人组织、民政部门等。

前款规定的个人和民政部门以外的组织未及时向人民法院申请撤销监护人资格的，民政部门应当向人民法院申请。

检视程式

（一）撤销监护事由：总则解释11.2

1.实施严重损害被监护人身心健康的行为

2.怠于履行监护职责/无法履行监护职责+拒绝将监护职责部分或者全部委托给他人+导致被监护人处于危困状态

3.实施严重侵害被监护人合法权益的其他行为

（二）有关个人/组织的申请：婚姻家庭解释一62

其他依法具有监护资格的人，居民委员会、村民委员会、学校、医疗机构、妇女联合会、残疾人联合会、未成年人保护组织、依法设立的老年人组织、民政部门等→民政部门的申请义务

五、申请恢复监护人资格

规范基础

第38条

被监护人的父母或者子女被人民法院撤销监护人资格后，除对被监护人实施故意犯罪的外，确有悔改表现的，经其申请，人民法院可以在尊重被监护人真实意愿的前提下，视情况恢复其监护人资格，人民法院指定的监护人与被监护人的监护关系同时终止。

检视程式

（一）被监护人的父母/子女被撤销监护人资格

（二）确有悔改表现

抗辩：对被监护人实施故意犯罪

一般不恢复事由：未成年人权益意见40

1.性侵害、出卖未成年人

2.虐待、遗弃未成年人6个月以上/多次遗弃未成年人+造成重伤以上严重后果

3.因监护侵害行为被判处5年有期徒刑以上刑罚

（三）经其申请

（四）尊重被监护人真实意愿

第二十三节　探望权纠纷

案由所涉主张与诉请	一、主张行使探望权 　　诉请：行使探望权 二、主张中止探望 　　诉请：中止探望 三、主张恢复探望 　　诉请：恢复探望
说　明	受理离婚纠纷、同居关系子女抚养纠纷同时处理子女探望问题，援用"离婚纠纷""同居关系子女抚养纠纷（4级案由）"案由，不必援用本案由。

一、主张行使探望权

诉请：行使探望权

请求权基础

第1086条第1款

离婚后，不直接抚养子女的父或者母，有探望子女的权利，另一方有协助的义务。

检视程式

（一）离婚后

（二）不直接抚养子女的父/母

（三）探望方式、时间：第1086条第2款

抗辩：中止探望，第1086条第3款

（四）对方拒不协助的强制措施：婚姻家庭解释一68

二、主张中止探望

诉请：中止探望

规范基础

第1086条第3款

父或者母探望子女，不利于子女身心健康的，由人民法院依法中止探望；中止的事由消失后，应当恢复探望。

检视程式

1. 父/母探望子女不利于子女健康：婚姻家庭解释一66
2. 适格起诉主体：未成年子女、直接抚养子女的父或者母以及其他对未成年子女负担抚养、教育、保护义务的法定监护人，婚姻家庭解释一67

三、主张恢复探望

诉请：恢复探望

规范基础

第1086条第3款

父或者母探望子女，不利于子女身心健康的，由人民法院依法中止探望；中止的事由消失后，应当恢复探望。

检视程式

1. 中止探望的事由消失
2. 探望权人请求
3. 法院书面通知：婚姻家庭解释一66

第二十四节 分家析产纠纷

主张分割家庭共同共有财产

诉请：分割家庭共同共有财产

规范基础

第303条第1句

共有人约定不得分割共有的不动产或者动产，以维持共有关系的，应当按照约定，但是共有人有重大理由需要分割的，可以请求分割；没有约定或者约定不明确的，按份共有人可以随时请求分割，共同共有人在共有的基础丧失或者有重大理由需要分割时可以请求分割。

检视程式

（一）权利已产生
1. 家庭共同共有财产的识别
2. 家庭共有的基础丧失/有重大理由需要分割
（二）权利未消灭
1. 共有物灭失

2.已分割
3.混同
（三）权利的行使
分割方式：协议分割→实物分割→价款分割，第304条第1款

第十章　继承案由

第一节　法定继承纠纷

案由所涉主张与诉请	一、主张确认丧失继承权 　　诉请：确认丧失继承权 二、法定继承人主张分配遗产份额 　　法定继承人诉请：分配遗产份额 三、继承人以外的人主张遗产酌分 　　继承人以外的人诉请：遗产酌分

一、主张确认丧失继承权

诉请：确认丧失继承权

规范基础

第1125条第1—2款

继承人有下列行为之一的，丧失继承权：

（一）故意杀害被继承人；

（二）为争夺遗产而杀害其他继承人；

（三）遗弃被继承人，或者虐待被继承人情节严重；

（四）伪造、篡改、隐匿或者销毁遗嘱，情节严重；

（五）以欺诈、胁迫手段迫使或者妨碍被继承人设立、变更或者撤回遗嘱，情节严重。

继承人有前款第三项至第五项行为，确有悔改表现，被继承人表示宽恕或者事后在遗嘱中将其列为继承人的，该继承人不丧失继承权。

继承解释一5

在遗产继承中，继承人之间因是否丧失继承权发生纠纷，向人民法院提起诉讼的，由人民法院依据民法典第一千一百二十五条的规定，判决确认其是否丧失继承权。

检视程式

（一）丧失继承权事由

1.**故意杀害被继承人**：继承解释一7、8

2.为争夺遗产而杀害其他继承人：继承解释一8
3.遗弃被继承人/虐待被继承人情节严重：继承解释一6
4.伪造/篡改/隐匿/销毁遗嘱+情节严重：继承解释一9
5.以欺诈、胁迫手段迫使、妨碍被继承人设立、变更或者撤回遗嘱+情节严重
（二）抗辩：确有悔改表现+被继承人表示宽恕/在遗嘱中将其列为继承人

二、法定继承人主张分配遗产份额

法定继承人诉请：分配遗产份额

规范基础

第1123条

继承开始后，按照法定继承办理；有遗嘱的，按照遗嘱继承或者遗赠办理；有遗赠扶养协议的，按照协议办理。

检视程式

（一）继承开始：第1121条，继承解释一1
（二）法定继承的适用：第1154条
1.无遗赠扶养协议/遗赠扶养协议无效：第1123条
2.无遗嘱/遗嘱无效：第1123条
3.遗嘱继承人放弃继承：第1124条第1款，继承解释一33—37
放弃继承的无效：继承解释一32
放弃继承的反悔：继承解释一36
4.遗嘱继承人丧失继承权：第1125条第1—2款
5.受遗赠人放弃受遗赠/丧失受遗赠权：第1124条第2款，第1125条第3款
6.遗嘱继承人/受遗赠人先于遗嘱人死亡/终止
（三）遗产的认定
1.遗产：第1122条、第1153条，继承解释一2、39
2.遗嘱无效部分涉及的遗产
3.遗嘱未处分的遗产：继承解释一4
（四）法定继承人顺序：第1127条
1.配偶、子女、父母
胎儿应继份：第16条，总则解释4，继承解释一31
被收养人继承生父母遗产：继承解释一10
继子女：继承解释一11
丧偶儿媳/女婿：第1129条，继承解释一19
2.兄弟姐妹、祖父母、外祖父母
胎儿应继份：第16条、继承解释一31
养兄弟姐妹：继承解释一12

继兄弟姐妹：继承解释一 13
3.抗辩：放弃继承，第 1124 条第 1 款，继承解释一 32
放弃继承权的无效：继承解释一 32
4.抗辩：丧失继承权，第 1125 条第 1—2 款

（五）应继份的确定
1.一般应当均等：第 1130 条第 1 款
2.继承人生活困难＋缺乏劳动能力→应予以照顾：第 1130 条第 2 款
3.尽主要扶养义务/共同生活→可以多分：第 1130 条第 3 款，继承解释一 19
4.不尽扶养义务＋有扶养能力/条件→可以不分/少分：第 1130 条第 4 款，继承解释一 22
5.与被继承人共同生活＋不尽扶养义务＋有扶养能力/条件→可以少分/不分：继承解释一 23
6.故意隐匿/侵吞/争抢遗产→酌情减少：继承解释一 43
7.房屋/生产资料/特定职业需要财产→有利于发挥效益＋继承人实际需要＋兼顾各继承人利益：继承解释一 42
8.继承人协议份额不均等：第 1130 条第 5 款
9.无法通知的继承人：继承解释一 30
10.胎儿份额的保留：继承解释一 31

三、继承人以外的人主张遗产酌分

继承人以外的人诉请：遗产酌分

请求权基础

第 1131 条
对继承人以外的依靠被继承人扶养的人，或者继承人以外的对被继承人扶养较多的人，可以分给适当的遗产。

检视程式

（一）继承开始：第 1121 条，继承解释一 1
（二）法定继承的适用：第 1154 条
1.无遗赠扶养协议/遗赠扶养协议无效：第 1123 条
2.无遗嘱/遗嘱无效：第 1123 条
3.遗嘱继承人放弃继承：第 1124 条第 1 款，继承解释一 33—37
放弃继承的无效：继承解释一 32
放弃继承的反悔：继承解释一 36
4.遗嘱继承人丧失继承权：第 1125 条第 1—2 款
5.受遗赠人放弃受遗赠/丧失受遗赠权：第 1124 条第 2 款，第 1125 条第 3 款
6.遗嘱继承人/受遗赠人先于遗嘱人死亡/终止

（三）遗产的认定

1.遗产：第1122条、第1153条，继承解释一2、39

2.遗嘱无效部分涉及的遗产

3.遗嘱未处分的遗产：继承解释一4

（四）继承人以外的依靠被继承人扶养的人/继承人以外的对被继承人扶养较多的人→分给适当遗产+可以多于或少于继承人：继承解释一20—21

（五）被继承人无人继承+无人受遗赠+遗产归国家/集体所有→适当分给遗产：继承解释一41

第二节　转继承纠纷（4级案由）

主张转继承死亡继承人的应继份

诉请：转继承死亡继承人的应继份

规范基础

第1152条

继承开始后，继承人于遗产分割前死亡，并没有放弃继承的，该继承人应当继承的遗产转给其继承人，但是遗嘱另有安排的除外。

检视程式

（一）继承开始：第1121条，继承解释一1

（二）遗产分割前

（三）继承人死亡

1.死亡时间：第1121条第2款，继承解释一1

2.抗辩：放弃继承，第1124条第1款，继承解释一32

放弃继承权的无效：继承解释一32

3.抗辩：丧失继承权，第1125条第1—2款

（四）转继承人：继承人的继承人

（五）转继承死亡继承人的应继份

第三节　代位继承纠纷（4级案由）

案由所涉主张与诉请	一、主张代位继承 诉请：代位继承 二、代位继承人主张遗产酌分 代位继承人诉请：遗产酌分

一、主张代位继承

诉请：代位继承

规范基础

第1128条

被继承人的子女先于被继承人死亡的，由被继承人的子女的直系晚辈血亲代位继承。

被继承人的兄弟姐妹先于被继承人死亡的，由被继承人的兄弟姐妹的子女代位继承。

代位继承人一般只能继承被代位继承人有权继承的遗产份额。

检视程式

（一）继承开始：第1121条，继承解释一1

（二）法定继承的适用：第1154条

1.无遗赠扶养协议/遗赠扶养协议无效：第1123条

2.无遗嘱/遗嘱无效：第1123条

3.遗嘱继承人放弃继承：第1124条第1款，继承解释一33—37

放弃继承的无效：继承解释一32

放弃继承的反悔：继承解释一36

4.遗嘱继承人丧失继承权：第1125条第1—2款

5.受遗赠人放弃受遗赠/丧失受遗赠权：第1124条第2款，第1125条第3款

6.遗嘱继承人/受遗赠人先于遗嘱人死亡/终止

（三）遗产的认定

1.遗产：第1122条、第1153条，继承解释一2、39

2.遗嘱无效部分涉及的遗产

3.遗嘱未处分的遗产：继承解释一4

（四）被代位继承人先于被继承人死亡

1.被继承人的子女先于被继承人死亡

2.被继承人的兄弟姐妹先于被继承人死亡

（五）抗辩：被代位继承人丧失继承权，继承解释一17

（六）代位继承人

1.被继承人子女的直系晚辈血亲

不受辈数限制：继承解释一14

子女的认定：继承解释一15

丧偶儿媳/女婿的子女：继承解释一18

2.被继承人的兄弟姐妹的子女

（七）代位继承份额

1.一般只能继承被代位继承人的应继份

2.代位继承人缺乏劳动能力＋没有生活来源，或者对被继承人尽过主要赡养义务→可以多分：继承解释一17，19

二、代位继承人主张遗产酌分

代位继承人诉请：遗产酌分

请求权基础

第1131条

对继承人以外的依靠被继承人扶养的人，或者继承人以外的对被继承人扶养较多的人，可以分给适当的遗产。

继承解释一17

继承人丧失继承权的，其晚辈直系血亲不得代位继承。如该代位继承人缺乏劳动能力又没有生活来源，或者对被继承人尽赡养义务较多的，可以适当分给遗产。

检视程式

（一）继承开始：第1121条，继承解释一1

（二）法定继承的适用：第1154条

1.无遗赠扶养协议/遗赠扶养协议无效：第1123条

2.无遗嘱/遗嘱无效：第1123条

3.遗嘱继承人放弃继承：第1124条第1款，继承解释一33—37

放弃继承的无效：继承解释一32

放弃继承的反悔：继承解释一36

4.遗嘱继承人丧失继承权：第1125条第1—2款

5.受遗赠人放弃受遗赠/丧失受遗赠权：第1124条第2款，第1125条第3款

6.遗嘱继承人/受遗赠人先于遗嘱人死亡/终止

（三）遗产的认定

1.遗产：第1122条、第1153条，继承解释一2、39

2.遗嘱无效部分涉及的遗产

3.遗嘱未处分的遗产：继承解释一4

（四）被代位继承人先于被继承人死亡

1.被继承人的子女先于被继承人死亡

2.被继承人的兄弟姐妹先于被继承人死亡

（五）代位继承人

1.被继承人子女的直系晚辈血亲

不受辈数限制：继承解释一14

子女的认定：继承解释一15

丧偶儿媳/女婿的子女：继承解释一18
2.被继承人的兄弟姐妹的子女
（六）被代位继承人丧失继承权→其晚辈直系血亲不得代位继承：继承解释一17
（七）代位继承人缺乏劳动能力+没有生活来源，或者对被继承人尽赡养义务较多→可以多分：继承解释一16
（八）被继承人无人继承+无人受遗赠+遗产归国家/集体所有→适当分给遗产：继承解释一41

第四节　遗嘱继承纠纷

案由所涉主张与诉请	一、主张遗嘱有效 　　诉请：确认遗嘱有效 二、主张遗嘱无效 　　诉请：确认遗嘱无效 三、主张确认丧失遗嘱继承权 　　诉请：确认丧失遗嘱继承权 四、主张依遗嘱继承遗产（份额） 　　诉请：依遗嘱继承遗产（份额） 五、主张遗产必留份 　　诉请：取得遗产必留份

一、主张遗嘱有效

诉请：确认遗嘱有效

规范基础

第1133条第2款
自然人可以立遗嘱将个人财产指定由法定继承人中的一人或者数人继承。

检视程式

（一）遗嘱成立要件
1.遗嘱内容
将个人财产指定由法定继承人中的1人/数人继承
胎儿作为遗嘱继承人：第16条，总则解释4
2.遗嘱形式
（1）自书遗嘱：第1134条，继承解释一27
（2）代书遗嘱：第1135条
不适格见证人：第1140条+继承解释一24

（3）打印遗嘱：第1136条
不适格见证人：第1140条+继承解释一24
（4）录音录像遗嘱：第1137条
不适格见证人：第1140条+继承解释一24
（5）口头遗嘱：第1138条
不适格见证人：第1140条+继承解释一24
（6）公证遗嘱：第1139条
（二）遗嘱生效要件
处分权：第1133条第1款，继承解释一26
（三）遗嘱生效抗辩
1.遗嘱继承人先于遗嘱人死亡
2.遗嘱撤回/变更/多重遗嘱：第1142条
（四）遗嘱无效抗辩
1.遗嘱人无行为能力/限制行为能力：第1143条第1款，继承解释一28
2.遗嘱人受欺诈/受胁迫：第1143条第2款
3.伪造的遗嘱：第1143条第3款
4.被篡改的遗嘱：第1143条第4款
5.危急情况消除后的口头遗嘱：第1138条第3句
6.与遗赠扶养协议抵触的遗嘱部分：继承解释一3
7.故意杀害被继承人/为争夺遗产杀害其他继承人：继承解释一8

二、主张遗嘱无效

诉请：确认遗嘱无效

规范基础

第1143条
无民事行为能力人或者限制民事行为能力人所立的遗嘱无效。
遗嘱必须表示遗嘱人的真实意思，受欺诈、胁迫所立的遗嘱无效。
伪造的遗嘱无效。
遗嘱被篡改的，篡改的内容无效。

检视程式

（一）遗嘱不成立事由
1.不符合遗嘱内容
将个人财产指定由法定继承人中的1人/数人继承
胎儿作为遗嘱继承人：第16条，总则解释4
2.不符合遗嘱形式
（1）自书遗嘱：第1134条，继承解释一27

（2）代书遗嘱：第1135条
不适格见证人：第1140条+继承解释一24
（3）打印遗嘱：第1136条
不适格见证人：第1140条+继承解释一24
（4）录音录像遗嘱：第1137条
不适格见证人：第1140条+继承解释一24
（5）口头遗嘱：第1138条
不适格见证人：第1140条+继承解释一24
（6）公证遗嘱：第1139条

（二）遗嘱未生效事由
1. 遗嘱继承人先于遗嘱人死亡
2. 遗嘱撤回/变更/多重遗嘱：第1142条

（三）遗嘱无效事由
1. 遗嘱人无行为能力/限制行为能力：第1143条第1款，继承解释一28
2. 遗嘱人受欺诈/受胁迫：第1143条第2款
3. 伪造的遗嘱：第1143条第3款
4. 被篡改的遗嘱：第1143条第4款
5. 危急情况消除后的口头遗嘱：第1138条第3句
6. 与遗赠扶养协议抵触的遗嘱部分：继承解释一3
7. 故意杀害被继承人/为争夺遗产杀害其他继承人：继承解释一8

三、主张确认丧失遗嘱继承权

诉请：确认丧失遗嘱继承权

规范基础

第1125条第1—2款
继承人有下列行为之一的，丧失继承权：
（一）故意杀害被继承人；
（二）为争夺遗产而杀害其他继承人；
（三）遗弃被继承人，或者虐待被继承人情节严重；
（四）伪造、篡改、隐匿或者销毁遗嘱，情节严重；
（五）以欺诈、胁迫手段迫使或者妨碍被继承人设立、变更或者撤回遗嘱，情节严重。
继承人有前款第三项至第五项行为，确有悔改表现，被继承人表示宽恕或者事后在遗嘱中将其列为继承人的，该继承人不丧失继承权。

继承解释一5
在遗产继承中，继承人之间因是否丧失继承权发生纠纷，向人民法院提起诉讼的，由人民法院依据民法典第一千一百二十五条的规定，判决确认其是否丧失继承权。

检视程式

（一）丧失继承权事由

1. 故意杀害被继承人：继承解释一7、8
2. 为争夺遗产而杀害其他继承人：继承解释一8
3. 遗弃被继承人/虐待被继承人情节严重：继承解释一6
4. 伪造/篡改/隐匿/销毁遗嘱+情节严重：继承解释一9
5. 以欺诈、胁迫手段迫使、妨碍被继承人设立、变更或者撤回遗嘱+情节严重

（二）抗辩

确有悔改表现+被继承人表示宽恕/在遗嘱中将其列为继承人

四、主张依遗嘱继承遗产（份额）

诉请：依遗嘱继承遗产（份额）

请求权基础

第1123条

继承开始后，按照法定继承办理；有遗嘱的，按照遗嘱继承或者遗赠办理；有遗赠扶养协议的，按照协议办理。

检视程式

（一）请求权已产生

1. 继承开始：第1121条，继承解释一1
2. 遗嘱有效
3. 转继承：第1152条
4. 遗产的认定

（1）遗产：第1122条、第1153条，继承解释一2、39

（2）遗嘱无效部分涉及的遗产

（3）遗嘱未处分的遗产：继承解释一4

（二）请求权未消灭

1. 遗嘱继承人放弃继承：第1124条第1款，继承解释一33—37

放弃继承的无效：继承解释一32

放弃继承的反悔：继承解释一36

2. 遗嘱继承人丧失继承权：第1125条第1—2款
3. 必留份：第1141条，继承解释一25

（三）请求权可行使

抗辩：附义务遗嘱的遗嘱继承人未履行义务，第1144条、继承解释一29

五、主张遗产必留份

诉请：取得遗产必留份

请求权基础

第1141条
遗嘱应当为缺乏劳动能力又没有生活来源的继承人保留必要的遗产份额。

继承解释一25
遗嘱人未保留缺乏劳动能力又没有生活来源的继承人的遗产份额，遗产处理时，应当为该继承人留下必要的遗产，所剩余的部分，才可参照遗嘱确定的分配原则处理。

继承人是否缺乏劳动能力又没有生活来源，应当按遗嘱生效时该继承人的具体情况确定。

检视程式

（一）请求权已产生
1.继承开始：**第1121条，继承解释一1**
2.继承人缺乏劳动能力+没有生活来源：**继承解释一25**
3.遗嘱未保留必留份
（二）请求权未消灭
1.放弃继承：**第1124条第1款，继承解释一33—37**
放弃继承的无效：**继承解释一32**
放弃继承的反悔：**继承解释一36**
2.丧失继承权：**第1125条第1—2款**
（三）请求权可行使
依权利性质，似不宜适用时效抗辩权

第五节　被继承人债务清偿纠纷

主张清偿被继承人债务

诉请：清偿被继承人债务

请求权基础

第1163条
既有法定继承又有遗嘱继承、遗赠的，由法定继承人清偿被继承人依法应当缴纳的税款和债务；超过法定继承遗产实际价值部分，由遗嘱继承人和受遗赠人按比例以所得遗产清偿。

检视程式

（一）请求权已产生

1.继承开始：第1121条，继承解释一1

2.遗产债务

3.清偿义务人顺位

（1）法定继承人

①抗辩：以所得遗产实际价值为限，第1161条第1款

②抗辩：放弃继承，第1161条第2款

（2）遗嘱继承人/受遗赠人：按比例，第1163条

（二）请求权未消灭

债的一般消灭事由：第557条第1款

第六节　遗赠纠纷

案由所涉主张与诉请	一、主张遗赠遗嘱有效 　　诉请：确认遗赠遗嘱有效 二、主张遗嘱无效 　　诉请：确认遗嘱无效 三、主张确认丧失受遗赠权 　　诉请：确认丧失受遗赠权 四、主张依遗嘱取得受遗赠财产 　　诉请：依遗嘱取得受遗赠财产 五、主张遗产必留份 　　诉请：取得遗产必留份

一、主张遗赠遗嘱有效

诉请：确认遗赠遗嘱有效

规范基础

第1133条第3款

自然人可以立遗嘱将个人财产赠与国家、集体或者法定继承人以外的组织、个人。

检视程式

（一）遗嘱成立要件

1.遗嘱内容

遗嘱人将个人财产赠与法定继承人以外的主体

胎儿作为受遗赠人：第16条，总则解释4

2.遗嘱形式
（1）自书遗嘱：第1134条，继承解释一27
（2）代书遗嘱：第1135条
不适格见证人：第1140条+继承解释一24
（3）打印遗嘱：第1136条
不适格见证人：第1140条+继承解释一24
（4）录音录像遗嘱：第1137条
不适格见证人：第1140条+继承解释一24
（5）口头遗嘱：第1138条
不适格见证人：第1140条+继承解释一24
（6）公证遗嘱：第1139条
（二）遗嘱生效要件
处分权：第1133条第1款，继承解释一26
（三）遗嘱生效抗辩
1.受遗赠人先于遗嘱人死亡
2.遗嘱撤回/变更/多重遗嘱：第1142条
（四）遗嘱无效抗辩
1.遗嘱人无行为能力/限制行为能力：第1143条第1款，继承解释一28
2.遗嘱人受欺诈/受胁迫：第1143条第2款
3.伪造的遗嘱：第1143条第3款
4.被篡改的遗嘱：第1143条第4款
5.危急情况消除后的口头遗嘱：第1138条第3句
6.与遗赠扶养协议抵触的遗嘱部分：继承解释一3
7.故意杀害被继承人/为争夺遗产杀害其他继承人：类推继承解释一8

二、主张遗嘱无效

诉请：确认遗嘱无效

规范基础

第1143条
无民事行为能力人或者限制民事行为能力人所立的遗嘱无效。
遗嘱必须表示遗嘱人的真实意思，受欺诈、胁迫所立的遗嘱无效。
伪造的遗嘱无效。
遗嘱被篡改的，篡改的内容无效。

检视程式

（一）遗嘱不成立事由
1.不符合遗嘱内容
遗嘱人将个人财产赠与法定继承人以外的主体

胎儿作为遗嘱继承人：第16条，总则解释4
2.不符合遗嘱形式
（1）自书遗嘱：第1134条，继承解释一27
（2）代书遗嘱：第1135条
不适格见证人：第1140条+继承解释一24
（3）打印遗嘱：第1136条
不适格见证人：第1140条+继承解释一24
（4）录音录像遗嘱：第1137条
不适格见证人：第1140条+继承解释一24
（5）口头遗嘱：第1138条
不适格见证人：第1140条+继承解释一24
（6）公证遗嘱：第1139条

（二）遗嘱未生效事由

1.受遗赠人先于遗嘱人死亡
2.遗嘱撤回/变更/多重遗嘱：第1142条

（三）遗嘱无效事由

1.遗嘱人无行为能力/限制行为能力：第1143条第1款，继承解释一28
2.遗嘱人受欺诈/受胁迫：第1143条第2款
3.伪造的遗嘱：第1143条第3款
4.被篡改的遗嘱：第1143条第4款
5.危急情况消除后的口头遗嘱：第1138条第3句
6.与遗赠扶养协议抵触的遗嘱部分：继承解释一3
7.故意杀害被继承人/为争夺遗产杀害其他继承人：类推 继承解释一8

三、主张确认丧失受遗赠权

诉请：确认丧失受遗赠权

规范基础

第1125条第3款
受遗赠人有本条第一款规定行为的，丧失受遗赠权。

检视程式

丧失受遗赠权事由
1.故意杀害被继承人：继承解释一7、8
2.为争夺遗产而杀害其他继承人：继承解释一8
3.遗弃被继承人/虐待被继承人情节严重：继承解释一6
4.伪造/篡改/隐匿/销毁遗嘱+情节严重：继承解释一9
5.以欺诈、胁迫手段迫使、妨碍被继承人设立、变更或者撤回遗嘱+情节严重

四、主张依遗嘱取得受遗赠财产

诉请：依遗嘱取得受遗赠财产

请求权基础

第1123条

继承开始后，按照法定继承办理；有遗嘱的，按照遗嘱继承或者遗赠办理；有遗赠扶养协议的，按照协议办理。

检视程式

（一）请求权已产生
1. 继承开始：第1121条，继承解释一1
2. 遗赠遗嘱有效
3. 转受遗赠：继承解释一38
4. 遗产的认定
（1）遗产：第1122条、第1153条，继承解释一2、39
（2）遗嘱无效部分涉及的遗产
（3）遗嘱未处分的遗产：继承解释一4

（二）请求权未消灭
1. 放弃受遗赠：第1124条第2款
2. 丧失受遗赠权：第1125条第3款
3. 必留份：第1141条，继承解释一25

（三）请求权可行使
抗辩：附义务遗嘱的受遗赠人未履行义务，第1144条、继承解释一29

五、主张遗产必留份

诉请：取得遗产必留份

请求权基础

第1141条

遗嘱应当为缺乏劳动能力又没有生活来源的继承人保留必要的遗产份额。

继承解释一25

遗嘱人未保留缺乏劳动能力又没有生活来源的继承人的遗产份额，遗产处理时，应当为该继承人留下必要的遗产，所剩余的部分，才可参照遗嘱确定的分配原则处理。

继承人是否缺乏劳动能力又没有生活来源，应当按遗嘱生效时该继承人的具体情况确定。

检视程式

（一）请求权已产生
1. 继承开始：第1121条，继承解释一1
2. 继承人缺乏劳动能力+没有生活来源：继承解释一25
3. 遗嘱未保留必留份

（二）请求权未消灭
1. 放弃继承：第1124条第1款，继承解释一33—37
   放弃继承的无效：继承解释一32
   放弃继承的反悔：继承解释一36
2. 丧失继承权：第1125条第1—2款

（三）请求权可行使
依权利性质，似不宜适用时效抗辩权

第七节　遗赠扶养协议纠纷

案由所涉主张与诉请	一、主张遗赠扶养协议有效 　　诉请：确认遗赠扶养协议有效 二、主张遗赠扶养协议无效 　　诉请：确认遗赠扶养协议无效 三、遗赠人主张扶养人履行遗赠扶养协议 　　遗赠人诉请：扶养人履行遗赠扶养协议 四、扶养人主张依遗赠扶养协议取得受遗赠财产 　　扶养人诉请：依遗赠扶养协议取得受遗赠财产 五、主张遗赠扶养协议法定解除权 　　诉请：确认已行使/依诉行使法定解除权 六、解除后扶养人主张遗赠人返还供养费用 　　解除后扶养人诉请：遗赠人返还供养费用

一、主张遗赠扶养协议有效

诉请：确认遗赠扶养协议有效

规范基础

第1158条

自然人可以与继承人以外的组织或者个人签订遗赠扶养协议。按照协议，该组织或者个人承担该自然人生养死葬的义务，享有受遗赠的权利。

检视程式

（一）协议成立要件：第483条

1. 要约
2. 承诺

（二）协议未成立抗辩

1. 意定合同书形式：第490条

反抗辩：已签名、盖章或按指印，第490条第1款第1句

反抗辩：当事人一方已履行主要义务，对方接受，第490条第1款第2句

2. 意定书面形式：第469条第2款

反抗辩：当事人一方已履行主要义务，对方接受，第490条第2款

3. 数据电文视为书面形式：第469条第3款
4. 数据电文+确认书：第491条第1款

（三）协议生效要件

处分权：类推继承解释一26

（四）协议未生效抗辩

意定生效要件

1. 附生效条件：第158条第2句、第159条
2. 附生效期限：第160条第2句

（五）协议无效抗辩

1. 无行为能力/限制行为能力：第144条，类推第1143条第1款
2. 受欺诈/受胁迫：类推第1143条第2款
3. 通谋虚伪：第146条第1款+合同通则解释14.1、15
4. 违反法律强制性规定：第153条第1款
5. 违反公序良俗：第153条第2款+合同通则解释17
6. 恶意串通：第154条
7. 故意杀害被继承人/为争夺遗产杀害其他继承人：类推继承解释一8
8. 遗嘱与遗赠扶养协议抵触→协议优先：继承解释一3

（六）协议已失效抗辩

解除条件成就：第158条第3句、第159条

二、主张遗赠扶养协议无效

诉请：确认遗赠扶养协议无效

规范基础

第1158条

自然人可以与继承人以外的组织或者个人签订遗赠扶养协议。按照协议，该组织或者个人承担该自然人生养死葬的义务，享有受遗赠的权利。

第136条第1款

民事法律行为自成立时生效，但是法律另有规定或者当事人另有约定的除外。

检视程式

（一）协议未成立事由

1.未达成遗赠扶养合意

2.不符合意定形式

（1）意定合同书形式：第490条

抗辩：已签名、盖章或按指印，第490条第1款第1句

抗辩：当事人一方已履行主要义务，对方接受，第490条第1款第2句

（2）意定书面形式：第469条第2款

抗辩：当事人一方已履行主要义务，对方接受，第490条第2款

（3）数据电文视为书面形式：第469条第3款

（4）数据电文+确认书：第491条第1款

（二）协议未生效事由

1.处分权：类推继承解释一26

2.意定生效要件

（1）附生效条件：第158条第2句、第159条

（2）附生效期限：第160条第2句

（三）协议无效事由

1.无行为能力/限制行为能力：第144条，类推第1143条第1款

2.受欺诈/受胁迫：类推第1143条第2款

3.通谋虚伪：第146条第1款+合同通则解释14.1、15

4.违反法律强制性规定：第153条第1款

5.违反公序良俗：第153条第2款+合同通则解释17

6.恶意串通：第154条

7.故意杀害被继承人/为争夺遗产杀害其他继承人：类推继承解释一8

8.遗嘱与遗赠扶养协议抵触→协议优先：继承解释一3

（四）协议已失效事由

解除条件成就：第158条第3句、第159条

三、遗赠人主张扶养人履行遗赠扶养协议

遗赠人诉请：扶养人履行遗赠扶养协议

请求权基础

第1158条

自然人可以与继承人以外的组织或者个人签订遗赠扶养协议。按照协议，该组织或者个人承担该自然人生养死葬的义务，享有受遗赠的权利。

检视程式

（一）请求权已产生
遗赠扶养协议成立且无效力障碍事由

（二）请求权未消灭
1. 已解除：第557条第2款
2. 给付不能
3. 已履行
4. 已免除

（三）请求权可行使
不安抗辩权：第527条+合同通则解释31.1

四、扶养人主张依遗赠扶养协议取得受遗赠财产

扶养人诉请：依遗赠扶养协议取得受遗赠财产

请求权基础

第1158条
自然人可以与继承人以外的组织或者个人签订遗赠扶养协议。按照协议，该组织或者个人承担该自然人生养死葬的义务，享有受遗赠的权利。

第1123条
继承开始后，按照法定继承办理；有遗嘱的，按照遗嘱继承或者遗赠办理；有遗赠扶养协议的，按照协议办理。

检视程式

（一）请求权已产生
1. 继承开始：第1121条，继承解释一1
2. 遗赠扶养协议成立且无效力障碍

（二）请求权未消灭
1. 遗赠扶养协议的解除：继承解释一40
2. 丧失受遗赠权：第1125条第3款

（三）请求权可行使
先履行抗辩权：第526条，合同通则解释31.3

五、主张遗赠扶养协议法定解除权

诉请：确认已行使／依诉行使法定解除权

规范基础

第563条第1款
有下列情形之一的，当事人可以解除合同：

（一）因不可抗力致使不能实现合同目的；
（二）在履行期限届满前，当事人一方明确表示或者以自己的行为表明不履行主要债务；
（三）当事人一方迟延履行主要债务，经催告后在合理期限内仍未履行；
（四）当事人一方迟延履行债务或者有其他违约行为致使不能实现合同目的；
（五）法律规定的其他情形。

检视程式

（一）解除权已产生
1. 遗赠扶养协议成立且无效力障碍
2. 因不可抗力致使不能实现合同目的
3. 在履行期限届满前，当事人一方明确表示或者以自己的行为表明不履行主要债务
4. 扶养人迟延履行主要债务，经催告后在合理期限内仍未履行
5. 扶养人迟延履行债务或者有其他违约行为致使不能实现合同目的

（二）解除权未消灭
1. 除斥期间：第564条
（1）解除权人知道或应知解除事由之日起1年
（2）对方催告后的合理期限不行使
2. 放弃解除权

（三）解除权的行使：第565条，合同通则解释53—54
1. 解除通知+到达
2. 通知载明扶养人在一定期限内不履行债务则合同自动解除+载明的期限届满+扶养人在该期限内未履行债务
3. 未通知+直接以诉讼或仲裁方式主张解除+起诉状副本或仲裁申请书副本送达对方

六、解除后扶养人主张遗赠人返还供养费用

解除后扶养人诉请：遗赠人返还供养费用

请求权基础

第566条第1款
合同解除后，尚未履行的，终止履行；已经履行的，根据履行情况和合同性质，当事人可以请求恢复原状或者采取其他补救措施，并有权请求赔偿损失。

继承解释一40
继承人以外的组织或者个人与自然人签订遗赠扶养协议后，无正当理由不履行，导致协议解除的，不能享有受遗赠的权利，其支付的供养费用一般不予补偿；遗赠人无正当理由不履行，导致协议解除的，则应当偿还继承人以外的组织或者个人已支付的供养费用。

检视程式

（一）请求权已产生
1.遗赠扶养协议已解除：第557条第2款
2.支出供养费用
3.抗辩：扶养人无正当理由不履行扶养协议+导致协议解除：继承解释一40

（二）请求权未消灭
1.债的一般消灭事由：第557条第1款
2.损益相抵

（三）请求权可行使
1.同时履行抗辩权：第525条+合同通则解释31
2.时效抗辩权：第192条第1款

第八节　遗产管理纠纷

案由所涉主张与诉请	一、遗产管理人主张报酬请求权 　　遗产管理人诉请：支付报酬 二、继承人/受遗赠人/债权人主张遗产管理人损害赔偿 　　继承人/受遗赠人/债权人诉请：遗产管理人赔偿损害

一、遗产管理人主张报酬请求权

遗产管理人诉请：支付报酬

请求权基础

第1149条

遗产管理人可以依照法律规定或者按照约定获得报酬。

检视程式

（一）请求权已产生
1.遗产管理人：第1145—1146条
2.履行管理职责：第1147条
（1）清理遗产并制作遗产清单
（2）向继承人报告遗产情况
（3）采取必要措施防止遗产毁损、灭失
（4）处理被继承人的债权债务
（5）按照遗嘱或者依照法律规定分割遗产
（6）实施与管理遗产有关的其他必要行为

（二）请求权未消灭
1.债的一般消灭事由：第557条第1款

2.损益相抵
（三）请求权可行使
1.留置抗辩权：类推第525条
2.时效抗辩权：第192条第1款

二、继承人/受遗赠人/债权人主张遗产管理人损害赔偿

继承人/受遗赠人/债权人诉请：遗产管理人赔偿损害

请求权基础

第1148条
遗产管理人应当依法履行职责，因故意或者重大过失造成继承人、受遗赠人、债权人损害的，应当承担民事责任。

检视程式

（一）请求权已产生
1.责任成立
（1）遗产管理人：第1145—1146条
（2）未履行管理职责
遗产管理人职责：第1147条
①清理遗产并制作遗产清单
②向继承人报告遗产情况
③采取必要措施防止遗产毁损、灭失
④处理被继承人的债权债务
⑤按照遗嘱或者依照法律规定分割遗产
⑥实施与管理遗产有关的其他必要行为
（3）故意/重大过失
2.责任范围
（1）继承人/受遗赠人/债权人损害
（2）责任范围因果关系
（3）抗辩：违反减损义务，类推第591条第1款
（4）抗辩：受领迟延利息请求权未产生，第589条第2款
（二）请求权未消灭
1.债的一般消灭事由：第557条第1款
2.损益相抵
（三）请求权可行使
1.留置抗辩权：类推第525条
2.时效抗辩权：第192条第1款

附 录

最高人民法院关于印发修改后的《民事案件案由规定》的通知

（2020年12月29日　法〔2020〕347号）

各省、自治区、直辖市高级人民法院，解放军军事法院，新疆维吾尔自治区高级人民法院生产建设兵团分院：

　　为切实贯彻实施民法典，最高人民法院对2011年2月18日第一次修正的《民事案件案由规定》（以下简称2011年《案由规定》）进行了修改，自2021年1月1日起施行。现将修改后的《民事案件案由规定》（以下简称修改后的《案由规定》）印发给你们，请认真贯彻执行。

　　2011年《案由规定》施行以来，在方便当事人进行民事诉讼、规范人民法院民事立案、审判和司法统计工作等方面，发挥了重要作用。近年来，随着民事诉讼法、邮政法、消费者权益保护法、环境保护法、反不正当竞争法、农村土地承包法、英雄烈士保护法等法律的制定或者修订，审判实践中出现了许多新类型民事案件，需要对2011年《案由规定》进行补充和完善。特别是民法典将于2021年1月1日起施行，迫切需要增补新的案由。经深入调查研究，广泛征求意见，最高人民法院对2011年《案由规定》进行了修改。现就各级人民法院适用修改后的《案由规定》的有关问题通知如下：

一、高度重视民事案件案由在民事审判规范化建设中的重要作用，认真学习掌握修改后的《案由规定》

　　民事案件案由是民事案件名称的重要组成部分，反映案件所涉及的民事法律关系的性质，是对当事人诉争的法律关系性质进行的概括，是人民法院进行民事案件管理的重要手段。建立科学、完善的民事案件案由体系，有利于方便当事人进行民事诉讼，有利于统一民事案件的法律适用标准，有利于对受理案件进行分类管理，有利于确定各民事审判业务庭的管辖分工，有利于提高民事案件司法统计的准确性和科学性，从而更好地为创新和加强民事审判管理、为人民法院司法决策服务。

　　各级人民法院要认真学习修改后的《案由规定》，理解案由编排体系和具体案由制定的背景、法律依据、确定标准、具体含义、适用顺序以及变更方法等问题，准确选择适用具体案由，依法维护当事人诉讼权利，创新和加强民事审判管理，不断推进民事审判工作规范化建设。

二、关于《案由规定》修改所遵循的原则

一是严格依法原则。本次修改的具体案由均具有实体法和程序法依据，符合民事诉讼法关于民事案件受案范围的有关规定。

二是必要性原则。本次修改是以保持案由运行体系稳定为前提，对于必须增加、调整的案由作相应修改，尤其是对照民法典的新增制度和重大修改内容，增加、变更部分具体案由，并根据现行立法和司法实践需要完善部分具体案由，对案由编排体系不作大的调整。民法典施行后，最高人民法院将根据工作需要，结合司法实践，继续细化完善民法典新增制度案由，特别是第四级案由。对本次未作修改的部分原有案由，届时一并修改。

三是实用性原则。案由体系是在现行有效的法律规定基础上，充分考虑人民法院民事立案、审判实践以及司法统计的需要而编排的，本次修改更加注重案由的简洁明了、方便实用，既便于当事人进行民事诉讼，也便于人民法院进行民事立案、审判和司法统计工作。

三、关于案由的确定标准

民事案件案由应当依据当事人诉争的民事法律关系的性质来确定。鉴于具体案件中当事人的诉讼请求、争议的焦点可能有多个，争议的标的也可能是多个，为保证案由的高度概括和简洁明了，修改后的《案由规定》仍沿用2011年《案由规定》关于案由的确定标准，即对民事案件案由的表述方式原则上确定为"法律关系性质"加"纠纷"，一般不包含争议焦点、标的物、侵权方式等要素。但是，实践中当事人诉争的民事法律关系的性质具有复杂多变性，单纯按照法律关系标准去划分案由体系的做法难以更好地满足民事审判实践的需要，难以更好地满足司法统计的需要。为此，修改后的《案由规定》在坚持以法律关系性质作为确定案由的主要标准的同时，对少部分案由也依据请求权、形成权或者确认之诉、形成之诉等其他标准进行确定，对少部分案由的表述也包含了争议焦点、标的物、侵权方式等要素。另外，为了与行政案件案由进行明显区分，本次修改还对个别案由的表述进行了特殊处理。

对民事诉讼法规定的适用特别程序、督促程序、公示催告程序、公司清算、破产程序等非讼程序审理的案件案由，根据当事人的诉讼请求予以直接表述；对公益诉讼、第三人撤销之诉、执行程序中的异议之诉等特殊诉讼程序案件的案由，根据修改后民事诉讼法规定的诉讼制度予以直接表述。

四、关于案由体系的总体编排

1.关于案由纵向和横向体系的编排设置。修改后的《案由规定》以民法学理论对民事法律关系的分类为基础，以法律关系的内容即民事权利类型来编排案由的纵向体系。在纵向体系上，结合民法典、民事诉讼法等民事立法及审判实践，将案由的编排体系划分为人格权纠纷，婚姻家庭、继承纠纷，物权纠纷，合同、准合同纠纷，劳动争议与人事争议，知识产权与竞争纠纷，海事海商纠纷，与公司、证券、保险、票据等有关的民事纠纷，侵权责任纠纷，非讼程序案件案由，特殊诉讼程序案件案由，共计十一大部分，

作为第一级案由。

在横向体系上，通过总分式四级结构的设计，实现案由从高级（概括）到低级（具体）的演进。如物权纠纷（第一级案由）→所有权纠纷（第二级案由）→建筑物区分所有权纠纷（第三级案由）→业主专有权纠纷（第四级案由）。在第一级案由项下，细分为五十四类案由，作为第二级案由（以大写数字表示）；在第二级案由项下列出了473个案由，作为第三级案由（以阿拉伯数字表示）。第三级案由是司法实践中最常见和广泛使用的案由。基于审判工作指导、调研和司法统计的需要，在部分第三级案由项下又列出了391个第四级案由（以阿拉伯数字加（）表示）。基于民事法律关系的复杂性，不可能穷尽所有第四级案由，目前所列的第四级案由只是一些典型的、常见的或者为了司法统计需要而设立的案由。

修改后的《案由规定》采用纵向十一个部分、横向四级结构的编排设置，形成了网状结构体系，基本涵盖了民法典所涉及的民事纠纷案件类型以及人民法院当前受理的民事纠纷案件类型，有利于贯彻落实民法典等民事法律关于民事权益保护的相关规定。

2.关于物权纠纷案由与合同纠纷案由的编排设置。修改后的《案由规定》仍然沿用2011年《案由规定》关于物权纠纷案由与合同纠纷案由的编排体系。按照物权变动原因与结果相区分的原则，对于涉及物权变动的原因，即债权性质的合同关系引发的纠纷案件的案由，修改后的《案由规定》将其放在合同纠纷项下；对于涉及物权变动的结果，即物权设立、权属、效力、使用、收益等物权关系产生的纠纷案件的案由，修改后的《案由规定》将其放在物权纠纷项下。前者如第三级案由"居住权合同纠纷"列在第二级案由"合同纠纷"项下；后者如第三级案由"居住权纠纷"列在第二级案由"物权纠纷"项下。

具体适用时，人民法院应根据当事人诉争的法律关系的性质，查明该法律关系涉及的是物权变动的原因关系还是物权变动的结果关系，以正确确定案由。当事人诉争的法律关系性质涉及物权变动原因的，即因债权性质的合同关系引发的纠纷案件，应当选择适用第二级案由"合同纠纷"项下的案由，如"居住权合同纠纷"案由；当事人诉争的法律关系性质涉及物权变动结果的，即因物权设立、权属、效力、使用、收益等物权关系引发的纠纷案件，应当选择第二级案由"物权纠纷"项下的案由，如"居住权纠纷"案由。

3.关于第三部分"物权纠纷"项下"物权保护纠纷"案由与"所有权纠纷""用益物权纠纷""担保物权纠纷"案由的编排设置。修改后的《案由规定》仍然沿用2011年《案由规定》关于物权纠纷案由的编排设置。"所有权纠纷""用益物权纠纷""担保物权纠纷"案由既包括以上三种类型的物权确认纠纷案由，也包括以上三种类型的侵害物权纠纷案由。民法典物权编第三章"物权的保护"所规定的物权请求权或者债权请求权保护方法，即"物权保护纠纷"，在修改后的《案由规定》列举的每个物权类型（第三级案由）项下都可能部分或者全部适用，多数都可以作为第四级案由列举，但为避免使整个案由体系冗长繁杂，在各第三级案由下并未一一列出。实践中需要确定具体个案案由时，如果当事人的诉讼请求只涉及"物权保护纠纷"项下的一种物权请求权或者债权请求权，则可以选择适用"物权保护纠纷"项下的六种第三级案由；如果当事人的诉讼请求涉及"物权保护纠纷"项下的两种或者两种以上物权请求权或者债权请求权，则应按照所保护的权利种类,选择适用"所有权纠纷""用益物权纠纷""担保物权纠纷"项下的第三级案由(各种物权类型纠纷)。

4.关于侵权责任纠纷案由的编排设置。修改后的《案由规定》仍然沿用2011年《案由规定》关于侵权责任纠纷案由与其他第一级案由的编排设置。根据民法典侵权责任编的相关规定,该编的保护对象为民事权益,具体范围是民法典总则编第五章所规定的人身、财产权益。这些民事权益,又分别在人格权编、物权编、婚姻家庭编、继承编等予以了细化规定,而这些民事权益纠纷往往既包括权属确认纠纷也包括侵权责任纠纷,这就为科学合理编排民事案件案由体系增加了难度。为了保持整个案由体系的完整性和稳定性,尽可能避免重复交叉,修改后的《案由规定》将这些侵害民事权益侵权责任纠纷案由仍旧分别保留在"人格权纠纷""婚姻家庭、继承纠纷""物权纠纷""知识产权与竞争纠纷"等第一级案由体系项下,对照侵权责任编新规定调整第一级案由"侵权责任纠纷"项下案由;同时,将一些实践中常见的、其他第一级案由不便列出的侵权责任纠纷案由也列在第一级案由"侵权责任纠纷"项下,如"非机动车交通事故责任纠纷"。从"兜底"考虑,修改后的《案由规定》将第一级案由"侵权责任纠纷"列在其他八个民事权益纠纷类型之后,作为第九部分。

具体适用时,涉及侵权责任纠纷的,为明确和统一法律适用问题,应当先适用第九部分"侵权责任纠纷"项下根据侵权责任编相关规定列出的具体案由;没有相应案由的,再适用"人格权纠纷""物权纠纷""知识产权与竞争纠纷"等其他部分项下的具体案由。如环境污染、高度危险行为均可能造成人身损害和财产损害,确定案由时,应当适用第九部分"侵权责任纠纷"项下"环境污染责任纠纷""高度危险责任纠纷"案由,而不应适用第一部分"人格权纠纷"项下的"生命权、身体权、健康权纠纷"案由,也不应适用第三部分"物权纠纷"项下的"财产损害赔偿纠纷"案由。

五、适用修改后的《案由规定》应当注意的问题

1.在案由横向体系上应当按照由低到高的顺序选择适用个案案由。确定个案案由时,应当优先适用第四级案由,没有对应的第四级案由的,适用相应的第三级案由;第三级案由中没有规定的,适用相应的第二级案由;第二级案由没有规定的,适用相应的第一级案由。这样处理,有利于更准确地反映当事人诉争的法律关系的性质,有利于促进分类管理科学化和提高司法统计准确性。

2.关于个案案由的变更。人民法院在民事立案审查阶段,可以根据原告诉讼请求涉及的法律关系性质,确定相应的个案案由;人民法院受理民事案件后,经审理发现当事人起诉的法律关系与实际诉争的法律关系不一致的,人民法院结案时应当根据法庭查明的当事人之间实际存在的法律关系的性质,相应变更个案案由。当事人在诉讼过程中增加或者变更诉讼请求导致当事人诉争的法律关系发生变更的,人民法院应当相应变更个案案由。

3.存在多个法律关系时个案案由的确定。同一诉讼中涉及两个以上的法律关系的,应当根据当事人诉争的法律关系的性质确定个案案由;均为诉争的法律关系的,则按诉争的两个以上法律关系并列确定相应的案由。

4.请求权竞合时个案案由的确定。在请求权竞合的情形下,人民法院应当按照当事

人自主选择行使的请求权所涉及的诉争的法律关系的性质，确定相应的案由。

5.正确认识民事案件案由的性质与功能。案由体系的编排制定是人民法院进行民事审判管理的手段。各级人民法院应当依法保障当事人依照法律规定享有的起诉权利，不得将修改后的《案由规定》等同于民事诉讼法第一百一十九条规定的起诉条件，不得以当事人的诉请在修改后的《案由规定》中没有相应案由可以适用为由，裁定不予受理或者驳回起诉，损害当事人的诉讼权利。

6.案由体系中的选择性案由（即含有顿号的部分案由）的使用方法。对这些案由，应当根据具体案情，确定相应的个案案由，不应直接将该案由全部引用。如"生命权、身体权、健康权纠纷"案由，应当根据具体侵害对象来确定相应的案由。

本次民事案件案由修改工作主要基于人民法院当前司法实践经验，对照民法典等民事立法修改完善相关具体案由。2021年1月1日民法典施行后，修改后的《案由规定》可能需要对标民法典具体施行情况作进一步调整。地方各级人民法院要密切关注民法典施行后立案审判中遇到的新情况、新问题，重点梳理汇总民法典新增制度项下可以细化规定为第四级案由的新类型案件，及时层报最高人民法院。

最高人民法院
2020年12月29日

民事案件案由规定

（2007年10月29日最高人民法院审判委员会第1438次会议通过自2008年4月1日起施行　根据2011年2月18日最高人民法院《关于修改〈民事案件案由规定〉的决定》（法〔2011〕41号）第一次修正　根据2020年12月14日最高人民法院审判委员会第1821次会议通过的《最高人民法院关于修改〈民事案件案由规定〉的决定》（法〔2020〕346号）第二次修正）

为了正确适用法律，统一确定案由，根据《中华人民共和国民法典》《中华人民共和国民事诉讼法》等法律规定，结合人民法院民事审判工作实际情况，对民事案件案由规定如下：

第一部分　人格权纠纷

一、人格权纠纷★「第七章第十二节」[①]

1. 生命权、身体权、健康权纠纷★「第七章第二节」
2. 姓名权纠纷★「第七章第三节」
3. 名称权纠纷★「第七章第四节」
4. 肖像权纠纷★「第七章第五节」
5. 声音保护纠纷★「第七章第六节」
6. 名誉权纠纷★「第七章第七节」
7. 荣誉权纠纷
8. 隐私权、个人信息保护纠纷
（1）隐私权纠纷★「第七章第八节」
（2）个人信息保护纠纷★「第七章第九节」
9. 婚姻自主权纠纷
10. 人身自由权纠纷★「第七章第十节」
11. 一般人格权纠纷★「第七章第十一节」
（1）平等就业权纠纷

第二部分　婚姻家庭、继承纠纷

二、婚姻家庭纠纷

12. 婚约财产纠纷★「第九章第一节」
13. 婚内夫妻财产分割纠纷★「第九章第二节」

[①] 说明：本书已梳理请求权基础检视程式的《民法典》相关案由，在其后标注★，并在「」中显示对应章节，如"38.返还原物纠纷★「第六章第四节」"。

14.离婚纠纷★「第九章第三节」
15.离婚后财产纠纷★「第九章第四节」
16.离婚后损害责任纠纷★「第九章第五节」
17.婚姻无效纠纷★「第九章第六节」
18.撤销婚姻纠纷★「第九章第七节」
19.夫妻财产约定纠纷★「第九章第八节」
20.同居关系纠纷
（1）同居关系析产纠纷★「第九章第九节」
（2）同居关系子女抚养纠纷★「第九章第十节」
21.亲子关系纠纷
（1）确认亲子关系纠纷★「第九章第十一节」
（2）否认亲子关系纠纷★「第九章第十二节」
22.抚养纠纷
（1）抚养费纠纷★「第九章第十三节」
（2）变更抚养关系纠纷★「第九章第十四节」
23.扶养纠纷
（1）扶养费纠纷★「第九章第十五节」
（2）变更扶养关系纠纷★「第九章第十六节」
24.赡养纠纷
（1）赡养费纠纷★「第九章第十七节」
（2）变更赡养关系纠纷★「第九章第十八节」
25.收养关系纠纷
（1）确认收养关系纠纷★「第九章第十九节」
（2）解除收养关系纠纷★「第九章第二十节」
26.监护权纠纷★「第九章第二十一节」
27.探望权纠纷★「第九章第二十三节」
28.分家析产纠纷★「第九章第二十四节」

三、继承纠纷

29.法定继承纠纷★「第十章第一节」
（1）转继承纠纷★「第十章第二节」
（2）代位继承纠纷★「第十章第三节」
30.遗嘱继承纠纷★「第十章第四节」
31.被继承人债务清偿纠纷★「第十章第五节」
32.遗赠纠纷★「第十章第六节」
33.遗赠扶养协议纠纷★「第十章第七节」
34.遗产管理纠纷★「第十章第八节」

第三部分　物权纠纷

四、不动产登记纠纷

35.异议登记不当损害责任纠纷
36.虚假登记损害责任纠纷

五、物权保护纠纷

37.物权确认纠纷
（1）所有权确认纠纷★「第六章第一节」
（2）用益物权确认纠纷★「第六章第二节」
（3）担保物权确认纠纷★「第六章第三节」
38.返还原物纠纷★「第六章第四节」
39.排除妨害纠纷★「第六章第五节」
40.消除危险纠纷★「第六章第六节」
41.修理、重作、更换纠纷
42.恢复原状纠纷★「第六章第七节」
43.财产损害赔偿纠纷★「第六章第八节」

六、所有权纠纷

44.侵害集体经济组织成员权益纠纷
45.建筑物区分所有权纠纷
（1）业主专有权纠纷
（2）业主共有权纠纷
（3）车位纠纷
（4）车库纠纷
46.业主撤销权纠纷★「第六章第九节」
47.业主知情权纠纷★「第六章第十节」
48.遗失物返还纠纷★「第六章第十一节」
49.漂流物返还纠纷
50.埋藏物返还纠纷
51.隐藏物返还纠纷
52.添附物归属纠纷★「第六章第十二节」
53.相邻关系纠纷★「第六章第十三节」
（1）相邻用水、排水纠纷★「第六章第十四节」
（2）相邻通行纠纷★「第六章第十五节」
（3）相邻土地、建筑物利用关系纠纷★「第六章第十六节」
（4）相邻通风纠纷★「第六章第十七节」
（5）相邻采光、日照纠纷★「第六章第十八节」

（6）相邻污染侵害纠纷★「第六章第十九节」
（7）相邻损害防免关系纠纷★「第六章第二十节」
54.共有纠纷
（1）共有权确认纠纷★「第六章第二十一节」
（2）共有物分割纠纷★「第六章第二十二节」
（3）共有人优先购买权纠纷★「第六章第二十三节」
（4）债权人代位析产纠纷

七、用益物权纠纷

55.海域使用权纠纷
56.探矿权纠纷
57.采矿权纠纷
58.取水权纠纷
59.养殖权纠纷
60.捕捞权纠纷
61.土地承包经营权纠纷
（1）土地承包经营权确认纠纷★「第六章第二十四节」
（2）承包地征收补偿费用分配纠纷
（3）土地承包经营权继承纠纷
62.土地经营权纠纷★「第六章第二十五节」
63.建设用地使用权纠纷★「第六章第二十六节」
64.宅基地使用权纠纷★「第六章第二十七节」
65.居住权纠纷★「第六章第二十八节」
66.地役权纠纷★「第六章第二十九节」

八、担保物权纠纷★「第六章第四十三节」

67.抵押权纠纷★「第六章第三十节」
（1）建筑物和其他土地附着物抵押权纠纷★「第六章第三十一节」
（2）在建建筑物抵押权纠纷★「第六章第三十二节」
（3）建设用地使用权抵押权纠纷★「第六章第三十三节」
（4）土地经营权抵押权纠纷★「第六章第三十四节」
（5）探矿权抵押权纠纷
（6）采矿权抵押权纠纷
（7）海域使用权抵押权纠纷
（8）动产抵押权纠纷★「第六章第三十五节」
（9）在建船舶、航空器抵押权纠纷
（10）动产浮动抵押权纠纷★「第六章第三十六节」
（11）最高额抵押权纠纷★「第六章第三十七节」
68.质权纠纷

（1）动产质权纠纷★「第六章第三十八节」

（2）转质权纠纷★「第六章第三十九节」

（3）最高额质权纠纷★「第六章第四十节」

（4）票据质权纠纷

（5）债券质权纠纷

（6）存单质权纠纷

（7）仓单质权纠纷

（8）提单质权纠纷

（9）股权质权纠纷

（10）基金份额质权纠纷

（11）知识产权质权纠纷

（12）应收账款质权纠纷★「第六章第四十一节」

69.留置权纠纷★「第六章第四十二节」

九、占有保护纠纷★「第六章第四十五节」

70.占有物返还纠纷★「第六章第四十六节」

71.占有排除妨害纠纷★「第六章第四十七节」

72.占有消除危险纠纷★「第六章第四十八节」

73.占有物损害赔偿纠纷★「第六章第四十九节」

第四部分　合同、准合同纠纷

十、合同纠纷★「第二章第一节」

74.缔约过失责任纠纷★「第一章第三节」

75.预约合同纠纷★「第一章第四节」

76.确认合同效力纠纷

（1）确认合同有效纠纷★「第一章第一节」

（2）确认合同无效纠纷★「第一章第二节」

77.债权人代位权纠纷★「第三章第一节」

78.债权人撤销权纠纷★「第三章第二节」

79.债权转让合同纠纷★「第四章第一节」

80.债务转移合同纠纷★「第四章第二节」

81.债权债务概括转移合同纠纷★「第四章第三节」

82.债务加入纠纷★「第四章第四节」

83.悬赏广告纠纷★「第二章第五十九节」

84.买卖合同纠纷★「第二章第二节」

（1）分期付款买卖合同纠纷★「第二章第三节」

（2）凭样品买卖合同纠纷

（3）试用买卖合同纠纷

（4）所有权保留买卖合同纠纷★「第二章第四节」

（5）招标投标买卖合同纠纷

（6）互易纠纷

（7）国际货物买卖合同纠纷

（8）信息网络买卖合同纠纷

85.拍卖合同纠纷

86.建设用地使用权合同纠纷

（1）建设用地使用权出让合同纠纷★「第二章第九节」

（2）建设用地使用权转让合同纠纷★「第二章第十节」

87.临时用地合同纠纷

88.探矿权转让合同纠纷

89.采矿权转让合同纠纷

90.房地产开发经营合同纠纷

（1）委托代建合同纠纷

（2）合资、合作开发房地产合同纠纷

（3）项目转让合同纠纷

91.房屋买卖合同纠纷★「第二章第五节」

（1）商品房预约合同纠纷

（2）商品房预售合同纠纷★「第二章第六节」

（3）商品房销售合同纠纷★「第二章第七节」

（4）商品房委托代理销售合同纠纷★「第二章第八节」

（5）经济适用房转让合同纠纷

（6）农村房屋买卖合同纠纷

92.民事主体间房屋拆迁补偿合同纠纷

93.供用电合同纠纷

94.供用水合同纠纷

95.供用气合同纠纷

96.供用热力合同纠纷

97.排污权交易纠纷

98.用能权交易纠纷

99.用水权交易纠纷

100.碳排放权交易纠纷

101.碳汇交易纠纷

102.赠与合同纠纷★「第二章第十一节」

（1）公益事业捐赠合同纠纷

（2）附义务赠与合同纠纷

103.借款合同纠纷

（1）金融借款合同纠纷★「第二章第十二节」

（2）同业拆借纠纷

（3）民间借贷纠纷 ★「第二章第十三节」

（4）小额借款合同纠纷

（5）金融不良债权转让合同纠纷

（6）金融不良债权追偿纠纷

104.保证合同纠纷 ★「第二章第十四节」

105.抵押合同纠纷 ★「第二章第十五节」

106.质押合同纠纷 ★「第二章第十六节」

107.定金合同纠纷 ★「第一章第五节」

108.进出口押汇纠纷

109.储蓄存款合同纠纷

110.银行卡纠纷

（1）借记卡纠纷

（2）信用卡纠纷

111.租赁合同纠纷

（1）土地租赁合同纠纷

（2）房屋租赁合同纠纷 ★「第二章第十七节」

（3）车辆租赁合同纠纷

（4）建筑设备租赁合同纠纷

112.融资租赁合同纠纷 ★「第二章第十八节」

113.保理合同纠纷 ★「第二章第十九节」

114.承揽合同纠纷 ★「第二章第二十节」

（1）加工合同纠纷 ★「第二章第二十一节」

（2）定作合同纠纷 ★「第二章第二十二节」

（3）修理合同纠纷 ★「第二章第二十三节」

（4）复制合同纠纷

（5）测试合同纠纷

（6）检验合同纠纷

（7）铁路机车、车辆建造合同纠纷

115.建设工程合同纠纷

（1）建设工程勘察合同纠纷 ★「第二章第二十四节」

（2）建设工程设计合同纠纷 ★「第二章第二十五节」

（3）建设工程施工合同纠纷 ★「第二章第二十六节」

（4）建设工程价款优先受偿权纠纷 ★「第二章第二十七节」

（5）建设工程分包合同纠纷 ★「第二章第二十八节」

（6）建设工程监理合同纠纷

（7）装饰装修合同纠纷

（8）铁路修建合同纠纷

（9）农村建房施工合同纠纷

116.运输合同纠纷 ★「第二章第二十九节」

（1）公路旅客运输合同纠纷★「第二章第三十节」

（2）公路货物运输合同纠纷★「第二章第三十一节」

（3）水路旅客运输合同纠纷★「第二章第三十二节」

（4）水路货物运输合同纠纷★「第二章第三十三节」

（5）航空旅客运输合同纠纷★「第二章第三十四节」

（6）航空货物运输合同纠纷★「第二章第三十五节」

（7）出租汽车运输合同纠纷★「第二章第三十六节」

（8）管道运输合同纠纷

（9）城市公交运输合同纠纷★「第二章第三十七节」

（10）联合运输合同纠纷★「第二章第三十八节」

（11）多式联运合同纠纷★「第二章第三十九节」

（12）铁路货物运输合同纠纷★「第二章第四十节」

（13）铁路旅客运输合同纠纷★「第二章第四十一节」

（14）铁路行李运输合同纠纷★「第二章第四十二节」

（15）铁路包裹运输合同纠纷★「第二章第四十三节」

（16）国际铁路联运合同纠纷

117.保管合同纠纷★「第二章第四十四节」

118.仓储合同纠纷★「第二章第四十五节」

119.委托合同纠纷★「第二章第四十六节」

（1）进出口代理合同纠纷

（2）货运代理合同纠纷

（3）民用航空运输销售代理合同纠纷

（4）诉讼、仲裁、人民调解代理合同纠纷

（5）销售代理合同纠纷

120.委托理财合同纠纷

（1）金融委托理财合同纠纷

（2）民间委托理财合同纠纷★「第二章第四十七节」

121.物业服务合同纠纷★「第二章第四十八节」

122.行纪合同纠纷

123.中介合同纠纷★「第二章第四十九节」

124.补偿贸易纠纷

125.借用合同纠纷★「第二章第五十节」

126.典当纠纷

127.合伙合同纠纷★「第二章第五十一节」

128.种植、养殖回收合同纠纷

129.彩票、奖券纠纷

130.中外合作勘探开发自然资源合同纠纷

131.农业承包合同纠纷

132.林业承包合同纠纷

133.渔业承包合同纠纷

134.牧业承包合同纠纷

135.土地承包经营权合同纠纷★「第二章第五十二节」

（1）土地承包经营权转让合同纠纷★「第二章第五十三节」

（2）土地承包经营权互换合同纠纷★「第二章第五十四节」

（3）土地经营权入股合同纠纷★「第二章第五十五节」

（4）土地经营权抵押合同纠纷★「第二章第五十六节」

（5）土地经营权出租合同纠纷★「第二章第五十七节」

136.居住权合同纠纷★「第二章第五十八节」

137.服务合同纠纷

（1）电信服务合同纠纷

（2）邮政服务合同纠纷

（3）快递服务合同纠纷

（4）医疗服务合同纠纷

（5）法律服务合同纠纷

（6）旅游合同纠纷

（7）房地产咨询合同纠纷

（8）房地产价格评估合同纠纷

（9）旅店服务合同纠纷

（10）财会服务合同纠纷

（11）餐饮服务合同纠纷

（12）娱乐服务合同纠纷

（13）有线电视服务合同纠纷

（14）网络服务合同纠纷

（15）教育培训合同纠纷

（16）家政服务合同纠纷

（17）庆典服务合同纠纷

（18）殡葬服务合同纠纷

（19）农业技术服务合同纠纷

（20）农机作业服务合同纠纷

（21）保安服务合同纠纷

（22）银行结算合同纠纷

138.演出合同纠纷

139.劳务合同纠纷

140.离退休人员返聘合同纠纷

141.广告合同纠纷

142.展览合同纠纷

143.追偿权纠纷★「第四章第五节」

十一、不当得利纠纷

144.不当得利纠纷★「第五章第二节」

十二、无因管理纠纷

145.无因管理纠纷★「第五章第一节」

第五部分　知识产权与竞争纠纷

十三、知识产权合同纠纷

146.著作权合同纠纷
（1）委托创作合同纠纷
（2）合作创作合同纠纷
（3）著作权转让合同纠纷
（4）著作权许可使用合同纠纷
（5）出版合同纠纷
（6）表演合同纠纷
（7）音像制品制作合同纠纷
（8）广播电视播放合同纠纷
（9）邻接权转让合同纠纷
（10）邻接权许可使用合同纠纷
（11）计算机软件开发合同纠纷
（12）计算机软件著作权转让合同纠纷
（13）计算机软件著作权许可使用合同纠纷

147.商标合同纠纷
（1）商标权转让合同纠纷
（2）商标使用许可合同纠纷
（3）商标代理合同纠纷

148.专利合同纠纷
（1）专利申请权转让合同纠纷
（2）专利权转让合同纠纷
（3）发明专利实施许可合同纠纷
（4）实用新型专利实施许可合同纠纷
（5）外观设计专利实施许可合同纠纷
（6）专利代理合同纠纷

149.植物新品种合同纠纷
（1）植物新品种育种合同纠纷
（2）植物新品种申请权转让合同纠纷
（3）植物新品种权转让合同纠纷

（4）植物新品种实施许可合同纠纷
150.集成电路布图设计合同纠纷
（1）集成电路布图设计创作合同纠纷
（2）集成电路布图设计专有权转让合同纠纷
（3）集成电路布图设计许可使用合同纠纷
151.商业秘密合同纠纷
（1）技术秘密让与合同纠纷
（2）技术秘密许可使用合同纠纷
（3）经营秘密让与合同纠纷
（4）经营秘密许可使用合同纠纷
152.技术合同纠纷
（1）技术委托开发合同纠纷
（2）技术合作开发合同纠纷
（3）技术转化合同纠纷
（4）技术转让合同纠纷
（5）技术许可合同纠纷
（6）技术咨询合同纠纷
（7）技术服务合同纠纷
（8）技术培训合同纠纷
（9）技术中介合同纠纷
（10）技术进口合同纠纷
（11）技术出口合同纠纷
（12）职务技术成果完成人奖励、报酬纠纷
（13）技术成果完成人署名权、荣誉权、奖励权纠纷
153.特许经营合同纠纷
154.企业名称（商号）合同纠纷
（1）企业名称（商号）转让合同纠纷
（2）企业名称（商号）使用合同纠纷
155.特殊标志合同纠纷
156.网络域名合同纠纷
（1）网络域名注册合同纠纷
（2）网络域名转让合同纠纷
（3）网络域名许可使用合同纠纷
157.知识产权质押合同纠纷

十四、知识产权权属、侵权纠纷

158.著作权权属、侵权纠纷
（1）著作权权属纠纷
（2）侵害作品发表权纠纷

（3）侵害作品署名权纠纷

（4）侵害作品修改权纠纷

（5）侵害保护作品完整权纠纷

（6）侵害作品复制权纠纷

（7）侵害作品发行权纠纷

（8）侵害作品出租权纠纷

（9）侵害作品展览权纠纷

（10）侵害作品表演权纠纷

（11）侵害作品放映权纠纷

（12）侵害作品广播权纠纷

（13）侵害作品信息网络传播权纠纷

（14）侵害作品摄制权纠纷

（15）侵害作品改编权纠纷

（16）侵害作品翻译权纠纷

（17）侵害作品汇编权纠纷

（18）侵害其他著作财产权纠纷

（19）出版者权权属纠纷

（20）表演者权权属纠纷

（21）录音录像制作者权权属纠纷

（22）广播组织权权属纠纷

（23）侵害出版者权纠纷

（24）侵害表演者权纠纷

（25）侵害录音录像制作者权纠纷

（26）侵害广播组织权纠纷

（27）计算机软件著作权权属纠纷

（28）侵害计算机软件著作权纠纷

159.商标权权属、侵权纠纷

（1）商标权权属纠纷

（2）侵害商标权纠纷

160.专利权权属、侵权纠纷

（1）专利申请权权属纠纷

（2）专利权权属纠纷

（3）侵害发明专利权纠纷

（4）侵害实用新型专利权纠纷

（5）侵害外观设计专利权纠纷

（6）假冒他人专利纠纷

（7）发明专利临时保护期使用费纠纷

（8）职务发明创造发明人、设计人奖励、报酬纠纷

（9）发明创造发明人、设计人署名权纠纷

（10）标准必要专利使用费纠纷

161.植物新品种权权属、侵权纠纷

（1）植物新品种申请权权属纠纷

（2）植物新品种权权属纠纷

（3）侵害植物新品种权纠纷

（4）植物新品种临时保护期使用费纠纷

162.集成电路布图设计专有权权属、侵权纠纷

（1）集成电路布图设计专有权权属纠纷

（2）侵害集成电路布图设计专有权纠纷

163.侵害企业名称（商号）权纠纷

164.侵害特殊标志专有权纠纷

165.网络域名权属、侵权纠纷

（1）网络域名权属纠纷

（2）侵害网络域名纠纷

166.发现权纠纷

167.发明权纠纷

168.其他科技成果权纠纷

169.确认不侵害知识产权纠纷

（1）确认不侵害专利权纠纷

（2）确认不侵害商标权纠纷

（3）确认不侵害著作权纠纷

（4）确认不侵害植物新品种权纠纷

（5）确认不侵害集成电路布图设计专用权纠纷

（6）确认不侵害计算机软件著作权纠纷

170.因申请知识产权临时措施损害责任纠纷

（1）因申请诉前停止侵害专利权损害责任纠纷

（2）因申请诉前停止侵害注册商标专用权损害责任纠纷

（3）因申请诉前停止侵害著作权损害责任纠纷

（4）因申请诉前停止侵害植物新品种权损害责任纠纷

（5）因申请海关知识产权保护措施损害责任纠纷

（6）因申请诉前停止侵害计算机软件著作权损害责任纠纷

（7）因申请诉前停止侵害集成电路布图设计专用权损害责任纠纷

171.因恶意提起知识产权诉讼损害责任纠纷

172.专利权宣告无效后返还费用纠纷

十五、不正当竞争纠纷

173.仿冒纠纷

（1）擅自使用与他人有一定影响的商品名称、包装、装潢等相同或者近似的标识纠纷

（2）擅自使用他人有一定影响的企业名称、社会组织名称、姓名纠纷

（3）擅自使用他人有一定影响的域名主体部分、网站名称、网页纠纷

174.商业贿赂不正当竞争纠纷

175.虚假宣传纠纷

176.侵害商业秘密纠纷

（1）侵害技术秘密纠纷

（2）侵害经营秘密纠纷

177.低价倾销不正当竞争纠纷

178.捆绑销售不正当竞争纠纷

179.有奖销售纠纷

180.商业诋毁纠纷

181.串通投标不正当竞争纠纷

182.网络不正当竞争纠纷

十六、垄断纠纷

183.垄断协议纠纷

（1）横向垄断协议纠纷

（2）纵向垄断协议纠纷

184.滥用市场支配地位纠纷

（1）垄断定价纠纷

（2）掠夺定价纠纷

（3）拒绝交易纠纷

（4）限定交易纠纷

（5）捆绑交易纠纷

（6）差别待遇纠纷

185.经营者集中纠纷

第六部分　劳动争议、人事争议

十七、劳动争议

186.劳动合同纠纷

（1）确认劳动关系纠纷

（2）集体合同纠纷

（3）劳务派遣合同纠纷

（4）非全日制用工纠纷

（5）追索劳动报酬纠纷

（6）经济补偿金纠纷

（7）竞业限制纠纷

187.社会保险纠纷

（1）养老保险待遇纠纷

（2）工伤保险待遇纠纷

（3）医疗保险待遇纠纷

（4）生育保险待遇纠纷

（5）失业保险待遇纠纷

188.福利待遇纠纷

十八、人事争议

189.聘用合同纠纷

190.聘任合同纠纷

191.辞职纠纷

192.辞退纠纷

第七部分　海事海商纠纷

十九、海事海商纠纷

193.船舶碰撞损害责任纠纷

194.船舶触碰损害责任纠纷

195.船舶损坏空中设施、水下设施损害责任纠纷

196.船舶污染损害责任纠纷

197.海上、通海水域污染损害责任纠纷

198.海上、通海水域养殖损害责任纠纷

199.海上、通海水域财产损害责任纠纷

200.海上、通海水域人身损害责任纠纷

201.非法留置船舶、船载货物、船用燃油、船用物料损害责任纠纷

202.海上、通海水域货物运输合同纠纷

203.海上、通海水域旅客运输合同纠纷

204.海上、通海水域行李运输合同纠纷

205.船舶经营管理合同纠纷

206.船舶买卖合同纠纷

207.船舶建造合同纠纷

208.船舶修理合同纠纷

209.船舶改建合同纠纷

210.船舶拆解合同纠纷

211.船舶抵押合同纠纷

212.航次租船合同纠纷

213.船舶租用合同纠纷

（1）定期租船合同纠纷

（2）光船租赁合同纠纷

214.船舶融资租赁合同纠纷

215. 海上、通海水域运输船舶承包合同纠纷
216. 渔船承包合同纠纷
217. 船舶属具租赁合同纠纷
218. 船舶属具保管合同纠纷
219. 海运集装箱租赁合同纠纷
220. 海运集装箱保管合同纠纷
221. 港口货物保管合同纠纷
222. 船舶代理合同纠纷
223. 海上、通海水域货运代理合同纠纷
224. 理货合同纠纷
225. 船舶物料和备品供应合同纠纷
226. 船员劳务合同纠纷
227. 海难救助合同纠纷
228. 海上、通海水域打捞合同纠纷
229. 海上、通海水域拖航合同纠纷
230. 海上、通海水域保险合同纠纷
231. 海上、通海水域保赔合同纠纷
232. 海上、通海水域运输联营合同纠纷
233. 船舶营运借款合同纠纷
234. 海事担保合同纠纷
235. 航道、港口疏浚合同纠纷
236. 船坞、码头建造合同纠纷
237. 船舶检验合同纠纷
238. 海事请求担保纠纷
239. 海上、通海水域运输重大责任事故责任纠纷
240. 港口作业重大责任事故责任纠纷
241. 港口作业纠纷
242. 共同海损纠纷
243. 海洋开发利用纠纷
244. 船舶共有纠纷
245. 船舶权属纠纷
246. 海运欺诈纠纷
247. 海事债权确权纠纷

第八部分　与公司、证券、保险、票据等有关的民事纠纷

二十、与企业有关的纠纷

248. 企业出资人权益确认纠纷
249. 侵害企业出资人权益纠纷

250.企业公司制改造合同纠纷
251.企业股份合作制改造合同纠纷
252.企业债权转股权合同纠纷
253.企业分立合同纠纷
254.企业租赁经营合同纠纷
255.企业出售合同纠纷
256.挂靠经营合同纠纷
257.企业兼并合同纠纷
258.联营合同纠纷
259.企业承包经营合同纠纷
（1）中外合资经营企业承包经营合同纠纷
（2）中外合作经营企业承包经营合同纠纷
（3）外商独资企业承包经营合同纠纷
（4）乡镇企业承包经营合同纠纷
260.中外合资经营企业合同纠纷
261.中外合作经营企业合同纠纷

二十一、与公司有关的纠纷

262.股东资格确认纠纷
263.股东名册记载纠纷
264.请求变更公司登记纠纷
265.股东出资纠纷
266.新增资本认购纠纷
267.股东知情权纠纷
268.请求公司收购股份纠纷
269.股权转让纠纷
270.公司决议纠纷
（1）公司决议效力确认纠纷
（2）公司决议撤销纠纷
271.公司设立纠纷
272.公司证照返还纠纷
273.发起人责任纠纷
274.公司盈余分配纠纷
275.损害股东利益责任纠纷
276.损害公司利益责任纠纷
277.损害公司债权人利益责任纠纷
（1）股东损害公司债权人利益责任纠纷
（2）实际控制人损害公司债权人利益责任纠纷
278.公司关联交易损害责任纠纷

279.公司合并纠纷
280.公司分立纠纷
281.公司减资纠纷
282.公司增资纠纷
283.公司解散纠纷
284.清算责任纠纷
285.上市公司收购纠纷

二十二、合伙企业纠纷

286.入伙纠纷
287.退伙纠纷
288.合伙企业财产份额转让纠纷

二十三、与破产有关的纠纷

289.请求撤销个别清偿行为纠纷
290.请求确认债务人行为无效纠纷
291.对外追收债权纠纷
292.追收未缴出资纠纷
293.追收抽逃出资纠纷
294.追收非正常收入纠纷
295.破产债权确认纠纷
（1）职工破产债权确认纠纷
（2）普通破产债权确认纠纷
296.取回权纠纷
（1）一般取回权纠纷
（2）出卖人取回权纠纷
297.破产抵销权纠纷
298.别除权纠纷
299.破产撤销权纠纷
300.损害债务人利益赔偿纠纷
301.管理人责任纠纷

二十四、证券纠纷

302.证券权利确认纠纷
（1）股票权利确认纠纷
（2）公司债券权利确认纠纷
（3）国债权利确认纠纷
（4）证券投资基金权利确认纠纷

303.证券交易合同纠纷
（1）股票交易纠纷
（2）公司债券交易纠纷
（3）国债交易纠纷
（4）证券投资基金交易纠纷
304.金融衍生品种交易纠纷
305.证券承销合同纠纷
（1）证券代销合同纠纷
（2）证券包销合同纠纷
306.证券投资咨询纠纷
307.证券资信评级服务合同纠纷
308.证券回购合同纠纷
（1）股票回购合同纠纷
（2）国债回购合同纠纷
（3）公司债券回购合同纠纷
（4）证券投资基金回购合同纠纷
（5）质押式证券回购纠纷
309.证券上市合同纠纷
310.证券交易代理合同纠纷
311.证券上市保荐合同纠纷
312.证券发行纠纷
（1）证券认购纠纷
（2）证券发行失败纠纷
313.证券返还纠纷
314.证券欺诈责任纠纷
（1）证券内幕交易责任纠纷
（2）操纵证券交易市场责任纠纷
（3）证券虚假陈述责任纠纷
（4）欺诈客户责任纠纷
315.证券托管纠纷
316.证券登记、存管、结算纠纷
317.融资融券交易纠纷
318.客户交易结算资金纠纷

二十五、期货交易纠纷

319.期货经纪合同纠纷
320.期货透支交易纠纷
321.期货强行平仓纠纷
322.期货实物交割纠纷

323. 期货保证合约纠纷
324. 期货交易代理合同纠纷
325. 侵占期货交易保证金纠纷
326. 期货欺诈责任纠纷
327. 操纵期货交易市场责任纠纷
328. 期货内幕交易责任纠纷
329. 期货虚假信息责任纠纷

二十六、信托纠纷

330. 民事信托纠纷
331. 营业信托纠纷
332. 公益信托纠纷

二十七、保险纠纷

333. 财产保险合同纠纷
（1）财产损失保险合同纠纷
（2）责任保险合同纠纷
（3）信用保险合同纠纷
（4）保证保险合同纠纷
（5）保险人代位求偿权纠纷
334. 人身保险合同纠纷
（1）人寿保险合同纠纷
（2）意外伤害保险合同纠纷
（3）健康保险合同纠纷
335. 再保险合同纠纷
336. 保险经纪合同纠纷
337. 保险代理合同纠纷
338. 进出口信用保险合同纠纷
339. 保险费纠纷

二十八、票据纠纷

340. 票据付款请求权纠纷
341. 票据追索权纠纷
342. 票据交付请求权纠纷
343. 票据返还请求权纠纷
344. 票据损害责任纠纷
345. 票据利益返还请求权纠纷
346. 汇票回单签发请求权纠纷

347.票据保证纠纷

348.确认票据无效纠纷

349.票据代理纠纷

350.票据回购纠纷

二十九、信用证纠纷

351.委托开立信用证纠纷

352.信用证开证纠纷

353.信用证议付纠纷

354.信用证欺诈纠纷

355.信用证融资纠纷

356.信用证转让纠纷

三十、独立保函纠纷

357.独立保函开立纠纷

358.独立保函付款纠纷

359.独立保函追偿纠纷

360.独立保函欺诈纠纷

361.独立保函转让纠纷

362.独立保函通知纠纷

363.独立保函撤销纠纷

第九部分 侵权责任纠纷

三十一、侵权责任纠纷★「第八章第一节」

364.监护人责任纠纷★「第八章第二节」

365.用人单位责任纠纷★「第八章第三节」

366.劳务派遣工作人员侵权责任纠纷★「第八章第四节」

367.提供劳务者致害责任纠纷★「第八章第五节」

368.提供劳务者受害责任纠纷★「第八章第六节」

369.网络侵权责任纠纷★「第八章第七节」

（1）网络侵害虚拟财产纠纷

370.违反安全保障义务责任纠纷★「第八章第八节」

（1）经营场所、公共场所的经营者、管理者责任纠纷★「第八章第九节」

（2）群众性活动组织者责任纠纷★「第八章第十节」

371.教育机构责任纠纷★「第八章第十一节」

372.性骚扰损害责任纠纷★「第八章第十二节」

373.产品责任纠纷

（1）产品生产者责任纠纷★「第八章第十三节」

（2）产品销售者责任纠纷★「第八章第十四节」

（3）产品运输者责任纠纷★「第八章第十五节」

（4）产品仓储者责任纠纷★「第八章第十六节」

374.机动车交通事故责任纠纷★「第八章第十七节」

375.非机动车交通事故责任纠纷

376.医疗损害责任纠纷★「第八章第十八节」

（1）侵害患者知情同意权责任纠纷★「第八章第十九节」

（2）医疗产品责任纠纷★「第八章第二十节」

377.环境污染责任纠纷★「第八章第二十一节」

（1）大气污染责任纠纷★「第八章第二十二节」

（2）水污染责任纠纷★「第八章第二十三节」

（3）土壤污染责任纠纷★「第八章第二十四节」

（4）电子废物污染责任纠纷★「第八章第二十五节」

（5）固体废物污染责任纠纷★「第八章第二十六节」

（6）噪声污染责任纠纷★「第八章第二十七节」

（7）光污染责任纠纷★「第八章第二十八节」

（8）放射性污染责任纠纷★「第八章第二十九节」

378.生态破坏责任纠纷

379.高度危险责任纠纷

（1）民用核设施、核材料损害责任纠纷★「第八章第三十节」

（2）民用航空器损害责任纠纷★「第八章第三十一节」

（3）占有、使用高度危险物损害责任纠纷★「第八章第三十二节」

（4）高度危险活动损害责任纠纷★「第八章第三十三节」

（5）遗失、抛弃高度危险物损害责任纠纷★「第八章第三十四节」

（6）非法占有高度危险物损害责任纠纷★「第八章第三十五节」

380.饲养动物损害责任纠纷★「第八章第三十六节」

381.建筑物和物件损害责任纠纷★「第八章第三十七节」

（1）物件脱落、坠落损害责任纠纷★「第八章第三十八节」

（2）建筑物、构筑物倒塌、塌陷损害责任纠纷★「第八章第三十九节」

（3）高空抛物、坠物损害责任纠纷★「第八章第四十节」

（4）堆放物倒塌、滚落、滑落损害责任纠纷★「第八章第四十一节」

（5）公共道路妨碍通行损害责任纠纷★「第八章第四十二节」

（6）林木折断、倾倒、果实坠落损害责任纠纷★「第八章第四十三节」

（7）地面施工、地下设施损害责任纠纷★「第八章第四十四节」

382.触电人身损害责任纠纷

383.义务帮工人受害责任纠纷★「第八章第四十五节」

384.见义勇为人受害责任纠纷★「第八章第四十六节」

385.公证损害责任纠纷

386.防卫过当损害责任纠纷★「第八章第四十七节」

387. 紧急避险损害责任纠纷▲「第八章第四十八节」
388. 驻香港、澳门特别行政区军人执行职务侵权责任纠纷
389. 铁路运输损害责任纠纷
（1）铁路运输人身损害责任纠纷★「第八章第四十九节」
（2）铁路运输财产损害责任纠纷★「第八章第五十节」
390. 水上运输损害责任纠纷
（1）水上运输人身损害责任纠纷
（2）水上运输财产损害责任纠纷
391. 航空运输损害责任纠纷
（1）航空运输人身损害责任纠纷
（2）航空运输财产损害责任纠纷
392. 因申请财产保全损害责任纠纷
393. 因申请行为保全损害责任纠纷
394. 因申请证据保全损害责任纠纷
395. 因申请先予执行损害责任纠纷

第十部分　非讼程序案件案由

三十二、选民资格案件

396. 申请确定选民资格

三十三、宣告失踪、宣告死亡案件

397. 申请宣告自然人失踪
398. 申请撤销宣告失踪判决
399. 申请为失踪人财产指定、变更代管人
400. 申请宣告自然人死亡
401. 申请撤销宣告自然人死亡判决

三十四、认定自然人无民事行为能力、限制民事行为能力案件

402. 申请宣告自然人无民事行为能力
403. 申请宣告自然人限制民事行为能力
404. 申请宣告自然人恢复限制民事行为能力
405. 申请宣告自然人恢复完全民事行为能力

三十五、指定遗产管理人案件

406. 申请指定遗产管理人

三十六、认定财产无主案件

407. 申请认定财产无主

408.申请撤销认定财产无主判决

三十七、确认调解协议案件

409.申请司法确认调解协议
410.申请撤销确认调解协议裁定

三十八、实现担保物权案件

411.申请实现担保物权★「第六章第四十四节」
412.申请撤销准许实现担保物权裁定

三十九、监护权特别程序案件★「第九章第二十二节」

413.申请确定监护人★「第九章第二十二节」
414.申请指定监护人★「第九章第二十二节」
415.申请变更监护人★「第九章第二十二节」
416.申请撤销监护人资格★「第九章第二十二节」
417.申请恢复监护人资格★「第九章第二十二节」

四十、督促程序案件

418.申请支付令

四十一、公示催告程序案件

419.申请公示催告

四十二、公司清算案件

420.申请公司清算

四十三、破产程序案件

421.申请破产清算
422.申请破产重整
423.申请破产和解
424.申请对破产财产追加分配

四十四、申请诉前停止侵害知识产权案件

425.申请诉前停止侵害专利权
426.申请诉前停止侵害注册商标专用权
427.申请诉前停止侵害著作权
428.申请诉前停止侵害植物新品种权
429.申请诉前停止侵害计算机软件著作权

430. 申请诉前停止侵害集成电路布图设计专用权

四十五、申请保全案件

431. 申请诉前财产保全
432. 申请诉前行为保全
433. 申请诉前证据保全
434. 申请仲裁前财产保全
435. 申请仲裁前行为保全
436. 申请仲裁前证据保全
437. 仲裁程序中的财产保全
438. 仲裁程序中的证据保全
439. 申请执行前财产保全
440. 申请中止支付信用证项下款项
441. 申请中止支付保函项下款项

四十六、申请人身安全保护令案件

442. 申请人身安全保护令★「第七章第一节」

四十七、申请人格权侵害禁令案件

443. 申请人格权侵害禁令★「第七章第一节」

四十八、仲裁程序案件

444. 申请确认仲裁协议效力
445. 申请撤销仲裁裁决

四十九、海事诉讼特别程序案件

446. 申请海事请求保全
（1）申请扣押船舶
（2）申请拍卖扣押船舶
（3）申请扣押船载货物
（4）申请拍卖扣押船载货物
（5）申请扣押船用燃油及船用物料
（6）申请拍卖扣押船用燃油及船用物料
447. 申请海事支付令
448. 申请海事强制令
449. 申请海事证据保全
450. 申请设立海事赔偿责任限制基金
451. 申请船舶优先权催告
452. 申请海事债权登记与受偿

五十、申请承认与执行法院判决、仲裁裁决案件

453.申请执行海事仲裁裁决

454.申请执行知识产权仲裁裁决

455.申请执行涉外仲裁裁决

456.申请认可和执行香港特别行政区法院民事判决

457.申请认可和执行香港特别行政区仲裁裁决

458.申请认可和执行澳门特别行政区法院民事判决

459.申请认可和执行澳门特别行政区仲裁裁决

460.申请认可和执行台湾地区法院民事判决

461.申请认可和执行台湾地区仲裁裁决

462.申请承认和执行外国法院民事判决、裁定

463.申请承认和执行外国仲裁裁决

第十一部分　特殊诉讼程序案件案由

五十一、与宣告失踪、宣告死亡案件有关的纠纷

464.失踪人债务支付纠纷

465.被撤销死亡宣告人请求返还财产纠纷

五十二、公益诉讼

466.生态环境保护民事公益诉讼

（1）环境污染民事公益诉讼

（2）生态破坏民事公益诉讼

（3）生态环境损害赔偿诉讼

467.英雄烈士保护民事公益诉讼

468.未成年人保护民事公益诉讼

469.消费者权益保护民事公益诉讼

五十三、第三人撤销之诉

470.第三人撤销之诉

五十四、执行程序中的异议之诉

471.执行异议之诉

（1）案外人执行异议之诉

（2）申请执行人执行异议之诉

472.追加、变更被执行人异议之诉

473.执行分配方案异议之诉

图书在版编目(CIP)数据

民事案由请求权基础 / 吴香香著. —北京：中国法制出版社，2024.5

ISBN 978-7-5216-4444-9

Ⅰ.①民… Ⅱ.①吴… Ⅲ.①民事诉讼法－研究－中国 Ⅳ.①D925.104

中国国家版本馆CIP数据核字（2024）第074462号

责任编辑：成知博　　　　　　　　　　　　封面设计：周黎明

民事案由请求权基础
MINSHI ANYOU QINGQIUQUAN JICHU

著者 / 吴香香
经销 / 新华书店
印刷 / 保定市中画美凯印刷有限公司
开本 / 710毫米×1000毫米　16开　　　印张 / 52.25　字数 / 1143千
版次 / 2024年5月第1版　　　　　　　　2024年5月第1次印刷

中国法制出版社出版
书号 ISBN 978-7-5216-4444-9　　　　　　　　定价：168.00元

北京市西城区西便门西里甲16号西便门办公区
邮政编码：100053　　　　　　　　　　　　传真：010-63141600
网址：http://www.zgfzs.com　　　　　　　编辑部电话：010-63141809
市场营销部电话：010-63141612　　　　　　印务部电话：010-63141606
（如有印装质量问题，请与本社印务部联系）